HUMANITIES AND SOCIETY

资本主义的新精神

Luc Boltanski, Eve Chiapello

[法国] 吕克·博尔坦斯基　夏娃·希亚佩洛 著　高铦 译

译林出版社

图书在版编目（CIP）数据

资本主义的新精神 /（法）博尔坦斯基，（法）希亚佩洛著；高铦译．
—南京：译林出版社，2012.3（2024.8 重印）
（人文与社会译丛）
书名原文：Le Nouvel Esprit du Capitalisme
ISBN 978-7-5447-2557-6

Ⅰ.①资… Ⅱ.①博… ②希… ③高… Ⅲ.①资本主义－研究
Ⅳ.①D091.5

中国版本图书馆 CIP 数据核字（2011）第 270958 号

著作权合同登记号 图字：10-2020-225 号

资本主义的新精神 ［法国］吕克·博尔坦斯基 夏娃·希亚佩洛 / 著 高 铦 / 译

责任编辑 张海波
责任印制 董 虎

原文出版 Gallimard, 1999
出版发行 译林出版社
地 址 南京市湖南路 1 号 A 楼
邮 箱 yilin@yilin.com
网 址 www.yilin.com
市场热线 025-86633278
排 版 南京展望文化发展有限公司
印 刷 江苏凤凰扬州鑫华印刷有限公司
开 本 880 毫米 ×1230 毫米 1/32
印 张 23.875
插 页 2
版 次 2012 年 3 月第 1 版
印 次 2024 年 8 月第 3 次印刷
书 号 ISBN 978-7-5447-2557-6
定 价 118.00 元

目　录

主编的话

刘　东

总算不负几年来的苦心——该为这套书写篇短序了。

此项翻译工程的缘起,先要追溯到自己内心的某些变化。虽说越来越惯于乡间的生活,每天只打一两通电话,但这种离群索居并不意味着我已修炼到了出家遁世的地步。毋宁说,坚守沉默少语的状态,倒是为了咬定问题不放,而且在当下的世道中,若还有哪路学说能引我出神,就不能只是玄妙得叫人着魔,还要有助于思入所属的社群。如此嘈嘈切切鼓荡难平的心气,或不免受了世事的恶刺激,不过也恰是这道底线,帮我部分摆脱了中西"精神分裂症"——至少我可以倚仗着中国文化的本根,去参验外缘的社会学说了,既然儒学作为一种本真的心向,正是要从对现世生活的终极肯定出发,把人间问题当成全部灵感的源头。

不宁惟是,这种从人文思入社会的诉求,还同国际学界的发展不期相合。擅长把捉非确定性问题的哲学,看来有点走出自我囿闭的低潮,而这又跟它把焦点对准了社会不无关系。现行通则的加速崩解和相互证伪,使得就算今后仍有普适的基准可言,也要有待于更加透辟的思力,正是在文明的此一根基处,批判的事业又有了用武之地。由此就决定了,尽管同在关注世俗的事务与规则,但跟既定框架内的策论不同,真正体现出人文关怀的社会学说,决不会是医头医脚式的小修小补,而必须以激进亢奋的姿态,去怀疑、颠覆和重估全部的价值预设。有意思的是,也许再没有哪个时代,会有这么多书生想要焕发制度智慧，这既凸显了文明的深层危机，又表达了超越的不竭潜力。

于是自然就想到翻译——把这些制度智慧引进汉语世界来。需要说明的是，尽管此类翻译向称严肃的学业，无论编者、译者还是读者，都会因其理论色彩和语言风格而备尝艰涩，但该工程却绝非寻常意义上的“纯学术”。此中辩谈的话题和学理，将会贴近我们的伦常日用，渗入我们的表象世界，改铸我们的公民文化，根本不容任何学院人垄断。同样，尽管这些选题大多分量厚重，且多为国外学府指定的必读书，也不必将其标榜为“新经典”。此类方生方成的思想实验，仍要应付尖刻的批判围攻，保持着知识创化时的紧张度，尚没有资格被当成享受保护的“老残遗产”。所以说白了：除非来此对话者早已功力尽失，这里就只有激活思想的马刺。

主持此类工程之烦难，足以让任何聪明人望而却步，大约也惟有愚钝如我者，才会在十年苦熬之余再作冯妇。然则晨钟暮鼓黄卷青灯中，毕竟尚有历代的高僧暗中相伴，他们和我声应气求，不甘心被宿命贬低为人类的亚种，遂把迻译工作当成了日常功课，要以艰难的咀嚼咬穿文化的篱笆。师法着这些先烈，当初酝酿这套丛书时，我曾在哈佛费正清中心放胆讲道：“在作者、编者和读者间初步形成的这种‘良性循环’景象，作为整个社会多元分化进程的缩影，偏巧正跟我们的国运连在一起，如果我们至少眼下尚无理由否认，今后中国历史的主要变因之一，仍然在于大陆知识阶层的一念之中，那么我们就总还有权想象，在孔老夫子的故乡，中华民族其实就靠这么写着读着，而默默修持着自己的心念，而默默挑战着自身的极限！”惟愿认同此道者日众，则华夏一族虽历经劫难，终不致因我辈而沦为文化小国。

一九九九年六月于京郊溪翁庄

英文版序

1994—2003

自从我们组织起工作规划并在五年后出版了《资本主义的新精神》一书以来,已经过去将近十年了。所以,或许值得简要描述一下本书形成时期的一些特征。我们为了应对近期经济与社会的变化而采取的理论定位的各项决策,实际上可以通过追溯 20 世纪 80 年代末和 90 年代初法国学术与政治形势的某些因素来加以阐明。

论及资本主义

第一个特征听来相当简单(就我们的主题而言,却并非不重要),就是说:除了少数所谓老式马克思主义者(他们是“濒危物种”)以外,实际上没有人再谈论资本主义了。这个词语干脆从政治家、工会工作者、作家和新闻记者的语汇中被剔除了,更不用说社会科学家,他们早已把它从历史上遗忘了。在这方面,特别惊人的是(只举一例),原先猛烈攻击“资本权势”的政治生态学话语,似乎已遗忘了破坏自然资源和“不惜一切代价追求利润”之间的关系,而这在十年前还是很明显的。如果说英语世界的作者们(特别是美国人)还在使用这个词语的话[1],那无疑是因为,这个词语在他们的学术和政治文化中——与我们在这些方面相比——与共产主义的关联较少，所以，旧世界的社会学家和经济学家宁可忘了它。在20世纪60年代和70年代，则是到处都在谈论着资本主义，这显然是一个突出的对比。为了更清楚地看到我们要做什么，我们必须回顾一下过去三十年法国社会学谈论资本主义的过程。

在20世纪60年代和70年代，谈论资本主义是由不同程度正统性的马克思主义所引起的——由于阿尔都塞主义导致的复兴，马克思主
ix 义成了一种主要的范式。这种范式有时显示为“回归本源”，旨在恢复纯正的马克思的思想；有时则把自身嫁接到其他传统和作者身上——特别是，一方面是涂尔干和韦伯，另一方面是弗洛伊德和尼采。这些不同的“学派”却有着一个共同的双重野心，其矛盾性质总是未被理论说明，甚至未被承认。一方面，它们的目的是为了激活社会的实证主义观和历史的科学主义观（社会由“结构”所构成，被“法律”所占据，受摆脱社会行动者意识的“力量”所驱动；而历史本身所遵循的进程并不直接依靠受制于它的人类意志）。另一方面，它们设法与这些年间发展起来的社会运动保持最密切的接触，并充当其批判先锋。根据这种概念，社会学必须既是科学的，又是批判的。

现在，以我们看来，这种双重导向违背了价值问题，特别是道德价值和理想。因为它旨在探究行动者的意识，并揭开他们无法掌控的结构、法律和力量。科学方法可以把道德价值和理想作为“意识形态”来处理，也就是说，按照这种概念，可以把它们作为力量对比的一种虚伪外壳（总是不说明为什么需要这种面具）。相反，批判的激情预设，用以批判现实的理想是可以相对比的。

同样的自相矛盾也发生在行动方面。对历史结构、法律和力量的强调，往往会缩小有意识行动的作用。事物就是如此。可是，如果不相信它可以用于扭转人类行动，而且这种行动本身有助于改变事物进程而走向进一步“解放”的话，那么批判态度就变得没有意义。在皮埃尔·布迪厄阐述的统治社会学中，这种紧张是特别明显的。统治社会学的目的是要揭示一种“机制”，通过它来实施作为铁律的普遍“统治”，而与此同时

又力求推进为摆脱外部势力和外部干预的个人解放的工作。但是,说到底,如果一切关系都可归纳为利益冲突和力量对比,而这又是“社会的”秩序中所固有的一种“规律”;那么,用义愤批判之辞来揭露它们,又有什么意义呢?这就像昆虫学家不带感情地套用它们来研究蚂蚁社会。

面对这些疑难,而且处在抗议运动消退和马克思主义衰落的背景之下,20 世纪 80 年代的一些社会学和政治学(我们在“政治与道德社会学学会”内曾接触过)设法重新探究行动与道德价值的问题[2]。在行动领域,问题在于寻找一种语言,使之有可能把人的行动描述为并不是去实现结构所铭记的潜力,或者去执行一项既定的计划(说到底,就是不认为真有所谓行动的事),而是因为它们预设,决定与冒险都是按照人们 x
自身所处的不确定环境来采取的。在道德价值领域,问题则是认真对待人们所声称遵行的规范原则与理想,而不是把它们归结为仅仅是意识形态伪装或虚假认识的表述。最后,这些思潮的目的在于提出社会秩序问题及其“实现”方式(这是所有社会学都无法避开的问题),而不是把它先验地归结为行动者无法控制的力量的相互影响。

恢复批判的前景并未偏离这项事业。如果同意(且那是可信的)批判会预设规范的支承点,那么,要对行动者提出的批判加以认真对待,就有必要把规范的迫切需要设置为批判指向的目标。所以,对行动者声称遵行的价值不加关注的批判性社会学,必须被批判的社会学所取代。这里也必须说清,这种做法并不是要把批判束之高阁,而是相反,要使它的基础更为坚实。这种经由批判的社会学的迂回,具有启发式的意图,而不是一种政治谋划。

强调行动和道德价值的 80 年代社会学,往往导向实用地分析人们在具体环境中进行的行动、正当性和批判,提出行动者为“完成”或“构建”某种“社会性”而实行的措施,减少环境的不确定性,达成和巩固协议,批评现有的安排,等等。这种分析已经被谴责为,一方面忽视力量对比而提出社会和平观,另一方面把自己禁锢在服从于观察的微观环境描述，而忽视在更广领域内实现的进程，它包罗多种行动者且是长期的进程。作出这样谴责的，往往是一些仍然信从（虽然通常是含蓄地信从）接近马克思主义历史哲学的社会学家。

这适用于谈论“资本主义”，它从我们刚才简要描述的社会学思潮中消失了。“资本主义”从70年代主要概念的地位上跌落，已经沦落到低下的地位，成为一个有点粗鄙的诅咒，因为它含有许多社会学家们希望忘却的马克思主义词语，而且也因为它涉及某些无法通过观察具体环境来立即看清和描述的过于“庞大的”事物。

再过十五年，我们仍然会问：社会学能否真的不去提及长期以来掌握的重要实体，而不牺牲它可能对当今的许多说明。设法描述各种具体
xi 环境状况的社会学，以及人们在其中构建这些安排的方式，显然可以激励对社会结构的各种“修复”。这要由工作“参与者”或社会“工程师”日复一日地进行，但却不可能帮助构建更广大的集体项目——从一开始就构成社会学一部分使命的东西。

在20世纪80年代只字不提资本主义，同时还对经济与社会领域出现的变化感到某种惊讶，这些变化是不能被忽视的。由于缺乏宏观社会学的观点，社会学力求在全面“变异”与影响日常生活主要方面的局部转变之间进行协调。前者往往是经济或技术必然性的习语，或者甚至是生物学进化论的术语；后者包括工作条件、失业、生命周期、收入、不平等、教育、感情和家庭生活，等等。这些联系根本不是以某种方式作为体系建立起来或至少组织起来的。

同样的话也可以用在“社会阶级”一词上。从1950年至1980年，这个词语在欧洲社会学中突然消失，即便不平等的种种新形式在80年代不断增多。其独特之处在于——如果我们可以这样说——它们是肉眼可见的，欧洲人曾对美国大都市中比比皆是的无家可归者颇感惊愕，而现在却惊讶和焦虑地发现他们自己的城镇也同样充斥着这样的人了。但是，他们并未严肃地正视，这种人有朝一日或许会进驻他们熟悉的公

共空间。这就是一个不同主题——“排斥”——流行起来的来龙去脉，其意图至少在理论上是要调和以下两个方面：一方面是相信社会阶级（特别是无产阶级）的实际消失，认为他们会被“庞大的中产阶级”所取代；另一方面是，贫困和城市中心区沦为贫民窟的确确实实的现实。

这些各种各样的说法可以说明我们在《资本主义的新精神》一书上花费的力气。我们设法构建一个框架，使之有可能把基于批判性社会学的观点，同来自实用社会学的观点结合起来：前者指的是有能力在很长时期影响大量人群的超个人实体（特别是资本主义）；后者则遵循批判的社会学的纲领，强调行动及激励有意识行动的规范性需求（特别是批判措施）。我们感到需要回到资本主义的问题上去，但并不抛弃实用社会学的贡献：本书就是作为把这两个观点结合起来的一个尝试。我们特别使用了在《论正当性》一书中提出的分析框架[3]，它突出了人们在日常环境中进行的批判和正当的行动，并提供一般惯例和等价形式，可以对正当性和批判给以合法性。但是，我们的目的不是在有限环境中逐个地描述批判行动，而是要突出在资本主义动力下批判所起的作用，并且构 xii
建一个规范的变化。

本书是以 1965 年至 1995 年为中心，因为这个时期特别有利于这样的研究。初始时期（1965—1975）以一场紧张的批判运动为标志，恰好又逢一场资本主义危机；而在随后阶段（1975—1990），批判却同时顺从了资本主义的转型和复兴。这种复兴最终导致在 20 世纪 90 年代一种新的规范支承点逐渐构建起来，那就是《论正当性》一书中提出的所谓新“城市”的意思。

在更为实际的方面，我们的意图是：一方面，描绘一幅使发生的变化更易理解的图景；另一方面，用同样的图式来说明解释上的缺陷，特别是批判的沉默，这看上去是我们所处时期的主要特点。

研究批判和进行批判

在批判的社会学的基础上重建批判性社会学，使它和资本主义的老题目相混合,这是我们的野心。那么,我们选择什么分析对象来从事这一研究项目呢?由于缺乏社会批判而出现的问题,在我们看来似乎是80年代和90年代的特点,我们就以此为出发点,发展起一种双重分析。首先,我们分析了批判在历史资本主义变化中的作用,这项工作是基于更一般的标准变化模型,我们工作的主要理论目标之一就是建构这种模型。第二,我们设法把它移置到一个宏观社会环境,把它与《论正当性》一书中的理论框架相比较,从而加深各种相对而言不可调和的批判形式,在资本主义和批判之间的动态关系中所起的作用。在这里,我们碰到构成本书主旨的一种区别:社会批判与我们称之为艺术批判之间的区别。前者与工人阶级运动史相关联且强调剥削;后者来自知识界与艺术界,特别是19世纪巴黎豪放不羁的艺术家,这种批判把资本主义领域的非人性化作为其特定目标。这样做,我们并不会幼稚地意识不到,由于环境所迫,我们的工作在描述方面会带有政治的一面。再者,不管愿不愿意,一切事业(例如19世纪小说的事例)岂不都是这样吗?它们的目的就是创作一幅"社会"图景(假定那是一种描绘,尽管其意图是
xiii "自然主义的"描绘,但也总是一种说明),由此打开了判断的可能性。

我们仍然有责任澄清我们所要恢复的那种批判,以及我们作为"批判者"(而不是简单的"批判分析者")的地位。首先,社会学分析与社会行动之间的关系是什么?当要表明我们分析的实际含意时,我们特意对自己有所限制(我们必定要说的话包罗在本书的"后记"中)。这是为了避免作为君王或主教的专家顾问般的傲慢,以及作为纸上谈兵式的革命家的不负责任(马克斯·韦伯所谴责的当时的"职业社会主义者")——它们的权力基于一种双重("科学的"和"政治的")合法性。众所周知,这在不久以前已导致前所未有的知识界恐怖主义形式。但是,我们仍然希望我们的工作能有助于恢复批判,不但恢复它的内容,而且恢复它的形式与目的。这里,我们把卡尔·波拉尼和艾伯特·赫希曼视为我们的楷模,他们的著作始终是支持之源。

为了遵循我们已经标明的路线,我们无疑要作出的主要牺牲包括

激进主义和总体设计，这对于欧陆传统训练出来的研究者尤其具有难以抵御的诱惑力。相对而言，我们力求分解细节，例如剥削的新机制的细节（从而追随所谓“真理在于细节”的列维—斯特劳斯式格言）。由于决心坚持细节，加上缺乏财源来配备一支庞大的工作队伍（但这种庞大的项目往往具有工业化式研究的有害效果），使我们不得不把自己主要局限在法国的事例上。理想的计划应该是在同样时期、以同样方法在若干国家之间进行比较，但这还有待实现。

也就是说，我们分析所指的批判形式（如果必须指出其特点，可以说它们是“改良主义的”）不是“革命的”。如果（19世纪初以来，情况常常是这样）“革命的”立场意味着描绘资本主义领域的人类境况，而且更一般地描绘当代工业社会里的人类境况，它与人类命运如此相异，或者可以说如此“疏离”，那么，批判的唯一可能目的就是创造一种“新人”[5]。我们特别反对这种概念的一个含义，即：使批判摆脱形成它所根据的规范性立场的要求。因为它总是相信，在现今构成的世界里，只要革命还有待进行，就没有一种规范性立场是做得到的，或者甚至是真正可以想象的。那么，只做批判是可以的，这有着不可估量的好处：人们可以把什么事情都归诸批判，而无须表露自己的规范性预设。这种立场只要不是简单的虚无主义或庸俗性的，最后总是归向“科学”——不论是辩证唯物 xiv
主义意义上的历史科学，还是今天的绝对主义社会科学——以及间接地归向革命者和科学家的联合体，他们掌握必要的材料，是人类行动的最终仲裁者。这就要牺牲世上最广泛持有的一种公正常识。这里我们遵循迈克尔·沃尔泽在他的《批评者团伙》这本精彩著作中对20世纪社会批判的分析。

我们的分析使我们知道资本主义同化批判的能力，因此我们肯定了这一立场。一切意识形态，不论其宗旨和规程多么激进，最终都证明会向同化敞开大门。而且，它越是综合和全面，就越加乐意放弃平凡、乏味的领域（“小资产阶级”一度用这个词，指那些在工作条件、保住职业、分享增值、学校教育、可养育子女的生活条件等方面的日常斗争）而主张宏大的预言性要求。

这特别说明了，为什么我们要那么仔细地观察旨在把新形式的保障和公正引进一个以灵活、机动和网络式组织形式作为基本参照点的世界中去的机制，由法学家或经济学家等提出的这些机制在20世纪90年代后半期被人们讨论。在理论层面，对这些机制的分析使我们赋予项目型城市以实质——我们认为正在形成中的一种规范性新支承点——而从更加实际的观点看，它使我们能认清批判似乎最抓得住的一些地方。

可是，我们必须澄清一种带有理论和政治含意的误解。我们写这本书的目的，完全不是要去帮助建立那种“项目型城市”，或者甚至是力图为“资本主义”提供一个立即可到手的新“城市”（我们的做法一直受到批评）。我们的工作首先是描述性的，主要是设法汇集相当广泛的不同学科（管理学、法律学、社会学等）的作者，旨在为实现项目型城市的试验而提出的种种机制。至于可称为我们这方面的“个人”立场，则不在本书正文之内，而是在本书后记内表述。我们相信，任何有助于稍稍减少工薪阶层不安全感的东西，都比没有强。首先是因为受苦将减少，我们没有时间搞“更糟的政策”；而且是因为，整部工人阶级运动史已经表明，当不安全感减少时，就会导向批判复兴的情况。我们不是政治战略的专家，因此我们现在感到，建立使工薪阶层有更大安全感的机制（即
xv 便这些机制与争取灵活性的要求作了妥协）是一种很合理的选择；如果同时进行理论与实际工作，以这些机制为基础来实行更为有力的批判复兴的话。

所以，首先对批判赋予了一种“改良主义的”作用，并未让我们感到不安。因为，一旦抛弃了支撑“革命”的救世主所期望的形而上学建构，特别是一旦放弃了对“新人”的预期以后，对“改良”的要求怎么会迥异于“革命”的承诺呢？改良也可以是激进的，可以相当深刻地改变事物的现有秩序。事实上，关于“改良”与“革命”之间的整个辩论背后，有着一个今天很含蓄的主要问题：就是行使暴力的合法性。之所以含蓄，是因为在两次世界大战及法西斯国家的大规模屠杀事件以后，仍然鼓吹大规

模使用暴力的人比起索雷尔时代要少得多了。但是,如果以革命需要为由而支持暴力也遭到拒绝,那么改良主义运动怎么区别于革命运动呢?

怎样对待批判？扩大和混乱

在这篇“序言”的开头,我们着重谈到了20世纪90年代前半叶与现今之间变化的背景,其中涉及批判的地方特别容易引起兴趣。

首先,由于我们的书最初是在1999年末出版于法国,我们见证了批判的迅速复兴，确实比我们写第六章时所预计的要迅猛得多——这一章专注于1995年以后批判的重新复活。特别值得注意的是,不同国家中开展批判的速度已经汇聚成一场对全球化的全面批判，其高峰是在西雅图、热那亚或者阿雷格里港。

但另一方面，在建立有能力控制资本主义的新形态并减少其破坏性的机制上,我们看到的是事实上的停滞。在法国,“新经济”所带来的欢欣迟迟未到(这可以相当准确地追溯到1999年末,或者纳斯达克于2002年4月崩溃前的两年多一点),在使社会党政府把大部分措施束之高阁上肯定起到重要的作用。[6]这很可能导致了既有的左翼在2002年4月的总统选举中惊人的失败，以及很大部分选民对极右翼或议会外的极左翼投了“抗议”票。

意欲发挥总体影响的机制也是如此，它们的实施看来在当时具有更加空想的前景。在这方面,和我们写作本书的时期相比,事情没有多大变化;至少可以说,资本主义的新精神正从容地自行调整其能力,不 xvi
但提供我们所谓的“激励”(当新机制成为老生常谈时,它就提供得越来越少了),而且提供保障与公正。

回顾起来,至少可以认为,我们的工作在恢复批判上有些胆怯(恢复得比我们预见的要快),同时却肯定对批判效果过于乐观(暂时看来效果不是立竿见影)。

而且,对资本主义在过去三十年中再度壮大一事,相对而言,既无逻辑一致的理论分析,又无确切的实际分析,也许可以说明,或至少部分地说明了当前自相矛盾的情况,其特点是:批判无可否认地重新展开,而那种批判又显然处于混乱。我们可以察觉到这种混乱的一个初始迹象:一方面,老活动分子对共产主义的好日子有着普遍的怀旧情绪(当时西方民主国家面临确实存在的共产党国家军队的威胁,认为这"使得老板们住手");另一方面,一些年轻的积极分子则被陈旧的革命话语所吸引。

我们认为,还有一种迹象,就是想把对资本主义本身的批判(集中于经济机制、工作组织形式和利润榨取)转变为对"帝国主义"的批判。在法国,这种行动转化为通俗反美主义的高涨。看到义愤脱离了具体的、斗争的场合而让位给面对外部敌人的共识,即便是涉及到"全球化"及其"代理人",也总是令人困扰的。

眼下,也很难看清我们所谓的"艺术批判"的兴起会走向何方。如果相当普遍地承认(肯定比五年或十年前更清楚)法国在过去五十年中所采取的批判形式(显著地强调个人解放的革命一面,特别是在性解放上)已趋于穷尽,那么,为了识别当前主导的"异化"模式,应当考虑哪些征象就非常模糊了。这在很大程度上造成识别左、右翼政治特征标记的混乱,而在不久前这是很容易分清的。例如,在最近围绕农民联合会进行动员的事例上,我们看到一个捍卫农业反对全球化劫掠和转基因的运动,它被视为既是"左翼的"又是"反动的",这取决于把重点放在它那相当矛盾的立场的哪一边上:赞同世界范围的公平贸易,还是保护传统
xvii 的法国农业?

回应一些批判

自从本书在三年半前出版以来,受到国内外同事们的若干批判。尽管内容不一,但某些主题却在这些批判中一再出现,或许是因为它们突出了我们工作的最明显缺陷。但至少在有些事例中,批判抓住了我们

试图展开的代表性观点，它们说明了我们的事业同社会科学近期其他理论努力之间的联系。因此,值得把它们提出来,并简要说明我们认为自己能够作出的回应。

惯例经济学和调节理论

最初的一种批判认为，我们的立场笨拙地处于经济学分析的两个新近潮流之间，而这种批判在法国知识界的非正统经济学家非常活跃的辩论中颇为典型。这两个潮流就是:惯例经济学——它的发展与我们力求创立一门实用性批判社会学的活动密切相关——以及调节学派[8]的著作。我们工作的一个重要方面,的确是有意寻求把这两种观点结合起来,而有人认为那是不可能的。

从惯例理论中,我们得出在等价原则的意义上澄清惯例的必要性,以便对人(和对物)进行比较,只要他们(它们)构成经济关系中时常不大看得见的基石,而且构成不同行动者对他们(它们)进行判断的基石。例如,根据不同质量的惯例所做的交易;至于生产,那是根据不同的协作惯例。

根据调节理论的精神(即便不是根据字眼),我们采取了宏观经济和宏观社会的方向,以及强调存在积累制度的结构主义方向,也就是说(转化为我们的语言),某些惯例和检验在特定时刻和特定社会形态下具有战略地位。这些惯例和检验是既成的,这意味着它们都是组织成一个体系的、由法律机制所结合的,并且落实在组织机构中。但是,我们对这些体系不是给予一种类似机械的操作法并使之实体化，而是在我们的描述中结合进有关行动者对这些惯例和检验所作的解释和批判。

对技术革新的估计不足

我们也同样被批评为不给技术变革(特别是新兴的信息技术)及其对财富生产的影响以应有的空间。我们没有忽视组织公司的新方式所带来的效果与效能,那是特别但并非全部由新信息技术所促成的。我们 xviii

在本书一开始就写到了资本主义的复兴。而且,我们所阅读的管理材料充满着对这些“经济”好处的赞美。

但是,我们试图从不同角度来看这个问题,以便不是把技术孤立为一个独立变项。正如新的科学社会学无可辩驳地表明的,技术变革远非独立于其他方面的社会存在。例如,如果我们遵照布鲁诺·拉图尔的分析,就可以看到,无数可定为“道德的”事物都牢固地具有技术方面。“消费者需求”及其多少不稳定的性质,也可以这样说。因为,消费者口味以及消费者需求的迅速变化过程,与有关艺术批判的需求(特别对于“真实性”的需求)并非没有联系(至少这是《资本主义的新精神》一书所捍卫的命题)。这转化为一种消费者个人化的消费要求,而有别于一切形式的“大规模”生产。总而言之,本书的意图不是要否认技术变革在资本主义发展中的作用(那是荒谬的),而是根据波拉尼式的想法,要打破技术决定论的宿命论观点。

与马克思主义的关系:超越基础与上层建筑二分法

其他的问题围绕着我们的书是否可以被视为马克思主义在社会科学内模糊回归的构成部分(以德里达的用语是伪装成“鬼魂”,或者如齐泽克所说的“幽灵”)。有些批评家——怀疑他们与反马克思主义者为伍——谴责我们的著作中有不敢言明的隐蔽马克思主义的复起。我们让他们去幻想吧。其他人——这一次是亲马克思主义者——责备我们“在精神上偏离”,说我们把“观念”和“精神倾向”作为历史的动力。

更为严重的是,动机最为善意的作者们,却试图把我们著作的意思以“基础”和“上层建筑”的范畴来解释。可是,我们设法树立的理论建构——早在《论正当性》一书中所阐述的初步工作——正是旨在使这种二分法成为多余。我们受马克斯·韦伯、卡尔·波拉尼和路易·迪蒙所影响的出发点,正是设法复活资本主义动力问题的同时,无需使用这些马克思主义范畴。这些范畴的局限在20世纪70年代已经变得很明显,而
xix 且,在我们看来,它们特别不能正确地对付意识形态的问题。[9]这种概念

造成观念与现实世界之间的显著分隔，并忽视它们的相互联系、相互交织、联合生产和相互影响，总是引起失误而把意识形态狭隘地定义为一种伪装或镜子，不断提出鸡和蛋的问题。它使研究者不能参与产生历史现实的复杂性和不确定性，以便耐心地理清其脉络。

我们赋予"意识形态"一词的意义

在同样的批判问题的主题上，值得稍稍谈一谈我们认为"意识形态"一词的用处，这个词语已出现了许许多多的误解。正如雷蒙·布东在其对此主题的研究报告中所说明的，对意识形态的讨论总是围绕着是否应根据是非标准来界定的问题。批评我们不该把意识形态这个概念从20世纪70年代末湮没无闻中拯救出来的人们也不例外，因为他们认为意识形态显然是一组错误的思想，也就是说，科学方法可以使之无效的思想。现在，我们明确地反对这种看法。我们曾在许多场合说过，资本主义的精神不但使积累进程合法化，而且也抑制积累进程。我们也可以说，正是因为它能抑制它，所以才能使之合法。这是因为我们将其归功于人们具有真正的批判能力，而批判可以影响世界。我们出发的原则是：人们自己有能力来评估言辞与自身经历之间的差距，从而看到资本主义在实践中必须提出什么理由，才能使人接受它的言辞。

为了使问题更清楚些，我们说过我们所谓的"资本主义精神"有三个组成部分，其中一个指的是公正，具体是说，资本主义机制如何促进共同福祉。[11] 这个"公正"因素直接涉及《论正当性》一书中最初提出、并在本书中再次阐述的"城市"概念和检验概念。这一模式从不试图对言辞话语作专门分析，而完全抽象于上述公正原则的任何实际操作之外。因此，与作为欺骗的意识形态的概念一道，我们发现，按照城市来描绘正当性是无效和空洞的。所以，我们看到一大批言辞话语和辩解之辞如同诸多幕障和假货，以欺骗尽可能多的人，掩盖支配我们的力量对比或基本结构；而真正的世界却只有科学家（不论是经济学家或社会学家）才能进入，因为只有他们能掌握特权使自己摆脱社会世界。这肯定不是我们的观点。

然而，那些批评我们的人，说我们接受了作为“纯意识形态”的管理
xx 材料的有效性，说那种材料和著作与生产组织中发生的变化没有多大关系，主要是依靠意识形态的概念作为掩盖来蒙蔽现实。对于这个问题，我们的立场如下：我们认为，现在存在足够数量的可靠而集中的统计数据（特别是劳工部调查所提供的数据，我们在第四章中曾大量引用）可以说明，20 世纪 90 年代的管理材料中提出的趋势流传颇广。所以，只考虑这些材料的“意识形态”方面而不看到它的实际影响，是错误的。这并不意味着所说的变革在各部门都采取同一步调，或者（特别）认为它们都以同样的力度来实施。从这些管理材料出发，使我们能描绘理想类型的新生产组织。（“大规模生产”难道不也是一种具体形式未被证实的“理想类型”吗？）这种模式在实践中实现了多少（按部门、地区等计算），本身也是一个十分有意思的研究课题。

一本专门写法国的书？

我们分析的有限范围局限于法国，许多说英语的评论者对此颇感遗憾。《资本主义的新精神》是不是又一种不宜转运的、非常法国化的产品（如同何塞·博韦的罗克福尔干酪），是法国知识分子的特制品吗？把我们自己局限于法国，远非偶然，这是一个有意的选择，而且说实话，又是有争议的选择。20 世纪 90 年代，有无数出版物声称对全球化作出总体考察，我们则不以为然，决定对自己加以限制。由于它们不研究在起作用的张力，不研究旨在可驾驭程度内克服这种紧张的决定与政策，这些出版物的内容实际上把“全球化”作为非人为“力量”的“必然”结果。

相反，我们相信：理解导致“全球化”的过程，要求详细分析看上去发生在非常不同领域里的多种变化和冲突；对这些变化的描述只能在相当有限的时段内（五年）、在小范围内（我们两人单独进行，后面没有大的团队）、在一个国家内（特别是因为在国家层面上，与国家历史相关的制约具有重要作用）认真进行。虽然这么说，但我们也相信，西方世界

的主要工业国都受到基本上类似进程的影响。我们再一次希望，以类似的方法论观点，未来的工作将有可能丰富精细的目光，在本地变项的影响下，看到新的制约因素已经建立起来，使本地经济与政治行动者衷心感到从属于外力，好像这是他们难以反对，甚至不可能反对的力量。 xxi

网络的地位及其解释

其他批评集中于我们对网络作用的看法，以及我们所提到的 20 世纪 80 年代末出版的管理材料中有关网络的内容；其实这不是同一件事。因此，我们之所以受到批评，或者是由于(类似于上述批判的一种现实主义精神)没有足够认真地对待以网络为基础的新技术所起的作用；或者，相反地，是由于接受如网络般错综复杂的意识形态的可行性，它把一向存在的调和过程和调和作用视为创新。我们所关心的正是要避免这些同样简单化的解释。

对于一些采取广义决定论立场的著作力图界定以网络结构为基础的新技术的社会效应，我们的立场可以称之为涂尔干式的(虽然也可以称为詹姆士·贝尼格式的，例如在他的重要著作《控制革命》中)。它包括：强调社会状况，尤其是强调促进或推动采用或发展某一特定技术的社会冲突。在这方面会惊人地看到，对 20 世纪 60 年代末、70 年代初近距离等级制监督方式的批判，使得随后大大发展的技术实际上只用了一二十年时间就能进行有效的远距离遥控。

相反地，对那些责难我们接受关于网络的管理话语的有效性的批评者，我们可以回答说：本书已经预计到这种批评了。我们不厌其烦地在一些场合加以说明，我们当然并不认为(这里我们遵循费尔南·布罗代尔的著作)网络及中介体所起的作用是一种新现象。另一方面，新事物却正是本书大量论述的社会项目，目的是把网络视为一种正规模式。如果你愿意，可以说这包罗着一种“意识形态”；如果这个词语被理解为上述意思，那么必须强调，“意识形态”如要成功，必须植根于使其能“真实”存在的组织的、体制的或者法律的机制之中。

对我们著作的其他解释,认为已发现其中具有某种对网络的敌视,以含蓄的集中制和集权制的立场表达出来(这种批判时常由美国政治学家作出,特别是从三十年前斯坦利·霍夫曼的著作以来,这种批判已司空见惯)。据说,我们没有认识到"空间相接的微观网络"的好处。但是,我们不确定自己是否已经理解这种论点了,因为我们认为,以严格
xxii 的正式立场来看,很难理解它的意思何在。正如米歇尔·塞尔等法国网络哲学家或者其他方面的哲学家如吉尔·德勒兹的著作所表示的,网络的基本特性之一是开放性。而且,美国的网络社会学理论家哈里森·怀特也采取同样的基本前提。网络空间由网络创作者所构成,与地理空间不同:它是开放的、不确定的、变动的。在网络中确立一种公平尺度的困难,正是由于无法始终知道谁在内和谁在外。这些轮廓是在不断变化之中的,网络成员极少了解网络全貌,他们只知道他们常去的那部分网络。因此,试图构建网络,总要包括制定一份最低限度的网络成员名单,并且提出(即便不是规定)一份至少由"成员们"接受的管理实例,即另一个确立"规则"的首要层次。在这样做的过程中,网络显然会失去其流动性、开放性,直至其网状性。提出这一点,并不是内心要当集权者。

然而,网络与地域之间的关系问题,比我们在书中所做的,值得进行更加缜密的审察。因为网络显然具有实在的地域基础,而地域在调节超越地域的网络所产生的财富积累点的能力上,是不一样的。而且,今天的管理首先是以地域的方式来组织和构想的,而网络分支正伸展到这些地域范围之外,因而管理更加无效。

网络内的自我组织也是这样,它今天被视为一种准"革命的"解放力(例如互联网的事例,或者举一个更加具体的例子,关于免费软件的辩论)。网络中发展的自我组织肯定有利于革新和革新者(正如我们所引用的米歇尔·卡龙的著作所表明的)。但是,它本身没有什么机会来就社会公平提供可取的解决办法,因为网络并不提供一项覆盖全局的立场,容许那些处于边缘或无法联网的人们受到关注。

社会世界的双重本体论

以我们使用网络概念的方式所提出的问题，最终涉及我们理论观点的一个中心方面，它比较不受注意而未被评论或批评，然而，那是对我们作品进行批评的中心所在，因此我们理应作出回应。对我们来说，我们研究的这一方面是相当基本的，因为它有关所谓社会本体论。仓促 xxiii 而不成熟地说，社会理论，特别是法国的社会理论，总是间发性地摇摆于两种看来互不相容的范式之间，但是在这方面，法国思想在过去三十年中在总体上对社会科学具有相当大的影响。不限于此，这两种范式涉及到我们在本书序言开始时谈及的法国社会学的两大时代，当时我们回顾了过去三十年中对资本主义的种种谈论。

第一种范式强调的是：被视为体制、法律与规范支承基础的力量与力量对比，行动者声称其行动以此为据。在这类范例中，道德上的急需、正当性的方式和体制形式都被用作掩盖现实的帷幕，即作为利益与力量对比的一种相互作用，或者干脆忘却而转为沉默。在这两个事例中，关于社会上的人们为何对规范性如此重视——如果它事实上在决定他们的行动方面不起任何作用——的问题仍然未获解决，并没有提出令人满意的回复。在20世纪60年代和70年代，它们与马克思主义因注入结构主义而得到复兴联系起来。更晚近的时期，它们则建基于一种网状的或者根系形态的本体论，特别是德勒兹在创造性地重新解释斯宾诺莎和尼采的基础上所提出的形式，他们的著作只是较晚才对社会理论有具体影响，所以，他们只是从80年代中期开始才真正具有重要性。后者比前者有利，因为它消除了“古典”马克思主义中一些最不可接受的方面，特别是基础与上层建筑的二分法。

对比来看，第二种范式则强调政治体制与政治哲学，以及法律、道德和总的规范性所起的真正社会作用，这种范式是在20世纪70年代末和80年代重新得到运用的。当时，马克思主义的没落重新开启了理论反思的领域。它特别依靠哈贝马斯的著作，但在法国还依靠历史学家弗朗索瓦·菲雷的著作（他在回归政治理论方面起了重要的作用）和哲学家保罗·里科尔的著作。

这两种范式的特色在于，它们都是基于可称为社会世界形而上学的两种相当不同的概念(往往是含蓄不宜的)。第一种,特别是它的根系形态,是建基于只包含一个层次或层面(“内在层面”)的本体论。它只了解单一或流动,它们之间的关系是网状的,它们的运动和关系受力量逻辑所控制。相反,第二种只要基于两层空间就可以得到理解。第一层空间由单一实体特别是人们所占据；第二层空间由可进行单一实体对比的等价原则组成,并把它们构建为类型或种类,对他们之间的关系作出
xxiv 规范性判断。这种双层结构被第一种范式谴责为屈从于超越的幻想。

这两种范式在我们看来都不能完全满意地或适当地解释社会动力。而且,我们认为,这正是为什么我们看到它们之间的周期性交替。例如,今天可见证到一种力量本体论的逆转,它急于同马克思主义划清界限,常常从卡尔·施密特那里获取灵感,而施密特亲纳粹的立场使他长期被排除于知识界之外,但是,他最近却回归左翼或极左翼思潮,这真是既轰动又惊人。

我们所提议的变革模式的创新性，在于它寻求把我们纲要性地援引的两种范式结合为一个理论架构。我们事实上已经设法说清社会世界的两种行动体制。第一种我们称之为“类型体制”。它由一定时刻批判对最重要检验的影响加以推动,它依靠双层的形而上学,并激活等价原则(往往对它们加以质疑),加强制度,制定法律,敦促展开道德正当性,这些都特别根据公正而得到表达。在这个架构内(以法国为例),我们来解释在 1968 年 5 月事件后签订、发布或投票通过的增强工人安全与公正的大量联合协议、政令和法律。

但是,这种类型体制并不穷尽所有的社会行动。我们还设法突出一种不同体制所起的作用,我们称之为“移置”。它免除了一般化和道德判断，在单一层面上展开，所产生的最满意形象是由根系形态规则提供的。我们设法表明,手头上的事例——从 70 年代后半期起资本主义的

复兴——因加紧求助于类型体制的手段而使检验日趋严格，使得一些行动者脱离既有的检验，根据移置体制特有的方式来行动，以寻找新的获利途径，尤其是通过增加网络。

我们的理论立场使我们受到批评，或者至少未被充分理解或被误解：(1)首先是那些受哈贝马斯所鼓舞的人，他们强调寻求可导向在规范基础上的协调(即便是程序性形态)，以便可能达成判断的趋同；(2)那些从结构主义观点来强调利益和力量对比的人；(3)那些把规范性问题视为没有根据而加以放弃的人，他们都强调网络的创造性。这是有所关切的事，虽然基本上可以理解。今天我们正在看到，许多作者对呈现 xxv 于眼前的技术和经济机制的扩散性和创造性着迷(就是说，作者们对资本主义的复兴着迷)；许多作者要恢复反资本主义的革命活动，使之置于新的理论基础上，他们像阿尔都塞分子在20世纪60年代用结构主义来修补马克思主义那样，把它关联到人生哲学，想依靠网络本体论来复兴它；这两批作者在最后的立场上趋同。

关于“批判迟到”问题的一些修正

最后，我们愿意从回应批评转而表达一种自我批评。情况如下，在涉及检验的地方，我们使我们的行动者具有移置与类型化的能力。类型化就是把单一事件在特定方面进行对比，以便把它们串连起来。当人们设法对他们生活的世界赋予意义时，这是他们实行的基本措施之一：从中得出主要的不变因子，以及某种简化的运行形象。类型化的能力对于“加紧检验”很重要。相反，移置指的是未曾类型化的，特别是没有形成部分既成的、明定的和高度类型化检验的人们的行动，这种特征使它们具有一种本地的、基本无形的性质。防止既有检验的发生，是预设存在着移置。在我们所有的行动者中平等地分配这些能力，本是合乎逻辑的。可是，情况不是这样，因为在我们所说的故事中，移置的主要是资本主义，类型化的主要是批判。因此，批判不可避免地总是晚到，因为为了有效，它必须分析资本主义进行的移置，并将其排列成序，加以类型化，以便揭露并谴责其不公。我们把移置与类型化的相对能力做这样的不平等分配,就可以看到如何能翻转成“移置—资本主义—物质世界”对“类型化—批判—理想世界”的冲突。

这里包含我们阐述中的一个缺点:类型化与移置的能力,如同人类学的能力,显然是均匀分布的。至于资本主义的类型化能力,这岂不是1968 年 5 月以后雇主们面对“可控性危机”构建第一次和第二次回应时所实行的吗(见第三章)? 它岂不正是管理学作者们设法勾画一些新世界的基本规则时所做的事吗? 因此,资本主义及其批判同时而且互动地
xxvi 对世界的定义与类型负责。

与此相对称，批判具有重要的移置和创造能力。在 20 世纪 70 年代,工会被基层会员所挫败,以及分析家们在解释当时态势时所经历的巨大困难,应当再次提出来。如果在三十年以后,当艺术批判下放到街头时,这些事件似乎可以为我们所理解了,那么当时的观察家们则把它看成基本上与移置秩序有关。也就是说,在那些时候,一时没有人知道发生了什么,或者怎么来说明它的特点。

除了在理论上有必要以外,对我们的模式这样来重新权衡,将能给批判以充分的应有评价，并且有助于遏制很常见的把批判降低到观念领域,而把资本主义降低到事物领域。

在这一点上,就像在其他许多方面一样,《资本主义的新精神》一书可以作为一个研究提纲来阅读,而不是作为一本全部完成的著作;作为扩大、澄清或否定我们的意见而进行未来工作的召唤,而不是作为一种教条和傲慢的总结性论著。

2003 年 5 月 27 日于巴黎

注释:

1. 例如奥利弗·威廉姆森的《资本主义的经济制度》(出版于 1985 年),书名即指明此点。

2. 政治与道德社会学学会是社会科学高级研究院和科学研究全国中心的一个研究机构,由吕克·博尔坦斯基在 1985 年建立。关于这些年间法国社会科学的历史,请参见弗朗索瓦·多塞的《感觉的帝国:人文科学的人道化》(发现出版社,巴黎, 1995 年)。

3. 见吕克·博尔坦斯基与洛朗·泰夫诺,《论正当性:大国的经济学》,加利玛尔出版社,巴黎,1991 年。

4. 见吕克·博尔坦斯基,"1968 年 5 月以后的左翼和盼望总体革命",《论题十一》,第 69 号,2002 年 5 月,第 1—20 页。

5. 在当时实施的措施中,应当提到 VAE 机制(由经验获得的有效性),它使人们以劳动生活中积累的技能来取得同等资格,而无需返校学习。这些机制可以被解释为努力使实践成为适于雇用的条件,这是项目型城市的中心内容,而公司则继续按照技能概念来处理对人力资源的新管理。

6. 见奥利维埃·法弗罗与伊曼纽尔·拉泽加编,《经济组织中的惯例与结构:市场、网络与等级制》,爱德华·埃尔加出版社,切尔滕纳姆与北安普敦,2002 年。

7. 见罗伯特·博耶与伊夫·萨亚尔,《调节理论:知识的状态》,发现出版社,巴黎,1995 年。

8. 见夏娃·希亚佩洛,"调和意识形态概念的两种主要意义:'资本主义精神'的例子",《欧洲社会学学刊》,第 6 卷,第 2 期,2003 年,第 155—171 页。

9.《关于意识形态观念的起源》,法亚尔出版社,巴黎,1986 年。

10. 其他组成部分包括有关保障和激励的命题。 xxvii

鸣谢

本书之得以完成，是由于许许多多的人以各种方式作出贡献和帮助，他们向我们惠然提供他们的时间、知识和关切，不但是他们的友谊和感情，还是（特别是那些和我们更加密切的人）不倦的耐心（这些帮助的方式真不亚于完成一项长期的大项目）。我们借此机会向他们每一位深深地致谢。

在准备此项工作时，我们获得高级商业研究院集团及其基金会的资助，得到当时的研究主任吉尔斯·洛朗和高级商业研究院集团总裁贝尔纳·拉马南查的支持，也得到政治与道德社会学学会（社会科学高级研究院—科学研究全国中心）的支持，特别是该学会的书记达尼埃尔·比勒给了无穷的帮助。

没有索菲·蒙唐的援手，我们将不能够，或者至少无法在合理的时间内完成构建管理文本并准备由电脑软件处理的文件这一紧迫而往往吃力不讨好的任务。弗朗西斯·夏托雷诺和让—皮埃尔·夏里奥这两位创制人教我们如何熟练使用电脑软件。

高等商业研究院的社会学者与博士生伊夫—玛丽·亚伯拉罕，以及科学研究全国中心（政治与道德社会学学会）的工程师玛丽—

诺埃尔·戈代帮我们完成文献工作。前者汇总了一份统计档案材料，后者细读了20世纪70年代和80年代的政治与工会报刊。

此书的最终文本历经澄清、提炼和过滤的漫长而不讨好的工作，以便把过于冗长的文稿过渡到虽非剧变改观、却属可以掌控的一部著作。这项工作大大受惠于同许多好友的讨论，特别是洛朗·泰夫诺，以及我们的许多审读者。弗朗西斯·夏托雷诺、布吕诺·拉图尔、西里尔·勒米厄和彼得·瓦格纳审读了摘录或较早的稿件并大力提出批评，谢谢你们。伊莎贝尔·巴斯赞格、托马斯·贝纳图尔、阿兰·德罗西埃和弗朗索瓦·埃马—迪韦尔奈承担了通读全书并提出澄清、修改和补充的苦差使。我们在写作本书的整个过程中，都
xxix 受惠于伊丽莎白·克拉韦利中肯的评语和热情的支持。但毫无疑问，最为经常的支持来自莉迪·希亚佩洛和居伊·塔尔布尔代，他们极其仔细地阅读了书稿数遍。最终版本带有他们智慧的印记。

我们曾经在若干研讨会上共同提出并测试本书中主张的一些主题，特别是罗贝尔·德西蒙在社会科学高级研究院所主持的“秩序与阶级”研讨会（我们在该研究院发现P. A.罗森塔尔严厉而深刻的批评颇有激励作用）；以及托马斯·贝纳图尔和埃利·迪兰在高等师范学院组织的“可能的世界”研讨会。首先，我们吸收吕克·博尔坦斯基在社会科学高级研究院主持的每周研讨会。因此，我们可以在写作过程的不同阶段把这部著作提出来供讨论，这种机遇具有无可估量的好处。我们也得益于其他机构的博士生和研究人员在这种研讨会上发表的作品。特别有用的评论和发言包括伊夫—玛丽·亚伯拉罕（关于金融市场）、托马斯·贝纳图尔（关于实用社会学与批判社会学之间的关系）、达米安·德·布利克（关于金融丑闻）、达米安·卡特隆（关于对工作密切监督的技术）、萨比娜·夏尔冯—德梅尔赛（关于家庭的当代表现）、朱利安·库帕（关于情境决定论）、埃马纽埃尔·迪迪埃（关于排斥概念的形成）、克劳德·迪德

赖(关于计划过多)、帕斯卡尔·迪雷(关于体育比赛)、阿尔诺·埃斯凯勒(关于操纵的概念)、弗朗索瓦·埃马—迪韦尔奈和埃马纽埃尔·马夏尔(关于招募方法)、弗朗西斯·金斯伯格和弗朗西斯·布吕热曼(关于工作理事会要求采取的第二次评估)、克里斯托弗·埃卢(关于抵制监督)、雅克·奥劳(关于马克思和道德)、多米尼克·林哈特和迪迪埃·托尼(关于在网络世界中的探索能力)、托马斯·佩里鲁(关于一个军火工厂的重组)、克劳迪·桑凯(关于技能评估)、伊莎贝尔·萨波塔和埃利克·多伊迪(关于新的社会运动),以及戴维·斯塔克(关于以网络形态重组匈牙利的经济结构)。希望他们将在此接受我们对他们所作贡献的感谢,这些研讨会的其他参与者的评论与批评也是非常有益的。

我们还受益于在法国国家统计局采访阿兰·德罗西埃、让—达维德·弗曼宁、博杜安·赛斯和马里冯内·勒梅尔。

最后,我们必须感谢我们的编辑埃里克·维涅,他对我们抱有信心,而且坚韧不拔,他出来剔除学术上多余的段落、无意义的注解,或者不必要的枝蔓。摆在读者面前的这本书要大大归功于他。

在末了,我们必须承认,虽然我们确实从头到尾撰写了本书,但我们不禁要问问自己:艾伯特·赫希曼对本书会怎么想,因为他的著作比其他任何著作在我们写书的漫长过程中都更多地支撑着我们。因此,此书应当谨献给他,那是再合适不过了。希望他在这几 xxx
百页的字里行间看到,他对于形成本书取向(不仅仅是学术方面的)所起的不可替代的作用,深受崇敬。由于他对社会经济分析所提出的概念,特别是他一向对批判赋予的重要性,我们作为研究者,始终受这一取向所指引;而且,我们作为人类,始终受他的榜样所指引。

我们知道,在我们所接触交往的世界中(我们从孩提时起就参与其中),沦于贫困的人们至少可安于贫困,那是人们与命运之间的一种默契合约。在现时代开始之前,命运从不违约。不言自明,那些纵情于奢华、幻想、赌博和一心想逃脱贫困的人们,是处处冒着风险的。因为他们赌博,就可能会输;不赌博的人是不会输的。但是,他们却没有想到会出现一个时代,而且它已经到来了。这就是现时代,不赌博的人输个不停,甚至比赌博的人输得更惨。

——夏尔·佩居伊,《金钱》

前　言

撰写本书的想法是在1995年初考虑的,那是由于许多观察家都看到越来越多的人经济与社会地位恶化，而与此同时却存在着一个繁荣兴旺和重新构建的资本主义,因而对此深感困惑。这种困惑因社会批判的状况而加剧,对此,作为其同源论述的社会学,却极少无动于衷。一百年来,社会批判似乎没有像过去十五年中那样无助无能,不论是虽表明义愤但无替代性建议来加以支持,还是(最常见地)干脆放弃谴责这种无法回避的、性质上成问题的(就最低程度而言)形势,好像默认那是不可避免的。

在许多方面，我们今天正生活在和过去60年代及70年代初相反的形势之中。在那时,资本主义经历着增长下降和盈利受困的局面,至少根据调节论者的分析,生产率上升放慢,伴之以实际工资继续按过去同样的速度递增。[1]如1968年5月事件所示,批判正处于顶峰,它结合了相当程度的古典马克思主义标记的社会批判，以及很不同的一些要求:从呼吁创造性、欢乐、想象力,到影响各方面存在的解放,再到摧毁“消费社会”,等等。至于宏观经济环境,那是一个充分就业的社会,领导人无休止地重申那是一个“以进步为取向”的社会,人们抱有子女过更美好生活的期望，提出了通过民主化的共和学校制度来使得社会进步让人人所共享的要求，对于受教育机会不平等现象加以谴责。

本书背后的问题之所以产生，是因为：上述形势几乎全部发生了逆转，而且最终对此只出现了微弱的批判性抵制。且不说一个左翼政府对批判失去警惕，[2] 我们希望更加详细地了解：为什么批判没有"抓住"这
xxxv 种形势，为什么它不能理解所出现的发展，为什么它在 70 年代末突然撒手，让出地盘，使资本主义自由地进行重构近二十年之久，而使自身局限于回应日益增多的社会问题这一较不辉煌的（虽然是必要的）作用；最后，为什么许多"68 级"对出现的新社会如此安然，而他们自身却充当其代言人，并且鼓动其转型。

但是，在我们着手对这些问题回答之前，似乎值得在这篇前言中根据宏观经济指标或统计来快速描绘一下我们的分析，以及过去四年在研究上所发生的种种问题（且不提惊恐）的来龙去脉（至少那是充满对比的）。

资本主义复兴与社会形势恶化

不同于 1973 年以来经常乞灵于"危机"（虽然以不同内容）的陈腐主题，我们相信，过去的二十年标志着资本主义的兴旺发展。在这个时期，资本有着多种投资机遇，提供的利润率往往超过早先时期。这些年份对于所有有积蓄（资本）的人们都是大吉大利的：在 20 世纪 30 年代大萧条中无影无踪的利润，在其后几十年中未能由于通货膨胀而得以恢复，但现在却回来了。

当然，就长期而言，增长放慢了，[3] 但是资本收益在增加。非个体公司的利润率 [4] 在 60 年代和 70 年代期间曾经剧降（1959 年至 1973 年为-2.9 点，1973 年至 1981 年为-7.8 点），在 80 年代复苏了（1981 年至 1989 年为+10 点），而且其后一直保持（1989 年至 1995 年为-0.1 点）。在 1984 年至 1994 年间，以 1994 年法郎不变价格计算的国内生产总额增

长 23.3%。社会贡献以同样的比例增加(+24.3%),但工资净额并非如此(+9.5%)。在这十年中,财产收入(租金、红利、资本利得)上升 61.1%,未分配利润[5]上升 178.9%。塔代与科利亚研究了公司利润率增长、公司税下降的趋势(1988 年从 50%降至 42%,然后在 1992 年降至 34%,但在 1997 年回升到 41.1%),以及雇主社会保险缴款自 1987 年以来的停滞,表明法国在 90 年代初所提供的资本收益率显著高于 80 年代初。[6]这些作者认为,法国公司的财务状况,在税负降低及利润与工资分配大大有利于公司的双重影响下,已经大为复苏。

在这些年中,金融交易商重新发现了"自 1929 年以来,甚至自 19 世纪以来,他们从未见过的一种行动自由"[7]。金融市场的解除管制、消除 xxxvi 分隔,以及"新金融产品"的创新,已使纯投机利润的几率大大增加,而资本则不以投资于生产活动的形式来扩增。因此,所谓的"危机年代"就标志着,现在金融投资比工业投资更能保证资本盈利性(而且工业投资还遭受利率之苦)。我们看到如养老基金之类的某些运作者的力量在增大,长期以来,养老基金是相当稳定的大量股票拥有者,但市场转型(转型的方式众多)使它变得极为突出,并促使它改变运作方法以适应"纯粹的金融盈利模式"[8]。在互助投资基金(SICAV)、保险公司和养老基金手中集中的流动资产,使它们能够按照自身利益来影响市场,这是公认的事实。[9]金融领域的这些发展同上市公司的演变不可分,这类公司都受制于同样的市场利润压力,它们自身的较大部分利润都通过纯金融交易取得。在 1983 年至 1993 年间,巴黎的股票市场估值(股份数乘以它们的价格)中,股票从 2250 亿法郎上升到 2.7 万亿法郎,债券从 1 万亿法郎上升到 3. 9 万亿法郎。[10]

跨国公司在世界资本主义重新部署的这些年份里也成为赢家。世界经济近三十年的放慢并未真正影响到它们,它们在不断上升的世界生产总值中所占份额继续增长:从 60 年代中期的 17%增长到 1995 年的 30%以上。[11]据推断,它们控制了三分之二的国际贸易,其中大约一半是母公司与子公司之间，或者同一集团的两个子公司之间的集团内部出口。[12]它们在“研发”开支方面所占的份额无疑还要大。它们在过去十年中所取得的发展，主要是通过世界范围的兼并和收购，这加速了全球寡头的集中与构造过程。80年代以来，特别是1985年以后，最惊人的现象之一是外国直接投资的增长，它不同于国际间的商品与服务贸易，因为这包含着财产权的转移和接手当地的权力。虽然跨国公司的影响主要是一个经济现象，但实际上却没有专注于它们的研究。在美国政府要求下，联合国跨国公司研究中心（UNCTNC）于1993年初宣告解体。一些任职者转到日内瓦的联合国贸发会议（UNCTAD），在那里进行着一个小得多的研究项目。[13]在200到500家公司（与《财富》杂志每年提供的名
xxxvii 单近乎一致）主宰着世界经济的同时，研究者所接受的跨国公司定义却始终很宽松，使得一小撮一直免于公司危机的超级大公司在公司的海洋中湮没不显。[14]

最后，过去二十年间的资本主义重构还伴随着放宽用工灵活性的重要优惠。我们看到，在有关赋税、社保和工资方面的政府优惠政策背景下，围绕金融市场和兼并收购活动发生了资本主义重构。临时性雇用、使用临时工、灵活性工时、降低解雇费的机会，已经在经济合作与发展组织（OECD）的所有国家中大大发展，逐渐削弱了经过一百年社会斗争而建立起来的社会保障制度。与此同时，最前沿的新通讯技术和数据通讯可以在全球范围内实时处理订单，提供一种前所未有的全球适应能力。在这种压力下，管理大公司的全盘模式发生了转变，产生了新的盈利方式。

因此，在被理解为通过经济投资使资本获得利润的可能性的意义上，世界资本主义仍然十分健全。至于社会——一百多年来我们一直习惯于经社分开[15]——它们的状况则相当糟糕。这里的数据都是我们更为熟悉的，首先是法国劳动人口的失业率，1973年为3%，1979年为6.5%，现在大约为12%。1998年2月，根据全国就业工作处的第一类数据[16]，

失业人数略高于300万，这还没有完全计算在全国就业工作处登记的求职者的全部人数，而且不包括那些由于年龄原因而无法找工作的人、提早退休的人、正在参加培训课程或受政府合同资助（或类似活动）的人。因此，“无工作”的人数在1995年事实上估计为500万[17]，而1981年为245万[18]。欧洲的平均情况并不优于此[19]。美国失业率低些，但法国工薪阶层却相当多地维持了他们的购买力，而在美国这方面则明显下降。美国的人均国内生产总值在1973年至1995年间虽然增长了36%，但非管理类工作（代表大多数工作）的小时工资却下降了14%。在20世纪末，美国非干部的实际工资将退回到五十年前的水平，而国内生产总值将在同时期翻一番还多。[20] 在经济合作与发展组织区域内，我们看到一系列的工资下降。在法国这样的国家里，政策上设法维持最低工资的购买力，但失业数字却不断增加，生活条件的恶化首先影响失业者，以及不断增加的非全日制零工（他们在1995年的就业人口中占15.6%，而1992年为12.7%，1982年为9.2%）。其中，40%的零工希望做更多工时。 xxxviii
有工作的人，就业也更加没有保障。非“正规工作”（固定期限合同、学徒、临时工、带津贴培训工、国家资助合同的受益人，以及政府主办的民间合同）的数量在1985年至1995年间增加了一倍。[21]

尽管生活在贫困线[22]以下的家庭数量减少了（从1984年的10.4%下降到1994年的9.9%），但受影响的人口结构却显著地发展了。贫困对老人影响日益减少，而对劳动人口的影响日益增大。享有社会最低保障的人口的变化，很好地反映了贫困形式的改变：从1970年末的300万人（230万个家庭）到1995年末的近600万人（或者330万个家庭）。[23] 受救助的家庭平均人数从1.3人逐渐增加到1.8人，而夫妇与家庭比重则上升了。对失业者的最低限度救助（特殊团结津贴）及附加最低限度资助[24]占这类增加的大部分。随着达到退休年龄段的人群增多（他们在工作期间一直支付着养老保险金），接受老年津贴的人数在1984年至1994年间减少一半。即便如此，也必须强调，支出费用并未适应受惠人数的增加：例如，1995年有1%的国内生产总值用于他们，而在1970至1982年间则是从0.3%增加到1%。作为社会福利支出的百分比，1995年用于最低限度救助的份额甚至比它在1982年的份额还要低。[25]

这一切事态的发展（工龄人口的贫困化，失业和工作无保障，工资收入停滞）发生在利润收入上升之时，而其后果就是：从80年代下半期起，法国的收入分配不平等再度开始增大，这一趋势在此之前已在其他国家中开始。[26]

家庭经济状况的这些显著变化，伴随着一系列的问题，它们特别集中于某些郊区（在少数族裔聚居区，事实上产生了导致黑社会帮派活动的法外地带，在越来越多的少年儿童中间暴力有所发展，以及把移民人口结为一体的问题）；在大城市居民的日常生活中出现极其显著的惊人现象，例如，乞讨和无家可归现象的增加，[27]且往往在年轻人中，然而他们中的很多人是有条件获得工作的。贫困侵入公共领域的状况，在法国社会新的典型形象中起了重要的作用。这些极端情况，虽然还只是直接
xxxix 影响到比较少量的人，却加剧了那些感到自己遭受失业威胁的人的不安全感——不论对他们自身，还是对他们所亲近的人（特别是配偶或孩子）。换句话说，归根到底，这影响到很大一部分劳动人口。

在社会倒退的这些年月里，家庭发展方式的影响还远远没有得到仔细思考。[28]家庭成了流动易变和脆弱得多的机构，混合了就业不安全和总体的不安全感。[29]这种发展无疑在局部上无关乎资本主义的演变，尽管公司寻求最大限度的灵活性，再加上家庭作为时间和空间不灵活性因素的削弱。因此，我们稍后可以看到，类似的意识形态方案已被调动起来，以认可工作关系上的适应性和感情生活上的变动性。情况仍然是，经济领域和私人生活方面发生的这些变化，足以使家庭环境看来已不太能作为安全网了，特别是在保证子女获得与父母相当的职位方面。学校制度（60年代以来，它的再生产任务已大大转移）已无法满足曾经对它寄托的希望了。

战后社会模式的危险和意识形态的混乱

这些变化危及到战后年代所确立的妥协，那是围绕“中产阶级”和“干部”兴起的主题而确立的，它代表着使小资产阶级的担忧得到满意的解决。被1929年大危机致贫的，甚至毁掉的小业主和个体经营者，或者受到失业威胁的公司中级雇员——这些人中有许多人是中等社会阶层的成员，他们也害怕共产主义的兴起(1936年大罢工使得共产主义威胁明显可见)——认为法西斯主义是反对30年代后半期过度自由主义的唯一堡垒。第二次世界大战结束时，国家作用的发展及大公司的出现，提供了他们一个新的机会来过一种适合于工资劳动经济增长的“资产阶级”生活方式。

事实上，我们知道，直到大约两次战争之间的中期，一份薪金根本不是资产阶级分子全部或主要的生活来源，他们还有可观的遗产收入；他们因隶属于一个组织而收到的钱财则不被视为“工资”，“工资”与“工资收入者”的名称实际上是留给蓝领工人的。这些遗产——主要是产业——在两次战争之间也越来越多地包罗可转让的股票和票据(公债、债券)，但它们却首先被20年代的货币贬值及之后的30年代大危机而 xl
逐渐化为乌有。工程师及更大范围的资产阶级，随后就进入了工资收入者的阶级，这首先就代表着他们的生活水准大大下降。这种情况一直持续到战后时期一个经济资源的新组织的建立，为较高职业带来了一种新的生活方式，它的基础是，新的保障制度不再是个人的，而是社会的：干部的退休；学术资格在决定工资和事业方面越来越大的重要性；工作生涯中定期的事业提升(便于取得功绩)；由互助保险公司强化的社会保险制度；通过以最新消费品价格趋势修正工资的程序体制化来稳定工资收入；在大单位中类似的就业保证，保证其干部的“事业计划”并提供社会服务(食堂、消费合作社、度假营、体育俱乐部)。[30]因此，过“资产阶级”生活的新机会就出现了，这一次是在工资收入者阶级内。

大众阶级并不从这些机制中得到同样的好处，这种机制是为了推动人们获得消费，并把他们更加充分地结合进经济周期，以及使他们远离共产主义。但是，他们确实经历了同期中购买力的稳步增加，以及特别是自60年代起他们子女的中等教育机会的稳定增长。

这些妥协的某些主要组成部分——资格、事业与退休——在过去二十年中已经粉碎。这些改变的影响自然已作过探讨，但是这并没有真正改变统治精英的、它们是出于绝对必要性的某种信念，只要它们只影响到大众阶级中最脆弱的成员——妇女、移民、残疾人、没有学术资格的年轻人（70年代“进步的牺牲品”，80年代无法“适应”日益加剧的国际竞争的人们）。[31] 相反，当90年代资产阶级发现自身也受到了影响时，就把这视为惊人了。

大学毕业生和干部中失业的增加已很明显，虽然那比起无权无势人们的失业肯定低得多。而且，尽管公司仍然向它们认为最有才能的人提供事业前景，但现在却不给他们长期保证了。55岁以上人群中的失业和提早退休（那是法国失业现象中最突出的方面之一）足以证明这一点。学术资格提供保证（它仍然有反失业的良好保障），但也同样成了问题：可以看到，年轻人都是就任低于他们的长辈同年龄时所担负的职
xli 务；而且，这往往是在一系列临时性工作的末了，但现在这却标志着新一代进入工作生涯的情况。害怕工作，现在又加上了对退休养老金水平的担忧。

假如说，获得资产阶级所象征的生活条件，是19世纪以来其他阶级宁愿忍痛作出努力的最重要激励因素之一，那么这种新事态令人沮丧的影响——就是媒体以新闻报道、小说、电影、电视剧的形式来鼓吹呼应——就是相当广泛的。对于资本主义机构（如经济合作与发展组织、国际货币基金组织或世界银行、跨国公司或金融市场）是否有能力使得当前受教育的一代保持他们父母的经济生活水准，以及更一般地保持他们的生活方式，人们日益感到的怀疑是最明显的表达。特别是在

过去三年中还同时出现了日益主张批判性思考的社会要求，使得这种扩散的担忧逐渐成形，并且至少提供了手段来了解这种形势，以及理想地提供一个行动方向，也就是说，在这种情况下提供某种希望。

然而，也必须看到，对进步的信念（从 19 世纪初以来以各种形式与资本主义相联系）从 50 年代起构成了中产阶级的信条，不论是公开声称的左翼还是右翼，都找不到其他替代内容，除了乞灵于难以鼓舞人的、很快被蔑称为独特想法的“严酷的经济学规律”。与此同时，老的反体制批判性意识形态——用伊曼纽尔·沃勒斯坦的词语——起不了动摇资本主义秩序的作用，它看来不再是可靠的替代性选择的动力了。

因此，意识形态混乱一直是近几十年间最显著的特征之一，标志着战后建立起来的、与社会经济妥协有关联的种种表现趋于衰退，而没有任何批判性思想看来能跟踪探讨所发生的变化。我们以后会更清楚地看到，其部分原因在于，唯一存在的批判性资源建立起来，是为了谴责在 60 年代和 70 年代之交达到顶点的那类社会，也就是说，就在大转型开始之前，大转型的影响在今天已可以充分地感受到。而现在，目前的批判性机构并不提供范围广泛的替代性选择。剩下来的只是粗糙的愤怒、人道主义工作、成为公开现象的苦难，以及集中于特定问题的行动（针对住房问题、无证件者问题等）——首先源于 1995 年的大罢工。但是，这些仍然缺少经过整修的分析模式和社会乌托邦，以便设想适当陈述的范围。

尽管在短期内资本主义表现全然较好，它的力量能在几年时间内找到办法把自己从过去世纪积累起来的一些主要障碍中解放出来，但它仍然很可能落入它已经经历过的那些潜在的末期危机之中。而这一 xlii
次就不能肯定结果会是怎么样及代价如何？可能会是一个“较好的世界”，就像战后几十年中发达国家的情况那样。且不谈金融领域无约束自由化的系统性全局影响，它甚至在那些负责资本主义制度的人们中间都引起了关切。我们觉得，如果资本主义不能使得要参与整个制度运转的人们恢复一些希望基础的话，资本主义将在意识形态层面遭遇越来越多的困难，这似乎是没有问题的(这正是本书首要所针对的方面)。在战后时期，资本主义被迫转变自己来回应世代资产阶级和小资产阶级的担忧和坚决要求，他们对社会升迁(不论是以储蓄来支持，还是以降低生育来支持)，[32]或者保住已得利益的期待，都已泡汤。显然，一个不能再满足其首先要服务的阶级(在资本主义下当指资产阶级)的社会制度，是处境危险的。不管它不能满足的原因是什么，反正并不都是掌权者或自认为掌权者所能完全控制的。

在写作本书的时候，我们并没有给自己定下个目标，为纠正今天劳工境况极其惊人的特点提出解决办法，或者把我们的声音加入到谴责喧嚷之中，尽管这些都是值得做的事情。我们的目标是了解过去十五年中批判的衰落及其结果：目前主导的宿命论——不论是把近来的变化视为虽不可避免但最终有利的变异，还是视为其后果更具灾难性的系统局限性所造成的——不可能预测趋势的变化。

左翼和右翼的政治组织，以及工会和知识分子，其使命之一就是为人类创造美好生活的条件，但他们却没有做有关的分析工作，以了解他们为什么不能阻止对人类来说代价高昂的资本主义的重新部署；不论有意或无意，他们却鼓励了这种变动。因此，他们毫无选择的可能，只能在我们认为部分令人满意的两种立场之间挑选：一方面是恢复到过去理想化的乌托邦(国有化、相对非国际化的经济、社会团结方案、国家计划、畅所欲言的工会)；另一方面往往是热情支持技术、经济与社会变革(这使法国向世界开放，建立一个更加自由与容忍的社会，创造许多使个人繁荣发展的机会，并经常被迫退回到人类境况的局限)。这两种立场都不能真正抵御经济活动新形式所造成的伤害。前者是因为看不到
xliii 新资本主义为何对许多人具有诱惑力而低估了已经发生的破裂；后者是因为缩小了它们的破坏性影响。虽然两者是相互矛盾的，但它们却都

扩散了无力感,并且硬是通过一个主要问题(对新自由主义进行批判,而对全球化摆出一张普遍正面的盈亏账目表)关闭了可能性的前景。

我们的雄心是:加强对宿命论的抵抗,这并不是因而鼓动退回到任何怀旧情绪,而是促使读者产生变革思想,帮助他们以另外不同的观点考虑这个时期的问题,也就是说,在很多过程中完全有可能获得收益。为了这个目的,看来我们打开过去三十年的黑匣子是有益的,这是为了观察人类创造自身历史的方式。当回到事物决定的时刻、说明它们本可以采取不同路径的时候,历史却是改变社会本性的关键因素;因此,历史和批判是同步发展的。

我们设法描述一个独特的重要关头:一方面,资本主义得以摆脱其与过去的积累模式和公正要求主张相联系的若干桎梏;另一方面,我们以这一历史时期为基础建立一个变革模式,其价值观正是资本主义的成功和宽恕所依靠的——这种模式具有更加总体可行性的要求。

因此,我们回顾了过去二十年间被认为不可避免的事态发展,突出了商人们不得不面对的问题,特别是由于战后以来空前高涨的批判程度;他们设法面对或逃避这些问题的企图;以及源于这种批判的建议和分析在他们选出或实行的解决办法中所发挥的作用。在这项研究过程中,也出现了抵制后果不良的微小变革的机会,对这些转变所带来的风险本应深有警惕的人们却忽视了这些机会,特别是因为,他们不了解资本主义对一些建议的“弥补与实施”要求他们回过头来重新进行分析并改变立场。

在这个意义上,我们的意图并不仅仅是社会学上针对认识方面的,而是面向恢复政治行动,即要形成和实施一种与我们生活方式相关的集体意志。虽然并非每个行动在任何特定时刻都有可能,但情况肯定是这样的:当人们看不到不同行动领域(理解为独特时刻,因此也是不确定时刻的价值观所指引的选择,其后果是局部无法预见到的)的特殊性和合法性时,那就什么都不可能,[33] 而只有代之以退却(不论是满意的还

是恐慌的，乐观的还是悲观的）到社会的、经济的或者生物学的宿命论
xliv 接受模式。这也说明，我们为何没有在虚假科学主义背后设法隐藏选择什么和拒绝什么，或者在"事实判断"和"价值判断"之间制造一条不可逾越的界限（以前称之为"认识论的"）。因为，正如马克斯·韦伯教导我们的，没有包含价值的"观点"的帮助，怎么可能在乱糟糟的事件洪流中选择值得加以注意、分析或描述的东西呢？

注释：

1. 见米歇尔·朱亚尔，"积累体制"，罗伯特·布瓦耶与伊夫·萨亚尔编，《调节理论与知识状态》，发现出版社，巴黎，1995 年，第 225—233 页；朱亚尔与布瓦耶，"美国：别了，福特主义！"，出处同上，第 378—388 页；以及邦雅曼·科里亚，"破碎而不成功的福特主义"，出处同上，第 389—397 页。

2. 由于左翼在 80 年代初掌权而产生的枯竭效应并不如常说的那样明显。在其他历史关头，左翼执政发生于批判大力复兴的同时：只要想一下 1936 年的法国，或者在时间上而不是在空间上与我们较接近的 70 年代初的智利。

3. 从 20 世纪 70 年代到 80 年代，日本的国内生产总值年平均增长率下降了三分之一，美国和欧盟国家也类似。从那时以来，大约又下降了三分之一。

4. 资料来源：吉尔贝·塞泰与塞尔玛·马夫兹，"收入的初步划分：一份长期的描述性报告"，第 296—297 期，1996 年 6/7 月，第 165—184 页。这种盈利率是指增加值中剥削总盈余的份额，它被用于酬报资本（资本与债务）供应者并支付利润税。其余的增加值主要用于酬报工资劳动者及资助社会保险系统。众所周知，这对于工资的影响比对于其他收入的影响要大得多，并在很小程度上影响各种赋税支付。本书作者在研究中最终排除了财务负担增加对利润的影响：近些年来，由于实际利率造成的不利演变，以及经济中工资劳动者扩大而形成的结构性效应（各种工作形式都已历史性地逐步降为一般形式的工薪阶级，这种情况从财会角度转化为不同方式的开支记录，从而对增加值的演变产生概念

上的偏差)。上述资本收益的发展(经过修正的盈利率的发展形式)是在排除一切可能怀疑有关资本利润演变的效应后记录下来的。

5. 所谓“未分配”利润仍然听由创造它们的公司来处置,或者用来投资,或者抛向金融市场。在所有情况下,股票价值增加,并对资本持有者提供可能的增加值。所提到的数字取自《选择经济学》,“经济数字与社会,1995—1996”,1995年冬季版。

6. 见多米尼克·塔代与邦雅曼·科里亚,《法国制造: 世界竞争中的法国工业》,法兰西总书局,巴黎,1993 年。

7. 见弗朗索瓦·谢奈,《资本的全球化》, 西罗斯出版社, 巴黎,1994 年,第 15 页。

8. 出处同上,第 222 页。

9. 谢奈因此分析,1994 年美国利率的上升是“寄生的借贷资本能够……不顾世界经济的代价而保卫自身地位的表现,而且防止它们的价值(表现为实际利率处于正数)消耗量减少……即使代价上升 1%或 2%”(出处同上,第 21 页)。 xlv

10. 见菲利普·弗雷莫,“密特朗年代的经济资产负债表”,《选择经济学》,1995 年,第 14—22 页。

11. 见弗雷德里克·克莱尔蒙, “跨国公司的全球治理——200 家公司控制世界“,《外交世界》,1997 年 4 月。

12. 资料来源:菲利浦·弗雷莫摘引自联合国贸发会议,“全球化:反民主的不平等”,《选择经济学》,第 138 期,1996 年 6 月,第 30—33 页。

13. 谢奈,《资本的全球化》,第 53 页。

14. 这样,我们对于跨国公司的定义就从至少在六个国家拥有工业子公司的一家大公司,改为只拥有一家子公司的公司。联合国跨国公司研究中心在其上一次研究报告中计算有 3.7 万家跨国公司,只是在几页以后才把调查限制为仅 100 家公司就在 1990 年控制了三分之一的对外直接投资(出处同上,第 53 页)。

15. 关于这个问题,见路易·迪蒙,《平等人》,加利玛尔出版社,巴黎,1977 年;以及卡尔·波拉尼,《我们时代的起源:大转型》,维克特·高兰兹出版社,伦敦,1945 年。

16. 全国就业工作处(ANPE)的第一类数据包括失业的求职者,他们是立即可以寻求永久性全职工作的人，以及在上个月工作不足78小时的人。

17. 在同期，全国就业工作处的第一类数据记录“只有”290万失业者。

18. 见应变中心协会，“失业数字”，《应变中心协会档案》，第1号，1997年。

19. 在15个欧盟成员国，欧洲的平均失业率（按照国际劳工组织的定义），1997年1月为10.8%，但各国有很大差异（例如，西班牙为21.7%，芬兰为15%，法国为12.5%，意大利为12.2%，爱尔兰为11.6%，德国为9.6%，葡萄牙为7.3%，英国为7.1%，奥地利为4.4%）。参见路易·莫兰，“就业大萧条”，《选择经济学》，第149期，1997年6月，第27—29页。

20. 见莱斯特·瑟罗，《针锋相对：日、欧、美之间的未来经济战》，尼古拉斯·布里利出版社，伦敦，1993年。

21. 关于非全日制工作，见劳伦特·比绍特等，“兼职工作的发展“，《1996年社会数据》，经济研究所，巴黎，1996年，第225—233页；关于非正规工作，见布里吉特·贝洛克与克里斯蒂娜·拉加伦内，“临时工与辅助工”，出处同上，第124—130页。

22. 贫困线的定义是按消费单位计算的纳税前收入低于平均收入的一半。这里消费单位的计算是根据所谓的牛津比率：第一成人为1，第二成人为0.7，每个15岁以下儿童为0.5。

23. 见应变中心协会，“社会最低限度救助，二十五年的变化”，《应变中心协会档案》，第2号，1997年。

24. 在第一年，“附加最低限度资助”发给了40万人（1989年）；1995年受惠人数为94.6万，涵盖180万人，48%的受惠者在35岁以下。

25. 对这种情况的解释是：旧的最低限度救助的购买力几乎没有保住，甚至被划为失业者的人们购买力缩减（“特别团结津贴”的购买力在1982年至1995年间下降了15%，就业津贴下降了20%）；而针对新贫困人口的新最低限度救助（“附加最低限度资助”）则定在低于旧最低限度救助的水平上。

26. 不平等的变化趋势（从降低到有时快速增加），60年代末出现在美国，70年代中期出现在日本，70年代末出现在英国，80年代初出现在德国、意大利和瑞典（应变中心协会，“岁入分配趋势之国际观”，《应变中心协会档案》，第1期，1994年10月）。

27. 全国人口研究所在 1966 年估计,巴黎大约有 8000 人“没有居所”(《选择经济学》,专刊第 3 期,“经济数字与社会,1996—1997”, 1996 年冬季刊)。 xlvi

28. 见埃夫兰·叙勒罗,《大吵大闹:家庭的危机》,法亚尔出版社,巴黎,1997 年。

29. 1981 年至 1994 年间,结婚数每年从 31.5 万降至 25.4 万,而离婚数从 8.76 万升至 11.5 万。而且,统计数据表明,未婚同居的夫妻比已婚夫妻分手得更多。非婚生育从 1981 年的 12.7%上升到 1993 年的 34.9%(莫兰,“密特朗年代的社会资产负债表”)。1985 年进行的“家庭情况调查”(但只是到 1994 年才发表)显示:200 万儿童不与父亲住在一起,而几乎不到 2%的儿童曾经跟父亲一起住过。所以,这么高的数字并非由于父亲抛弃怀孕的母亲,而是由于父母离异。正如上述调查所表明的,这发生在孩子越来越年幼的时候,因此增加了生活于家庭破裂后的童年岁月。“家庭情况调查”认为,生活在新家庭的可能性在几年内增加一倍。而且,在 1967 年至 1971 年之间出生的孩子中有 3%、1971 年至 1975 年出生的孩子中有 8%、1976 年至 1980 年出生的孩子中有 11%,都在五年内经历了第二次家庭破裂(叙勒罗,《大吵大闹》)。

30. 见吕克·博尔坦斯基,《一个阶级的诞生:法国社会中的干部》,阿瑟·戈德哈默译,剑桥大学出版社/人文科学之家版,剑桥,1987 年。

31. 对于这一点的证明是,首先依靠援助机制(失业保险、社会福利等)来照看人们,而不问造成他们社会境况恶化的变化是否合法。对结果采取行动而不问其因,这是 19 世纪慈善事业的方式,同时也不去理解工资水平是工人贫困之因。当时的情况已经是:来自市场运作的工资必定是公正的;它们的裁决是最终的;必须要适应它们。

32. 储蓄、经商和减少生育,是 19 世纪向大众阶级建议的成为资产阶级之法。战后时期继续着同样的组合,只是把经商改为受教育,并把储蓄的目的定为资助子女上学。结果,子女不再能为家庭带来一份工资。

33. 见汉纳·阿伦特,《人类的状况》,芝加哥大学出版社,芝加哥,1958 年。 xlvii

总论

资本主义精神与批判的作用

本书的主题是伴随近来资本主义转型的意识形态的变化。它提出了一种解释,用以说明从1968年5月事件(当时对资本主义的批判表现得响亮而明确)到20世纪80年代(当时,随着批判沉寂,资本主义运行所依靠的组织形式发生深刻改变),直到20世纪90年代下半叶(犹犹豫豫地寻找新的批判基础)始终贯穿这些年间的动力。它并不仅仅是描述性的,而是通过这一历史例证,提出一项更为综合的理论架构,以便理解同经济活动有关的意识形态的变化情况。我们说的“意识形态”一词,在这里不应以简化论的意思来理解——在马克思主义通行文本中往往被简化,即意图掩盖物质利益的、经常与实际相矛盾的一种道德说教——而要像路易·迪蒙的作品中所发展的一套共同信仰:铭刻于体制,结合于行动,从而落实于现实。

或许我们将会因以一个地方为例(过去三十年间的法国)来处理全球范围的转型而遭受批评。我们当然并不认为法国的例证独自包罗了资本主义的所有转型,然而,我们也远远没有被全球化普通话语的大同小异和大笔一挥的内容所说服。我们设法把这里提出的变革模式建立在性质务实的分析基础之上,也就是说,能够考虑到人们参与活动的方 1

式、他们的正当性，以及他们所提出的自身行动的意义。可是，国家政治局面和传统对经济实践方向的影响，以及对伴随它们的意识形态表述形式的影响，仍然非常强大，使得这样一种事业主要由于缺乏时间和资源而实际上仍无法在全球或在洲际范围内实现。因此，毫无疑问，一般的方法往往对解释性因素赋予最大的重要性，典型的是技术类、宏观经
3 济类或者人口类的因素；它们就像经受一场风暴那样被作为人类和国家所经受的一种外在力量。对于这种历史的新达尔文主义而言，“变异”大多以强加于物种的同样方式来强加于我们，我们必须适应，否则就灭亡。但是，人类并不只是接受历史，他们创造历史。我们希望看到他们这样做。

我们并不声称，发生在法国的事就是世界其他地区的范例，或者认为我们根据法国情况确立的模式具有普遍的可行性。然而，我们有充分理由相信：在其他发达国家，伴随着资本主义的重新部署，意识形态的演变标志着相当类似的进程，这符合政治与社会史特征中每一事例所产生的模式，只有靠细致的地区分析，才能以必要的精确把它展现出来。

我们设法澄清资本主义与资本主义批判之间所确立的关系，以解释近几十年间意识形态领域中的某些现象：正当资本主义进行重大重构而其社会影响必然暴露时，对它的批判却消退了；80 年代期间各届社会党政府协力推动的创业热情，以及 90 年代受压抑的反应；今天试图在新的基础上重建批判所面临的困难，以及目前并不缺乏义愤情绪的时候，批判的动员力量却相当有限；管理话语的深刻转型，以及 70 年代中期以来资本主义发展之正当性；对社会的新表述、考验人与事的新方式，以及随之而来的成功或失败的新形式的出现。

为了进行这项工作，资本主义精神的观念对我们颇为重要，因为（我们即将看到）它使我们在进行分析时所根据的两个中心概念——资本主义与批判——可以强有力地联系起来。下面我们将提出我们的建构所根据的不同概念，以及我们所提出的用以说明与过去三十年间资

本主义有关的意识形态转型的模式来源。在我们看来,它比孤立研究法国的情况具有更广泛的意义。

资本主义的精神

资本主义的最低定义

在过去一个半世纪对资本主义(或者今天经常提的“各种资本主义”)特性的不同刻画中,我们将使用强调以形式上和平的手段取得资本无限积累这一最低公式,把资本不断导入经济运行以取得利润,即让 4
资本增值,然后将资本进行再投资,是资本主义的基本标志,使其具有连最敌对的观察者也为之着迷的动力和转化力。

资本积累并不在于聚敛财富,即有使用价值的和炫耀作用的,或者作为权力象征的物品。财富的具体形态(财产、工厂、商品、金钱等)本身并不利害攸关,而且,由于其缺乏流动性而阻碍了真正关系重大的唯一目标,即:资本、工厂和各种获得物(原料、部件、服务等)不断转化为产出,产出转化为金钱,金钱转化为新的投资。[1]

资本脱离财富的物质形态,就给了它一种真正抽象的特性,有助于使积累成为一个永无止境的过程。只要会计结算估定为盈利,那么在一定时间跨度内积聚的利润,就被计算为两个不同时期资产负债表之间的差额。[2] 与财富用于消费需求(包括奢侈品消费)相反,这是没有限度的,是不可能有满足的。[3]

正如海尔布伦纳所强调的,资本主义过程永不满足的特性无疑还有另一个理由。[4] 由于资本不断地进行再投资,而且只有靠循环周转才能扩大,所以,资本家回收开支并获得利润的能力处于不断的风险之中,特别是由于同他争夺消费者购买力的其他资本家的行动。这种力量造成不断的焦虑,并使得资本家在继续进行无休止的积累过程时抱有极其强烈的自卫动机。

可是，商家之间追求利润的竞争，并不一定产生古典意义上的市场:采取分散决策的许多成员之间的争夺,通过显示均衡价格的交易而得到协调。在这里使用的最低定义中,资本主义区别于根据惯例与制度所进行的市场自我调节,特别是旨在确保商家之间的平等条件(纯粹而完全的竞争)、透明度、信息对称、保证信用货币汇率稳定的中央银行等具有法律和政治性质的制度。资本主义的确以交易和合同为基础,但这些合同只能支持有利于各方的谨慎安排,或者包含特别条款,不带有公开性或竞争性。所以,我们仿效费尔南·布罗代尔来区分资本主义和市场经济。一方面,市场经济是“一步步”建立起来的,在时间上并不先于资本主义无限制积累准则的出现;[5]另一方面,只有当资本主义没有更为直接的盈利途径时,资本主义积累才会向市场调节让步。因此,承认
5 市场具有行善之功,接受其“和谐”运行(自由贸易,禁止卡特尔与垄断,等等)所依据的规则和制约,可以被视为属于资本主义自我约束的一种形式。[6]

在这里所使用的资本主义最低定义的框架内，资本家在理论上指的是拥有盈余并投资获利以增加其初始盈余的任何人。其原型例子就是把钱投入公司以获利的股东。但投资不一定采取这种法律形式,比如投资于借贷资产或者购买国库券。小股东、小储户并不希望自己的钱“闲置”而要如俗话所谓的“稍稍生利”,因此,他们也属于和大企业主同样的资本家群体(当然大企业主最合条件)。所以,最广义而言,资本家群体包括所有拥有财产收入的人[7];可是,实际构成这个群体的只是超过某一储蓄水平的少数人。虽然现有统计难以估算,但可以认为,在世界上最富有国家之一的法国,它代表约20%的家庭。[8]我们可以容易地想象,在全世界范围内,这个百分比要低得多。

在本书中,我们将把“资本家”一词首先保留给负责积累和扩大资本的主要行动者,他们直接对公司施压,使其获取最大限度的利润。显然,他们的成员要少得多。他们不但包括大股东,即能够靠自己的力量

一手影响企业运行的个人;而且包括由少数有势力的个人(主要是公司董事)出任代表的法人实体,通过持有股权拥有或控制总资本中最实质的部分(控股公司与跨国公司——包括银行——通过子公司利益和相关方、投资基金或养老基金的机制)。主要的雇主、大公司的带薪董事、基金经理或大股东,对资本主义过程、公司运营及榨取利润率的影响是毫无疑问的,不像上述那些小股东。虽然他们构成以资产极大不平等为特点的一批人(尽管一般是在极为有利的情况下),但他们应当被称为资本家,因为他们要求自身的利润极大化,并以此来要求他们实施控制权的人们与法人实体。暂时把资本家受到制度制约的问题,特别是公司董事除了符合资本主义规则以外是否还能做其他事的问题放在一边,我们只需注意到,他们这样做符合于且主要决定于为自身的资本和委托他们的资本追求巨大利润。[9] 6

我们也以工薪阶级来表述资本主义的特点。马克思与韦伯都把组织劳工的形式作为他们关于资本主义定义的中心。我们把工薪阶级同他们可以采取的契约性法律形式独立开来加以考虑。重要的是,一部分人——拥有很少资本或没有资本,制度自然不去关照他们的福利——以出售自身劳动(不是出售劳动产品)来取得收入;他们不拥有生产资料,因此为了工作就要依靠生产资料拥有者的决定(因为后者依靠财产权,可以拒绝他们使用这些生产资料);最终,在工薪关系的框架内,资本拥有者为换取补偿,会放弃财产权以取得劳动成果,据说这样可以使他们的整个产权增加。[10] 工薪阶级的第二个重要特征是,工薪收入者在理论上可以自由地拒绝按照资本家所提出的条件来工作,正如后者可以自由地不按照工人要求的条件来提供工作。结果是,由于工人不能长期没有工作而生存,因而这种关系是不平等的,可这还是显著不同于强迫劳动或奴隶制,因此总是包含某种程度的自愿屈从。

在法国,如同在全世界范围,工薪阶级在整个资本主义史上一直在扩大,直到今天它包罗劳动人口中空前的比例。[11] 一方面,它逐渐取代了个体经营，在历史上首先是农业；[12]另一方面，由于妇女进入工薪阶级的结果而使劳动人口大大增加，妇女从事家庭以外的工作越来越多。[13]

资本主义必须有一种精神

在许多方面，资本主义是一种荒谬的制度：在这种制度下，工薪收入者失去了自身劳动成果的拥有权，以及追求无需屈从的劳动生活的可能性；而资本家则发现自己束缚于一个漫无止境的、永不满足的过程，那是一个极其抽象的、与满足消费需求（即便是奢侈的需求）毫无关系的过程。两位持此看法的倡导者认为：结合进资本主义过程是完全不合理的。

现在，资本积累虽然不同程度地决定于获取利润的方向（例如，产业利润大于商业或金融利润），但都要求动员极大数量获利前景低下（特别是初始资本少或根本没有）的人们，在总的积累过程中对每个人
7 只赋予小小的责任，或者说无论如何都难以评估的责任。结果是，他们虽然对资本主义的做法不彻底敌视，但也不会特别受触动而参与进来。

有些人可以提出参与的物质动机，比较明显的是工薪收入者，他们为了生活而需要工资，这与大企业主的情况不同（他们的活动到了一定水平以上就不受满足个人需求所牵制了）。可是，这本身并不证明具有多大的激励。工作心理学家经常强调称，工资不足以吸引承担任务和鼓舞工作热情，工资至多推动继续留任而不是积极参与。

同样，强制不足以克服行动者的敌对或漠视，特别是当他们所作的承诺要求他们积极参与、主动和自愿牺牲时。这不仅是干部的情况，而且更经常是所有工薪收入者的情况。因此，在我们看来，迫于饥饿与失业而"强制承诺"的设想似乎并不很可行。因为，尽管仍存在于全世界的"奴隶"工厂不大会在短期内消失，但依靠这种形式来使人们工作看来也是成问题的。如果没有其他理由，过去三十年间发明的大部分盈利新方法和新职业（它们今天产生了很大部分的世界利润）都强调人力资源

管理所谓的“劳动者参与”。

事实上,我们期望的承诺性质决定于可以被引用的论点:参与资本主义过程不但能提供个人方面的利益，而且能为所有人产生共同福祉方面的集体福利。我们把将参与资本主义视为正当的意识形态称为“资本主义精神”。

这种精神目前正遭遇着重大的危机，表现在日益增加的社会困惑和疑虑,甚至要保住积累过程就先得形成一套新的、更有鼓舞作用的意识形态大全(因为积累过程面临的首要危胁是,其正当性已经退缩到屈从经济法则成为最低论据的地步)。无论如何,这对于发达国家是可行的，它们仍然是积累过程的核心，并且可指望继续作为技术人才供应地,他们的积极参与极其重要。资本主义必须有能力保证这些人才享有安居的最低保障——有居所,有家庭,养育子女,等等。就像北半球商业城市中的住宅区,那是外围地区新移民见识资本主义成功的橱窗,从而成为对生产力精华进行思想动员的一个重要因素。

马克斯·韦伯认为,“资本主义精神”指的是一套道德动力,虽然其目的与资本主义逻辑无关，但却能鼓舞企业家进行促进资本积累的活 8
动。[14]鉴于资本主义所要求的独特且逆反的那类行为,不同于大多数人类社会表现的生活形式,韦伯对此加以辩护,说资本主义的兴起预示人类与其工作之间确立了一种新的道德关系。把工作界定为一项天职,这样就不问其内在兴趣和性质如何,人们都要坚定不移地专心从事。韦伯认为,由于基督教改革运动,人们确定地相信,履行宗教责任,首先是要在世间承担一项职业和从事世俗活动，这有别于天主教精神所赞同的超越现世的宗教生活。这种新的概念能使它绕开资本主义初期努力工作(不断致富)的目的性问题,从而克服新的经济措施所提出的承诺难题。把工作视为职业(一项要求实现的宗教天职)的概念,为新兴资本主义的商人与企业家提供了一种规范支持,并提供他们很好的理由(如韦伯所说的一种“心理动机”)来不倦地、认真地致力于自身的任务,把事务坚决地进行合理化，紧紧地结合追求最大利润和获取物质收益这一成功实现其天职的标志。[17] 这种观念对他们有利：只要工人抱有同样的理想，服从听话，干活不怕辛苦，而且深信人人必须承担天命所指派的职责，而不必追问自身所处的境况。

我们将要放在一边的重要的后韦伯争论，实质上围绕新教对资本主义发展的实际影响，以及更一般地围绕宗教信仰对经济实践的实际影响，并首先从韦伯思想中提出这样的观点：人们需要强烈的道德理由来重振资本主义。[18]

韦伯提出的问题是："那种行动在最好情况下也是道德上难以容忍的，它怎么竟然会成为如同本杰明·富兰克林实施方式的一项'号召'呢？"艾伯特·赫希曼把韦伯的这个问题重新阐述如下："商业的、金融的和类似的盈利赚钱事业，在过去许多世纪中一直被谴责或鄙视为贪得、贪财和贪婪，怎么到现代却一下子成了光荣之举呢？"[19] 可是，赫希曼不是去呼吁心理动机，不是要新精英分子去寻求保证他们个人救赎的方法，而是唤起在冲击经济以前触及政治领域的基础。18 世纪的精英分子高度推崇盈利活动，因为他们指望从中获得社会政治利益。按照赫希曼的解释，启蒙运动的世俗思想认为，盈利活动有利于社会共同福祉而加
9 以认可。这样，赫希曼表明：符合资本主义发展的实践的出现，被解释为行动成熟和治理方式完美。鉴于宗教道德无法消除人的欲望，理智无力管束人类，以及仅仅靠压制手段难以抑制欲望，因此，只有用一种欲望来对抗其他欲望的解决办法。这样的话，至今列为头号混乱的金钱，就被赋予了今后承担抑制侵略性欲望任务的无害欲望的特权。[20]

韦伯的著作强调资本主义必须为个人提供理由，而赫希曼则着重以共同福祉来证明其正当性。我们则对两个方面都使用，把"正当性"一词的意思解释得可以包罗个人正当性（个人可以找到经营资本主义企业的根据）和总体正当性（经营资本主义企业可以服务于共同福祉）。

资本主义道德正当性的问题不但与历史有关，因为可以明白看清

其渊源，或者在当代可以更好地了解外围地区（发展中国家和前社会主义国家）各国人民转向资本主义的种种方式；而且在法国这样的西方国家至为重要，西方国家人民以空前程度结合进资本主义世界。事实上，对人们的制度性强制本身不足以引起他们参与，[21]强制作用必须内化并证明其正当性；社会学在传统上把这种作用定为社会化和意识形态。它们为社会秩序的再生作出贡献，它们特别能使人们不要把自己的日常环境看得过不下去，这是一个持久世界的条件之一。如果与经常宣称垮台的预测相反，资本主义不但存在下来，而且不断扩大其王国，那是因为它能倚仗若干共有的表现——善于引导行动——和正当性的理由，它表现为一种可以接受的、很合意的事物秩序：唯一可能的秩序，或者一切可能秩序中的最佳秩序。这些理由必须基于充分坚实的论点，以使足够多的人视为不言而喻而加以检验，或者去克服资本主义秩序会经常诱发的绝望和虚无主义——不但在资本主义所压迫的人们中间，而且偶然也在负责维持资本主义和通过教育来传送资本主义价值的那些人们中间。

资本主义精神正是与资本主义秩序相关的那套信仰，它有助于认可这种秩序为正当，并通过合法化而支持符合这种秩序的种种行动和偏好。这些正当性——不论是一般的或实际的，还是地方的或全球的，以美德或正义表达的——都支持多少不太愉快的任务，而且更一般地， 10
都支持信奉导向资本主义秩序的生活方式。在这一点上，我们的确要谈到一种占统治地位的意识形态，只要我们不把它仅仅视为统治者保证被统治者同意的托词，并承认多数有关人士（强者和弱者）都依靠这些纲要来表述他们生活于其中的秩序的运作、好处和限制。[22]

我们在遵循韦伯传统的同时，把资本主义所依据的意识形态列为我们分析的中心，我们使用资本主义精神这一概念的方式不同于典范的用法。事实上，在韦伯的著作中，精神的概念取代了对“实际合理的行为类型”即“对行动的实际激励”[23]的分析，它构成一种新的气质，可以与传统做法相决裂,使深思熟虑的意向普遍化,取消对利润的道德谴责,以及转向无限制积累的过程。我们的观点是不同的:并非意图说明资本主义的起源,而是要了解它能再次赢得创造利润所需的行动者的条件。我们先不谈对于要求参与资本主义序列的世界有何偏好——手段与目的的一致、务实的理性、对深思熟虑的领悟、经济活动的自律、工具与自然的关系,等等——以及对于主要由经济科学所产生的对资本主义抱有更为普遍的认可(我们将稍后再谈这一点)。今天,至少在西方世界的经济行动者当中,他们从属于一些共同的技能,而这些技能按照好像外加的制度约束,而不断通过家庭与教育社会化的过程复制出来。它们构成意识形态纲领,可以由此观察历史变异,即使我们不能排除这样一种可能,即资本主义精神的变化——有时包罗它最为持久的某些方面——会发生变形。我们的意图是研究观察到的变异,而不是提供对资本主义精神一切要素的详尽彻底的描述。这使我们把资本主义精神的范畴脱离其以气质表述的实体内容(那是同韦伯著作连结起来的),以便把它视为,在公司组建方式的发展和获取资本主义利润的过程中,可以在不同时间包含不同事物的一种形式。这样,我们将设法把资本主义精神的一些非常不同的历史表述结合进同一架构之内,并提出它们转型的问题。我们将强调,一个实体适应积累需求的方式,必定要有大量的行动者相信值得在生活中付出努力。

但是,我们在这整个历史旅程中将始终忠于韦伯理想型的方法论,
11 在我们总要对比早先时期的事物时,这种方法似乎适于将某一时代特定的事物加以系统化和着重研讨,并且重视变项更甚于常项,但又不忽略资本主义比较稳定的特征。

因此,作为协调行动与生活世界的一种方式,如不考虑其意识形态,资本主义的持久性是无法理解的。这种意识形态,在认可并赋予其某种意义后,有助于激发它所建基的人们的善意,并保证他们的参与,就如同发达国家中的情况,他们在那里结合的秩序呈现为实际上完全

依据与资本主义相一致的机制。

资本主义精神是由什么组成的

当我们要列出赞成资本主义的种种理由时，有一种考虑的理由会立即出现:那就是经济学理由。从 19 世纪前半叶直到现在,那些掌控资本主义制度的人岂不是一开始就着眼于经济学——特别是它的主流(古典与新古典)——来寻求正当性吗？他们发现其论点的力量所在,正在于它们是作为非意识形态的,并非直接听命于道德动机的,尽管它们提到的最终结果一般都符合最为公正和最大多数人福利的理想。正如路易·迪蒙所表明的,经济学的发展,不论是古典经济学还是马克思主义，都有助于构建一项对世界的说明，它与传统思想相比是极其新颖的,标志着"社会结构的经济方面同它们作为独立领域的构成彻底分开了"[24]。这就有可能在实质上相信,经济是一个独立于意识形态和道德的自主领域,它服从实际的法则,不认为这种看法本身就是一项意识形态行为的产物,而且它的形成也结合了正当性的理由,然后用科学话语来局部加以伪装,而经济学的实际法则由此服务于共同福祉。[25]

尤其是,追求个人利益可服务于总体利益的观点,始终是一项巨大的、持续不断努力的目标,它在古典经济学的整部历史上被提出来,并贯彻始终。道德与经济学之间的分离,以及将基于实用计算的以一种结果主义道德的同样姿态[26]结合进经济学，就有可能完全凭借经济活动有利可图这一事实而提出对它们的道德鼓励。[27]如果为了更清楚地解释我们所感兴趣的经济理论史发展的目的,而让我们作一个快速的小结,就可以说,把功利主义结合进经济学,就能够不言而喻地认为:"有利于 12
个人的,必有利于社会。以逻辑推理,产生利润的(从而有利于个人资本家的)也有利于社会。"[28]在这种看法中,不问受益者是谁,增加财富是共同福祉的唯一标准。[29]在其日常用语中,以及主要负责说明经济活动的人们——公司头头、政客、记者等等——的公开谈论中,这种文本就能够把个人(或本地)利润同总体福利结合起来,以一种既紧密又含糊的方式避开对积累活动确认正当性的要求。它认为,不言而喻的是,建立一个贪婪社会所付出的特定(但并非容易计算的)道德成本(为物质收益付出的情感,这种成本仍然被亚当·斯密所关切)已被积累的可计利益(物质福利、保健等)充分抵偿。也可以指出:财富的总体增加,不问其受益人是谁,是共同福祉的一项标准,正如一国的公司以利润率、活动和发展的水平来衡量日常健全状况,它是该国社会福利的衡量标准。[30]为把个人物质提升作为社会福利的一种(即便不是唯一)标准而付出的巨大社会努力,已经使资本主义取得空前的合法性,因为它的设计与主流就此同时取得合法。

经济学的著作同样能辩称,在追求物质福利的两大不同经济组织间,资本主义组织是最有效率的。自由企业和生产资料私有制,事实上从一开始就把竞争或竞争风险引进这个制度。从它存在的那一刻起,竞争(甚至还谈不到纯粹和完全的竞争)就是顾客们以最低花费获得最佳服务的最确实手段了。同样地,虽然资本家着眼于资本积累,但他们发现,自己要达成这一目标,就必须满足顾客。因此,延伸而言,竞争性的私人企业总是认为比非营利组织更有成效和效率更高(但这一点是把艺术爱好者、公民、学生及其老师和儿童,从社会服务的享有者转变为顾客为秘密代价的);一切服务的私有化和最大限度的商品化看上去是社会的最佳解决办法,因为它们减少资源浪费并要求预见顾客的期望。[31]

对于效用、总体福利与进步的主题(它们在两个世纪中实际上以不变的方式被应用,并因能以无比的效率提供货物与服务而具有正当性),显然还应提出资本主义的解放力,以及伴随经济自由的政治自由。
13 这里提出的种种论点指的是:与奴隶制相比的工资制所代表的解放,私人财产所允许的自由范围,或者当代政治自由只零星存在于公开和根本反对资本主义的国家的事实——即便不是每个资本主义国家都拥有政治自由。[32]

显然，在资本主义精神中不把资本主义的三大中心支柱包括在内是不现实的，即：物质进步、满足需求的效能与效率，以及有助于实行与自由政治制度相一致的经济自由的社会组织方式。

但，正是由于它们长时间以来非常普遍和稳定的性质，在我们看来，这些理由[33]并不足以使普通老百姓在生活与工作的具体环境中参与资本主义，或者使他们掌握辩论资源来面对可能向他们现场提出的谴责或批评。工薪收入者个人显然并不会由于其劳动增加了国家的生产总值、可以改善消费者福利，或者由于自己属于一个能为自由企业和生意提供地盘的制度而真的欢欣鼓舞。这是因为（不用提得更高），他们发现难以把这些总体好处同他们及其亲密者所经历的生活条件和工作条件联系起来。除非人们充分利用自由企业的可能性而直接致富，而这只是保留给极少数人的；或者由于他们乐意挑选工作、享有宽裕财力而能充分利用资本主义提供的消费机会，对于参与资本主义的建议，还缺乏大量的中介来开发想象力[34]，并体现在日常生活的事业和行动之中。

相比所谓的（以韦伯的用语）教授式资本主义，它是在高处炫耀新自由派教义，而我们所关心的资本主义精神的表达，必须结合非常实在和详尽的描述，并包含充分的收益内容，以使得听众"兴奋起来"。换句话说，它们必须既合乎人们日常生活的道德经验，又提出他们能掌握的行动模式。我们将看到，资方管理话语（它说得既形式又历史，既普遍又局部，把一般概念同典范榜样混合起来）如何在今天成了资本主义精神结合和接纳的卓越形式。

这些话语首先是讲给干部们听的，他们对资本主义的支持是经营公司和创造利润尤其不可缺少的。对他们要求的高层次承诺不能纯粹靠强制来取得，而且他们比蓝领工人更少受制于即时需要，他们能发动消极抵抗，半心半意地参与，甚至从内部批评资本主义秩序而加以破 14
坏。还有一个风险是资产阶级的子女，他们构成吸收干部的类似天然的温床。但是，他们会叛逃（以赫希曼的用语[35]）而走向较少结合资本主义机制的职业（自由职业、艺术与科学、公务员），或者甚至局部退出劳动力市场，尤其是因为他们拥有教育的、世袭的和社会的各种资源。

首先，资本主义必须完善它有关干部和未来干部的正统机关。如果在工作生涯的普通进程中，他们中大多数人是因经济制约（主要是害怕失业，尤其是如果他们正在负债和赡养家庭）或传统的奖惩机制（金钱、各种福利、事业发展等）而被说服信从资本主义制度，那就可以认为，像当今这样的时期，资本主义正当的迫切性特别突出。这种时期的特点是，各类型都有大量增长，大量青年干部从教育系统进入公司，他们的动力较弱，他们寻求规范的激励。[36] 另一方面，深度的发展迫使有经验的干部进行再培训，如果他们认识到不得不改变方向的意义，事情就比较容易而自愿接受再培训。

干部既是工薪收入者又是资本主义代言人，特别是对公司其他成员而言，由于他们的地位，他们是批评的特权对象（特别被他们的下级），他们自己常常愿意倾听。他们没法处理发给他们的物质福利，必须为自己的地位赋予正当性，更一般地说，对于选拔他们的程序，或者他们所执行的选拔程序赋予正当性。他们的正当性所受的制约之一是，维护他们自身与他们管理的工人之间可以容忍的文化差距。（可举一例，在 20 世纪 70 年代末，从名牌学校出来的一批年轻工程师——他们受教育的方式与早先时代相比较为随意——不愿去监管从事高度重复性劳动并受工厂严格纪律管束的非熟练或半熟练工人。）

因此，我们这里所关注的资本主义的正当性，并不是上面提到的那些资本家或者经济学家可能加以阐述而供对外使用，特别是供政界之用的，但这些首先用于向干部和工程师讲述。如果要讲得有效，他们所要求的共同福祉的理由就必须基于本地化的标准。他们的判断涉及他
15 们所工作的公司，以及以其名义采取的决定的后果在多大程度上是说得通的——首先是为了它雇用的工薪人员的共同福祉，然后是为了它所在地区和政区人们的共同福祉。不像自由派教义，这些本地化的正当

性是可以改变的，因为这些正当性必须把与资本主义历史状况相联系的一致做法，与在任何特定时期盈利的具体方法相结合。它们必须完全一致地促进行动，并保证这些行动在道德上是可取的。因此，资本主义精神在任何时刻的肯定表述，都是向干部传递实行“正确的”盈利行动及这些行动的合法性。

除了共同福祉的正当性以外，为了应付批评和向别人作解释，他们需要像韦伯派企业家干部（尤其是年轻干部）那样要求个人承诺的理由。为了值得向资本主义作承诺，为了有吸引力，资本主义必须向他们提供一些与其他机遇相比具有“鼓舞性的”活动形式，也就是说，在一般情况下（尽管在不同时期有不同方式）可以达到自我实现和行动自由的可能。

然而，我们将在后面更清楚地看到，这种对自主的期望与另一种要求相对，两者往往处于紧张状态，这里指的就是对保障的期望。事实上，资本主义必须也能鼓舞干部有信心享受它向他们允诺的长期福利（与他们放弃的其他社会相比，即便不是更长期，至少也一样长），并保证他们的子女获得能保有同样的特权地位。

资本主义精神在历史上变化极大，因此，每个时代特有的资本主义精神必须提供办法来缓和由以下三个问题所激发的焦虑：

1. 如何使参与积累过程的承诺具有热情，甚至对那些并非利润的主要受益者而言？

2. 卷入资本主义世界的人们在多大程度上能保证自己和子女有最低限度的保障？

3. 如何以共同福祉为条件来证明参加资本主义公司的正当性？当被谴责为非正义时，如何来捍卫其所作所为和经营方式？

资本主义精神的不同历史状态

本书所集中关注的资本主义精神目前出现的变化，肯定不是第一
16 次出现了。除了在韦伯著作中找到的关于启发初始资本主义精神气质的那种考古式再现以外，我们至少具有两种关于资本主义精神风格或类型的描述。每一种都界定了上述说明的不同成分，并指出当时的资本主义代表着怎样一种鼓舞人心的冒险：它如何看上去是建设未来坚实基础的承担者，以及对期待一个公正社会的呼应。正是这些自主、保障和共同福利的不同组合，才是我们现在将要非常纲要性地召唤的。

第一种描述是在19世纪末进行的，存在于小说和社会科学中，它关注于资产阶级企业家人物及资产阶级价值观的描述。企业家形象、产业界头头、征服者[37]，涵盖了这些肖像的英雄成分，[38]强调的是赌博、投机、冒险、创新。在更广的范围，以更多的社会类型，资本主义冒险首先体现在地域或地理上的解放，这是由于交通和雇佣劳动手段的发展而造成的，它使年轻人可以从当地社区中解放出来，从束缚于土地和家庭中解放出来，逃出村庄、贫民区及种种形式的人身依附。回过头来，资产阶级人物与资产阶级道德在初始的组合中提供了保障的成分，使新颖的经济倾向（贪婪或吝啬，积蓄的精神，把日常生活各方面加以合理化的倾向，发展记账、计算、预测的能力）与传统的素质癖性相结合：重视家庭、血缘、遗传、女儿的贞操，以避免不适当的结合和资财分散；与雇员的家族式或宗法式关系[39]——后来被驳斥为家长制；在一般小型公司中，这种形式仍然主要是人身从属，其作用相当于救济穷人疾苦的慈善事业。[40]至于追求更大普遍性和建构共同福利的正当性，较少归功于经济自由主义、市场[41]或科学的经济学（其扩散范围仍然相当有限），而更多是由于对进步、未来、科学、技术的信仰及工业的种种好处。在追求进步时使用一种庸俗功利主义，以证明市场所要求的牺牲是正当的。正是这种把非常不一样的、不相容的倾向与价值观混为一体——渴求利润与道德、贪婪与慈悲、科学主义与家族传统——才是弗朗索瓦·菲雷提

到的资产阶级自我分裂的根源所在，[42]是资产阶级精神中最受长期、一致谴责的东西：伪善。

资本主义精神的第二个特性，在20世纪30年代和60年代之间得到了最充分的发展。这里强调的主要不是企业家个人而是组织。围绕20世纪初集权的、科层主义化的工业大公司的发展，着迷于它的巨大规 17
模，它的英雄人物是管理者。[43]不像股东设法增加个人财富，他关心的是无限扩大他所负责的公司的规模，为了发展大规模生产，以规模经济、产品标准化、工作合理组织及新技术为基础，来扩大市场（销售）。尤其使年轻毕业生"激动"的是，这些组织提供取得权力地位的机会，并可借此来改变世界；对大多数人来说，由于大规模生产和必然的大规模消费，可以摆脱需求束缚，并实现种种欲望。

根据这种看法，提供保障是靠理性和长期计划的信念，那是管理者们的首要任务；而首先是靠组织的巨大，它不但为事业前途构建保护环境，而且以军队方式（在20世纪50年代和60年代以国际商用机器公司为代表的一种组织形式）照顾职工日常生活（膳宿津贴、休假营地、培训机构）。

至于所谈到共同福祉，要提供它，就要不但和工业秩序的理想作妥协，而且和一种公民理想作妥协。前者由工程师体现，信仰进步，寄希望于科技、生产率和效率（比早先的那种看法更响亮）；后者的意思在于强调制度性团结，生产、分配和消费的社会化，以及大公司和国家在追求社会公正方面的协作。带薪经理的存在和各类技术人员（"组织者"）的发展；在法国，各类干部的结构；[44]由法人实体而不是由个人构成的所有者数量的增加；或者，因工薪收入者权利的发展，以及在员工管理方面存在限制雇主特权的科层制规章，致使公司所有权受到的限制。这些事态的发展都被解释为资本主义深刻变化的诸多标志，其表现为：阶级斗争的冲淡，资本所有权与公司控制权之间的分离（转移至"技术结构"[45]），以及由社会公正的精神所推动的一种新资本主义出现的迹象。我们将常常回过头来谈资本主义“第二种”精神的特性。

资本主义精神的变化,就这样和工人的生活状况、工作状况和期望(不论是对自己还是对子女)的深刻改变协同前进,工人在公司的资本主义积累过程中起作用,但不是它的特权受益者。今天,学术资历提供
18 的保障已经缩小,退休金遭受威胁,事业不再得到保证。“第二种精神”的动员力是成问题的,而积累的形式已再一次发生深刻转型。

如果接受我们的分析,就可以看出当前形势中一个可能的意识形态趋向,因为它的基础是制度的生存能力,并限于在资本主义体制架构内进行调整。在共产主义幻想破灭以后,现在已不存在可行的出路,即使是在理论上。在发达国家中形成一种资本主义精神,更能够吸引支持(从而也更加导向公正和社会幸福),以期促使工人及在最小程度上促使中产阶级重新奋起。

我们看到,“第一种”资本主义精神是和资产阶级人物相关联的,是在很少追求巨大规模的时代里,和主要是家族形式的资本主义相一致的。老板和雇主个人都是他们的雇员所认识的,公司的命运和生存都和家族紧密相连。至于“第二种”精神,它是围绕董事(或带薪经理)和干部等中心人物组织起来的,它是与大公司资本主义紧密联系的,这些公司已经充分实施了科层化,并使用为数众多的和学术上日益称职的管理人员作为其中心成分。但是,只有一些(少数)公司可以称之为多国公司。持股越来越非个人化,许多公司发现自己脱离了特定家族的名字和命运。接下来,“第三种”精神必须与“全球化”资本主义同型和使用新技术,这两方面是今日资本主义最常谈到的特点。

20 世纪 30 年代后半叶出现的意识形态危机,导致第一种精神的势头消退,危机的出路难以预测。我们当前正在经历的危机也是一样。需要恢复积累过程的意义,并把它同社会公正的要求结合起来,这特别遇到了资本家阶级的集体利益与其作为市场上分散竞争者的特定利益之间的紧张关系。[46] 没有一个市场经营者愿意向他雇用的人首先提供“美

好生活”,因为他的生产成本会因此增加,他在和同行竞争中会处于不利地位。另一方面,就整体而言,资本家阶级在总体方案上信守对创利职工(特别是干部)的承诺却又是其利益所在。因此,我们可以估计,资本主义第三种精神的形成,及其在各种机制中的体现,主要决定于当前占主导地位的多国公司的利益,它们在世界体系的中心保留一个和平地带,用作干部培植地,干部可以在那里成长发展,生儿育女,安稳 19
生活。

结合进资本主义精神的正当性的由来

我们提到,非常重要的是,资本主义能依靠一个证明其正当性的手段来适应一定时期内资本主义积累所采取的具体形式。这表明了资本主义精神所要结合的先验图式不能仅仅源于经济理论,因为这些先验图式虽然捍卫所有历史背景下抽象的积累原则[47],但却缺乏充分的动员力。

但是,资本主义在其自身中找不到任何资源来证明承诺基础的正当性,尤其是阐述要求公正的论点。事实上,资本主义无疑是唯一的(或者至少是主要的)历史形式,它组织完全脱离道德领域的集体行动,也就是说,它识别自身的目的(资本积累是其本身的目的)不是靠参照,不是简单地归之于共同福祉,甚至归之于诸如一个民族、一个国家或者一个社会阶级的集体利益。因此,资本主义要证明其正当性,就要参照不同秩序的构成,从而取得不同于追求利润的要求。

所以,资本主义为了保持吸引力,就必须吸收外界的资源,即在一定时间具有很大说服力的一些信仰,一些引人注目的意识形态,即使它们对它敌视,也要被加入它在发展的文化领域。因此,在一定历史时段,支持积累过程的精神充满了与它同期的文化产品,但大部分具有并不认可资本主义的其他目的。[48]

在面对正当性要求时,资本主义动员起合法性有保证的“既存”事物，使它们转而结合进资本积累的需要。因此，对服务于资本主义积累的非纯粹意识形态建构，以及批评资本主义积累的纯粹不妥协思想，在两者之间寻找清楚分野，是没有意义的。同一范式常常发现自己既参与谴责，又参与证明被谴责者的正当性。

我们可以对比一下那些开始时与资本主义不相容的(甚至敌视的)思想被结合进资本主义的过程，以及迪蒙所描述的文化适应的过程，当时他表明：占统治地位的个人主义现代意识形态如何与既存文化达成妥协而得到扩散。从两套思想价值观之间的相遇和冲突，产生了新的表述，那是“一种合成，它可以更加激进或者较少激进，是两类思想和价值观的一种混合，一种是整体灵感和土生土长，另一种是外来的占主导的个人主义型构”。这种文化适应的一个出色效果是：“个人主义在进入这
20 些组合时，它的表述不是被冲淡或者变得不那么尖锐。正好相反，它通过和对立面联合，变得更加适应，甚至更加强大。”[49] 如果我们把这个分析转换到对资本主义的研究上（它的积累原理与个人主义现代性关系密切），我们将看到驱动它的精神如何具有两面性：一个如迪蒙所谓的“向内”，也就是说，在这个背景下，转向正统合理的积累过程；另一个转向被它深深影响的意识形态，提供资本主义正缺少的东西，即参与积累过程的理由，这植根于平凡的现实之中，并同所需要的积极参与者的价值观和关注相协调。[50]

在迪蒙的分析中，一个整体文化的成员在面对个人主义文化时，会发现自己受到挑战，在面临对他们的批判和对他们认同性的挑战时，会感到需要捍卫自己，证明自己的正当性。可是，在其他方面，他们被新价值观、被这些价值观所提供的个人解放和平等所吸引。从这种吸引—抵制—寻求自我正当的过程中，产生了新的妥协性表述。

对资本主义精神可以做同样的观察。它已转型为回应一定时刻参与资本主义积累过程的人们对于正当性的需要，但这些人由文化传统继承下来的价值观与表述仍然联系于早些形式的积累，联系于“第一种

精神”诞生时的传统社会,或者联系于过渡到其后资本主义精神的上一种精神。危险的是,在创造吸引他们的积累形式(任何精神的现有层面)的同时,还要考虑证明其自身正当性的需要(提及共同福祉),认为新资本主义机制的特点威胁到他们的社会认同性(保障方面)而加以防范。

在许多方面,在大工业公司确立优势的同时建构起来的资本主义“第二种精神”的特点,本来是共产主义或法西斯主义都加以否定的,它们是“第二种精神”开始确立时批评资本主义的最强大运动。[51]经济统制是一种共同的愿望,它将被福利国家及其计划部门加以实施。控制劳资之间增加值的分配机制,被设置在国民收入和生产核算之中[52],这和马克思主义的分析是一致的。至于计划化大公司实行的等级制工作方法,它会长时间保持与传统家庭价值观妥协的印记,那只是服务于重新保证传统主义的反动。得到福利与帮助,回报以尊敬与服从,这形成了传 21
统形式等级制契约的一部分,比起以工资交换工作更甚——它包罗了自由派的、英美式的雇用关系设想。这样的话,无限积累的原则同它的敌人找到了一些趋同点,所导致的妥协使得资本主义通过向犹豫的人们提供比较热情参与的机会而保证资本主义的生存。

城市作为构建正当性的规范支持

只要它们还受制于正当性的紧急事务,社会安排就往往倾向于结合涉及走向共同福祉的一种很普通的惯例,并声称具有普遍有效性,这已经在城市的概念上模式化了。[53]资本主义在这项规则上也不例外。我们所谓的资本主义精神必须包含这种惯例,至少在它指向公正的那些方面。换句话说,从实用观点考虑,资本主义精神要涉及两个不同的逻辑层面:第一个包含导向盈利行动的因素;第二个包含具备更大程度反省力的因素,它根据普遍原理来判断第一个逻辑的行动。这两个因素显然都意味着同一个行动者,他能参与日益普遍性的活动。没有这一能力,行动者事实上就不可能了解对资本主义盈利导向的批评,或者去构建资本主义正当性来挫败这种批评。

鉴于这里的关于城市概念的中心特点，我们现在要回顾提出城市模式的著作。城市的概念是面向公正问题的。它要设想行动者面临正当性要求时卷入相互争论的活动。这种正当性要求无法摆脱联系于批评的可能性。正当性必须支持批评，或者当批评谴责某些特定情况为不公正时去答复批评。

为了说明这里所说的公正意义的特点何在，为了让我们有机会对同一概念很不相同的争论进行比较，我们要说，对公正问题的争论总是把地位在某一情势中所处的位置作为争论对象。

为了说明我们所了解的地位指的是什么，且让我们举一个小例子。例如，在饭桌上向就餐者分送食品的问题。菜盘分送客人的次序问题是不可避免的，而且要当众解决。除非提出一项规则把时间次序调整为空
22 间（座位）次序（各人按座轮流自行取菜，“没有大惊小怪”），这个次序的意义就消失了。时间次序被解释为按各人相对地位定先后次序，例如先服侍年长者，最后是儿童。但奉行这一次序会出现棘手的问题，并在若干排列次序的不同原则处于对立时引起争执。如果次序要顺利实施，客人们必须认同次序中人们的相对地位。[54]可是，对地位的认同要预设对于对等原则更基本的认同，依据它才能确定出席者的地位。即使对等原则没有明白提到，人人心中必须充分清楚和想到这种情况会自然出现。这些对等原则，借用卢梭的用语，就是更高的共同原则。

这些地位原则不能靠局部的、应急的安排来确定。它们的合法性决定于它们的健全性，也就是说，决定于它们在既定无限数量特定情况中的有效能力，把最多样性的人们带到一起。因此，在一个社会的一定时间内，具有有效性的对等原则就是以普遍有效性为取向的。

尽管在一定时间内存在着多种合法形式的地位，但它们的数量并不是无限的。在当代社会中已经识别六种关于正当性的逻辑，即六种“城市”。为了界定它们，我们这里所依据的工作要反复使用两种类型的

材料。一方面是通过调研冲突和争执的实地工作搜集到的实际数据，它们提供一批论点和情景机制，是日常生活中时常使用的那种正当性的直观事物；另一方面是政治哲学中系统发展的建构，它们具有高水平的逻辑一致性，可以在配置共同效能的任务中有成效地加以使用。[55]

在灵感型城市中，高地位属于达到谦和境界的圣哲或者具有灵感的艺术家。它在自律产生的清净体中显露出来，受感悟的现象（神圣、创意、艺术感、真实性，等等）构成了特许的表现形式。在家庭型城市中，高地位决定于人们在人身依附链条中的资历。在以家庭模式确立的从属系统中，人们之间的政治纽带被视为结合传统与亲情的世代联系的普遍化。“大人物”是长者、祖先、父亲，对他们要尊敬和忠诚，而他们则给予保护和支持。在声誉型城市中，高地位完全决定于他人的意见，也就是说，决定于赋予信任和尊重的人数。在公民型城市中的“大人物”，是表达整体意志的集体机构的代表。在商业型城市中，“大人物”是在竞争性市场中成功地经受市场考验、供应非常合意的商品而致富的人。在工 23
业型城市中，高地位要根据效能，并界定专业能力级别。

当提到共同福祉时，第二种资本主义精神在工业型城市和公民型城市（其次是家庭型城市）之间达成妥协而确认正当性，第一种精神则植根于家庭型和商业型之间达成妥协而确认正当性。

按照类似的思路，我们必须对正处于形成中的资本主义第三种精神所设想的共同福祉，提出普遍使命和关联方式的惯例。然而，我们将会看到，上述提出的六种城市只是不完备地传达了资本主义正当性的新话语。为了描述六种现有城市的语言无法说明的“余留部分”，我们必须提出第七种城市，使得可以产生出网络世界中相对地位的对等和正当的位置。但是，与上述工作相反，把使用的论点系统化，我们没有依靠政治哲学的主要文本[56]，而是依靠了20世纪90年代的一批管理材料（因为这些材料是针对干部的，使它们成为资本主义新精神的一个特别明显的储藏所），还依靠今天提出来改善法国社会公正的一份各项具体建议的分析。我们事实上和一项全力进行的活动处于同时，社会科学界正在积极参与重建社会模式。这项模式虽然希望现实一些，也就是说，要适应人们进入他们的社会，要适应一些不论对或错都是不言而喻的常事（公司要求灵活性，捐助式养老金计划无法长久，非熟练工人失业难以解决，等等），但它具有走向更大公正的规范性质。

所以我们必须表明，资本主义的新精神如何在迄今未曾使用的对等原则上出现。我们还必须指明已经存在于意识形态环境中的主题和建构的文化适应过程，特别是要从针对资本主义的批判话语中引伸出来，并通过它，这个精神就能构筑起来，并不断变得更为坚固，直到形成一个新颖的意识形态结构。

资本主义精神使得积累过程合法化并加以约束

我们看到，如果资本主义要使追求积累所必不可少的人们参与进来，它就必须结合一种精神，这种精神可以提供有吸引力的、振奋人心
24 的生活前景，同时使人们照章办事时得到安全保障和道德理由的保证。这些混合的根据和理由随时间而有变化，决定于必须调动的人们的期待、他们从小就有的希望，以及不同时期的积累形式。资本主义精神必定遇到自身正当性的要求，特别是为了抵御反资本主义的批判；这涉及什么是正义或非正义的普遍有效的惯例。

现在是我们分析中的一个适当时刻，可以指明：资本主义精神远不仅仅是占领了“精神冲刺”的阵地、灵性的“荣誉点”或者“上层建筑”（意识形态的马克思主义观），而是在资本主义过程中起了关键作用，它通过约束而帮助了这个过程。事实上，资本主义的正当性使它能动员有关方面，却阻遏了积累。如果认真对待所提出的正当性，那么，并不是所有的利润都是合法的，并不是所有的致富都是公正的，并不是所有的积累——实质的、快速的积累——都是正当的。马克斯·韦伯已经努力表明：这样受到阻遏的资本主义明显有别于毫无约束的拜金欲，它的特点

正是这种欲望的理性节制。[57]

因此,行动者把某种资本主义精神加以内化,并对非纯粹正规的积累过程加以约束,给了它们一个特定的框架。这样,资本主义精神在对资本主义提供正当性(反对走向激进的挑战)的同时,也提供了一个批判的支承点,以谴责具体积累形式与社会秩序规范概念之间的不一致。

如果要认真对待指向资本主义的无数批判,那么,资本主义历史上活动方式的正当性也必须同样受到现实的检验。要经受这种检验,资本主义正当性的论据必须依靠各种机制,即目标、规则和惯例的集合,并作为全国范围的法律来加以表述,它们不限于只追逐盈利,而是要面向公正。因此,资本主义的第二种精神必然密切结合大公司的事业管理机制、捐助式养老金计划的建立,以及工资劳动合同的法律形式要扩大到更多的情况以使工人享受到好处。[58]没有这些机制,谁也不会真的相信第二种精神的诺言。

因此,资本主义精神对资本主义的约束有两种方式:一方面,资本主义的正当性被资本主义活动者加以内化,就有了自我批判的可能性,并赞同积累过程本身的不相容做法要加以自我训斥和自我消除; 另一 25
方面,建立强制性的且只有它能取信于资本主义精神的机制,才可能确立各种现实检验,从而提供确实的证据来回应谴责。

我们将举出特别适合我们目的的两个例子:关于对共同福祉(一个城市,根据我们使用的模式)的要求能约束积累过程的方式。在商业型城市中,利润首先是有效的,追求利润的不同人们之间的对峙秩序是正当的,只要市场检验满足严格的机会平等的条件,这样,成功可归于业绩——在这种情况下, 就是指抓到市场商机的能力及其货物与服务的吸引力——而并不是完全归于力量对比。在这些约束中,我们必须强调最首要的:一切保证竞争的事物,例如,没有占统治地位的,没有事先安排和卡特尔,信息透明,资本的可得性先于十足不平等(例如把遗产税视为正当)的检验。所以,只是在非常严格的条件下,市场检验才是合法有效的。遵守这些条件,不但不会特别创利,而且会制止特别创利。我们可以用同样的方式谈到工业型城市,通过向它们提出并非来自当前积累需要的约束,来认可资本主义生产形式的正当性,例如长期性的计划,对未来投放资源,以及旨在减少风险或避免浪费的措施。

我们认真看待以共同福祉来证明资本主义正当性的效果,就使自己脱离了批判的态度,这种态度认为:只有资本主义不惜一切代价追求无止境积累的倾向才是真实的,意识形态的唯一功能就是掩盖无所不能的经济强迫关系的现实;也使我们脱离了辩解的态度,这种态度混淆了规范的支持与现实,忽视了利润和积累的紧要性,把资本主义面对的公正要求作为中心。

这两种立场与"合法"一词的含糊性并非无关,它派生出"视为合法"和"合法性"两词。以前者为例,视为合法成了追溯性掩盖以往的行为,为了看到现实,必须加以揭露;在后者的例子中,虽然抓住了传达的相关论点和程序的法律严谨性,但没有质问现实检验情况的条件,这是大人物(在资本主义世界里首先是富人)合法地位的主要依靠。正如我们所界定的,资本主义精神的概念使它有可能排除一种对立,这种对立
26 在过去三十年中已经统治了相当部分的社会学和哲学,或者至少在社会和政治的一些交叉著作方面:理论之间的对立,一方面往往是那些受尼采—马克思主义影响的理论,它们在社会上只看到暴力、强迫关系、剥削、统治与利益冲突;[59]另一方面是那些受契约主义政治哲学影响的理论,它们强调民主辩论的形式及社会公正的条件。[60]在来自第一种思潮的著作中,对世界的描绘好像冷酷得不真实:这样的世界不会长时间地适于居住。但是,在第二种有关著作中,必须承认,社会有点美好得不可信。第一种理论取向时常涉及资本主义,但不承认它的任何规范层面;第二种考虑到来自合法秩序的道德要求,然而低估了利益和力量关系,往往忽视了资本主义的特性,它的轮廓由于处在社会秩序所一直依存的复杂惯例之中而模糊起来。

资本主义及其批判

资本主义精神的概念，也让我们把资本主义的发展及由此产生的对它的批判结合进同一个动力。事实上，在我们的建构中，我们要对批判赋予一种变革资本主义精神原动力的作用。

如果资本主义不能没有共同福祉的方向（它以此获得承诺参与的理由），那么，缺乏对规范的关注，就意味着资本主义精神不能完全从自身资源中产生。因此，它需要从它的敌人（被它伤害而反对它的人）那里去寻找它缺少的道德支持并取得公正机制，否则它无法承认其合适的关联。资本主义制度证明它远比其贬损者（为首的是马克思）所想象的强健，但这也是因为它在对它的批判中发现了生存的途径。例如，新的资本主义秩序岂不是从第二次世界大战中分享法西斯主义和共产主义赋予国家极大重要性及某种经济统制的特征而取得的吗？或许正是通过吸收部分的批判而取得这种惊人的生存能力，才有助于解除反资本主义势力的武装。矛盾的是，当资本主义看上去胜利的时期——正如今天的情况——却正是由于没有真实的竞争者而使它出现了脆弱性。

而且，批判的概念避免在力量关系和合法关系的解释之间走理论极端。实际上，只有存在着合意事态和真实事态之间的差异，批判的思想才有意义。对批判给予其在社会上所处的位置，我们不应把公正贬低 27
为强迫，或者使我们无视公正的存在，就像无视强迫关系一样。批判要有效，就必须能够证明自身的正当性，也就是说，澄清它所得到的规范支持，特别是当它面对被批判者为自身行动作辩解的时候。因此，它继续提出公正，如果公正是幻想，那么批评有什么用？[61] 可是，另一方面，批判提出了一个公正要求不断被违反的世界。它揭露了掩盖强迫关系、剥削和统治现实的道德借口的伪善。

批判对资本主义精神的作用

批判对资本主义精神的潜在影响似乎至少有三种。

首先,它能使以前的精神非法,并剥夺它们的效能。因此,丹尼尔·贝尔认为,美国资本主义在20世纪60年代末遭遇了大困难,这是由于继续依靠新教禁欲主义的工作方式与基于信贷和大规模生产所刺激起来的即时消费乐趣(资本主义公司中的工薪收入者被鼓励在私人生活中加以采纳)之间日益增大的紧张关系。[62] 根据这种分析,消费社会的物质享乐主义迎头撞上(即批评)支持劳动生活的勤俭价值观(至少含蓄地支持),因此破坏了与当时占统治地位的资本主义精神相联系的参与模式,它最终发现自己部分地处于非法。接着,工薪收入者由于期待和渴望的改变而大大松散。

批判的第二种效果是,它在反对资本主义过程时迫使其代言人以共同福祉来使该过程具有正当性。批判对大量的人们越是强烈和有说服力,提出来回应的理由就越要结合保证公正方面有积极改善的可靠机制。如果那些社会运动的代言人在呼应它们的要求时设法应付没有具体行动(就是所谓说空话)的表面宣言,如果表示美好感情足以平息愤怒,那就不必改善机制来使资本主义积累更符合共同福祉。如果资本主义不得不正面回应批判所提出的论点,设法安抚它并保持其队伍的支持(它们正处于倾听斥责的危险),它就要以同样姿态结合一些批评
28 它的价值观。这里,批判对资本主义精神的有力影响,采取了加强正当性和联系机制的形式,它不对积累原则本身或利润的需要提出挑战,同时部分满足了批判并结合对资本主义的约束,符合其贬损者最关切的那些内容。批判能被人听取(至少部分地)所付出的代价是:它所动员的用以反对积累过程形式的一些价值观,正被用来服务于积累,这符合上述文化适应的过程。

批判的最后一个潜在影响是对于资本主义反应很不乐观的分析。我们可以假定,在某些情况下,它能逃避加强公正机制的要求,使自己

更难破解,“使问题模糊不清”。根据这种情景,对批判的回应不是导向建立更公正的机制,而是改变创利方式,但世人对此看法不一,情况极难破解。面临未曾预计的新情况的出现,而且难说它们比早先的社会机制对工薪收入者更有利还是更不利,批判暂时就无法施展了。它谴责的旧世界已消失,但人们不知道如何理解新世界。批判在这里成为一种加速生产方式转型的刺激,于是它和以往过程中形成的工薪收入者的预期处于紧张状态。这就需要一种意识形态的重构来表明:劳动世界的确仍然具有“意义”。

我们将有机会来唤起这三类作用,以说明过去三十年中资本主义精神的转型。

我们将采用的变革模式依据三方面之间的相互作用。第一种代表批判,可以根据它谴责的东西(它谴责的对象在资本主义方面很多)和它的活力来加以参数化。第二种是有关一定时期资本主义部署工作的机制及由此创利的方式。第三种也是指资本主义,但这次指它在创利使用的方法(第二种关系)和依据惯例要求公正之间维持适当空间的整合机制。这三方面对立的每一端都会发展:批判可以改变其对象,减少或增加杀伤力;资本主义可以保持或改变它的积累机制;它也可以改善它们,走向更大公正,或者废除已提出的保证。

枯竭或失败的批判,或者失去活力的批判,会容许资本主义放松其公正机制和改变其生产过程而完全不受惩罚。增强活力和可信度的批 29
判,迫使资本主义加强其公正机制,除非——假定政治与技术环境允许——这构成资本主义转型时使游戏规则模糊起来的做法。

资本主义积累机制的改变具有暂时消除批判的作用。但是,它也会导向一个中期的好机会,重新制订一种新的资本主义精神来恢复工薪收入者的参与,他们由于这些事态的发展而失去了保住工作的衡量标准。同样地但并非没有可能,使资本主义游戏规则转型来改变工薪收入者的期望,从而破除积累机制,如同贝尔所分析的情况。[63]

另一方面，当批判涉及迄今所提出的要求内容时，保证更大公正的机制的确立缓和了批判。可是，同样地，这也能促使它转向其他的问题，这一步总是伴随着对于旧抗议问题的警惕下降，从而打开了资本主义改变其游戏规则的新机会，使得已经得到的福利减少，因此在中期又会导向批判的再起。

在这三边游戏的中心，作为录音室、共鸣箱和形成新妥协熔炉功能的，就是资本主义精神。它在再度兴起以前经过了重新磋商、挑战，甚至摧毁，通过向利润和公正机制转型，以及在批判的火力下为正当性的需要而继续蜕变。因此，研究资本主义精神及其演变，是分析资本主义及其批判联合动力的特别合适的切入点，这一分析正是本书的中心所在。

还有一个概念有助于我们说清资本主义、资本主义精神和批判这三个方面，那就是检验，它也是把公正和强迫关系的紧要内容不加简化地结合进同一架构的极好工具。

力量检验和合法检验

检验的概念破除了一种狭隘决定论的社会观念，不论是基于结构的无所不能，还是文化主义观点中的内化规范统治。从行动的观点来看，它强调的是社会生活环境中出现的不同程度的不确定性。[64]

对我们的项目来说，检验概念的优点是，可以使我们以同样的理论
30 工具周转于强迫关系和合法秩序之间。这种检验总是力量的检验。也就是说，人们在相互对抗的情况下（试想二人之间的摔跤，或者渔人和设法逃脱的鳟鱼之间的对峙），显示了他们的能力，更深刻地，显示了他们的素质。但是，如果情况受到正当性的约束，如果参加者确定这些约束真正得到尊重，那么力量检验将被认为是合法的。

关于前者（力量检验），我们要说，在结束时，权力的展示在某种程度上决定于力量；关于后者（合法检验）决定于人们各自地位的判断。力量的属性不带任何道德含义来界定一项事态，而地位属性设想的判断，

不但涉及对立各方各自的力量，而且涉及检验所揭示的秩序的公正性。

从力量检验过渡到合法地位的检验，要预想到识别和刻画不同种类力量的社会劳动，它们必须能被相互分清。事实上，一种检验要从公正的观点进行评估，它首先必须是确定的，即检验某一事物——这个或那个，是赛跑还是拉丁文竞赛，而不是不确定的，即事物之间在任何方面的对抗，使用他们挑选的任何一种力量（它被有争议地认为是暴力的一种可能特性）。如果受检验的事物没有预先指定，该检验就被裁定为不健全、不可靠，它的结果会受到挑战。因此，对立的势力根据力量检验的逻辑相遇，并被部署和转移，只受其他力量抵制的约束。地位检验只有包罗同类力量时才是有效（公正）的。我们不再以艺术来考察金钱的力量，或者以金钱来考察名誉或智慧的力量，等等。要强大且享有高地位，就必须承担适于参加检验的那类力量。因此，要保证检验的公正，就要安排和控制其活动，防止外部势力的干扰。

一个社会的大量检验受到合法检验条件的制约，强者的力量就会削弱。因为检验的严格性往往会阻遏以下人员：他们掌握各种未明示的力量，只要根据形势的战略需要，就可以转移它们，混淆它们，替换它们，以及延伸它们。例如，我们不能给文艺批评家塞钱而被承认为灵感丰富的伟大作家，也不能只是由于是部长的表弟而成为他的主要私人秘书。靠不择手段取胜必须被禁止。 31

可是，力量检验和合法检验并不能被理解为分离的对立面。它们之间存在连续统一体，检验可以被认为或多或少是公正的，总是有可能揭开玷污声称是合法检验的背后势力的活动。（例如，揭开影响教育考试结果的社会不利条件和有利条件，主考人并不明显地重视它们。）

检验的概念使我们处在社会学观点的中心，这种观点最持久的问题之一（没有一个理论能回避的），就是在主管价值不等的职位之间有差异地配置人士的挑选过程，以及这种配置或多或少公正的性质。（这是社会学再次与政治哲学结合之处。）它还具有容许规模改变的优势，这决定于分析对象是否存在特有的检验环境，以及被视为独特事件的相互作用(一名候补者与一名征募员之间一些特定的交流)。处理这些，要求微观社会学的程序;或者设法描述相对稳定水平的检验,从行动社会学的观点来看,其方式提出了宏观社会学的传统问题。检验的概念由此就可能变动于微观和宏观之间,意思是说,它转向部门机制,或者转向独特的情境和社会安排。关于社会选择的主要趋势,说到底,在于一个社会在一定时间承认的检验性质。因此,可以毫不夸张地认为,一个社会(或者社会状况)可以由它自己定下的检验性质来界定,通过这种检验及对这些检验或多或少公正性的争议来引导人的社会选择。

批判与检验是密切相关的。只要批判挑战现有秩序,并对对立人士的地位产生怀疑,批判就导向检验。但是,检验——特别是在声称合法时——对批判是脆弱的,批判揭露了隐蔽势力的行动所产生的不公正。

批判对资本主义的影响通过其对资本主义中心检验的作用而运作。这是检验工资与利润之间不一致所依据的情况,在劳资法的某些情况中,它们据说是得到尊重的;或者另举一例,关于录用检验,它提供人们获得被认为或多或少比较有利的职位的渠道。

批判在检验动力中的作用

我们可以说,有两种批评检验的方式。

第一种是意图纠正：批判揭示那些受到违反公正挑战的检验的特
32 点，特别是某些参与者在他人不知情的情况下发动力量从而取得不应得的优势。在这方面,批判的目的是改善检验的公正,使它更严格,增加其常规化的程度,发展其管控的、法律的监督。已确立的检验,例如政治选举、教育考试、体育比赛,以及社会合伙人之间的联合谈判,都是这种努力的成果,使得它们的公正措施精炼,以便承认只有那些力量才符合检验的定义。但是由于同样的原因,这些检验总是有待改进和批判。精炼的工作实际上是漫无止境的，因为人们要了解的方面在本体上是无限的。[65]

第二种批判检验的方式可以称之为激进的。在这方面，迫切的不再是纠正检验的情况以使之更为公正，而是要压制它并最终以不同的检验加以取代。在第一例中，批判所采取的标准是检验严格满意的，以便指明它的行为从各方面偏离了它的定义，或者可以说它的概念，并帮助它更加符合其要满足的要求。在第二例中，检验的有效性本身（严格说来，就是决定其存在的东西）受到挑战。从这第二种紧急状况来看，旨在纠正检验的批判本身往往被批评为改良主义的，相对于那种激进批判则在历史上自命为革命的。

至于我们这里的讨论所根据的地位经济学模式[66]，纠正性批判应用于检验认真建构的城市。这里包含的是内在于城市的批判。相反，激进批判则以有关另一城市的不同原则进行，检验目前所接受的定义即以此作为判断的根据。

首先，我们将讨论改良主义意向的纠正性批判的可能命运。只要受批判的检验声称合法（这样，它们就被批判所提出的同样规范性立场视为正当），负责管控它们实际行为的人们就不可能永远无视对它们的观察。如果它们将保持合法，这些检验必须结合对批判的回应。这种答复可以包括指明批判是错误的（那就要提出对此有说服力的证据）；或者使检验更加严格并加以精炼，使之更加符合支持合法判断的公正模式。比如：考试没有匿名而改为匿名，或者在股市交易前泄露信息（内幕交易）被禁止。

但是，当面临对检验提出纠正性批判时，存在着另一种潜在的反应，这并不是要满足它，而是要设法回避它。这是该检验的某些受惠者的可能行动，批判揭示他们非法取胜，从而看到自己的前景相应缩小。 33
这也可能是检验组织者或者检验费用承担者的行为[67]，他们认为公正和合法性的预期会增加不能补偿检验的高额成本（加强管控与预防，改善评估标准）；或者，不管在公正方面期望的好处有多大，成本已高得令人难以接受了。

因此,若干行动者关注于减少赋予检验的重要性,让它边缘化。首先,如果检验证明难以关闭关键的企业,它们的再生会迫使继续收紧检验和增加成本。它们不会迎头挑战既有的检验(这样代价太高,特别是在合法性方面),他们将试图寻找新的利润途径,实行地方化、小规模、不显眼、多样化的移置。如果公司不想如批判所要求的那样来改善工资与利润的不一致,那么这些移置可以是地域性的(重新安置到劳动力便宜且劳动法落后或不受关注的地区)。关于环境方面的新要求,情况也是这样。这也可以是改变公司成功标准的问题,以便逃避与事业管理有关的程序,或者是取消正式录用测试的问题(根据书面考试或者心理技术测试来作决定),那被认为花费太大。这些移置改变了检验的路线[68],其作用是减少与维持严格检验有关的费用,增加那些能调配多种资源者的长处,他们摆脱了迄今阻碍他们使用其力量的枷锁。在资本主义社会中,强者首先是资本的拥有者,历史不断表明:如果没有立法和调控的阻碍,他们会使用其经济力在一切领域攫取统治地位,使工薪收入者只得到创造增加值中最低下的份额。因此,在资本主义制度下,从这些微小移置中始终取胜的,显然就是利润集团。

对批判作出反应的这种方式——制造移置——提供给它一个不知道如何解释的世界,具有暂时把它缴械的作用。与资本主义精神早先状态有关联的批判和批判工具事实上抓不住新的检验,它们并不是受制于劳动承认、制度化和汇编法律。批判的最初任务之一,正是在一个社会中看清最重要的检验,澄清(或者迫使参与者澄清)这些检验的基本
34 原则,然后走向批判,是纠正的还是激进的,是改良的还是革命的,则取决于那些检验者的选择与战略。

经过大量微小移置之后,就地回避最花钱的检验或最受制于批判的检验,资本主义积累发现自身摆脱了共同福祉的约束加在它头上的枷锁。但是同样地,它也发现自身被剥夺了许多人感到合意的正当性论

据，除非重新部署的检验与意图废除旧检验的激进批判所提出的主题相一致,也以共同福祉的名义,但以不同的价值观。这类移置失去了旧原则的合法性依据,但可以依靠批判的另一面所使用的合法性原则。既然没有完全避开资本主义体制,激进批判(总是保留顽固不变的反对派立场,很容易被它的毁损者刻画为“不现实”)的唯一可能命运是被用作逃避以前资本主义国家过分规范和昂贵架构的思想来源和合法性。

因此,我们可以设想,在一项行动上,批判总体上发现自身被缴械的情景:一种形式的特点,在这里可称为纠正性的(这并不意味着它必定把自己视为改良主义的),因为它所适应的检验消失了或者不用了;另一种,这里称为激进的(这并不意味着它专指那些自称为“革命者”的人们),因为主导思想的发展采取了它所要求的方向,它自己感到部分满意了。我们在后面将会看到,我们认为这就是20世纪80年代在法国发生的情况。

即便如此,这种形势看来并不会持久,因为资本主义的重新部署产生了新的问题、新的不平等、新的不公正:不是因为它固有的不公正,而是因为公正的问题在它发展的架构中并不相关——资本积累的准则不属于道德范围——除非批判迫使它证明自身的正当性和管控自己。

解释性纲要在逐步重建,使其可以认为那些转型是有意义的,并通过对有疑问的积累新方式进行鉴别而使批判复兴起来。批判的恢复导向新规范支承点的建立,资本主义对此必须达成妥协。这种妥协在资本主义精神新形式的表述中加以宣告,如同它的前代,这包含了公正的迫切需要。

这样,资本主义新精神的诞生来自两个阶段,虽然这只是分析性的区分,因为它们在很大范围是重叠的。第一阶段,我们看到对新机制的一个解释性总纲的概述,以及一个新总体系统的建立,使人们找到他们的方向并推断一些基本的行为准则。第二阶段,这一纲要将朝着更公正的方向提高,确立组织原则,改良主义的批判将努力使新检验更严格。 35

资本主义批判的历史形式

如果要了解我们的著作所关注的历史重要关头，我们现在就必须更确切地界定资本主义批判的内容。因为,要透彻了解资本主义特定动力的取向,以及影响资本主义精神转型的意义,我们只有认定它对哪类批判是脆弱的。如果资本主义没有从一开始就面对大规模批判力量的话,资本主义需要正当性装饰,使它带有动人的光彩,那么事实上不会使它们有紧迫感。反资本主义事实上和资本主义一样久远:“在它的整个发展进程中,两者如影随形,一点儿也不是矛盾的反话,可以说,在历史的眼中,反资本主义是资本主义最有意义的表述。”[69]

无需重述资本主义受批判的历史,这个任务远超出本书的架构,而为了了解资本主义新精神的形成，我们必须回顾反资本主义的主体形式围绕其构建起来的主要主题(这些主题从 19 世纪上半叶起是相当常见的)。

一项批判的形成,先要设想有一件招致抗议的坏事,不论是批评者个人忍受的,还是被别人的灾难所引起的。[70] 这就是我们所谓的义愤之源。没有这种先期的情感(或情绪)反应,批判不会发动起来。另一方面,从受苦场面到明确表达的批判,其间是个漫长过程;批判需要理论支承点和声辩言辞,以便为个人疾苦大声疾呼,并联系共同福祉的内容加以说明。[71] 因此,任何批判的表述实际上有两个层次:初级层次——情感领域——是无法使它沉默的,只要出现激起义愤的新形势,它随时会成为熊熊大火;二级层次——思考的、理论的和论辩的层次——使它可以保持意识形态斗争,但提供概念与纲要,把人们想批评的历史情况与可以普遍化的价值观联结起来。当我们提到批判被缴械,指的是这个二级层次。假如批判的工作包括把义愤转换到批判理论的架构内,然后发出呼声(这一点还需要其他条件,我们不在这里研讨),我们就可以理解,即使当批判力量似乎处于完全瘫痪状态时，为何义愤的能力可以保持不受影响。这特别盛行于年轻人当中,他们还没有经历到年事日增,可能性前景日少,他们可以构成批判再次复兴的基础。这是建立批判工作不断更新的保证。 36

虽然资本主义从形成以来已经有了变化,但是它的"本性"并无重大转型。因此,不断促进资本主义批判的义愤之源,在过去二百年中仍然在很大程度上保持了原样。它们主要有四种:

1. 资本主义是事物、人、情感及(更一般地)与它关联的实体失去幻想和失去真实之源;

2. 资本主义是压迫之源,因为它反对人的自由、自立与创造性,他们在它的支配下,一方面受制于市场的统治(作为非人格化的力量,市场操纵物价,指定其合意的人与产品而排斥他人);另一方面受制于与雇佣劳动条件有关的各种从属形式(企业纪律、老板的严密监视、管控手段与程序的监督);

3. 资本主义是工人贫困之源,是空前规模的不平等之源;

4. 资本主义是机会主义和利己主义之源,它们专门鼓励私人利益,破坏社会联合和集体团结,特别破坏贫富之间的最低限度团结。

批判工作面临的困难之一是,它实际上不可能把这些义愤基础联合起来结合进一个一致的架构。结果,大多数批判理论把一种路线置于其他之上,并部署其相应论点。因此,有时强调点放在资本主义的工业方面(批判产品标准化、技术、破坏人自然和真实生活方式、工厂纪律、官僚主义,等等),同样的批判可以扩展到谴责"真正的社会主义";有时强调点放在资本主义的商业方面(批判市场的非人格化统治,批判金钱万能使任何事物一个样,把最为神圣的事物——艺术品,特别是人类——变成商品;使政治从属于商品化的过程,使它成为销售和叫卖的东西,就像其他产品一个样)。同样地,动员起来说明义愤的规范参照内容是不同的，甚至难以调和。对利己主义和失去幻想的批判，往往伴随着对传统或有序社会的怀旧，特别是对它们公共社会方面的怀旧。对富裕社会中压迫和贫困的义愤，则基于自由与平等的价值观，虽然它们同资本主义所特有的无限制积累原则并不相干，但在历史上一直与资产
37 阶级的兴起和资本主义的发展相联系。[73]

因此，这些义愤基础和规范支承点的承担人是不同群体的行动者，虽然在特定的历史关头他们常会联系在一起。我们可以区分为艺术批判和社会批判。[74]

前者植根于生活方式豪放不羁的态度[75]，首先汲取上述前两种义愤之源：一方面是失去幻想和失去真实，另一方面是伴随资本主义兴起而形成资产阶级特点的压迫。这种批判突出的是意义的丧失，特别是美感和价值感的丧失，这是由于标准化和普遍商品化不但影响到日常事物，而且影响到艺术作品和人类（资产阶级的文化重商主义）。它强调资本主义和资产阶级社会的客观冲击力就是要管辖和统治人类，使他们乖乖地工作，伪善地谈论道德，实际是按它所规定的利润目的。在这一点上，它同艺术家的自由相对立：他们反对美学遭受循规蹈矩的任何玷污，他们拒绝在时间和空间上有任何形式的支配，最极端的是，拒绝任何种类工作的支配。

艺术批判所根据的是归属与脱离、恒定与流动，波德莱尔的著作中对此有标准的阐述。一方面是资产阶级，他们拥有土地、工厂和女人，有财产作根基，沉迷于保藏财物，没完没了地关心再生产、开发和增产，因此注定要极其细致地深谋远虑，对空间和时间作合理化管理，几乎必定为生产而生产。另一方面是知识分子和艺术家，他们没有任何归属，他们的楷模是花花公子，那是 19 世纪中叶的产物，不问生产（除非是自我生产），对不可超越的理想怀抱不确定的文化。[76]

第二种批判是由社会主义者、后来由马克思主义者启发的，它汲取我们已指明的后两个义愤之源：资产阶级社会中私人利益的利己主义，

以及在空前财富社会中民众阶级的日益贫困，这一不可思议之谜将在剥削理论中找到解释。[77]社会批判本身基于道德及往往由基督教启发的主题，它反对——有时剧烈反对——不道德或道德中立、个人主义及艺术家的自我主义或自我中心。[78]

我们刚才已提到的四种主题汲取了不同的思想和感情之源，它们并不是直接兼容的。在历史紧要关头，它们可以联合起来，但往往发生误解而容易被斥为松散，或者可能相互关系紧张。 38

各方混合的一个事例是战后法国的知识界批判，这反映在比如《现时代》这样的刊物上，它乐于处在一切斗争的前沿，把共产党的工人主义和道德主义，同艺术先锋派的贵族式放荡调和起来。在这一点上，谴责资产阶级剥削工人阶级的一项主要经济批判，就与道德态度的批判并肩结合起来，谴责资产阶级道德（特别在两性问题上）的压迫与伪善性；一项美学批判则揭露资产阶级借学术鉴赏为名的骄奢享乐。越规的例子（从20世纪40年代一直到60年代中期，对大量非共产党左翼来说，萨德是非他莫属的越规象征）[79]作为这些不同主题之间的中介，却造成了误解或冲突。因为知识分子和艺术家特别关注的性越规或美学越规，同工人阶级精英分子的道德主义和美学传统主义发生了冲撞。工人扣押雇主，同性恋者当众亲吻，或者艺术家把平凡物件从通常场所搬进画廊或博物馆来展出。遇到这种情况，这一切形式岂不都是对资产阶级秩序同样的越规吗？

可是，在其他政治关头，资本主义批判的不同传统会很容易地分道扬镳和发生紧张，甚至暴力冲突。因此，对个人主义及其公共社会结果的批判，会容易地走向法西斯主义，在20世纪30年代的知识分子中可以找到这方面的许多例子；对压迫的批判会把压迫所代表的人当作主要攻击目标来接受自由主义，正如20世纪80年代一些极左翼知识分子的事例。虽然他们在苏联共产主义内正确地认识到另一种形式的异化，虽然他们把反对极权主义的斗争作为主战场，但是他们没有预见到，或者不能认识到，自由派支配西方世界的重申。

这些批判，每一个都被视为更激进地对待资本主义（民主也是一样，只是在不同方面）声称所植根的启蒙运动现代性。

艺术批判虽然与现代性都主张个人主义，但它把自己作为对资本主义基本价值观和选择的一种激进挑战。[80]它反对资本主义世界固有的合理化和商品化过程所造成的幻想失却，预见到它们的中断或取消，从而导致资本主义体制的彻底抛弃。社会批判则首先设法打破个人权益的运作来解决不平等和贫困的问题。如果对这个问题的各种解决办法可能看上去激进，但它们并没有预想要停止工业生产、发明新产品或者
39 国家致富和物质进步，因此并非全面反对资本主义的架构和选择。

可是，尽管所有这些批判的主导倾向都是改良或抛弃资本主义，但可以看出它们具有现代主义及反现代主义的方面。由于这个原因，针对现代性的激进批判同现代主义批判之间的紧张关系，是批判运动的经常特点。前者“对该时代进行抗议而不参与”，后者“参与该时代而不对它进行挑战”。[81]艺术批判在强调幻想失却时是反现代主义的，而在关切解放问题时是现代主义的。它的根基来自启蒙运动精神的自由派价值观，所以谴责一个社会佯装完成了现代解放大业，实则是背叛了它。资本主义远远不是解放人类的自立、自治和创造性的潜力，而是排斥人们从事自己的事务，使人类从属于工具理性的统治，把他们囚禁于“铁笼”[82]之中；它要求生产者积极参与，但却不断否定和加以阻挠。[83]社会批判在强调不平等时是相当现代主义的，但在针对缺乏团结时是反现代主义的，它是作为对个人主义的批判。

批判的不完全性

资本主义批判的这些传统特点，以及不可能构筑一个不偏不倚地根据我们所指出的四种义愤之源的表达充分明确且涵盖一切的批判，说明了批判所固有的含糊性：即使是最激进的运动也同它所批判的对

象在“有些事情”上是一致的。原因很简单，它所根据的规范参照物本身就是部分地铭刻于世的。[84] 而同样的原因却足以说明批判之难免犯错。例如，它可以眼看世界走向灾难的形势而不加干预；或者它会对一定时期发生的变化积极看待，因为它们对某一义愤之源带来一些重要方面的改善，却未曾注意到这种变化同时造成另一方面的恶化。特别是，对于我们在这里所关注的时期，他们也许没有注意到，资本主义确实已走向减少旧式的压迫，但那是以加深不平等为代价的——只是迟迟才察觉出来。

因此，只要我们处在资本主义体制下，资本主义及其批判的辩证法必然证明是漫长的，看来最可能是在中期发生不测。批判有偏见地关注和结合某些问题，绕过或反对另一些问题，它必须经常改变和加固新的 40
武器。它必须不断重申它的分析，以便尽可能接近资本主义在那个时代的特性。在许多方面，这如同西绪福斯苦役的微妙形式：只要有人不满意社会状况，认为人类必须设法改善他们所生活的社会，就要被分配做这种苦役——这本身是一个新近的思想。[85] 但是，批判的作用是真实的。巨石确实一直推上了山顶，即使它总是有着从另一条路滚下来的危险，其方向取决于推上去的方式。[86] 而且，即使我们接受对资本主义动力及其批判的悲观解释，但说到底，“尽管资本主义是义愤之源，它却总是能安然度过”，我们从卡尔·波拉尼的著作所做的下列观察中会找到一些慰藉：

> 为什么 个趋势的最终胜利，应作为延缓其进展的努力归于无效的证明呢？为什么这些措施的目的所达到的成就，既然延缓变化的速度，却没有被确切地看到呢？因此，未能完全制止一项发展过程，并非全然徒劳。变化速度往往没有变化本身的方向重要，但是后者经常不取决于我们的意志，而变化发生的速度则正是取决于我们的。[87]

虽然我们承认批判具有某种有效性，但是在本书中，我们不会处理有关政治学和社会史的问题：在确定的历史形势中，批判有效程度所取决的条件。[88]虽然我们不会忽视决定批判力度和有效性的那套因素，但我们主要集中于它特定的意识形态方面，也就是说，集中于义愤阐述的方式，以及对违反公共福祉的谴责方式。这一选择带来的风险是，我们会被指责为只关心“话语”而不问“真实”内容。但是，它却突出了批判工作的一个重要部分：把“不好的事”加以整理，寻找原因，旨在求得解决办法。而且，这是与研究资本主义精神有关的分析阶段。所以，当我们提到批判被缴械时，说的是思想中立（批判不知道说什么），不是实体中立
41 （知道要说什么，但不能说，或者说了没人听）。

批判缺位的资本主义精神的改变

至于资本主义精神的动力，我们仍然要消除它最终的模糊性。我们把批判作为它最有力的驱动之一。在责成资本主义证明自身正当性时，批判迫使它加强它所包含的公正机制，并在它提供的服务中提到某些共同福祉。但我们也同样看到，批判的影响可以是间接的，促使资本主义更快地“移置自己”，也就是说，改变主要检验的性质，以便避开它所受到的批判。在这里，资本主义精神只受到最初聚集于资本主义变革的反响的影响。

但是，如果资本主义的变化同样是资本主义精神改变的重要来源，那么我们必须承认：并非它所有的移置都可以联系到批判。资本主义动力本身只是部分与批判有关，或者至少指迄今我们所解释的批判，它是人们发出的呼声（赫希曼所概念化的“呼声”）。[89]要说明资本主义动力的原因，重要的是加上赫希曼谈到的“退出”类批判的影响，那就是竞争。“退出”类批判，是顾客方面（或广义的顾客）拒绝购买，潜在的雇佣劳动者拒绝就业，或者独立的服务供应商拒绝服务，是资本主义更愿意快快

顺从的。然而,在此例中,它也设法逃避批判产生的障碍,例如,组建垄断或卡特尔来漠视开小差的愿望,使之找不到出路。资本家之间的竞争所形成的敌对,迫使他们无休止地设法胜过竞争对手,即通过技术革新、寻求新产品和新服务、改善现有的产品与服务,以及改变组织工作方法。因此,我们在这里发现资本主义不断变化的原因,这符合熊彼特所描述的"创造性破坏"的过程。

"呼声"批判的作用——它是更艰难、更昂贵的检验,而且要遭受利润下降——并不是资本主义移置的唯一理由,即使它在某些时代可能起重大作用。"呼声"批判对利润的影响是真实的。但是,资本主义的移置与一切增加收益的机会相联系,而一定时机最有利的解决办法不一定要拒绝先前失去的好处。另一方面,持续不断的竞争压力,以及痛苦地观察市场上的战略行动,都是公司负责人无休止地搜求行事新规的有力刺激。结果,竞争将进而成为资本主义转型的最低正当性,其原因是有效的,但参与资本主义过程的人们还是很少会接受,因为它使他们 42
仅仅是玩物。

在界定了我们研究的主要工具之后,我们现在可以着手描述过去三十年中资本主义精神的变化,以及它同针对这一时期积累过程批判的关系。

注释:

1. 见罗伯特·海尔布伦纳,《资本主义的性质与逻辑》,诺顿出版社,纽约与伦敦,1985 年。

2. 资产负债表是在一定时间点盘点投入一家公司所有财富的会计工具。资本主义运行所需的会计手段的重要性(有人甚至把它的复杂性视为资本主义的起源之一)是分析家们很普遍强调的一个特点。参见例如:马克斯·韦伯,《新教伦理与资本主义精神》，斯蒂芬·卡尔伯格译，菲茨罗伊·迪尔伯恩出版公司，芝加哥与伦敦，2001 年，第 25—26 页；或《经济通史》，弗兰克·H.奈特译，乔治·艾伦与昂温出版公司，伦敦，1927 年，第 276 页。

3. 如格奥尔格·西梅尔所观察到的，事实上，储藏金钱本身绝不会引起失望，只要那不是为了花费而是为了积累："[金钱]作为绝对没有特性的东西，不像任何事物（不论多么可怜）那样会藏有惊喜或失望"（引自 A.O.赫希曼，《感情与兴趣》，普林斯顿大学出版社，普林斯顿，1977 年，第 56 页）。如果基于所熟知的需要得以满足的知识而知悉厌腻会随着需要得以满足而出现，那么这种心理效果不可能产生于抽象的可计数字。

4. 见海尔布伦纳，《资本主义的性质与逻辑》，第 53 页及以下。

5. 费尔南·布罗代尔，《商业之轮》，席安·雷诺兹译，哈珀与罗出版社，纽约，1982 年，第 228 页。

6. 资本主义代理人破坏市场规则牟利的事，是普通商业活动根本无法比拟的，布罗代尔的著作中充斥着这类事例，他认为："资本主义的手法是只关心不平常的、很特殊的或者远距离的方面——长及几个月甚或几年的一些事"；使用保护"来突破抵抗的范围"并"挡住对手"；利用特许信息和保密信息的线路及"国家的默许"，使之可以"经常地、相当自然地、没有任何疑虑地改变市场经济的规则"；等等（《商业之轮》，第 456、384、400 页）。

同样地，19 世纪的显赫资产阶级，正如卡尔·波拉尼所说的（《我们时代的起源：大转型》，维克托·戈兰兹出版公司，伦敦，1945 年），尽管它表面上遵循"自由派信条"，却真正赞同劳工市场的放任自流。至于其他人，在相互斗争中，资本家使用一切手段，特别是政治上控制国家来限制竞争，当自由贸易不利于他们时抑制自由贸易，占领垄断阵地并守住阵地，以及从地理和政治失衡中得利，把最高利润抽向中心。见皮埃尔·罗桑瓦隆，《经济自由主义：交易思想史》，门槛出版社，巴黎，1979 年，第 208—212 页；伊曼纽尔·沃勒斯坦，《历史资本主义》，维索出版社，伦敦，1983 年。

7. 根据法国国家统计与经济研究所的定义，这个概念包括"私人用房屋、金钱、土地交付他人处理以换得货币而进行的全部物质与金融投资"，不包括使用的财产(主要住房、现金与支票)和个体经营者(农人、自由职业者、手工艺者、店主)的经营财产。

8. 1996年1月,80%的家庭拥有储蓄账户,但其数量很快达到顶点,而且首先是大众储蓄;38%有住房计划或储蓄账户(大多数想购买主要住宅)。另一 43
方面,典型的资本主义投资只包括约20%左右的家庭;22%拥有债券和股票(债券、政府公债、可变资本投资公司或互助基金、可变资本投资公司以外的股份),19%拥有主要住宅以外的财产(见国家统计与经济研究所《首刊》,第454期,1996年5月)。据此,可以从租金财产中取得相等于法国平均收入的家庭就相当于颇为舒适的租赁人(或者更好些),它们代表全部家庭的5%以下,无疑接近1%而不是5%(见阿兰·比尔和罗兰·普费弗康,"可能定为财富之门?",《选择经济学》,第25期特刊,"财富",1995年秋)。

9. 自从伯利和米恩斯的著作以来,大家承认,如果经理们的行为不一定是使得股东们的利益达到最大化,至少他们的所作所为是要提供他们满意的收益,即便不是最大的收益。

10. 海尔布伦纳认为,最后这一方面是资本主义剥削最善加掩盖的形式,因为产品所产生的全部剩余收益,不问多少,都按照劳工合同规定的产权规则归于资本家。(《资本主义的性质与逻辑》,第65—77页)

11. 根据热拉尔·万德引用的数字("战后的工资:不稳定和靠不住",《选择经济学》,第141期,1996年10月,第58—61页),1881年,工薪阶级占劳动力人口的30%,1906年为40%,1931年为50%,而今天在80%以上。国家统计与经济研究所(《法国年度统计》,巴黎,1998[网络版])的数字是,1993年工薪收入者占人口的76.9%,其中必须加上失业者11.6%(表C01-1)。

12. 泰夫诺提出了对20世纪70年代工薪阶级发展的社会职业类别的非常细致的分析。在1975年,工薪收入者代表总就业的82.7%,而1968年为76.5%。唯一扩大的非工薪收入者类别是自由职业——即使由于进入这些行业的障碍而增长较慢——而所有其他类别(工商业主、手工业者和小店主——雇用少于三名工薪收入者——农人、家务帮工)则缩小了。如医生等传统自由职业中的工薪阶级也同样增加了,1975年的工薪收入者(特别在医院工作的)人数几乎与私人开业医生一样多,而七年前工薪收入者只代表医务人员的一半稍多一点。工薪阶级的扩大,部分有关如商业等传统部门大公司的出现,它们消灭了独立小公司。农业与家政雇员工资收入者人数的显著减少,同样肯定了:工薪阶级的增长多数相关于雇主阶级经营活动的增长——雇主日益“匿名”和“非人格化”(在工业和服务业公司),也相关于公共服务(特别是教学)的发展。见洛朗·泰夫诺,“1975 年的社会类别: 工薪收入者的增加”,《经济与统计》, 第 91 期, 1977 年 7/8 月号,第 3—31 页。

13. 今天,妇女代表劳动人口的 45%,而 1968 年为 35%。她们的雇佣率(十五岁以上属于雇佣人口,其所占的百分比)在过去三十年中不断增加(弗朗索瓦·热格—马迪奥,“家务职业的就业与失业”,《1996 年统计数据》, 国家经济与统计研究所,巴黎,1996 年,第 117—123 页)。

14. “资本主义精神”一词最初是由维尔纳·松巴特在他的《资本主义的精髓》一书的初版中使用的。但是在松巴特的著作中,它是来自“‘浮士德精神’与‘资产阶级精神’的结合,它和韦伯所作的说明有很不同的意思。在松巴特的著作中,资本主义精神更多地集中在大商人创造世界的性质上,而韦伯则更多强调工作道德。(见欣纳克·布鲁恩斯,“维尔纳·松巴特和马克斯·韦伯的经济与宗
44 教”,热拉尔·罗莱编,《马克斯·韦伯的新教伦理与现代精神》,人文科学之家版,巴黎,1977 年,第 95—120 页)。

15. “西里西亚的一个农工按合约收割一片土地,希望要他多出力而把他的工资翻一番,在过去是根本不可能的。他会把期望他干的活减少一半,而用另一半可以赚到双倍”(韦伯,《经济通史》,第 355 页)。亦见波拉尼的《我们时代的起源》,关于土地和劳力转化为商品。

16. 韦伯,《新教伦理与资本主义精神》。

17. “禁欲主义……规定:追求财富作为自身目的的行为应受最严厉的斥责;但是,它也认为,如果财富是从事一项职业而获得的劳动果实,那便是上帝的祝福。更为重要的是,在一项世俗的职业中殚精竭力,持之不懈,有条不紊地劳动,信徒把这样一种宗教价值观作为禁欲主义的最高手段,证明他们是上帝的选民,同时,这样做也是最可靠、最显著的手段。的确,清教徒的真诚信仰,对

于我们在此业已称为资本主义精神的那种生活态度的扩大,肯定已发挥最强大的影响力。”(出处同上,第 116 页)

18. 这些论战的主要材料和内容,见菲利普·贝纳尔,《新教与资本主义:后韦伯论战》,阿尔芒·科兰出版社,巴黎,1970 年;马尔康·H.麦金农,“长命的论题:对批判者的批判”,H.莱曼与 G.罗思编,《韦伯的新教伦理:起源、证据和内容》,剑桥大学出版社,剑桥,1993 年,第 211—244 页;安内特·迪塞尔坎普,《马克斯·韦伯的新教伦理》,法兰西大学出版社,巴黎,1994 年;在韦伯一本关于宗教社会学的著作(《宗教社会学》,加利玛尔出版社,巴黎,1996 年)中,让—克劳德·帕斯隆所写的导言和 J.P.格罗森所写的导论;以及在热拉尔·罗莱指导下出版的魏玛文化研究会的集体著作《马克斯·韦伯的新教伦理与现代精神》也提供有关《新教伦理》一书写作时学术思潮的丰富信息。而且,这一论战无疑是整个社会科学史上内容最丰富的,现在并未过去,它首先集中于把宗教动机与经济行为联系起来的可行性。对新教与资本主义之间的关联性提出挑战的批评论点认为(例如在 K.萨缪尔森和约瑟夫·熊彼特的著作中),资本主义是在新教出现以前,或者是在宗教改革运动影响薄弱的欧洲地区,在一系列与宗教无关的事件影响下发展起来的(不必提马克思主义的批判,它把资本主义作为新教兴起的原因),韦伯辩答的论点,强调分清原因和密切相关(韦伯被认为没有提供因果关系的解释,而只说明了宗教改革运动与资本主义之间密切相关,例如在莱因哈德·本迪克斯与雷蒙德·阿隆的著作中),以及资本主义与资本主义精神之间的区别(韦伯的主题并不是资本主义的原因,而是有利于出现资本主义思想的道德与认知变化,例如在戈登·马歇尔的著作中)。

19. 韦伯,《新教伦理与资本主义精神》,第 34 页;赫希曼,《情感与利益》,第 9 页。

20. 由于这种情感转化为一种“利益”,一种利己主义和理性的混合物,带有经久不变和预见性的长处,才有可能出现这种反转。商贸据信易于促成行为的温和节制,商人希望和平以利商业繁荣,与顾客交易时保持和善关系,因为使顾客满意符合他的利益。所以,爱财比追求荣耀或大事业的破坏性要小得多。而且,在传统上只有贵族才有能力追求后者:“不属于贵族的人当然不能追求英雄

45 品德或狂热的激情。这种人毕竟只能追求利益而不是荣耀,而且人人都知道,同贵族阶级的热情消遣和强烈剥削相比,这种追求必定是温情的。"(赫希曼,《情感与利益》,第63页)这种强烈高贵情感的减弱而赞同只对金钱感兴趣的思想是相当广泛的,而且看来也足以在18世纪末、19世纪初引起对资产阶级秩序的热烈批判,说它空虚、冷酷、卑鄙、"实利主义"、真的剥去了一切情感性、剥去了迄今认为有利于政治优势的所有特点。至于在18世纪提出的温情商业的论点,也许今天我们看来有点老派,那是因为19世纪的明显情况,尤其就工人阶级住房贫困与殖民地化而言,资产阶级情感在这方面是没有什么温情可言的,而是恰恰相反,产生了空前的劫难。

21. 在这里,我们同韦伯的立场有距离。韦伯认为,当资本主义地位稳固时,就不太需要道德认可(《新教伦理与资本主义精神》,第18—19页),与他同时代的维尔纳·松巴特也赞同这一立场(《资本主义的精髓》,M.爱泼斯坦与T.费希尔·昂温译,伦敦,1915年),同时仍信从解释社会学,强调社会组织对行动者的意义,以及正当性和意识形态架构的重要性。

22. 与资本主义精神联系的信仰到底是真是假的问题,在许多意识形态理论中是关键,尤其涉及到像资本主义这样的争议主题,但这不是我们思考的中心。我们是要描述资本主义的正当性是如何形成的,如何变化的,而不是要评估其内在真理。为了调和这种相对主义,我们要说:资本主义社会里占统治地位的意识形态仍然植根于现实事物,它影响人们的行动,从而塑造他们活动的世界,但是,它转型之处则取决于他们行动的正反经验。正如路易·迪蒙观察的,一种占统治地位的意识形态,也可以容易地把它宣布为"虚假",这是由于其不完全的性质,因为它更适合于某些社会群体而不是其他群体的利益,或者由于往往要混合不同来源与年代的建构而不是清楚一致地表述它们,以致不能把每个构成成分恰当地指明其时间、地点和条件来宣告其"真实"。在此我们采纳赫希曼的解决办法:当他面对有关资本主义对社会影响的似乎不可调和的一些理论时,他说它们可以共存于对世界作同样表述,只要承认资本主义是一个矛盾的现象,有能力同时限制和加强自己。他建议,不管多么不相容,这些理论的每一个都可以具有自己的"真理时刻"或自己的"真理国家",在某一时期内存在于一个国家或一批国家(见A.O.赫希曼,《作为道德与政治科学的经济》,加利玛尔出版社,巴黎,1984年,第37页)。

23. 韦伯,引自皮埃尔·布雷兹,《世界的诺言:马克斯·韦伯的哲学》,加利玛尔出版社,巴黎,1996,第205—206页。

24. 路易·迪蒙,《平等人》,加利玛尔出版社,巴黎,1977年,第15页。

25. 事实上,矛盾的是,在按照19世纪自然科学的模式来构建一门"科学"的时候,古典经济学被有意安排来认可行动,而付出的代价则是遗忘了作为其基体的政治哲学,并把市场协议形式的基础惯例转变为脱离人们决断的成文法(见吕克·博尔坦斯基与洛朗·泰夫诺,《论正当性:规模经济》,加利玛尔出版社,巴黎,1991年,第43—46页)。

26. 根据结果主义的道德理论,行动必须根据它们的结果来从道德上进行判断(如果一个行动产生的好多于恶,如果好坏相比优于因第一行动而无法实现的另一行动,那么它是好的)。这些一般不同于所谓道义论的理论,那是根据行动是否符合一批规则、戒律,或权利、义务来判断行动。结果论可以解决道义 46
论中规则冲突的棘手问题,绕过这些规则的基础与起源问题。另一方面,它们在其他问题上则是脆弱的,例如汇齐所有结果,或衡量和汇总好坏增量。杰里米·边沁(1748—1832)的功利主义是结果论的典型例子,也是最著名的;它对一项行动的评价根据计算该行动产生的效用。

27. 这种极为坚固的集合是古典经济学与功利主义联盟的结果,这种联盟开始是不重要的和不必要的,后来就被广泛接受了,得到"进化论唯物主义的支持,有时提到达尔文,有时提到孔多塞或孔德(约瑟夫·熊彼特,《经济分析史》,艾伦与昂温出版社,伦敦,1986,第436—438页)。熊彼特认为,凭借放任自由、社会达尔文主义,以及庸俗功利主义的自由信任大杂烩,构成了企业家资产阶级世界观所依托的模式。因此,功利主义与经济自由主义和社会达尔文主义相结合的办法,可以以庸俗化的形式,在追求利润时,既让自身摆脱普通道德,又为行动带来道德谋划。

28. 海尔布伦纳,《资本主义的性质与逻辑》,第115页。

29. 任何社会成员财富的任何增加,都会带来社会总体福利的改善,这样说的理由之一是：这个财富不是从别处偷来的，正如稳定的财富总体所具有的意思。它自始至终地创造出来，使社会财富的总体得到增加。帕累托在经济学领域的著作发展并更新了瓦尔拉斯的看法，导致对经济最优性的重新界定，说明了财富增加使谁致富的问题，但如今在古典经济学中越来越没有意义。19 世纪与 20 世纪之交，帕累托抛弃效用可计算的看法，因此，现在不可能比较两个不同个人的效用，从而去回答某一点的增加是否比另一点的增加对社会更有利。同样地，帕累托的均衡理论可以辩称：不可能以总体福利来评估财富从一点转移到另一点的影响，因为一些成员损失效用可以由其他成员获得效用来补偿。很明显，帕累托的均衡理论有两个可能的用法：或者坚持该理论的主张，认为由于并不存在经济学可以科学决定的本身好的财富分配，所以就接受现有的分配；或者记住经济学无法决定这个问题，所以就毫不犹豫地把它转到政治领域去。因此，帕累托真的并不情愿地为福利国家支持者提供了论点。

30. 这就归结到把一般的国家视为一个“企业”，这是高度简化但常见的比喻。奥里奥·贾里尼指出，国民生产总值的概念脱离社会福利有多远，即便降低到同意社会福利只是生活水准的提高（见《关于财富与福利的对话》，给罗马俱乐部的报告，经济出版社，巴黎，1981；“后工业社会的经济价值观：新范式的研究要素”，《经济与社会》，1983 年，第 299—334 页）。例如，包括所有公司的增加值账目，并不说明有些增加值与市场有联系就可以补偿其他经济部门造成的损失；那些破坏环境的和清除污染的部门的增加值总数，无论如何不能作为对公民的真正改善，虽然它两次增加了国民生产总值指标。“相反，有一种转移支付，
47 对其他开支来说，它是财富与福利的真正净增加，这对制度保持运转是重要的。”（“后工业社会的经济价值观”，第 308 页）现在计算的其他增加值都是联系到以前在货币领域之外活动的商品化（例如，部分取代家庭烹饪的快餐的发展，这一市场肯定产生货币利润，但不一定改善生活水准）。贾里尼竟然肯定：“当国民生产总值的经济指标上升时，实际财富和福利却常常是零增长或者负增长。”（出处同上，第 310 页）

31. 科层制经济学的理论家们最近发展了一种立场，认为市场组织总是最有效率的（见格扎维埃·格雷夫，“非商人管理”，《法国管理评论》，1979 年 9/10

月号，第53—63页；居伊·泰尔尼，“科层主义理论的要素”，《生活与经济学》，1980年第87期，第147—197页，导论）。

32. 米尔顿·弗里德曼在他的著名论著《资本主义与自由》（芝加哥大学出版社，芝加哥，1962）中狂热地捍卫称，政治自由只有在资本主义关系的架构内才有可能。“经济制度在促进自由社会中起着双重作用：一方面，经济制度的自由本身就是广义自由的组成部分，所以经济自由本身就是一个目的；第二方面，经济自由也是走向实现政治自由的一个不可缺少的手段。”（第8页）但他也承认，资本主义本身并不肯定保证自由：“历史只是提出资本主义是政治自由的一个必要条件。很明显，它不是一个充分条件。法西斯意大利和法西斯西班牙、德国在过去七十年中好几次，日本在第一次和第二次世界大战以前，沙皇俄国在第一次世界大战以前几十年，都是不能被描述为政治上自由的；但在上述每个国家中，私人企业是经济组织的主导形式。所以很明显，可以存在基本上资本主义的经济制度和政治上不自由的政治制度。”（第10页）

33. 当冲突达到很高的普遍水平，而且找不到争议的直接正当性时（我们认为当资本主义精神弱的时候，情况会是这样），可能这种正当性的手段足够使资本家参与进来并加以配置（涉及制度的基本原理，并不是某些特定行动或决定）。

34. 关于必要性，意识形态要能够服务于行动，把它们结合进许许多多各式各样传递引导的形式，在具体的存在形势面前培养想象力（参见吕克·博尔坦斯基，《遥远的痛苦：道德、传媒与政治》，格雷厄姆·伯切尔译，剑桥大学出版社，剑桥，1999，第73—76页）。

35. A.O.赫希曼，《退出、呼声与忠诚》，哈佛大学出版社，坎布里奇，1970年。

36. 从1982年至1999年的人口调查中，干部人数大大增加。“行政与商业干部”类增加18.9万人，“工程师与技术企业干部”类增加22万人以上，“中级行政与商业企业专业”类增加42.3万人。这些人数中有一部分是来自传统上远离（甚至敌视）资本主义的那些社会阶层小类别的增长，如教师子女。众所周知，他们对高等教育入学考试有充分准备，但在行使等级制权力和/或经济权力方面，则不如商业资产阶级子女那样规范地准备。正如大量研究所表明的，有大学学位的人数增加并不纯粹具有同样的数值结果。特别是由于在接受高等教育民主化的影响下他们社会出身的变化,改变了学位得主的性质。结果,学位的“信号”
48 作用（米歇尔·斯彭斯,“就业市场信号”,《经济学季刊》，第 87 卷，第 3 期,第 355—374 页）就没有了。事实上,一个学位不但提供有关获得何种知识的信息,而且提供有关人类学意义上何种文化及何种人类的信息。仅仅是某一学位掌握的知识,不再提供有关学位得主心照不宣的侧面信息,以前能够直觉地“得知”(即根据普通的社会经验)“和他打交道的”人,因为那些有同样学位的人在其他方面可能相互之间很不一样,而首先是和那些有同样资历的年长者很不一样。

37. 见松巴特,《资本主义的精髓》,第 51—56 页。

38. 见夏尔·莫拉泽,《资产阶级征服者》,阿尔芒·科兰出版社,巴黎,1957 年,特别是前言和关于铁路的一节(第 205—216 页)。

39. 布罗代尔,《商业的车轮》,第 438 页。

40. 乔瓦纳·普罗卡西,《治理疾苦——法国的社会问题:1789—1848》,门槛出版社,巴黎,1993 年。

41. 关于 19 世纪英国政治经济学(特别是亚当·斯密)所阐述的经济自由主义，罗桑瓦隆写道:“19 世纪工业社会塑造了一个与这种描述完全相反的世界。”(《经济自由主义》,第 222 页)

42. 见弗朗索瓦·菲雷,《一个幻想的逝去》,德博拉·菲雷译,芝加哥大学出版社,芝加哥,1999 年。

43. 阿道夫·伯利与加德纳·米恩斯,《现代公司与私人财产》(麦克米兰出版社,伦敦,1932 年);詹姆斯·伯纳姆,《管理革命》(约翰·戴出版社,纽约,1941 年)有初步的描绘;以及小艾尔弗雷德·D.钱德勒,《看得见的手:美国商业中的管理革命》(哈佛大学出版社,坎布里奇,1977 年)对于带薪经理的出现作了更为晚近的历史性研讨。

44. 见吕克·博尔坦斯基,《一个阶级的形成:法国社会中的干部》,阿瑟·戈德哈默译,剑桥大学出版社/人文科学之家版,剑桥,1987 年。

45. J.K.加尔布雷思,《美国资本主义:抗衡力的概念》,霍顿·米夫林出版社,波士顿,1952 年;《新工业阶层》,哈米什·汉密尔顿出版社,伦敦,1967 年。

46. 沃勒斯坦,《历史资本主义》,第 17—18 页。

47. 微观经济学的出色之处,事实上在于它的主导思潮根本不关心历史与社会变迁。而且,德意志历史学派(松巴特和韦伯都属于这派)在古斯塔夫·施莫勒的煽动下建构起来,正是为了反对卡尔·门格尔和奥地利学派。这些经济学—社会学家所关心的是:在纯属历史经验主义和边际主义抽象之间找出一种解说,并"从理论角度来对待经济事实,也就是说,借助以历史材料构建起来的概念和理想类型,来发现经济体系和经济过程的原理"(见布鲁恩斯,"维尔纳·松巴特和马克斯·韦伯的经济与宗教",第 195—210 页)。设法协调理论观与历史观的这一学术工程途径,可以在调节经济学和惯例经济学中找到,而且那可以说明为何这些思潮发现自己被主导形式的微观经济学所边缘化了。

48. 在此,我们按照韦伯采取的观点:"我们必须……准备着注意到,宗教改革的文化影响在很大程度上(或许以我们特别优越的地位,最为显著地)是宗教改革人物的[神学]努力所导致的未曾预见且并不希望的结果。的确,文化影响往往与宗教改革者所设想的一切离得很远,或者恰恰背道而驰。"(《新教伦理与资本主义精神》,第 48 页)

49. 路易·迪蒙,《德意志意识形态:从法国到德国,再从德国到法国》,芝加哥大学出版社,芝加哥与伦敦,1994 年,第 14—15 页。 49

50. "这些新的描述有两个方面:一个特别指向内部和自身正当性;另一个转向主导文化和普世主义派。"(出处同上,第 29 页)

51. 见波拉尼,《我们时代的起源》。

52. 阿兰·德罗西埃,《大量的政策》,发现出版社,巴黎,1993 年。

53. 见博尔坦斯基与泰夫诺,《论正当性》。

54. 对公正的要求可以简化为对平等的要求。从亚里士多德时候起,我们就知道,政体的平等不一定指城市所有成员之间对具有价值的东西(不论是物质的或非物质的货品)绝对同一的分配。米歇尔·维莱说得好,它所包含的是"分配东西的量和人们各种质之间的公正比例"(《法律与人权》,法兰西大学出版社,巴黎,1983 年,第 51 页;亦见迈克尔·沃尔泽,《公正的领域》,马丁·罗伯逊出版社,牛津,1983 年)。因此,界定一种关系为不公正或公正——那是批判和正当性所做的——就要预设人与事的价值内容的定义，在发生争议的情况下要求澄清价值的分量。

55. 把从普通人中搜集来的数据和属于知识文化传统的学术材料放到一起（这样做不会吓到异国社会的人类学家），是得到反思我们社会（尤其是我们政治世界）中传统所处地位的支持的。它事实上可以表明，政治哲学的结构今天都铭刻在社会制度和社会机制之中（例如，投票站、车间、媒体或音乐会、家庭聚会，等等），它们不断告知行动者该做什么以便举止正常。灵感型城市构建在圣奥古斯丁的《上帝之城》一书，以及他专注于美德问题的论文基础之上。家庭型城市建立在对博叙埃的《从圣经语言中得来的治国之才》一书的评论。声誉型城市的构建从霍布斯的《利维坦》一书开始，特别是专论荣誉的那章。公民型或集体型城市在卢梭的《社会契约论》一书中有分析。商业型城市摘取了亚当·斯密的《国富论》一书。工业型城市建立在圣西蒙的《工作》一书的基础之上。

56. 可能有一个或一个以上的材料做了这件事。但必须承认：我们所要试图勾画的建构的高度现代化性质，以及阐述这种新领域合理合法性的社会科学本身所起的作用，将使得挑选一名例证作者和材料特别敏感。而且在此例中，与经典材料相比，我们不能依靠传统的注释，也不能认可既有声誉的选择，以及现实社会世界中政治哲学确定的主题结果。

57. 见韦伯，《新教伦理与资本主义精神》《经济通史》《宗教社会学》。

58. 见弗朗索瓦·戈迪，“工作与活动”，《社会法》，第2期，1997年2月，第119—126页。

59. 第一种思潮在20世纪50年代构建成目前的形式，它在本世纪初解读法兰克福学派和启示录般的后尼采主义时承继了马克思主义的遗产，要把所有的规范性事件都简化为（团体间、阶级间、民族间、个人间，等等）利益冲突。正是在这个意义上，这一思潮把自身解释为一种激进批判。基于这个观点（就大部分来说，这是皮埃尔·布迪厄今天所采取的），缺乏自主的规范性事件不过是力量对比的掩饰而已，它们“在权力对比上增加自己的力量”，在幻想、个性分裂或不良信仰的永恒状态中采取行动。“象征性暴力理论的基础”中的第一条原理称：“每种行使象征性暴力的权力，也就是说，设法强加意义的每种权力，以及掩盖其力量基础的权力对比以强使之合理合法的每种权力，都把自身的特定象征性力量增加到权力对比上。”（皮埃尔·布迪厄与让—克劳德·帕斯隆，《教育的再生产——社会与文化》，里查德·尼斯译，塞奇出版社，伦敦，1977 年，第 4 页） 50

60. 在过去十五年中发展起来的第二种思潮，在很大程度上是对第一种思潮的反应，并且开始于怀疑诠释学产生的困惑（见保罗·里科尔，《解读的矛盾》，西北大学出版社，埃文斯顿[伊利诺伊州]，1974 年），它大大扩展了对公正原则及规范性判断基础的分析。但必须说明，它这样做，往往牺牲了对真实社会关系及实现公正所急需条件的调研（这些理论对此是准备不足的），并低估了力量对比的关系。

61. 在这一点上，我们可以采取雅克·布弗雷斯的立场：“在‘启蒙运动’也有辩证法的意义上，人们可以同样谈及民主话语的辩证法，据此来谴责自己的理想为幻想或虚假。一些被视为确信无疑民主党人的知识分子竟然公开宣称，人们必须服从的唯一看得见的现实存在于权力和统治。对这样死心踏地抛弃假面具的人，还能作什么反对呢？……当自由、平等与公正到头来只得到纯形式上的赞同与承诺，周围都是各种各样怀疑的保留、含沙射影的讽刺、自我批判、自我怀疑及自我非神秘化时，潜在的独裁者也只有向公众舆论打出（有效得多的）坦率与勇气的牌，清楚地说明他们知道对手的坏心思早已让步和承认了。”（“施宾格勒的报复”，见布弗雷斯，《反思之时》，第 4 卷，加利玛尔出版社，巴黎，1983 年，第 371—402 页）

62. 丹尼尔·贝尔，《资本主义的文化矛盾》，海涅曼出版社，伦敦，1976 年。

63. 出处同上。

64. 这种不确定性围绕着实体（不论是物还是人）的状况，特别是它们在行动机制中的位置所依靠的各自权力。在一切权力一劳永逸地确定的世界里，物不会改变（例如它们不受制于利益），人根据普遍知晓的稳定程序行动，检验总是被避免，因为它们的某些结果使其无用。正是因为物的潜力（好比谈到检验一辆车的潜力）及人的能力从本质上来说是不确定的（永不肯定知道人能做什么），所以在它们的潜力呈现时才进入比较关系。

65. 鉴于它不是组织在抽象世界里，而是在充满多种力量的现实世界之中，最谨慎组织的检验也无法保证它不接纳不符合规定的力量。而且，绝对准确无误的检验在逻辑上是不可能的，因为这要预设为每个独特情况（以及每个人）建立特定程序，这就不能容许以相当条件作判断，以及设定情有可原的规程。完全公正的世界要预设每种情况的先行法则和谈判程序，以使行动者可以按情况的定义来达成协议，这在实质上是不可能的（专注于谈判的时间超过采取行动的时间），在逻辑上也是不可能的（因为也需要根据谈判来界定谈判情况，犹如无穷无尽的镜面反射）。此外，无法保证这样得来的特定法则会真的适合于情况，因为没有通过试行与误差的先例和训练，人们就会觉得不可能看准寄生势力并纠正检验的口径。

66. 见博尔坦斯基与泰夫诺，《论正当性》。

67. 关于录用检验的例子，负担直接费用的是公司，而主要受益者是有某些学校学位的人。关于分享增加值检验的例子，受益者是工薪收入者和资本家，
51 其比例正是争议的主题，费用由公司负担，但国家也要负担，因为它有责任注意条例的遵行并进行管控，以保护各方的有关权利。

68. 我们可以谈到各轮检验，大部分既定检验通常是这样的，参与检验是不开放的，即决定于早先检验的成功，由此使得相互竞争者的特性达到标准化。这是有效检验所根据的对等得以建立的条件之一。

69. 让·巴希勒，《资本主义》，第 2 卷，加利玛尔出版社，巴黎，1995 年，第 268 页。

70. 见夏娃·希亚佩洛，《艺术家对经理人——文化管理对艺术批判》，梅泰利埃出版社，巴黎，1998 年。

71. 见吕克·博尔坦斯基，《情感与公正的权限》，梅泰利埃出版社，巴黎，1990 年；以及《遥远的痛苦》。

72. 见海尔布伦纳，《资本主义的性质与逻辑》。

73. 正如菲雷所表明的（《一个幻想的消逝》，第 4—19 页），资产阶级价值观提供了批判资产阶级的有力手段。

74. 见西泽·格拉纳，《波希米亚人对资产阶级分子：19 世纪的法国社会与法国人》，基本书社，1964 年；皮埃尔·布迪厄，《艺术的规则》，苏珊·伊曼纽尔译，

政体出版社,剑桥,1996年;以及希亚佩洛,《艺术家对经理人》。

75. 见杰罗尔德·西格尔,《波希米亚的巴黎:文化、政治和资产阶级生活的界线,1830—1930》,企鹅出版社,纽约,1996年。

76. 见弗朗索瓦·科布朗斯,《纨绔主义:不确定的义务》,法兰西大学出版社,巴黎,1986年。由于缺乏联系,就出现了对空间和时间特定利用的理想化。随着波德莱尔作品中关于(巴黎等地)过路人主题的多重光彩不断重复,艺术家成为主要的过路人。他们的自由就是从一地到另一地,从一个环境到另一个环境。这一天在妓院,下一天早上与侯爵夫人在一起,不耽搁,不停留,不把一处看得高于另一处,而是首先排除会出现道德意图的任何价值判断,赞成一种纯美学的判断,唯一的原则就是艺术家的眼光(见热拉尔·弗鲁瓦德沃,《波德莱尔——表现与现代性》,考迪出版社,巴黎,1989年)。

77. 在马克思那里,就像大多数现代性理论家那样,艺术的和社会的两种批判我们都能找到。如果前者在青年马克思那里还很流行,那么,与社会批判相比较,在《资本论》里就明显后退,但不是全然消失。异化与剥削的概念涉及两种不同感受。对异化,谴责的首先是压迫,但还有资本主义社会不让人们有“真实的”生存,真正的人的生存,使他们在最深刻的人性意义上与自身异化。所以,对异化的批判也是对新世界缺乏真实性的批判。在过去,剥削联系到穷人的贫困和富人的财富,因为富人使穷人贫困而致富。因此,剥削把贫困问题同不平等联系起来,同富人的利己主义和他们缺乏休戚与共的心理联系起来。

78. 例如参见普鲁东谴责艺术家道德态度和驳斥“丑恶和邋遢的吟游诗人”的方式,结合“道德丑行”、“物质腐败”、“沉湎于可耻的堕落,而且还可耻地对丑闻与丑事满不在乎”(布迪埃,《艺术的规则》,第110页)。

79. 在1940年至1960年的左翼文学中(特别是大约在巴塔耶时期),关于文学传奇人物萨德作为压迫的牺牲品,他公开承认被指控的罪行,从而作为越规的象征(见博尔坦斯基,《遥远的痛苦》)。

80. 见希亚佩洛,《艺术家对经理人》。

81. 举一个新近的例子,朱利恩·库帕所研究的情景决定论。我们从他那里借用了这个对比,在德博尔(反现代主义批判)与瓦内根(现代主义批判)之间发 52

生决裂以后，这种紧张导致运动的自我解体（见库帕，《情景决定论思想的观点与批判》，社会科学高级研究院论文，1997 年）。

82. 特别是在社会哲学中，关于"铁笼"比喻的使用，参见彼得·瓦格纳，《一种现代性社会学：自由与纪律》，劳特里奇出版社，伦敦与纽约，1994 年，第 64—65 页。

83. "与在它之前的社会形态相比，资本主义是建立在一种固有矛盾之上的——确实意义上的真正矛盾。资本主义的社会组织是严格意义上的神经病状况：它只能通过不断削弱行动才能设法实现其意图。使我们处在生产基层，资本主义制度只有靠不断把工薪收入者降为执行者，它才能生存，而它只能运行到不发生这种降低的程度。资本主义不得不持续要求工薪收入者参与生产过程，而它自己又要使这种参与不可能发生。"（科尼利厄斯·卡斯托利阿迪斯，《现代资本主义与革命》，第 2 卷，总工会版，巴黎，1979 年，第 106 页；另见卡斯托利阿迪斯，《工人运动的经验》，第 2 卷，总工会版，巴黎，1974 年，第 15 页及以下）资本主义精神的概念也处在这种矛盾之中，也就是说，它要发动一项它自己无法发动的过程。资本主义总是试图破坏服务于它的精神，因为只有约束它才能服务于它。

84. 迈克尔·沃尔泽的著作（特别是《批评者团伙》，哈尔班出版社，伦敦，1989 年）正是反对基于绝对客观性的批判表述，相反，他提出，批判者应把扎根于他们社会作为批判活动的可能条件与有效性条件。

85. 见赫希曼，《作为道德与政治科学的经济学》。

86. 波拉尼在评述 1795 年英国史宾汉兰济贫法的著作中，就已联系到比我们在本书中所关切的早得多的事件，强调了豪华、圈套，以及不可能终止紧急劳动和改良主义措施。这个法的目的在于，为所有人保证最低限度维持生存的收入，并结合某种社会与立法状况（特别是反联结法），"却导致讽刺意味的结果：使得财政补贴的'生活权'最后毁掉了它表面上打算救济的人们"（《我们时代的起源》，第 86 页）。该法在 1834 年的废除伴随着严重的痛苦，放弃院内救济使得劳动力市场的产生成为必然。劳动力市场运行的灾难性影响其后就变得明显，导致了新的保护措施，明显的是 1870 年工会得到核准，意欲限制它的狂暴性而并不是设法废除它(出处同上,第 82 页及以下)。

87. 出处同上,第 44—45 页。

88. 然而我们要强调,不言而喻,按照我们勾画的动力,保证言论自由、报刊自由,以及批判性社会运动能够存在的民主社会,是最可能得到发展的。

89. 见赫希曼,《退出、呼声与忠诚》。 53

第一部分

一种新意识形态型构的出现

第一章

20 世纪 90 年代的管理语言

我们在这里提出过去三十年中资本主义精神的深刻转型：它的第二种形象的意识形态特点被抛弃，一种新的公司形象与经济过程出现。这种转型的目标是：向资本主义扩张不能缺少其支持的那些人——干部的后代——提供“正确行动”的理由（我们看到，这和 20 世纪 60 年代所提的建议大不相同）；说明这些行动合理合法；鼓励个人发展的前景；人们有机会规划自己的未来，而未来的重构符合新的游戏规则；为资产阶级子女的再生产新模式和其他人的社会升迁提供建议。

资本主义精神的信息之源

管理著述作为资本主义的药方

为了进行这一研究项目，我们将使用针对干部的管理著述。[1]这些著述的主要目的，是告诉干部有关经营公司和管理人力方面的最新发展，它们成为铭刻资本主义精神的主要之处。

作为占统治地位的意识形态，资本主义精神在理论上有能力影响一定时代所特有的全套精神表现，渗透政治与工会言辞，为记者和研究者提供合法表述和概念纲要,使它达到无处不在的程度。从它的可能表达中,我们选取管理著述作为介体,来提供对一定时代资本主义精神有关表述的最直接途径。而且,在这些著述中,我们只限于非技术性作品,它们旨在提供一种总体的新管理机制来
57 激励一家公司的整体运作。所以,我们排除了专门方面的著述,例如只涉及市场销售、生产管理或会计内容的,以便使我们关注所谓的“总体管理”。总体管理,一方面涉及企业家政策和战略的学科,另一方面涉及人力资源管理,有时在分界上是很细微的。

按照资本主义精神呈现两副面孔的例子(一副面向资本积累,另一副面向合法原则),管理著述可以按两个不同层次来解读。我们从中当然可以找到盈利的新方法,以及经理们创办更有效率和更有竞争力公司的新建议材料。但是,管理著述并非纯粹技术性的。它并非只是改善组织生产率的实际药方,以改进一台机器的运作。它同时具有高度的道德语言,因为它是一种规范性著述,要说明的是应当如何,而不是情况如何。因此,我们可以合理地提出这类著述的现实性问题,以及谈到公司内“真正”发生的情况时这类著述的可信度问题。的确,虽然它们通常都带有许多案例,并以实例研究为基础,但经营管理材料不能取代调研材料,不论是关于公司的专题调研,还是统计调研。它们并不声称详尽无遗。它们的取向不是陈述式的,而是规定性的。它们以道德指导的教诲书或手册的方式来采用范例,根据示范力选择应用的实例——应做什么和不应做什么——从现实中只采用那些可以肯定它们要推进的方向的部分。但是,正是由于它们构成企业世界中扩散规范性模式的主要手段之一,所以我们在这里对它们感兴趣。

作为旨在取得对其教导的支持并有大量行动者参与(首先是干部,他们的热情与信念对公司的顺利运行是有决定性意义的)的一种公开材料,管理著述不能完全指向追逐利润。它必须也要证明盈利方式是正确的,要给予干部正当性论点来抵抗批判,如果他们

设法实施大量建议就必然会碰到批判；这些论点也要用来答复来自他们下级及其他社会场合对于正当性的要求。所以，管理著述必须说明建议的盈利方式如何能合人意、有意思、令人兴奋、创新或值得赞扬。它不能停留在经济动机和激励因素。它必须也要基于规范性目标，要不但考虑个人对保障和自立的愿望，而且考虑这些愿望可以联系到对于共同福祉的更为总体的方向。如果不是这样，那就不可能理解，为什么组织公司营运方式的传播，在一些作者的作 58 品中以抒情诗般，甚至英雄般的风格来加以美化，或者被许多非常规材料捍卫成来自崇高的、古典的渊源，诸如佛教、圣经、柏拉图，或者来自当代道德哲学（特别是哈贝马斯）。

对我们主题同样重要的，是回顾管理著述的产生，正值本世纪初[2]带薪经理和行政总管（后来被称为“经理”或者在法国称为“干部”）这一新社会阶层兴起之时。随着业主退居股东地位（除了有些地方他们自己成为带薪高级管理者[3]），大公司的营运管理就日益转移给带薪经理们。因此，从一开始，管理就预定于30年代大危机后将归于经济新英雄和第二种资本主义精神主要领受者的那批人。管理作为公司内措施系统化并铭刻于行为总则之中，逐渐就能形成监督专业化。亨利·法约尔被认为是这一学科的奠基者之一，他希望有一种“行政管理的教义”，以便一方面宣告管理是具有自身规则的一项专业，从而与握有产业而取得合法权的领导相分离，另一方面为一项专业教育铺平道路。毫不奇怪，干部们在这种赞美专业性与才干（而不是第一种资本主义精神所提的家长制合法性）中，以及对教育赋予重要性中，认识到自身的愿望。因此，第二种资本主义精神在管理著述中找到最自然的表达。因此，可以合理地认为，这类著述同样会反映变革和走向其他表述的趋势，或者，至少会响应它曾经充当主要工具的那种精神的垮台。

而且，我们的选择与维尔纳·松巴特或马克斯·韦伯相一致。松巴特提到了莱昂·巴蒂斯塔·阿尔贝蒂论“家族治理”的书[4]，他把阿尔贝蒂视为15世纪文艺复兴的资产阶级完美代表。而韦伯则通过引述本杰明·富兰克林的著作(“对可能致富者的必要暗示”,“对一位年轻商人的忠告”,“备忘录”)来提供对资本主义精神的初步描述。[5]这些材料与我们所采用的管理著述属于同类文风:关于经商行为(或家族经济)的忠告和教诲的作品。

选择韦伯与松巴特,也可以由他们所使用的著作的影响来说明,这使我们在今天想到管理著述对实践的影响问题。假定现实主义并不是研究材料的主要特点——因为它们的目标是说明应当如何,而不是情况如何——但也有一定关系要了解它们被阅读多少,影响力如何,从而在多大程度上以作者希望的方式影响实际行动。做不到这一点,它们就不能构成研究新主导意识形态建立的适当对
59 象。为了恰当行事,我们必须知道有关讲授材料的扩散、阅读和利用的数字。可是,没有机构来源,这就成为一项极其艰难的任务。我们绕过这个难题,不像我们杰出前辈们那样去挑选有限数量的材料,而是建构起更多作者们的整体文汇,它可以提供一定时期著作的代表性全景。而且,阅读这些材料,揭示了话语的高度同质性,并在每个特定时期中揭示有限主题的总体组织——在面对材料的细小变化时,或许会怀疑汇集如此大量的材料是否正确。这无疑是在一项使命取得主导地位时对它们意识形态性质的最好说明。它们的主张被各种例子采用、重复、传达,从一方迅速送到另一方(从一份管理刊物传到另一份,从一位作者或编者传到另一位,从管理著述传到干部的专业报刊,从文字传到讲课和专家的无线电广播),因此,非常难以把这大量言辞的出处归于哪些作者。它们的差别尽管往往是微小的,但却向各种读者提供了掌握作者们力图传达的导向和认同一致的不同方法。任何要贯彻执行的材料,情况无疑都是这样的,特别是当有待说服的人为数众多且形形色色时,少量必要主题有所变通,是有效传达信息,以便在适当调整后广为传播的条件。

所以,我们构建了两大文汇,每一套都包罗60篇材料。第一套

文汇是 20 世纪 60 年代的(1959—1969),第二套是在 20 世纪 90 年代的(1989—1994);两者总体或部分都是有关干部的问题,即使有时把干部提为不同名称,诸如经理、主任、主管、总裁等。至于考虑到的每一个时期,这两套文汇都可以提出推荐给公司作为典型,比如雇用干部的类型,他们应当理想地被对待的方式,以及他们适当地要求担任的那类工作。附件 1 提出所分析材料的特点,附件 2 提出每套文汇的书目。这样构建起来的文汇(有一千多页)分两个阶段加工。第一阶段,我们对它们进行基于泛读的传统分析,旨在初步找出作者们的关注所在、他们对当时问题所建议的解决办法、他们提供的已过时的传统形式的形象,以及促使他们的读者转变的各种论点。在第二阶段,我们使用分析软件(见附录三),以所有材料的特殊指标来确证我们的设想和肯定,说明我们的分析的确反 60
映文汇的总体情况(并没有在某些主题上因个人偏见而夸大其重要性),从而也反映相关年代管理著述的总体情况。

所采取的选择基本上是比较性的,强调的是两套文汇之间的不同,而较少注意恒定不变的内容。[6] 迪蒙认为,比较法是研究意识形态的最有效方法,特别是当它们涉及分析家所深入的世界时,而没有外部比较视角,它们的显著因素就难以识别。[7] 那个视角在这里将由历史来提供。此外,20 世纪 60 年代材料所反映的该时代的形象,肯定有别于 20 世纪 90 年代材料关于时代形象的说法。再次说明,我们不应当要求这类著述提供我们关于过去的均衡全景,因为它旨在提出改进,因此要破除来自既有做法的一些机制。它挑选(最终还要放大)其反对的那些因素,而不问可能更持久的但并非较不重要的特点。

分析一项正受影响的、某些方面尚处萌芽状态的变化,会使人被谴责为幼稚,甚至与分析对象合谋的危险。确实,预言的现代形式——社会进化论、预测、未来学——往往是动员和行动的有力工具。它有助于带来其所描述的事物(自我完成的预言),或者在某些灾难预言的事例中支持反动势力,反对改革。[8] 从这种观点中,人们揭露了某些变革分析的"意识形态"性质(幻想,甚至欺骗的意思),那些推动变革的人们只是依据他们自己对现实的愿望或忧虑。这种挑战的实证主义文本,往往依靠对现实的统计性描述。对变革的描绘恐怕根据的是幻想,把部分看作全体,从故意选择的、无代表性的事例中推断出未来的图像。对当今现实进行严肃认真的实际
61 研究,绝不会对此作丝毫的肯定。

因此,认为我们根据管理著述的描述内容大大夸大了对公司运作只有细微影响的特点,或许是不对的。然而,第四章里汇集的一系列指标表明,管理著述中所描述的机制已经有相当多的得以实施了。而且,在那里将可看到,我们没有掌握所有必要的统计数据来说明有关的变革。事实上,统计描述的工具所依靠的,是在以前情况下社会选择主要根据的既存检验所使用的同等数据。因此,可以说在结构上,它并不构成记录和计算新检验形式的最合适工具,特别是当它们在微观移置下逐渐建立起来的情况下。

此外,还有大量描述变革的历史事例,归纳起来,不能说没有基础,即便它们根据的是零碎的、局部的证据——这就被人以实际的现实主义之名来贬低它们。因此,正如皮埃尔·昂萨表明的,手工艺人(在 19 世纪中叶的法国,他们占极大多数)的代言人普鲁东在统计学上胜过了马克思,后者的无产阶级乌托邦所根据的环境似乎在当时并不具备。[9] 费尔南·布罗代尔批评彼得·拉斯莱特小看了 18 世纪以前英国东印度公司和英格兰银行所起的作用,他写道:

> 人所熟知的论点是:当一个先导部门的容量可以与整个经济的总容量相当时,更大的图景就把这种例外降到更为一般或微小的程度。我完全不能信服。重要的是已有结果的那些事,而这些结果达成了经济现代化、未来的"商业模式"、加速资本形成的步伐及殖民化的黎明,我们应当对它们三思。[10]

阅读管理著述是为了取得这两个时期中资本主义精神的理想类型，管理著述的突出特点之一就是坚持关注动员和发动人才，尤其是干部。这两个世代的中心问题之一（虽然方式不一样）是：“我们怎么来对公司工作提出一些意义呢？”这一显著事实，是我们在挑选说明资本主义精神转型的材料时，完全有必要加以肯定的。

关注干部动员的材料

在20世纪60年代，我们的作者所关心的是发动干部，而在20世纪90年代，知道怎样使他们参与进来，只是作为动员全体雇员的有关问题中的一个特定事例。

在20世纪60年代，要干部参与进来的担心有各种根据。人们不清楚，如何把资产阶级最优秀的后代吸收进来以服务于资本主义：例如，商业学校校长们表示关注“商业对精英分子的吸引力微弱”（麦肯锡咨询公司主任和哈佛商学院前院长马文·鲍尔语，1966）。还有一种愿望，要取得他们无条件的积极专注[i]，或者不让 62
“有才干的”和“价值巨大的”人辞职而到更好满足他们愿望的其他公司去。20世纪60年代大多数关于干部的管理材料，都寻求办法来留住攸关“公司价值”的人才。据说，他们的抱负没有得到满足[ii]，他们“对工作期望更高”，“他们希望通过工作在社会上起有用的作用，要发展，要进步”，“问题在于，公司以传统的管理方式是否在正确地呼应这些愿望，干部是否感到他们能在自己生命中取得成功，

i“你可以买到人们的时间，你可以买到他们去出席某一地点，你甚至可以买到一小时或一天的一定数量的强力运动。但是，你买不到身心专注的忠诚，这必须靠争取得来。”（费尔南·博尔纳）

ii“他们希望起的作用超过赋予他们的。……这种事实上的差距（或许这会处于宣告与抱负之间），这种含糊与差距看来足以解释他们对当前情况的不称心。……因此，在管理方面目前经历着一些困难：干部是个难题。”（奥蒙，1963）

而不是浪费生命"(弗鲁瓦萨尔,1969)。在这个时期的材料中,充满了人际关系学派论述动机的著作(著名作者如马斯洛、赫尔茨贝格或麦克莱兰),见证了这一普遍的关心。

三十年以后,似乎这些问题并无多大改变,"每个组织都在竞争它最重要的资源,即合格的、知识渊博的人才"(德鲁克,1992)。但是,由于职工们感到劳动力过剩或重构的痛苦,动员的问题就增大了。[iii] 在这两个时期中,都认识到利润并不是很动人的目标。[iv] 先是干部在20世纪60年代,然后全体职工在20世纪90年代,希望有参与承诺的"真正理由"。"如果是要从大学和研究生院吸引高能力人才——不用说把他们发展为生产高管——每个企业领导人必须设法显示他的公司和别的公司都确实向社会作贡献,而不光是赚钱。"这段话我们可以在鲍尔1966年的著作中读到。在1990年已被注意到,"与以前世代相比,人们感到,如果他们觉得自己的工作并没有为更大的福祉作贡献,那么薪金本身只是很小的补偿"(沃特曼,1990)。因此,公司必须是"产生意义的地方,有共同目标的地方,每个人在那里都可以同时发展他们的个人自主并为集体计划作贡献"
63 (吉尼洛,1992)。因为,"正如让·吉奥诺所说的,'主要的不是活着,而是有活着的理由',但是,他补充说,'那是不容易的'。"(贝兰热,1992)

因此,对雇佣劳动赋予一种意义,一种资本主义精神,确实构成管理学作者们的一项重要关注。我们现在来观察他们在每个时期提出什么来作为呼应的。

---

iii"试图通过提高生产率、工作外包及人力调整等办法来减少劳动力,导致了经济雇用人员的社会分裂,以及公司与工资收入者之间传统社会感情联系的破损。"(国际商学院,1994)

"同样的战略,如果执行得不明智,不关心组织与人力后果,就不会产生商业好处,特别是,如果人们因害怕被置换而保留自己的能力和承诺,或者自己两边下注以防变化。"(莫斯·坎特,1992)

iv"例如,职工不再认为利润理所当然是一个组织的合法目标。"(布莱克与穆顿,1964)

20世纪60年代到90年代管理问题的发展

提出过去三十年间资本主义精神的变化，我们将对每个时期依次谈论以下各点：(1)作者们提出什么问题？这说明在一定时期问题的提出和加以分析的方式，以及它们内含的推断。(2)他们提出什么呼应和解决办法？(3)他们面对的形势中哪些方面是他们所反对的？事实上，推行一项新的管理规范几乎总是伴随着资本主义和此前盈利方式受到批判，两者必须排除，以便为新模式开辟道路。因此我们看到，20世纪60年代的材料明白地或含蓄地批判家族资本主义，而20世纪90年代材料的主要矛头是等级化、计划性的大组织。对旧知识和旧习惯的批判，认为它们过时，是这些缺乏历史感的著述处理今昔关系的方式。

20世纪60年代：诉求目标管理

在20世纪60年代的管理著述中，两个问题被优先处理：一是干部的强烈不满，二是关于公司规模巨大的管理问题。

干部是国内公司价值之所系（这已不断重复过），他们不快乐，在于他们所起的作用：第一是技术专家，当时典型的干部是工程师；第二是管理中继，自上而下传达命令，自下而上反映问题。他们希望参与决策权，更加自主，了解管理政策，获悉企业进展。这一主题在60年代材料中比比皆是。[v] 64

---

v"认识到他们的作用是技术中继以后，干部要求更多……他们感到不适当地被塞在僵化的环境里，他们感到被严密管辖，感到窒息……他们常常抱怨空间狭小，无法创新，他们觉得难以忍受得不到宽泛的信任。"(奥蒙，1963)

干部希望更多的'共同管理'……他们苦于不'知道更多有关决定目标所根据的情势'，苦于没有'与雇主更多的真正接触'……他们认为，如果老板的权威不是神秘的运作，而是鼓励下属进行最大量的'自愿行动来执行上级提出的决策'，那么老板的权威仍会完好无损，甚至得到加强。"(布洛赫—莱内，1963)

我们所叙述的这段历史，是随着公司的发展，干部作为新的社会群体开始兴起。所有权与管理权分离在当时是一个确实的常事，但还有必要提到它，而三十年以后这个主题会完全消失。这也是因为同家族资本主义脱离的愿望当时已经实现，所以不再有必要来界定何谓带薪经理(与业主经理相比)——这在战后的法国还是比较新颖的类别。

在20世纪60年代，干部具有现代感，但是感到被结构所束缚，特别是他们中的那些年轻的、更具学术资历者。结构的发展并未改变集权的、准独裁的、中小规模公司所特有的管理方式。经理不过是更增加了等级，丝毫不让出一丁点儿权力。这一分析说明了为什么干部对自主权的要求时常伴随着对官僚大机器任意影响的描述。[vi]

此外，大公司引起恐惧。它们显得是民主国家中危及自由的一块飞地。如果小公司的规则可以看作如自由领域，观察家们则以共产主义集团作对比来思考官僚化对西方独特价值观的影响。[vii]从这种观点来看，资本主义公司似乎也具有集体化或者法西斯主义公司同样的缺陷。[viii]

---

vi“在大公司中，老板同部门头头保持接触，但是与执行命令的人没有接触：他的命令按着等级路线走；它们被传递和再被传递许多次，有时在传递过程中被歪曲或被耽误。由于个人创意不受欢迎，上级命令必定数量多，内容细：书面规则……职工的态度变得消极……个人现在只是一个匿名整体上的一个螺丝钉，不是从属于人，而是从属于规章。”(博尔纳，1966)

“巨大总是带来关系上的更多正规程式，从管理准则到大量的书面表格。甚至在一些人人都相互认识的部门里，都通过一张编号、编码的长方形打孔卡来说明和处理……在这种情况下，显然他们就难以把目光聚焦到公司的最终目标。”(科兰，1964)

vii“随着我们的组织规模增大，对个人自由的限制成了全国关心的问题。正如约翰·加纳说的，‘每个富有思想的人今天都担心现代大规模组织对个人的新颖和狡猾的约束……一个现代社会的特征是(而且必须是)复杂的组织。这不是挑选的问题。我们必须尽力对付大规模组织对个人的种种压力’。”(鲍尔，1966)

viii“但是，所有这些方法都只是‘技术’，如果它们不是由经理方面的‘民主’思想所对这些问题的解决办法被称为分权制、能人统治和目标管理。20 世纪 60 年代的作者们,进行战斗的主要目标是推行这些新的管 65
理方法。目标管理成为特别有效的机制,给予干部所希望的自主,把决策权分散以限制科层巨大所产生的缺点,因为决策将靠近相关者。所有的干部都看到自己能自主,但是这仍受严格控制:一方面,工作说明允许让出自主界限的细目;另一方面,规定他们的目标要符合公司的总政策。因此,干部将会因实现这些目标而受表扬,也就是说,根据他们工作的成功程度,而不是根据讨好上级。他们将得到在组织内的某种自主,分配给他们资源,他们将在总体成果上,而不是在每个个别决定上,受到监控。由于这一创新机制,雇主保持控制权,同时实行顾问们认为必要的改革。干部得到自主权,公司由于职工再度发动起来而能够创利。[ix]

目标管理的另一优点是,为评估业绩提供清楚、可靠的标准,事业管理可以此为基础。实现目标(即行之有效)的人将得到提升,而不是根据不公正的"主观标准"。20 世纪 60 年代的管理著述,希望敲响人事管理上专断任意的丧钟。这肯定能发动干部,他们会感到自己得到公平对待了。[x] 目标管理后来扩展到大公司,管理学作者提出许多详细和实际的意见,说明管理著述中优秀的形象和模

产生,那就没有多大效果。而且,这个严重问题在集体主义类型的公司和资本主义公司里都很普遍。"(博尔纳,1966)

"这些财务的、机械的和生产主义的思想,被不同政治体制在不同信条内再次提出。我不需要提出国家社会主义或者萨哈诺夫主义来使你们认识柏林或莫斯科,福特已经在底特律教会了你们。"(德沃,1959)

ix"看来没有一个企业高管会比自由企业经济中一个成功的个体企业主工作得更努力、更有效。他的工作充满热情和决心……得到的报酬是成就,而不是费力……对大企业的挑战是创造一个工作环境,使每个高管尽可能自主行事……最成功的公司让每个高管对自己的决策和行动负责,并且做到了这一点。"(鲍尔,1966)

x"赏罚制度应有助于在公司内注入一种合理的秩序,保证效率高低不同的人命运不同。这种不同的对待,对于创造和保持努力走向良好的行政管理,对于推动管理好事物能起到关键的作用。"(热利尼埃,1966)

式不能降低为意识形态，就是说不是仅仅旨在满足一些新公众期望的肤浅话语，而是以新角度提出组织与管理的方法，不是同样形式的重复。新的管理规范伴有一套在公司建立新机制的措施。即便如此，当这些材料被撰写的时候，这些机制并没有像一些作者们所声称的那么普遍，但它们已经不同程度地在足够多的企业内就位，
66 并代表与旧习惯决裂，力求说明和认可它们的必要性。如同这些著述所表明的，资本主义精神同这些由它伴随和促成的机制处在一种辩证关系。

20世纪60年代期间，失败的操作模式和风格都在不同程度上与“家族世界”的逻辑有关，反对的是在决定提升时“个人判断”的考虑——公然采取裙带关系——而是赞同根据结果的“非个人判断”。[xi] 新的表彰制度同样旨在排除偏爱资历、只奖赏忠诚——典型的家族价值观——而不是效率，并且减少事业成功的社会关系所起的(不公正)作用。[xii]

而且，由于这些主题，对“法国案例”的讨论就更为特殊。在老欧洲，消除有关家族逻辑的行为方式是一项紧迫的任务，特别是在法国，它仍然充满着昔日封建的忠诚与特权。昔日政权的残余比比皆是，必须直截了当地进行致命打击，仿效美国的榜样：美国的好运是没有经历这种约束，从一开始就建设为一个平等的社会。采取美国的更为民主和更有效率的方法，被认为是法国的生存之道。对于美国的力量，法国作者害怕无法抵御其经济入侵［获得“美国效率”，

---

xi“事实上，太常见的情况是，这类判断更多的是反映对某人的看法，而不是对他们结果的评估。这种准则的弱点在于缺乏与工作责任相联系的业绩标准……干部讨厌根据上司的看法来对待他们。他们开始时怀疑任人唯亲，最后要求把他们的结果以更为确切的标准和可计量的目标来评估，那是有理和可信的。”(巴顿与斯塔丘，1965)

“可能的评论尤其对‘热络效应’敏感，有时老板相当无意识地过高估计一个人的品质，因为他们有共同兴趣，或者说‘他是一个好人’。”(亨布尔，1968)

xii“在法国，某种保守主义长期控制着以资历、忠诚及必须指出的社会关系(出身与阶级的意见比品格更加重要)为依据的晋升的步伐。”(布莱登，1967)

但“失去了殖民化”（弗鲁瓦萨尔，1969）。让—雅克·塞尔旺—施赖贝尔 1967 年的著作《美国的挑战》全面讨论了这一主题]。[xiii] 67

在 20 世纪 60 年代，对功绩奖励的同时，最强烈地相信学历可取得终生好处，这是应该加以批判的。[xiv] 必须指出，至少在这一点上，这个时期的改革者失败了，因为我们听说批判实际上并没有改变。

即使这一点并没有在管理著述中明白地涉及，但干部取得合法权力的消极反面，则是传统雇主失去合法权力，批判他们卑鄙、独裁与不负责任。特别被抹黑的是小雇主，谴责他们滥用产权，把公司利益同他们的家庭利益混同起来，把家里不称职的成员放到负责的位置上，[xv] 忽视管理组织和销售产品的现代技术，以致不但

xiii“这是因为欧洲和美国工人之间的态度差异。在美国这样的年轻社会里，传统和‘世袭’特权的重要性低于欧洲……在欧洲这样的老旧社会里，社会间隔是重要的，坚持特权比较重大，阶级矛盾较深。”（德伍特，1968）

在这一层次，我们看到在大多数传统社会里有一种倾向……把人们划分为不变的类别（社会的或官僚的等级），尊重这种不变，使每个人的命运决定于他的特性，而不是他实际适应于有效的行动，被认为是关系重大的。”（热利尼埃，1966）

“与欧洲企业相比，大多数美国公司已经有很大成分的自治。或许这是因为，如克莱门特·格林沃尔特所说，我们的企业方法以某种程度结合了反映在《独立宣言》和《宪法》中的美国革命精神……无论如何，欧洲的企业行为典型地要求自上而下更严格的管控和更细致的指示。”（鲍尔，1966）

xiv“在实践中，我们看到，雇主们由于缺乏评估干部能力的客观标准，就不得不依靠他们对干部个人价值的直觉，对学历给以不适当的重要性，好像只要有一天在比赛中胜出，就无可否认地证明有能力在等级结构中担任高级职位。”（弗鲁瓦萨尔，1969）

xv“有些雇主的儿子平庸的履历不禁令人失笑：不苛求学习，父亲认为他自己的情况说明学习用处不大；儿子服完兵役以后进了老爸的公司，花两年工夫在各部门转悠，每个部门待三个月，（像旅游者似的）看看那里做些什么，不担负任何责任；然后交付他一个定义不明的管理任务（行政管理的组织和监督），或者更糟糕的是，他的父亲要他接替他的职位，以便直接参与管理（可是那年轻人缺乏必要的基本经验）；鉴于他作为几乎不称职的资方助手的职务提供他自由时间，他管理着代表公司的各种任务，最后，在他35岁时，除了他性格强硬以外，他没有塑造成形，而是畸形发展了。”（热利尼埃，1963）

危及他们自己的公司，而且危及整个社会。把支薪干部和世袭雇主象征性地分开的做法——符合于把经理相对于业主的公司理论到处流传——存在于这一范畴之始。在1936年罢工以后，第一批干部公会从工程师协会中产生，它们不得不排除雇主并承认这一区分可行。因此，伴随着20世纪60年代的管理著述，出现了以个人公司为中心的世袭资产阶级过渡到经理资产阶级，他们是带薪的、有学术资历的，并被结合进大的公共或私人管理层。[11]

与20世纪90年代相比，我们可以澄清这种描绘。20世纪60年代的计划，旨在解放干部和放松官僚主义，那是越来越大的公司集权和日益整合所造成的。20世纪90年代的计划是继续这一过程，提出反官僚主义斗争和自主的主题。即便如此，60年代被证明还是尊重"老板职业"的。干部解放的同时，等级制的背景未受挑
68 战。有人提出意见要求澄清[xvi]，不要对它加上统治的反动标签[xvii]，避免越过下级直接和他们的团队讲话[xviii]。但是，从不建议要压制或者绕过等级制。相反，办法是使它建立在功绩和责任之上，通过剥夺使它无效率和不公正的家族纽带而赋予它新的合法权力。

同样可以看到20世纪60年代的计划大部分已实现，因为我们读到的那些年代的材料，常常包括头头们关于家族世界的遵从和表述形式，后来，这些内容在管理著述中都没有了。一个人从家族世界摆脱出来的困难——即便是主张变革——再次清楚地表明

---

xvi"必须确定职位之间的权力关系……这将保证每个人知道谁是他的老板，谁是他的下属，他受何种和多大权力的支配，以及他能行使何种和多大权力。"(鲍尔，1966）

xvii"组织表上列的职位已足够说明资历级别，无需那种像不同办公室家具等无意义的标记。尽量减少这些标记并非消除等级制的概念，那是公司里所固有的，因为有些功能比其他一些在目标实现上更重要，或者因为有些人比另一些人在完成这些目标上贡献更多。"(休斯，1969）

xviii确定了他的下属的职务内容和权力以后，当头头的就别干预这些已授权的领域。"(于戈尼埃，1964）

管理著述在现实中的依托,现实的形式是要转变的(这不仅仅是处理一些标志性的问题)。而且,他们要商议作者们改革意愿的真诚,因为他们小心翼翼地、或多或少不自觉地筛选他们的家族传统中哪些可以保留,哪些是他们所依托的,哪些确实有必要反对的。

因此,例如塞戈斯咨询公司未来的总裁奥克塔夫·热利尼埃(从 1947 年起他就在那里担任培训员和工程顾问)在 1963 年说服了法国自由派的、不倦地提倡目标管理的人们,他专门用若干页谈论“干部下岗”的棘手问题。最后,要我们了解:一个干部犯了若干挪用款项的错误,不管多小,也应让他下岗,这是重要的,即使那名干部是称职的和高效率的;相反,同样对待一名“效率低下的老仆役”,那是不公正的。[xix] 这二者都违反了效率原则——一起以道德的名义,另一起以忠诚的名义。然而,热利尼埃以后完全有机会加以掩盖,以免不好发动公司里的其他干部,后来毕竟依靠了一种效率约束:口头辩称“道德上是值得的”。在 20 世纪 90 年代的商业道德运动中,这也成了风尚(热利尼埃在这运动中起了非常活跃的作用),而且是以间接的方式常常使用在管理材料中,介绍道德方面的参考而显得并不妨碍利润要求。使得热利尼埃的这一材料惊人地过时的,并不是面临难题的性质(它仍然很流行),而是因为他专 69
门在这方面花了好几页。在本书作者看来,让干部下岗仍然是个问题,但它在今天的管理著述中一般显得更加合理合法了。20 世纪 80 年代的“主要重构”,一开始有点惊人,结束时接受“下岗”作为管理的“正常”行动。如果干部失业还出现在 90 年代的材料中,但是下岗的问题则已不受注意了。

家族世界甚至在力求清除它的人们中仍然流行,关于这一点的另一个迹象,我们将摘引路易·阿伦 1964 年的话,他为了使他对

xix“这名老仆役,从道义上说,是公司的元老之一,完全地、干脆地解雇他,把他视为已经没用的工具,就是干了一件坏事,将在干部中间产生一种不安全的灾难性气氛,所以是不能接受的。”(热利尼埃,1963)

分权的诉求更加尖锐,还提出要保留管理权。这样,一名经理从事激励人、鼓舞人,也能合理合法地要求权力,而干部则不能认为由于允许他们“参与”而可以决定一切和评论一切。[xx]

20 世纪 90 年代:走向公司作为网络的模式

取决于他们考虑的角度,20 世纪 90 年代的作者们提出的问题既有不同也有相同。相同的是,他们提出了开始于 20 世纪 60 年代的对官僚主义的批判并得出结论:等级制是一种要加以排除的协调形式,因为它建立在统治的基础上;现在的问题是,不但要解放干部,而且要解放所有的工薪收入者。不同的是,一些诸如竞争压力和消费要求的新主题已成为中心。

20 世纪 90 年代对等级制(它在交易成本经济学家之后,其特点被刻画为不同于市场的“组织”)的拒绝之所以更为惊人,在于这些相关作者的读者基本上是大团体和多国公司的干部,他们尽管作出一切努力,也难以解除等级制。这种反等级制责难的正当性根据,往往是道德的性质,以及对统治—被统治关系的一种更为普遍的拒绝。[xxi] 它们也联系到社会进化的必然过程:人类不愿跟着命令
70 转,也不愿发号施令。[xxii] 对其他人来说,教育水平的普遍提高说明

---

xx“不要制造期望!并非所有的决定都需要参与。如果你的团队不能作出合乎逻辑的、理性的贡献,不要去问他们的主意。要求人们出主意,意味着他们的建议会被接受并实施。不要引起无根据的期望,清楚地说明你还能走多远,这样才值得。”(阿伦,1964)

xxi“组织表和金字塔般的等级制……说明谁懂得如何‘管理’,谁能够和必须‘管理’,以及谁不懂得和不能够‘管理’。即便有世界上最好的意志,在这种情况下,这两类人之间必然会树立一种相互蔑视的关系,因为那些‘不懂得如何和不能够’的人,事实上从一开始就被视为下等和幼稚。”(阿克托夫,1989)

xxii“在一切领域自由选择不可抗拒的倾向,和发展中的个人主义一起,推动了个人自主的要求及其可能。副手时代已经过去。不但下级不再接受权威,而且上级自己也越来越不善于承担权威,因为需更多的纪律来回应环境要求的复杂性。”(克洛泽,1989)

为何等级成了一种过时的组织形式。[xxiii]

如果说等级制是个受欢迎的目标，那么，打击还同样指向计划，因为它是僵化的，基于不考虑"真正现实"的冰冷计量数据；而且违背一切实例，联系权威势力（雇主、老板、命令等）。有时贬义地与军队相比，会提到未受任命的军官——厌恶的对象，独裁小霸王的象征——而在20世纪60年代，军队的比喻（很少谈）指向报国的军官，符合20世纪30年代到50年代很流行的主题（例如见拉米朗的《工程师的社会作用》，仿效利奥泰的《军官的社会作用》）。20世纪90年代的管理学作者从不专注批评，我们往后可以看到，他们想象新的组织形式，与等级制原则保持最大距离，对个人自由允诺正式的平等与尊重。

20世纪90年代的又一个惊人特点是，竞争的主题和持续加快的技术变革的主题——已经存在于20世纪60年代——呈现前所未有的突出。实际上，在所有的材料中，我们都能找到有关实施灵活而创新的组织来"渡过"一切"风浪"，适应一切变化，始终保有掌握最新知识的劳动力，对竞争者握有持久的技术优势。而20世纪60年代的目的则是使科层机构更加灵活，那些著述不太挑战基本原则，例如法约尔那么喜爱的统一指挥。在20世纪90年代，颠覆等级制原则被提作"大爆炸"，那是老牌头头彼得·德鲁克的用语，他在20世纪60年代曾是目标管理的广受尊敬的推动者，现在旨在把组织"倒个个儿"。管理著述的另一位关键人物罗萨贝思·莫斯·坎特向我们解释说，现在开始有必要"教巨人（多国公司）跳舞"[她1989年的畅销书题目就是《当巨人学会跳舞》（莫斯·坎特，1990年）]。

这种对适应、变化、"灵活性"的过度注意，是基于从20世纪70

xxiii"因为由知识专家构成的现代组织，必须是一个平等者的组织，一个同事和朋友的组织。知识没有高下，其判断依据是对共同任务的贡献、而不是由任何固有的优劣。所以，现代组织不能是老板和下级的组织，而是必须组织为一个团队。"（德鲁克，1992）

年代末使人们心灵有深刻印象的一系列现象，作者们对此不作任
71 何检查地以更多竞争的主题加以介绍。然而，重提它们是重要的，它们构成这些作者们传达的世界形象。

在20世纪60年代，管理著述认为，世界的表述不言而喻可以系统地说明：一边是自由的资本主义世界——西欧与美国，其他大部分国家没有在图景之中；另一边是计划经济的社会主义国家。在自由世界中，美国的统治是压倒一切的，欧洲从重建中还很难出头，它靠美援才很快完成了重建。因此，如果我们不提让—雅克·塞尔旺—施赖贝尔的文章（它包括未来主义的内容，论及2000年开始世界上所有国家的经济发展）[xxiv]，我们发现在20世纪60年代的材料中完全不提非洲、拉美或亚洲的任何国家（甚至日本）。法国是提得最多的国家，共提了51次（以这份材料的性质来看，这并不奇怪），以下是美国（19次）、德国（5次）、苏联（3次）、意大利（3次），其他提到的国家只有1次。

在20世纪90年代情况不同了。在世界新地图上，我们发现"老牌资本主义国家"面临资本主义亚洲第三极的兴起。这里的第一位是日本，它成功地渗透进美国市场，触动了真正的震惊，引起了一系列管理变革；接下来是"四小龙"（中国台湾、韩国、新加坡和中国香港）。在20世纪80年代中，仍然有可能认为，在很长的时间里，它们会是仅有的新来者。但是，尽管在截至1994年的材料中并无迹象，但除了它们之外，在20世纪90年代，那些放弃进口替代发展政策而主张与发达国家竞争和出口的第三世界国家，仿效了日本和"四小龙"的成功方式。（开始是亚洲的例子，然后是拉丁美

---

xxiv"后工业社会将为这样的次序：美国、日本、加拿大、瑞典。就是这些了。有潜力成为后工业社会的先进工业社会包括：西欧、苏联、以色列、东德、波兰、捷克斯洛伐克、澳大利亚和新西兰。下列国家将成为消费社会：墨西哥、委内瑞拉、智利、哥伦比亚、韩国、马来西亚、中国台湾地区及其他欧洲国家。世上其他国家如中国、印度、大多数南美各国、阿拉伯国家及黑非洲，甚至还没有达到工业阶段。"（塞尔旺—施赖贝尔，1967）

洲,再后是柏林墙倒塌以后前共产党国家似乎转向资本主义。)非洲大陆在主导图景中仍然见不到。这样,在20世纪90年代的材料中,黑非洲和拉丁美洲都引人注目地缺席(只提了一下巴西)。相反,亚洲提到了24次(其中14次是日本),西欧国家出现较多:德国13次,意大利6次,瑞士5次,西班牙、爱尔兰和瑞典各3次,其 72
他国家都只提了1次。法国提了84次,美国24次,出现次数都增加了。苏联(或者源于它的国家)和前东欧集团各国都不见了。这两套材料中提到国家的情况发展,提供了管理学作者们所构建的"全球化"形象的(比较相对的)很好规格。

我们被告知,资本主义竞争机制的积极参与者很快不再是几亿人,而是几十亿人。[12] 有了这一最重要的形象,发达国家的作者们就把竞争作为他们论点的主要部分,因为过去二十五年间缓慢增长和失业上升,更加深了他们的看法,深信经济发展变得更加困难,经济斗争更加无情。而且,信息技术的不断进步常常涉及声象("虚拟"),并代表着符合整体技术发展的标准事例。

20世纪90年代的作者们提出来面对挑战的机制,包括各种各样令人注意的管理革新。我们可以试着把它们连接到一些主要思想:精益公司,作为一大批参与者的网络来运作,把工作以团队或项目来组织,意图在于顾客满意,以及因领导人的眼光而把工人普遍发动起来。

"精益公司"一词,我们是从"精益生产"变换过来的,"精益生产"部分是基于日本公司——特别是丰田——的考察在90年代初发明的,指一套新的生产方法。[13] 在这些方法中,我们可以引述一些组织原则,如完全准时、全面质量、不断改进、自主生产团队,以及一系列实施它们的手段,诸如质量小组(这代表西方普遍推行的最老原则)、供应商质量保证、SMED、TPM、看板制、5S、改进建议,等等。[14] 那种精益的、"精简合理化的"、"瘦身的"公司减少了大部分等级级别，只保留三五个，让整个等级层次失业。[xxv]它也排除了大量操作和任务，把不构成核心业务的任何工作分包出去[xxvi]，有时分
73 包给已经成立自己公司的前雇员（好比蜜蜂分群）。至于它的投资，越来越多地通过“联盟”和“合营”使它们与其他公司协作。[xxvii]这已经十分流行，今天现代公司的标准形象是一个瘦小的核心，围绕它的是大批密集的供应商、分包商、服务供应商和临时人员，使它可以根据业务水平改变人力和联盟公司，所以称为网络般的运作。[xxviii]

他们说，工人自己必须组织成小型的、多任务的团队（因为他们比起60年代的专业部门，是更熟练的、更灵活的、更具创新性的、更自主的）。他们真正的雇主是顾客，他们没有老板，只有协调人。[xxix]

把老的组织转型为同这种模式一致，就叫做再造（哈默与钱皮，1993年）。此外，这些团队并不完全由公司的永久人员组成。它

---

xxv“有整批技术可以提高管理结构的水平。最常用的是‘减少层次’，只简单地废除一个或更多的等级层次。也可以看到，往往伴随着第一种方法的是增加控制的幅度，指派更多人由较少数量的干部管理，传统上的比例是一名干部管六至十名雇员，今天视为可取的是一名干部管二十至三十名雇员。”（奥布里，1993）

xxvi“公司把一些服务分包出去，转而找专门经营此领域的供应商，从而使公司减少经管与其核心业务能力无多大关系的活动；同时把一些服务部门转变为‘企业’来同外部供应商竞争，在公司内外出售它们的商品。这种组织上的改变使得后企业家公司可以以少干多，因为它们的员工少，固定成本低。”（莫斯·坎特，1990）

xxvii“有些组织把自身里外翻个个儿，从外部供应商购买以前的内部服务，组成战略联盟，以及卖主与买主合伙，把外部关系带到内部。”（莫斯·坎特，1989）

“组织朝向由三套成分组成的模式演变：一个永久的中央核心，由经理人员和所谓战略知识处理者（这不能委托外部）组成；一个网络形式的组织，而不是传统等级制形成的；以及一系列卫星式供应商业系统（远处工作的公司或个人），业务及用人情次时有变化。”（国际商学院，1994）

xxix“要用组织表的颠倒观，顾客在顶端，为顾客的服务提供者工作的人在底层……管理的作用是支持那些直接与顾客打交道的人。”（塔普斯科特与卡斯顿，1993年）

“加工团队由一人或多人组成，不需要老板；它们需要教练。……传统的老板设计和分配工作，这些团队都自己干。传统的老板在重新构建的环境中没有什么好做的。经理们

们之中也可以找到供应商、客户、顾问和外部专家。一个团队的成员不一定都在一起工作，因为通信的进步使他们可以分在远距离工作。[xxx] 这里，工作还是发生在一个网络里，因为公司的疆界变得模糊了，现在的组织似乎不过是一大批或多或少有持久性的合同联系。由于同时并进的设计制造而发展了新产品（米德勒在1993 74
年提到了“合作”设计制造）是理想团队的常用例子，它定义为创新的、多样的、开放的、针对顾客希望的。团队是自我组织和自我监督的场所。

由于这些新机制，等级制原则被废除了，组织变得灵活、革新和高度熟练。与整合的等级制组织相比较，网络组织被认为还能取得与专业化相关的优势，网络组织允许公司排除只作为管理“中继”的、不贡献“顾客增加值”的昂贵的等级制。整合的大公司从事非常广泛的一套功能。它无法同时改进其所有的任务，所以，它必须只把具有竞争优势的活动——它的核心业务——保留在机构内部，而把其他活动外包给能更好地进行优化的分包商。它与这些分包商保持密切和持久的联系，不断谈判条件并管控生产（例如，订货公司派人定期来到分包商的地方）。更快捷的信息流转和专业化所提供的革新必然使得普遍得利。事实上，在整合的大企业中，每个部门作为它的一个单位专门为公司工作，分包商（至少在没有隶属于某一总部以前）必须解决不同顾客提出的各种问题。随着在它所联系的不同（和潜在）竞争公司之间了解情况和转移信息，这加强了总的信息与知识水平。在一般意义上说，这些分析突出了信息

必须从监督的角色变为促进者，他们的工作是开发人才及其技能，使这些人能够自行实施增加值的过程。”（哈默与钱皮，1993年）

xxx “信息与数据传输技术把面对面服务的生产场所和时刻同支援、准备和办公室外活动分开。因此，人们可以越来越少地‘在办公室’工作。永久性地在工厂工作将成为难以确定的情况。而且，没有理由认为，工业与技术时代的传统要永远确立下来。大量的干部、代表、服务代理人、教师都远离他们的雇主工作。‘虚拟’公司到来了。”（莫林，1994年）

作为生产率和利润来源的重要性。所以,它们使自己特别适合于主要增加值的来源不再是开发地域资源(如矿藏,或者特别肥沃的土地)或剥削劳动力的经济世界,而是充分利用各种知识去解释和结合它们,并进行或传送革新,以及更一般的是(赖希在 1991 年所说的)"管理信号"。

但是,管理的棘手问题仍未解决,因为我们的作者并不放弃公司仍然存在的思想。公司还没有完全分解为网络。它们发展出使自己与其他多国公司(在它们不合作的市场上)进行竞争的战略。公司业绩现在所依靠的全部自我组织的创新型人才,必须是在只由少数人决定的方向上被引导,而不是回到昔日的"等级制老板"。因此
75 就出现了领头人及其愿景。愿景具有资本主义精神的同样优点,因为它保证工人的承诺而无需加以强迫,使每个人工作得有意义。[xxxi]

由于这种人人认同的共同意义,每个人都知道该做什么,而无需被人告知。公司方向的提出无需靠命令,雇员们可以继续自行组织。由于他们赞同那计划,所以不用对他们强加什么。这种机制内的关键之点是领头人,正是他具有构建愿景的能力,知道如何传送,并使别人支持它。[xxxii] 无疑这是新机制中最薄弱的环节,因为一切都要依仗一个特殊优秀的人才;而且总是不清楚如何培养或招收这种人才,特别是要有足够的数量,因为每家公司都需要他们。

---

xxxi"最丰富的、最有鼓舞力的愿景是具有意义的、对志向作出响应的。"(贝兰热,1992年)

"愿景给予意义,它指向未来;它把短期目标结合为整体而超越了它们。愿景使人们充满热情,它不但是一项使命,而且是一个强有力的磁石。愿景好比重大的挑战,它复兴了集体能力。"(克鲁齐埃与塞里叶,1994年)

xxxii"领头人就是被群体推举的人,每个人有意识或无意识地都承认他。由于他的影响力、构建愿景的能力和指导力,他创造了一种氛围,能吸引人人面对新挑战,树立信心,并主动带头。"(克吕埃拉,1993)

"好的领头人能以他们愿景的力量和激励来鼓舞别人,使人具有目的性并为自己的工作而自豪。"(莫斯·坎特,1989)

更广义地说，新管理要有充分多的特殊优秀人才：精通无数任务，不断充实自己，适应能力强，善于自我组织及与不同的人共事。说到底，我们没有被告知公司对开发这类工人所作的贡献：公司要成为"学生"，技能管理要成为关键问题，一些新专业正在冒头，比如"教练"，他的作用是提供个性化支援，使每个人开发他们充分的潜力。最难的是给予"教练"一个体制职位，因为他们是负责培训的。[xxxiii]

鉴于管理学作者们提出的那套改革，毫不奇怪，我们发现，就像20世纪60年代所设想的，干部大多正在消失。干部一词使人想到等级制和地位而被排斥。干部现在被视为将被拆除的科层制的代表。在这种话语中，干部的地位被公开或含蓄地视为过时，它的僵化阻碍着现行的发展。[xxxiv] 76

比较一下两套材料中对干部一词的用法，突出了过去三十年间的发展。在20世纪60年代，干部是受到高度尊敬的，他们是进步的主要代表。在20世纪90年代的管理著述中，提到干部则结合着一个被视为过时范畴的批评。干部一词围绕着一整套贬义地用于刻画视为过时的旧组织形式的词语。那些词语指僵化和不变，也指自我利益和试图控制未来（如结构、功能、事业、行政、计划、目的）；其次指等级制，界定为独裁的法定权力，顺从（等级、地位、军队、下级）。在20世纪60年代，干部一词使用得广泛而含糊，以指向团结一致的原则，超越等级分野，联结高管或主任及中层经理或

---

xxxiii"所有上述的徒工形式都必须实施，并不要求隶属于人事部门的培训部。因此，少数经理将负责对公司有用的徒工工作。这些经理培训员的责任是支持职工的发展。"（奥布里，1993）

xxxiv"在工作组织中设置特殊的、专门的管理人员的想法已不再有益。在法国保留干部的地位并非正确。在大多数发达国家中，这种地位并不存在。有许多法国公司，干部人数占员工人数一半以上；在有些公司中甚至达到80%。很清楚，在这些公司中，干部不是领了钱就躺下，而别人必须工作。确实，他们往往也不管别人，因为许多干部是秘书、会计和技术员。"（奥布里，1993）

直接监管人员。20世纪90年代的著述，相比之下，提到干部时只是指中层的、下属的职工（比之军队中未受任命的军官），甚至（在前段时期那是不可想象的亵渎行为）把干部、监督员、技术员、白领工人及至蓝领工人都放在一个列表内。

作为法国“干部”一词的替代，我们看到经理人一词的兴起，那是直接引入法语的。经理在法语世界里是相对晚近的。在20世纪60年代，它主要指美国的干部。在其他例子中，它被译为干部、主任或组织员，因此很少特写为材料中那样的。经理人一词在整个20世纪80年代在法国扩散起来，有了当前的含义。开始时用于指大公司主要办公室里的管理干部（以别于大量普通干部），到80年代末开始用于指善于团队领导和使用人员的人，以区别于集中于技术的工程师。同样地，管理开始不同于行政，把有效使用人的才能同合理处理目标与数字区分开来。因此，20世纪90年代的作者就使用经理人一词，以有别于干部，来界定人们的这种品格，那是最适合于资本主义当前状况及公司所处的“不确定的”、“复杂的”环境。经理人并不试图监督或发号施令，也不等待公司指示再来实施。他们了解这种作用已经过时。他们成为“团队领导”、“催化剂”、
77 “幻想家”、“教练员”、“灵感之源”，最后这个名称是埃尔韦·塞里埃（1993）特别使用的。如同20世纪90年代的其他作者，在没有名称来指明企业英雄时，他就自行制造一个表达的称呼。罗萨贝思·莫斯·坎特则采用“商业运动员”[xxxv]，梅里埃姆·勒萨热采用“直觉经理人”，利奥内尔·贝兰热采用“专业人员”；其他名称，如教练、领头人或“接生婆”，也被有些作者采用。

经理人不能再依靠等级制的合理合法性，或者像过去那样操纵事业期望，因为随着组织金字塔高度的降低，内部“升迁”的机会

xxxv“我们甚至没有好词来形容这种新关系。‘上级’和‘下级’看来很不准确，即使‘老板’和‘他的人马’也比今天经理人所真正掌握的，带有更多控制和所有权的意思”（莫斯·坎特，1989）。

少多了；而且在他们的项目架构内，他们必须要各种人来工作，而他们对这些人并没有什么权力。因此，他们要靠自己的“技能”和“魅力”来表现，以他们“人际关系网”的效果来界定行动者，这种关系网提供他们信息和援助，用他们“愿景”的力量来激励人们，用他们作为“接生婆”的技巧来发现别人的“才干”，以及作为开发者来发掘别人的潜力。他们以自己的个人素质而不是某个正式职位，获得成为“领头人”的权威。而且，他们拒绝“权力的标志”（诸如：众多秘书、专用电梯或餐厅、豪华办公室）。他们取得对他们团队的权威，是密切关联到由于他们的“沟通”和“倾听”能力（那是在直接接触他人时展现出来的）而被赋予的信任。

事实上，经理人之有别于干部，在于创造性直觉与冷漠的、精打细算的行政理性之间的不同。这种相对重复了大体开始于19世纪中叶的一项有许多种形式的主题，有大量的类似对比。例如，在智力形态之间（左脑/右脑）或者两性之间[xxxvi]，在社会群体之间（艺术家/工程师或金融家）[15]；甚至在国家之间（19世纪是法国与德国[16]，在当今是拉丁裔国家与盎格鲁—撒克逊国家，等等）。经理人是“直觉的”、“人道的”、“能激励人的”、“有愿景的”、“通才的”（与狭窄的专才相反）和“创新的”。经理人世界与干部世界的不同就如同网络与范畴的不同。经理人是网络人。他的主要素质是他的移动性， 78
他善于到处流动而不受疆界所阻，不论是地理的或者专业或文化隶属所造成的，不受等级制差距所阻，不受地位、作用、出身、群体

---

xxxvi“谈到战略，最好的结果往往是发现那些生性用右脑的人，他们使用所谓‘整体’决策过程——就是说，他们均衡地使用两个脑半球。”（西卡尔，1994年）

“管事者要求有效率，有事业心，有胆识；期望他们决定并实现目标，控制成果，取得成功。这些是具有魄力的素质。但世界变化很快。公司必须预见并看准变化，使自己适应变化。要做到这一点，它需要一套相当不一样的技能：敏感注意、直觉性、观察力、沟通力、劳动力参与、创造力、服务心、发动能力……这些是开放和善于接纳的素质。”（勒萨热，1994年）

的不同所阻，并且和社会上或地域上往往分隔很远的其他行动者建立个人接触。

除了经理人(“项目带头人”、“团队协调人”,或者根据较旧的名称“利润中心”负责人),我们看到有些作者提出另一种人。这就是“教练”(当经理人不兼顾这个职责时),他的任务是开发一个组织内人们的技能与潜力。但是,我们在20世纪90年代的管理层中也碰到第三种惊人的人物:“专家”。专家是必要的,因为他们掌握革新的信息和进行技术竞争所必须熟谙的极专门知识。他们可以是公司内部的,例如一名全职研究者,或者电脑系统的专家,或者行政管理的专家。他们也可以是外部的,属于一个政府机构、一个独立研究中心或者一所大学,可能有选择地进行咨询。不要求他们管理团队,因为那是经理人的作用。为了使他们每个人以最富有成效地发挥他们的特定技能——经理人管人力发动，专家管技术状况——管理学作者们把这两种能力完全分开。相反,在20世纪60年代,还有希望依靠好的“管理制度”(良好的计划和确定目标的良好过程)来使得有能力的工程师可以成为经理人。[xxxvii]

在用于经营公司的各种形式的技术知识中，有关管控人力要素的管理,相当于工程师有关机器等方面的科学。但重要的是要强调:“新管理”肯定仍然是我们已界定的“管理”。换句话说,它仍然包含控制机制，即使它们不同于那些与第二种资本主义精神相关联的内容。

“管理”的历史,事实上可以设想为包括不断优化控制公司事务及其环境的方法。泰勒与法约尔被视为管理学科的奠基者,他们认为人是实施管控的主要集中点(泰勒的人机联结;法约尔的总体

---

xxxvii“从传统上说,青年工程师在他的事业过程中可以指望不断晋升——处长、部长,甚至主任……功绩得到承认,那是成功的标志。……一名好的专家不一定成为好的经理人。……一些非常成功的公司因此采取一种不同的观点，它明确区分了专家的晋升途径,以及专为负责人事管理的通才设计的晋升途径。”(朗迪埃,1991)

组织)。其后,有了某些管理的亚学科,管控的意思扩展到超越机器与人员以外。有了企业战略,控制市场和竞争随之发展起来了;有了市场营销,就有控制销售渠道、顾客及其购买习惯;有了采购管 79
理,就有控制供应商;有了公共关系,就有控制报刊和政治权势。同样地,在工作人员中,每个范畴都受制于特定的机制:泰勒制是发明出来控制工人的,目标管理是要监督干部的。在当代,"公司治理"机制旨在控制大公司更高级的经理。

在这部历史的续编中,我们必须要问,新管理中包含的控制模式是什么。这是个中心问题,因为在公司内,干部是对技术机制、销售及其他工薪收入者实施控制任务的主要代理人,这项功能对于创利是重要的。而且,管理实践史常常结合着由于新型活动者的出现而涌现新的控制问题,要他们开始工作,需要改变方法:控制干部与控制蓝领工人不一样;控制受过教育的蓝领工人与控制第一代移民工人或农村出身的工人不一样,等等。

如同他们的前辈,20 世纪 90 年代的作者们把控制问题列为他们关切的中心。他们的主要难题之一是控制一个"自由派公司"[以汤姆·彼得斯的用词(1993)],由自我组织的团队所组成,在时间与空间不统一的网络中工作。"控制不能控制者"并不是有无限量的解决办法:事实上,唯一的解决办法是让人们自我控制,这包括把约束从外部组织机制转移到人们的内部安排,并使他们行使的控制权与公司的总计划一致起来。[17] 这说明了诸如"员工参与"或"内在动员"等概念的重要性,那是结合工作愿望和工作乐趣的动员,而不是因某种外部添加的奖惩制度而只能产生"外在驱动"而已。[xxxviii] 而且,20 世纪 90 年代的作者们怀疑"驱动"一词,它包含一种他们努力反对的控制形式,

---

xxxviii"未来的经理并不'驱动'他的合作者。他以他的日常关切和注意来唤醒他们固有的动力——那是每个人内心深处都有的一种理解、进步,并使生活有意义的愿望。"(勒萨热,1994年)

而宁可用“动员”一词，它指据信不作任何操纵的发动。[xxxix]

公司的文化与价值观，它的计划，领导人的愿景，公司头头“分
80 担其梦想”的能力，这些都是可以鼓励个人自我控制形式集合起来的激励物，因为如果他们灵感的原始来源相同，每个人对自己自动行使的控制，就更可能相互保持一致。

而且，20世纪90年代的管理学作者们对顾客的强调，就是要使他们的读者同意把顾客的满意作为最高价值，对此必须赞同（“顾客就是国王”）。这个信条有双重优点：一方面，它反映在有关利润方面要自制，鉴于在一个竞争性经济中，公司满足其顾客的不同能力是它成功的重要因素；另一方面，它把60年代公司领导所行使的一些控制转移给了顾客。

过分简单地说，从控制过渡到自我控制，以及从前由组织承担的控制费用外化给工薪收入者和顾客，可以视为过去三十年间管理演变的最有意义的特点。如果可以诱使工薪收入者自行控制，那为什么要把控制交给等级制的干部呢？他们把自身支持稳定的事业放在从属地位，所以代价更高。从这种观点看，等级制的干部简直就是不创收的工作人员。因此，结合着减少等级制层次的新机制，旨在增加人们和团队的自主性，使他们负责起一度由上级或管理部门掌管的一些监督任务。这一事态的发展在工厂事例中尤为惊人，比任何其他企业场所都更加突出，因为工厂采取泰勒制的组织形式，把设计、控制和执行分开。这是丰田制破坏的最重要原则之一，那是20世纪80年代作为反对福特制并（以本杰明·科里亚特的用语）反思“自上而下”[18]生产方法的一个支承点。工人们及之后被称为操作者，逐渐发现自己负责质量控制及某些维修任务。

xxxix“领导者的作用不再是驱动，而是动员。奥马尔·阿克托夫认为，依靠驱动就是继续认为雇员和工人是可以任意塑造的‘物件’，无法发现他们内心的灵感。驱动是一个幼稚的概念，对教育水平高的人不再有任何吸引力。如果雇员们被动员，那是他们自行动员的。”（塞里埃，1994年）

此外，自动化与机器人的增加大大提高了因机器和工厂停工造成的收益损失，那往往比人工操作更为昂贵，而且它的费用不能是多样的。如同米歇尔·阿格里埃塔所说明的，已经取代了与第二种资本主义精神相关联的福特制规章的新规章模式，是以增加投资生产率为基础的：

> 福特制把资本主义压倒了……但是，劳动生产率的增长足够维持利润率。这项逻辑在20世纪60年代末碰到了极限，当时工资创造的收入增加超过了生产率，触发了通货膨胀过程。用以克服这些问题的技术进步旨在拯救固定（或不变）资本。这就有可能在总体上扭转资本生产率。[19] 81

特别就管理来说，这意思是一天二十四小时要寻求最大限度地使用技术资源，最小限度地发生停工与工作失误，后者意味着不但浪费材料与人力，而且浪费机器时间。所以，训练操作者进行紧急维修、预见并诊断故障，必要时迅速通知技师，就极为重要。因此，使得工人了解他们对机器“健全”的职责，在经济上十分重要。

同样地，下很大努力把他们组织成负责某些产出的总体质和量的“自主团队”。所以，新来者的必要技能水平就显著比较高，往往要求有专业文凭；对既有工人有进行提高的内部培训计划；对被认为无法赶上者（根据诸如写说能力差，或者主动和自主能力差等标准），最终可宣布为“无法适应”而作为裁员。蓝领工人从这些组织变化中会涌现为赢家，比以前较少“异化”，因为他们对某些产出要总体负责，他们的工作因之“丰富了”，他们摆脱了独裁小霸主，他们更容易获得调整，便于履行他们的任务。

至于管理，把大量活动外包，或者借助于转包合同，或者通过大公司部门的自主化，以此作为与外部竞争的自主利润中心，就有可能由市场型控制来取代等级制控制。这较少直接联结当代作者们所反对的统治—被统治的连环，因为它似乎指两个以前对等方之间没有契约性的关系。创造竞争已经取代了由这些单位头头们控制工作，他们转而可以靠顾客需求来行使控制，而这样的控制似乎不再由他们发出而是由市场发出了。在工厂方面，压缩库存——那是丰田制的关键机制——加上减少与库存有关的费用，首先有作用把需求压力直接转嫁到生产单位。当顾客一有需求，就得按他们指望的质和量去进行生产。掩盖错误、失误和停机是不可能的，因为再也没法靠备用库存来掩饰了。最小的失误会造成生产停工，因此显而易见，压缩库存会暴露问题并迫使解决问题，因为顾客在等着。然后，就通过传达顾客的需求来行使控制，这是每个人都必须面对的，干部和非干部都一样，像在逆境中抱团。计划属于 20 世纪 60 年代的控制机制，现在不像以前那样僵化或长期采用了。它
82 在短期或中期使用时，实质上可以使生产的质与量根据顾客的需求而改变。因为头等大事就是要回应订单，因此作者们坚持的不是计划，而是反应能力和组织灵活性，那是唯一能满足新规格的办法。

随着上级监督的减少，我们看到信任的主题在管理著述（如同在微观经济学）中迅速发展。信任能团结团队成员，团结公司和公司领导，团结教练和他支持的人，团结联盟中的合伙人。[xl] 信任是形式可以掌控的标志，因为人们只把它赋予他们知道不会滥用信任

---

xl“为了使得围绕一种愿景的动员有效，领导者必须还要唤起信任，要绝对唤起它。”（克洛泽与塞里埃，1994年）

“需要一种自主的能力，就像需要一种友谊的能力。要支持一个人，就要立即和他亲近，对他的事情感兴趣，留给他充分自由活动的余地：他是挑出来要帮助的人，这种帮助必须基于真正信任的氛围。”（奥布里，1990）

“以少干多战略比传统公司的对手防御商业措施对于信任寄以更大厚望。企业协作、合资经营、劳工管理合伙，以及其他利害相关者联盟都涉及信任的因素，承诺向合作者提供战略信息或关键资源。但合作者必须相互依靠，不能破坏或误用他们的信任。”（莫斯·坎特，1990）

的人，他是可以预测的，他说的就是他想的，他想的就是他说的。[xli]新管理着重强调发展这类关系的必要性，强调需要值得信任的人，强调需要排除背叛信任的人。事实上，信任是自我控制的另一个名称，因为它指出，值得信任的关系只是靠誓言和道德契约的机制。而且，它是道义性质的，而第三方控制则是统治关系的表现。[xlii]

最后，谈及信任就是要说明，组织的新模式并不仅仅是市场进入公司所发挥的作用。当然，合同越来越多地取代等级制，但这并不总是涉及传统的商业合同。而且，商品销售合同是律师们必须处理的最简单而标准化之一，他们一般都同意：契约主义，或者他们常称之为“契约社会”的发展，不能简化为市场社会的扩大。而纯粹的商业交易是准时的，不考虑持续，以网络形式组织协作和交换就产生了参与者之间的关系，他虽然没有用计划或规章来加以稳定化，然而却具有相对持续的性质。因为如果公司更加灵活和更有反应力，它们就不会停止壮大和有力量。今天，它们更加如此了。大公司并没有分解为在纯粹的、83
完全分散的、市场上竞争的小单位之间的一套商业合同（即使总是可能把任何组织安排塑造为一个合同网络）。大公司要保留一个可辨认的形态，以及与它们的名号有关联的力量，有些联系必须比其他更为持久，但不一定是保持既有等级制关系的不灵活性。所以，管理学作者们设想的解决办法，一方面包括放松和理顺体制机制（那里总怀疑藏有僵化再起的危险）；另一方面重视人际关系及人们相互之间信任的经济机制。这些将有助于协调各种资源以产生增加值。由于相当多的著述受交易成本理论的启发并谈到威廉姆森，在过去十年中不断重复，网络上构建起介乎等级制与市场之间的一种特殊形式。[20]

---

xli“事实上，个人在日益疑虑。他们看到谈论他们的情况，意图……折中增长的不信任迫使雇主作出表率，而且即使在日常行为的最小细节上也要持续一贯。唯有用这样的代价，才能赢得信任。”（克洛泽与塞里埃，1994年）

xlii“当赢得了支持、在他人心中产生满意和信任感时，力量对比就不存在了。”（阿克托夫，1989）

20世纪90年代的管理著述对于最关注的两大问题——反威权主义及迷信灵活性与反应能力——所作的回答，被作者们方便地汇集在各种材料都涉及的网络隐喻的题目之中。这里包括自主团队工作的普遍化，在空间或时间上不统一，“像网络般地”操作(即:部分是远距离的,合作者既有公司内也有公司外的,有的成员是稳定的全职,有的是兼职或临时工);在信任起重要作用的地方就发展起合伙制(战略联盟);分析“电脑网络”提供的远距离工作的可能性;或者建立如同“工业园区”那样的“公司网络”。后者,特别是工作社会经济学和A.巴格纳斯科所研究的“第三意大利”的新管理中一再出现的例子，已用作推广以局部地域—行政—政治的和局部个人的关系类型为基础的经济发展的可能性模式。[21/xliii]

要推进这些新组织形式，作者们必须像20世纪60年代那样，也要对它们同期组织的某些方面加以批评并说明其不合理性,因为从效率观点来看它们是陈旧的,就人际关系来看它们是过时的。但
84 此时的批判不再指向谴责把家庭世界搬进公司的安排。它集中于早先时期主张的组织类型，目的在于保证家庭私人世界和个人关系同工作和专业关系截然分开。20世纪60年代,这种分割意图在于使能力成为专业成功的唯一标准——的确,有些作者甚至关注顾家时间和工作时间之间的比重问题。在20世纪90年代,管理学作者们反对这种分割，认为它是有害的：它分割不可分解的生活层面,它不留感情余地是不人道的,与此同时,它是效率不高的,因为它违反灵活性,阻碍必须在“网络生活”中学到的多种技能。[xliv]

xliii“普拉托这个小镇,离佛罗伦萨几公里远,今天因为它生产精梳毛料而仍然是世界之都……这个系统在竞争力与适应力方面的效能，是以许许多多手工业作坊之间存在的相互配合为基础的。这种相互配合由普拉托的产业联盟作保证。产业联盟特别以电脑系统来获悉任何时间现有生产能力的情况,主要是通过保证金融资源再分配的当地银行,以及通过监控梳毛机的生产商。”(朗迪埃,1991年)。

xliv“专业生活代表典型的理性领域,因此有别于代表感情领域的私人生活、寻求意义、表达个人价值观。这两种存在面之间有着水泼不进的分隔……在公司对某人的判断

为了刻画前个时期承继下来的非人格化的巨大组织,20世纪90年代的管理著述采用了来自韦伯社会学、并在20世纪40至60年代因托洛茨基派批判独裁政权国家机器而普及的名称：官僚主义。这一名称意味着专制与专权及冷酷恶魔非人性的盲目暴力,还意味着无效率和滥用资源。官僚主义不但非人性,而且不可行。因此,20世纪90年代进行斗争的目的，主要是消灭前个时期构建起来的公司模式。一方面通过把等级制、计划、正式权威、泰勒制、干部等级,以及同一公司终身制视为不合理合法;[xlv]另一方面通过重新使用已在公司里消灭的人品标准和人际关系。即便如此,我们并不是试图返回到第一种资本主义精神,因为公司比以前更大了,经理是专业人员而不是小规模业主,工作生活已结合在网络之中,而不是在家庭框架之中了。 85

正如我们在本章开始时所说的，我们使用了一项文本分析软件来系统地比较这两大部分材料。在附录三中,读者们将看到这项工作的表述,以统计数字来肯定我们刚提出的这些内容的说明。

对20世纪60年代与90年代管理著述所集中的关注、项目、希望和敌人进行识别以后，我们仍然要核实这些意识形态内容究竟包含何种程度的资本主义精神的两大不同表述。要做到这一点,我

中,任何有关个人因素的考虑都会被视为对他私人生活的干预。很清楚,这种图解……今天已完全过时。开发公司未来的视野,设想一项战略,领导工作团队,创造关系网络,这些品质远远超过仅仅技术的称职和动员整个品格。”(朗迪埃,1991年)

“它要求我们放弃专业人和私人之间的分野,理性与直觉之间的分野,自然与人为之间的分野,头与心之间的分野。”(塞里埃,1993年)

xlv“如果未来的组织只包含几个等级制级别,例如三、四级而不是十几级,那就给光荣候选人向上爬留下很少的级别了。事业晋升就不得不横向而不是纵向去追求了:通过接受新领域的活动或者不同类型的职责；以及通过培训及扩大经验，而不是取得更高的级别。而且,这类进展并不系统地转为更高的薪资。不同的时间,不同的规则,鉴于途径尚未完全刻画出,要在这个新世界中成功地规划自己的事业,就要掌握自己的演进,掌控自己的未来,因为谁也不能为你做这些。”(勒萨热,1994年)

们必须研讨他们的建议的确在事实上提供了资本主义所需要的人才。他们必须被这些材料所说服，不仅是一批为公司创利的“好措施”，而且是一系列能动员他们的论点。让我们重申，为了达到我们要他们服从的考验约束，这些材料必须把参与改革作为对个人大有鼓舞的探险，表明提出的措施对共同福祉是正当的，而且说明它们将使决心投入的人们得到自身和子女某种形式的保障。

动员形式的改变

20世纪60年代：对进步与职业保障欢欣鼓舞

20世纪60年代管理的动人方面来自权力下放计划，以及向干部提供自主权。他们最终可以根据自己的意愿使用由他们支配的手段，而且完全根据工作成果来加以管理。通过这些机制被识别为有效经理人者将得到事业机遇，在等级上获得提升。

新的制度将更加公正，因此更加符合个人的利益，因为公司里的人将根据客观标准来被评估，没有裙带关系、任人唯亲、“幕后操纵”、“小道消息”。就整个社会来说，通过使得公司更加有效能，这里提出的“理性管理”可以服务于经济和社会进步，现在这两方面并非互不关联了。[xlvi] 这是20世纪60年代资本主义精神的重要特征之一。公司是社会工程的中心，人人都同意赋予它们有关总体福利方面的重要作用，这不但考虑到它们所产生的经济财富，而且因
86 为它们组织工作的方式及其提供的机会。[xlvii] 60年代的某些材料非

xlvi“人不但是生产性动物。随着统治自然产生了许多新的需求，工作必定使他取得越来越充实的存在：生活水准的不断上升，必定使这些增加的财富为更多的人民群众所得到……人们在工作以外的存在，需要改善他们的物质的、道义的、社会的条件，现在已经在所有方面都感觉到了。”（博恩，1966年）

xlvii“在工业化现象中起一个关键作用，对那些参与的人们来说，我们的公司越来越代表着他们的自我实现所依靠的人文环境。不必牺牲任何的经济与社会目的，它们必须帮助今天世界上它们的成员发挥落到头上的自由选择的个人作用。”（克莱勃—科隆贝公司

常清楚地表明,分配给公司的社会进步方面的作用,直接与马克思主义批判有联系,当时在共产党国家的阴影笼罩“自由世界”的情况下,那是很普遍的。对资本主义批判的影响,以及把它的要求部分结合进特定时期的精神之中,是最好的说明了。[xlviii] 对法西斯政权仍然记忆犹新,以及欧洲独裁制的存在,是敦促公司呼应人民愿望,把它们从极权主义诱惑下扭转过来的进一步理由。[xlix] 所以,管理服务于民主事业就特别合理合法了。在公司营运方面推广使用理性标准,标志着20世纪60年代的计划,是作为反对威胁自由的非理性攻击的最佳捍卫手段。[xl] 对60年代的管理来说,理性与自由联合起来反对感情与野蛮是理所当然的。

20世纪90年代回到这个思想,是为了反击把公司经营方式合理化的不懈努力产生了非人性的机器。“人的独特性”已经改变:60年代的理性对90年代的感性、情感和创造性。不管这一切,人们所要根除的非理性现象却成功地接管了机器,再加上被证明为最坏制度的官僚主义。

至于对保障的要求,20世纪60年代的管理指望大组织所享有的优势可以为干部提供保险。这个机制完全适合于当时管理顾问们提出的各种问题。它从公正观点(事业就是任人唯才,对每个人

董事长兼执行主任保罗·于韦兰,摘引自德朗古的著作,1964年)。

xlviii“这些事实使得我们去想……为了生存(毕竟自由的奖赏是值得的),私人公司必须在扩散资本方面越来越民主,并且越来越关心促进它们雇用的人们获得更多的公正和真正的自由。”(德沃,1959年)

xlix“如果我们要社会进步与物质进步同步,就必须同时增加关心生活境况。人们必须生活。关心组织休闲的最开始是一些极权主义国家。‘欢乐产生力量’运动首先出现在意大利,之后在俄国,然后在第三帝国。”(博恩,1966年)

xl“今天,有些批评家仍在担心我们的民主自由社会正在变得过度管理。真正的实情正相反……对民主的真正威胁来自管理不足……一个社会的组织不足和管理不足无关乎自由方面。完全是让理性以外的某个力量去左右现实。”(罗伯特·麦克纳马拉,引自塞尔旺—施赖贝尔,1967年)。

都提供发展机会)和未来掌控(它使公司能保住它们需要的有价值
87 人才)来看,都是说得通的。当时的管理著作都充满着如何谨防缺乏干部的风险的建议:计划要求,谨慎录用,以及确立事业状况介绍,使新手有可能逐渐提升到适合于担负更重要职责的称职水平。[li]事业发动干部,他们会感到自己的能力得到赞赏。谈论了不能达到要求水平的人改变岗位的可能性,但绝不提多余的裁员(除了犯有贪污的人)。

事业保证薪水定期增加,还包括各代人之间再分配的方式:年轻干部在干活最有效的年龄段工资不足,但在他们事业的末尾回收了对公司作出的预付,那时他们即使技能趋于陈旧但薪水较高。组织生命周期的这种方式具有发展信贷的作用——抵押信贷与消费信贷——要求在家庭生活开始时就要理财投资,人们由于工资增加而保证可以得到回报。可是,总是保持着任人唯才的一面,也就是说,效率最高的人将得到高于平均水平的收入增长。这样,保障与竞争是调和一致的,[lii]未来是光明的。

亚伯拉罕·马斯洛的需求理论假设了一个人类需求的层级,它指出:除非其他更低的需求已经得到满足,否则其中某些需求是不能满足的。这一理论的扩散不言而喻地说明:安全保障的需求是重要的,因为它处在金字塔的基层,仅次于食物或睡眠等生理需求。只要有人通过目标管理来设法操纵干部对自我实现的需求,就可以清楚地看到:除非安全保障得到保证,否则这是不能达成。[liii]

li“工作轮换……可以提供一系列计划好的经历,有助于一名经理扩大知识和技能。”(亨布尔,1968年)

“工作晋升使工薪收入者担当更精细、收入更好的任务:这必须使每个人都有机会,取决于他们的能力,去试试他们的人生运气。因此,对公司来说,内部晋升既是经济的又是社会的必需。”(博恩,1966年)

lii“在一家公司里,事业发展是重要的,因为如果工资必须回应公正,那么事业发展要回应希望,而没有希望就没有均衡的人类社会。”(德沃,1959年)

liii“对于实现自我并使自己的生活成功,首要要求就是最低限度的保障,这样,他的保障形成了含蓄而普遍接受的工作合同定义的一部分。它是捍卫资本主义的中心论点之一，甚至有些作者反对把公司管理委托给工人的反资本主义要求，理由是他们由此会失去以从属地位换来的安全保障。[liv] 管理学作者们指望的最终保障机制就是福利国家，被视为对经济存在的必要补充。[lv] 因此，20 世纪 60 年代的材料包含对公共政策有效性和国家中心重要性的若干辩护。[lvi] 塞尔旺—施赖贝尔（1967）将设法推进一种现代经济的原则，它建基于一方面使用（美国的）最新管理技术，另一方面依靠实行灵活计划的国家。[lvii] 公司生产财富并锻造技术进步，而国家则保证人人享有这些好处。作用的分配是清楚的，国家不成问题。在我们的作者中，只有奥克塔夫·热利尼埃略带批判性，他对国家给予公司的自由有担心。但是他提议：国家应促进公司间的竞争，制止垄断和各种形式的保护，同时负责提供工人所需要的、公司不能充分满足的、必不可少的保障补充。 88

心思就不用完全被担心明天所消耗，就能完全专心于他的工作。可以说，大多数法国公司对它们的干部提供很大的保障，被除名和没有工作的几率极小；开除干部不是传统的一部分——除了非常例外的严重贪污的例子。"（弗鲁瓦萨尔，1969年）

liv"最后，反对任何整体或局部把公司权力转移给工会的决定性论点是：这种活动包含把雇佣服务的合同转变成合伙制合同。这种情况有很大弱点。它要承受严重风险：发生问题时遭受资本与职业损失而没有任何补偿。显然，工薪收入者在公司倒闭时会失去工作。但是，不同于合伙人，他享有合法的或者常规的保证，诸如公示补偿，大多数情况是下岗补偿及失业保险。"（马尔泰，1969年）

lv"在大部分发达国家中，通过一种多少复杂的社会保险制度，保障[的需要]……已经至少部分地解决。……它通过消除工作者命运打击所造成的痛苦与焦虑而大大改变了——有人会说革命化了——日常生活。"（博恩，1966年）

lvi "在某一水平的技术发展以后，意见似乎是保证工作权和一定数量收入的方法……越来越不可接受只有迅速扩张部门的雇员才能从进步中受惠，不论有关工资或其他种类的保证（疾病、退休等等）。工作权利的情况也是一样。"（阿尔芒与德朗古，1961年）

lvii"不言而喻，个人自由与政府战略之间要作出困难的协调，是没完没了的。但是，经验否认两者之间有根本的对立。"（塞尔旺—施赖贝尔，1967年）

因此,20世纪60年代的材料非常强烈地呼应对保障的关注,关注公司提供终生制职业,而只在例外情况下才会产生下岗,关注国家提供其他类型的风险保险和公司倒闭时的失业保险。相反,在20世纪90年代,我们看到对于这两种保护形式的同时挑战,两者是相互矛盾的,因为人们会想到,这两种机制中有一个减少了,就引起另一个更大的干扰。我们可以提出这个设想:作者们想的是,福利国家的财政困难阻碍它们转向现存的解决办法。对变化、风险和流动的辩解,取代了对保障思想的高度重视。

我们现在将看到,目前无疑是资本主义新精神最薄弱的时刻,即使管理学作者们并不缺乏想象力来接触符合当前灵活性要求的
89 各种形式的保障。

20世纪90年代:通过多种项目的个人自我实现

在提出20世纪90年代材料中对待保障问题的方法以前,让我们观察一下新管理意图激励参与者的建议,以及对它们在共同福祉上的正当性。

正如20世纪60年代已有的情况,20世纪90年代提出建议的主要吸引力之一是,它们勾画出某种解放。但它不再仅仅是通过目标取得有监督的管理自由,这无论如何只是向干部开放的。在新世界中,任何事情都是可能的,因为创造性、反应性和灵活性都是新的口号。[lviii] 现在,谁也不会被限制隶属于一个部门,或者完全从属于老板的权威,因为一切界线都可以被项目权力所超越。勒梅尔(1994)梦想完全废除老板,特别是通过提出一种对称原则,使项目负责人能把只是参与者的另一项目的头头作为其基本协作者。[lix] 有了新的组织,科层制禁锢被打破了;人们与世界另一端、不同公

[lviii]"公司要有效率,就必须在事实上指望它所雇用的每个工薪收入者的首创能力。呼吁他们的首创,就是呼吁他们的自立与自由。"(朗迪埃,1991年)

[lix]"避免这种冲突的唯一办法,就是不要有等级制上司!"(勒梅尔,1994年)

司、其他文化的人们共事。发现与丰富可以是常事。新的远程“电子关系”被证明比面对面关系更加真诚和自由。[lx]

新管理的另一个诱人方面是建议个人应各自发展。新的组织呼吁人类的一切能力，所以他们能够充分发挥。[lxi]“教练们”将支持人们这方面的努力，尽力保证他们对自己了解更多，知道自己能干什么。[lxii] 我们听说，新的模式提出基于自知和自我实现的“真正自主”，而不是 60 年代所提出的受制于事业途径、职业状况及奖惩制度的虚假自主。[lxiii] 90

总结起来，我们看到，20 世纪 90 年代的作者们也信任领导人及其愿景的力量能负起责任来帮助人们获得进展。新管理中在理论上同样具有吸引力的是在有意思的项目中工作，那种项目“值得花力气”，它由“卓越的”人领导，人们愿意“分享”他的“梦想”。因为管理著述敦促人人，特别是干部，成为“具有超凡魅力的领导者”和“有愿景者”，他们能使人们的生活有意义。其含蓄的意思是：这些建议的对象即读者们自己，在公司的帮助下，可以实现他们的梦想并与他人共享。

如我们所见，为了面对指向资本主义不公正性质的批判，20 世

lx“解脱了权力象征与‘顺应社会’，电子漫游者可以通过网络比面对面更加自由地表达自己。”（埃迪戈弗，1992年）

lxi“不管多么重要，行政机构是一个专注理性的粗糙领域，所以它靠培训者来沟通。但是，对一个组织注入了力量与生命，就发动了眼睛和听力，扩大自身感受领域的愿望、移情和想象的能力、变换逻辑的能力、选择与行动的能力……行政机构处理确定的事，领导面对的是易变的事。”（塞里埃，1993年）

lxii“通过提问，人们能够（苏格拉底认为人们应当）帮助别人发现他们拥有的价值和真理。”（奥布里，1990年）

lxiii“竞争晋升，产生了它似乎允诺的自主幻想。发现幻想，加强了以补偿进行统治的需要，这又进一步加剧了竞争晋升。正如西蒙娜·韦尔描述的，这是一个权力的恶性循环或没完没了的比赛。总是底层的人们相信，组织高层有令人羡慕的自由，而越往上升，这种期望的目标就越减退。”（奥戈戈佐与塞里埃，1989年）

纪 60 年代的管理在企业层面上坚持提出机制中能人统治的方面，而在更一般的层面上则强调健全经济管理的必要性，以捍卫民主与“自由世界”，并促进社会进步。通过经济增长来证明正当性，并结合社会进步及资本主义与民主的联盟，是对资本主义正当性的最为稳固可靠的证明，这是我们在总论中就说到的。但是我们也看到，普遍证明正当性本身，如果没有说明局部公正（乔恩·埃尔斯特用语[22]）的证据，不足以使局部行动合理合法。而且，把主要原则植根于它们所结合的符合公司特点的机制之内，正是以绩效评估作为基础的能人统治在第二种资本主义精神架构内所提出的。

在 20 世纪 90 年代，提出来捍卫资本主义的经典论点仍然表述为：自由的主题显然是它们之中最为普遍的。现在，与它结合的还有另一个同样传统的论点，认为公司为顾客服务（更为合理合法的说法始终是：公司为顾客服务，而不是公司使业主致富）。鉴于新机制提出以顾客为中心，在 20 世纪 90 年代，这种看法得以确保普遍发展起来。相反，经济进展的主题——那是证明正当性的第三种经典论点——则不太显著，这无疑是因为，鉴于失业的上升，目前的大部分管理学作者不好理直气壮地把它提出来。所以，他们转而退到在竞争加剧的情况下生存的主题上去（提出的改变是因必要性而证明为正当）。这的确是正当性的证明，但是要吸引人们并激
91 发他们的热情，则尚嫌微弱。

我们仍然需要说明当代作者们所提出的局部公正的形式，没有它，对资本主义目前变化的支持就有不足的风险。20 世纪 60 年代是根据人们的业绩或效能来给以报酬；相反，20 世纪 90 年代则加强了懂得办项目的人们的地位，作为领头人或者只作为贡献者。从这个观点来看，有价值的员工是那些能与不同人们共事、在变换项目时证明自己开放和灵活，并始终设法适应新环境的人。[lxiv]

lxiv“在将来，能掌握最多种类职业环境的、能结合进不同结构的团队而不提要求的人，在职业提升方面将具有无可比拟的优势。”（勒萨热，1994年）

这种评价人的方法，在20世纪90年代的大部分材料中都谈到了，同早些时期阐述的公正的规则形成鲜明对比。但是，由于它仍然不精确的性质，及其在如何促进有说服力检验方面的含糊性，它仍然没有说服力。我们的假设是：我们正在观察到一种新的普通公正感的出现，它最终应能编纂成符合于《论正当性》一书中所描述的政治城市的结构，我们在导论中提到过它的主要思路。[23]要明确说清适应于这种公正感新表述的判断明确说清，并使之体现在具有普遍适用性的检验中，我们还缺少一项以明晰叙述的人类学和政治哲学为基础的、详细阐述的基本原理。（这种情况，例如商业秩序的协调排列可以从阅读亚当·斯密来取得；或者立足于效率原理的工业秩序——那是20世纪60年代正当性的中心——则显然是圣西蒙所制定的。）下一章专注于这种努力澄清和叙明适合于新管理所包含的公正感的判断形式，通过比较我们材料中的文本来得出这种新形式。我们把这个新“城市”称之为项目型城市，指的是灵活变动的世界，由自主人士进行的多种项目所组成，管理学作者们描绘了它的图景。

关于当代管理材料中包含安全保障的保险问题，则使我们又要面对其他一些问题，首先因为保障并不是20世纪90年代的一个主导性价值观，当时它联结的是地位、等级制、科层制。所有这一切，与我们在前一时期所信奉的内容相比，都是要坚持谴责的东西。

这方面最好斗的作者是鲍勃·奥布里，他认为马斯洛的金字塔是一个虚假的科学法则。[lxv]由于对保障问题缺乏兴趣而更感困扰， 92

lxv“今天的组织必须吸收新现实，把每个工薪收入者作为一个企业。这一改变指明，要放弃统治过工业社会的若干设想，其中头一点就是个人寻求职业保障，那是因亚伯拉罕·马斯洛著名的‘需求金字塔’而在20世纪50年代产生的一种观念，它断定基本需求必须首先满足，然后再考虑人生的实现，这是一种规则。这种论点不但在理论上是有争议的（我们如何来说明有人冒自身保障的风险而成为艺术家或者从事一项新事业？），而且在管理领域对此的解释——公司必须首先保证安全保障，然后才是人生的实现——是很难有正当性的。”（奥布里，1994年）

罗萨贝思·莫斯·坎特关切未来保障的减少重于已经取得的自由，她希望更多自主带来的兴奋将被证明强于对未来的担忧。[lxvi]

即便如此，管理学作者们也知道：没有新形式的保障，他们的建议不会吸引许多人。[lxvii] 他们必须解决的第一个问题是，要提出针对等级制事业的某些替代性办法，我们已经看到那些事业在第二种资本主义精神中的重要性。所提出的办法就是，以一系列项目来取代它们。此后，人们就不会去搞事业，而是从一个项目转到另一个项目，他们在一个特定项目上的成功，使他们能够进入不同的、更有意思的项目。因为每个项目有许多交往接触的场合，它提供机会使自己得到他人赞赏，从而有机会得到其他一些项目的邀请。每个项目在定义上是不同的、新颖的、革新的，所以它是人们学习和发展技能的机会，那是找到其他参与的丰富资产。[lxviii]

---

lxvi“新的商业形式产生更多令人兴奋的、令人参与的工作场所，并使更多人有更多机会像企业家一样活动（即使只在公司文件夹内），与此同时却伴随着无保障和负担过重。”（莫斯·坎特，1990年）

lxvii“我清楚指明的后企业家原理既有好的一面，又有坏的一面。它们最好的方面是：它们产生机遇，使人们有机会发展他们的想法，追求令人兴奋的项目，并由于他们的贡献而直接得到报偿。它们最好的方面是：它们鼓励跨职能、跨企业单位直至跨公司合作。企业从使用这些原理的受惠是：降低固定开支和增加企业家联系。但是，它们最坏的方面是：同样的战略可以导致转移而不是加强，敌对而不是团队工作，以及短期资产改组和只一晚上支持最新的好交易而不是长期承诺充实能力。同样的战略，如果不明智地执行和不关心组织与人事后果，就不会产生持续不断的企业受惠，特别是，如果人们因害怕被移置而不出力和保留承诺，或者为应付变化而采取防卫措施。”（莫斯·坎特，1990年）

lxviii“后企业家事业是从一个项目到下一个项目的不断竞赛。每一个项目中的增加值标志着许许多多成功。……人们的事业更多依赖于他们自己的资源，而更少依赖于一个特定公司的命运。这意味着有些只知道官僚主义联系的人就此脱节。这意味着每年的收入可能波动而不是有规律地增加，这意味着更多风险和不确定性。这不一定意味着生产率降低，因为专业标准和关注声誉可以是足够的激励，而且甚至也是同一公司继续雇用的最佳保证。不再指望公司来提供保障和发展成长，会要求人们自行建起这些资源，最终能导致更多的足智多谋的人才。”（莫斯·坎特，1990年）

这种关于工作生涯概念的关键思想是受雇能力，这指的是当人们受邀参与项目时必须具备的能力。从一个项目转到另一个项目，就是增加自己受雇能力的机会。这是每个人必须筹划的个人资本，包含人们可以动员的全套技能。一家公司虽然不能避免下岗或 93
允诺事业，但如果它不是破坏而是加强其工薪收入者的受雇能力，那么这家公司将被视为提供某种形式的保障。[lxix] 因此，20 世纪 90 年代的作者们确实对保障问题提出解决办法。但是，与 20 世纪 60 年代的材料对于管理干部问题所提出的办法相比，90 年代作者们的建议仍然缺乏相应的总体协调。60 年代的材料详细说明如何录用、评估和提升人才。在我们读过的材料中，几乎没有任何机制涉及对受雇能力的评估，或者确定受雇能力是在增加而不是减少。一种对此乐观的说明是：20 世纪 60 年代的材料是正当第二种资本主义精神广泛坚固的时候对它提出的比较滞后的阐述，而 20 世纪 90 年代的材料则与一种新生的资本主义精神相联系，它尚未得到最稳固的阐述。

灵活性组织产生的另一个非常新型的风险是，公司中的行动者可以更容易地（如俗话所谓）“自行出去”追求自己的利益，而不去考虑没有他们就无法使自己行动取得成功的那些人。拒绝工具化、规章与程序，恢复被 60 年代的顾问们反对的情感和关系的层面，这就为这类行为打开了比过去更多的空间。这种可受责备的行为形式包含关系方面的机会主义，它抓住所有真正的或潜在的有用联系，可以参与围绕日常生活的各种机制（一家公司的、培训班的、学术的、友情的、家庭的、浪漫的联系机制），以便把它们转为个人获利。在一个“没有边界的”世界里，那里的公司是“零散的”、“虚拟的”、“后现代的”，等级制约束是很弱小的，体制不再通过有形标志，特别是象征性权力体系来显示其存在，人们如何能保证经理人

lxix“职业保障是无法保证的。另一方面，公司可以保证‘受雇能力’，也就是说，一定水平的技能与灵活性使得每个人在公司内部或外部找到新工作。”（奥布里，1993年）

既对团队又对他所依靠的(往往很遥远的)利润中心保持忠诚呢?

同样地，当人们被邀把他们的所有技能，包括最个人的能力——不但是他们的技术才能，而且他们的创造性、他们的友谊感、他们的感情表露，等等——都带进公司来，那么如何能保证个人品德将得到尊重呢?引进在公司内充当心理学家的“教练员”，他们的职责虽然在于帮助人们兴旺发展，有人却感受到他们成为干扰私人生活的公司内危险人物。因此，很清楚，为了在相关人们的眼中真正令人信服，新管理必须包括旨在控制那些对个人保障形
94 成其他攻击风险最低数量的机制。管理学作者们表明，他们意识到这些风险，所以，特别当他们处理“教练”问题的时候会提到它们。可是，他们很快把它们推到一边，强调说并不是任何人都能成为“教练”，起这种作用的人必须具有个人品德，以符合接近于心理分析的道义论态度，不会去干扰或者压迫他们的工作对象。[lxx]

一般说来，新管理机制必须由具有高度道德关怀行为的人使用。“商业道德”作为一项特定管理学科的新近发展，无疑关系到这些担忧。受到为获得采购合同(特别是国外的)而发生的贪污事件的影响，这股思潮证明了监督人们远距离阴谋的困难。而且，问题更为复杂的是新的灵活机制的普遍化，因为现在有非常大量的工薪收入者被吸引来围绕并追求较少受到管控的“网络”活动。在这里，工人的保障就像公司的保障一样，再次只能由一种自我控制的形式来保证，它采取国际化的行为规章来捍卫人们的品德，并避免他们的贡献不受承认。这里，我们再次发现信任的主题联系新的控制形式而出现。[lxxi]

---

lxx“他的态度基本上是多情的、奉献的;他建立长久的联系;他的协作者是发展中的人士。”(克吕埃拉，1993年)

“一个过程的行政管理者说到底是个教育者，所以，教练会非常仔细地观察他的支持所导向的不同阶段自主。”(伦哈德，1992年)

lxxi“商业运动员必须以最高的道德标准活动。商业道德从社会和道德观点看都是重要的，它们也成为公司奥林匹克的一项实际要求。……所有这些新商业战略所要求的信

为了应对这些担忧，管理学作者们突出了声誉机制的调节效能（我们在微观经济学模式中也找到这个）：商业世界中的行动者将自行监督，而且将不和不遵守基本道德规则的人合作。在这里，声誉效能起了中心作用。一方面，它们处在受雇能力的中心——良好的声誉是继续受雇用的最确实方法；另一方面，它们可以发挥特别有效的正规化压力，因为人们的共事者可以用其认为有害的行为来设法毁坏他们的声誉。这些建议中仍然成问题之处在于，声誉也可以因较不高尚的原因而作为担保，被滥用而有利于最强势者。 95
但是，这种情况无疑要认真对付一种反常心理，那不是管理学作者们所设想的，他们还是比较倾向于乐观的。

说到底，在我们看来，20 世纪 90 年代管理著述中展示的新资本主义精神所包含的动员能力是薄弱的。它们提出的建议肯定旨在描述一个生活真的很激动人心的世界。但是，它们展现的是公正的欠缺，他们预想一种只有轮廓的新价值体系。至于提出的保障，虽然不乏一些想法，但是整体协调是薄弱的。“受雇能力”、“个人道德”和“以声誉作担保”，至少在管理著述中，这些尚待具体地转化为机制。然而，很好地调整到新世界的人们，以及很好地处于充分利用新世界的人们，不应苦于没有这些因素，而最终应热情地参与改革。问题是，要说服更大范围的人们，特别是所有那些没有很高声誉或多种资源的人，或者是流动的可能性由于各种原因而受限制的人，以及盼望其存在得到更多保护的人，即使可能认为不如新标准那么令人兴奋。

结论：新管理，作为对批判的回应

20 世纪 90 年代的管理著述包括了相当不同于 20 世纪 60 年

任，都是由一个相互了解所建立和加强的，即：这种关系的每一方的行为举止将秉承道德，考虑一切他人的需要、利益和关切。”（莫斯·坎特，1990年）

代的组织人才的理想和建议、安排事物的方法及保障形式，所以，资本主义精神在过去三十年中确实已经发生了显著的改变；即使这种新结构由于公正与保障水平尚不完全而不具备其前任的动员力。

我们确定，资本主义易受责难的批判，是形成一个时期所特有的资本主义精神的决定因素之一。这一领域中的变化总是基于满足某些批判，不论是寻求改善现有机制的改良主义型批判，或是要求变革检验的激进型批判。我们现在要设法指明，新精神能够满足那些要求。在任何情况下，为了扎下根子，就必须找到足够广泛的支持，为此目的，就要提供以前的精神所提出的不同种类的满足；否则，变革将受到完全消极的对待。所以，它必须能满足在早先时期未能满足的要求，其持续时间可能在批判的言辞中已有显著的
96 表达。在本书总论中确切指明，资本主义批判所吸取的四大义愤来源，将帮助我们识别新精神所满足的要求。因此，在我们看来似乎相当明显，新管理旨在呼应对真实性和自由的要求，这在历史上由我们所谓的"艺术批判"以相互关联的方式连结起来；它把传统上结合在"社会批判"中的自我主义和不平等问题放在一边。

因此，对至今占统治形式的等级制控制发出挑战并提供更大的自由，就在管理著述中被提出来了，而且也由研究工作的社会学家提出来了，以回应更加高度合格的工薪收入者的自主要求，他们平均受教育时间更长（例如在20世纪80年代，干部中的自修者百分比下降了），特别是年轻干部、工程师和技术员。这种人在比较随意的家庭和教育环境中培养出来，他们发现难以忍受公司的纪律和老板的严格监督，当他们受制于独裁主义时就起来反抗，但也不喜欢对他们的下属行使独裁主义。

在这里，不难找到对于20世纪60年代末和70年代坚持提出谴责等级制和向往自主的赞同呼声。而且，这种联系是有些顾问们所声称的，他们在20世纪80年代帮助建立了新管理机制。他们得

到左翼主义，特别是自我管理运动的欢呼，在1983年的政治转机之后，他们强调他们年轻时的承诺，以及他们在公司里所进行的活动之间的连续性，以促使工作情况有吸引力，改善生产率，提高质量并增加利润。因此，在这一新精神中保证成功的品质——如自主性、自发性、根状能力、多任务（相对于旧分工的狭隘专门化）、欢欣乐天、对他人和创新开放、有效性、创造性、想象性直觉、对差异的敏感、倾听生活经验和接受各种经验、喜爱非正规，以及寻求人际接触——都是直接来自1968年5月的内容。[24]这些主题在1968年5月运动的材料中结合了对资本主义的激进批判（特别是对剥削的批判）并宣告其紧迫的末日，在新管理著述中则往往成为自主化的主题，作为自身有效的目的，并用以服务于要加速消亡的力量。对分工、等级制和监督的批判，即对工业资本主义异化自由的方式的批判，因此也就脱离了对市场异化的批判，对非人格化市场力量压迫的批判，这在20世纪70年代的反对派著作中一直是有的。 97

关于对失却幻想的批判，对资本主义世界中日常生活不真实性的批判，也可以说同样的话。在组织生产这一层面，新管理强调互动和真实的人际关系（不同于官僚科层的形式主义），代表着对批判的一种回应：谴责工作中的异化和人际关系的机械化。我们听说，贬低科层主义及其消灭一切不“合理”（即可以正式化和可以计算的）事物的行动，会推动回归到“较有人性的”做法，从而使人们能充分发泄他们的情感、直觉和创造性。新管理岂不是提议人人不应当工具，而是“实现他们的深切愿望并兴旺发展”（勒萨热，1994年）？

更一般地，在强调多面手、工作灵活性及学习和适应新任务的能力方面，新管理不主张保有职业和确立资格，而且要有参与、沟通及相关的能力，它着眼于所谓的“生活技能”，以有别于知识和世故。现在，录用的根据是评估一个人的一般品格，就像私人生活中认可配合的条件，如是否友好或有感情等等，而不是根据客观合格性。因此，就难以分清到底是要合作者参与完成一项特定任务呢，还是因为某些人和你个人很投合而要他们和你在一起。我们看到，新管理中的这些趋向是常见的，是作为试图把工作世界扭向“更为人性化的”方向。但是，通过一种后冲反应，它们可以产生新的剥削风险，我们将在稍后再加阐述。现在，让我们简要观察新机制中不但被它们带来的降低工资成本和增加生产率所认可，而且因冲破合法地视为不人道的泰勒制工作方法的意图（丰富职业内容，改善工作条件）而得到认可的那些内容，在这方面特别含糊。工作泰勒化的确包含着把人当作机器。但是，正因为它们有关人类的一种自动化，所使用方法的基本性质不容许人类的更多人性特质——他们的感情、他们的道德感、他们的幽默、他们的发明能力——直接服务于追求利润。相反地，要求更大承诺和依靠更复杂人类工程学的新机制，结合了后行为主义心理学及认识学的贡献，而且正因为它们在某种程度上更为人性，所以也更深入地渗透进人的内心自我——人们期望自己“投入”工作——就在他们最特殊的人的层面促成了人类的工具化。

对失却幻想的主题的另一种反应形式，目的在于回答对日常
98 生活不真实性的批判，即丧失独特性，破坏自发性，计算普遍化，意图全能化，扩散僵化物（而不是活生生的事物），创造植根于消费领域的产品或奇观。这些批判谴责的是：预先构想的需求，提升广告和市场销售，“在交易机制影响下人类价值观的崩溃”[25]，数量重于质量，大规模生产的产品标准化，外观第一，地位称霸，无用的、难看的、短命的物品蜂拥而来，等等。对艺术批判的这种现代变体，资本主义的回应在某种程度上将采取开发始终崭新的产品生产和销售（管理必须不断革新的著名规定），这些产品的新颖和初次上市时限量销售，暂时缓和了大众化的焦虑。而且，坚持对顾客的个性化服务，小心关注他们愿望的重要性，以及发展与他们的个人关系[26]，其目的就是以“个性化”的形式把“真实性”导入资本主义生产。在更广的范围，回到尽可能密切的个人愿望的这种关心，启发了从

大规模生产转到对品种更多的产品的有限系列生产上来，这就是“第二次工业分界”的“灵活生产”特点。[27]

因此，新型管理确实对失却幻想的批判提供了各种回应，推动了产生符合要求的、个性化的、满足“真正需要”的产品，以及更加个人的、更加人性形式的组织。同样，它满足了要求摆脱与批判第二种资本主义精神有关的官僚主义影响。这两个方面有助于它的特色和吸引力，即使它证明在保障机制层级上有所欠缺，并停留在一种过于含蓄的公正形式上；尽管其具有可视为很特殊的特点。下一章将专注于讨论这种公正形式。

注释：

1. 我们区分针对干部的著述及管理方面的研究著述，后者的目的不是规范性的，它的特定组成方式具有无关一般读者的批判结构，这意味着它主要针对面向研究的管理负责人。

2. 我们不把管理溯源于各种管理措施的出现（在这种情况下，如有些作者在古代也可找到管理的事例，例如在建造埃及金字塔的组织工作中），而是从管理材料编纂开始。在那时提到了“管理”学科，一般认为开始于两位典型人物的著作：法国人亨利·法约尔（1841—1925）和美国人 F.
W.泰勒（1856—1915）。这两位作者的以下著作源自 20 世纪 20 年代。 99

3. 见小艾尔弗雷德·D. 钱德勒，《看得见的手：美国企业的管理革命》，哈佛大学出版社，马萨诸塞州坎布里奇，1977 年。

4. 见维尔纳·松巴特，《资本主义的精髓》，M. 爱泼斯坦和希尔·昂温译，伦敦，1915 年，第 104—105 页。韦伯不同意松巴特的选择，认为阿尔贝蒂的作品缺乏资本主义精神的重要成分，诸如“时间即金钱”（马克斯·韦伯，《新教伦理与资本主义精神》，斯蒂芬·卡尔伯格译，菲茨罗伊·迪尔邦出版社，芝加哥与伦敦，2002 年，第 170—171 页，注释 12）。

5. 出处同上。

6. 我们建构两个时代中两种管理形象的一个方法，和韦伯所使用的方法是类似的："如若资本主义精神这一术语具有什么可理解的意义的话，那么这一术语所适用的任何对象都只能是一种特定的历史事例，亦即历史现实中种种关系的复合体。我们是按照它们的文化意蕴而把它们结合成为一个概念整体的。然而，这样一种历史概念，正因为指的是一种由于独一无二的个体性才具有其质的重要性的现象，所以它不能按照如何'区别于'其他概念的方法（最相近的类别和特殊的差异）来加以界定。这个概念必须逐步地把那些从历史现实中抽取出来的单一组成部分结合到一起。"（《新教伦理与资本主义精神》，第 13 页）

7. 见路易·迪蒙，《平等人》，加利玛尔出版社，巴黎，1977 年。

8. 见 A.O.赫希曼，《反应的言辞》，贝尔纳普出版社，马萨诸塞州坎布里奇，1991 年。

9. 见皮埃尔·昂萨，《马克思与无政府主义》，法兰西大学出版社，巴黎，1969 年。

10. 费尔南·布罗代尔，《商业的车轮》，西安·雷诺兹译，哈珀与罗出版社，纽约，1982 年，第 453 页。

11. 见吕克·博尔坦斯基，《一个阶级的形成：法国社会中的干部》，阿瑟·戈德哈默译，剑桥大学出版社 / 人文科学之家版，剑桥，1987 年。

12. 见莱斯特·瑟罗，《针锋相对：日本、欧洲与美国之间未来的经济战》，尼古拉斯·布里利出版社，伦敦，1993 年。

13. 见詹姆斯·沃马克、丹尼尔·琼斯与丹尼尔·鲁斯，《改变世界的机器》，罗森出版社，纽约，1990 年。

14. SMED（一分钟替换模具）是一种快速替换工具或基准的方法，使之有可能增多系列的改变而不增加机器为生产而运行的时间。TMP 意指"全面生产性保养"，目的在于为机器组织一套关系：防御性保养、避免操作者失误、训练操作者察觉即将发生的故障等等，以使机器永不出现故障。"看板制"的办法是预先知悉下一生产阶段的要求（例如派出一辆货车去装货）是准时组织好生产的主要办法。"5S"工作法（以 5 个 S 开头的日文为名）的目的在于使工作场所组织得清晰可见，每个东西放定一个地方，用毕即放归原处，等等。

15. 见夏娃·希亚佩洛,《艺术家对经理——文化管理对艺术批判》,梅泰利埃出版社,巴黎,1998 年。

16. 见吕克·博尔坦斯基,“权力与无能:阿米尔日报内的智力工程与性别”,《社会科学研究活动》,第 1 期(5—6),1975 年,第 171—199 页。

17. 见夏娃·希亚佩洛,“控制方式及其应急因素的类型学”,《兼容—控制—审计》,第 2 卷,第 2 期,1996 年 9 月,第 77—114 页,以及“组织和艺术品是可以控制的吗?”,《网络》,1997 年 11—12 月,第 77—114 页。

18. 本杰明·科里亚特,《逆向思考——日本公司的工作与组织》,巴黎,1991 年。 100

19. 米歇尔·阿格利埃塔,“新的增长制度与社会进步”(采访),《精神》,1998 年 11 月,第 147 页。

20. 见奥利弗·威廉姆森,《资本主义的经济制度》,自由出版社,纽约,1985 年;沃尔特·鲍威尔,“既非市场,也非等级:网络形式的组织”,《组织行为研究》,第 12 卷,1990 年,第 295—336 页。

21. 见迈克尔·皮奥里与查尔斯·萨贝尔,《第二次工业划分》,基础书屋,纽约,1984 年;乔治·本科与阿兰·利皮兹编,《地区的增益——区域与网络:经济地理的新范例》,法兰西大学出版社,巴黎,1992 年。

22. 乔恩·埃尔斯特,《地方公正:体制如何分配稀缺货品与必要负担》,拉塞尔·塞奇出版社,纽约,1992 年。

23. 吕克·博尔坦斯基与洛朗·泰夫诺,《论正当性》,加利玛尔出版社,巴黎,1991 年。

24. 只举一例,这些段落是从瓦内根的书里几乎任意选出来的,可以在新管理材料中作为特写(拉乌尔·瓦内根,《日常生活的革命》,唐纳德·尼科尔森—史密斯译,左岸图书公司与叛逆者出版社,伦敦,1983 年)。

“是否有人不厌其烦地去研究土著民族的工作观、游戏与创造的重要性,以及他们的方法所产生的难以置信的成果(使用现代技术的效率可以提高一百倍)?”(第 39 页)

“人们正式做的事无法与他们秘密做的事相比。人们通常把创造性与艺术品相联系,但是艺术品如何与人人每天千百次展示的创造性能量相比呢:得不到满足的灼热欲望,在现实中寻求立足的遐想,既困惑又清

晰的感觉,预示莫名剧变的思想与举止。"(第 147 页)

"一旦质的光芒照到他们,最多种多样的知识就会结合起来形成一座磁吸的桥梁,强大得足够推翻最沉重的传统。平实、自发的创造力以指数速度增加知识。一位德国工程师利用权宜设备和微薄经费最近建造了一项能取代回旋加速器的装置。如果个人可以用这种微小的激励来做到这样的成果,那么,当个人心中仍然涌动的自由精神重新会聚起来,欢乐地打破一切禁忌来庆祝伟大的社会节日的时候,从这种质的冲击波和连锁反应中可以指望发生多么神奇的能量。"(第 153 页)

"但最终,被这种不真实性世界所激起的厌恶,重新复活了无法满足的对人际接触的愿望。"(第 194 页)

"问题在于如何组织而不产生等级制;换句话说,如何肯定这项博弈的领袖并不是就成了'领袖'。反对权威和僵化侵入的唯一捍卫办法是嬉乐的态度。"(第 202 页)。

25. 出处同上,第 59 页。

26. 在新的以顾客为取向的组织内,例如,不论顾客的要求是什么,必须总是与同一个人打交道,该人负责动员必要的资源去满足顾客。相反,在泰勒制组织内,顾客问讯的柜台或服务要根据他们的要求而改变,他们结果可能面对若干个对话者,必须去不同的地方以得到要求的满足。在第二种情况下,顾客自己被泰勒化了。

27. 皮奥里与萨贝尔,《第二次工业划分》。

第二章

项目型城市的形成

20世纪90年代的管理材料所反映的世界形象，主要是通过与20世纪60年代作比较而重组起来的。这个过程是逐步成形的，通过20世纪80年代以来连续不断的组织革新、技术发明和管理方式。来自第二种资本主义精神的一切机制一个个地受到质疑、修改、转型、废除、取代。其结果是，对经济世界一些新的总体表述的需要就变得迫切起来。我们所研讨的材料被提出来，是试图把十多年来发生的小规模变化统一成一个综合的看法。

实际上，在这个时代，如果公司活动者仅仅依靠由各种质询和零碎机制所组成的经济实况和经济成功形式的千变万化的形象，那是很难继续工作和规划未来的。那些经营公司的人们，向它们提供咨询意见的人，培训或再培训干部来参与它们的人，必须善于提出一些使世界易于理解的平实自明的真相。年轻干部特别清楚地感到，有必要识别经济世界中新的成功形式和新的游戏规则，以便知道自己如何行事并为他们的子女做好准备。这种对理解的要求形成了重大压力，促使行为规则有更加详尽的说明和定形，以便指导行动。事实上，人们愿意遵守这些正在出现的新规则，因为它们具有意义，而不是任意推行的机制和一时方便的即兴之举。

无疑,“网络”一词,像我们在第一章里所提的,是最常用以联结事实上毫不相同的因素——不但在管理著述中,而且在微观经济学和社会学中。[1]它在管理著述中比比皆是,以致使人对它保持距离。我们材料中的作者之一、“未来学家”阿尔文·托夫勒的作品中(1990)就可以看到这种情况。当他注意到“网状”风尚正在成为
103 新的“最佳方式”时,他就反对他所推荐的形式扩散开来。

不久以前,“网络”一词或者关联到技术性分配网络(水、电等)——这个用法还扩展到分配其他货品(如银行网络)——或者关联到秘密性质的组织(反抗性网络)。后者总是具有负面含义(走私网络),它们的成员被谴责为通过这类关系寻求不正当利益与利润,而这种关系不是通过寻常的精英人士联系,而是靠庇护(共济会),且有时靠显然是非法的手段(黑手党)。

这个名词由于一个特定的历史机遇而得到平反:计算机网络的发展打开了远距离工作和实时协作的可能;社会科学寻求最少等级性的、灵活的、不受事先标定的界线所限制的结构概念(见下述)。“网络”作为一个既有的概念,建构于当代的思想、技术和研究,关联着特定的词汇、因果模式与数学模式,而且成为取代等级制规则系统的一个替代性选择,自然会得到资本主义的充分运用。“网络”一词在经济学和工作社会学的学术著作中使用,这些学科有助于提供管理的理论基础,因此,它几乎必定会渗入进我们所研究的针对干部的著述中去。资本主义的生产形式对每个时代的一些表述方式的认同,就是运用那些主要在理论领域或基础科研领域最初专用的概念和用语。这就是神经学和电脑学今天的情况。而在过去,诸如系统、结构、技术结构、能量、熵、演变、动力和指数化增长等概念都是这样。[2]

今天的社会生活不再像家族世界里,呈现为一个扩大了的家族中一系列权利与责任的形式;或者像工业世界里,是一个等级制机构内工薪阶级的形式,人们在那里攀登阶梯往上爬,耗费他们的

整个事业，职业活动与私人生活截然分开。在网状世界里，社会生活的组成是：接触面大大扩展，与各种团体有临时性的但可以激活的联系，在社会、职业、地域和文化方面有潜在的广大活动范围。项目是进行联系的时机和原因。它临时集合了非常不同的人群，使自己在相对短暂的时期内呈现为高度活跃的网络部分，但也容许构建更为持久的可得联系。项目使得生产和积累在一个纯粹联系性 104
的、仅仅保持流动而任何事物都不能稳定、积累或定型的世界里成为可能。一切事物将被昙花一现般联系的无尽洪流所冲走，这种联系有能力沟通一切，总是不断散布和分解所接触到的一切。项目实际上是善于产生形态（就是产生主体和客体）的一大批活跃的联系，通过使某些联系稳定化而不可逆转，因此它是一种暂时的积累圈，在那里产生价值，为推进联系来扩大网络的需要而提供基地。

成功的新准则伴随着这种世界的建立，建构起一个新的价值体系，人们可以依靠它来作出判断；区分满意的行为及走向排斥的行为；对迄今尚未识别为具有特色的品质和态度给以价值；将新的权力地位视为合理合法；选择那些喜好这套体系的人。

我们努力通过发现管理著述中任何特殊的和前所未有的事物（特别与20世纪60年代的主导价值观相比）来提出这个新的价值体系。为了使它突出，并揭示它的系统性质，我们就用《论正当性》一书中提出的城市原理来加以编纂。[3]这使我们构建起第七种城市——项目型城市，下面将对它作些勾画。显然，20世纪90年代的材料并不包含项目的措辞。在这些材料中，虽然程度不一，但我们发现它提到了其他的行动逻辑，例如商业逻辑、工业逻辑或声誉逻辑。可是，根据理想类型的方法论，我们设法从最新近的管理材料中找出独特的、仍然存在的东西，而不是去强调比较常见的特性，例如所有提到工业逻辑的材料。

鉴于这个名词好像含糊不清，为了说明，我们把证明正当性的新工具称之为正在形成的“项目型城市”。事实上，它模仿管理著述中经常出现的一个名词：项目组织。这是指一家公司的结构包罗大量联结各种人士的项目，有些人参加若干个项目。由于这种类型的项目性质都是有始有终的，项目完成并相互接手，根据优先或需要来重组工作团队。用类推方法，我们提出项目形式的社会结构，或者项目形式的社会总体组织。[4]

而且，这个名称所指的网状世界中编织符合公正形式的城市，不能简单地直接指“网络”，就像我们曾经谈到过的情况，如“联系
105 性城市”或“网状城市”。因为，如果网络要被描绘为公正的（意思是说，网络中各成员的相对地位看来都合理合法），那么它的运作就必须受到若干制约。这样的话，各种检验可以一致，在这一过程中，网络成员所处的关系可以在相互间创造对等物。现在我们将看到，在这样的世界里，检验典型地标志着项目结束的时刻，人们在寻找新的参与，他们把自己结合进新项目的能力构成了明显的地位标志。

根据人们的贡献来分配地位的公平性，也预示着随时取消相关方的名单。而现在，在一个完全网络化的世界里，这种取消是不可能的。因为网络在不断地扩展和改变，不存在适当的原则来最终形成公正尺度的名单。而且，在一个这样构建起来、完全从属于网络逻辑的世界里，没有理由去提出公正的问题，因为那些地位低下的人们（我们看到，他们可以很确切地称为被排斥的一类）往往消失无踪。不但没有才能来确立衡估公正所需的对等物，而且在同一空间里甚至没有共同在场，以便可以通过简单的比较来探究有些人的痛苦和其他人的幸福之间的关系。

所以，网络本身不能代表对一个城市的支持。鉴于网络成员始终无法确定，共同福祉的概念在网络主题内就成了问题，因为不知道在哪些人之间的“福祉”是“共同”的，以及在哪些人之间可以确立公正的天平。事实上，对公正的要求不能全然免除根据空间比喻所设想的单位（能够描述的单位），在那里人们所要求根据他们的比较价值来取得物质的或象征的福祉，是可能得到评估的。因此，

我们所设想的“项目”概念可以被理解为，乍看起来好像敌对的迫切需要之间的一种妥协性形态：遵循网络表述的需要，以及设法作出判断和产生合理次序的需要。在紧密的网络组织中，项目描绘出大量的计算小空间，在那里次序得以产生并得到合理认定。

最后，正如我们在本章稍后部分将看到，我们考察了那些世界的新网状表述已经在政治哲学的新近发展中所找到的支持。网络的本体论所主要确立的方式，是要使人类摆脱形而上学在两个层次上对行动正当性的制约。一个层次是被分散的人们所占据，另一 106
个层次是被可以比作对等物的惯例所占据，并以此为依据来进行判断。这些标志了共同福祉的政治哲学，城市的概念就是从中得来的。根据这双层结构，网络被作为一种“固有平台”（以吉勒斯·德鲁泽的用语），其中的检验完全被界定为一种“力的较量”，或者干脆作为一种“关系结构”，或者作为一项“遭遇”。这省略了以道德判断为形式的反省回程。[5] 因此，“项目”的复合观念（它扎根于我们社会成员的常识之中）包罗了借自于至少两套不同的范式：网络的范式，以及在同样强调交往与关系的同时，包括了通过由交往理性所调节的交流中介对共同判断进行反省与聚合要求的范式，例如在哈贝马斯的著作中。

因此，项目型城市呈现为对网络世界进行制约的一个系统，网络世界鼓励人们建立联系并扩展分支，只看重那些专门针对项目的正当行动的准则。项目对于绝对的循环运行是一种禁锢，因为它们要求有某种参与，虽然是暂时的和局部的参与，并且预想到其他参与者要监测大家发挥的品质。正如我们在本书总论中提出的，对公正的讨论预见到力量受到束缚，而力量关系可以重新界定为地位关系。因此，城市呈现为制约的形式，把行动的可能性限制在它们可接受并认可其逻辑的某个世界之中。项目型城市也不例外。它制约网络，使之从属于一种公正形式，以捍卫其内容并奖励网络创造者的品德，这是现有城市中没有一个能做到的。

项目型城市

这种城市建立在创办网络所使用的协调活动上，因其本身而具有价值，无关其追求的目标或者进行协调的实体的重要性质。从这一观点来看，协调本身就是一种价值，或者就这里使用的概念架构来看，是一种特定的地位，每个行动者都会利用它来“使人们接触”，“建立联系”，从而有助于“构建网络”。

但是，我们要相当清楚：接受我们正在见证新城市形成的假设（重要的检验包括在一个网络世界中构建或放松联系），显然并不意味着网络的建立代表着根本的新发展。但这却是专注于网络的
107 著作有时提出的看法，这些著作认为，网络的当前扩散有助于建立与这种城市有关的世界。我们的立场是不同的：或多或少广泛网络的形成，并不比亚当·斯密写作《国富论》时的商业活动更为新颖。但是，我们还得在 20 世纪的最后三分之一时间里，等到协调活动（进行和使用最为多样和遥远联系的技巧）独立自主出来，即脱离与它至今连结在一起的其他活动形式，并对自身作出认定和评价。在我们看来，这个过程似乎是一个值得注意的新颖发展。

现在，我们将设法近距离描绘项目型城市的一幅全景，就像我们正在走进城去，怀着将新规范性需求作为范例的人们所期望的决心和自然。“项目型城市”的架构主要由我们 90 年代材料的摘录来说明，其次是使用网络比喻的其他社会科学著作。我们用三个阶段来展示它。(1)第一阶段专注于突出对等原则，以便把事与人进行排序，并作出他们“高”、“低”地位的判断。(2)第二阶段集中于项目型城市所使用的公正形式，这影响到必须为等级制情况满足前提条件，要依据第一条中所确立的对等原则，使之变形为一种合理的次序。(3)我们说明的第三阶段关注基于性质定义的项目型城市的根基：社会性质，以便向城市授予一项普遍的使命；以及人性，

这一不可缺少的规范是为了基于全人类的平等潜力来取得合乎城市逻辑的地位，最终为实现合乎它的世界公正取得前提条件。

项目型城市中判断的原则与人们的等级

根据我们使用的基本原理，“更高共同原则”* 是一个城市内判断行为、事物与人们的原则。例如，在工业型城市内，更高共同原则是效能。它代表着产生实体之间对等的惯例，意思是，比如可以说“根据效能，X 和 Y 是对等的”。同样地，用同样的惯例，可以说“Z 高于或低于 X”。因此，识别一个城市的更高共同原则使我们找到“大人物的条件”，大人物是体现城市价值的人们，以及“小人物的条件”，即缺乏这种价值者。“城市的衰落”犹如“小人物的条件”，指 108
的是被该城市的价值观视为不满意的行为。但是，它也指一般性的结构，即在声称得到有关地位鼓舞的同时，却在基本方面沉沦，而只能体现一种扭曲堕落的地位。如果新城市中“小人物的条件”应用于项目世界中（人的）坏行为，那么“城市的衰落”就涉及不满意的根系形态——“坏网络”。

描述这个世界里什么有价值，是基于事物的类别（“物与机制总目”）、人物的类别（“人士总目”），（或者动态的类别），（“人们之间的自然关系”），指的是一定地位形式所特有的任务、物件和关系方式。因此，这类价值领域中的每一种往往包含特殊的词汇，根据该城市的标准指那些体现地位的类别。在一个论点中出现这些类别的事物、人物、品件或行动，是代言人正当性记录的索引。因此，处在“工业型”世界的人将会提到“工具”、“方法”、“措施”或“程序”，召唤“工程师”和“专家”，并列出“管控”或“组织”作为值得进行的行动。另一方面，如果发现他们谈论“舆论领导”或“新闻官”则是不协调的，因为那是声誉型世界的主题；“礼仪”和“良好举止”是

* 在本节中，双引号内的文字是《论正当性》一书中关于基本原理的名词，粗体字是描述项目型城市的主要名词。

家庭型的机制;或者听他们谈到“梦想”和“想象”的动态,则指的是灵感型地位。为了使城市进入具体的情景，并把实质内容传递给“更高共同原则”衡量的价值等级,我们现在将提出这些不同的词语类别。

活动,项目
网络扩展
联系扩散
“更高共同原则”

在一个项目型城市中,一般对等物(人物和物件的地位由它来衡量）是活动。但是与我们在工业型城市中所观察到的情况相对比，那里的活动与工作相融合，典型的活跃分子是那些具有稳定的、工薪收入多的工作的人。在项目型城市中,活动超越了工作与不工作之间的对立、稳定与不稳定之间的对立、工薪收入阶级与非工薪收入阶级之间的对立、有收入工作与志愿工作之间的对立、可以用生产率评估的事物与无法衡估和难以计算的事物之间的对立。

管理学作者们采取他们的英国同事查尔斯·汉迪在他的《非理
109 性时代》一书中提出的看法:

> 提议以人人为自己安排一组活动的概念来取代传统的工作观念。至少可列出五类工作:有工薪的工作,按所花时间给以报酬;为自己工作,取得的成果就是报酬;家务工作,为了打理家庭而做;志愿工作,为慈善组织、社区、朋友、家人或邻里而做;教育工作,可以学习、发展技能、读书和自我教育。(奥布里,1994 年)[6]

这一提议是为了避免依靠单一类别,特别是第一种类别,因为许多人在40岁以后将不得不完全重构他们的这一组活动。所以，指明要“(同时)开发一组内的所有类别”:“由于客户众多,有报酬的工作对活动提供某些保证。自我教育的工作有助于改善保持活跃的机会,志愿工作可以构建工作之外的社交网络,积极参加走向更美好世界并向他人输送智慧。”(奥布里,1994年)

活动的目的在于产生项目,或者达成结合进别人发起的项目。但是,项目并不存在于接触之外(并不是一劳永逸地结合进一个机构或环境，它本身呈现为一项有待进行的行动，而不是已有的事物)。因此,典型的活动就要把自己结合进网络并进行探索,以结束孤立,并有机会会见人士或联络事物,以有助于建立项目。

活动就表现在可以同时进行的各种各样的大量项目之中,不论发生什么,必须不断精心制作,因为根据这一逻辑,项目是一种短暂的机制。生命被认为是一种连续不断的项目;它们之间越是不同,就越有价值。根据适合于其他城市(不论是家庭型、情感型、教育型、艺术型、宗教型、慈善型,等等)的类别来描述这些项目的特点,并首先根据有关休闲和有关工作之间的差异来分类,不是这个城市逻辑中的紧要之处,除了很次要的情况。紧要的是开展活动，也就是说,绝不能没有项目和失去主意,心中总是有些想法,处在传递途径之中,同遇到的其他人有着干些事的愿望。

当他们参与进一个项目时,有关的人都知道,他们即将作出贡献的这一事业必定只延续有限的时间——它不但会、而且必须结束。因此,这一必然的、合意的结束前景总是伴随着参与,而并不影响到热情。因此,参与被认为是自愿的。有着不参与某一项目的选择,从而可以挑选自己的项目,是这个城市和谐运作的一个条件; 110
这个条件是由人人开发的多项活动所保证的。而且,知道项目会结束，伴随着希望新项目会接踵而来，希望它已经在当前联系中生成,即便尚不清楚它会采取什么形式。同时,必要的承诺与预示的结果之间的紧张关系看来是可以克服的。

任何事物都可以取得项目的地位，包括敌视资本主义的冒险行动。用名义上的基本原理(那是项目的基本原理)来描述每个成就,抹煞了资本主义项目与平凡的创造(一个周日俱乐部)之间的差别。资本主义与反资本主义批判都被掩盖。完全不同的东西可以同化为“项目”的名称:开一家新工厂,关闭一家,进行工程的重新设计建造,上演一场戏剧。它们每一个都是一个项目,它们都包罗着同样的英雄主义。这就是项目型城市能战胜敌视资本主义力量的方法之一:提出一项超越它的基本原理,它们也可以用来描述它们自己的活动,而忘记资本主义其实也能用上。

正是因为项目是一种短暂的形态,所以它适应于网络世界:通过多种联络和扩散联系,连续不断的项目就有了扩展网络的作用。

网络的扩展是它的生命，而停止扩展就是死亡:“网络自发地趋于发展,但是它不断受到内部僵化或退化的威胁而会导致死亡,这可能包括它转化为一种金字塔式的组织。”(朗迪埃,1991 年)那些没有项目的、不再探索网络的人就有被排除的危险,也就是说,实际上在网状世界中消逝。他们冒风险不去寻找办法来使自己连接到项目,就停止存在了。自身的发展和他的受雇能力[“充当自身演进的代理人,掌控自己的未来。”(勒萨热,1994 年)],作为其他一切基础的长期个人项目,就不会成功地完成了。

联系

“人们之间的自然关系”

联络

交往

协调

适应他人

信任

在一个联系性的世界里，人们自然关注的是愿意与他人联络，进行接触，建立联系，以便不再孤立。要做到这一点，他们必须信任 111
和被信任，知道如何交往和公开讨论，并善于适应他人与形势，取决于后者对他们的要求，而不会因胆怯、僵硬或不信任而退缩不前。这是使自身与机制及项目协调的代价。

已经参与，正在参与
移动
“大人物的条件”

热情，卷入
灵活，适应
多面手，有潜力
有受雇能力，自主的
不是规定性的，知道如何与他人交往
接触，容忍
受雇能力
（提供）

知道如何参与一个项目，充分卷入进去，是“大人物的条件”的标志。要参与，就必须有热情。而且，鉴于项目是一个复杂而不确定的进程，不能处在始终不完全契约的范围之内，因此就必须知道如何信任已建立联系的那些人——联系肯定会随着项目发展而发展。但是，因为项目的性质是暂时性的，脱离一个项目以便可得到新联系的能力，和参与的能力同样重要。即使达到参与、热情、卷入一个项目的顶峰，在网络世界中安然自若的人们还是保持“适应，在身体上和思想上保持可移动”（国际商学院，1994 年），为变化作准备并善于新的投入，以增加他们“响应变化世界的能力”（克洛泽与塞里埃，1994 年）。

大人物远不是仅仅联结一个职业或依靠一项资格，他们证明自己善于适应和灵活，善于从一种情景转到非常不同的情景并调整适应；而且是多面手，善于改变活动或工具，依靠关系的性质来成为其他人或事物的一部分。正是这种适应性和多面性使他们具备受雇能力，也就是说，在公司世界里能够使自己联结新项目。

这里的灵活性和适应性并非来自顺从的品性。联系性世界中的大人物是活跃而自主的。他是“自身的领导，是与在上者和在下者关系的领导，是他的网络中的领导”（塞里埃，1993 年）。项目型城市中的大人物保留其在项目中的首创性，知道为进行联络而甘
112 冒风险，永远进行充满可能性的新接触：“因此，联系的观念对赞成者来说就像金矿勘探者要开发的矿脉或地层。你永远不太知道最终会发现什么。有时候有必要转头回去，半途而废，再去别处。”（贝兰热，1992 年）总是保持警觉，大人物拒绝受僵硬计划的阻碍，因为听从这些计划可能会导致浪费有趣联络的机会。计划和战略会减低当地行动的能力。[7] 但是，他们知道如何充分利用每个形势的独特之处。[8] 同样地，与战略者相比，他们显得自发，前者的动作过于显眼和吓人。

他们知道如何找到信息来源（“作为雷达”[贝兰热，1992 年]），并在联系中区分哪些有大量新潜力，而哪些仍然是常规的现有线索。他们能够最佳使用最稀缺的资源——时间，办法就是有区别地选择关系，特别是避免与亲属地位的人联系而导致多余的信息和关联。“鉴于一个人不能什么都做，他应当集中于什么呢？这是赞成者熟悉的问题。”（贝兰热，1992 年）

在这个城市中，大人物是“观念的掠夺者”（塞里埃，1993 年）。为此，他必须拥有直觉和天才（意指我们谈到的艺术家的天才）。他

"扫视他周围的世界，寻找新颖的迹象"（西卡德，1994 年），知道如何预测、感觉、嗅出值得追索的联系。

这就是说，在一个网络世界里，在社会资本和信息资本的重要性之间有着密切的相关性。信息就是增多联络的结果和条件，因此信息的不平等是累积的。要成功地发现好的联系，这种信息必须结合进要探索的世界描述中去。然而，在网络世界中，包罗一切的描述是没有问题的。有益的描述是当地的、独一的、详尽的，能够从一个人部署到另一个人，密切相关于来自个人经历的一类知识。

但是，项目型城市中的高地位人士并不仅仅指明联络。他们还必须表明自己有能力在其中站稳，通过建立一些要多长就有多长的联系。鉴于联系有至少两个人参与，他们必须防止被拒；相反，他们必须吸引别人的注意和同情，使他们感兴趣。[9] 为此目的，他们不能胆怯，或者——说到底还是一回事——感到自豪，不会因害怕被拒而不跨出第一步。他们公开写信给人们以表示赞赏，并征求意见或会面。他们把每个人都视为可接触者，把任何接触视为可能的和自然的；他们对有名人士和无名之辈一视同仁。他们往往忽视不同领域之间的差异，诸如私人、专业和传媒等领域。对他们来说，世 113
界是一个潜在的联络网。关于联系，全都是一样的。

项目型城市中的大人物不是漂泊者。他在任何地方都安然自得，他还知道如何本地化。事实上，由于网络没有涵盖一切的表述，其中的行动总是被埋藏在当前形势的偶发事件之中。[10] 为了适应出现的形势，同时保留他感兴趣的一些不熟悉的事物，联系型人士就依靠他的交往技能、他的欢乐性格、他的开放和好问的心理。但他也知道如何自动地给予，在适当的时候到场，在个人关系和面对面接触中发挥他的风采：总是能找到他，性格平和，自信而不傲慢，熟悉情况而不越权，乐于助人，作出更多奉献而不期望回报。他不用去要求信息或者去搜索信息，别人会给他所需要的信息。[11] 他知道如何倾听，给出中肯的答复，对人作出回应，提出好问题。正如贝兰热(1992 年)发展了这一点:他掌握“处理关系的策略,一种自我监控,具有产生信号的能力以促进接触”。他知道如何“关注别人,以辨明信号,从而经过考虑地介入不确定的情景”;他具有“控制和改变自我展示的能力,这能发展到善于恰当地即兴活动,甚至必要时‘安眠无虑’”,以及“有愿望和能力来自如地调整自己的行动,以便适应不同的人士”。伟大人物——能进行自我监控的前大师们——知道如何更加清醒地判断“别人的情感,而且察觉到他们反过来在关系中会更加友好、开放,较少不安,较少焦虑,较少紧张”。基本上说,他们“以礼待人……为人处世、联系交往和获得所欲都很机敏”(贝兰热,1992 年)。他们也有“魅力”,这指的是他们脱离了人们认识他们之前可能抱有的老套形象。[12] 他们表明自己(这不是由于策略或计谋)不能被归纳为履历中所说的法定特征。直面他们,他们是真正的人,远不是在机械地表现其社会角色,不是在实施一项程序,他们知道如何后退并离开他们富有吸引力的角色。

但是,这些性格不足以界定伟大人物的条件,因为这种性格可以以机会主义方式来使用,作为纯粹个人取胜策略的一部分。在这个城市逻辑中,伟大者不但是那些在开发联系一个世界的特殊资源中获胜的人,而且是那些使检验中显露的能力服务于共同福祉的人。也就是说,在项目型城市中,他们不但是那些知道如何参与的人,而且是那些善于使别人参与进来的人,提供人们卷入,使得
114 人们愿意追随他们,因为他们鼓舞信任,他们有魅力,他们的愿景产生热情。所有这些性格使他们成为团队领袖,他们管理团队不是以独裁主义的方式,而是倾听他人,抱有宽容,承认并尊重不同。[13] 他们不是(等级制的)老板,而是整合者、促进者,一种灵感,能量的统一者,生命、意义和自主性的加强者。

团队信任他们,只要他们证明是联系者、推动者,不是把从网络得来的信息或接触留给自己,而是再分配给团队成员。“未来的经理人必须保证信息共享,充分泽及全公司。”(勒萨热,1994 年)

在这样的背景下，人人可以“不断地改善他们的受雇能力，既通过技能，又通过他们的团队能力，即使这些团队是灵活的、中立的、很少由同样人员组成的”（勒梅尔，1994 年）。因此，项目头头提供受雇能力，并为他人“在公司里发展一个人际关系网络，使他们可以在遇到不可预见的问题时有所指望”（朗迪埃，1991 年）。这样，“受雇能力（可以保证），即一定水平的技能和灵活性，使每个人在公司内外找到工作”（奥布里，1993 年）；所以，受雇能力成为“公司对认识到自己对公司负有责任的人的一种回报”（奥布里，1994 年）。

中介人，项目头头

“主体总目”

教练员

专家

顾客，供应商

革新者

如果每个人都具备能力在网络内进行和建立联系，有些人则示范性地实现这一潜力。一般来说，这包括凡是在网络扩大和活力中起到积极作用的人，作为中介人，不论是那些善于“在等级制和界线以外进行策略交流”（奥布里，1994 年）的所谓策略经纪人，还是作为第三类合伙人（阿尔希尔等，1989 年），或是作为有所触及的贡献者。他们掌握调和对立面的艺术，知道如何把很不相同的人们带到一起，使他们接触。

这些人首先就是项目头头、“经理人”（不同于旧的干部），还有教练员，他们激励和支持经理人的发展，实践“输送思想的艺术”（奥布里，1990 年）。但是，同样还有进入合伙关系的顾客、供应商和分包商。

这些革新者以科学家，特别是艺术家作为楷模。“非正式的网
115 络是作家、科研人员和音乐家喜好的组织形式，他们在知识高度专门化、创造性和个性化的领域发展。”（奥布里，1992年）直觉的经理人如同艺术家，“伴随着无序”（勒萨热，1992年），“永远处在警觉与怀疑的状态”（樊尚，1990年），而“在流动情景中是安然自在的”（阿尔希尔等，1989年）。

但是，直觉的经理人、灵感来源与教练员并不是卓越的唯一模式。我们在第一章中看到，还有一种人——专家，他们的“领导力”以“能力与智慧为基础”（阿尔潘，1994年），以“高度专业化的、创造性的和个性化的知识为基础”（奥布里，1994年）。专家也在项目型城市中享有高地位，这是因为他们不可少的能力不是标准化的知识，而是个人的整体知识。那是过去经验的果实，即多种联系的果实，特别是和具有特殊知识的其他人的联系，是在早先项目中形成的，他们保存着这方面的记忆。放弃专家，则要求同样位置的人能重复他们的事业。专家接受咨询，但他们的形象不如项目头头的形象那么有英雄气，因为他们被认为较少有适应力。项目头头正是那些善于在非常不同的专门技能领域之间进行联系的人。

所有这些异常人物的共同点是：他们能够以最丰富的机遇来探索联系，把网络扩至最大，它们主要是以其跨越的距离来界定的。并非一切联系都是对等的，一项连结的地位取决于它建立中介来消除距离的程度。这样做的时候，联系的创造者暂时发现自己处在钥匙掌握者的地位[14]，因为所有接着要跨过界线的人在一定时间内必须通过他们。最有意思的联系，事实上往往包括跨越极少中介的区域（以罗纳德·伯特的用词是结构性空洞）。[15]

这个距离跨越或逐渐缩短，由此界定所产生的联系的性质，可以用不同的方式提及它。当旧的、休眠的连结被重新激活时，可以用时间名称提及它；当与地处遥远的他人有实时协作时，就可以用

空间名称提及它[“出发点将不考虑地理距离”(塔普斯科特与卡斯顿,1994年)]——特别要充分利用现代通信手段(互联网)。我们看到“全球实验室”的例子,它不是在地理上座落一处的,而是让分散在全世界的同一学科的研究者协作来解决同一问题。[16]首先,当一些人士之间建立了一些传递时,就使至今被界线相互隔绝的机构、学科、领域或(皮埃尔·布迪厄称之为)场地的人们在空间和时 116
间上接近,它就可以用机构或社会词汇被唤起。克服距离的形式界定了获得高地位的不同方式。因此,由于专家首先在第一类(时间)或第二类(空间)联系上很丰富,而项目头头或灵感来源则在领域或场地之间建立连结上很出色:他在属于不同系科、机构或公司的不同学科或专业的人们之间建立协作,把他们带到一起,例如两位专家每人都有经验,但在不同领域。

在网络世界里,更加难以预测的、遥远的连结更可能证明是有收获的,在国内主导社会次序中,兴趣自发集中所主要依赖的一流习性,不再是对直觉或鉴赏力的充分支持。[17]相反,大人物要在他们之间建立连结的人们,是那些不但相互远离、位于不同世界,而且远离他的社会背景和近亲的圈子。所以,不像旧资产阶级社会,一个具有联系正当性的资本主义,就会接受那些在年轻时事业途径多变而掌握很多经验、熟悉若干世界、具备很大适应性的人。

对一项联系质量的定论,并不只考虑它可以连接的距离,即它的前向可能性(对低可能性联系的评价要高于高可能性联系)。它也考虑该联系一旦建立后所证明的有效(后向)程度,就是说,它的结果是要再度集中和扩展网络,促使新联系的出现。这样,我们可以区分:(1)很可能但不大有成效的联系,诸如在一个集团成员间建立的联系,那里的联络很紧密,人人都能达到,那是一种自我封闭的类型;(2)很可能并有成效的联系,就是说它们对外部世界开放,诸如由推广者或记者建立的联系;(3)很不可能且很无成效的联系,诸如由误解的前驱者或狂热分子或疯子建立的联系,他们找不到追随者，无法作为掌握钥匙者；(4)不可能但非常有成效的联系，它产生革新者或大胆的项目头头。

一切联络工具

“物品与机制总目”

新技术

非正式关系

信任关系

117 合伙，协议

联盟

分包

公司网络

联系，环圈

突触，神经元

项目

在一个主要活动是建立联络的世界里，可以正常地发现显著存在着以电脑科学(互联网、接口等)为基础的通信技术。完全由管理材料组成的我们材料的特点，肯定留下了过多描述工业方面的内容，损害了更熟悉的接触方法(诸如名片或地址本)。对家庭世界里的许多人，这种物被重新解释为别的内容，所以，它们可以存在于项目型城市的联系性世界之中。

机制的情况也可以这样讲，首先，这里的企业家机制(分包、灵活专门化、外源采购、自主单位、特许权)刻画了后现代、后福特主义、“再策划的”、网络的公司。

联系性世界的描绘词汇带来两个不同方向：或者朝向没有主体的行动主题，那里有价值的唯一入口是网络，那里出现的是没有名称的"同上"的、自我组织的次序["组织增强了它的自我组织能力"(克洛泽与塞里埃,1994年)];或者朝向一种新的个人人格至上主义,它强调的不是制度,而是寻求意义的人类。第二个取向是主导的,因为项目型城市的规范性道德方面正基于它。因此,非常重视面对面关系、负责任、信任、共同经历的情景、承诺(值得担当世上一切契约)、互助、合作建立合伙关系、成立项目、构建网络:"经过一定时间建立的信任,是通过巩固了有关相互了解的行为,通过一整个学习过程而达成的。"(韦斯,1994年)鉴于最紧要的是无形的、摸不着的、非正式的——这些词语用于描述关系和在过程中被发明的游戏规则——因此,最适当的组织机制是人际的。[18] 在许许多多材料中,这两个方面——系统的和个人人格的——在很大程度上是重叠的。

根系形态的一般性质由于不同比喻而减弱,或者以传统方式指织造(缝制、环扣、打结),或者指流转的方式(流动、油管、渠道、电缆),或者是以更为现代的方式指大脑的生物学(突触、神经元 118
等)。最后这一定位特别用于强调网络的自主与决断,这强于融入其中的人们,它的特性就在自我组织、自我调节和自发的形态形成的语言之中被描述。

最终,项目确实是以此命名的城市的中心机制。它"可以自由处理时间的统一,但不是地点的统一。它必须优化内部资源,把它们与外部资源相比较,并充分使用网络结构中组织的专家"(国际商学院,1994年)。

不能受雇

"小人物的条件"

不能适应

不能鼓舞信心

独裁，僵硬
不能容忍
固定的，地方的
扎根，连结
地位，保障
（赞同）

在项目型城市里，小人物是那些不能参与、不能受雇于一个项目的人，或者证明无法改变项目的人。不参与的不同根据指明不同类型的小人物。

鉴于信任与关系性质是项目的强固剂，不能受雇者是那些不知道如何启发信任的人，或者由于不能表明可以指望他们什么而不能被信任的人，或者不传送他们掌握的信息而“一心为自己”的人——那是他们参与时的一种不诚实（机会主义）。基本规则是“互惠：如果他们给予的得不到回报，好心会得不到鼓励。任何人把可以对他人有益的信息保留给自己，那就是网络的杀手”（奥戈戈佐，1991 年）。

同样次等的是那些不知道如何沟通的人，因为他们是无法渗透的或者具有固定看法的人，是独裁的和不宽容的人，不能妥协的人。他们代表一切“办公室‘灾难’”，闷闷不乐的类型，只顾自己的个人主义者，从不出来，不参加年终酒会，逃避鸡尾酒会，马上回旅馆，死看电视，绝对的“网络杀手”（贝兰热，1992 年）。

僵硬是灵活的反面，它在这个世界里构成了小人物的主要失败，但有不同的根源。它可以是由于隶属于单一项目，当新项目到来时，它不可能放手；或者由于隶属于一个地方而使得他们能移动，把他们扎根在当地，使小人物局限于现有连结的范围之内，阻
119 止他们进行新的联系。最后，它的根源可能在于宁可牺牲自主也要赞同保障。

所以，在项目型城市里，有地位的人是不移动的。有地位的人知道可以从生活中得到什么，他们的责任是什么（他们应付出什么），他们的权利是什么（他们可以从别人得到什么）。如果与地位有关的不利主要是由于它对人们活动强加的限制，根据项目型城市的逻辑，法定利益有掩盖不公正之嫌。因为把人们安置在持续不断的形势之中，他们就可能避开从一个项目转向另一个项目时的典型检验。

网络的封闭

“城市的衰落”

腐败，特权

哥们关系，黑手党

当网络不再扩展，城市就衰落了，它会自我封闭成只有利于有些人，但不再服务于共同福祉。

这种情况就是指网络组织者把信息留给自己，秘密编织团队不知情的联系，以便不和别人分享他建立的联系，把好处留给自己，以免别人可以不经过他而进行联系［“一个网络最重要的适应功能包括吸收信息和再分配信息”（朗迪埃，1991年）］。

这种垄断行为相当快速地导致网络自身封闭，这有两个原因：一方面，网络组织者在别人不知情的情况下独自活动，他的活动很快受到要求他及时到场所限制；另一方面，只把联系保留给自己，他就没有建立新联系的激励——不像项目型城市的主要中介人把联系进行再分配来服务于共同福祉，他们必须不断发现新接触来扩展网络，以此保住他的高地位所依靠的比较利益。

封闭的网络容许特权。其中，对联系的检验被扭曲：它们是鼓励“操纵”的“特权网络”。[19] 它明显有利于社团成员的控制，而有损于实际上更好掌握联系技能的其他人。这就是大团体的情况:“因为今天大团体是反网络的,它们对成员行使权威以推进它们自身的目的。”(贝兰热,1992年)

120 封闭的网络停止了自身的扩展,完全有利于“熟悉其内情的人”,那是危险的:“认为每个网络必然有利于企业和发展,那是错误的,正如意大利试图重组陷于腐败网络的经济这一突出事件所清楚表明的,扫除阻碍前进道路的官僚主义或腐败的‘哥们’网络是重要的。”(奥布里,1994年)

项目型城市中的公正形式

我们列出的基本原理澄清了项目型城市所根据的对等原则,以及它可以被用于刻画人与事的方式和界定大人物或小人物的条件。但是我们也知道,为了在基于公正感的批判面前理直气壮,这一特定规程必须指向共同福祉,并受到若干制约。我们已经看到,大人物不单单是多面手、自身参与和移动,而且他们使其他人受惠于这些性格,当他们发展自己的受雇能力时,也努力推进其他人的受雇能力。他们不把联系中收集得来的东西据为己有,而是使得好的网络保持开放并不断扩展,以最大限度地使大家受惠。“地位关系”详细说明了大人物与小人物之间关系的性质,特别是对共同福祉作出贡献的“大人物的条件”如何容纳“小人物的条件”。例如,在公民型城市里,通过政治代表制,大人物由普选产生以代表所有的小人物。

联系的再分配

“地位关系”

进行接触

再分配信息

结合进网络

提供受雇能力

大人物和小人物之间的关系正是在于：当小人物对他们托付信任和参与项目的热情时，大人物加强了卑微者的价值，增加了他们的受雇能力，也就是说，一旦一个项目结束，他们有能力结合进另一个项目。结束一个项目而不去关心参加者情况会怎么样，那是与大人物不相称的。“取代有安全保障、晋升和发展的传统合约，现在合适的做法是确立一项产生归属感的协议，它有助于人们保持 121
‘受雇能力’或者他们劳动的价值，而且在工作时利用各种机会来学习。”（奥布里，1994年）

为了这个目的，大人物必须再分配他们得到的稀缺货品。首先是信息，“消除人人取得信息的限制”（勒萨热，1994年），以及结合进网络，“它的集体功能是支持和丰富每个成员的任务”（奥布里，1990年）。他们必须“向自己部门以外的人们宣传，……并把人们（塞）进组织的和专业的网络”（莫斯·坎特，1989年）。

更一般地说，大人物必须鼓舞别人自身的动力，唤醒他们自己，“以他们的才干”解放“他们对思考和行动的兴趣”，“使他们成为协作者和创造者”（塞里埃，1993年），并且帮助他们宣传他们的成果来加强他们的声誉。

我们还必须澄清，在根系形态世界里实施公正的两个很重要的因素，它们被称为“投入方案”和“典型检验”的基本原理。

“投入方案”是城市和谐的主要条件，因为把取得“大人物的条件”与付出联系起来，就使得受惠和付出“得到平衡”。高地位使取得该条件的人受惠。但是，惯例的公正感也认为，“你不能无论如何都得胜”：人们能取得高地位是因为有特殊的付出，而且，这些付出具有普遍的好处，对全社会有益。由于有人如此有功，他为共同福祉出了很多力，应当承认其伟大并享有与这一条件相关的利益。

适应性
“投入准则”

精干合理，灵活性
宽容，租赁

在一个项目型城市里，取得大人物的条件先要付出任何可能会阻碍有效性的东西，即参与新项目的能力。大人物拒绝延续终生的单一项目（职业、专业、婚姻等）。他是移动的。没有东西能阻挠他移动。他是一名“游牧者”[20]。在这个意义上说，他的所有付出都有加强实体（人和物）精干合理的作用，以便在下一个项目到来时有利
122 于他（它）们的重组。因此，“承包服务的精干组织，依靠这些服务的供应商，受惠于同他们的密切合作。”（莫斯·坎特，1990 年）

精干合理的要求首先要拒绝稳定不变、根深蒂固、依附于地方、受长期连结的保护。关于连结，付出努力就是放弃已有的不确定选择：不要使自己置身于未建连结之外，才能尝试可能会失败的新联系。知道时间是有限的，就值得挤出时间来与不同的人和世界建立连结，而不是总留在同样一些人的圈子内。“作为赞同者，就要以准策略方式来修正自己的进入能力。时间是没法制造出来的，所以就有进行选择和敢于作决定的问题。一位赞同者的任命是要极其谨慎地掌握的。”（贝兰热，1992 年）因此，网络的扩展要求人们放弃友谊，或者在评估连结的质量时放弃区分无利害关系的友谊联系和专业的或有用的关系：

网络总是建立在强大的人际关系上，处于严格意义的工作之上……取决于案例，这种信任可以建立在过去共同经历的情势，建立在属于同样的机构，建立在存在共同的目的或项

目，建立在友谊或相互尊重的关系，甚至建立在仅仅因联系同样通信网络而具有的共同活动。（朗迪埃，1991 年）

因此，谈到"社会与家庭网络"可以，说"这种资本代表了一种关系，它除了满足人的层面外，还对设想的企业提供潜在的贡献"（奥布里，1994 年）。但是，与扩展的家庭（等同于一个网络）成员进行联系可以证明是有利的，但是，有限制的家庭，就像"老伙计"团体或"办公室邻座"团伙，还保留着与废弃的旧联系的牵连，因此代表着一种负担、一种障碍。

项目型城市里的大人物也都是精干合理的，因为他们摆脱了他们自身情感和价值观的负担：对差异和不同保持开放（不像那些总是喜好捍卫普世价值的僵化、专制的性格）。因此，他们不是批判性的（除了要捍卫宽容和差异的时候）。任何东西不能超越调整的迫切要求，或者阻碍他们的移动。他们完全取决于所处的情景与联系因素，但并完全以此界定。[21] 为了适应他人而必需的宽容也能表现为摆脱"资产阶级道德"。精干合理的人都学了心理分析——更一般地，学了"以解释对付怀疑"[22]——人们必须懂得如何使自己摆 123
脱道德主义（道德主义总怀疑道德行为的隐蔽动机），而承认矛盾心理是正当有效的。因此，结合进项目型城市的分析来源的无数办法，其目的在于发展现实主义：它们有助于正视现实，包括（或特别是）欲望的现实，把它作为诸多论据之一，但同时也看到现实对欲望指出的局限。所以，在网络世界中，保持矛盾心理是现实的（这对比于老板，他在等级制世界中就是铁板一块），因为人们必须面对的形势本身就是复杂的和不确定的。

根据消除任何可能阻碍移动性的事物的同样原则，精干合理的人不能依附于累赘的遗产，应当赞同其他方式的所有权（诸如借用）来享有物品。在这种情况下，远离所有权并不是由于禁欲主义地蔑视物质福利，人们获得并享有物质福利是完全正当的，只是为了需要使自己精干合理而能行动自如。

同样地，联系型的人物也不让自己受机构所禁锢而承担各种义务，不让自己卷入对他人和组织负有责任的圈子里。所以，他宁可放弃官方权力而赞同网络形式的权力[23]，摆脱了监督、监考、管理的限制，尊重国家调节货物使用和人力管理的规章。他把这些留给了别人，因为他宁要自主而不要保障。

项目型城市中的大人物也放弃对他人行使任何形式的统治，不去利用使他们获得轻易承认的法定的或等级的属性。他们的权威完全取决于他们的称职能力。他们不强加他们的规则或目标，而是同意讨论他们的立场（宽容的原则）。

在这些不同形式的放弃背后，我们找到一个更为基本的付出：个性的付出，意思是说，不论环境如何，自己都表现出同样的态度和行为举止。“随机应变的形象是形容赞同者的动人词语，为了比较容易地与人交往，他们知道应如何处理他的关系。……适应是网络精神的关键（必须努力跨出第一步）。”（贝兰热，1992 年）懂得精干合理的人，能付出自身的某些隐私和忠诚，以便更好地适应他们要接触的人，以及他们必须在其中活动的不断变化的形势（这还要为有限理性而放弃傲慢的计谋）。

结果，精干合理的人只能以自己为根（“自我立业”），这是在变
124 化不定的复杂世界中唯一具有某种恒久性的东西。然而，可被识别的实质并非天资、经验或发展轨迹的结果；那是源于一大批已有的联系。他们是他们自己，只是因为他们就是构成他们的种种连结。

“典型检验”，对于满足公正要求并且铭刻在日常关系的结构之中，至为必要。这些情况就是当人和物的地位特别明白地显示出来的时候。对一项地位要求的不同意见，只能通过可以达成共同评估的检验来解决，因此，这种检验必须完全不受玷染，也就是说，完全是为了评估地位，别无其他。这预设了受其他世界中地位形式玷

染的任何风险已被排除。检验提供了地位的证明。它必须负责处理地位更新的要求，因为：由于人人都能取得高地位的条件，而且没有对人确定地位的归属（这不符合人群的存在），人们可以表明他们条件的改变并要求得到承认。

至于“表达判断的方式”，它规定了方式的特点，各个城市都有所不同，其中标明了检验的结果。“自证的形式“是指论及的世界所特有的认知方式。这些范畴旨在界定参与检验的人们的品质与行为。某某如果做了某些特定的事，将被判定为优秀，如果表现了某种特定的行为，就被判定为低劣。

一个项目的结束和另一个项目的开始

“典型检验”

不能凭一个项目来判断人，因为他们的地位显示在检验中，而且我们知道这是一个项目向另一个项目的过渡。当一个项目结束时，掌握钥匙者就会显现，而评估就会进行。当人们离开一个项目时，他们在项目过程中的声誉加强了，成功地结合进一个新项目，那么评估是正面的。相反，当无法维持或发展连结并与他人联系时，申请者就失去资格而被评为负面。事实上，连结是一种不属于使用者的资本形式。通过制裁，连结总会被制造者单方面撤走。

如果一个项目向另一个项目的过渡时刻构成了典型的检验，按照项目型城市的逻辑，世界是更大的检验，因此也是更公正的检
验，它是更短、更多、更善变的项目。 125

约请参与的人

“表达判断和自证的形式”

插入，导致参与

谈及
回避，保持距离
忽视，拒绝，排除

如果别人愿意认识他们、会见他们、拜访他们，或者与他们合作，人们会很感激。对那些预计一无所获的人就加以回避、保持距离，或者更简单地干脆忽视。网络形式的特点之一是，不像一个地域的空间秩序（国家、地区等）、一个历史的时间秩序（世系），或者一个机构的法律秩序（行政部门、教会等）的整体规定，被贬损的人会消然无踪，甚至根本不存在。因为在这个世界的逻辑中，存在本身有关系的特征：每个实体和每个人的存在，如同其他的一样，多多少少取决于通过他们的联系的数量和价值。

因此，这种世界除了拒绝或排除以外没有其他的制裁，它剥夺一些人的连结（罗伯特·卡斯特尔称之为“除名”）[24]，把他们驱逐到网络边缘，那里的联系立即很稀少且无价值。被排除的人是依赖别人的，而没有人再依靠他，任何人都不需要他，不再找他，不再邀约他，尽管他的地址本上写满名字，但别人的地址本上已没有他的名字。

而且，在这样的世界里，公正机制主要是预防性的。它们必须依靠预测指标来预见到失败的可能性。

项目型城市中的人类学和自然性

一个城市以自然的定义为寄托，这是很重要的。首先，在公正层次上说，所有的人都有能力达到更好的条件，而只有人性的定义保证这种能力由全人类共享，这是重要的。“人的尊严”指每个城市中的这一层面；正是走向平等和指向人的自然特性，使得每个人有同等机会来达到伟大，如果他们按照要求来做——特别是，如果他
126 们做到指明的付出（比较“投入准则”）。

联系的需要
"人的尊严"

网络中所有的积极活动者都能获得较好的条件，因为他们都具有与别人联系的能力。联系的愿望是人性的一种基本特性。在这种人类学中，所有的妇女和所有的男人都是接触和关系的人物："依恋不是情欲或者学习过程的结果……它是一种初始倾向——需要别人——这比饥饿更强，比性欲更早。"（贝兰热，1992 年）这种对联系的需要是非常普遍的，说明为什么人人能把自己结合进网络并获得受雇能力，没有人被先验地排除。

在网络内活动，也满足了要求同时既有自由又能参与的高度人类特点："我们都作出承诺，它们会侵蚀我们自主行动的自由，但反过来它们对我们的生命和工作提供意义。"我们"对自主和自立的深切愿望结合着一个同等深切的信念：生命如不在人群中与他人共享就没有意义"（沃特曼，1988 年）。我们每个人的内心如果没有这种基本的两重性，那么项目型城市设想的一系列参与和不参与就会显得绝对地无人性。

每个城市也预想到自然的指派，也就是说，在"现实"中，条件得到公平分配的理想形式。一个城市的逻辑，如果要在日常生活中得到动员，鼓舞行动，或者证明正当，那就必须在一些典型事例上使得人人可以触及。就项目型城市来说，"自然秩序的和谐外形"显然是网络，或者说，总是存在于人类生活中的网络。

网络
"自然秩序的和谐外形"

最自然的形式是网络。它毛遂自荐给所有实体，不论是人或非人,即使行动者并不意识到它:“网络的组织不是什么新东西,它一直存在着,就像儒尔丹先生不知不觉写散文一样。”(朗迪埃,1991年)

我们也在对待一种相当普遍的组织形式:“丝绸之路的例子”教导我们,“网络是‘原始的’、普遍的东西。家庭、朋友、老同学、人们所属一切社团的成员,都是我们周围的许许多多网络。”(奥布里,1990年)

127 一切人和一切社团都有他们的网络,

> 我们一般认为他们是信息与影响流转的非正式通道。女权主义者抱怨“大男人”网络。……同性恋者在某些行业中有特别强大的网络,如时装业和室内装饰业。少数民族族裔有强大的网络,如东南亚的海外华人、欧美的犹太人、英国的西印度人。一般的移居人士——得克萨斯州的纽约人,吉米·卡特任总统时来到华盛顿的所谓“佐治亚黑手党”,随勃列日涅夫来到莫斯科的乌克兰人——也组成他们自己的通信网络。总之,一切复杂的社会里实际上都出现许多种类的非正式网络。还要加上一些非正式的网络,例如共济会成员、摩门教徒、天主教主业会的成员。(托夫勒,1990年)

但是,网络形式的组织以前在公司中受到怀疑,它带有秘密的印记。为它平反的时刻现在到来了:

> 在传统公司里,它具有非正式的、秘密的性质,认为对正式的等级制组织有颠覆性。例如对工人,它包括找办法减少他们工作中的不愉快。……因此,非正式网络反对等级制;目的是保卫自己,反对那些被憎恨为非理性或不公正的决定。这种关系是工会活动的温床。相对而言,“网络管理”一词只是很晚

才出现的。(朗迪埃,1991 年)

我们刚刚描述的项目型城市，让我们在一个设想为网络的世界里突出正当性的主题。通过它,我们设法抓住公正的新形式,那是现有城市未能说明的,而它是 20 世纪 90 年代管理材料中的特色。

通过把它和《论正当性》一书中描述的规范形式相比较,特别是和那些似乎同它最类似的城市——商业型城市和家庭型城市——相比较,现在我们将满意地说,项目型城市的确是一种特殊的形式,而不是现有城市之间一种不稳定的妥协。

项目型城市的创见

与灵感型城市相比较

项目型城市和灵感型城市都重视创造性和革新(例如,在革新社会学的主流中使用网络的范式就是证明)。同样地,这两类城市都强调人与物的独特性,他们的差异产生价值(而不是他们融入集 128
体形式的能力,例如工业型城市的情况)。但是,这种类似是表面的,甚至是误导的。事实上,在灵感型城市中,人们的创造性是在他们与别人分开时,回归自我,回归内心——那是他们唯一能进入直接接触超常灵感泉源之处(超自然)——或者埋藏在心灵深处(无意识)。在项目型城市中,创造性是连结的数量和质量的活动。而且,它是一种再结合[25],而不是虚无的创造,它采取“分配”的形式(如有人谈到“分配智力”),有责任使革新分配给不同的活动者。因此,在这个城市的框架内,并不适合使每个人在革新过程中过于紧密地明确特定责任,要求有根本的创见而谴责别人是“剽窃”,那就更不好了。

与商业型城市相比较

网络模式在过去二十年间已经在古典微观经济学的架构内发展起来，特别是在论述市场失灵，并在信息显著不对称的情况下说明市场交易，其中的商品（如二手车）或服务（如律师）质量都不能被预知，由此购买者始终不能确定，只有在消费后才能检验。[26] 在这种情况下，卖主与买主之间确立一种信任关系是很重要的，买主信任卖主，他们据信知道所提供商品的真实质量，因此他们知道他们正在购买的东西不会被误导。当要卖主承诺可信时，买主掌握的武器就是他可以采取行动的声誉。结果，生意会走向声誉好的卖主，即可信度经常得到检验并得到肯定的卖主。在这种研究的基础上，我们可以提出项目型城市适用的网络世界的各方面特征，来与商业型世界的理想相比较。

第一个方面是时间。纯粹的市场交易是即时的，不问时间，而以网络形式组织协作和交流则要建立参与者之间的关系，它不以计划或规章来加以稳定，但具有相对持久的性质。在网络中活动的两个参与者（供应商及其顾客）因此能共同付出，而这在商业型世界中是不相关的。

第二个方面是透明。为了价格的形成，市场被假设是透明的，
129 而网络只有在人对人的基础上才能被了解。谁也无法计算它们的总体情况。它们不是由一种一般对等物的项目来加以调节的。每项联系，以及在那里进行的交易，都有地方性质。在一个由项目型城市调节的网络内，信息从一个人流转到另一个人，而且不受干扰，只能在联系点才能获得信息。信息不能全部地、同时地达到每一个人，如同纯粹而完美的信息理想使全体市场参与者都处在平等的基础上。而且，正是这种特点，使得网络面对那些扣留信息、不让它流转、以取得项目型城市价值观不容许的好处的策略手段时，显得如此脆弱。[27]

第三个方面来自前两者，与个人关系有关。市场活动是匿名

的，或者把个人关系降至最低限度并远距离操纵[密切的、持久的、当地的个人关系，在市场逻辑中被等同为一种阻碍市场运作的“反公众阴谋”（引亚当·斯密语）]。[28] 对比来看，利用网络形式则预设善于建立长期相互依存和信任的关系并加以巩固。

这种类型的关系提供不同的好处。它们具有的共同点是：它们靠利用精良、公开的信息，而不是靠拥有关于价格和质量（如果有标准可循）的细微信息，例如市场的情况。以信任为例，那是网络信徒们的主旋律。它可以形容为对于难以肯定的（或者一项承诺中无法查证的）选择性和特殊性信息的一种支撑，以不言而喻的、扩散的信息为帮助，并结合对人们及过去经历或声誉印象的调和评估。信任关系在市场关系中最重要的一点是，在我们看来，它们方便了难以在合同中合理地全面规定的商品与服务的交易。它们也是另外两类好处的基础。第一类好处是分享或交流精良信息的可能性。当没有中介人时就只能说“据说”，这种信息只能人对人流转，因为只有在接收者指明传送者性质的暗示信息的情况下，它才是可信的和可以解释的。第二类好处是限制通过分享办法（互惠）来追求选择性的、纯自私收益的可能性，以更快地适应影响技术或市场的变化。[29]

第四个方面有关对包括在交易中的产品的描述。在商业性世界里，产品与人分离，由保证其质量的常规或标准来得以稳定——这就是品牌的作用。[30] 而在联系性世界里，产品脱离了人就难以流 130
转，它是由关系来转化的。在商业性世界里，交易见证价格的形成，但这并不改变产品的性质，或者供应者和需求者的性质，它先于市场交接。

相反，在联系性世界里，当连结有力量改变进入关系的人们时，它就是有用的和充实的。[31] 显然，这在工作方面尤为确实，人们工作的自主化构成了劳动力市场运作所赖以建立的重要法律虚构。有能力谈论劳动力价格形成于供求交叉的市场，需要两大前提：人们提供的工作资格及他们能提出的职业描述必须稳定下来，而且要相互独立地预先规定。而在网络组织中，人们的性质和职业的性质是在关系中互相规定的（弗朗索瓦·埃马—迪韦尔奈与埃马纽埃尔·马夏尔称之为“议定的权能”）。[32]但在这样的架构内，劳动力不能再作为与劳动者分离的一种商品了。

特别是，通过交换他们的信息，联系就改变了进入关系的人们。信息的传送，对在增加价值表现为实物的所有部门中建立连结起了关键的作用，例如科学研究。[33]每个参与者可以指望取得别人掌握的信息，或者通过提供信息作为交换，或者在关系不对称的情况下，通过获得无需互惠的信息，即通过联系本身。在后者的例子中，小人物自发地向大人物提出有用的信息，以便使他们自己受到关注，也就是说，两者都为了受到注意和识别，从而使大人物感到与他们保持接触是有利的。联系所发出的信息也可以集中在建立了连结的人们之间。关系改变了每个参与者掌握的关于别人的信息，从而可以改变他们对别人的印象。当人们谈到得到（或失去）某人的信任时，他们指的是这一类未公开的过程，这最终打开或关闭了资源的获得（使用货品或服务、信贷、声誉）。

因此，在联系性世界中，产品（特别是没有物质媒介的产品）——与发生在市场交换中的东西相反——不是清楚地可识别的，是和人们明显分离的。因此，关于该关系是有利的还是代价高昂的，是对称的还是不对称的，可能很长时间未得到解决，就可以理解了。没有人直接知道他们从关系中会受益还是受损（即便只是时间
131 的浪费）。商业性世界所特有的计算形式在这里遭遇到它们的局限。

联系性世界所特有的这套性质，构成了对和谐竞争的许多制约，而竞争是商业型城市的普通优势原则。可是，没有保证的竞争，商业公正就不可能。但是，网络世界的信徒们并不很重视商业型城市的这一中心价值，而是主张“竞合”，即采用晚近的新词来指明混合了合作与竞争的一种关系。[34]

所以，联系性世界有别于商业性世界，主张不同的公正机制。这对于把新近的变革解释为仅仅加强了经济自由主义，提出了一些保留。事实上，在若干情况下，网络世界中成功者的活动看来是相对不受商业检验的。甚至可能，他们的冒险、他们的项目会受到消极的市场制裁，而结果会在严格的商业基础上失败。但是，这种失败并不影响他们的地位或者他们已经获得的声誉。

与声誉型城市相比较

乍看起来，项目型城市所铭刻的世界，似乎与声誉型世界有许多共同之处。正如罗纳德·伯特所强调的[35]，在联系性世界中扩展关系也是有利的，因为它可以加强关系构建者的声誉。他们不能同时到各处去，就得在他们不在的场合依靠别人谈论他们，在合适的时刻提到他们的名字（例如当一个新项目成立时）。要存在于这种世界里，就必须存在于人们的记忆中（主要集中于姓名上），以及人们可能"造访你"的习惯上。

但是，项目型城市的网络世界并不具有声誉型世界的透明度。它的各个连结是各自独立建立的，没有能见度，不存在一个点，可以由此评估连结数量对于诸如一个特定政客或电视明星在民意测验中的受欢迎程度。

如果声誉型世界今天首先与大众交往有关联，那么项目型城市的世界则特别着重于个人交往，只是两个人在一起，或者在小群体中。声誉靠口口相传而不是靠媒介炒作：游说替代了广告活动。[36] 甚至可能发生，赞同网络的规范性立场会谴责声誉型世界，指出其不对称的性质：著名人物忽视赞赏他们的小人物，而在项目型城市中，大人物"知道如何倾听"[37]。 132

与家族型城市相比较

从表面上看，项目型城市与家族型城市显得有许多共同之处，以致可能会问它是否不代表它的当代形式了。事实上,两者都十分强调个人关系、直接接触与信任,特别是在工作关系中。

而且,20 世纪 90 年代管理学作者们的著作中不乏对家族组织好处的赞扬,他们看到其中具有网络架构的原始来源:“如果连结可以以友谊、工作、友爱的名义产生,它们首先仍然是一种血缘类型。要过一种高度积极的生活,最好的事情就是构建良好的家族世界。因为家族代表一种初级的网络,它没有人们想象的那么过时,相反,它正在进行大规模的变化。”(贝兰热,1992 年)阿尔文·托夫勒甚至预见到,企业世界会大大地向家族组织回归,但不是由独立小公司“接替的”形式。相反,他认为,家族组织应在大公司内部发展,或者与它们密切合作:“很明显……在明天的经济中,大公司将比过去更加依赖于一大批富有活力而灵活的小供应商基础结构。这些小公司中许多是家族经营的。今天的小企业和家族公司的复兴带来了深刻地反官僚主义的一种意识形态、一种伦理和一种信息系统。”(托夫勒,1990 年)

但这种明显的相似点,并不能经受更细密地审察,连结是如何在家族型世界和联系型世界中形成起来的。家族型城市展现出控制、满足和制裁的形式,很不同于项目型城市所提出的形式。

在家族型世界中,个人关系主要预先决定于归属人们的财产,特别是根据人们在家族等级制中所占的地位,或者家族在社会上的地位。取得连结的费用高昂,它是持续的,不是选择的(因此婚姻是部分地被指定的)。另一方面,关系受社会制约,因为人们都在同一空间内活动。人们很难逃离这一空间,在社区内空间接近,不是他们的个体独立存在,他们所需要体现自身的资源或者只是生存的资源,都是在那里。[38] 共同社会的根基和当地的存在,在地位检验中起着不可小视的作用。因此,工作的连结主要通过工作以外的连结,特别是家族的连结来控制,例如我们看到的徒工的情况。徒
133 工的师父不是仅仅在工作场所替代父亲。他的权威在于他可以要

求徒工的家族来加强他自己的制裁。[39] 在家族型世界内，每个人掌握的有关别人的信息量是很高的[40]，虽然这并不意味着这样的世界要服从透明度的迫切性（如同公民型世界对公众领域的情况）。把人人知道的别人的情况揭示出来，是不会自由地发生的(除了流言蜚语的形式)，信息的转移和一切转移一样，是由等级制关系控制并制约的。因此，例如，在法国直到20世纪中或以后所实行的极具家族色彩的学术庇护人制度之下，学生们在很长的修习博士学位期间始终隶属于他们的导师，不能自由出版或者随自己意愿行动并在不同学术中心之间传递信息。[41] 这种高程度的社会控制和个人依附，通过保证从属者的某种保障而得到补偿，从属者们对他们上级的忠诚预见到他们的上级对他们回报的忠诚。

按照我们刚刚提到的不同关系，项目型城市的世界在每一点上都是和家族型世界相反的。首先，关系并不是规定好的。关于这一点，管理学作者们确实加以强调，以对比家族型模式中对于自由的限制："人们对昔日家族的怀旧，忘记了它实际上对个人自主和自由选择强加的限制，以及对摆脱家族架构的有限机会。"(奥布里，1994年)

在网络世界中，人人都设法与他们挑选的人建立感兴趣的连结。关系是"可以选择的"，包括那些不直接涉及工作世界、而是属于家族领域的关系。[42] 而且，远距离的、相对不可测的接触，反而加强了它的价值。令人不感兴趣的连结是那些维持在狭小熟人圈子内的连结(马克·格拉诺维特认为是坚固的连结)[43]，而有意思的连结是那些与新人、新事建立的连结，人们由此脱离了若干层次的中介。空间距离是不相干的。不存在任何东西类似于可以受制于控制的地域移置。信息的流转是很难控制的。谁也没法计算网络的总数，它们一旦脱离已经打开的路径，就让每个人都多多少少难以理解了。

最后，对比于我们在家族型世界中所观察到的，移动性和非稳定性是组成一个人的重要因素，并构成取得高地位的条件。个人关系有极大重要性，即使谁也不能肯定建立连结的人们的忠诚。他们不但可以自由移动，他们受网络逻辑的激励，同其他人或机制组成
134 不同的连结。

我们甚至敢于假设项目型城市适用的联系性世界，认为它的组成与家族型世界的解体有关。后者的特定地位形式，在过去二十年间已被排除于大多数社会存在形势之外，特别是排除于专业生活之外，只对严格意义上的家族关系狭窄领域有效。这就是说，尽管项目型城市借用了家族型世界描述自己的某些词汇（个人关系、信任、面对面，等等）、同样名称的行动或机制（友谊、亲密、餐聚），但两者却具有相当不同的性质。保留甚至重新评价家族的行事方式（反对工业关系的非人性，以及特别是公民世界的调节性约束），事实上伴随着与家族型城市有关的控制、满足和制裁方式的消亡，它的投入准则（忠诚、终身雇用、保障、依附）对于不止一个方面的各种活动者已变得不可接受了。

与工业型城市相比较

网络模式对 20 世纪 90 年代管理学作者们的吸引力，在很大程度上是基于它正相反于 60 年代的“工业型”世界。在工业型世界中，人们受尊重的程度只取决于他们在专门部门的组织结构中从事某些责任并担任某些既定的职务。他们按他们的功能性质加以判断，即他们进行工作的效能。工作关系决定于结构，由规章和程序所监控的方法，整个说来也是一样的。

在联系性世界中，人们被号召自行行动，自行建立在工作中使用的连结——就定义来说，这种连结不能事先确定——并且不信任任何事先设定的结构与职务，这会把他们局限在过于熟悉的领域内。他们的灵活性、他们的适应能力和不断学习的能力是主要的长处，优于他们的技术专才（知识变化非常快）和他们的经验。因

此，性格弥补、交流质量、对分歧乐于听取并持开放态度，对于达到预先确定目标的能力，就比效率更为重要了。工作方法按照不断变化的需要而发展：人们自行组织并制定当地规章，不必按照某些公认组织部门的归总和综合合理化。[44]

上述分析使我们相信：我们所谓的项目型城市的确构成正当性的原始方式，它的建成基于新近形成的一个物与机制的世界。我 135
们也可加以肯定，在文本分析程序的帮助下，指出项目型城市确实在20世纪90年代的材料中有详细说明。

20世纪90年代的材料对项目型城市的详细说明

我们已经进入了解释机制，在其中，程序展开了以前指明的六个世界的基本原理（灵感型、家族型、声誉型、公民型、工业型、商业型），以及项目型城市的基本原理。这些基本原理由相关这个或那个世界的话语类型来表现为电脑化形态。因此，就有可能根据有无不同的类型来比较这两批材料。一个城市的出现情况，由一批材料中存在其类型的总数来衡量（见表2.1）。

表2.1：每批材料中七个世界的出现

20世纪60年代		20世纪90年代	
工业逻辑	6764	工业逻辑	4972
家族逻辑	2033	网络逻辑	3996
商业逻辑	1841	商业逻辑	2207
公民逻辑	1216	家族逻辑	1404
网络逻辑	1114	灵感逻辑	1366
灵感逻辑	774	公民逻辑	793
声誉逻辑	479	声誉逻辑	768

初步观察，由于我们两批材料的性质而毫不奇怪地发现（它们

的主题是改进工作组织），工业逻辑在两个时期中都占主导地位（虽然在20世纪60年代的提法一般都是正面的，而在20世纪90年代则常常是批判性的）。这种优势在60年代实际上未受挑战（见工业世界和紧随其后的世界存在数量的两者关系），在90年代，由于项目型城市实体所占的地位而使它受到限制（该实体的数量几乎是60年代第二位逻辑数量的两倍）。如果90年代的第二位是网络逻辑，家族逻辑则占了60年代的这一地位，这就肯定了家族逻辑被联系性逻辑所替代或吸收的设想。商业逻辑保持在第三位，虽
136 然其数量略高，却进一步说明三十年间影响工作世界的变化，并不是很多表现为市场机制受欢迎的形式，而是描述涉及网络的结构改组。这就倾向于否定那些设法减少资本主义精神的当前趋势，而完全主张扩大市场正当性的分析。

另两个现象应予强调：一方面，公民世界在20世纪90年代的衰落，这可以直截了当地涉及到20世纪60年代论述公司行动与国家行动之间的重要关联，它后来消失无踪了；另一方面，灵感型城市受欢迎程度的增加，这应当联系到20世纪90年代对革新、风险、不断寻求新的解决办法及高度个人品质的强调。附录四提出了两大材料中不同正当性记录名单的相关表现的补充分析。

因此，我们所运用的文本分析纲要，就有可能在三十年的时间内对正当性的记录提出重大的转变，管理著述以此为基础，网络逻辑的受欢迎程度增加到顶级。较小量级的进一步变化也发生了：商业参考内容有了重新分配（见附录四）；提及家族的内容明显下降；公民逻辑不见了，代之以灵感型逻辑。项目型城市——我们认为它是当地正当性的基础，是用以说明新机制超越资本主义的经典理论的正当性——同样描述了20世纪90年代有别于60年代之处。因为与它相应的、用以分析城市记录的出现，证明是最为惊人的现象。因此，这会肯定我们从材料中提出的建构设想，在风格和集中形式上确实代表了新资本主义精神高度原始状况的特点。

当然,这个提纲用以清点项目型城市出现情况的词表,包括20世纪60年代管理著述中许多很不常用的新名词,诸如"联盟"、"合伙"、"教练",等等。但这种观察并不否定我们的成果,因为重要意义的每一项改变,其后都带来了新名词和新工作方法。分析家的作用之一就是,在一定形势中找出新的东西。这些城市并不是在他那个时期内一起显示的,而由于当时"目标"、"计划"、"组织表"和"最优化"等说明工业地位特点的概念尚不存在,所以在一段时间内,网络不能声称作为组织社会的总体模式。

关于这种新价值体系出现的一个最惊人方面之一(对此,我们设法提出一个初步描述:对新近的管理材料应用一个以前用于描 137
述有关城市世界的坐标),就是这一现象完全不限于管理领域或者公司领域。相反,各种指标都说明,网络的比喻正在逐渐承担起作为新的社会总体代表的任务。因此,关于连结、关系、遭遇、决裂、丧失、孤立和分开等问题,成为建立新连结、形成新项目,以及坚持不断恢复要求自立与希望保障之间紧张关系的前奏——这些也是个人生活、朋友关系,特别是家族生活当前变化的中心所在。这种变化在家族社会学的新近著作中有所分析[45],同样地(这或许与我们的目的更有关系),这在电视剧中也有描绘。电视剧通过想象变化,表演了这一主题本身,演出了它的各个方面。[46]正如小说、电影或电视的故事所揭示的,社会以有关阶级与社会根源问题的戏剧、紧张、复杂或困境的形式所投入的想象——那在20世纪60年代和70年代是极为显著的,而且无疑与经历高度社会流动的世代有着一致的敏感性——在今天却倾向于被聚焦于结合问题所取代,这被理解为总是成问题的、脆弱的、有待产生或再产生的。焦点在于对生活世界的表述:联系和不联系及包罗和排除,以自我封闭作为集体性的隔离("宗派"),或者对一个遭遇、互助、损失和最终孤独的危险世界开放。

网络表述形式的概括说明

在构建一项日常新道德的过程中，人们不能不被无数领域的研究和思想所提出的千变万化和参差不齐的主张所影响。下面我们将给出这种构建所预示的大量概念的概览。

关于网络材料的激增

联系性类型(我们已经勾画过它的形式)并不构成一种特定形式,它只有在涉及关于公司的著述所内含的发展时才有意义。

即便快快地回顾一下过去二十年间哲学与社会科学（它们今天在某些方面行使着一度赋予政治哲学的任务）中各种高度活跃
138 的思潮,也足以表明其对立面。网络的概念,直到大约 20 世纪 70 年代,还是一个比较专门或边缘的用语;但从那时以来,它已成为很多关注的对象,而现在则可以从大量的、相当多样化的若干学科的理论或实用著作中找到它，以至于这种发展的推动者已经在谈论一种新范式了。[47] 对网络的谈论传播起来轻而易举,专家研究的扩散速度和网络新词语的迅速流行，更加使厘清网状主题的“科学”用法和“意识形态”用法难以做到。[48]

可是，尽管来自网络逻辑主导的管理材料中的大量词语或概念,在人文科学著作中有它们的同等内容,但我们材料中直接提及这些著作较少,很多是集中在少数几名作者的名下。这些作者在三个方面涉及网络形式的管理:第一是交流(以哈贝马斯、贝特森和瓦茨拉维克为代表);第二是复杂性(J.-P.迪皮伊、埃德加·莫林);第三是无序、混乱与自我组织(以普里戈金、斯滕格斯、阿特兰、海森堡、霍夫施塔特和瓦雷拉为代表)。[49] 作为一般的规律,我们材料中的作者主要引述其他管理学作者,而且时常相互引述;这符合管理学作为一门特定学科的存在。[50]

在其他方面,在获得项目型城市轮廓的主要作者的著作中,我们找到了伊万·伊利奇20世纪70年代著作中的一些阅读线索。它们对反独裁主义的强调、对集权的批评、对自主性和可称为自我组织（有点不合时代）的重视，以及它们的技术人道主义——使工具服务于人，而不是人服务于工具——将会在项目型城市的主题中提出来。但情况仍然是：伊利奇极少被管理学作者所引述，至少在他们的著作中（这不排除在讨论过程中谈到年轻时得益或热情时承认他）。这是因为他推进对工业社会的批判，他对商品化和资本权力的批判并不很符合经理人的任务。[51]

为了勾画管理著述与自然科学或社会科学著述之间的界面，以支持对基于最低连结原理的世界加以描述——就是说，建构一套包括管理材料（特别是我们依靠来展示项目型城市的有些材料）和经常在社会科学期刊上被引用的材料——我们必须转向不同的来源。我们在这里感兴趣的作品，其更具总体视角的目的是要使得广大公众认识到：为了解读我们正在进入的世界，我们必须（不论是什么领域）寻求网络的概念。例如，1995年由两位顾问（A.布雷桑德和C.迪斯特勒）出版了《理性的星球》。他们是研究生院的产 139
品（布雷桑德是理工学院的前学生，迪斯特勒是师范学院的前学生），他们创作的这部著作协调了学术领域和企业领域。因此，在这部著作中，我们找到涉及以下方面的内容：（1）网络模式的公司行政管理，特别是关于包罗在我们材料中的大量管理材料（乔治·阿尔希尔、埃尔韦·塞里埃、阿尔文·托夫勒等）；（2）交流的经典材料（马歇尔·麦克卢汉、雷吉斯·德布雷）；（3）信息经济学家（例如阿尔弗雷德·钱德勒、奥利弗·威廉姆森和让·梯若尔）；（4）论述电脑科幻空间、虚拟、“互联网文化”及更一般的信息技术（S.佩帕特、谢利·特克尔、M.克罗宁）；（5）自我组织理论（J.-P.迪皮伊、F.瓦雷拉）；（6）与美国网络分析社会学有关的著作（R·埃克尔斯、R·诺兰和马克·格兰诺维特）；（7）新科技社会学（布吕诺·拉图尔和米歇尔·塞尔）。[52]

这些相关内容的异质性应当不会使我们惊奇。在城市形成中，大量事物被同化为对等物（在此以前一直被视为属于不同领域或逻辑），伴随着加紧的同质化努力，以展示一个世界的潜能，并检验它的道德一贯性，检验它是否符合公正的要求，以便使这个世界的活动可以被断定为合理合法。

不言而喻的是，没有必要去强调，通信和交通技术机制的重要发展方式已经激励了联系性想象。特别是，它已经有效地使得一个本身并非新颖的现象具有实质内容：属于一定领域（包括国土领域）的联系和制约，受到建立于相当距离以外的连结的挑战。今天常见的情况是，与减少空间亲和力的联系相比，远距离实时通信在消除邻里团结重要性方面往往强于运输设施。[53] 例如，科学研究者的模型和全世界与其有共同兴趣的人们有联系，但是与他相邻办公室的同事们却毫无关系。更一般地，对很大数量的工薪收入者来说，传媒的发展，特别是工作场所电脑工具的发展，已经使抽象的网络概念有了具体的存在。特别是技术变革的积累，加上使用成本的不断降低，有助于缩小各单位之间的界线。再加上解除管制的明显政治措施或者立法的消失[54]，同样使得若干数量的法定保护过时，那些法定保护是通过长期的、成本高昂的努力取得的。它从而打开了联系的可能空间，并提供空前推动力给网络活动和重新界
140 定社会联系的理论工作。更深刻的是，建立一门新的人类学的基础，不在于交换物品的普遍倾向（商业型城市的情况），而在于形成联系的倾向（其程度不亚于普遍）。

网络：从不合法到合法

通过给予网络形式以公正的迫切需要，建立起一种项目型城市，使它成为合理合法的政治形式。每当一个城市的建立突出了观察和构建世界的方式（在此以前，这种方式或被其他形式所吸收，或被批评），就可以看到这种合理合法的活动。在手头的事例中，更

加惊人的是，仅仅在不久以前，“网络”一词只是大体在技术意义上（电气网络或电话网络）才不受批评地使用。

因此，在20世纪60年代的管理著述中，这个字眼还是很少采用（在60年代材料中出现21次，而90年代材料中则出现450次），提到网络的是在涉及通信的段落中，主要谈到公司内的纵向和横向关系。[55]因此，它被使用的意义相当不同于今天的含义：现在，网络关联到跨越一切界线的思想，特别是关于公司和组织表中记录下的通信与隶属途径。因此，网络一词在20世纪60年代用以指有关包围个人的那张网络的制约与网眼，而不是代表进行联系的活动。因此，法国人“由一张复杂的法律之网保护着不受‘他人’侵犯”（塞尔旺—施赖贝尔，1967年）；干部们被卷在“责任网”之中（加布里西亚克等，1968年）；官僚主义“保持了一整套权威、依附和从属的网络”（德伍特，1968年）。同样地，为了对某人的负面评估落实下来，就有必要“把有关的人罩上他无法实现的政策、目标、纲领和预算之网”（热利尼埃，1963年）。最稀有的用法，也是最接近当前意义的用法，就是以这个字眼来区分公司内非正式的生活和正式的结构。[56]但是，当作者们负面或正面评价现象时却感到尴尬，一方面是因为，出现不受结构所控制的过程在管理上是成问题的，而另一方面，作者们对于非正式关系时常提供的支持也是很关注的。

对较早时期字典中“网络”一词用法的研究，也同样指出：直到20世纪80年代当它被用来指人的组织以前，此词几乎总是贬义地刻画秘密的、不合法的或非法形式的联系。实际上唯一的例外是“抵抗网络”，它的特点是：既是非法的（对于维希当局及占领当局而言），因而是秘密的，又是合法的。但即使在这一事例中，不同于
我们今天所看到的，与合法的公共关系透明性相比，网络总是与秘 141
密有关。最后，不像犯罪阴谋、组织紧密的团伙，网络不但对外不透明，而且对内也不透明：参加者不知道所有其他人的情况。因此，网

络让人联想到阴谋，或者如卢梭在《社会契约论》一书中指那些不属于公共利益的私人团体时所称的密谋。在这一主要为贬义的内容中，网络可以指既不合法、又是合法的事（武器、毒品、偷盗的财产、兼职）。或者可以指一批在地域上分散于不同人群中的人们，秘密地保持私密联系和相互帮助而不利于他人，但他们的行动不一定具有非法性质（“黑手党”一词常常联系到网络，介乎以上两种类型之间）。

在两名记者最近写的一本著作《参与颇多：强势网络秘史》[57]一书中，我们仍然发现在提到网络时采用老用法。该书作为“网络秘史”问世，旨在揭示“集聚于金钱与知识权力周围”的“隐蔽性团结力”。而且，这两位作者在他们的导论中不厌其烦地把自身同管理著述中提出的正面的新网络概念区别开来——“这种消除疑虑的热情集体的重新发现，恢复了颇有田园牧歌式的网络形象。”[58]这两位作者则认为，网络既不是“游说场所，因为它们超越一种紧急情况下严格的利益联盟”，也不是“社区结构，因为它们小心谨慎地避免任何体制化”。它们是“流动性的”联系，旨在“互助”、“影响”、“金钱”、“权力”，由一些人在他人不知情的情况下建立起来，相互承认具有认同的原始性质，而不在公共生活中强调。这两位作者所密切关注的网络名单，充分反映了传统上被怀疑以牺牲公共福祉来服务于隐蔽利益的一批集团。团结它们的可以是地区因素，特别当它们来自外围或贫困地区（科西嘉人、科雷兹人、萨瓦人、布雷登人和奥弗涅人，第23—49页）；族群因素、宗教因素，或鼓吹公共社会者（犹太人，第63—67页；新教徒，第79—86页；共济会员，第163—174页；天主教徒，第327—355页）；两性因素（同性恋者，第53—60页）；政治因素（前托洛茨基派，第146—152页）；行政因素(技术官僚，第216—217页)；知识分子（第231—250页）或时尚分子（第109—115页）。

在过去二十多年中，社会学使用网络一词，也发生了如同我们在其普通用法上看到的同样的含义变化。在20世纪60年代,主要用于揭露特权,特别是在教育与劳动力市场方面,得益于社会出身的人们可以小心地加以利用。在今天,网络则作为被中性地工具使用。它所呈现的(至少含蓄地)是比标准的正式关系更为有效和公正的社会形式,可以逐步协商地整合进就业。因此,社会学使得公民型城市与工业型城市之间基于妥协的惯例丧失了合法性,而使项目型城市的合法性得以加强。 142

但是,如果我们限于记取其符合联络、运输、通信等新技术工具的发展,或者与其他领域相关概念的扩散相伴生,那么我们确实不理解为何网络的比喻被选用来代表兴起中的世界及其发展的合法性。同样重要的是,通过迅速勾勒出网络一词的起源,表明它如何被构建成反对旧世界的相关概念。因此,很自然地要进而讨论它的转型问题。

有关网络著述起源的一些评论

这就是过去三十年间促使网络范式发展的滚滚潮流,其历史多得无法回顾,真够专门写本书来谈谈的。另一方面,我们可以提出一些主要的轮廓。

网络范式的形成,在一般情况下结合着对于关系特性及关系本体论(而不是实际上自我界定的实体所具有的特性)日益增大的兴趣。如同初看起来有相当差异的不同学科的相关看法,对于这个观点的其他描述会被移植过来(有时甚至把它掩盖或模糊)。例如,自19世纪以来,它们不断从一种社会有机观得到支持,把社会视为由种种流灌溉的活体,不论是物质流(通讯途径或者能源分流体系)还是非物质流(金融流、信息流,或者符号扩散活动)。[59]或者,它们可以从社会心理学所赞同的社会人际关系技术的发展中得到支持(电脑技术有可能使关系的描述自动转化为图表),特别是J.I.莫雷诺在20世纪30年代和40年代以图表("社会图表")来描绘小群体中的个人通过定向通信流相联系。[60]特别是,这后一潮流要保证网络分析的成功,首先是在社会人类学[61],然后在社会学和历史学——这个领域的使用具有特别的难处,我们不久会加以说明。最后,作为末了一例,我们可以把过去二十年间网络范式的形成,放在设法让电脑学和大脑生物学结合到一起的认知科学架构之
143 内,放在联系型分布智能的模式之内,意欲不按等级制规则系统来构想激发智能的理论方法。[62]

如果我们能把这些差异很大的利益表述同化在网络之中,使之具有共同的认识论取向,也就是说,使关系特性超越结合于实体的特性,那么情况仍然是:导向这种范式形成的途径在讲英语的国家——特别是在美国——与在法国有不同的过程。

在法国,人类科学领域对于用网络词语描述的兴趣,出现于20世纪60年代的哲学课程中,特别是帮助更新科学哲学的哲学事业,通过拒绝由主导认识论在科学活动与其他类型知识实践之间所确立的界限,以使这一学科处在非简化论的道路上。

涉及网络的内容结合着寻求总体化的方式,以使识别的关系特征及其连结的实体只受最小的歪曲。这和简化论观点不同,后者通过把实体和关系与原始类型、层级、结构关联的方式,把它们纳入群体,成为依次计算的对象。因此,基于网络描述的观点就与结构主义具有复杂的关系。它们所共有的事实是:它们都强调关系特性,而不是强调实质:众所周知,自从索绪尔以来,棋艺中每走一步吃掉一颗棋子改变了全局棋子的地位价值,为结构观点构成了典范的比喻。然而,不同于结构主义——其项目是识别原始结构且在此基础上进行转型,并因此开始"寻找'世界的逻辑结构'"[63]——网络观点与根本的经验主义相一致。它不认为世界是按基本结构组织起来的(即便这些基本结构是隐蔽的,要通过科学努力加以揭示而还原成初始成分),在它所呈现的世界里,每件事物都潜在地反映其他任何事物:世界往往被视为"流动的、持续的、混乱的"[64],

那里的任何事物都可以联系到其他任何事物，所以必须以没有任何简化的先验推论来加以处理。因此，求助于网络的概念，是由于希望提供能结合任何实体的、非常一般的公式与模式，而不必指明它们的性质，作为网络本身显现的特性来对待。但这种网状世界并非断定为混乱，经过分析，可以找出一些比其他更稳定的关系、优先路径和交叉点。

但是，正如米歇尔·塞尔所说明的[65]，这要求有模式的支援，使我们有可能了解如何来实现这种概括的联系。在他的著作中，这种图式就是“交往联系”、“有选择的革新点”，通过提供对差异具有敏感性的总体化计算手段，使之可以“对付复合的挑战”。[66]这里提到 144
的交往联系，显然从一开始就关系到开放空间取代实在主义本体论的项目。这开放空间是没有疆界、中心或固定点的，那里的实体都由它们所参与的关系所构成，并按照开放空间中相关的流动、转移、交换、更迭与置换而变化。[67]关于相互有关的实体符合连结事件的本体论优势，比美国版的网络范式更加激进得多，我们不久将对此加以研讨。连结的时刻（吉尔·德勒兹称之为“遭遇”[68]）就是进入某种关系的实体构建认同性的时刻。因此，在这种世界里，从可能是外界观察者的观点来看，没有什么事物先验地简化为任何其他事物的，因为“简化”（一种成分同化、转化或表达为它所接触的另一种成分）正是网络内产生和稳住联系的活动。描绘网络就是观察和报告这些简化活动，它在相互联系的开放空间里产生相对的不可逆转性。

由这种新颖的语言所促成的完全创新的描述，有助于在 20 世纪 80 年代更新社会学，并通过布吕诺·拉图尔和米歇尔·卡龙所创立的新科学社会学渗透进去。在这一潮流中，以网络为语言的描述被利用来克服有关“科学”本身（被认为是“客观的”，至今在科学社会学中占主导地位）与科学的“社会用途”（涉及玷污这种所谓“客观性”）之间的分割。[69]

但是，这同样的哲学命题也涉及较不特定的趋势。至少在法国，在 1968 年 5 月以后，它被用于一项对“主体”的批判（特别被德勒兹），只要这主体被界定为有关一种自我意识或一种本质，而这根本不是在置换过程中卷入关系的迹象。它也被用来批判任何可被谴责为能够充当指示物的“固定不变之点”。这包括例如国家、家庭、教会及更一般的所有机构；而且还包括思想大师、官僚体制和传统（因为它们成为一种被视为固定不变之点的起源）；以及涵盖宗教或政治的末世学，因为它们使人们寄托于未来。在 20 世纪 70 年代，这项批判几乎自然地指向资本主义，总合成为对资产阶级家庭与国家的痛斥。它们被谴责为封闭的、固执的、化石般的世界，不论是由于其依托传统（家庭）、法规与官僚制（国家），或者算计与计划（公司），而不是在开放式网络中经过许多变形的移动性、流动
145 性，以及善于周转的“迁移性”[70]，但另一方面，它也能够对付法令之间、范围之间、领域之间、层次之间、机构之间、事例之间等等的僵硬分割，它在同样的期间，特别是在马克思式结构主义的社会学文本中，采取了被视为神圣的假设形式，当时对它的任何质疑都被目为亵渎。[71]

这种批判的做法（有些它本身也不知晓）也使自身有助于解释何谓解放：不但要解脱对个人和机构的忠诚（现在经受的是不合理的奴役，这是正在衰落过程中的旧家族秩序），而且也要摆脱一切“等级制”和“机器”，也就是说，既摆脱“国家机器”，也摆脱像“工会机器”那样的“机器”（它推进了劳工法的创建、对社会阶级的承认，以及促使他们在国家中取得代表权的过程）。[72]

在英语著述中，基于网络逻辑的世界观（不仅是社会观）依托于实用主义和激进经验主义。在这种情况下，不同的和分立的成分之间如何建立关系是基本问题（而不是由一名观察员把它们纳入既定的类别，作为对等物来先行统一）；它把注意力放在交往联系的过程。这导致以网状“符号”的形式来描述世界，每个符号能根据

其特定位置(而不是以不在这种模式内的某个涵盖一切的观点)来反映或描述其他符号。因此,C.S.皮尔斯发明的、往往隐含重要性的符号学,在形成对世界的描述时,把世界构想为一个网络。的确,在皮尔斯的著作中,符号不仅涉及客体(如在表明者与被表明者之间的二者关系),它本身必须被加以解释以便具有意义(而不是作为用字典内可释义的其他词语来定义的词汇)。符号的这三种概念(符号、客体、释义)就可以描述世界,因为它可以带有意义,作为由多种转化构成的不定形“网络”,而“符号如不转化为更充分发展的另一符号,就不是符号了”[73]。解释者因而起着转化者或中介者的作用,使网络通过连结实体而扩大,否则会仍然孤立而缺乏意义。网络因而可以把“具体形式”中间的客体加以概念化,界定为稳定而封闭的联系(可描述为结构的概念)和“混乱的无形态”,那里没有连结能经由同一路径从一个成分几次跨越到另一成分。

主要是美国社会学的各种思潮,它们处在来自实用主义的一条线上(诸如芝加哥学派或象征性的互动主义),问题在于渗透社会科学的领域。这两股思潮的大部分并非诉诸网络方法论,它们设 146
置一项架构,使网络词语的分析可以无困难地结合进来,因为这一架构在某种程度上是预设并需要它们。这一架构使我们感兴趣的特性主要有三种:第一是可能性,即在同一空间中共存的、独特性得到尊重的、极为相异的成分之间建立因果联系的可能性(帕克的社会生态学);第二是关注,即关注由纯个人主义观发现的、被批评为细枝末节的东西,以及相反地着眼于正规组织和宏观社会现象的制度方法;最后是意愿,即意欲在小团体之内着手互动,根据G.H.米德确立的观点,这主要是交流联系的活动,人们通过这些活动立即构建他们的“自我”,并产生在社会生活中运用的、由其象征性界定的意义。根据这一逻辑,人们不可分割地都是“行动者”,他们从事行动;都是“解释者”,他们通过交流“符号”来阐述社会意义,那是当行动处于人们授予意义的关系流时所采取的形式。从这一角度看，似乎最稳定的个人特性——例如性别或专业——本身都是在互动中服从于解释的符号。所以，不把它们作为实质特性而视为关系特性是合适的：它是在互动之中服从于解释，这些性质是带有意义的；而意义决定于关系，当我们从一个关系进入到另一个关系时，意义就会变化。所以，不可能像在结构主义影响的建构中那样机械地用来自团体、机构、组织等成员的一批特性来界定个人。

这些立场的激进化在20世纪60年代和70年代走向两个不同的方向。第一个方向——种族方法论（我们在此并不直接关注）构成其完全的表达——包括专门强调解释过程，而行动者则设法在行动过程中使社会成果具有意义。它被总体化的问题所困，因为解释工作所依靠的字义与这些情况相连结，而这些情况被假设是相当独特的。第二个激进化同样包括不认为存在使总体化成为可能的人们（个人或集体）的稳定特性。但是，它不是集中于互动中的解释工作，而是通过专门针对网络内被设想为开放的关系，努力重新开发旧的莫雷诺的社会人际关系研究，并使用一种图表理论的语言，来重建总体化的机制（即使总体化的目标预设会关闭任何时
147 候所考虑的一批关系）。按照这个观点，个人总是不如联系它们的关系贴切。[74] 它们可以被作为关系交叉处的一批“节点”，使得非常不同的实体聚集到这个空置的空间。

毫无疑问，与马克·格拉诺维特的作品一起，哈里森·怀特的作品和他的团队，在这一思潮的发展中起着主要的作用，提出可以自动处理的算法，以便建立比只关注小团体的莫雷诺的著作更宏大规模的关系网络。革新并不仅仅是技术性的，它也旨在使社会学摆脱“类别”、“种类”、“层级”的“旧”观念。这在早先以地位为基础的社会中是有效的，而对于开放的、流动的（自由的）社会则不再适合了，在那里，是“机会”起着主要的作用。[76] 因此，大受欢呼的方法论革命在孕育时就包罗了摆脱它们领域内的“旧”体制的承诺，“僵硬的”组织，包括一劳永逸地定下的“作用”和“地位”，都被视为强制

性的和过时的。根据这个范式最激进的内容,其方针就是要贬低建立关系的各个成分的特性,即人们的特点,例如作为妇女、黑人、青年、工人等已不再相干;而只考虑关系特性,即联系的数量、频率和方向。

只是在过去十多年间，美国的网络社会学才通过集中于社交能力调查的活动牢牢扎根于法国[77],而且,大多数案例所采取的方向并不与网络范式扩散的方向相重叠。我们粗略回顾一下法国20世纪60年代与70年代的哲学思潮向新的科技社会学的扩散。

我们设法表明,两者都可能来自最终相当同质的图式,而且可以明显加以配置,使得关联第二种资本主义精神的世界(及其官僚制、国家、资产阶级家庭和社会阶级)失去合法性,而有利于第三种资本主义精神赋予意义的新网状世界。即便如此,我们确实发现自己面对两个“学派”,它们通过研讨会、座谈会上的个人接触频率或论文引文来衡估的交叉点,即使并非不存在,但也比较有限。

为什么我们不使用这些创新文本中的一个,依据《论正当性》一书中检验的观点(它先于法规文本与实用手册)来描绘建立在网络架构上的秩序特征呢？因为,就我们所知,没有什么关键文本试图确立基于网络的和谐、公正世界的可能性。我们已经勾画的联系型秩序的形态,并没有像例如家族型、公民型或商业型秩序那样,
成为基于政治哲学传统的系统性构建的对象。毫无疑问，这是因 148
为,详尽阐述网络概念的当前思潮,正是为反对以共同福祉为政治哲学基础的形而上学结构而精心建构的(《论正当性》一书加以实行而建立城市系统论)。在某些事例中,它们被构建为内在哲学,以避开、绕过或吸收由道德例证持有的立场,涉及公正的合理判断可能由此而来。因此,我们往后将会看到,这些哲学从心理分析中借用诸如“力量”或“移置”等观念(我们自己也会使用,但把它们与共同福祉和公正的观念相连结),以便把西方政治形而上学的双重空间(如德勒兹所说)吸收进一种“内在层面”。

这也是为什么设法使网络的描述符合于以道德表达的关心，其中所包含的涉及公正，所以这最为接近我们所谓的项目型城市，因此，这种做法把来自相当不同思潮的成分移植到网状主题上。这些思潮虽然都强调交流联系，却阐述了这个主题的一个新问题，靠语用学的帮助得以表达，并采取网状本体论所抛弃的康德传统，明确地分配给它们一项任务，来重建以真理与(或)道德正确作为判断的可能性。[78]

网络在社会科学内的自然化

在描绘具有自然事物一致性和直接性的联系性世界时，社会科学所作出的贡献(铭记于项目中的行动均可视为合理)，最终是由于它们得自科学概念的自然化能力。因为，归根到底，说明世界是由什么组成的，总是要赋予它一个自然的内容。显然，自然化对有些学科的影响特别强大，那些学科瞩目于联系生物学与社会，把生物有机体的方式移植到社会联系上来；或者把它们对社会的描述构建在生理学比喻的基础之上——不是指老的机体和细胞变异，而是指今天有网络和源流的神经元的比喻。但自然化的影响同样也对较不强的范式有作用，特别是当它们被一项特定技术协调结合时。因此，铭记于网络社会学强大项目中的雄心是，要把一切社会过程都以联系的数量、形式和方向来加以描述(不管这些已建
149 立的连结之间带有任何特点，或者形成这些连结的体制具有任何特征，或者其正当性的逻辑所在)。这一雄心确实以简化主义的精神，旨在为社会科学提供真正的科学基础，使它们建立在对基本成分的分析之上，或者建立在据信构成社会“混凝土”(乔恩·埃尔斯特在另文中也使用此词)的联系之上。

希望在网络分析的基础上构建一个真正科学的社会学，已经以两种不同方式表达出来。简要地说，第一种的特点可以称之为历史主义的，第二种是自然主义的。

第一种，历史主义观包括捍卫网络分析特别适合描绘当代社会的想法，因为网络活动的发展正是这些社会的特点。这第一种观点看来是怀特、布尔曼和布雷格所采取的。[79]

然而，随着可应用于任何事物的特定技术的发展，以及一个真正学派的形成，网络分析将我们称为自然主义的方法，越来越多地用于重新观察和重新解释历史数据。这些重新描述替代了早先的解释——例如，根据阶级之间、集团之间、政治文化之间的冲突或者象征性交流——以完全依据网络结构来描述历史变化的分析。这方面的典型是，约翰·帕吉特和克里斯托弗·安塞尔根据以前数据提出的有关1400年至1434年间美第奇家族在佛罗伦萨兴起的解释。针对早先那些就新集团兴起和阶级冲突所作的解释，他们强调科西莫·美第奇成功地使自己位于不同网络的汇合点，明智地利用了网络的结构性空隙。[80]同样地，我们可以读到费尔南·布罗代尔强调称，他在描绘资本主义的起源和发展时，着重的不是竞争和市场，而是支持远程贸易的社会网络。[81]

从阐述项目型城市的观点来看，这两种立场都有优点和弱点。第一种历史主义的立场很好，因为它强调了网络世界的新颖，以及网络适合于描绘当前这个我们居住并设法了解的世界。描绘联系性世界并认为这种形式是我们面前正在构建的世界特点，这一立场和它很协调一致。但是，第二种自然主义的立场具有的优点是：使网络形式更坚实地建立在世界的自然性之上。

在这两股思潮中活跃的研究者可能回答称：关于网络的辩论并非围绕于世界，而是围绕于描绘方式；因此，这纯粹是方法论讨论的问题。但是，首先，描绘的正确性不能与所描绘对象的性质相分开，针对类别观的批判想要确立世界的形象，而世界的意义只有 150
认识网络构成世界主要防护手段的人才能揭示。

然而，历史主义立场（网络是适合我们时代的形式）与自然主义立场（网络是构成任何社会世界，甚至是整个自然界的结构组织)之间的紧张是可以减轻的,只要人们同意:在知识规程中,网状组织所构成的形式,是最适应于根据联系性逻辑的城市观点看到的世界总体形象。以商业型城市为例:在19世纪末,市场必须处在政治哲学的中心,因为过去社会中的市场层面是这样被理解的,也就是说,依据商业型城市的语汇和概念。同样地,网络有可能具有适当的形式来描绘布罗代尔所谓的方式,即伦敦或阿姆斯特丹的银行家实现了大大超过当地市场提供机会的剩余价值。但是,这些银行家并不根据网络形式来描绘自己的行动,而且也不要求网络或项目来表达价值判断或构建正当性。

历史主义观和自然主义观犯了同样的失误,这就是:相信事物状态和描绘方式可以脱离对事件进行价值判断的规范性立场而加以处理。我们相信,如果某个新事物进入到我们这里关切的方面,那正是一种判断方式的形成,它理所当然地认为世界是一个网络(而不是诸如一个系统、一个结构、一个市场或一个社区),能提供支承点来评价和排序这个世界上存在物的相对价值。

结论:新资本主义精神在道德层面上的改变

我们称之为联系性世界的发展,以及服从公正要求的项目型城市的形成,构成了建立新资本主义精神的主要规范性支承点。现在,我们已经在很大程度上提出了项目型城市,我们可以扩大新资本主义精神与此前的精神之间的比较,力求显示它们在道德层面上的差异。第一种资本主义精神提供了节俭之德,甚至更多;第二种资本主义精神提供了工作与能力之德;新资本主义精神则标志
151 着在金钱与工作方面都有变化。

在金钱和财产方面的改变

主宰19世纪与20世纪前三分之一时期的资本主义精神的形式中，节俭是进入资本世界的主要手段和取得社会晋升的工具。主要是靠反复灌输节俭道德的办法，传达了公司所珍视的自控、适度、节制、勤劳、规整、毅力和稳定对等值观。

在网络世界里，节俭的意义并未消失，但应用在不同种类的事物上。正如加里·贝克尔在三十多年前所预见的，在我们的社会中——至少在并不面临生活窘迫的干部之类的人群中——主要的稀缺是时间，而不是物质货品。因此，在这个世界里，节俭首先是要证明节省自己的时间并以审慎的方式支配时间。显然，这首先指联系别人的时间：不浪费时间，包括把时间留给建立和维持最有利的联系上——就是最不大可能或最远距离的联系——这是相对于把时间浪费在与熟人交往、找找乐子、联络联络感情之类而言的。但是，适当的分配空闲时间也与取得信息和金钱（这两者往往在一起）有关。人们不应挥霍时间或者把时间保留给自己，无目的地节省时间。他们应当把时间用于寻求好项目的信息，如果他们节省了时间，就不要浪费在无用事情上，而是留给利用机会以投入未曾预计而有潜在兴趣的新项目。时间代表了基本的资源，可以联系那些掌握着金钱门路的、项目预算可以依靠的活动者。可是，鉴于时间是不能储存的资源，这种节俭不能保持静止，而要不断再投入。重要的是，使得人们所依靠的资源动起来。金钱也是这样，由于它的个人性质，就要更加严格。至于货币储蓄的管理可以委托给别人，而时间的最佳投入则必须由个人自己掌握。

更一般地说，在网络世界中，有关金钱与财产的日常方面，有别于传统界定的资产阶级习俗。但是，它也有别于20世纪40年代标志着与大官僚制相结合的、受过大学教育的、有资格的支薪经理精英分子的兴起所具有的有关财产的新形式。最适应于联系性世界的活动方式，标志着资本主义历史上的一个转折点，因为它们有助于使得财产的西方定义发挥作用。鹫田清计对这一定义专门写了一篇出色的文章,从中得出了以下内容。[83]

经理类别的构成,首先是财产概念所包含的各种成分发生破
152 碎分裂,其形式是所有权和控制权分离。经理并不拥有他们所控制的,与他们相对的是业主,业主为数众多,其权利有限或者无权。在某种程度上,这种分离可以视为形成主要的现代权力概念(与对它的批判)的基础——官僚主义权力(它曾经被界定,在其他社会和不同时期都很容易被识别)。它是纯粹的,意思是说,它分离了因与财产相关而具有的特点(例如,财富或世俗货品的个人享用)。可是,在这样的解释下,权力仍然保留着财产的一个重要特征,黑格尔提出的分析被马克思普及了:正如占有者被他占有的占有物所占有[84],权势人物依附于他施加权力的对象。因此有两个诱惑,两者都旨在摆脱占有物或权力的束缚:绝对权力和根本剥夺。

然而,存在着第三个可能性,它的当前发展是显著的:租借或借贷。租借分离出了财产的第三个成分:可用性,它是完整的,但是暂时的。现在,正是这个成分,而且只有这个成分,是人们应当在联系性世界中所关心的。不像财产所有者一心关注他们所占有的东西,或者经理们依靠保证再生产的物品,还有一个选择就是特别看重借来的东西,那是人们在方便的时候愿意使用的。这样,一些物品就在财产关系中分离出符合项目型城市世界中存在方式的成分:可用性,而不会对财产或权力造成束缚。例如,适应于联系性世界的人们因此将会宁愿租借他们的主要住宅,因为他们必须常常变换住处或车辆。这特别是项目型城市中干练人士与传统资产阶级人士的不同之处,后者总是与重型、重量(漫画中都一律把他画成胖子)相联系。租借是适合于项目的形式,适合于暂时性活动的安排。事实上,鉴于有成果的项目性质比较不可预测,所以难以预计人们会需要何种资产。所以,对充分、彻底的所有权来说,合理的选择是在项目架构内使用借来的、雇用的或耗尽的资源,同时保持

足够的灵活性，在必要时归还。

但是，这类财产关系并不限于实物世界。它也适用于信息领域，那里的最佳战略包括借贷成分，这可以重新组合而无须成为整体所属的唯一所有者。在某些方面，知识产权可以作为租借合同。于是乎主要问题就是关注信息采取的形式，如果它要具备财产特点的话，也就是说要服从于验证，并最终服从于保护，因此，借贷不 153
采取租借形式的话就不再可能。这在一方面预设了某种实物化的形式（我们知道，思想是普通货品，它只有实物化为一个专利、一种过程或一项工作，才能受到保护）；在另一方面，要有保护开始得到保证的程度的定义（我们可以看到，例如在“版权法”里规定限制允许摘引的范围）。

这是不是意味着项目型城市的基础人类学是不关心所有权的？相反，财产自由概念原始成分的最终结论是：联系性人类是他们自己的主人，这不是根据自然权，而是因为他们是自我形成的劳动产物。因此，项目型城市的出现是和另一个惊人特征紧密结合的，这个特征关联着所有权概念的当前变化，特别是我们对人身的所有权（不论是我们自己的还是别人的人身，例如器官移植）。这是非常重大的产业发展，其目的是展现自我形象，从时装、保健、饮食或化妆品，一直到迅速扩大的人身发展产业，我们可以看到，这伴随着公司随新职业的出现（如教练员）而进行的重组。根据这个逻辑，财产脱离了对他人的责任（这种责任是官僚制权力的额外制约，更不用说传统的世袭制财产了）。现在这被专门界定为一种对自身的责任：只要他们是自己的生产者，每个人都要对他们的身体、形象、成功、命运负责。

工作方面的改变

正如马克斯·韦伯坚持强调的，资本主义的形成伴随着家庭与职业领域之间的日益分离，依据是在家庭与公司中所使用的从属方式和会计方法。家庭单位和公司之间的分离是财产制度与雇主之间，工人人身与他在市场上出售的劳动力之间的分离，是工薪阶级的必然结果。这两大动力——许多观察者认为，它有助于界定资本主义的真正实质——最终达成了组织一个远离业主的、由具备能力和学术资格的支薪职员管理的官僚主义化大公司的资本主义。对于第二个资本主义精神，家庭生活与职业生活之间的分离，家庭与办公室或工厂之间的分离，个人意见与专业才干之间的分离——法律规定的各种形式的分离（例如，滥用公司财产的过错，旨在保护公司的财产，以专门防止挪用供业主直接受惠的经费）
154 ——似乎是既定之事，即使并非总是事实上的，至少也是原则上的。这方面的证据是，在此期间，针对资本主义的若干批判（特别是有学术资格的人士提出的批判）集中于它未能尊重这一区分。例如这类情况：雇主被批评优待熟人，混淆公司利益和他们家庭的利益，或者在雇用或评价人的时候会考虑雇员的私生活，归因于他们家庭的道德问题或性生活，或者是他们的政治观点。

在联系性世界里，私生活与职业生活之间的区分在一种双重混同的影响下趋于缩小：一方面，人的质量与劳动力特性之间的混同（不可分割地结合在技能的概念中）；另一方面，个人所有权及首先是自我所有权，与处在组织内的社会财产之间的混同。于是就难以作出私生活时间与职业生活时间之间的区分，朋友餐聚与因公餐会之间的区分，感情联络与有益关系之间的区分，等等。

私生活和职业生活之间分离的消除，伴随着工作条件与节奏及报酬方法的变化。体现第二种资本主义精神的、在大公司里有稳定工作的全日制支薪干部，被间歇工所取代，他们活动的报酬有不同方式：工资、酬金、作者版税、专利费，等等。这往往模糊了资本收益与劳动收入之间的不同。

与此同时，以各种形式渗透资本主义精神的整个工作道德，或者如韦伯所说的劳动道德，都受到了影响。关联资本主义第一种状态的是理性禁欲主义，然后在19世纪中叶是责任与知识，它往往奖励活动，不区分个人活动甚至休闲活动与职业活动之间的差别。去做一些事，去行动，去改变，这是享有美誉的，与此相对的稳定则往往被等同于不作为。

因此，资本主义新精神所设想的关于金钱、工作、资产与个人关系的转变，如果我们认真对待本章所专注的基本新规范性形式，那么，这并非只是微小的调整或改变。我们确实见证了渗透于第二种资本主义精神的规范性形式发生了深刻的改变，而不是在局部转变的外部形式上的继续。

现在我们要解决的不可思议之处是，这样的一种变化发生时似乎未碰到任何显著的敌对。以因果推论，难以想象这么重大的规范性改变并未引起重大的斗争、批判或反应。可是，除了对排他的 155
斥责，即对新联系性世界在脱离问题上的谴责——也就是说，不联系——尽管发生在20世纪90年代初，但至少直至最近也在很大程度上与资本主义新机制没有联系，因此可以指出，新世界已经没有纷扰地牢牢建立了。它似乎被围绕于经济增长放慢和失业率上升的吵吵嚷嚷所掩盖，没有公共政策能成功地抑制这种放慢和上升。批判也同样地软弱无力，除了揭示新形式的社会苦难以外，不能对转变作出分析。相反，20世纪70年代的批判先锋们却往往成了转变的推进者。下一章专注于新世界建立的历史，以及批判在兴起和确立时期所起的作用——某些方面积极，其他方面消极。

注释：

1. 因此，例如社会学家曼努埃尔·卡斯特尔斯把过去二十年间影响资本主义国家的大量转变集结成册，定名为《网络社会的兴起》（布莱克威尔出版社，牛津，1996年）。

2. 见皮埃尔·布迪厄与吕克·博尔坦斯基，“主导意识形态的产生”，《社会科学研究程序》，1976 年 6 月，第 2—3 期，第 4—73 页。

3. 吕克·博尔坦斯基与洛朗·泰夫诺，《论正当性》，加利玛尔出版社，巴黎，1991 年。

4. 这种对应与“项目型城市”本不可能，因为“项目的”组织或“项目的”结构指的是单个项目，不是它们共同在社会世界内所取的形式。我们要说明，“项目”一词要在管理著述中来理解，它主要受英美作者的影响，指以精确目标、以有限时间协调不同资源的过程（例如，人们谈到“住房项目”）而不像法国项目一词所指的同一范围：指计划与筹划的思想，或者指体现于一个人和不确定时间段存在的项目。

5. 吉尔·德勒兹在他对斯宾诺莎与尼采的解释中，提供了现代检验概念（力的较量）的系谱。从斯宾诺莎那里，他借用了“身体间的构成”与“遭遇”的概念。他使用它们以符合尼采用优劣的概念取代善恶的道德概念：“一个人，只要有能力，就努力组织他的遭遇，参与符合他性格的事，把他的关系结合进与他一致的关系，从而增大他的力量，那人就可以称为优秀的（自由的、理性的或坚强的）”（《斯宾诺莎：实用哲学》，罗伯特·赫尔利译，城市之光书社，旧金山，1988 年，第 22—23 页）。德勒兹在这里所说的“遭遇”或“关系的结合”指的是汇集力量、相互检验的场合。按照这种逻辑，先于身体的力量，其存在纯属关系性的，是它们关系的迹象或铭记。正是遭遇中固有的力量关系构成了身体，从而构成了世界各国。本体论移置到力量的检验，就统一了自然规程与社会规程，并可能摆脱道德：“这样的话，伦理道德，即存在内在方式的类型学，就取代了道德，那总是将存在指为超常的价值观。”这里对德勒兹有风险的是产生行动理由的意
156 识与判断问题，它必须降为幻想，以便提供一个摆脱规范性支持的世界（“价值观幻想与意识幻想无法区分”，第 23 页）。

6. 在其他作者的著作中也有提到汉迪的，例如彼得斯（1993 年）和高级商业研究院（1994 年）。

7. 见埃里克·利弗，“互动先于定位：探索性的地方行动”，《美国社会学评论》，第 53 卷，1988 年 12 月，第 865—878 页。

8. 见哈里森·怀特，“机构在正式网络中的管控作用”，N. 诺利亚和

R.埃克尔斯编,《网络组织:结构、形态与行动》,哈佛大学出版社,坎布里奇(马萨诸塞州),1992 年,第 92—117 页。

9. 见米歇尔·卡龙编,《网络无视的原因》, 阿尔马丹出版社, 巴黎, 1993 年。

10. 见马克·格兰诺维特,《得到工作》, 哈佛大学出版社, 坎布里奇(马萨诸塞州),1974 年;以及"经济活动与社会结构:深埋的问题",《美国社会学学刊》,第 91 卷,第 3 期,1985 年 11 月,第 481—510 页。

11. 见约翰·F.帕吉特与克里斯托弗·K.安塞尔,"强力行动与美第奇的崛起,1400—1434",《美国社会学学刊》, 第 98 卷, 第 6 期,1993 年 5 月,第 1259—1319 页。

12. 西里尔·勒米厄,《责任与恩典》,塞尔夫出版社,巴黎,1999 年。

13. "由于他的影响、他的愿景和指导能力,他创造了一种氛围,使每个人都来面对新挑战,具有信心,并采取主动。"(克吕埃拉斯,1993 年)"这种力量往往被另一种力量所取代,后者具有影响,善于倾听,了解形势,有说服力和道德权威。"(朗迪埃,1991 年)

14. 卡龙编,《网络无视的原因》。

15. 罗纳德·S.伯特,《结构性空洞》,哈佛大学出版社,坎布里奇(马萨诸塞州),1992 年。

16. "他吐露称:'只要我在西欧,人具体在哪里,严格说来并无意义。于是,我愿意待在法国'。在传统结构里,帕特里克无疑会是无生气的实验室头头。现在他却领导着一个从事一百多个项目的分散的实验室。"(埃迪戈弗,1992 年)

17. 见皮埃尔·布迪厄,《区分》,理查德·尼斯译,劳特里奇出版社,伦敦,1989 年;邦尼·埃里克森,"文化、阶级与联系",《美国社会学学刊》,第 102 卷,第 1 期,1996 年,第 217—251 页。

18. "网络组织的规则基于非正式关系和人际关系,它只有通过真正有关人士的经历(那是难以传送的)才能知晓。"(朗迪埃,1991 年)

19. "当特权在组织内形成一个日益难以捉摸的网络时,人们就要求……更多的平等和公正。"(吉拉尔,1994 年)"幕后操纵是网络的隐蔽或伪善的一面,是一种传染病,如不加限制,会危及社会稳固。"(贝兰热,

1992 年）

20. 见吉尔·德勒兹与菲利克斯·加塔里,《一千个高原》, 布赖恩·马苏密译,阿斯隆出版社,伦敦,1988 年。

21. 见罗纳德·S.伯特,“网络结构的模式”,《社会学年刊》,第 6 卷,1980 年,第 79—141 页。

22. 保罗·里科尔,《弗洛伊德与哲学》,丹尼斯·萨维奇译,耶鲁大学出版社,纽黑文与伦敦,1970 年,第 32—36 页。

23. 见诺厄·弗里德金,“集团中人际影响的结构性基础:纵向案例研究”,《美国社会学评论》,第 58 卷,1993 年 12 月,第 861—872 页。

24. 罗伯特·卡斯特尔,《社会问题的变形》, 法亚尔出版社, 巴黎,1994 年。

25. 见戴维·斯塔克,“东欧资本主义的重组财产”,《美国社会学学刊》,第 101 期,1996 年,第 993—1027 页。

26. 见乔治·阿克洛夫,“‘柠檬’市场:质量、不确定性与市场机制”,《经济学季刊》,第 84 卷,1970 年,第 488—500 页;《一位经济理论家的故事书》,剑桥大学出版社,剑桥,1984 年;L.卡皮克,“质量的经济学”,《法
157 国社会学评论》,第 30 卷,1989 年,第 187—210 页。

27. 自由派分析表明,压制透明市场形成的障碍,特别是管制或国家法令,会造成贪污与非法交易的可能。参见让·卡蒂埃—布勒松,“就组织形式的研究谈一个贪污市场的定义: 对贪污问题作经济分析的初步报告”;“多元系统中的贪污问题”研讨会的通讯,普蒂埃,1993 年 11 月。

28. 亚当·斯密,《国富论》,企鹅出版社,哈蒙兹沃思,1976 年,第 232—233 页。

29. 见布赖恩·乌齐,“组织的经济绩效植根的渊源与结果: 网络效应”,《美国社会学评论》,第 61 卷,1996 年 8 月,第 674—698 页。

30. 见弗朗索瓦·埃马—迪韦尔奈,“质量的惯例与协调形式的多元”,《经济学评论》,第 2 期,1989 年 3 月,第 329—359 页。

31. 这类改变就是米歇尔·卡龙提到的转化的概念,(“关于转化社会学的一些因素: 扇贝驯化与圣布里俄港的渔民”,《社会学年刊》, 第 36 期,1986 年,第 169—208 页)。

32. 见弗朗索瓦·埃马—迪韦尔奈与埃马纽埃尔·马夏尔,《录用之法:劳动力市场上对能力的判断》,梅泰利埃出版社,巴黎,1996年。

33. 革新者不确切知道他们在寻找什么，留给他们自己的是面对一批材料、文章、著作、专利,这些往往为数浩繁,超越他们的能力,在那里要选出有用的资讯来重新组合,就需要知识及方向感,那只能通过长期经验来取得。为什么探索这一个方向而不是另一个?为什么挑选图书馆里这一部著作而不是另一部?通过信任者的个人关系传递的信息,在时间和人力上都很经济;但还有更多。通过关系和个人交流,在谈话中信息得到确定的传送，或者像音乐和声那样给予意义（这种性质肯定教师存在的意义)。更确切地说,它的取向针对接受者的期望和兴趣,没有这种结构就无法“直觉”其用处。

34. “即使与竞争者,制造一些合作的机会与领域以相互学习似乎也是不可少的。这样,可以提出更广范围发展的可能性,而并不因此消灭或减少竞争,而是指向一种非零和博弈。”(克洛泽,1989年)“企业运动员必须知道如何‘竞争’以加强而不是削弱合作。他们必须面向获得最高卓越标准而不是去消除竞争。在新的博弈中,今天的竞争者可能发现他们自己在同一团队中，一个领域的竞争者可以在另一个领域里是合作者。”(莫斯·坎特,1990年)

35. 伯特,《结构性空洞》。

36. “网络存在的特点之一是,它重视个人交往联系或接近而忽视群众交往联系。”(贝兰热,1992年)“巴塔哥尼亚不做宣传或促销,而使用游说。由于它保护森林和濒危物种的活动,它有一个大约250个生态协会的网络,它们有时非常活跃,发展了350个销售点。”(埃迪戈弗,1992年)

37. “我们的精英都被训练得充耳不闻。但是,更复杂总体情况的发展,传统人文制约与参照点的减弱,以及最后传媒旋风的加速,往往日益模糊他所经历的现实。”(克洛泽,1989年)

38. 伊丽莎白·克拉维利和皮埃尔·拉梅森,《不可能的婚姻：热沃当的暴力与血缘,17、18、19世纪》,阿歇特出版社,巴黎,1982年。

39. 见贝尔纳·乌尔拉彻,《工厂内的抗议和反对方式：从涂鸦到传单》,社会科学高级研究院,巴黎,1984年。 158

40. “在家族公司里，谁也不戏弄谁。人人都知道人人。”（托夫勒，1990年）

41. 见皮埃尔·布迪厄、吕克·博尔坦斯基和帕斯卡尔·马尔蒂迪埃，“防御机制”，《社会科学信息》，第10卷，第4期，1971年，第45—86页。

42. 萨比娜·夏尔冯—德梅尔赛，“一个可选择的社会——挑选关系的世界情景”，《地域》，第27期，1996年9月，第81—100页。

43. 马克·格拉诺维特，“软弱连结的力量”，《美国社会学学刊》，第78卷，1973年，第1360—1380页。

44. 塞里埃（1993）认为必定发生的下列变化，充分说明网络世界与工业世界的对比：“从数量生产到质量生产，从金字塔到网络，从领地到流，从简单代表到辅助原则，从集中化组织到自治组织……从人员到人们……从减少订单到不计成本接订单，到认识似非而是的、矛盾的、含糊的事物有重大价值，从管控到规则。”

45. 伊雷娜·泰里，《婚姻疏离》，奥迪尔·雅各布出版社，巴黎，1994年。

46. 见夏尔冯—德梅尔赛，“一个可选择的社会”。

47. 见伯特，“网络结构的模式”；卡龙编，《网络无视的原因》；阿兰·德热内与米歇尔·福尔斯，《社会网络》，阿尔芒·科兰出版社，巴黎，1994年；以及斯坦利·沃瑟曼和凯瑟琳·福斯特，《社会网络分析》，剑桥大学出版社，剑桥，1994年。

48.例如，我们在此使用来形成项目型城市的《论正当性》一书中的模式，及其初始的纯描述性的目的，是要为公正人类学作贡献，它可以被滥用来支持适合于网络人士活动的道德取向。如果人们把这种模式赋予的可能性，即依据情况或世界经验来改变道德原则与合法性，作为人类卓越的标志或新道德的基础：“最好的”并非“僵硬的”，他们知道如何参与和改变参与，因势调整和适应形势，等等。关于这个新模式被迅速庸俗化的进一步的例子，我们将引用一位家庭问题专家提供的意见，他最近谈到一则全国频道的广播内容：与至今人们的看法相反，新的离婚家庭对儿童教育远非不利，因为它们可以发挥在复杂情况下的适应能力，进行调整，建构多种联系，那正是它们开辟生活道路所需的能力，特别是接受劳动力市场的运作。

49. 以下的管理学作者们是唯一从人文科学中配置较新相关材料的：埃尔韦·塞里埃、利奥内尔·贝兰热、菲利普·克吕埃拉、伊莎贝尔·奥戈戈佐、于贝尔·朗迪埃、埃德蒙·亚当，在66个材料档案中只包括了11个。至于涉及当代科学家的，同样这些作者只在三分之二案例中使用了他们：于贝尔·朗迪埃、鲍勃·奥布里、菲利普·克吕埃拉、埃尔韦·塞里埃、克劳德—皮埃尔·樊尚与利奥内尔·贝兰热，在66个材料档案中有3个。可是，可以看到，20世纪90年代的作者们比60年代的作者们对他们时代的科学著作更为开放，后者需要引用时只限于几名管理学作者。

50. 例如，阿克托夫摘引克洛泽、彼得斯和塞里埃；奥布里摘引朗迪埃、塞里埃和彼得斯；朗迪埃摘引奥布里和塞里埃；奥戈戈佐摘引奥布里；塞里埃摘引奥布里、克洛泽、热内洛、朗迪埃、勒萨热、奥戈戈佐等。然而，这种摘引网络超越了我们材料中的作者，因为，引用的63位管理作者中只有15位属于我们的材料。其他人的大部分著作先于我们的材料，或者是未翻译过来的英美作者，因之不在我们材料之中。

51. 伊凡·伊利奇的特殊天才有争议地包括改变视角，以便采取最有效和最现代安排的观点——资本主义似乎最自豪地以此视为正当——这些安排对他们却没有实行，他们仍然一概被排除在外或者受穷：那就是穷人的观点。例如，他以墨西哥农民的观点来看汽车公路，他们要去市场卖 159
猪，估计从这一角度看这种技术工具所承担的行程速度，就这件事来说是很慢的(《欢宴的手段》，考尔德与博亚尔斯出版社，伦敦，1973年)。正是这种目光转变的影响，确实可以称之为革命的。但由于同样的原因，它不能被管理著述重复。

52. 因此，我们可以举一个例子：丹尼尔·帕罗恰的《网络哲学》(法兰西大学出版社，巴黎，1993年)，与《关系的世界》(普里戈金、瓦莱拉、巴泰森等)中所引述的作者们在很大程度上相合，使我们能完成有关组成这一范式的标准参考材料表，并扩大到哲学领域(威滕斯坦、德勒兹、利奥塔德)或通信联系和认知科学领域(韦弗和香农、维纳、特纳等)，或者数学模式(本泽克里、曼德尔布洛特、汤姆)，或者是地理学和通信系统研究。

53. “流动的工人到大都会和世界各地落脚，早已熟悉了这种感情：

有时要远离他们的人群而相互结成极牢固的关系。”（埃迪戈弗，1992年）

54. 美、英创造国际金融市场的作用，使它们逃避了1929年大危机以后提出的立法和金融管制，这无需进一步说明了。允许英国银行从20世纪60年代发展欧元市场，尤其在1973年以后增长特别强劲，当时美国取消了某些管制限制，两国政府发动了一个过程并很快失去控制。所有的金融中心都不断地不得不逐渐放松管制并取消任何控制，以抵御伦敦城的竞争。参见弗朗索瓦·谢奈，《资本的全球化》，希罗斯出版社，巴黎，1994年。

互联网最初被视为一种绝对自由的中介，这显然鼓励它在美国极快地发展而使它征服了全球。一旦世界范围的网络结成，并使到处任意产生的网址成为体系之后，对网络实行任何管控就更加困难了，结果就是我们今天看到的滥用（恐怖主义的和纳粹的网址、贩卖儿童的网址、娼妓网址，等等）。

55. “通信网络的拥塞”（布莱克与穆顿，1969年）；“双重线路，无论是功能性的还是操作性的，都意味着线路只在传输网络最高处连结……功能性网络不再从属于操作性网络，但也不比它高”（布洛赫—莱内，1963年）；“‘网络’工作所特有的横向和纵向通信发展起来了”（莫里斯等，1967年）。

56. “他们不是把正式组织视为实现公司目标的手段，而是强调与组织的正式结构交叉的非正式关系……认为这种网络可以成为对组织目标的支持。”（蒙森、萨克斯堡与苏特梅斯特，1966年）“在法律上是非正式的，但与现实有密切联系的网络建立起来了。”（奥蒙，1963年）

57. 索菲·库瓦格纳与玛利—泰雷兹·吉夏尔，《良好的交往：有影响网络秘史》，格拉塞出版社，巴黎，1997年。

58. 他们的目标是1996年5月14日发表在《世界报》上的一篇文章，在该文章中，迈克·伯克——“一位研究干部问题的社会学家”——说网络不再是“老式宗派的、封闭的、排他的、带有幕后操纵的系统”，而是“团结不同部门的人们到共同利益中心上来”。

59. 见帕罗恰，《网络哲学》。

60. 见雅各布·莱维·莫雷诺，《谁将生存？人际关系问题新看法》，灯

塔书社,纽约,1934 年;以及“社会人际关系研究法”,《社会学国际报告》, 160
第 2 卷,1947 年,第 88—101 页。正是这些著作集中讨论了靠领导话语来动员群众的时期中“影响”与“领导”的问题,使我们注意到仍然处在社会网络的当代社会学中心的一些概念,诸如集团(个人比较稳定地连结起来在总体系统内组成一个交往联系的亚系统),诸如纽带(属于一个集团的个人,与另一个集团有联系),诸如联络(个人也建立纽带,但不属于另一个集团),等等。

61. 格鲁克曼的一名人类学学生杰里米·布瓦塞韦恩(《朋友的朋友:网络、操纵与联盟》,布莱克韦尔出版社,牛津,1974 年)对于基于网络研究地中海社会提出了系统的看法,他根据曼彻斯特学派的创新著作,特别是巴恩斯和米切尔(见詹姆士·克莱德·米切尔编,《城区的社会网络》,曼彻斯特大学出版社,曼彻斯特,1969 年)。他的研究特别集中于南意大利及马耳他岛的门徒现象。他提出了他称之为不同网络之间的掮客、中介与媒介。这个名词及其相关描述从此得到广泛接受,尤其被史学家。

62. 这些模式今天往往多少隐喻地交互使用在人类科学研究中。而且,正是这一引喻,含蓄而经常性地认可了我们对联系性这一形容词的用法,以便用一个字来指明新资本主义精神的某些最特殊的特点。

63. 文森特·德孔布,《风雨飘摇中的哲学》,午夜出版社,巴黎,1989 年,第 169 页。作为结果,正如德孔布所指出的,结构主义确实被视为现代主义项目的“最新表现”:它是“屈从于宏大纲要诱惑的一项统一科学,普特南用这个名词(德孔布认为)来界定卡马普项目和维也纳集团。“卡马普以同样的热情相信世界语、社会主义计划和理想的科学语言,它就像一个精神的光辉之城(隐喻勒·柯布西耶建造的光辉之城,是建筑中现代主义工程的表述)。……因此,他和维也纳集团从不停止提出宏人的纲要或挑战性的宣言:不久,人类知识会降为物理学;不久,物理学会转变为联系纯逻辑关系的纯事实性观察。”同样地,对结构主义,“有朝一日,表述的结构会表明是心理的,心理结构是大脑的,而最后,属于物质系统的大脑结构是物质的。”(出处同上,第 165、169 页)这种纲要是简化主义的,其目的是越过现象外观以揭开背后的形态(结构),它比现象更深、更原始、更真实,与此相比它起了产生基体的作用。

64. 同上书，第 170 页。

65. 米歇尔·塞尔，《赫尔墨斯论交往》，午夜出版社，巴黎，1968 年。

66. 米歇尔·塞尔，《赫尔墨斯论干预》，午夜出版社，巴黎，1972 年，第 128 页；帕罗恰，《网络哲学》，第 59 页。

67. “在这些联系点，问题在于接入大量不论是什么的流渠道，不论什么内容的信息渠道，不论什么性质的物体渠道，等等，并以任何方式重新分配这大量内容。在网络中流动的交流总体，这种或那种节点、特定的纹饰、出色的中心或极点，起着接收者或重新分配者的作用，合成和分析，混和、分类和分检，挑选和散发。它输入和输出。”（塞尔，《赫尔墨斯论干预》，第 130—131 页）。

68. 见德勒兹，《斯宾诺莎》。

69. 他们可以描写“社会—技术网络”，包罗“人”与“非人”（自然实体、动物、技术或法律建构，等等），而联系——界定为许多“检验”，有风
161 险的是可能谈到的网络或代表其他的网络（当它的“代言人”或“翻译”它）——则会导向不受解释或争议的比较稳定化的关联（“黑匣子”）。这特别是“科学真理”的情况，它们作为真实的说明，一旦接受就不再有争议。参见米歇尔·卡龙，“技术—经济网络和不可逆性”，罗伯特·布瓦耶编，《经济中的可逆性和不可逆性》，社会科学高级研究院，巴黎，1991 年，第 195—230 页；《网络无视的原因》；布吕诺·拉图尔，《微生物：战争与和平——不可还原的生存》，梅泰利埃出版社，巴黎，1984 年；《行动中的科学》，开放大学出版社，米尔顿·凯恩斯，1987 年。

70. 这样，德勒兹和加塔里的《一千个高地》第 12 章“论游走理论：战争机器”就开启了象棋和围棋之间的对比。象棋的形象——我们看到，结构主义用它来强调相关架构的关系性——从这个观点看还是太平淡，因为象棋子有着固定的、法定的性质，是棋局规则所写定的。这限制了它们的行动，使它们的棋子根据其实质特性具有规定的不变内容。相反，围棋则是在未被占据的空棋盘上进行，它仅由棋子根据网状布局的位置来填充或定型。

71. 这里我们特别想到 20 世纪 70 年代上半叶侵入社会学思想的阿尔都塞主义，例如在尼科斯·波兰扎斯这样的作家著作中，他的影响有一

些年相当大,在 80 年代突然湮灭。

72. 我们并不同意马克思主义关于基础与上层建筑的过分简单化,但也不能忽视这双重形式之间的明显比拟:以网络流动性为名对等级制计划组织的批判,以繁复多量和混乱为名对体系认识论的批判,雅克·布弗雷斯对此提到:"成功的秘密似乎包括在不断应用下列程序:一方面,一系列有贬义的概念,诸如理由、系统、秩序、团结、一致、法律、决定论、必要性、重复,等等;另一方面,它们有褒义的对立面,诸如(诗意的)直觉、裂散、混乱、多样性、多态性、异常、机会、偶遇、发明,等等。视为既定的是第一类概念,它们显然服务于它们的时代,总是占据主导,而第二类概念则被恶意地贬低、忽视、无视、压制、掩盖、镇压,等等。幸好雪耻和补偿的时刻终于到来了,它为科学、思想和人性打开了无限前景。"("施宾格勒的复仇",载《反思的时代》,第 4 卷,加利玛尔出版社,巴黎,1983 年,第 387—388 页)

73. 奥斯瓦尔德·迪克罗与让—马利·谢菲尔,《语言学新百科字典》,巴黎,1995 年,第 180—181 页。

74. "在社会网络分析中……行动者之间的关系性联系是第一位的,而行动者的属性是第二位的。人们使用网络观也能直接研究关系性结构形式,而不必涉及有关个人的属性。"(沃瑟曼和福斯特,《社会网络分析》,第 8 页)

75. 格拉诺维特,"软弱联系的力量"。

76. 在这方面很明显的是距现在已有二十年之久,由怀特、布尔曼和布雷格于 1976 年发表的创建性文章。他们在《美国社会学学刊》上连载两期的这篇方法论长文的前言中说,社会学还在继续使用 19 世纪传下来的"类别"或"阶级"的概念,传达一个划分的、封闭的世界的旧看法。他们还说,现在是时候来抛弃这个过时的形象了,以便塑造符合现代社会开放性的新描述手段:所有社会学家的话语都停留在原始名词上——"地位"、"作用"、"集团"、"社会控制"、"互动"与"社会",这名单还有很长——而且要求聚合原则,要求涉及的名词是人的聚合、集体的聚合、相互有关的"地位"或"普遍化的活动者"。可是,社会学家们主要满足于只在两种方式上聚合:或者作类别性聚合(例如"功能性亚系统"、"阶级"),它与具体 162

社会结构的关系是薄弱的;或者把人们根据其属性加以交叉表列(例如投民主党票的、住在内城的下层中产阶级新教徒)……与标准智慧相比,有越来越多的经验性发现,有关社会实际运作中的"偶遇"和"运气"的影响(与频率)[即,旨在与变项的特定影响相一致的类别模式与现实之间的差距](哈里森·C.怀特、斯科特·A.布尔曼和罗纳德·L.布雷格,"多种网络的社会结构(1):作用与地位的组别模式",《美国社会学学刊》,第81卷,第4期,1976年,第733页)。

77. 见德根纳和福尔斯,《社会网络》。

78. 关于我们主题的这些著作中最有影响的无疑是于尔根·哈贝马斯的《交往行动的理论》(1881年出版,法语译本出版于1987年)。篇幅巨大,不易读懂,它的扩散是由于无数的评论。在我们20世纪80年代的材料中,那是由奥戈戈佐(1991年)提到的。

79. 见怀特、布尔曼和布雷格,"多种网络的社会结构"。

80. 见帕吉特和安塞尔,"强力行动与美第奇的崛起,1400—1434"。

81. 我们的管理学作者未失去机会,使用这一参考文字来表明企业总是以网络来运行的。"组织进网络,事实上主要符合于经济发展史。我们谈论'商贸网络'、'金融网络',以及最近的'电视网络'。西方从军阀统治的封建时期过渡到我们今天所生活的市场经济,是逐渐发生的,通过继续不断地创造新联系。必须从遥远的地方运输商品,这需要可靠的特派员,可以托付本人的利益。关键的是信任。这就是汇票的起源。费尔南·布罗代尔关于16世纪做法的描述在这方面是显著的。"(朗迪埃,1991年)

82. 见加里·贝克尔,"时间分配的理论",《经济学刊》,第LXXXV卷,第299期,1965年,第493—517页。

83. 见鹫田清计,"谁占有我?拥有身体或当前的所有权理论",《Iichiko文化》,第7期,1995年,第88—101页。

84. "在封建土地所有制中,我们已经发现土地统治作为对人的一种异己势力。农奴是土地的附属物。同样,通过长子继承权的后裔即长子也隶属于土地。它继承他。……同样地,封建地产以它命名地主,犹如王国命名其国王。他的家族史、住宅史等等,所有这些把他的产业个人化,正式归入他的住宅,归入于个人。"(卡尔·马克思,"经济学与哲学手稿",载马克思,《早年著作》,企鹅出版社 / 新左翼评论,哈蒙兹沃思,1975 年,第 318 页) 163

第二部分

资本主义的转型与批判的中立化

第三章

1968年:资本主义的危机与复兴

资本主义的新精神，以及使这一精神以公正来获得正当性的项目型城市,是如何形成的呢?我们寻求这个问题的答案,从资本主义精神的动力出发,而批判则是其主力。我们将表明,资本主义在20世纪60年代末和70年代期间所不得不面临的反对,是如何导致资本主义运行和机制转型的——或者通过直接回应批判,旨在以承认其有效性来加以安抚;或者通过绕开和转型来进行回避而不作答复。以更加复杂的方式来回避某一种批判,正如我们即将说明的,往往是以满足另一种批评作为代价,由此使得反对派晕头转向,甚至与他们早先时候声称反对的资本主义达成共识。我们的目的之一是要了解:20世纪60年代末和70年代期间体现批判的大规模社会动员,怎么会在短短几年之内销声匿迹,而在20世纪80年代初却没有发生一场大危机。

事实上,人们不会不被1968年至1978年与1985年至1995年两个十年之间的对比所震惊。前者的标志是:一场进攻型的社会运动,明显地伸展到工人阶级界线以外;一个高度活跃的工会运动;到处提及社会阶级,包括在政治和社会学话语中,而且更一般地在知识分子话语中,他们以力量关系来伸展对社会的解释,把暴力视为普遍存在；增加值的分配转为有利于工薪收入者，他们还受惠于提供更大保障的立法；与此同时，产品质量下降，生产率增长跌落，这些至少部分地由于雇主、董事会和资方无法控制劳工。

后一个时期的特点是：几乎完全以人道主义援助的形式来表述自身的一场社会运动；一个丧失任何行动积极性的、迷失方向的
167 工会运动；几乎不提社会阶级（包括在社会学话语中），特别是不提工人阶级，它的代表性不再有保证，甚至某些著名的社会分析家竟认真断言工人阶级已不复存在；工薪收入者的境况日益无足轻重；收入不平等扩大，增加值分配再次有利于资本；重申对劳工的控制，其标志是劳资争议和罢工大大减少，旷工和补缺率下降，制成品质量改善。到处秩序井然。自 19 世纪末第一次现代性危机[1]以来，欧洲政治行动的主要目的——建立一种政治秩序，使得资本主义经济能够进行扩张而随后不遇到太多抵抗或带来太多暴力——似乎最终已经达成。而做到这一点，不像 20 世纪 30 年代末到 50 年代初之间的谈判解决方式，并不需要同政治层面所代表的社会阶级进行妥协。

这样一种变化怎么可能在那么短的时间跨度内实现呢？这个问题很难回答，因为所讨论的这个时期里并不是以任何尖锐的政治突变为标志——诸如朝向独裁主义的一场政权变化（例如一场军事政变、工会被禁、战斗性人士被捕），或者一次极端自由派的转变（好比英国的撒切尔主义）——而是相反，却是以相当的持续性为标志。特别是，这由于 1981 年社会党执政而得到保证，它似乎在政治上发展并巩固了 1968 年 5 月的运动。我们也不能提出明确界定的有重要意义的经济事件，诸如 1929 年的华尔街崩溃。而用于第一次石油震荡以后年代的“危机”一词，如果要用以描述整个时期的话（有时情况是这样），证明也并不合适，事实上那个时期的标志是资本主义的大规模重新部署。

我们的解释是，要认真对待 1968 年 5 月的造反及其后续（而

不是去强调一些评论员把它作为一场“心理剧”的象征方面);我们将把它视为从两个角度看的重大现象。一方面,如果说我们不是在面对一场并未导致夺取政权的革命,那么至少是在对付一场深刻的危机,资本主义运作深受其害。而且,无论如何,负责保卫资本主义的国内(法国全国雇主理事会)或国际机构(经济合作与发展组织)都作这样的解释。但是,另一方面,资本主义正是通过弥补“5月事件”中所表达的一些反对主题来瓦解批判,挽回主动,并发现新的动力。1968年以后年代的历史提供了进一步的证据:经济与社会之间的关系(以既定范畴而言)并不能归纳为前者主宰后者。相反,资本主义必须提出符合其所处社会状况、符合其成员愿望(他们会最强烈地表达自己)的参与形式。

批判的年代

以1968年为标志的世界性冲突,是针对西方社会的批判程度显著提升的表现。抗议者的目标是资本主义组织的形式,特别是公司的运行,而且,我们将表明,这种批判并非只是口头的,而且伴随着行动,留下了不是无关紧要的生产破坏。批判程度的粗略指标(至少在工作方面)可以从罢工人日数的统计中看到,在1971年至1975年间平均为400万。与此相比较,1992年的罢工人日数下降至50万以下。

社会批判与艺术批判的结合

1968年时期的一个重要特征是:当时的批判是从我们在总论中所指出的四大义愤之源发展出来的。前两个义愤之源是所谓艺术批判的中心,后两个的特点是社会批判。这两类批判(我们看到,它们并非自然可比的)在19世纪后半叶和20世纪前半叶的革命运动中,特别是在法国,时常是结合在一起的。但是,艺术批判至今起着相对次要的作用，因为它的研究者——知识分子与艺术家——为数很少，在生产领域实际上不起作用，它发现自身被“5月运动”推到了抗议的中心。法国的“5月危机”具有学生造反和工人阶级造反的双重性质。学生和青年知识分子的造反，事实上扩展到刚离开大学的干部或工程师，触发了非常广泛的工人阶级造反。[2]

工人们动员起来反对指向他们的威胁——特别是传统部门的工薪收入者（矿山、造船、钢铁工业），而威胁来自20世纪60年代所采取的生产部门结构重组和现代化。他们以社会批判的传统，发出反对资本主义剥削的语言，“进行斗争，反对垄断资本的政府”，反对“没收进步果实”的“寡头”利己主义。[3] 因此，工人阶级造反可以解释为自从戴高乐分子当权以来所奉行的经济政策的结果，以及对长期把不熟练和半熟练工人排除于增长受益之外的一种回应，还有就
169 是对把增长代价不平等地分摊给不同范畴人们的一种回应。[4] 而且，在关于半熟练和不熟练工人问题的1971年雇主报告中，谈到蓝领工人蒙受的工资不平等时，应看到法国状况的异常性质。[5]

学生们（以及从大学和研究生院新近毕业的工薪收入者）看到他们的人数在上一个十年中大大增加，标志是大学激增（各系录取的学生人数在1946年至1971年之间实际增长了三倍，从123313人增加到596141人）[6]，而与此同时看到的是他们的境况恶化，他们获得自主性、创造性工作的期望幻灭[7]，于是便发展起一种异化的批判。它采取了艺术批判的主题（在美国的嬉皮士运动中早已流行）：一方面是失却幻想、不真实性、“日常生活的贫困”，以及世界摆向技术化和技术官僚化而出现非人性化；另一方面是丧失自主性[8]，消灭创造性，以及现代世界中不同形式的压迫。这在家庭领域中的证据就是：旨在摆脱传统形式家族控制（家长制控制）的要求显得重要起来，也就是说，首先是妇女解放和青年解放。在我们更加直接感兴趣的工作和生产领域，占主导地位的主题是：谴责“等级制权力”、家长制、独裁、强制性工作规程、指定任务、泰勒制划分

设计与执行,以及更一般的劳动分工。[9]他们要求自主性和自我管理,并主张毫无约束地解放人的创造性。

这种批判的表达形式往往借自节日和戏剧的全部内容、"言论解放"和超现实主义。[10]评论员们把它解释为"青年人的闯入"(埃德加·莫林),宣示"一种生活欲望、表达自己、要求自由"[11],一种"精神要求"(莫里斯·克拉维尔),一种"对权威的拒绝"(热拉尔·门德尔),对资产阶级家庭的主张,以及更一般的对家族中从属形式的主张。

这些主题复活了旧的艺术批判,把它转化为马克思、弗洛伊德和尼采所启发的一种风格及超现实主义,它们被20世纪50年代为数很少的政治与艺术先锋派所开发(特别令人想到"社会主义还是蛮荒主义"和"情景主义国际"这两个组织?)[12],直到后来在1968年5月的学生造反运动光天化日之下大大发展,这场运动使它们得到空前广泛的听众,那是在十年前无法设想的。它们回答了新一代学生和干部的期望和焦虑,谈到了他们对智识自由的渴望和为了结合进社会而不得不服从的工作组织形式之间的差异。[13] 170

然而,我们必须谨防夸大学生的主张与公司内表达抗议形式之间形成一个彻头彻尾反对派的分歧。有关社会的和艺术的两种批判的主题在生产世界中联手发展,特别是高科技产业中的技术员、干部或工程师,以及法国民主工会。后者与牢牢植根于体力工人和技术工人的法国总工会竞争,设法动员知识分子工人及半熟练和不熟练工人。

在20世纪70年代的公司背景中,这两种批判被首要地阐述为对保障的要求(关于社会批判),以及对自主的要求(关于艺术批判)。

在批判运动至少直接与工作有关的方面,它事实上对两种类型的分野提出挑战。一种集中于权力,特别是合法判断权的分配。谁有权判断谁?根据什么标准?谁来下命令?谁来服从?它的攻击矛头是包括工作中评估与决策(特别是为别人作决策)人员在内的大部分检验。它表现为对发号施令者作挑战，对等级制作挑战。在艺术批判的传统上，表现为对自主的要求。

第二种分野关系到风险的分布，更具体的是直接或间接与市场发展相连结的生活经历的起伏。批判运动旨在增加工薪收入者的保障，首先是那些既无储蓄又无遗产的人们，他们受生产单位经济环境或消费模式变化的影响，是十分脆弱的。特别是，这适用于包括时间，以及连结当前、过去与未来的纽带类别和程度：例如，任某种职位的许可要取决于获得特定教育资格、按月付酬、计算年金或规定失业福利水平。构建稳定的跨期关联（如果我具有特定的资格，我有权担任某个特定职位；如果我担任该职位多少年，我有权获得特定水平的年金）可以确保人们在当前情况与潜在的未来情况之间有连续性。工作着的人们的情况都是可变的（他们变老，他们的能力下降或相反地随经验而提高），这项措施的实行只有通过类别的办法把特性稳定下来（就定义而言，一种类别是包括若干个人的集体），从而保证人们隶属于某一类别的正式地位。对检验的公正性提出挑战有着不同的意思，这取决于我们是在检验工作表
171 现还是检验法规。以前者为例，"不公正"指的是相对报酬或地位级别与相对的工作表现不一致。以后者为例，"不公正"指的是人们没有按照他们的法规来被对待（有某些特殊制度、特权等）。而且，我们通常在前例中提"公正"，而在后例中提"社会公正"。

检验解决的方式，一方面涉及传递合法判断能力的分配和权力，另一方面涉及市场发生风险的分配和保障，这些会影响到资本主义典型检验的利益。在关系到前者之处，要求自主、拒绝服从、各

---

* "社会主义还是蛮荒主义"是战后时期在法国成立的一个激进自由派社会主义团体（其名称来自罗森堡1916年的论文《尤尼乌斯小册子》中的用语），它存在于1948年至1965年。

"情景主义国际"是一个激进组织，成立于1957年，其思想声称基于马克思主义和20世纪的欧洲先锋派艺术，其活动在法国1968年5月造反运动中达到顶峰，1972年解散。——中译者注

种形式造反的增加,都妨碍生产,并对劳动生产率有影响。在关系到后者之处,保护工薪收入者抵御市场发生的风险,会使公司增加对市场波动的脆弱性和增加劳动成本。

对自主和保障的要求原先是有不同来源的,在1968年以后往往体现在同一活动者身上。一方面,显然在保障得到最佳保证的部门、最需要平均或高级学术资格人才的部门,对自主的要求表现得最为强烈,也就是说,在学习或研究服务方面,在教学或培训方面,属于公共部门和国有化部门的,或者法国民主工会正巧特别扎了根的高科技大公司。另一方面,那些不具备法规规定的人们,往往以保护的同等要求来支持他们对自主的要求。那些年轻毕业生面对他们所谓的职位"无产阶级化",则要求更加自主的、更加有意思的、更加创造性的、更加负责的工作,并不从而设想退出工薪收入者阶级。他们需要更多自主性,但是在可以提供他们工作和事业保证的大组织架构之内。

这两类批判的结合,同时旨在要求更多的自主和更多的保障,由此就造成了问题。实际上,批判针对着对别人作判断是不公正的,质疑指挥结构,并要求自主,这些导致强调个人表现(人们必须有他们的能力所容许的自主)。反过来,批判集中于市场风险的不公平分配,这要求加强保障,倾向于法定范围的检验。同时激烈地强调这两类要求,会很快地引向要求一个没有检验的世界,或者至少没有通常意义上的专业检验,这与马克思讲的共产主义阶段的有些特征相同(我们知道,这设想一个富足的社会)。在这种世界里,完全自主的生产者将保证获得保障,第三方对他们的评估永远是不合法的(例如,我们看到关于学生工资和取消考试的要求)。 172

破坏生产

1971年5月,西欧各国、美国与日本的就业专家在巴黎开了一个会,由经济合作与发展组织主持。报告人是比利时工业与大学基金会顾问R.W.雷文斯教授。这个会议的召开,是由“今天工人行为恶化的现象”,以及“态度硬化”和“在工业中动力消退”所推动的。“工业经济……正在经历一场跨越一切文化界线的革命”。它在所有经合组织国家同时发生,“并不限于工人”,而且也“影响干部的思想和反应”。这场“革命”采取“挑战权威”的形式。它是如此普遍, 以至于报告称,“甚至在新教伦理表现最大道德活力与物质成功的国家”(例如在德国、荷兰、英国或美国,有些年轻人“甚至宁可贫困或乞讨,也不愿进工厂工作”)。资本主义危机在“工业法国”表现得特别尖锐,在那里,“不断争论有必要建设一个‘没有阶级、等级、权威或规章’的社会;在意大利,“劳资争议和社会病患经常结合在一起”,“工厂中技术进步的小细节……触发争吵,暴力远超过起因的程度”。在这两国,还有德国,“既定的权威被一种有组织的、蓄意的方式所破除,有时采取彻头彻尾剧烈暴力的形式”[14]。

这些专家们提到的危机并不是想象的,他们的关切是正当的。极大的罢工人日数字只提供一场抗议运动的有限情况, 它也同样表现在争议程度的提高,那往往伴随着暴力,还有(或者说首先是)每天的工作场所游击战。[15] 如果跨行业全国性罢工停留在法律范围内,那么个别工厂的罢工就不是了,“在那里,诉诸非法甚至暴力行动是常见的”,与前个时期完全不同。[16] 克劳德·迪朗和皮埃尔·杜布瓦在他们关于1971年的123件冲突的著作中发现, 32%是口头暴力(对资方进行暴力威胁、辱骂、嘲笑);25%是严重纠察(阻止愿意工作的工人进入公司场所工作);20%是占领工厂;20%是形体暴力反对雇主、干部、监工,非法禁闭,或故意与警察冲突。在两次罢工中有一次是从事某种形式的“重大非法行为”。参与非法行动扩大到将近三分之一的工人。[17]

罢工和公开冲突并不是危机的唯一标志, 危机在一个公司的日常活动中表现为许多形式:旷工;人员流动达到许多公司“正常
173 运作的恼人程度”,表明“逃离工作环境”;“因为工人缺乏兴趣,工

作与服务质量日益受损”,引起“拖延和阻滞问题”,使得公司把与“工作质量下降有关的废品与次品、原材料浪费及不满气氛的社会成本”都包括在公司成本内;“磨洋工始终很普遍”,“破坏事例并不少见”;“工人阶级控制产出的能力已在公司里形成”, 工薪收入者正在发展“一种表现为许多形式的消极抵抗”,诸如“工人抵制定时,行业间压力使大家不超越定额,集体磨洋工,拒绝执行规定的操作法”。同一作者还是对20世纪70年代工作破坏的最准确的观察者,他强调“权威危机”和“反对等级制”加剧了“车间与办公室内部的紧张”,并导致“大生产单位瘫痪的风险”,那里的“年轻工人已经使得某些车间的监工无法行事”,“月薪制职员”——雇员、打字员等——起来造反,反对“工作节奏”、“管理人员的骚扰和无礼”。[18]

这些抵制形式的发展,对生产成本具有直接与间接的后果。本杰明·科里亚特写道:一方面,“在此期间难以保证劳动生产率上升”至少是它的部分原因;另一方面,资方设法通过“使他们的监管机构超负荷运转”来恢复对工人的控制,大大增加并非直接生产性的管控费用。“新类别的管控员、修正员、修理员等迅速出现。因此,制造单位的修理车间必须检查越来越多的产品, 在产品上市以前加以测试和各种修理。”[19]

要求

与三种不同社会集团有关的三类要求(在评论中有密切关联),特别引起研究工作问题的社会经济学家们的关注,那就是:年轻人拒绝工作,半熟练和不熟练工人的危机和罢工,最后的要求是表达自主的必要尤其特别在干部中间,要求更多参与公司管控,或者最激进的是要求自我管理。

年轻人拒绝工作——正如让·鲁斯莱所谓的“工作反感”[20]——是大量评论的主题:年轻人不再希望工作;反正他们不再想做工业工作,他们中许多人选择“边缘化”。1975年,新近成立的“就业研

究中心”出了一本小册子专门讨论作者所谓的“边缘主义”[21]。鲁斯
174 莱估计，从事边缘性零碎活动的 25 岁以下年轻人的数量，1975 年大约在 60 万到 80 万之间。他们不找职业和正规工作，不是由于青年问题专家们在“就业研究中心”调查中问到的工作短缺，而是由于故意不干工资活，追求“另类生活方式”，在工作时间和节奏上有更大灵活性的工作条件、短暂不定的“计划”，以便有可能保持“远离工作的态势”，要自主、自由、无需忍受老板的权威。“就业研究中心”研究报告的作者们言之成理地评论道，被调研的“青年问题专家们”引述的“边缘活动”，并非在内容上根本不同于劳动力市场提供给年轻人的工作（例如，服务部门非熟练人员的工作）。所不同的是被称为“边缘性”活动的不正规和短暂不定的性质；人们不能不震惊地看到，20 世纪 70 年代初年轻人的态度被贬低为表示“拒绝工作”，80 年代后半叶的年轻人寻找“零工”时据称表现出机智和灵活的精神而受到赞美，而两者却如此类似。[22]

70 年代初是以一系列严重的长期罢工为标志：这些争执中最引人注意的，我们可以提到 1967 年的罗迪亚塞拉公司，1970 年的费罗多公司，1971 年的莱克勒克—富热勒公司（在前两个冲突中，资方被非法禁闭）、佐默尔—塞丹公司、巴蒂格诺尔公司、穆利内克斯公司的罢工，1969—1972 年在勒芒和桑多维尔半熟练和不熟练的雷诺公司工人的罢工，从 1971 年到 1974 年的银行罢工，1973 年的利普钟表公司和 1974 年的无线电技术公司的罢工。在若干事例中，积极的是半熟练和不熟练的工人，[23] 而不是熟练工人和技术工人，他们有更长、更强的工会活动纪录。参加“社会斗争第一线的”是“汽车公司的移民工人、半熟练和不熟练工人，电气和纺织工业的不熟练工人，银行与保险公司的雇员，领福利金的雇员，分拣中心的包装工，超级市场售货员”。[24] 我们将看到，年轻的无资历工人（在西方，有时是城市新工人）在这些争执中所起的作用，使许许多多评论员——工作问题社会学家或“就业问题专家”——认为，半

熟练和不熟练工人的罢工,是反对大规模生产工业或高档服务业中工作条件和权威形式的间接表现。

正如奥利维埃·帕斯特说明的,20世纪60年代与70年代初标志着法国工作合理化与泰勒制过程加速,这伴随着公司规模的增大和加快的资本集中。[25]但是,在20世纪50年代,工作合理化伴随着重大的生产率增长,而在70年代,这种关系却倒转了,其特点是"追求泰勒制的过程"和连带的"生产率收益垮台"。[26]为了解释这 175
一矛盾关系,帕斯特乞灵于70年代的"工作危机",他设法通过若干计量指标——特别是旷工和工人流动——来说明该危机的范围。在60年代中期到70年代中期之间,主要工业化国家的这一比重有不同的但重大的增长。该作者并未掌握系列的统计,但搜集了工作危机其他表现数据但并非不重要的上升情况,诸如工作阻滞、次品甚至破坏。正如这一研究表明的,这种现象远不只影响装配线工人——这不足以作出必要的说明价值,因为尽管该时期泰勒制有所发展,但装配线生产尚属少数——它影响到大部分年轻工薪收入者,包括"白领"职员、办公室雇员、技术员或干部。

帕斯特认为,"工作质量下降"与"同时发生的工人素质改善"有密切关系。如同许多论述危机的评论员(特别是那些属于雇主圈子的)一样,帕斯特认为,教育水平的提高,连同泰勒制的发展,是"拒绝工作"的主要原因:高学历产生的高期望与碎片化为个人操作的工作的一般化发生了冲突。

对至今主导的公司权威形式的挑战(它构成了半熟练和不熟练工人罢工解释的原则之一)在工程师和技术员中间相当明显,他们在70年代初参加了抗议浪潮。少数干部参加了该运动:他们好像基本上都是年轻的受过大学教育的干部,还有许多学生气,如同高科技部门(航空、电子等等)研究中心或主要公司里的年轻工程师。[27]即使他们是少数,但他们参加了公开造反、参加工会,并且表示与蓝领工人团结,这个事实就对公司资方来说构成特别头痛的迹象。干部类别的存在，虽然在许多方面很有异质性，但首先难道不是标志着与工人阶级世界决裂而与公司设计和监督部门团结吗？

在干部中间，两个要求是特别清楚的。首先是要求保障，特别是在较低的自学成才的干部中间，这与20世纪60年代中期机构改组和聚合以后害怕失业和失去地位的心理密切相关。这种害怕的表现首先在法国总工会干部中很明显，他们包括许多高级干部，都是自学成才获得提升的。[28]在研究生干部中，特别是属于法国民主工会的年轻干部，关切保障的层面主要表现在为未来焦虑，这密切关系到“前途”问题——在学生的话语中非常重要。这联系着由
176 于这期间研究生数量增加而害怕学位贬值，以及学生和干部无产阶级化的主题（与“新工人阶级”的主题相关联）。

工程师与干部提出的第二个要求是关于自主权，比起对保障的要求要坚持得多。这个要求其实不是新的，干部已经先于其他工薪收入者带头要求自主权。我们研究的20世纪60年代后期的管理著述已经提出了一些解决办法，如普遍建立目标管理。70年代要求的新东西是对等级制原则本身的挑战，当这涉及公司中体现这一原则的人们时，就对此特别担心；还有就是，对自主的要求扩大到超过管理干部而至所有使用研究生人员的职业。最激进的版本则是该要求扩张到要求对公司实行“民主”管控。

在法国民主工会里，对公司实行自我管理和民主的要求，在干部参与20世纪70年代的运动上起了关键作用。[29]这伴随着对传统代表制形式的批判（“车间内存在工人委员会，意味着没有任何理由再设员工代表”）和对传统工会制度的批判（“如果工会本身不民主，我们没法在公司里要求民主”）。[30]法国民主工会提议的自我管理，是雇主完全不可接受的，可在几年后启发了管理方法的更新。

对批判的反应和回应

开始时,与沙邦—戴尔马政府相勾结的雇主们(都是大公司董事的“法国雇主全国理事会”的积极成员)以社会批判来解读这场危机,他们通过和全国一级的工会联合会就工资或保障的福利问题进行谈判,设法使事情平息下来,而不是对与艺术批判相关的任何问题(诸如要求自主权或创造性)作出让步。对危机的处理放在雇主—政府—工会的劳资关系层面上,那里的力量较量从20世纪30年代以来已经逐渐规整和确立,从而具有合法检验的形式。相反,不存在既定架构的要求(自我管理、权力关系、尊重人的尊严,等等)则被忽视或抹杀。

在第二阶段,面临雇主们认为这一战略的失败,它被证明代价高昂,而且未能成功地使资方或工会遏制抗议或重新确认工作态度——生产混乱并未大大减少——雇主阶级中的革新派对危机采取一种新的解读。由此出现了第二种战略:危机将根据艺术批判来加以分析,作为反对压迫性工作条件和传统权威形式的一种造反。 177
雇主们不再指望通过工会联合会的行动来恢复社会和平,停止同它们谈判社会福利,并力求在局部层面和工作场所绕过它们。

但是,对这两种批判——先是社会批判,然后是艺术批判——的响应次序,不仅出于雇主想法和机会的演变,而且也出于批判本身的转型。事实上,在20世纪60年代末和70年代初,最经典形式的社会批判由工人阶级运动表达出来(例如,1968年秋追随法国总工会的浪潮),而且也由托洛茨基主义和毛主义的极左行动表达出来,它又压过了曾在“5月事件”中无疑更为显著的艺术批判。艺术批判在70年代下半叶再起,当时社会批判似乎已无力。该时期事实上标志着“新社会运动”[31](女权、同性恋、生态与反核)盛放;标志着非共产主义的、自我管理派的思想不断在左翼中占据统治地位;标志着整个20世纪80年代期间对共产主义非常严厉的批判,对它应用了极权主义的分析范畴，而并未遭遇如在50年代或60年代的同样抵制。[32]鉴于社会批判与共产主义运动之间在法国具有特别强大的关联，在批判后者的同时也暂时明显地放弃了经济领域的批判。在意识批判的火力下，公司被贬为与政府、军队、学校或家庭具有同等的压迫性机构的功能；争取工作自主的反官僚主义斗争，取代了对经济平等和最无权者保障的关切。正如当时所说的，“质量”要求似乎比“数量”要求更加紧要，而且更加革命，它们攻击的是资本主义积累形式本身。

我们现在要详细阐述资本主义对1968年的批判的两种回应的历史。第一个回应指的是格勒内尔协议与1973年之间（也超过这个日期）的大部分措施。第二个回应的影响自1975年以后是明显的，它早在1971年就在某些雇主集团中有所蕴酿（1971年，“法国雇主全国理事会”发表了关于半熟练和不熟练工人的报告，它证实已经存在的关于工作组织和工作条件的进一步内省状态）。

根据社会批判的第一种回应

第一种回应的特点是，它不超过第二种资本主义精神所提出
178 的解决办法。它在于试图改善其对工人的保障机制和发动资源，后者简化为工资问题，雇主对此更打算作出让步，因为通货膨胀的局面使之可以迅速捞回所作的让步。成问题的是，要恢复可以接受的工作动员水平，却不抛开通常的解决办法，不对改变工作本身的要求作出让步。

搅乱生产，破坏工作常规，对公司内主要依靠产业逻辑（强制性工时、工作表现评估，等等）与家庭逻辑（密切管控、尊重等级制、尊重上级人员的权威，等等）之间的妥协而达成的纪律形式提出挑战，这些导致工作场所检验数量和紧张度（包括情绪紧张）大大增加。但是，因为它们植根于新一类的冲突（例如往往是和生产线经理的个人争议），因为它们涉及至今未被认为严重到需要实行高度

正规化和管控的程度,这些检验难以达到合意的程序性效果,例如在职工代表或工会小组的局部谈判或动员方面。然而,鉴于这种不确定形势涉及进一步恶化的风险,它需要迅速回应,对形势掌握最大控制权的行动者,即雇主组织的代表和主要工会联合会的代表,同意减少局部检验的数量,如果在验明的、承认的、确定的、合法指定的检验方面没有明显的解决办法,这种检验就难以解释,而且往往处在暴力的边缘。

无疑,在这里,主动权又回到了工会手中,它们关心的是取得实质性的、累积的成果——在旧要求的情况下(当时所谓的"数量"要求)比较容易。局部争议的特点则往往不是出于工会的主动(工会卷入由基层出现的运动中),有时因个人冲突而爆发(例如对一个认为骂人的监工造反),工会在其中进行的转化工作则引向提出"经济"要求。工会同时会感兴趣,因为它们可以发展到法定的明确范围,并认为可以由雇主协商,这包括诸如提高工资、每月付薪及提高不体面工作的类别。[33] 这种态度直接来自 1968 年 5 月的格勒内尔协议,可是它在短期内并未遏制罢工,而且曾经被成员所拒绝,他们确实感到协议太多考虑"数量"内容。[34] 正如迪朗和杜布瓦表明的,对于新的"质量"要求的优先性,正在被工会联合会慢慢制定出来。但这些要求作为罢工行动的正式根据则在统计上还是少数,认同这类要求的争议在工会和一般报刊上吸引较多兴趣。这是 179
一个学习认同这种"新要求"并在争议中把它们放在优先地位的问题,而不是把它们转化成工资要求而歪曲了它们。但是,这种学习过程仍然很慢,而大多数不满的原因继续归结到经济问题上。

工会在实践中对危机了解的方式——针对局部的、混乱的、充满情绪的检验,对于高度正规化和普遍化的检验表达大量不满意见,最先关心工资问题——在某种程度上符合雇主的期望。至少这是他们当中最开明派的想法,后者认为,在经济福利问题上让步,甚至与工会关系实行体制化,是两害相权取其轻。确实,在 1968

年，法国看起来与其他西方国家（美国、英国，特别是德国）很不一样。它的工薪劳动者工会极度碎裂，事实上不团结；它与雇主（不论全国、部门或公司一级）谈判协议的实际经验很微弱——协议并未较深地渗透进公司生活，而且总是在政府压力下签订。所以，法国雇主们可以肯定地认为，加强最弱小的西方劳资关系系统之一，并无大碍。

雇主对工会的态度及对谈判的预先安排，在传统雇主和“进步”雇主之间却有不同。前者始终阻扰工会活动，特别不承认在格勒内尔协议期间达成的公司内工会小组；后者在1969年以后指挥“法国雇主全国理事会”的团队中占多数。[35] 如同“新社会”的推动者——雅克·沙邦—戴尔马和雅克·德洛斯——以及与“法国民主工会”接近的工作问题社会学家们，这些雇主们把“5月危机”在公司内采取的形式及随后进行的宣传鼓动，视为雇主与工会之间社会关系的不适当体制化，以及在企业一级缺乏谈判实践的结果。[36] 紧紧掌控会员但不取消社会冲突的强大而理性的工会，将有可能建立解决各级问题的体制化检验，并被视为社会和平与经济进步的一个重要因素。[37]

在企业一级，这一政策遇到大量公司头头们的敌视和工会的软弱，它们的地方组织总是备受争议（除了在公共部门和大型国有产业中），它们的代表只是在格勒内尔协议以来才享有合法保护。所以，“新社会”就转向与全国一级的主要工会联合会谈判协
180 议——这是矛盾的，但符合法国的劳资关系史，在劳资关系上加强了国家的作用。而德洛斯希望在企业一级建立经常的谈判，以便脱离政府，并使雇主与工会关系去除政治化。[38] 雇主们转向谈判，是根据两种信念。第一种是，工会比工人阶级会员甚至比公司里的工会小组更负责任、更可信任、更“认真”[39]。经常会害怕工会被它们的会员所包围，[40] 所以，值得与它们订立跨行业协议以加强全国性机构。第二种信念是，新的自由派精神我行我素的表现，对权威和等

级制的多重挑战,对自主权和公司民主管控的要求,以及更一般的“拒绝工作”的麻烦迹象(特别在年轻人中),这一切都会被工资问题上的让步,以及首先是加强稳定和保障的措施所冲淡,即被保证公司中工薪收入者地位的协议所冲淡。当时,“法国雇主全国理事会”把“继续与社会对手对话”并确立一项“联合政策”视为一些手段——弗朗索瓦·塞拉克在 1971 年这样宣称[41]——“可以一举将经济扩张和改善人民境况相结合”,以及维护资本主义类型的经济发展,反对其贬损者。[42] 由此,一种“社会楷模”被描绘出来,其政治转化就是沙邦—戴尔马和德洛斯的“新社会”,它旨在支持在自由交换架构内通过基于明确措施的社会政策,来“加强公司凝聚力”的工业化努力(目标是国内生产总值年增长 6%)。这项政策包括提高最低工资、减少工资差距、向前看的人才管理、继续培训、发展集体设施,等等。

公共当局与雇主的这种谈判战略,从属于该时期的经济政策[43],因此符合当时背景下所作出的让步,但还不构成 1974 年开始的危机的标志(当时是一场经济危机,不是如同 1968 年那样的治理能力的危机)。随着法国进入共同市场后的开放边界,不断强调的是工业化,这是第六个计划的首要目标;以及公司竞争力——采用新技术、集中化与内部重组的结果。有必要避免社会骚动而危害整个系统,并且首先对导向该政策的事物作出让步(其中包括:通过不断培训和月付工薪来改善劳动力的素质,并能吸引更高素质的人才;实行工薪收入者参与机制,设法使他们在公司扩大战略中合作);反过来,在其他领域必须实行刹车(在体力劳工短缺之中的退休年龄,对公司不可分割的权威提出挑战的工会权利)。[44] 有利的 181
经济气候(产出强力增长,通货膨胀接近于法国的贸易伙伴,充分就业,国际收支平衡)为在有保证的最低工资和购买力方面作出额外让步提供了条件。通货膨胀的情况从 1968 年以来加剧了,这也适合于谈判,因为雇主们可以提高物价而对工资问题比较“舒心”。

通过签订一大批跨行业全国性协议所发布的这种阶级合作政策，引起许多法律和条令的颁布，并使其在分会和行业层次的合同谈判中得以遵行。它可以大大加强工薪收入者的保障，并有助于为工薪收入阶级建立一种法规。在这些协议中（这涉及500万至900万的工薪收入者），我们可以特别回顾关于职业保障的跨行业全国性协议，使各行业有义务建立跨行业地区委员会（1969年）；四周带薪假日（1969年）；实行有保证的最低工资（1970年）；月薪制联合宣言（1970年）；每日产假费协议（1970年）；关于继续培训权的跨行业全国性协议（因德洛斯的压力而在1970年订立）；关于培训与职业发展协议的修正框架（1971年）；最多工时法（1971年）；提早退休与资源保证协议，使他们有权获得以前工资的70%（1972年）；关于移民参加职业选举的法律（1972年）；严惩违背劳工法事例的法律（1972年）；禁止非法工作法（1972年）；普遍实行补充年金法（1972年）；强制清算情况下的保证协议（1973年）；一年内充分支付失业救济费协议（总工薪的90%）。[45]

即使法国总工会和法国民主工会坚持阶级斗争的逻辑，但主要的工会都参加了这一妥协政策，并认为它是跨离资本主义的一步。这方面的证据是，它们都拒绝任何法律或协议"把工人命运的改善与资本主义制度的繁荣相联系"。[46]这些协议的意义不可低估（20世纪70年代的极左运动对最糟状况抱有宿命论精神，把这些事例视为仅仅是资本主义的诡计），后1968年5月的年代，在法国标志着自解放以来的最重大社会进步。签订的协议和颁布的法律与规章今后可以作为合同支承点，以此挑战资本主义积累所依靠的工作检验的公正性，可以把盈利方法更经常地批判为，不仅是不
182 公，而且是非法。这样建立的保障或保护常常是绝对的和法定的，防止雇主过分操纵个人差异而使工薪收入者相互竞争。[47]如果规约的达成确实决定于检验，那么，那些协议的绝对无条件性质减少了不确定性，并产生稳定的条件，诸如"协议所包括的每个人预先

考虑到别人会符合说明的条件而无需证明这一点"。[48]相反的负面例子,正如"体力劳动的流动性"还没有被称为"灵活性",这意味着,规约将提供保护的变化情况适用于个人。

1968 年至 1973 年订立的协议,改变了增加值的分配而有利于工薪收入者[49],并大大加强了他们的保障。他们因此证实和终结了基于要求更多社会公正的资本主义危机的最初定义,也就是说,并非根据业绩而提供福利给个人,而是根据对生产增加值的总体贡献而提供福利给集体。正如德洛斯在 1974 年的访谈录中清楚表达的,该时期中所使用的社会公正的意思明显有别于根据个人业绩的报酬,那是以能人统治的标签而遭到拒绝的。[50]能人统治是分而治之,因为它按人们的能力来分等,而且就定义而言是不稳定的,因为业绩检验要合法的话就必须可以逆转。社会公正的达成,使集体受惠并有保证,它由法律文件作基础的一项规约来保护不受挑战。

可是,在我们关心的时期中,这些福利或"权利"之取得,付出的代价是在公司权力和自治权问题上维持现状。

事实上,雇主对于在全国范围就工资问题与工会作较量并不害怕,它更害怕的是在车间和企业一级的生产阻断和不断失控。潜在的"意大利 5 月事件"可作为痕迹和警告。在意大利米拉费奥里的菲亚特工厂的争吵提出一个特别难办的例子。在 1969 年的冲突中,"工人代表运动"建立起来了,还有工人大会、代表与工厂理事会。这发展到一百家公司,到 20 世纪 70 年代初,导致在菲亚特工厂取得对工作方法很大程度的控制:超时、派工、调动、升级(阻遏个别升级以防止它们造成工薪收入者中间的分裂),等等。[51]

通过法国雇主全国理事会,雇主们强烈反对企业一级的任何分权。整个时期中始终保持反对,在 1973 年的利普公司争执中也很明显[52],两年以后,在关于改革公司的叙德罗报告也是这样。关于给予"每个工薪收入者发表个人和集体意见之权",以及"把有投 183
票权的工薪收入者代表结合进行政管理委员会或监督委员会"的

建议，都被提出来加以批评。[53] 雇主们对于密切有关或稍有类似自我管理的任何内容的反对，在干部和工程师的案例中同样明显，然而他们对自治权的要求，大部分并没有工人理事会的激进性质。

在20世纪60年代末和70年代初，法国雇主全国理事会（许多大公司董事的意见首先通过青年企业领导人中心来表达，它还包括大量的中小公司雇主）开始以传统方式对权威危机作出回应。他们把任何争取管控的要求都视为"危险的、不可容忍的干扰"，应当以"经济学自然法则"的名义来加以谴责。1968年，雇主联合会就重申了它在危机以前持有的立场，例如表达在1965年法国雇主全国理事会全体大会所发表的共同宣言上："管理公司的权威不可分；经验不断证明，任何其他的方案会导致软弱无力。正是有负责人士担任公司首脑，才最最有助于以人道方式行使权威，并保证与工薪收入者作必要的对话。"1968年5月21日，法国雇主全国理事会的办公室被一群干部占领。第二天，雇主理事会发表声明，谴责该次罢工并总结了它早先的主题。在这一宣言中，雇主理事会特别表示它对"参与"的保留（"参与"是戴高乐左派的口号，是政府提出来回应危机的，"在公司内参与，可以是一个效率因素，只要它是以加强结构而不是破坏结构为基础，尊重等级制，其权威不得破坏"）。凯瑟琳·加乔斯写道："关于放松现有结构的谈论是普遍的，而法国雇主全国理事会却谈到加强旧结构；掌握指挥权的权威到处受挑战，而法国雇主全国理事会却要求加强等级制和保证行使此种权威的措施，他们的理论根据是迫使他们办公司的'经济生活现实'或'经济学自然法则'。"[54] 参与的要求事实上应转化为把工薪收入者包括进利润分享和雇员持股发展之中。雇主不是出让工作场所之权，而是在财务层次分享股东的地位。[55]

基于艺术批判的第二种回应

第一次石油震荡和1974年至1975年衰退加速了对阶级合作

主义政策的挑战。雇主们发展起一种不同的社会政策,并实现了一系列变革。这些变革是根据20世纪70年代下半叶对资本主义经济危机的再解释,不是工会采取主动所作,而是雇主先进派作出 184
的。"企业与进步"这一组织起了特殊的作用,它认真听取了"专家"、顾问、人际关系专家和社会学家的意见,认识到"68年思想"不能全部加以反对。

根据这一再解释(它是在20世纪60年代末特别由工作问题社会学家系统阐述的),这次资本主义危机的根源并不是争取提高工资的要求,更不是争取更多职业保障的要求。它是对工作条件造反的表现,特别是反对泰勒制。对工作条件的兴趣,对装配线工作的批判,意识到职业满意与较复杂任务的业绩,更自主地执行——这些都曾经是出现在1970年至1971年雇主著述中的许多主题。它们是可以探讨的途径,以对付挑战权威并防止未来的造反[56],这些年中半熟练和不熟练工人的罢工似乎触发了这种反思。

但是,就反对泰勒制的解释而言,用于半熟练和不熟练工人的案例是可信的,但用来理解为什么造反只在现在表现出来,或者用来说明危机的意义,以及扩张到并非工作在装配线上的多得多类别的工薪收入者,那就不够了。若干观察者当时将该造反解释为正巧遭遇两个单独原因的结果:一个是当时进行中的工作合理化,另一个是——同时期但不同原因——教育水平的很大提高。这一双重发展带来了技术性少的工作增加和级别降低,以及更多的技术工人和素质大大高于以往。根据这种解释,其结局是,特别在年轻人中,一种挫败感:他们的期望变成失望,因为工作检验不容许他们去做可以展示他们能力和表现他们技能的事情。[57]

这种再解释包括分析观的一种潜在变化,这只有到了80年代才变得充分明显起来:从根据集体来描述社会关系,确立公平关系,其中有社会公正问题;到结合公正要求的个体化描述——但这一次是特殊贡献和个人业绩的能人统治性质的差额报酬。[58]

解释危机的新方式并不直接来自现场活动者，即当地雇主、工厂经理，或工薪收入者和工会代表。[59]事实上，对工作条件的强调最初来自工作问题专家的反应，他们是工厂稽查员[60]或工作问题
185 社会学家。只是在后来，工会联合会如同革新的雇主组织，才捡起这一主题，因为它们要设法制定“新要求”。直到它被法国雇主全国理事会转变为一个口号，它才被报界广泛传播，并被1973年至1976年政府多数派的政治代言人采纳。1973年底发出的标语口号：改善工作条件和增强职业——成为瓦莱里·吉斯卡尔·德斯坦总统任下的主题。[61]

这一回应的改变，有许多原因和理由。除了1974年至1975年的衰退，由于周转和利润减少，它揭示并提出了1968年以来的政策代价；同时还必须提到涉及雇主和批判势力的其他因素。就雇主来说，我们看到，改变政策显然符合他们的利益。至于批判者，他们在20世纪70年代自身的演变部分地脱离了公司内部形势，促使他们改变抗议的重心和关注的问题。

1968年以来所遵循的阶级合作政策，证明对雇主来说代价比较昂贵，见证了这些年间工资与利润在增加值中份额的变化有利于工薪收入者。在前个时期（1945—1965），工资增加伴随着生产率上升（符合凯恩斯政策的原则，设法不重复1929年至1930年的错误，当时生产率的巨大上升没有传递到工资上，造成危机突然爆发）。但是，从20世纪70年代初开始，在法国和其他发达国家所看到的是生产率上升明显减慢。在70年代后半叶，收入与支出研究中心的定期报告指出，工薪收入者的购买力超过了生产率的增长，收入分配阻碍资本收益。[62]工作保障的收获也包括很大的代价，相当于风险的更大社会化和公司对工作保障成果的责任加重。

但是，雇主面临的主要问题是，尽管付出了代价，阶级合作政策并未产生预期的效果。既没有恢复社会和平，也没有首先停止搅乱生产过程。一方面，主要的工会联合会在谈判重要的全国性协议

时,不太愿意帮助建立“新社会”的社会政策所要求的行业关系合同形式,而是保留这个社会主义成果作为它们的目标,即便该名称对法国总工会和法国民主工会有着很不同的含义。另一方面,由于自发罢工扩散,工会对此不再能保证加以控制。结果,让—玛丽·克莱克根据工厂稽查员每日报告写道:“我们可以谈论一种新类型的争议,它的主要特点是整个过程难以预见和令人为难,所以是无法预测的。”同一作者谈到雇主回应的硬化,“越来越强硬的反应”包 186
括经常求助于封闭工厂。[63]需要其他办法来重申对公司的管控,看来十分重要,一方面是因为工作不断被搅乱,另一方面是因为这种搅乱的代价非常高,无疑比所得到新收益的成本更高。

我们发现奥利维埃·帕斯特的文章试图根据全然不同的指标计算所造成的种种代价:旷工,拖延,补缺,阻扰,次品,低于平均数的生产率,罢工和批判,抗议或工作场所的临时停工。[64]帕斯特采用不同来源(计划委员会、法国总稽查署的海尔布伦纳报告、产业与金属行业联盟提供的统计, 以及 1979 年安东尼·霍普伍德的一项研究)作出结论称,这些代价的因素需要两倍或三倍的工资额,或者根据别的估计, 它们代表 8.5%至 10.6%之间的公司交易额,或者约 600 亿法郎,相当于国内生产总值的 4%以上。由于搅乱工作而造成的代价,还必须加上监控费用的增加,它难以量化,但无疑是很可观的。

雇主对工作条件的关切也由于一个简单而现实的分析:重复性工作、丧失责任或自主性、工时记录及工作的科学组织,都不再被年轻的、教育资历高的劳动者所接受。除了上述年轻人的造反,雇主还害怕这个充分就业年代的人力短缺, 法国年轻人拒绝做最艰苦的、最不讨好的活,所以不得不找移民工人。雇主们如同政治官员一样也开始对减少或制止移民设想产生作用。[65]我们发现,法国雇主全国理事会 1971 年 11 月关于 “半熟练和不熟练工人的问题”的一篇报告中明确地提出了这个问题。作者的出发点是这样的思想："设想在几年内有些活可能找不到任何人来做，这并非不合理。"当然，可以找妇女，"她们天生适应重复性的、简单的工作"，这方面比男子要强。但是，找妇女的话，就要遇到"管理人员的偏见，他们认为录用妇女太费钱，特别是她们的旷工"。报告的作者反驳说，"是否想过这样的可能性：更充分的经济计算无疑会说明，如果考虑适应问题、工作质量糟糕而必须改变，以及产出不正常的因素，有时雇用教育水平很低的外国劳工岂不更加无限昂贵吗？"[66]

如果无法指望工会——它们已被证明无能力疏纳不满——反对"阶级合作"，力求签订代价高昂的协议，解决的办法就是绕过它
187 们，不要它们的调停。弗朗索瓦·塞拉克在1978年会见经济记者时宣称，新的社会政策不应"堆砌社会福利，而是改革结构，使公司有更多灵活性和自由"[67]。

法国雇主全国理事会把这种新政策称为"社会进步的竞争性管理"。"竞争性"一词并非指公司之间加深竞争，或者使工薪收入者之间相互竞争，而是指资方必须与工会竞争，取回社会主动权。公司必须"管社会"，照顾好工薪收入者的"期望"与"要求"。在企业一级，等级制，特别是监督员，必须设法了解和(如有可能)满足甚至预见工薪收入者的个别要求，只把集体要求留给工会。[68]社会政策的这种转换，包括重新使得劳动力管控从工会手中回到资方手中。[69]设法像法国商业伙伴那样建立一个坚强的劳资关系体系，并不延续很长，法国雇主们很快恢复到他们前辈习惯的独立而不可分割的权威。他们当中更加现代派的人甚至相信，这种回撤将带来更多的创造性，使每个人在自己公司里自由地试验，而害怕看到，集体谈判所强加的措施使得那些负责人在全国性协议中根本不谈革新。在20世纪70年代末，过去推进全国性谈判的同一个雇主理事会领导团队承认过去做错了："现在我们了解，旧的乌托邦必须放弃，必须承认与工会在公司目标的定义上达成协议是不可能的。"[70]

这一新政策符合国际经济与政治协调机构中思想的发展。例如，反映推动资本国际化的金融组织和跨国公司立场的三边委员会[71]在1975年报告中赞同与“对会员具有真正权威的工会负责领导人”进行合作。但是,在1978年发表的一项新报告中,作者们选择发展在工作场所直接参与的形式:

> 一方面认识到独裁主义管理的不足，另一方面认识到代表制度的局限,导致特利斯特教授所谓的“工作有关的”民主的发展。这种观点的焦点,是以半自主的工作小组取代独裁主义的管理,工作小组有责任管理全组进行的工作。各级经理人更多地成为技术专门知识的榜样与提供者，更多地是民主领导人而不是独裁者。工作有关的民主原则可以通过一个组织来实行,而且往往是资方在管理等级制高层进行的方法。它们 188
> 是日本决策方法“禀议决策制”的中心内容。[72]

可是,这种战略变更,如果没有批判力量本身同时发生的变化(虽然主要是与此无关的原因),那是不可能的。特别是,法国总工会在70年代下半叶的削弱,关闭了它曾经是最强大的现有工会的一些产业点——这个事态发展并没有被它在占领第三产业部门的同等新进展所抵消——降低了对“数量”要求的批判压力的强度(法国总工会比法国民主工会更重视数量要求)。这就腾出了余地来讨论“质量要求”,而此时雇主们正好开始考虑的兴趣是用工作条件问题来取代社会问题。这一方向变更也受到当时法国共产党力量下降所鼓舞，但力量下降的程度没有完全反映在这些年间其选举力量逐渐消蚀而有利于社会党。[73]法国共产党同时面对着极左派的列宁主义批判,斥责它是修正主义;而其他极左派系则谴责它的斯大林主义过去及当前对苏联共产党的妥协[74]——从清算“布拉格之春”到入侵阿富汗——它被“正统派”和“改革派”(当时称为

“欧洲共产主义者”)的内部纷争所撕裂,摇摆在不可调和的立场之间。一时要抛弃“无产阶级专政”而赞同“法兰西人民大联合”,一时又要维护它的革命特性来加紧攻击社会党,而 1972 年它和社会党签署了共同纲领,其根据的政治路线是把“大联合”作为“有利于法国共产党努力夺取政权的一项斗争”[75]。共同纲领的年代(1972—1977)对法共并不坏:它利用左派发动的抗议浪潮,把自己显示得比“不负责任的小宗派”更为严肃和合理(这也使它弥补其对 1968 年 5 月事件战略的失败和含糊)。[76] 它赢得了新党员,保住了一大部分选民。但是,它的政治立场的不一致性却同时造成许多战斗者感到迷惑,他们不像过去那样被牢牢控制,并对极权主义机构的批判很敏感,越来越同正式的共产主义价值观和一个到头来还保持斯大林主义的党拉开距离。

1977 年由法共开始的左翼联盟的分裂,社会党归因于共产党过于强硬的立场(在莫斯科影响下,社会党善待吉斯卡尔·德斯坦总统,不希望左翼胜利),共产党归因于社会党的右倾,认为它要分裂联盟而不负分裂之责。这导致 1978 年立法选举中的失败:这一
189 失败应完全归因于法共的不让步态度而加速了它的垮台。从 1980 年开始,党的内部混乱就很明显。[77] 与左翼联盟有联系的工会被它深深地震动。法国总工会和法国民主工会之间的一致行动在 1979 年破裂,这更多的是由于法国总工会大力支持苏联入侵阿富汗。法国民主工会随后采取了重新定向的策略,放弃政治参与,一心专致于工会要求。这种在形成左翼结构与自我管理思想日益流行之间发生的争议,使共产党本身处在危难之中,促使对工作问题的批判感发生转变。与此同时,出现了一个新的抗议集团,它把反对极权主义放在优先地位。它本身关注对资本主义的艺术批判,要求解放(特别是性解放)和“真实的”存在(女权主义、同性恋、反核和生态运动),它要和主导的左翼新力量结盟。公司正在进行的变革,是要设法产生新的直接形式的工薪收入者表现和表述(质量小组、讨论

小组,等等),因此特别得益于由法国民主工会进行的对等级制的批判,得益于和自我管理运动密切的社会学家们的工作[78],还得益于旨在反对雇主和现有工会的、促进工人直接表述的左翼试验。

这种新政治所要坚持的,正是在工作条件的领域。这种对改善工作条件、“使工作更有收获”或者灵活工时的关心有两大成效:一方面,它得到一部分工薪收入者的支持,它们得到集体行动所不能提供的个人福利;但另一方面,通过使工作条件与报酬个人化,主动权就回到了雇主手中。[79]

但是,承认自主权要求的正当性,甚至使它成为新工业秩序的一个绝对中心价值,包含着一个主要的新出发点。这不但有关那些要求这项权利的人——大公司中具备学术资格的工程师和干部——而且有关那些并未要求(至少并未明显要求)这项权利的人,即那些蓝领工人,他们进行了过去十年中的大部分社会斗争。旨在使工薪收入者获得更大保障的措施,被旨在减少等级制控制和考虑个人“潜力”的措施所取代。可以说,在政治上反转,保障换成了自主权。反工会的斗争,以及更多自主权和个人福利的让步,也是以同样方法进行的,即通过改变工作组织和变更生产程序。这影响到公司本身的结构,而且,特别是影响到拆除组织单位(公司、工厂、部门、科室)和人员类别(职业组别、同类岗位人员、社会阶级),即批判机构(特别是工会)所依托的那套集体。正如埃德加·富 190
尔对要求学生自主权的解释,自主权在这里的意思,既有人身自主(对他们工作较少的直接等级制控制),也有组织自主(科室部门视为独立单位及自主盈利中心,或者外包的发展)。[80]工作世界现在只包含联系于网络中的个别事例。

这个时期中雇主的主要目标——恢复对公司的控制权——不是靠加大等级权、拉长等级线、增加会计手段或官僚指示来达到。达成这一目标,是由于和过去的控制方式决裂,并吸收迄今被视为破坏性的对自主权和责任权的要求。过于简单的说法是,这一变革在于以自我控制来取代控制，结果是，把很高的控制成本加以外化，使这一负担从组织身上转移到工薪收入者身上。自主权和责任权的作用，证明可以同时摆脱唱反调的工人和滥用职权的小霸主，主要依靠自我管控的新控制方法使得这两类人今后成为多余。

职业组织与分类的一系列变革，同样能够使工作对于法国受过教育的年轻劳动力具有足够的吸引力而接受它。

我们找到一系列著作中提到的变革清单，它们证明"雇主专家们"进行的紧张学术努力，以及公司里的大量试验。

《1977年10月第四次全国企业评估》的形式是呈献十年过程内大、中型公司提出的几百项"革新"索引卡，标志着第一次大规模地公开展示雇主世界中的1968年精神。在序言中，弗朗索瓦·塞拉克勾画了一项针对工业式僵硬计划和家族世界等级形式的左翼批评的自由派说明（米歇尔·克洛泽已经早在1970年初对此铺平了道路）[81]："公司的现实"就是"多样的、流动的、有区别的……它的本性就是倔强对待僵硬、抽象的组织程式和预先规定的纲要"；公司是"社会革新、创造性想象、自由创新"的特许场所。那两大厚册分成六章（公司内的交流、培训、工作条件的改善、工时的改革、管理人员的作用、社会行政的评价）。

因此，例如在"工作条件的改善"一章里，我们发现，在一家鲁
191 恩冶金公司，从1974年起就进行一项试验，包括在电子终端装配上取消装配线工作，以便"使每个人具有更大的自主性"；或者另一例，标致公司从1973年起建立了"装配单位"，同时"修改等级制结构以减少指令层次并加强车间自主性"[82]。一家制造工业电扇的公司说明，它通过建立由一名外来顾问领导的"工作小组"，得以"使原来处于糟糕的技术条件和社会不稳的车间，在改善的社会气氛中恢复了技术进步的优势"。

"工时的改革"一章的材料特别丰富，指出工时的战略重要性，它既能赢得工薪收入者，而且能为更大的灵活性铺平道路，尽管工

会有所保留。在这一章里,我们在可变工时、兼职工作、"灵活星期"、令人惊羡的假期、"调整的退休"等方面,找到许许多多的试验。一家雇用650人的电子公司描述在"自由工时和自主团队"方面的一项试验;一家医药公司说明从1973年开始的一项灵活工时的试验;一家商场的人事管理部门说明如何发展兼职工作;一家保险公司解释它如何组织"提早退休和职末休假"制度。[83]

法国民主工会关于半熟练和不熟练工人的1971年报告中,已经提出过在工作本身组织方面的一些有意义的改变,但还没有提出像1977年那么多的成功试验的例子,并提议实行一套"实用的……试验方法,就是进行效果评估,观察试点,必要时退回"[84]。

一开始,报告就强调使工时更加灵活的必要性。"工作的持续时间总必须有某种灵活性,实际上这是使生产适应市场的唯一方法"。有必要走向"灵活工时,也就是说,同意一部分人有某些差别。……除了他们便于录用以外,这种灵活工时制度的好处是使得受益者有自由感和自主感,满足更深的愿望。"此外,作者主张特别为母亲们发展兼职工作。[85]

然后,它要公司负责人努力实现保障条件:

> 近些年来对安全(与道路交通有关)与污染问题的强调,越来越多地使得产业工人敏感地关注这些问题在工作场所的解决情况。所以,公司头头们会在改善工作条件、安全保障和卫生保健问题上受到更大的压力。报告作者还说,事实上,这些问题的解决明显地导致生产改善,有时人们不懂为何没有更早地实行这些努力。[86] 192

最后,革新的实质集中于工作职位的结构调整。有必要"创造一种环境,使工人能内在地被他们从事的工作所推动",分配给"工人一套任务,增加负责和参与的成分,把材料的调整、管控和维修,甚至工作方法的改进,都加入到特定的操作任务之中”。

这种结构调整需要“对管理人员的作用有一种新概念,监督员不是像老板那样,就如顾问对自主小组那样,顾问是来参与制造一部分成品的”。报告人预测,推广这一革新的主要障碍来自管理人员,希望他们的行为通过“团队工作的方法”能有所改变。事实上,“指令方法的演变是改变工业形象的一项不可少的条件”。干部可以“阐述一个问题,要求工人们提出解决办法”。最后阶段(这主要还是设想)包括工薪收入者自己“指明问题,讨论可能的解决办法,然后达成共同的决定”。要达到这样的成果,最好的办法“或许是创造一种全新的气氛,建立新的规范”。达成的最佳方法是:“建设一个新工厂,有新职工,以及一批新干部在这一创始环境中实施新的管理制度。一旦新工厂建成,一切努力将集中于产生更有效率的工人团队。”[87]

最后,我们在《经合组织“雇主专家”报告》(1972)中发现了同样的上述建议,更坚持认为存在权威危机,并提出用责任感、自主性和创造性来加以对付的必要。我们在报告中读到,“衡量个别成功所使用的标准,包括越来越少的技能,更多的强调不断善于取得新的合格条件和进行新的任务;这样,社会成熟性将表现在创造性想象力,而不是表现在掌握一项古老的职业。”报告人还补充说:“启发这些讨论的大部分思想认为,要容许各级工人(不论在车间或低级干部)在设想、组织和管控他们的工作方面起更积极的作用。”接着就举了一个日本公司的例子,它一直在力求反对的不是“无政府主义”,而是“它的对立面——高度组织化和僵硬结构”。为了“产生一个人人尽可能参与工作的环境”,公司组织了“享有高度自主的工作小组,并容许小组成员在日常工作中可以改善他们的个人与社会资格”。[88]

因此,早在1971年,在这次回顾工作条件的场合,在20世纪80年代下半叶期间普及推广的大部分机制得到考虑并测试。这一

过程伴随着工会灵活性与作用的提高,我们将在下一章中看到。 193

这一战略(从这个意义上说,用词不当)[89]并无总的计划,也没有对前一时期的主要“社会权益”迎头彻底地发出挑战(这可能会引起强烈的反应)。20世纪80年代的取消管制并减少工薪收入者的保障(他们越来越多地受到工作无保障的威胁)并不是野蛮的“取消管制”[90]的结果,如果70年代初采取的措施干脆废除,情况可能是这样。通过许多局部的措施,重申了对公司的管控——以顾问的用语就是:以试点和纠错来协调“革新”。更一般地说,这是由于操纵一系列置换而做到的,它的性质是形态的(例如转包的重新定位与发展)、组织的(及时、多能,或者减少等级线的长度),或是法律的(例如,对管理人员使用有关薪金等更灵活的合同,商法的重要性大于劳工法)。在这些置换中,“社会公正”过渡到“公正”。这些多种变动改变了风险的性质、进行检验的领域、检验中对峙者的特性,以及检验结果的选择形式。换句话说,它改变了整个社会的性质而没有发生政变、革命或骚乱,没有大规模的立法措施,而且实际上没有辩论——或者,至少回顾来看,并没有相当于发生动乱那样的辩论。[91]

20世纪70年代期间发起的许多变革在下一个十年中被协调、同化,并称呼为一个名词:灵活性。首先,灵活性是公司用来使它们的生产机构,特别是它们的雇佣水平,不延误地适应于需求变化的可能性。它同样联系着在工作上走向更大的自主性,更快地在基础上适应当地的环境,不用等待无效率官僚机构的命令。这个名称同时被管理部门和雇主所采用,也被某些左翼传统的社会经济学家所采用(如本杰明·科利亚)。这些社会经济学家放弃了过去的批判立场,他们这样做,好像“以动力为特点的灵活性”的必要性作为一种“新形式的总体计算”,本身是不言而喻的。[92]有十年时间,即直到1995年末一场大规模批判运动再起,灵活性一词成为叙事中的老生常谈,传达过去二十年发展中依据有机学派或达尔文派历史

观的无以名之而又无可避免的性质。这一过程没有主体,不根据什
194 么人的意志,据信是适应环境的集体反应的产物,其外部原因把自身强加于注定要变化或消失的因素,或者不如说是"结构"。石油震荡,全球化,开放市场,新兴工业化国家不断增长的力量,新技术,消费习惯的改变,需求的多样化,产品生命周期的不断加快;这一切带来了各种各样不确定性的指数化增长。它们都归罪于从泰勒制时代继承下来的沉重、僵硬的工业制度:工人大量集聚,浓烟滚滚、污染严重的工厂烟囱,工会和福利国家,都注定要不可避免地衰落。关于社会进化的一般评论中看不到的东西,正是 20 世纪 70 年代后半叶若干分析家所感到明显的事物:工作组织的变化方式和工薪劳动者的境况,有可能扭转在该时期开始时相对不利于雇主的力量对比,并加强对工作的管控而无需相应增加监督成本。[93]

看来矛盾的是,在灵活性上的共识,因社会党人进入政府和新经济专家结合进国家而得到推进。一方面,这些专家在对灵活性的要求和来自左派或极左派的主题之间建立了一种妥协;另一方面,他们对雇主的要求赋予较大的合法性,提供了经济学最先进部分的支持。相应地,我们将快快地综览 20 世纪 80 年代来结束对资本主义回应 1968 年批判的这段总结。这些年见证了"第二次回应"的广泛实施,部分地是由于 68 级艺术批判者的支持,他们把正在进行的发展视为:与 20 世纪 60 年代相比,标志着某种进步。

"68 级"当了权:社会党人与灵活性

毫无疑问,在社会党人当权以后,劳动灵活性和相关的随意性迅速增加。社会党人当选的纲领对保护劳工立法赋予重大作用。取消工资(特别是最低工资)对物价的指数化联系,以及年底"赶上"的可能性,取决于一家家公司的谈判和"公司实际情况",是特别起重大作用的因素。看来矛盾的是,在 1983 年转变之后,拆除特别在法比尤斯政府时期发展起来的集体,依靠的是第一届社会党政府

期间由劳工部长让·奥鲁实施的立法措施(其相反意图在于“重新统一劳工界”)。另举一例:1982 年法令规定旨在通过授权的例证来限制不正规的工作合同,但却给了它们获得正式承认的效果。更 195
深刻的是,1982 年至 1983 年重要的奥鲁法令（三分之一的劳工法令在这些年中被重写),保证工会在工作场所得到正式承认以加强工会的作用,却产生一种不可预见的结果,它肯定不合法令推进者的愿望,而且雇主们一开始未曾注意而大加反对。他们赞同工作条件随意性和个人化,把谈判移到企业一级。奥鲁法令把咨询权赋予工作理事会,规定必须举行企业一级的年度谈判,从而无意间破坏了劳资关系制度迄今集中的性质。1982 年至 1986 年间,分会一级达成的协议数量下降一半,而企业一级达成的数量增加一倍以上。[94] 然而,在全国谈判机构上相对强大的工会往往在地方上很弱;如果我们从公共或国有化部门转到大公司和中小型公司，情况尤其如此。右翼在 1986 年重新当权之后,继续实行社会党人的取消管制工作,值得注意的是,新劳工部长菲利普·塞甘在有关工时组织和取消冗员由行政决定方面提出额外措施。而且,鉴于在裁员条款前种种障碍的极大局限性,后者的有效性总是象征多于现实。[95] 我们将在下两章中阐述这些不同问题。

左翼政府矛盾地支持减少工薪收入者保障和大大削减其传统工会盟友权力的措施，显然说明法国在 20 世纪 80 年代的经济与社会环境。政客们承认,在求职者数量不断上升、不得不面对国家无法接纳——这会加剧预算赤字——的局面之中，社会措施不足以对付失业,他们逐渐习惯于认为,只有公司能通过增加就业来解决这个问题。合乎逻辑的是,不能强迫它们这样做,政府就听取公司头头们的要求,他们声称更大的灵活性可以使他们能雇人。[96] 与此同时,就业困难限制了工会在谈判中的议价权,它们动员会员的信心不足。雇主与工会之间力量对比的逆转就是这样铭刻于经济形势之中。

但是，这一分析忽视了新精英被争取到艺术批判一边的作用，而且不信任老的社会批判，社会批判在法国太紧密地关联着共产主义。真正的事实是，灵活性政策并不只是无可奈何而采取的，在
196 左翼政府内可以找到许许多多拥护者。

在 1981 年至 1983 年间，无数左翼或极左派斗士、自学成才的工会工作者，或者更多的是受过大学或研究生教育的统计学家、社会学家与经济学家，在政府或公共部门获得官方职务：部级顾问、受劳工部咨询的研究部、专家委员会、计划委员会、大城镇市长顾问、不断更新与地区当局合约的研究实验室，等等。在这些工作问题社会经济学的新专家中，有很大比例的人支持过法国民主工会 1978 年的重新定向，也就是说，从 70 年代以此为特点的进攻性政策（主要是最大限度利用现有法律来扩大要求的领域），过渡到以谈判、合同协议与现实性妥协为主要目的的政策。法国民主工会态度的转变也集中在改革工时上，它可以提交给地方谈判以交换工作时间的减少。[97]

至于在靠近政治权力的办公室，这些左翼专家们以极快速度把雇主的要求吸收进他们的文化，特别是对于灵活性的要求。要了解这种变换，除了时常伴随着由批判立场过渡到责任感立场的态度变化——往往被人们以现实的考验来加以描绘——我们无疑也必须考虑到，来自反对派左翼的主题与态度可以重新解读为符合新的管理要求。自我管理的左翼主题特别是这样。这个主题自从 20 世纪 50 年代以来就是最反对共产党和国家主义（而且也反对泰勒制的不人道性质）的极左派系——特别是托洛茨基分子（以南斯拉夫为典型）——的中心主题，这个主题曾被新左派、法国民主工会和联合社会党所广泛接受。在 20 世纪 80 年代初，关于自我管理的期望至少部分地重新充实进灵活性、劳资关系的分权化及新形式的管理。日本取代中国在西方想象中成为远东人道主义的模范，可以依此来缩小西方工业社会的不人道。[98]

但是,这种左翼技能向管理的转换,并不局限于联系政府社会政策的研究咨询方面。它也影响到公司。在形成时期,新顾问们在80年代下半叶特别建立了地方讨论机制,他们时常非常积极地参与1968年5月以后兴高采烈的气氛。有了专业资格并经历许多重大事件之后,他们在代表公司的工作中注入了一项特殊技能;这种技能不是以技术学习的形式得来的,而是通过他们的生活经历。他们的专业价值是由他们本人、他们最为个人方面的经历所支撑的——即使是精神承诺超越政治承诺的人们最私密的方面。[99]他们 197
专长于福柯式的权力批判,谴责工会篡权,反对一切形式的独裁主义,首先是小霸王。反过来,他们也专长于人道主义地赞扬每个人内心非同寻常的潜力,只要他们能受到关注并容许他们表达自己的思想感情;专长于重视直接接触、个人关系、特殊交流的至高价值;还专长于面对生活起伏时转而采取总是有利的开放、乐观与信心的态度。

最后,我们必须提到另一批专家,他们的形象不同于以前的"68级分子",但是他们进入行政管理与接近政权的主导职务,有助于1983年至1984年的社会党易帜,以及竞争性膨胀政策的制定。正如布吕诺·若贝尔和贝尔纳·泰雷所评论的[100],20世纪70年代下半叶标志着一批新政治行政精英的出现,他们来自全国行政学院、理工学院和全国统计与行政学院,准备取代克洛德·格吕松周围的旧"计划人员",后者在50年代至60年代曾主宰计划部和全国统计与经济研究所(尤其是它的预测处)。这批新精英包括顶级经济学家,他们专业知识的正统性植根于他们在英美学者主宰的计量经济学和微观经济学国际领域的公认权威。从80年代中期开始,计划部门的地位下降而转化为任务不定的研究部门,他们就侵入了预测处,大大改变了全国统计与行政学院的培训方向,并对财政部的预算司发生压倒性影响。更一般地说,他们手里集中了大部分经济专门知识的国家中心(值得注意的例外是收入与支出研究中心),而且,鉴于独立于国家的专门知识中心(例如德国的工会)名不副实,他们垄断着经济信息和诊断,见证了(作为这一变化的一个例子)负责统计调查的全国统计与经济研究所内部科室权力与威信的相对下降,而有利于计量经济学和理论微观经济学。在1982年美国利率剧增、资本外逃和国际收支突然恶化以后,放弃莫鲁瓦总理(仍然标志着60年代计划者的影响)的凯恩斯主义政策,使这批精英有机会推进国家经济活动的不同形象。计划者强调的是国家的再分配功能及其作为各社会集团之间仲裁者的作用,而这些新经济精英则赞成“尽可能减少公共干预”和“大大改变其活
198 动方向以适应市场”[101]。

结论:在资本主义复兴中批判的作用

1968年5月事件以后的历史,表明对资本主义批判的真实而有时矛盾的影响。

雇主们对治理危机的最初反应可以说是传统的。它包括承认工资与保障方面的福利,同意与工薪收入者的工会谈判,利用劳资关系的方案来冷却阶级斗争,这也意味着承认现实。这样做,雇主们就是遵守了1936年大罢工以后定下的游戏规则,它提议在国家压力下通过与工会谈判来走出危机。集中于经济不平等问题和专门靠劳动力生活的人们的保障问题,这个最初反应是作为对社会批判的回应并靠满足它来设法使它沉默。应当说,这些年间的社会进步是确实的,因此那些批判是有效的。

即便如此,也很清楚的是,这些福利资金,加上更困难的经济环境,使得公司的负责人寻找新的解决办法——加之,即使作了这些让步,他们不得不面对的批判程度看来并未降低。他们就逐渐在工作的组织方面提出一系列革新,其双重目的是满足其他系列的要求和绕过工会,工会显然无法引导这些要求而往往被它们包围。

这些新的措施方法采取的形式是一大批微观发展和微观置换,其影响是使得劳工法的许多条款在实践中归于无效，即使它们并没有废止。这一过程受到该时期相当多的抗议者的广泛推动,他们特别容易感受艺术批判的主题，即工业社会和资产阶级社会对每个人创造性、独特性的日常压制并使之失效。因此,工作方法的转变在很大程度上呼应了他们的愿望,他们起了作用,特别是在 20 世纪 80 年代左翼进入政府以后。我们要再次强调批判是有效的。

然而,互有关联的是,在保障和工资方面,前一时期的各种收获又回来了;不是直接地,而是通过比 60 年代标准规范的全日制、永久性旧合同少受监督与保护的新机制。自主替换了保障,为新资本主义精神打开道路,赞扬能动性和适应性的美德,以前的精神则无疑是关心保障多于关心自由。 199

资本主义所进行的置换，使其逃脱已经建立起来回应社会批判的制约,而且可以不引起大规模抵制,因为它们似乎满足了不同批判潮流发出的要求。

法国社会批判先锋中的法共的中心立场，也说明在置换进行时法共对其关切问题的警觉性大大降低。要是法共不垄断阶级斗争的主题,非共产党左翼对艺术批判主题的坚持也不会那么强烈。希望建立不同左翼的人们感到，法共固执攀附于苏联模式而不可信,但也不是迎头攻击共产党,因为它们坚定的工人阶级立场,而且一度是他们在反资本主义斗争中的兄弟。[102] 因此,建立一个不同于共产党提出的社会模式的愿望,就导致动员各种左翼批判力量,并把社会批判留给法共和法国总工会。社会批判就这样伴随着共产主义的下降，短期内不会有人来鼓动复活它，这是由于害怕右翼——无疑也害怕左翼——会使一个大多数人不要的党派重生。相当多的批判放弃了社会领域，由一个日益老化和失去声誉的运动去占领,当然有利于在这一领域恢复艺术批判所让出的东西。

艺术批判同时取得了一些成功，抗议的焦点转移到其他一些问题或者生态类问题，这有助于掩盖对几十年斗争使之具有某种合法权威的那些机构日益增加的不满，因为抗议的水平一直很高。批判集中于新的领域，似乎并不危及在旧战线上的进展。

因此，有另一种方法来解释资本主义的转型及一套新价值观的兴起，这套新价值观意欲证明正当性，并且论述适应新竞争形势是不可抗拒的。正如告知我们，变革的泉源是对资本主义面临批判的分析——它的力量或大或小取决于时期，或多或少集中于某个主题而忽视其他主题，或多或少在内部受制于它们自身的历史——结合着对旨在使之沉默的解决办法的研究，而不是正式退出民主游戏规则。[103]

我们已经观察到的是批判对资本主义改善的作用，还有对资
200 本主义置换和转型的作用这些都不是总能导向更大的社会福祉——使我们强调批判活动之不当，以及资本主义进程难以置信的灵活性。这个进程善于以因时而异（也能因地而异，但这不是本书的主题）的期望来适应社会，善于恢复在前阶段中为敌者的思想。[104]

因此，在 20 世纪 30 年代危机之末兴起的、受到共产党和社会党大规模批判的第二种资本主义精神，是建立起来回应谴责私人利益利己主义和剥削工人的批判的。它对关心社会公正的整体性、计划性组织表明了现代主义的热情。它通过接触社会批判而形成起来，它回过头来鼓励民间集体价值观与工业必要性之间达成妥协，构成了建立福利国家的基础。

相比而言，新的资本主义精神是在 60 年代与 70 年代危机之末逐渐形成的，它反对由国家计划和监督的一种社会资本主义——过时的、受钳制的、被约束的——而倾向于艺术批判（自主与创新），它着手恢复资本主义的威信。新资本主义精神反对主导 70 年代上半叶的社会要求，欢迎该时期的批判：谴责世界机械化（后工业社会反对工业社会）——破坏导向完成人类特殊潜力（特别是创造性）的生活形式——强调压迫方式难以忍受的性质，那虽

不一定直接来自历史资本主义，却是资本主义机制在组织工作时所利用的。

新资本主义精神通过把这套要求适应于描绘一种新的、解放的，甚至自由意志的盈利方式——它据说还容许实现自我及其最个人的愿望,而可以构想为阐述超越资本主义,从而也超越反资本主义的初始阶段。

它的内部存在着解放的主题及创造者的自由联结（他们以统一的感情走到一起，在平等基础上团结起来追求同样的计划),使它有别于简单回到自由主义。(附带谈到来自30年代危机的“计划主义者”建构,不管是法西斯主义,还是福利国家。这些“计划主义的”解决办法把国家监督资本主义,甚至把资本主义结合进国家,视为理想,着眼于进步和社会公平。)事实上,新资本主义精神,至少在它构成的初始时期，并不强调构成历史经济自由主义的核心是什么——值得注意的是在不同个人之间自给自足市场上（他们的行动全由价格所协调)的竞争要求。相反,它强调发明不同协调 201
方式的必要性,为此,要发展与结合进普通社会关系的他人联系方式,这种关系曾被自由主义所忽视,建立于亲近关系、选举一致、共同信任,甚至在过去行动主义或造反行动的共同经历之上。

同样地,关于国家并不是自由主义的关注。假如新资本主义精神与自由主义共同具有时常很剧烈的反国家主义思想，其根源在于60年代和70年代由极左翼发展起来的对国家的批判。这种批判在开始时谴责资本主义与国家之间的妥协（“国家垄断资本主义”),联系“真正社会主义”国家中对社会主义国家的批判,提出一种激进的批判,批判国家是统治与压迫的机器,只要它拥有着“垄断合法暴力”(军队、警察、法院等),以及垄断由“意识形态国家机器”实行的“象征暴力”,也就是说,首先是学校,但也迅速扩大到文化机构。70年代对国家的批判以自由意志的语言阐述，但不想被看出它接近于自由主义:它是所谓看不出的自由派。因此,赞同对国家强烈谴责，并不预示抛弃福利国家的好处，那是指许多合法权利。对国家的批判（从不同角度，例如批判工会官僚制）是一种手段，用以表达反对第二种资本主义精神，并希望有一种创新的建构来调和各个对立力量：一种左翼资本主义（虽然并非如此阐述）。

我们下一阶段的分析将包括进一步探讨在20世纪70年代下半叶及特别在80年代期间资本主义发生的置换，设法了解在这些置换过程中拆除了什么，以及如何拆除的。我们旨在再一次把西西弗斯岩石推回山上，恢复批判，我们已经表明，它还无法声称真正的胜利。所以，以下两章专注于过去二十年间资本主义转型的社会负面影响，当然，我们并非看不到它在工人工作自主性及更多人可以发挥能力的机会方面所作出的真正贡献。

注释：

1. 见彼得·瓦格纳，《现代性社会学：自由与纪律》，劳特利奇出版社，伦敦与纽约，1994年。

2. 见阿兰·施纳普与皮埃尔·维达尔—纳凯，《普通学生报：文本与文件，1967年11月—1968年6月》，苏尔出版社，巴黎，1988年。

3. 引自菲利浦·贝内通与让·图夏尔，“对1968年5—6月危机的解读”，基思·A.里德译，《法国1968年5月事件：重现与解读》，麦克米兰出版社，贝辛斯托克与伦敦，1993年，第20—47页。

4. 见克里斯·豪厄尔，《管制劳工：战后法国的国家与劳资关系改革》，普林斯顿大学出版社，普林斯顿，1992年，第61页。

5. “工资技术研究所发表了一份研究报告，把不熟练或半熟练的蓝领工人与充分合格的工程师作比较，其中表明：等级制在法国比在德国和其他国家肯定更为公开。在这项研究中，可以看到工资等级在德国、英国和美国大约是2.5，而在法国则大约是4。而且，在某些产业，在参照时期内，以德国来比（它在结构上最接近法国），法国干部的购买力比德国干部高 11%，法国蓝领工人的购买力比德国蓝领工人低 16%。”（法国雇主全国理事会，《操作制度的问题》，法国雇主全国理事会，巴黎，1971 年，第 4 页）同样地，皮克蒂表明，1970 年，法国在西方国家中的工资不平等是最大的，甚至超过当时的美国（托马斯·皮克蒂，《不平等的经济》，发现出版社，巴黎，1977 年，第 19 页）。

6. 见皮埃尔·布迪厄、吕克·博尔坦斯基和莫尼克·德·圣马丁，“复原战略：社会阶级与教育制度”，《社会科学信息》，12（5），1973 年，第 61—113 页。

7. 关于知识工人无产阶级化的主题，1963 年由塞尔日·马莱（《新工人阶级》，安德烈与鲍勃·谢泼德译，发言人书社出版，诺丁汉，1975 年）和皮埃尔·贝勒维尔（《一个新工人阶级》，朱利亚尔出版社，巴黎，1963 年）提出的，联系着关于完成大学学业的机会不平等的学生运动，特别是学位在劳动力市场上作为资本取决于社会继承权——这个主题影响的扩大源于皮埃尔·布迪厄和让—克洛德·帕瑟隆 1964 年的著作《继承人：法国学生及其文化关系》（里查德·尼斯译，芝加哥大学出版社，芝加哥与伦敦，1979 年）。在学生运动的话语中，知识工人命定的无产者状况，其特点首先是由于没有自主权，并受制于执行任务，而不是创造性工作。

8. 拒绝“产出和进步的意识形态”（S.泽格尔，《五月思潮》，加利玛尔出版社，巴黎，1968 年，第 93 页）。

9. 有许多例子，见 1973 年出版的、由安德烈·戈兹主编的《劳动的分割：现代资本主义中的劳动过程与阶级》（收获出版社，哈索克斯，1976 年）。在戈兹的序言中，我们读到：“职业的细分和专门化，知识劳动与体力劳动之间的分割，精英们对科学的垄断，工厂的巨型化及其所导致的权力集中化……没有一件是有效生产所必需的前提条件。它只是为资本主义长期统治所必需。对资本来说，一切工作的组织必须不可改变地是一项生产的技术及一项统治生产者的技术，因为资本主义生产的目标只能是资本本身的增长，而这一目标不相容于工人，只能通过直接或隐蔽地制约工人来实现。”（第 VIII 页）

10. 见埃皮斯特蒙，《震撼法国的思想》，法亚尔出版社，巴黎，1968 年；米歇尔·德·塞尔特，《演说和其他政治著作的影响》，汤姆·康利译，明尼苏达大学出版社,明尼阿波利斯,1997 年;阿尔弗雷德·维勒纳,《社会的行动形象与文化政治化》,苏尔出版社,巴黎,1970 年。

11. 让—马利·多梅纳克,引自贝内通与图夏尔,“对 1968 年 5—6 月危机的解读”。

12. 拉乌尔·瓦内根著, 唐纳德·尼科尔森—史密斯译,《日常生活的革命》,左岸书籍与造反出版社,伦敦,1983 年。原书是在 1963 年至 1965 年写的,在 1987 年出版,无疑包含了有关艺术批判主题的最集中材料。

13. 关于我们要提出的管理形式发展的问题,学生们显然把 60 年代盛极一时的对干部的描述视为追踪痕迹。当提到“干部”时,他们的代言
203 人都是指“技术权力”的掌握者和“资本主义大公司”中的监督员;指“统治”工人的“小霸王”,或者被迫从事“零碎任务”的“知识工人”和“新无产者”(吕克·博尔坦斯基,《一个阶级的形成:法国社会中的干部》,阿瑟·戈德哈默译,剑桥大学出版社 / 人文科学之家出版物,剑桥,1987 年,第 219 页)。莫里斯·克拉韦尔在 1972 年 1 月 2 日《新观察》上的专栏对干部令人厌恶的形象有足够说服力的说明:“干部的多面形象……包括许多干部、年轻干部、学徒干部。生活水准、退休、薪级、赋税、提升、等级、事业,什么都有。这个世界绝对可怕,虽然不应责难这些人本身。……这里没有幽默。事情太凄凉。……我们对这些年轻精英们怎么能没有一种绝对的憎恨呢。……干部……他们是敌人, 因为我们需要有个敌人, 天哪! 会有一场争斗。”

14. 见经合组织,《工人的新态度与新动因》,关于工人与社会事务的文件,巴黎,1972 年,第 11—12、17、18、20、23 页。

15. 20 世纪 60 年代末和 70 年代初公司内的抗议浪潮影响到西欧的大多数国家。读者们可以提到皮埃尔·杜布瓦对法国、比利时、意大利、英国和西德之间所作的比较。在这五个国家中,罢工次数与罢工工人数、损失工作日的天数在 1968 年至 1973 年间有很大的增加。比以往增加很多,这些罢工常常是自发的,由基层发动的,甚至在德国和英国这样的国家,在那里,非正式罢工是非法的。此外,在这个时期,这些国家中可以看到活动形式的激进化,诸如:占领、赶走资方、扣押财产、怠工、破坏、罢工的工薪收入者非法出售产品、增加工人对徒工制的管控、安全保障(在英

国)、工时、工作的组织(在意大利),等等(杜布瓦,“工业冲突的新形式”,科林·克劳奇与亚历山德罗·皮佐莫编,《1968 年以来西欧阶级冲突之兴起》,第 2 卷,霍尔姆斯与迈耶出版社,纽约,1978 年,第 1—34 页)。斗争的激化同等地,甚或更持久而过早地影响到美国,在那里可以看到公开斗争形式的发展(工人自发的非正规罢工、破坏,基层会员拒绝工会谈判达成的协议,等等),以及隐而不见的罢工(旷工、补缺)(吉勒斯·马金纳,“危机与工作的新组织”,《工作与就业》,第 22 期,1984 年 2 月,第 33—44 页)。在这些年代中,人事负责人全国协会的刊物《人事》发表大量文章谈“公司中的权威危机”,谈“更加公开的无纪律”,“拒绝执行命令或听从指示”,“对某些惩处规则进行集体挑战”,把外号为“小霸王”的监工加以贬低的运动,等等。

16. 读一下克劳德·迪朗对 1978 年 12 月至 1979 年 8 月间在乌西诺—朗维公司的钢铁问题争执的研究报告中记录的 183 种行动的描述,就可以了解 20 世纪 70 年代发展起来的行动方式的多样性和创造性:占领,示威,堵住道路和铁路,阻断火车,被临时解雇的工人一天里大规模来上工,占领法兰西银行,占领电话接线局,堵塞工作理事会,把冶金顾主联盟抄家,扣押希埃斯工厂的经理,进攻警察所,占领乌西诺公司的人事处长办公室,卸下一火车铁矿石,进攻临时工,占领地方行政法庭,推翻大卡车,切断供应工厂的煤气管,堵塞氧气工厂的供应,建立电台“洛兰钢铁之心”,1.2 万人去巴黎进军示威,在巴黎圣母院楼顶上悬挂旗帜,等等(迪朗,《失业与暴力:朗维在战斗中》,加利利出版社,巴黎,1981 年)。在菲利普·贝尔努、多米尼克·莫特与让·萨格利奥的《OS 的三个车间》一书(工人出版社,巴黎,1973 年,特别见第 33—37 页)中,读者们将看到对日常工作关系批评态度的人种学描述,从怠工到生产线的组织和监督。 204

17. 克劳德·迪朗与皮埃尔·杜布瓦,《对罢工的社会学调研》,全国政治科学基金会—阿曼德·科林出版社,巴黎,1975 年,第 221—222 页。

18. 克劳德·迪朗,《带锁链的工作——工作组织与社会统治》,苏尔出版社,巴黎,1978 年,第 7—8、69—81 页。

19. 本杰明·科里亚特,《车间与计时器》,基督教资产者出版社,巴黎,1979 年,第 197、218 页。另见奥利维埃·帕斯特,“泰勒制、生产率与工作的危机”,《工作与就业》,第 18 期,1983 年 10—12 月,第 43—70 页。

20. 让·鲁斯莱,《对工作的异常反应》,苏尔出版社,巴黎,1975 年。

21. 加布里埃尔·巴拉兹与凯瑟琳·马太,“对边缘化的意见:对专家和青年人访谈的分析”,载让·鲁斯莱等,《青年与就业》,就业教育中心报告,第 7 期,法国大学出版社,巴黎,1975 年。

22. 人事负责人全国协会刊物《人事》在 1972 年以大量文章谈论青年人的变化,以及拒绝“做工业工作”(第四计划就业委员会记者 J.迪普隆一篇文章的题目)。看看雇主们的这些话:“除了真正的失业者(他们是不流动的,或者尽管真的希望工作但面临严重问题),我们必须加上约 3 万名登记的年轻求职者及一批未登记的年轻人,往往估计接近 15 万人。事实上,注意力一般主要集中在这批年轻人身上,他们两手一抱不工作,确实如此。但是他们是否失业,却很不明显(至少,如果失业意味着一个人真正在寻找工作却找不到)。”(巴黎地区雇主组织联盟,《有多少失业者?》,法国雇主全国理事会,巴黎,1969 年,第 10 页)

23. 汽车部门(泰勒制化程度最高)罢工人日数 1971 年大约在 47.8 万,1974 年为 33.05 万,为记录的罢工总人日数的 10%至 12%之间,(比较来看,1975 年至 1980 年为 5%至 8%),很好地说明 20 世纪 70 年代初对分散工作的造反情况。见达尼埃尔·菲尔若,“集体冲突:处于糟糕状况的工作条件”,《工作与就业》,第 61 期,1994 年,第 92—95 页。

24. 迪朗,《带锁链的工作》,第 7 页。

25. 见帕斯特,“泰勒制、生产率与工作危机”。

26. 同样的现象可以在美国汽车业中看到,那里的生产率在 1960 年与 1965 年间的年增长为 4.5%,而从 1965 年至 1970 年,年增长只有 1.5%(埃玛·罗特希尔德,“通用汽车公司的自动化与操作系统”,《现代》,第 314—315 期,1974 年 9—10 月,第 467—486 页)。生产率的下降由于滚雪球效应而持续:生产率的降低导致泰勒制的增强及工作速度的增加,以便尽可能廉价地扩大产出和提高生产率,它反过来却导致工人阶级反抗而造成生产率下跌。

27. 见勒诺·迪隆,“干部与工人运动”,载《抗议性罢工还是政治性罢工》,人类学出版社,巴黎,1971 年,第 161—326 页。

28. 马克·莫里斯与罗歇·科尔尼,《1968 年 5—6 月在艾克斯—马赛地区的干部》,计划总委员会报告,LEST 出版社,巴黎,1970 年。

29. 我们在《战斗者评论》第 82 期(1969 年 3—4 月)上发现对此的忠实呼应。该刊由法国民主工会出版,提供该五种委员会的情况,它们在 1968 年 12 月 7 日和 8 日集合了 80 名法国民主工会的积极分子“指明 5—6 月间所实行的试验”。第一委员会报告了“建立罢工委员会”;在某些公司,这些并不仅仅是随意的结构(一个例子是,在克莱蒙特医院,永久行动委员会是决策机构,员工们决定行使医院的某些服务)。第二委员会引述了一些公司的案例,在那里,“工人负责起生产手段。在这些事例中,生产在进行,不论人们在等级制中是什么职位,不论等级制‘是否参与’或者被工人所取代(拉克地区的佩希奈公司的案例),他们就进而建立一个更 205
精简合理的结构,主要起技术的作用,责任的分配非常灵活:在可能的地方实行集体决策,遇到紧急事务由有关集体决定。在这种架构内,一种创新精神容许工人发挥才干,他们设法解决工程师认为解决不了的问题。”第三委员会的报告人写道:“初步观察,掌握公司权力是可能的:外界的背景可以是一种促进,但重要的是在公司内部,要依靠我们。”第四委员会的成员们说,六个案例中有两例要求权力(朗—普朗克,南特中心医院)。他们“在有限技术领域内表现了工人的管理能力”及“在非等级制组织里进行试验的可能性”。最后,第五委员会的报告人报道了旨在对“工作组织与培训取得某些权力”的要求。(法国民主工会,“1968 年 5—6 月,争取企业民主的经验、文件与成就”,《战斗者评论》,第 82 期,1969 年 3—4 月)

30. 出处同上。

31. 制造这个名称,是要强调设计的问题不是“阶级”运动,并要特别指明它们不同于当时工人运动所代表的社会运动模式。学生运动被认为是这类聚合的先驱,它部分地超越阶级差异,即便它被贬为“小资产阶级”,即再次归入阶级斗争的概念范畴。而且,学生运动的这一特殊性质可用以说明法国总工会和法共所展现的 1968 年事件的不全面性。由于学生不构成一个“阶级”,它们不能真正处在对资本主义社会挑战的最前线。

32. 弗朗索瓦·菲雷,《一个幻想的逝去》,德博拉·菲雷译,芝加哥大学出版社,芝加哥,1999 年,第 494 页。这些“新哲学家”(安德烈·格吕克斯曼,《厨师与食人者》,苏尔出版社,巴黎,1975年;贝尔纳—亨利·莱维,《长着人脸的蛮荒主义》,乔治·霍洛克译,哈珀与罗出版社,纽约,1979年)标志着从反资本主义的左翼主义转到对共产主义的批判。让—皮埃尔·勒戈夫,《1968年5月:不可能的遗产》(发现出版社,巴黎,1998年)以整整一章——非常具有批判性的一章——专注于“新哲学”,认为它是扩散1968年思想的关键转折点之一。

33. 见米歇尔·迪朗,“罢工、结构性冲突、劳资关系体系或社会变革的因素”,《工作社会学》,第3期,1979年7—9月,第274—296页。

34. 安德烈·巴尔若内(《法国总工会》,苏尔出版社,巴黎,1968年)当了二十年的法国总工会经济与社会研究中心书记以后,在1968年辞职,叙述了法国总工会如何把震撼全国的广泛抗议运动降低为一套传统要求,因而使雇主们大大松了一口气。“5月20日,在向雷诺公司的工人讲话中,乔治·塞居伊强烈地确定罢工严格的工会性质。随后法国雇主全国理事会主席M.于韦兰要求会面,他要知道这个讲话是一个圈套,还是法国总工会真的只寻求经济目标。他表明,如果是这个情况,谈判就可以开始。”法国总工会和法共在任何时候都不求造反或推翻戴高乐政府(对此,雷蒙·阿隆在1968年6月4日的《费加罗报》上祝贺了它们),表明它们是政府在维持秩序时最好的盟友。而且,它们同意选举而不指望赢得选举,它们也接受求助于既有的冲突解决办法及一个非革新的危机目的。

35. 见让·比内尔与让·萨格利奥,“法国雇主社会政策的重新界定”,《社会法律》,第12期,1980年12月,第489—498页。

36. 见杜布瓦,“劳资冲突的新形式”。

37. 1970年5月11日意大利《吉奥诺》报上发表的阿尔法·罗密欧公司总经理的一项宣言,充分表达了当时欧洲雇主们的心理状态:“工资不
206 是真正的问题,意大利工业可以接受工资增加。但条件是工作可以组织好,生产可以进行。意大利实现了经济奇迹,因为它以创造性和热情工作。但是,今天似乎在盛行一种继续造反的精神、把事情搞坏来达到目的的精神、不顾一切地煽动的精神。”(引自伊夫·贝诺特,《另一个意大利,1968—1976》,马斯佩洛出版社,巴黎,1977年,第113页)

38. 豪厄尔,《管制劳工》,第85页。

39. 在1970年,加强“负责任的”工会,被广泛视为发达国家中抗击过度民主与平均主义造成的无政府风险。例如,三边委员会的1975年报告(米歇尔·克洛泽、萨缪尔·亨廷顿和让治绵贯,《民主之可治理性》,油印稿,三边委员会,1975年)认为,一个社会在国家一级的可治理性,取决于它在多大程度上能在次国家级和地区、当地、行政与工矿一级有效治理。例如,在现代国家中,工会领导中存在强力头头,往往被视为对国家权力的威胁。然而,今天,对工会会员具有真正权威的负责任的工会领导,对于政治领袖们行使他们权威的前提条件,并不是多么严重的一种挑战(第7页)。

40. 因此,我们在已经引述的1972年经合组织的报告中读到,“在法国,……集体谈判以后签订的协议在许多情况下被广泛忽视,很容易受到年轻积极分子的攻击。”(《工人的新态度与新动机》,第20页)

41. 弗朗索瓦·塞拉克是“阶级合作政策”的社会政策中雇主方的处理者。雇主们转向谈判是最近的事(比内尔与萨格利奥,“法国雇主社会政策的重新界定”),公司的负责人非常关心保持他们的自主,在传统上非常不赞成给法国雇主全国理事会任何授权,这样会使他们受制于全国或部门的协议,以及视为约束雇主自由的国家立法。转向谈判的战略虽然是在60年代初由青年领袖中心提出的,具体实行是在1965年至1968年间,很可能是在弗朗索瓦·塞拉克在1967年末就任法国雇主全国理事会社会副主席的时候。在“5月事件”以前,这个方向就要定下来,而造反似乎证明新领导班子的正确,标志着塞拉克与1972年就任法国雇主全国理事会主席。虽然没有一个雇主理事会领导人曾经说过他去谈判是“因为面对日益高涨的社会斗争,他认为那是维持资本主义发展形式的唯一办法”,这些年中雇主们的话语说明情况就是这样(迪朗与杜布瓦,《罢工》,第180页)。

42. 出处同上。

43. 出处同上,第187页以下。

44. “花费最多的改革(继续专业培训、月薪制、利润分享)是在没有真正的工会压力下由雇主和政府提出的。它们是随后经济政策逻辑的一部分。其他的改革并不直接与此逻辑有关(最低工资或者联系指数的最低工资、年金),经济影响较小。……这里是一些花费的例子。继续专业培训:1972 年(该年实施),约 15 亿;从 1976 年开始,每年 40 亿以上。月薪制:总费用约 50 亿至 80 亿,主要在 1970 年至 1973 年四年中分发。利润共享:1968 年提供利润共享(该年实施)7 亿;1973 年为 20 亿以上。最低工资:1971 年最低工资出现较快上升(相对于平均小时工资)为 1 亿;1972 年为 2.6 亿。年金:1971 年 12 月,四年花费 19 亿。”(出处同上,第 189 页)

45. 见安内特·若贝尔,“走向新形式的劳资关系”,《社会法》,第 9—10 期,1974 年 9—10 月,第 397—410 页。

207 46. 迪朗与杜布瓦,《罢工》,第 183 页。

47. 提供这些不因经济状况(不论是局部的还是总体的)而修改的持久保证,这些协议有助于保护工薪收入者免于市场不确定的反复无常,它被转移到其他人(通过鼓励和津贴给公司经理、股东及国家)。法规的定义往往减轻工人所面对检验的数量、紧张度和不可预测性。例如,以月薪制为例。60 年代中期,据估计,加工产业蓝领工人中约 7%至 11%为月工资。但是,取得月工资地位都得根据工头的判定,会引起对那些享有此地位者的敌视,使他们与工作条件一样的同伴们分离。因此,有时候被资方挑选出来的工人拒绝月薪制。月薪制地位和提供取得月薪制条件的立法的普遍化,意味着不再可能容易地阻挡日常工作检验中改变地位的诺言(让·比内尔,《月薪制——一项静悄悄的改革?》,工人出版社,巴黎,1973 年,第 60—63 页)。

48. 弗朗索瓦·夏托雷诺,《渎职——责任冲突的社会学》,梅泰利埃出版社,巴黎,1991 年,第 166—167 页。

49. 鉴于利润与工资之间在增加值中的分割是相当稳定的比例(约为三分之一至三分之二),人们不禁要记下这一比率在 20 世纪 70 年代的法国变化的程度:工资的份额(包括社会支出)在 70 年代为 66.4%,持续上升到 1981 年的 71.8%,资本增长的份额是衡量它总剩余剥削的补充。在 1970 年至 1982 年间,国民收入中 5%以上从资本再分配到劳工(皮克蒂,《不平等的经济》)。

50. “根据它(能人统治),成功的标准只有一个,社会是以某种等级制为基础的。在我们今天的社会里,盛行一种水准基点模式,容许少数人积累所有的利益：权力、金钱、好工作、最自由的生活方式……能人统治的诱惑事实上所有社会都存在。可是，它在我们国家采取更加尖锐的形式，与平等的愿望形成深刻的矛盾……我们忘记了社会主义的主要利斧之一：集体进步。"（雅克·德洛尔，《变革者》，斯托克出版社，巴黎，1975 年，第 138—139 页）

51. 阿德里阿诺·索弗里，"关于代表理事会：1969—1970 年的工人自主权、代表理事会与工会"，《现代》，第 335 期，1974 年 6 月，第 2194—2223 页；贝诺特，《另一个意大利》，第 162—166 页；以及 G.桑蒂里，"菲亚特公司劳资关系的演变，1969—1985 年"，《工作与就业》，第 31 期，1987 年 3 月，第 27—36 页。

52. "昂布鲁瓦兹·鲁认为夏尔·皮亚热（在利普钟表公司争执中的工会领导人）将因偷盗被起诉并判刑，并认为如果要不让他得到进展，就不能支持他的诡计。"（亨利·韦贝尔，《党派头头——法国雇主全国理事会，1946—1986》，苏尔出版社，巴黎，1987，第 211 页）利普公司在 1973 年起处于清算地位三年，该公司工人为拯救他们公司的斗争把象征性的争议保留到 1974 年。它代表法国工人自我管理少有的例子之一，因为在 1973 年工薪收入者决定重新开始一条钟表生产线，销售产品，并在平均主义基础上支付自身的工薪。他们受到反资本主义团体和人物非常广泛的支持，以及公众舆论的高度赞同。他们的斗争体现了工薪收入者面对公司关闭而试图保卫他们的公司与就业，后来在 80 年代被视为——包括他们的受害者——是经济决定论的必然结果。利普公司工人的历史记述在加斯东·博尔德与克劳德·纳施旺德的《利普公司二十年以后》（西洛斯出版社，巴黎，1993 年）。

53. 韦贝尔，《党派头头》，第 226 页。

54. 摘引于阿尔弗雷德·维莱纳、凯瑟琳·加乔斯与乔治·本吉吉，《运动中的干部》，埃皮出版社，巴黎，1969 年，第 15—16 页。 208

55. 雇主的利润分享创始于 1968 年以前。最早的通告在 1959 年开始，第二个发表于 1967 年 8 月。但是，这一行动在 1968 年以后仍在继续（1970 年 2 月，雷诺公司的持股法；1970 年 12 月，少数公司的认股权；1973 年 1 月，银行与 SNIAS 的持股法；1973 年 12 月，持股与利润分享法

[1974年4月与5月法令])。

56. 见迪朗与杜布瓦,《罢工》,第365页。

57. 这是奥利维埃·帕斯特和某些调节主义者尤其维护的论点("泰勒制、生产率与工作危机")。回顾来看,这些解释似乎在危机时刻提供了符合于不同集团合并的不同理由。不熟练和半熟练工人的造反,不能归因于他们教育水平的提高。相反,在法国和意大利,60年代下半叶和70年代上半叶相当于迅速工业化和非技术工作增加的时期,对此,雇主们从农民、新近来城的工人、外国工人、从南方到意大利北方工业区的移民中招工。正如夏尔·萨贝尔说的,这些农民工的教育水平很低。他们既无工作经验,又无政治或工会经验。他们不是对泰勒制造反,而是希望像样的生活水准,希望对待时不触犯他们的尊严和"社会自尊"。根据这种解释,70年代初不熟练和半熟练工人的造反, 主要是由于生活费用上升而无法体面地生活,或者是由于雇主或小霸王的坏态度损伤了移民的社会自尊。这可以说明,不熟练和半熟练工人的主要罢工往往开始于当地的、显然细小的"事故"——一起侮辱、车间里的个人冲突,等等(萨贝尔,《工作与政治:工业中的分工》,剑桥大学出版社,剑桥,1982年,第132—133页)。相反,关于教育水平提高的解释,对年轻干部来说肯定是对的。

58. 见阿兰·埃伦伯格,《对工作业绩的迷信》,卡尔曼—莱维出版社,巴黎,1991年。

59. 少量争执——例如,1971年为7%——以工作条件为主要的正式要求(米歇尔·迪朗与伊维特·阿夫,"罢工的总统计",《工作社会学》,第4期,1973年), 而迪朗和杜布瓦在1975年对70年代初罢工进行的研究(《罢工》)表明,在62%的案例中,工会积极分子承认对增加工资的要求联系着对等级制关系和工作条件的不满(皮埃尔·杜布瓦、克劳德·迪朗与萨比娜·埃贝—塞甘,"法国工会的矛盾",科兰·克鲁奇与亚历山德罗·皮佐诺编,《1968年以来西欧阶级冲突的兴起》,第1卷,霍尔姆斯与迈耶出版社,纽约,1978年,第53—100页)。

60. 让—玛丽·克莱克摘引区劳工主任1971年写的下列报告:"一开始,这种不满表示了对工资或有关问题的要求,这些要求阐述不清、不准确,事实上都表达了更深的不满,有时是不自觉的,有时联系着从事工作的条件(重复性工作、没意思的工作、工作频率、工时、憎恶等级制……)。这种不满往往表现在雇用许多不熟练或半熟练青年工人的车间,但有时也包括有大量年轻专业人员的车间:青年比例太高,晋升希望就很少,并使日常紧张负担的影响更重。这种不满表现得很突然。”(摘引克莱克,“1970 年与 1971 年法国的社会冲突”,《社会法》,第 1 期,1973 年 1 月,第 19—26 页)

61. 1973 年末,劳工部成立了若干个有关改善工作条件的研究小组。关于可能提出的技术、经济与财务方面的变革,传达给了社会学家让—达尼埃尔·雷诺。10 月 4 日,一项改善工作条件的法案被国民议会通过。它提出工作理事会扩大移交内容,工薪收入者在 300 人以上的公司里成立 209
一个负责研究这些问题的委员会。最后,在全国一级,成立一个改善工作条件的机构(居伊·凯尔,“法国要重演利普公司时期?”,《社会法》,第 11 期,1973 年 11 月,第 522—529 页)。它看来为成立“改善工作条件全国机构”起了重大的推动作用,至少在开始时。这样,在国民议会对 1976 年财政法的报告中,我们读到“在该机构成立近两年以后,它尚未真正开始”——报告作者非常温和地提到这一点。

62. 见布吕诺·若贝尔与贝尔纳·泰雷,“法国:共和党新自由主义的奉献”,若贝尔编,《欧洲的新自由派转身》,阿马丹出版社,巴黎,1994 年。

63. 克莱克,“1970 年与 1971 年法国的社会冲突”。

64. 帕斯特,“泰勒制、生产率与工作危机”,第 66—69 页。

65. 在我们已经摘引的三边委员会报告中,我们发现其表达了一种恐惧,害怕向欧洲移民率的增加,会导致美国在同时期所经历的同样种族问题。克鲁泽等人认为,把工作问题和工作组织问题列为优先,是减少影响后工业社会新的紧张的唯一办法,否则它会助长不负责任的讹诈和新的通货膨胀压力的风险。同时有必要恢复体力劳工的地位和尊严,这会有助于解决西欧移民工人日益增大的尖锐问题,否则它会成为相当于美国少数族裔的难题。(克洛泽、亨廷顿与让治绵贯,《民主之可治理性》,第 38页)

66. 法国雇主全国理事会,《操作制度的问题》,第 3、11 页。

67. 摘引自韦贝尔,《党派头头》,第 233 页。

68. 出处同上，第 232—237 页。

69. 豪厄尔，《管制劳工》，第 116 页。

70. 伊冯·肖塔尔，引自比内尔与萨格利奥，“法国雇主社会政策的重新界定”。

71. 奥莱·斯克拉编，《三边主义：三边委员会与精英筹划世界管理》，南边出版社，波士顿，1980 年，第 73 页；以及克洛泽、亨廷顿与让治绵贯，第 7 页。

72. 本杰明·C.罗伯茨、冈本秀明与乔治·C.洛奇，“西欧、北美与日本的集体谈判和员工参与”，关于劳资关系的三边特别工作组（1979），载三边委员会，《特别工作组报告：15—19》，纽约大学出版社，纽约，1981 年，第 231 页。

73. 直到 1978 年，法共的选举地位仍然不错，尽管在巴黎地区逐渐消退，而社会党则不断推进（因此 1976 年的县级选举标志着法共与社会党之间选举力量对比的倒转，法共在战后第一次失去它作为左派阵线首位的地位）。但是在随后五年中，法共失去了一半的选民，掉落到 1986 年的 10%标线以下。

74. 从 20 世纪 40 年代末以来，可以得到关于共产党国家内恐怖统治的记录良好的可靠信息；但是还需要从这个制度内部的谴责——很局部的谴责。赫鲁晓夫 1956 年的报告使法国共产党人认识了斯大林的个人罪行，而没有看到苏维埃政权的罪恶性质。在恢复了马克思列宁主义的一些活力之后，20 世纪 60 年代见证了其他共产主义模式的增强（托洛茨基主义、毛主义、卡斯特罗主义、铁托主义），但是，这已经是对法国批判中共产党结构控制下降的标志（见菲雷，《一个幻想的逝去》）。至于 20 世纪 70 年代下半叶，1974 年出现了索尔仁尼琴的《古拉格群岛》，在法国发行了 100 万册以上。

75. 斯蒂凡娜·库图瓦与马克·拉扎尔，《法国共产党历史》，法兰西大学出版社，巴黎，1995 年，第 353 页。

76. 起初非常批评学生示威（乔治·马歇在 1968 年 5 月 3 日《人道报》上抨击这些“假革命者”和“资产阶级子女”），从 5 月 17 日起，法共采
210 取了一项战略，似乎指向夺取政权的方向。法共谴责极左主义及“5 月运

动”中那些会导致共产党人视为不可接受的“混乱”解放的不可取特点,它很快放弃了开始时采取的纯消极态度。通过法国总工会,它发动或追随了罢工运动(5月20日600万罢工者,一周以后1000万),要求“改变政权”,成立“民主联盟人民政府委员会”来组织基层以备承担政权。但这一战略并未进行到底:共产党的行动自我约束,以防戴高乐德国之行以后发生内战。苏联方面有警告,因为苏联对戴高乐的对外政策立场是满意的;法共在整个危机中总是担心它对运动失去控制。但是,法共公开表示要夺权的战略而没有提出办法,即使只描绘如何实现,证明它在这一考验过程中是相对无力的,尽管它规模不小并看似强大。此后,它不再引人害怕,或者至少不像过去所做的那样。在最开明的雇主眼中,它甚至显得在某些情况下是对抗当时极左派煽动危险的一个完全可取的同盟者。

77. 让宁·韦代—勒鲁在她1987年关于1956年至1985年之间共产党知识分子的书中认为,法共的衰落是无法挽回的,并认为它“至少从1978年春季起是很明显的,因为当时已很清楚的组织解体将转化到选举方面,就像在1987年那样。她提到20世纪80年代初的民意调查,表明对法共的不信任,特别在青年人中间,似乎首先是由于它同苏联的关系,特别震惊于苏联入侵阿富汗;但也由于它缺乏内部民主,以及更深刻的是由于“它脱离了社会进化”,“对80年代初发展起来的问题没有分析和建议”:“这个党的堕落因此铭刻在共产主义知识文化的褊狭性、地方性和局限性。”但是,韦代—勒鲁也表明,在同时期中,这些批评在一些仍然是党员的知识分子中具有广泛的共识,她向他们提问,他们表示不再“相信”他们前辈信奉的原则:“工人阶级”(成了一种神话);马克思主义,其中的积极分子对此了解很少;苏联,“一个变成梦魇的天堂”;领导,以前受尊敬,但越来越失信和受蔑视,名单上为首的是他们的头头——总书记乔治·马歇(《觉醒的梦游者、共产党、知识分子与文化(1956—1985)),法亚尔午夜出版社,巴黎,1987年,第11—31页)。因此,法共是从内部破裂的。但是,一个批判事例垮台的作用,由于它在其光辉时期曾引起的恐惧,为资本主义提供了进行社会改革的有效刺激,这些都表现在外,表现在总的工薪收入者的生活条件上,不论他们是左还是右。

78. 因此,例如1977年至1978年,组织社会学中心在计划部资助下进行了一项“集体工作组的作用”的研究，旨在了解公共社会工作组的运作逻辑，其目的当然是生存与生产，但是其最深刻的结果也旨在寻求社会内的新人际关系（“智力与体力劳动的修道院式社群”，美洲拓荒者的开荒与手工艺人村社，还有以色列的集体农庄与合作社，中国的人民公社，阿尔及利亚的自治农场，社会主义产生的工业社会中的工人生产合作社，以及南斯拉夫的自治公司）。该报告特别依靠对 21 个组织的调查，在那里已经发展了自我管理的试验：4 个生产合作社、5 个实验性保健机构、4 个工
211 艺品手工艺公司、在公共部门中的 1 个冶金工厂和 1 个保险公司内的 2 个改善生活条件与半自治的试验队，等等（玛丽—奥迪尔·马尔蒂、罗萨·内米、勒诺·圣索里厄与皮埃尔—埃利克·迪克西埃，《工作的集体功能》，第 3 卷，油印稿，CSO，巴黎，1978 年）。这份重要报告的第 2 卷（迪罗萨·内米签署）专注于“项目组织”。它发展了“组织内的项目思想”，在其功能和“社会影响力”方面，由此构成了可称为项目“考古学”的重要文件。在第 3 卷（“从试验到持久”），圣索里厄和迪克西埃考虑这些试验如何有助于大公司发挥创造性和想象力来进行管理，以便满足现代公司中一种新的“对社群的渴望”。

79. 例如，我们可以看到灵活工时或“特定”工时。无疑，它们对工薪收入者、特别是对已成家的妇女有好处。灵活工时合法地作为常识性改革提出来（为什么要求工厂所有工人在同一时间都到场，而他们在一天里和一周里有相当时间在那里就够了？），是劳工部早在 1972 年就鼓励的试验题目（1973 年在经济与社会理事会讨论的一项法案）。试验灵活工时的公司数量，从 1972 年的 42 家上升到 1974 年的 400 家；根据某些估计，它在 1980 年达到 2 万家。这些衡估使工会处在难堪地位，因为它们没法反对被无数工薪收入者明显赞同的变革，即使它们感觉到灵活工时合法化中劳工规章被拆除。事实上，工作日和工作周的长度是劳工法形成的中心。然而，灵活工时是要容许工时从一天转移到下一天，从一周转移到下一周（例如，一周工作 36 小时，下一周工作 44 小时）。除了要协调 1946 年超时非责任法的问题，转移工时为“灵活性”开了门，也就是说，把来自市场不确定性造成的制约转移到工薪收入者身上。因为，菲利普·拉穆尔与雅克·德·夏朗达尔公正地说道：“为了完成一些重要工作，雇主对于它的雇

员一周干 44 小时，也是有利的，即使这意味着下一周他们只来 36 小时，而且第一周不用对额外的 4 小时支付更高的工资。怎么知道谁在 44 小时以下呢？是雇员因个人原因，还是雇主着眼于公司的利益呢？这是一个剩余小时的问题，还是一个真正的超时问题？这并不总是容易解开的，首先是在中小型公司中，那里的压力风险并非不大。”（《从容生活：工作、度假、退休》，苏尔出版社，巴黎，1974 年，第 42—43 页）

80. 我们可以询问，雇主们转而赞成自主性是否得力于几年后 1968 年秋埃德加·富尔提出的高等教育法蓝本所提供的样板。这项法律（它采纳了危机时期发展起来的无数主题，并且得益于学生与一些专业人员建立的委员会的工作）旨在使更多自主性导入大学，认识到既是人的自主性（学生对老师，助理讲师对教授），以及单位的自主性：相互竞争的大学，分成系科，有委员会，有学生、助理讲师和教授的代表，他们分成教学单位和研究单位。这种新的组织使比较保守的教授们不寒而栗，事实上证明是结合、引流和释放抗议者能量的极好办法。

81. 米歇尔·克洛泽——毫无疑问他是第一个这样做的——已经意识到，“5 月运动”发展的反体制批判，一旦脱离了它们的革命内容，就可以为一个更自由派的社会铺平道路，为市场提供比过去更大得多的余地。因此，在反对运动的平均主义倾向的同时，他赞同研究生院的批判应当打破形成一个统一的技术大市场的障碍。（克洛泽，《被堵塞的社会》，苏尔出版社，巴黎，1970 年） 212

82. 法国雇主全国理事会，《企业生活状况之改善》，第 2 卷，巴黎，1977 年，第 327、329 页

83. 出处同上。

84. 法国雇主全国理事会，《操作制度的问题》，第 25 页。

85. 出处同上，第 14 页。

86. 出处同上，第 16 页。

87. 出处同上，第 20、22、24、21 页。

88. 见经济合作与发展组织，《工作的新态度与新动因》，第 23、25、52页。

89. 显然，雇主并不是单一的行动者，公司经理们并不普遍认同雇主

组织发出的口号。这些年间关于法国雇主全国理事会的战略(一项筹措计划的意思)的谈论是过度的,这并不是说 20 世纪 70 年代的转型可以转成无主题过程的自动结果。正如克里斯·豪厄尔说的,雇主理事会和其他雇主组织(例如青年领导人中心),尽管它们不协调配合雇主对危机的回应,但至少起了很重要的作用:一方面,对国家施加压力;另一方面,起到深思熟虑创新发明实验室的作用,特别是通过会议、研讨会、座谈会来扩散新管理形式和实践(豪厄尔,《管制劳工》,第 115 页)。同样的情况还可以谈到经合组织这样的机构。雇主联合会在这个意义上可以类似于"俱乐部"(伯恩德·马兰,"雇主是什么?理论问题与实际结果",《工作社会学》,第 4 期,1988 年,第 515—544 页)。正如马兰进一步说的,情况仍然是,虽然雇主联合会与会员没有问题(它们包罗几乎一个部门的所有成员),但是它们要协调会员行动却有极大困难:"对一个部门生意人整体有利的事 (例如,提高价格水平,熟练蓝领工人与技术员有良好专业训练),每个公司却各自要破坏它(降低价格,不支持徒工培训,等等)。"

90. 见弗朗索瓦·戈杜,"法律上的就业概念",《社会法》, 第 6 期,1996 年 6 月,第 569—576 页。

91. 这是要说明,设法以进化论方式和新达尔文主义变化理论(特别是经济变化)来区分"背景"特点和"行动者"特性,是多么不现实。"行动者"对"背景制约""作出反应",并在成功或者失败中"适应"它们。相反,互动的行动者采取的方式是:根据他们部署的战略来构建他们的特性,那往往改变并不断再界定背景制约,使得行动尽可能构成被改变了的背景。把对经济变革的批判构想为一种旨在维护重大利益和根据新达尔文主义类推的适应过程,是由理查德·纳尔逊和西德尼·温特推广的[《经济变革的进化论》,哈佛大学出版社,坎布里奇(马萨诸塞州),1982 年]。查尔斯·萨贝尔和乔纳森·蔡特林对他们合著的出色导言,论述了大规模生产历史上的其他选择(《可能性的世界:西方文明中的灵活性与大规模生产》,剑桥大学出版社 / 人文科学之家出版物,剑桥与巴黎,1997 年)。

92. 夏托雷诺,《渎职》,第 149—152 页。

93. 回顾起来,我们事实上可以对 80 年代中的强调灵活性给以不同的作用。首先,也是最明显的,使公司可以根据短期需求调整工资费用来对付市场不确定性。为此,有必要取消对下列的限制:雇用、裁员、工时、工作合同的性质,特别是时间长度,等等。但是,灵活性也结合了一项趋于收紧对工薪收入者监督的社会政策。 213

94. 见豪厄尔,《管制劳工》。

95. 行政授权裁员是由1975年的法律确定的。但在1986年废止以前,90%的案例都被批准。该法废除以后,1986年末与1987年初经济裁员随即上升17%与19%,此后的数字则恢复到早先的水平(弗朗索瓦·盖鲁,"有必要恢复解职的授权吗?",《选择经济学》,第140期,1996年9月)。

96. 然而,法国政府高度意识到左翼政府支持灵活性措施的矛盾,希望雇主与工会之间有个协议。谈判在1984年破裂。在参加谈判时,法国总工会从来不曾热情过,但其他工会(法国民主工会、法国工人力量联合会、法国基督教工人联合会和法国干部总联合会)同意讨论,最后与雇主达成一项议定书,虽然由于它们各自机构中酝酿着不满而无法签署。这一失败被报界广泛解释为工会无法"适应现代性"的迹象,并加强了它们的表述危机(雷蒙·苏比,"在关于灵活性的谈判以后",《社会法》,第3期,1985年3月,第221—227页)。在政府方面,它不得不一切从新开始。但是,鉴于媒体对谈判失败感到惊愕,政府发现自己处在更合理合法的地位。

97. 在该事件后,人们不禁会惊愕地看到同年——1986年——发表的两个文本中的立场何其类似,两者都把维护就业作为它们的主要论点:第一个是由法国雇主全国理事会代表伊冯·加塔兹签署的,第二个由法国民主工会的埃德蒙·梅尔签署。人们可以想到,加塔兹批评"现有福利的僵硬、控制和不可改变",它"阻碍了"就业。他要求增加灵活性,更确切地说,"调剂劳动力"的可能性,自由实行裁员,发展"工资灵活性","充分考虑个人业绩及酬报那些把自身技术与精力服务于公司的人们",反对"长期以来受吹捧的平均主义"和"社会妒忌","工作条件和工时的灵活性"和成立工作理事会所要求的"最低限度职工数的灵活性"(加塔兹,"就业,就业,就业",《企业评论》,第477期,1986年3月,第15—18页)。梅尔批评"雇主的自由派政策",不知道如何改善公司盈利。他说,公司的主要障碍在于"一个陈旧的、中央集权的管理,这浪费了工薪收入者的潜力,僵化了他们的资格”。他建议的治疗之法完全可在重新解释灵活性中获得:“为了使我们的公司取得它们紧急需要的品质、灵活性和能力来适应与创新,我们必须完善灵活和加强技能的工作组织,完善能发动工薪收入者在公司内和社会服务中积极参与的管理方式。合同内必须界定社会福利方面的必要适应。……然后减少工时才具有充分意义。”(“失业可能被克服”,《世界报》,1986 年 8 月 20 日)。

98. 为了解决年轻人拒绝工作的问题,ANDCP 设法寻找其他地方的模式。该刊专注于“日本管理”的问题,特别是日本公司接纳青年人的方式(第 149 期,1972 年 2 月)。该协会甚至派一个使团到南斯拉夫去研究那里的自我管理,该刊为此出了一期特刊(第 156 期,1972 年 11—12 月)。这个使团的报道远非消极,而是注意到自我管理的无数积极特点,那是有待利用的特点。在 1974 年以后,“自我管理 " 的问题在法国公司内得到认真对待。因此,我们知道“自我管理关心人,把人视为集体进步的唯一因素”;“自我管理是一种制度,在那里,不用发号施令,而是靠说服”;“当我们知道法国某些公司中的监督问题时,只一点就特别重要,它还没认识这不再是一个命令问题(从字面上说),而是通过得到他们的共识来诱使参与合作”。提出的其他“积极之点”是:“公司内的信息是自我
214 管理的关键”,以及“成立工作单位,以便使工作具有更人性的程度。事实上,工作单位是一个小公司,有它自己的贸易账,实行自主管理。”

99. 见保罗·维尔诺,《机会主义、愤世嫉俗和愤怒》,光明出版社,康巴斯,1991 年。维尔诺表明了,意大利资本主义如何把 20 世纪 70 年代青年抗议者在战斗性活动或荒谬活动中具有的技能(关于“新生活方式的发明”或者“反主流文化”)重新结合进来,投入工作。法国也发生同样的事。例如,轻音乐唱片公司的艺术总监(其任务之一是寻找和选择公众喜欢的新天才),往往是从他们年轻时常闯荡的边缘世界进入资本主义组织的背叛者(安东尼·埃尼翁,《音乐情感》,梅泰利出版社,巴黎,1995 年)。

100. 若贝尔与泰雷,“法兰西”。

101. 出处同上,第 45 页。

102. 如菲雷《一个幻想的逝去》所评论的,在苏联解体后仍然继续着对左翼反共产主义的谴责,是这个党在法国批判中动摇时还存在的。

103. 然而,必须想到,这个“不屈不挠运动”的支持者们并不全然是错误的,因为寻找社会革新来解决资本主义面临的问题(特别但并非只是批判的结果)实际上导致了更有利可图的新机制的发明。一旦发现了这些,尤其是如果它们并不与通常道德相冲突,那么,没有立法的话实际上是不可能避免它们扩散的,因为公司的负责人知道,如果他们的竞争者采取了,他们就必须采取。

104. 马歇尔·贝尔曼说,他在专注于从歌德到70年代新左派对现代性的批判经验的著作中评论马克思,是要强调:资产阶级的基本矛盾之一——因为他的命运是联结着资本主义的——就是要服务于秩序一方,同时毫不犹豫地不断打破具体的存在条件,以便保证积累过程的生存,甚至再调用最激进的批判,在某些情况下把它们转变为商品(《一切强固的都化为空气》,维索出版社,伦敦,1983年,特别是第98—114页)。 215

第四章

拆除工作世界

在我们所研讨的时期中，公司进行的置换影响如何？可以说，它们把增加值中工资与利润份额重新定向为有利于资本拥有者，并恢复了生产秩序。[1]对公司恢复控制，由于工薪收入者的合作而得到推进，他们被视为能从事不相同和不相等工作的许多分散的个人。由于各种各样不同的福利和害怕失业，他们被诱使自由而充分地参与指派的工作任务。因此，大部分置换有助于恢复资本与管理部门的主动权。取得工薪收入者的合作来实现资本主义利润，仍然是个问题。但是，在前段时期，在工人运动明显的压力下，资本主义精神曾经设法通过把工人在政治上集体结合进社会秩序，以及通过把经济和技术进步结合进社会公正目标的形式；而现在要达到它，则可以发展一项自我实现的计划，把崇拜个人业绩和赞美流动性连结到社会联系的网状概念。可是，对许多人来说，特别是劳动力市场的新来者，与他们的长辈相比，这却是伴随着经济状况、职业稳定和社会地位的显著恶化。

因此，在说明公司中所发生的变化范围以后，我们将在本章审视这些变化对工作世界影响的不同方式，产生我们今天所熟悉的种种问题。关于可被视为积极的影响，例如，如果我们把 1930 年至1970年间对泰勒制和大规模生产的批判作为我们的参照点，那么这些已在我们分析资本主义新精神中得出工人动员的论点时提出来（见第一章）。

关于涉及的转型范围

我们已经看到，公司新战略的主要目标之一，是自20世纪80年代起被称为灵活性的内容有重大增长。特别是，这可以把市场不 217
确定性的负担转移到工薪收入者及分包商和其他服务提供商身上。它可以分为基于工作组织与使用技术（多种任务、自我掌控、发展自主性）深刻转型的内部灵活性和外部灵活性。后者预想一种所谓工作的网络组织，那里的"瘦"公司可以从大量分包商中取得它们短缺的资源，还可以雇用到容易适应就业情况（零工、临时工、个体经营的散工）、工时或工作长度（兼职工、不定工时）的劳动力。[2]

工作内部组织的变化

我们看到，把资本主义危机解释为泰勒制的一场危机，已经从20世纪70年代初起促使雇主们采取若干行动来改变工作的组织。这些变化在80年代期间继续并加快。尽管部署和措施很可能运转得不如我们材料中所提出的管理工作那么快，特别是在等级制原则的重要性及实行工薪收入者参与和讨论方面，可是试验和创新却是很丰富的。[3]但是，随着泰勒制进入法国及装配线的扩散——它的时间与速度仍然是工作史学家辩论的题目——很不容易评估这些变化的程度，它对公司的影响很不平衡，其取决于公司的规模和活动部门。

因此，小公司往往仍然属于前泰勒制，中型工业公司则设法善于利用它们的差异而引进泰勒制的合理工作组织方法——这种方法在这些年中已经备受争议，或者在大公司中正在改变。[4]

达尼埃尔·林哈特认为，与泰勒制发生最大决裂的是在加工工业（水泥制品、石油化工、钢铁，等等）："在那里，我们看到多技能组织的例子，即在扩大技能范围与水平并结合真正技术任务的基础上成立多技能小组"。相反，其他部门，如成衣业或建筑业，显然还在加强泰勒制。但是，主导的倾向是重复以前的泰勒制组织形式："车间的作用没有真正进行再评估，一方面是设计与工作组织，另一方面是操作执行，两者之间主要保持在现有状态。操作者职业介入的领域并无显著的扩大。"可是，还可以发现在这些事例中有
218 一些发展，例如"把初级维修与质量控制的任务分配给制造操作工"，以及"诸如质量小组、交流与进展小组的参与方案的推广"。[5]

可得到的数字事实上显示一个混合的图景。在支持那些强调要实行或保留泰勒制的人们方面，我们可以看到装配线工作并未衰落，甚至扩展到40至45岁以上的人群中，在此以前这是很不常见的。机械工作有了严格的制约，这也影响到越来越高比例的蓝领工人，有些部门（如肉类工业）的特点是迅速机械化。[6] 而且，泰勒制还在服务部门推进。

也有数据表明，在工作组织的其他方面也有大规模的转型。作为工薪收入者自主权增大的迹象，我们将集中于截至1991年在工时方面的发展。[7] 定时制（每天同样的工作时间）在下降：1978年实行的有65%的工薪收入者，1984年有59%，1991年有52%；[8] 这一发展完全是由于自由工时制与灵活工时制的进展，它从1984年的16%上升到1991年的23%。工时的这种放开涉及所有社会职业类别，但在等级制的较高位人士中更为普遍。在1984年至1991年，蓝领工人的自由或灵活工时只增加四个百分点（从6%到10%），而13%以上的干部在这方面受惠（从44%到57%），他们中8%以上在中间行业（从24%到32%），6%以上是白领工人（从13%到19%）。至于工人多种任务制的发展，承担维修与质量管控的工人比例，在1987年至1993年间，分别从56%增加到66%，以及从41%增加到

58%。[9]继续培训也增加了：在1989年，两家公司中有一家派一名工薪收入者上培训班，1977年为三家公司中有一家。[10]

托马斯·库特罗所进行的调查[11]使我们能估计，在1992年，大约20%的工厂已实施大部分与第三种资本主义精神有关的组织革新，这意味着已远非边缘现象了。23%组织准时工作法；[12]34%采用质量小组；27%取消了一个等级；11%实行国际标准化组织（ISO）类的质量标准；[13]以及许多都有自主小组。这仍然只是个方法问题，有些部门很受某种技术的影响，另外一些部门则影响较少。[14]总起来说，事实上，61%的工厂至少采取一项组织革新，而20%采取三项或更多。[15]鉴于大工厂在更大比例上采取革新，这种重组直接或间接影响到的工薪收入者百分比要高于上述数字。我们也可以设想，自从1992年以来，这些"革新"对公司的渗透和影响的程度进一步增加了。[16] 219

除了上述工厂内工作的变化以外，现在我们必须强调这种置换范围对生产结构的影响。在外包、缩小工厂规模、成立子公司、集中于具有比较利益的核心业务等措施的影响下，结构发生了深刻的重组。

生产结构的变化

分包的发展是可以看到的，从1974年工业营业额的5.1%上升到1991年的8.9%，此后一直保持这一水平。[17]这不仅涉及营业额的直接外包，而且主体公司把它要出售的、规格由它决定的产品的全部或部分生产留给其他公司。所以必须区别于向零部件、零套件或服务（看管、膳食，等等）供应商的其他采购。只是最近，工业部进行了对雇用20名以上工薪收入者的制造业公司"扩大分包"的调查，以便了解分包业从简单制造（由主体公司提供原料）到"工业伙伴"的发展。[18]结果显示的数字较高，因为我们得到扩大分包占工业生产21%的数量。[19]有了更紧密的持久分包关系的发展，公司就设法减少它们所联络的数量，所以我们看到的是若干层次的分包组织，大公司召唤第一层次的分包商，他们再分包给第二层次的分包商，等等。最终产品越复杂，分包链就越长。因此，分包业产生了高度分叉的网络，常常包罗几百家公司。

零工也有很大的增长，使得这类服务成为创造就业的领头者之一。1977 年，求助于零工的比率，或者零工占有的工作数量与工作总量相比，在建筑业为 5.1%，工业为 4.3%，但在第三产业部门只为 0.9%，因为它宁可用固定或兼职合同来得到灵活性。鉴于大约 85%的任务分派涉及蓝领工作，所以，当比率达到这种就业状况时，其实已经很高了。[20]

市场服务的上升也是近年来的主要现象。1990 年，它们在增加值和劳动力方面几乎和制造业不相上下，而二十年以前，它们在这两方面只及现在的一半。在它们当中，公司服务业推动了这个部门的增长：1990 年，它们的就业量占第三产业部门的 21%，而 1975 年占 14%；1970 年，家庭雇用的服务量大体相当于公司雇用的服务量，而 1990 年，后者雇用的服务要高出 50%。除了已经提到的临时
220 工的案例，服务业扩大的重要方面是由于操作功能的外包（保洁、看管、洗涤、膳食、交通等），因此构成了活动从工业向服务业转移，而不是真正的新活动，可能除了有些工作场所的膳食因要求有发展以外。[21] 因此，清洁工的职业成为很少经历持续增长的非合格工人工作（从 1982 年至 1990 年间每年增长 3.2%）。[22]1978 年，保洁公司占市场份额的 25%，其余的属于“内部保洁”。1988 年，保洁公司占市场份额的 40%，此后这一份额不断保持增加。[23] 另外两项类别的服务业也得益于外包：一方面，“思想服务”（咨询、研讨、研究、计算、法律、会计服务等），部分替代了公司内部团队，使顾客受惠于专门知识的高度集中；另一方面，租赁服务使公司摆脱拥有固定资产的负担或者形成一个新的融资来源（从 1970 年至 1990 年间，长期租赁每年增长 7%，租借活动每年增长 10%）。[24]

这种总体转向外包业的行动，有助于说明小企业在就业方面的份额不断增长。事实上打破了历史悠久的公司规模增大的倾向，中小规模企业的就业份额自70年代中期以来已经扩大了。1975年末，有500名以上工薪收入者的企业占劳动力的21%,1996年是11%。另一方面,少于10名工薪收入者的企业在同期内从18%上升到26%。[25]许多公司没有工薪收入者,也就是说,除了公司头头就没有人,也成立起来了,构成公司数量增加中的一大部分(它们代表200万家注册公司中的一半)。在建筑业,情况尤其如此,那里的趋势是把工薪收入者有效地转型为分包商。[26]工业就业在1980年至1989年间总共减少100万人，首先是在雇用500人以上工薪收入者的公司内(-40%),而在雇用20人至499人的公司内只下降10%。在1989年,中小规模公司一起占工业就业人数中的51%,1980年占42%。[27]

但是,公司规模的这种总体下降,掩盖了生产结构中一些集团的重要性不断上升,说明这种下降只是表面的,它导致安置那些原来集中于独特法律结构中的职业。我们事实上已看到新企业结构的产生,更接近于网络而不是工业时代的大公司。因此,集团的数量从1980年末的1300个上升到1995年末的6700个;公司数量在这项调查中从9200个上升到4.47万个,它们只是200万公司中的2%,每两家公司只雇用1名工薪收入者,增加值却占60%以上,公 221
司资产占四分之三,人力资本占87%。1万人以上的集团——它们的数量在这时期种变化较小，从73个上升到84个——已增加了它们的子公司,从1980年的40家上升到1995年的125家;而每家平均劳动人数则从310人下降到210人。这些大集团占劳动力的四分之一,固定资本的一半,经营总利润的一半。事实上,中小规模公司中三分之一就业依靠一个集团。[28]生产结构的较小集中因此只是表面的,因为如果根据集团来阐述的话这个问题就没有了。[29]而且,所有部门领头者的市场份额都增长了,在1980年到1987年间平均从16%上升到22%。[30]这一总体的结构重组伴随着业务量的变化，每个集团集中于若干活动，它对此寻求市场强力地位，并从不影响其核心业务的新服务集团进行采购。因此，在1980年至1987年间，集团在消失或废止的活动中失去它们13%的劳动力，在它们保留的活动中失去11%的劳动力，而它们通过新的活动增加了17%的劳动力。[31]

集团在不同部门所占份额各不相同。它在建筑业、个人服务业和商店显著较弱，对增加值的贡献只有30%。[32]可是，这些部门在近年中有了很大的集中。在公共建筑和工程部门，四大集团在部门总产出中的份额，在1980年至1987年间已经从11%上升到20%。[33]而在另一端，手工业建筑商激增，并被算为不雇用工薪收入者的大量公司。在零售业部门，超级市场的发展是主要现象，影响了独立的小店主[34]，他们组织了自己的方式抵制，集聚为网络，成立某些超级市场网，如莱克勒克（Leclerc）和英特马协（Intermarché）。特别是，它们共用一个中心采购办公室、一个商店招牌和广告类无形投资。成立这种网络有些类似于某种集中的形式，但是它们实际上不可能在全国统计中识别，除了在进行部门研究时特别设法重组它们。[35]法国全国统计与经济研究所的零售业研究部在1995年对服装业进行的开创性研究，使我们能计算出专门从事服装销售的"真正"独立的零售商只占销售量的31%，这使该部门集中度低的看法成了问题。尤其是，如考虑到专门商店网络中的为首者（它们占销售额的34%）所起的作用，情况就更是这样。它们的活动往往很广泛（商店配备，零售商培训，决定"建议"销售价，广告形象或自
222 身品牌，通过电脑系统追踪销售情况，采购，库存，参考与设计，制成品制造或分包，制成品质量控制），这些网络实际上可以被视为准公司。[36]这些独立机构及展销会和集市的市场份额，在不景气的市场中一直下降，网络的推进是不同销售渠道中最强大的。[37]网络在"个人服务"部门——自助洗衣店、干洗店、理发店、美发厅、房产

销售、旅馆、租车、快餐,等等——也很常见。在专门研究时,这使我们认定这个部门是更加集中的,而不是仅看公司规模的现象或者集团的外表。

各种证据的会聚就有可能评估大规模协调的经济体的影响(大公司、集团、组织成网络的独立机构、公司间合伙机构、联盟,等等),它们在法国生产结构中空前巨大,尽管中小规模公司的重要性似乎在不断增大。因此,把新资本主义形容为市场经济的发展,错失了大公司或联合公司力量加强的现象,随着所有的市场都逐步趋向大买主垄断,最大的单位在全球范围相互争斗,并扩展它们跨越国界的移植活动和合伙人网络。自由主义支持者的市场经济(他们把市场经济作为有效率运作的楷模)会预想平均规模的独立公司将真正激增。管理学作者们使用的网络形象似乎更好地适合于新情况:更大量的集团,由大量小单位组成,求助于分包商,但不一定每家都有那么大的量,但更加结合进主要公司的营运,并在更多样的部门,随着网络形式的发展,使它有可能把市场优势地位同灵活性结合起来。

这些新工作实践和企业组织对工薪收入者状况的影响很少得到研究。例如,最可得到的数字是关于零工对就业数量的关系(这样,我们知道,在 1995 年 3 月,11 名工薪收入者中有 1 名是以"例外"工作的形式雇用的);[38] 或者是关于社会专业范畴(蓝领工人比干部无保障)。但是,部门、有关机构的规模及这些实践的发展则较少说明,它最后会说,进行全国统计的分析者并没有把就业保障同工厂实践系统地联系起来,因此很容易把它作为职业、年龄、阶级或教育的一个必然结果。特别是,这是由于在全国统计与经济研究所及其各部,公司与工作不是由同一部门研究的;而且统计员很难得到公司与市场新结构的代表性形象。[39] 而我们的意图则是,在这 223
一说明的其余部分,要设法找出 70 年代以来在组织方面的置换与工薪收入者境况发展之间的联系。

工作的变化

上述置换的实施，首先导致了就业无保障。

就业的零工化

我们得感谢前引的托马斯·库特罗的文章，他试图把“组织革新”与有关组织的就业政策联系起来。他指出，采取革新的同时，“在人事管理上就有更大的选择性”：在革新最多的机构中，23%对同一范畴的人员既有辞退又有录用，而所有机构中只有16%是这样。即便如此，衡量人员更新占总劳动力百分比的人员调整率(库特罗分析，这是由于雇主比较强烈地希望得到忠诚的结果)在革新机构显得低于总体机构——除了那些实行准时法的机构。解决这两个倾向之间明显矛盾的一个办法，是提出一个设想：“革新机构”的运作，是靠保持一批对公司忠诚的人员的同时，还长期雇用一批零工。

旨在使公司有更大灵活性的置换，事实上的后果是在工作人口的边缘产生就业无保障。它或者联系着工作性质(临时工、固定合同、兼职或可变工时)，或者位于分包公司，它们最先遭受经济环境变化之苦，而且因此雇用大量零工。然而，这种零工化并非不相容于诸如对具有就业保障之人们培训费用的增加。

目前实行的雇用经细致计算最低限度人数来从事长期工作，而使用“外部劳工”来填补其余，已有可能在发展分包制的同时发展临时性工作：临时工作机构的数量从1968年的600上升到1980年的1500，然后到1990年的4883。[40]1997年——这一年的临时工活动量增加了23%——据信有143.8万人从事至少一项临时工任务，这相当于35.9万全日工作。[41]临时工作企业阿德科公司因此成为
224 法国1997年的头号私营雇主。

一般说来，临时工作形式估计在80年代下半叶发展起来：临时工、培训工、定期合同工的总数从1978年的大约50万增加到1989年的约120万。[42]1995年3月，他们为数在160万以上，或者稍低于工薪收入者人数的9%。[43]1997年，他们的数量进一步增加。通过主要雇用有期限的员工，雇主们建立了一个“流动的”人力储备：1992年，临时合同工相当于工薪劳动力的近8%，或者几乎是1985年的两倍。在经济气候变化的情况下，公司因此可依赖这种更大的“外部”灵活性：早在1991年，他们替代了近20%的员工，80年代中期此数为12%。[44]

兼职工作——案例中82%为女性——在推行时也是一种就业无保障的形式，1995年，做兼职工作的案例中，54%为男子，37%为妇女。[45]近年来发展迅速（1982年为劳动力的9.2%；1995年为15.6%）。[46]由于相当数量的临时合同工也是兼职工，这两种形式的弱点相互复合。[47]兼职工作是灵活性的关键手段。它使得在工作高峰期间有可能增加劳动力，因此在无法储存的服务业特别常见。当顾客需要时，服务必须提供，工作量不可能平缓。结果，这是家政服务中很常见的事，不论是清洁工或儿童看护工。同样，这在办公室清洁工（他们只能在办公室人员工作时间以外操作）、膳食工作和零售业中有很大发展。“为了寻求更大的灵活性和更高的生产力，使得公司普及低于半日制的短期工作合同。这是它们为适应工作量的变化而调整工时的最佳办法。在高峰期，公司诉诸额外加时，这和超时不同，不付更高报酬。”[48]

利用工时来创造灵活性，不一定采取兼职工作的形式。这一机制可以起相反作用，会采取超过法律程序增加工作量的形式。因此，有些人的工作日缩短了（每天工作少于六小时者从1984年的7.8%上升到1991年的9.3%），而其他人的工作日增长了（同一期间每天工作十小时以上者从17.9%上升到20.4%）。[49]同样地，每周工作五天者减少了，而工作少于或多于五天者则增加了。

早在1980年，热拉尔·利翁—康就指明，零工的激增是公司新战略的结果。这些战略的结构围绕两个方面：一项新的雇佣政策，
225 使雇主有可能“保持行动自由”；以及一项新的“企业结构政策”，使雇主通过例如人力外包可以“保护自身作为雇主”。除了“职业转移”和分包制的激增，这些战略涉及利用公司法提供的可能性来绕过劳工法的制约。[50]这些新的操作方法就这样避免了“正常工作形式”而确立了（所谓“正常工作形式”，按照利翁—康的定义，就是指以长期、全日制合同，在专门的、稳定的工作场所，有事业前景和社会保障，工作场所设立工会的就业）。他详细分析了可以达到这一结果的一系列过程：

1.雇主“力求事先限制承诺“，这样做的好处是，“使他免于支付解职费”；

2.雇主设法只付“非正规”工资，这使人可以干零工（假日工），让“个体经营的散工与工薪收入者之间的区分”越来越成问题；

3.雇主可以利用新法律环境（培训时期、工作培训合同，等等）提供的可能性，他在其中同时既是雇主，又是培训师；

4.雇主可以找临时工机构。有关这些公司的立法“原来设想是为了替代缺席的工人”（1972年法律），却受以下内容的影响。法国的法律（不像德国的法律）规定只支付临时工派工长度的费用（两次派工之间的时间不支付费用）；临时工得到就业无保障的补偿，因此，即使他们的派工长度在六个月以上，他们也没有预先通知的权利。因此，临时工代表一种“廉价的机动劳动力，不论合同的或法定的社会福利都没有，使公司有机会减少享有权利的工薪收入者的数量”；

5.雇主采取“建立子公司”、“供应服务”，以及“分包制”或者“广招人员”，使他有机会“在公司外部”找到他的劳动力。此

> 外，一些大公司成立服务供应者公司，它们可与其签订合同，租借工薪收入者个人或团队，这种服务供应者公司实际上作为它们的临时工机构在营运。以隐蔽的方式，这是不正当租借人力（非法分包劳动力）。[51]

阿梅尔·戈尔热和勒内·马蒂厄在一本专著中，对汽车零件制造商手上的新工厂的各种新措施提供了典型描述。[52]这涉及成立于1988年至1994年间的生产单位，它们建在制造商组装单位附近，以便更容易地按照准时原则对它们提供服务。这些工厂从事以前由制造商进行的组装和最后修整工作，交出一件成品（排气系统、成套座椅、装好前灯的保险杆、装有不同零件的挡泥板）。这些 226
工厂往往完全服务于就近的工厂客户，虽然在法律上和财务上是独立机构，事实上属于制造商组装单位的附属机构。它们是从外包业的活动中产生的（现在，外源采购为一辆车成本价格的65%至75%之间），可以使制造商通过外包而减少自身工厂内非技术活的数量，并提高本来可以加在本厂劳动力身上的要求。[53]在这些新工厂中的就业特点，是非常大的零工储备（临时合同与定期合同）。在一年内的某些时期，以及在某些厂，临时工的比例可以达到55%。"在一年期间，零工对长期合同员工的比例在有关单位总数的10%和30%之间波动。[54]……使用半长期的临时工，是所研究的大部分工厂的主要特点之一。"只要有可能，同一个人每天按临时工工作，公司注意不放弃业绩最好的人员。使用临时工，不但可以对付制造商订单数量的变化，还可以作为选择人员并对他们施加压力的机制。"当它们能在长期基础上雇用生产工人时，因为它们有增长前景，或者因为与长期员工相比雇用的零工比例太高，已经建立若干年的工厂总是把已经在这里很长时期的临时工，或者它们很了解并记得的以前的临时工'转为长期工'。""定期合同或者技术合同可以是介乎临时工与转为长期工之间。因此，'最佳临时工'的察看期往往很漫长。”[55] 在整个零工期间，临时工必须表现出不断在埋头工作。所以，隐藏在灵活性的迫切需要背后的，我们也发现，就业措施的发展表现为非常显著地偏重于雇用零工。

格雷古瓦·菲洛宁科叙述他在家乐福公司多年的经历中提出，汽车工业中的分包业并未垄断这种做法。1991 年 12 月 31 日，在他工作的蒙特勒伊地方的超级市场开张十个月以后，它的雇用记录说明人员周转递补率为 100%（或者说，692 个职位雇 349 人），离去的可分为裁员（34）、辞职（121）、合同期或试用期终止（184）。作者分析认为，这些数字说明有意使人们感受压力，而不是表示录用部门不称职。有关人员投入身心指望提升，但大多数人在各种借口下
227 被辞退，许多人因压力而辞职。结果是两方面的：一方面，就业实际上是碰巧的；另一方面，这些机制是作为选择少数会提升或雇用为长期合同者的“精选分子”的方法。[56]

现有统计说明，这些做法扩散得远远超过上述两个案例，否则它们似乎很特殊。在 1995 年 3 月新就业的人群中（就是当时就业不到一年者），19%持定期合同（1990 年为 13%），8%是临时工（1990 年为 5%），10%享有津贴合同（1990 年为 7%）。在 1990 年至 1994 年之间，长期合同的份额下降 9%（从 53%降至 44%），兼职合同的份额增长十个百分点（从 29%增至 39%）。[57]

由于这种就业政策有利于降低失业，政府当局一方面对有些方面提出的最激进的解除管制方式（例如取消有保证的最低工资）保持距离，一方面在 70 年代末起着手创造劳动力的灵活性：

> 取消对就业的行政控制；撤销赞同谈判协议的法律（特别如有关工时）；促进修正（降低）工薪收入者的个人与集体权利；降低员工代议制（单一代表制）；推广部分废除长期雇佣原则；鼓励兼职或临时性工作；[58] 设想非工薪收入制（马德兰法）[59]。

1982年，对有关长期合同和临时工规章提出的改革，目的在于减少被合法地谴责为使人边缘化且很不符合奥鲁法的民主化计划的形式。但是，“政府政策逐渐转为较不敌视临时雇工的方针：在未改变的1982年立法架构中，在各种调节内容中，首先是扩大采取定时合同的可能性，然后是1985年7月25日的法律特意增加雇用零工和临时工的这种形式的例子。”[60]

除了这些由“自由派批判”所激发的发展（这种批判“把劳工法视为尊重劳动权的主要障碍”）以外，还出现了旨在干扰劳动力市场的非常不同的激发措施：津贴就业的措施，它部分地有助于劳工更加灵活，因为有津贴的工作是“享有很差保障的低廉劳工的首要类型”；[61] 通过提早退休来减少就业要求的措施，它又便于使老工人成为裁员。“失业的社会处理”，以及支持结构重组的措施都未曾 228
预料地使公司免除障碍：“它们保证对砍掉就业的决定给于某种豁免，从此就打开了有效策略的道路。”[62] 我们在这里处置“反常影响”的反动论点，是没有问题的，这种论点得到A.O.赫希曼的批判分析。[63] 根据这种论点，改革主义是没有意义的，因为改革只会产生不可预见的“反常”影响，导向比采取措施以前更糟糕的局面。立法者关心就业的诚意是明显的，但是，如果我们不是在政治上虚构幻想，我们不可能知道，如果不进行这些干预的话，情况会怎么样。然而，必须说明：在一个方面，它们支持和方便了公司实施的排除和雇用零工的某些措施；在另一方面，它们记录了就业市场力量对比的变化。

但是，如果我们考虑它们对整个社会结构的影响，某些工作的零工化并不是所采取置换的唯一后果。零工化也导致工薪收入者阶级的分割和劳动力市场的分散，形成了一个双重市场：一方面是稳定的、有资格的劳动力享受大公司相对高的工资水平和一律工会化；另一方面，小公司内不稳定的、只具最低资格的、工资低、保障少的劳动力，分配做附属性服务。[64] 此外，这种零工化造成的长期障碍都集中在人口的某些部分而加速了排斥过程。

工薪收入阶级的分割

企业家的新措施的综合影响对工薪劳动者的状况产生了极大的多样性，包括在同一地点受雇的人员，他们可以有大量雇主，并且在有关工资、工时等方面被不同的规则所管理。

提出由于分包制和零工的发展而产生不同影响的第一部作品，是雅克·马戈的历史性文章。[65] 他以一个组织为例，它的500名工薪收入者来自10个不同雇主：办公室人员直接属于一个经济利益集团；维修人员属于一个服务公司；生产线上的工薪收入者属于公司本身；食堂人员属于一个专业膳食公司；看管人员属于一个安保公司；保洁员属于一个专业公司；35人来自两家临时工机构；6名干部是本公司与其有财务合同的一家相当大的集团的工薪制雇员。作者表明这种情况是近来的事：十年前，公司的400名工薪工人受雇于单一雇主；转变是不知不觉发生的，没有"任何人注意到
229 任何事"。

居伊·凯雷引用J. 布劳达论述20世纪70年代中期福斯—梅尔地区的著作，对于雇员联系的性质和雇主的特性作出下列区分：(1)服务供应公司分派工人做长期工作；(2)主要机构的一家分包机构分派工人做临时工作；(3)临时工机构分派临时工；(4)机构直接雇用定期合同工人。J.弗雷西内表明，在同一地区的索尔默，70年代末可以指出不少于223家不同公司。[66]

这样，"就业外包"就导致"在同一个机构内并存着各种劳动力，应用于他们的有许多条例，工作场所也有许多公司"——"尽管有同样的工作条件、同样的专业资格、进行同样的任务、统一的实际管理权"。[67]

最有利的条例(大公司中的长期合同)似乎越来越多地留给具有较稀缺资格或特殊责任的工薪收入者。其他类别的工薪收入者

就适合于较随意的条例(临时工、定期工),或者较不利的条例(分包公司或子公司中的工薪收入者)。[68]

因此,在戈尔热和马蒂厄的研究中[69],某些蓝领工人的工作被认为是具有"战略性"的,因为顾客对质量和送货的满意度有赖于他们(例如塑料制品加工业中的漆工)。这些工作由具有长期合同的人员担任,而且公司总是有替换。担任这种工作的人享有更高的级别和报酬,而其他人只能勉强接受法定的经常会更新的最低工资和临时合同。

国家政策"针对"符合津贴就业的类别,它试图掌控"排队"(找到工作的平均时间)以帮助最困难的类别,但却促进了劳工市场分散化的现象。因为它区别对待"因年龄、性别、资格或失业时限而认为自己条件更高的求职者"[70]。更广泛地说,因为适合灵活性和干预劳工市场的政策与"继续加强'典型'工作合同(培训、特假、重新定级,等等)的权利"协作推进,劳工法的发展导向"工薪收入阶级中真正有工作者和那些干干停停、吃社保者之间的分割"。[71]根据阿兰·叙皮奥的分析,新的就业法

> 建立了若干个就业市场:管理干部市场,他们结合工薪收入阶级和雇主的利益;普通工薪收入者市场(全日制长期工作),他们在原则上充分受惠于工薪收入地位;零工市场(定期 230
> 工、临时工),他们在法律上和事实上被剥夺在公司长期上班应得的权利(培训、代表权等);以及津贴就业市场(综合市场)。而且,这种分隔化会自我加强,公司不愿把工薪收入者从一个类别转移到另一个类别,而工薪收入者不愿改变工作,不愿冒风险失去长期合同或大公司的福利。[72]

克里斯托弗·德儒尔提到一些极端情况有时构成对劳动法的完全背离:承担以前由充分规整的工薪收入者进行任务的分包公

司，现在采用没有居留权或工作许可证的外国工人、有病的工人、不具备合适资格的工人或者不会讲法语的工人。[73]这可以指例如公共建筑、工程部门、核电站维修公司、化工厂或者保洁公司：

> 分包业的洪流导致出现了一批工人"储备军"，他们是长期不安全的、报酬低下的、就业灵活性极大的，他们能从一家公司冲向另一家公司，一个建筑工地冲向另一个建筑工地，生活于权宜的食宿条件，住在邻近公司的草棚区和大棚车里，等等。……这些工人遇到公司内合法负责工作监管和检查的人员，会引起不信任、厌恶，甚至道德谴责。[74]

社会歧视加上就业歧视，把这些工人更加紧紧地关在他们的"贫困陷阱"之中。

我们没有过分地认为这种极端状况是所有就业无保障的代表性例子，但不能不看到已经进入劳动力市场的、最缺乏资格的人们所带来的障碍积累。因此，不合格蓝领工人是最受失业和就业无保障所影响的。当他们最终找到一个稳定工作时，必然是在干了几年零工，包括临时工、技能合同或定期合同的末了。对其他蓝领和白领工人来说，情况未见得好些。这种困难和惨痛的存在怎么能不影响他们的生理和心理健康，并腐蚀他们的生产能力呢？当他们比其他工薪收入者更少能参加培训班，更不常接触新技术，他们所从事的工作不能获得技能，在这样的情况下，怎么能使他们有机会发展他们的技能呢？[75]当他们的前景完全不能确定，即使他们有稳定的工作，他们的公司也不许他们和家庭在一起，或者不关心他们的未来，在这样的情况下，他们怎么能建立一个作为他们支柱的家庭
231 呢？[76]而且，在一个他们只能做短期计划的社会里，他们怎么能有长期打算呢？[77]因为陷阱遍地，问题多多，他们不得不走的道路使他们无法逃脱他们的境地，而相反却会沉没在内，有时达到被排斥

的程度。布里吉特·贝洛克和克里斯蒂娜·拉加伦内提供的数字证实了这样的理论：要逃脱零工境地是越来越难了。[78]1990年，上一年有定期合同的人们中间，43%得到长期合同。1995年，这个比例跌到33%。1990年，上一年当临时工的人们中间，30%得到长期合同，11%得到定期合同；而1995年的有关数字分别为27%和9%。在培训员和津贴合同工中间，这种数字下降更为显著：29%的人在一年后的1990年有长期合同，1995年为15%。这些合同事实上最终被替代为资格最低职位的定期合同，并且如阿兰·叙皮奥所怀疑的，这可能加强了这方面的烙印，使他们的问题脱离了他们的“部门”[79]。

最后，关心工人受雇能力的发展（这也是资方所关注的），特别涉及有机会得到报酬最佳和最受保护的工作（大公司内的长期合同）。他们在生产过程中增大的重要性，以及他们继续留在公司里，使得公司负责人关注他们在公司里（甚至在公司外）的前途，提供给他们培训，或者增加他们的多面能力。但是，这些真正的努力，掩盖了对所有处于边缘的人们的一个很不正面的现实，他们只是短暂地或者当别人离职的时候才来工作，或者分包商对他们负责，分包商不一定会提供像主体公司所给的同样机会。因此，关于受雇能力的言词和行为同时不能标志事实上排除“不能受雇者”。管理革新和我们研究的公认文本，主要是针对大跨国公司中的干部，而且大跨国公司仍然有可能集中于满足“它们”雇员的公正感，它们设法发挥他们的潜力，力求不使他们成为裁员。但是，为了避免裁员，它们也要避免录用最“会跳槽的”人，不给他们“虚假的希望”，不误导他们的游戏规则，特别是明天他们还有可能不再需要。在他们的临时合同末了，他们将离开；公司会遵守合同，不会错待他们。这种情况在许多方面看来是合理经济决策的结果，因为它可以避免终止长期合同的耗费和不满，也会比实行裁员减少许多人际困难。所以我们考虑，零工的发展是构建对干部的心理保护，否则他们会不 232
得不承担更具损伤性的任务，因为他们是从以前经验知道的。得到更稳定的境况和培训已非常困难，这是由于双重道德规则：一是继续对要负责的“内部”人士提供机会；一是在只是偶尔需要的“外部”人士中间不要引起虚假的期望。至于公众帮助某些类别失业者的措施，干部要提供受雇能力的愿望，也就有助于加强工薪收入阶级的分割。

可是，我们关于公司负责人（他们推进了工薪收入阶级的的分割）当前行为的设想是：在二十多年的改革和结构重组之后，公司已经“清空了”其中最少生产力、最不“善于适应”的人员。这些人使自己参与到零工市场，并留在那里。我们现在就要谈谈这些。

选择与排斥过程的结果

看上去降临在最不够格人群身上，而且日益加剧的诅咒，是二十多年来进行的选择与排斥过程的结果，它的根源在于公司中人事管理的新措施。渐渐地，最不称职者、体力或心理上最弱者，以及最不顺从者，都已“外化”和“零工化”；这种做法积累起来只能增加他们在就业竞争中的障碍。我们知道，处在“外部”的人只能零星参与，但我们还要表明不让他们进来还不够：首先，他们实际上是被扔出去的。

分析到这里，我们必须澄清我们对此问题的立场：谁应当对这个现象负责。快快质问公司的措施，事实上会导致指向执行者——首先是干部和经理。[80] 然而，不能认为后果是有计划的、深思熟虑的和特意安排的，以便把一定数量条件最差的人排除在稳定就业之外，甚至得不到受雇能力。我们将要描述的排除过程，出现在微型改变和微型置换积累的末了，包罗很多好意，人们常常相信他们做的是好事。显然，可以谴责那些组织裁员计划的人，但这些计划经常是在他们公司经历很大经济困难的背景下提出来的。在牺牲一些就业的时候，它们相信是在保护其他人；尽管有一些个人事件，但情况并不像今天那样明显，今天是失业率上升的时期，这些

裁员就意味着几乎肯定造成就业无保障。[81]但是,我们也必须考虑 233
那些在国家中鼓励老工人离职或津贴不充分就业的人;考虑那些不去重新雇人,或者只雇用零工,以便在具有更灵活的不同机制时可以逃避长期合同的制约,以便制造假象认为非技术工作不再受到威胁,或者以便不再制造更多裁员的人;考虑那些在年内只提供两门训练班给工薪收入者进修的人;考虑那些主张找比较便宜和较有效率的分包公司以改善他们本公司业绩的人;考虑那些减少工时以换取工时和工作日灵活性的人;考虑那些任职于聘用部门应付潮水般求职简历的人,他们根据年龄或大学学位来迅速初选,或者为了取悦顾客,只要白皮肤者任职而触犯了反歧视立法。[82]虽然不可能把一些坏意归之于他们,但他们的各种做法都助长了失业增长与就业无保障,但却归咎为"外界"力量的影响。结果是这样的:通过二十多年的积累效果,企业的新措施确实已经分化了工薪收入阶级,产生了一个双层法国社会。方便于新的组织机制,就出现了大规模挑选工薪收入者,这样的做法从未设想过,更没有计划过。

可是,朝这个方向的发展,则是从20世纪70年代一开始就可以预见到的。在1970年至1971年社会冲突问题上已经引述过的、基于工厂稽查员报告的文章中,让—玛丽·克莱克写道:

> 有些观察家干脆预测,公司会通过增加盈利能力和更加精确地挑选它们的劳动力来补偿这项努力,从而增加那些"丢弃者"和失业者的数量,因为他们年纪太大或者稍有残疾。而仅仅在几年以前,公司保留了多于一般数量的、"生产力"平庸的工人,有时还招收这样的人,管人事的头头们时常具有人道主义的关怀。很可能是,公司越来越供不起这样的关照,它们乐于把它交给国家。某些工厂只雇用16岁至30岁之间的年轻女孩或年轻妇女,后来她们的尖锐目光或手工的灵巧性下

> 降了。我们会不会只因为她们的"生产力"低于年轻人而把她们划为残疾，将来走向更多"丢弃者"的局面呢？大量信息说明了这种恐惧的理由，这具有在不久的将来会成为严重问题的
> 234 风险。[83]

突出这一挑选过程——可以逐渐从稳定就业中排除最不称职者和最难"适应"者，意思是说，他们似乎只能做有限数量的工作，最不会调整到组织工作的新方式——就可以铺平道路来寻求抵制排斥的政策。因为它揭示了许许多多的行动，它们每一个都是零散的，但都进入我们在讨论的过程之中。这一过程的责任不能归咎于单一的、马基雅维里式的主体。但是，由于同样的原因，也不能认为是自动出现的某种"突变"的结果，即来自外部的，好像出于人类决断的，注定不"适应"就死亡。社会达尔文主义对这一现象提出了一种过分机械的解释。全球化，遭受国际竞争，以及就业保护（不够格的工人在那里得到"掩护"）的破坏，这些据信决定了一个被称为"自然的"挑选过程，因此也没有什么"挑选者"，这不但影响公司，而且影响到人。根据这种达尔文主义的解释，"适者"（甚至是生来最有天赋的）都抓住他们的机会，而最不适者和最弱者都发现自己被排除在经济世界之外了。

我们该如何解释就业无保障和社会排斥的可能性变化取决于一个人的属性[84]，而不是由于挑选过程（该过程远非盲目，并不对每个人保留同样的命运）？肯定可以摘引这个事实：非技术工作少于非技术工人。但是，基于"市场"逻辑[85]的这一论点，在下列情况下却不再有效，即零工的特征是性别（"妇女做的工作"是否少于妇女人数？）、年龄（"50岁以上做的工作"少于50岁以上的人数？）、居住地点（"城市居民做的工作"少于城市居民？）或者国籍（"非欧盟移民后代做的工作"少于非欧盟移民的孩子？）。事实上，正如雇主完全可以喜好雇用年龄在25岁至40岁之间或

是法国后裔的人,他们同样可以排斥妇女、太年轻的或者太年老的,或者阿尔及利亚移民的孩子。因此,废除非技术工作以便限制录用不合格人员,他们就更难改变或调换工作,或者适应新任务。[86] 雇主喜好雇用超越资格的人来担任其余职位。在一个“不能人人有活干”[87] 的形势下,总是同一些人得不到挑选;这只会加剧他们的困难,树立不同部分工薪收入阶级之间日益难以逾越的障碍。

有许多选择的途径,开始是大规模裁员,它的大规模性质似乎与一个一个工薪收入者个别挑选的思想有矛盾。当一家工厂关闭时,到处有异议,所有工作都毁了,不仅仅是那些“受雇能力最低 235
的”人。但是,因经济原因而集体裁员和因个人原因而个别裁员之间的区别并不清楚,或并不显得那么容易确定。首先,在大规模裁员的情况下,雇主必须界定用于裁员定序的标准。然而,这些标准(家庭责任、年龄、专业资格、是否单身母亲、难以重新整合的社会特性,等等)“把个人作为裁员,而不是作为工薪收入者”。而且,当一个工作因技术原因(有关经济方面)而要改变或取消,而由另一个工作来取代时,得到培训及在培训期间的评估就构成了个人挑选的过滤器,而讨论将围绕有关人员的能力。因此,评判很难把“工薪收入者个人固有的因素和非固有的因素”作为他们的应得权益。[88] 尽管据称符合不歧视规定(而且,鼓励 50 岁以上离职的刺激措施就经常违反这一规定),大规模裁员实际上就是等于以个人因素的裁员。而且,情况依然是,人们命运的差异(一开始是很小的,所有工作都取消了)对最终命运带来了非常显著的不同。最早离开有危险的公司的人,是在大规模裁员以前,但已耳闻有这可能,他们都有最佳机会在别处找到工作——或者是凭借特殊技能,或者是因为他们能进入社会上和空间上更宽广的网络,或者只是因为较少植根于当地(是单身而不是已婚,是租房户而不是有房户,等等),因此改换地点的代价,风险较小,费用不高。而且,我们知道涉及大规模裁员的人寻找新工作的情况是非常不一样的。因为第二次排除（这次也不雇用）是根据标准的基础来筛选人（主要是年龄、性别、族裔源于法国或外国——特别是北非），根据他们的参与能力和充分利用提供给他们的许多机制（裁员计划、培训等的支持），它们像许多详细的挑选机制那样运作。

重新设计公司轮廓和外包某些任务，也成为把非技术工作推向较不有利的地位，推向分包商或无保障的合同。对蓝领工作变化的详细分析说明，它们事实上并没有减少到1975年以来损失100万个工作，并没有使传统上大量雇用的部门大规模减少工作。[89]确实，我们观察到自动化的进展导致某种工作的显著减少，如五金工、钳工或车身翻修工，而与此同时产生了专门从事机器维修的机
236 修工职业。[90]但是，技术进步并不是这些改变的唯一原因，因为国家中期竞争力的发展是很难束缚住的。把非技术工作转移到低工资国家看来起了最重要的作用。事实上，从20世纪60年代末开始，大公司发动了重新部署生产部门的过程，在工资水平和工薪收入者集体保护能力比主要发达国家低的国家中寻找分包商。现有研究表明，国际贸易的增加会破坏发达国家中的非技术工作和产生技术工作。[91]如果归根到底，工作损失并不广泛，有些研究甚至指出，如果把所有产生的影响都计算在内，法国的工作增减是正面的，[92]而且并没有同样程度地影响所有部门（影响最大的部门是服装、鞋类和电器装配），然而这在法国却转化为对非技术工作的净打击。这里又难以抱憾于向更多合格工作的转变。但即便如此，这种动力通过解放出大量工人而使得低技术工作方面与雇主的力量对比发生改变。它使得雇主对接受这种工作的人施加更严酷的合同条件[93]，并便于重设地位较不有利的蓝领工作。[94]的确，蓝领工作并未消失，因为有些蓝领工作完全难以转移地点，例如保洁、膳食、销售、靠近最终消费者极其重要的工厂，等等。但是经历了全部转向服务业，转向命名为“白领”的工作[95]，转向掌握外包业务的小公

司。现在,工人阶级就业的这一总演变,如服务部门或小机构的雇员,事实上比工业部门与大公司的雇员更无保障。[96] 而且,除了整个业务外包的事例(保洁、膳食)以外,时常求助于分包或临时工,是为了从大公司里消灭最艰苦、最低技术的工作;这些工作证明是管理劳动力中争议和问题的来源。因此,弗朗西斯·金斯伯格引述福斯—梅尔地区的索尔默工厂有计划地把危险任务交给当地外号叫“肉铺子”的索马菲尔工厂。同样地,在 1974 年 11 月的一次罢工中,高炉车间工人要求修正其级别,特别是废除劳工类别得到了满足,但是相应的任务则干脆交给了外部公司。[97]

获得培训也成为一种挑选,它最初是提供给那些值得投资的有前途的人员。[98] 在取得新技术方面,我们也遭遇同样的不平等。 237

最后,作为挑选的最后一站,我们将提到新机制,特别是当地讨论小组,还有培训期和培训班,这可以根据人们参与工作环境的能力来加以测试和挑选。在这些场合的活动情况表明他们结合进新工作组织的善意与能力。在人人都在场的情况下,在检查人员的鼻子底下,这种内在处置能力如传达知识、团队精神、热情态度、创造能力或承诺责任都会展示出来。因此,临时工参与这些活动是一个很好的指标,可以识别那些一旦机会到来时值得长期雇用的人。[99]

显然,正如我们已经提出过的,劳动力市场状况及失业的压力强烈地刺激要“撇开”一些人,因为公司“可以选择”。因此,在戈尔热与马蒂厄的研究中,工厂都建立在工作集中处,让它们去“筛选”,以严格要求工作经验,并达到相当于候选人数 3%至 5%的挑选率。[100] 此外,教育水平的普遍提高对于取得合格、称职的劳动力更为容易。例如,20 世纪 70 年代后半叶以后,即使是先进部门的大公司也不再需要“储备”年轻干部、工程师或合格技术员,并且许诺他们的事业发展(在 60 年代中期还是这个情况),以便留住他们并消除他们服务的竞争。现在,为数众多的年轻干部在广大的市场上提供服务,在那里可以随时雇到,或者就职于保障较少的小公司里，而这类人才的质量却优于过去。[101] 此外，只要技术工作的数量增加不如大学毕业生增加那么快，后者就会插进较少技术的工作，由此也就恶化了那些最缺乏资格者的境况，并且相应地不利于他们同雇主的力量对比。因此，关于挑选标准的问题是很尖锐的。

根据年龄、国籍与性别的挑选是有文字证据的。历史上，在“裁员计划”或经济裁员的背景下挑选可雇者，首先影响到 50 岁以上的工薪收入者，并受到 70 年代和 80 年代期间设立早期退休计划和离职奖金的推动。[102] 与“第二种资本主义精神”相联系的资本主义类型中流行的规章相反，老年已成为比无保障更少保障的因素。根据年龄段报酬颁发的转变推动了世代之间的竞争，这在以前时期是不存在的。其特点是：一方面，在人们的全部事业过程中，报酬都增加了，一开始很显著，然后渐渐放慢；另一方面，受教育更多的
238 一代人的工资高于他们的年长者，因此 40 岁的工薪收入者发现自己的工资优于 50 岁的人，而后者发现自己的工资也优于过去。相比来看，如果报酬在整个事业过程中持续增加，起始薪金下降了，而年轻人的学术资格水平继续上升，那么工薪收入者在 50 岁时收入很高，而年轻人却比以前低廉了。因此，在无法把年老的工人降级的情况下，就请他们离开——日本流行这种做法，法国还没有。此外，这种做法加剧了世代之间的敌对，年轻人增加他们年龄的活力，他们精力充沛地证明自己更成功，并纠正对他们的不公正。[103] 这一发展部分地说明了分配给工薪收入者相对份额的减少，这意味着不再可能既提供整个事业过程中的工资增长，又提供年轻一代的工资增长。抵抗最少的方针是，对已经在经济体系内部的人们给以特权，即便这意味着在他们 50 岁时就抛弃他们并对新来者降低工资。而且，各种研究都表明新一代在扩展新组织形式上的中心作用。[104]

第二个优先目标是移民工人。在汽车业部门，从 1965 年至 1973 年大量雇用他们，70 年代末与 80 年代初的重组与新的雇用

政策相联系。这些政策结合了离职奖和受雇奖，导致大量减少移民数量（以及半熟练和不熟练工人），并录用受过教育的年轻人[105]，认为他们在处理需要更大首创能力的工作中的新形式试验（一旦发生故障时）、多面性、适应不同的制造计划及沟通方面更具能力。[106]事实上，大多数工业部门似乎都具有全国性劳动力的特权：

> 外国人力集中在困难部门，不足以说明 1982 年至 1990 年间几乎损失近 10 万个非技术工作和 2 万个技术工作：如果这种下降对于每个部门和每种资格水平的法国人和外国人是一致的，那么后者会少损失 50%的工作（6 万个非技术工作，1 万个技术工作）。换言之，工作的破坏使外国人的收入下降大大快于本国人。[107]

性别歧视采取了不同于直接排除出就业的方式，由于这个时期的特点是大量妇女进入劳动力市场。可以看到 25 岁至 50 岁之间妇女有报酬就业率的增加，它在 1990 年至 1998 年之间从 74% 239
上升到几乎 79%。[108]如同不同世代的事例，两性工薪收入者之间确立了一种新形式的竞争。雇主们利用妇女寻求兼职工作，把不充分就业合同加以普遍化，后来这在某些职业内成为常规。此外，妇女在应聘时遭遇更大的歧视。[109]

除了这些常见的标准以外，我们可以提出：在很大程度上，挑选还根据人们的体格检查和心理特点（它联系到更具体的特点或情况，诸如等级地位、年龄、教育水平等）。首先以健康状况为例。在针对长期失业人员的研究中，有无数案例表明：他们被排除出劳动力市场的根源在于某项职业事故或职业病，这一挑选原则首先实行于低资格要求的工人案例中。[110]在收入与支出研究中心的研究报告《就业无保障及被排除的风险》中，考虑到自己健康状况“差”的人占抽样的 4.4%，但是有 10.3%的人已经失业两年以上，5.9%

的人在至少失业两年。[111] 而且,如果健康状况"差"或"平平"的人在担任"不稳定"工作的人中为数不多(设想他们是新近录用的),那么,就夸大了那些说自己担任"稳定的、但受到威胁的"工作的人们中(按照这一类别的定义,就是指那些认为自己会在两年内失去工作的人)。

心理选择的影响无疑更为广泛,但也更加难以评估。首先,它影响那些最不易适应局部谈判的新机制的人,特别是"昨天的敌人"。这一方面包括低级干部、"小霸王",他们往往已经升到高位,但他们无法消除的独裁主义使得他们被正当排除(通过裁员或提前退休),而减少等级制和更新人员结构的措施进一步说明这些活动正当;另一方面,包括工薪收入者,往往是工会会员,他们围绕1968年5月在公司里发展了一种批判文化,并大量投入行动主义。因此,在戈尔热与马蒂厄的调查中,那些不被挑选的人住在号称"反对派"的城镇里,或者曾经工作在以高工资、多争议或法国总工会代表性强著称的公司里。[112] 没有任何工业经验的农村年轻劳动力因其听话顺从而受欢迎。而且,设厂的地点选择要考虑这些不同的标准。克里斯托弗·德儒尔认为,排除老工人符合排除反对来源的同一原则。[113]

但是其他气质(部分地和教育水平相联系),例如联络能力和
240 沟通才能也起挑选的作用。事实上,新的工作机制要求工薪收入者具有写作才能(以便阅读指示和写简短报告)[114],技能集体化的形式(进展小组、质量小组)要求有充分的谈话能力以便公开作口头的进展报告。最后,横向协调方式(团队,项目等)不但更强调特殊的语言能力,而且强调可称为更加"个人的"、更加清楚地结合个人"特性"的品质——例如开放、自控、效力、幽默、沉着;这些在旧的工作品质中绝不会得到高评价。企业心理学的技术(面谈、笔迹判断等)都用来确认工作候选人的这些倾向。而且,这不但应用到干部工作的申请人,也同样应用到蓝领工作申请人。[115] 在心理访谈过

程中,适应面对面情景的能力,事实上代表着一种自我测试的形式。

承诺与适应的能力,这可以根据同样的机制加以评估,也用作挑选标准。这些在“灵活性”逻辑中颇为重要的能力,要预想到一系列参与或不参与各种任务和不同工作,要求挑选那些能证明自己会善用灵活性的人。戈尔热与马蒂厄的对话者之一细述了一名优秀应聘者的品格如下:“有分享,有交流,你不要掩盖缺点,你不要让一名顾客失望,为了实现当前利益你可以担任较少技术的工作。即使工作日已结束你也可以做额外工作,如果需要你可以同意在周六早晨上班,你在心理上有适应能力。”[116] 例如在克里斯蒂昂·贝西研究的一家制造焊接工具的公司中,经济裁员(80年代后半期为数众多)挑选所根据的主要标准是“工薪收入者的个人承诺”和“多面性”。[117] 具有学术资格的作用看来从来没有这样重要过[118],例如,蓝领工作要求有普通教育证书。它们有时证明的是超越其技能的,这方面的解释是:这种资格预示参与一项任务的最低能力,在一段时间内把一个项目成功进行到底——那就是说,要学习到取得资格,要证明自己充分符合考官评估的标准。[119]

行动受限制的工薪收入者,特别是有孩子的妇女,是特别脆弱的。她们可能在强制转换工作或改变工时,或仅仅由于取消校车以后不得不辞职。[120]

在一家武器工厂的重组活动中,托马斯·佩里鲁进行一项非常精细的分析,观察从旧的制造车间——有800名女机工操作的大 241
厅——转到新车间——有一批多功能数控机器——所实行的挑选形式。[121] 这一延续五年的过程中,公司的劳动力从1万名降到1400名工薪收入者。女工都被裁员,在新车间里的“操作工”都是原来的调整工。等机制层次从九级减到四级。新组织据称容许操作工“参与”并“发展一种责任感”。进入新车间的个性化挑选的测试已经建立起来。挑选的基础是一项技术考试,以及在公司就业部评估中心的一项测试。技术考试集中于数学知识、制图术和机械。心理测试集中于处在团体环境中的个人。它的作用是要确定“团队工作的才干、传达知识的能力、具有分析头脑、吸收新知识的能力”。这些测试的目的在于评估该操作工的可适应性、热情参与的能力，而且“干预而不激动”、“对人开放”，以及“不会被激怒”。以前的挑选和升迁标准，诸如资历，受到批驳而正式废弃。新标准出现了：自立，沟通技能，适应能力，对人开放。根据这些新标准的挑选产生了从组织内不可逆转的排除，尤其是轻率的提早退休。

我们所引述的手头一家汽车分包新工厂开张时录用标准的名单同样很说明问题。除了关于年龄、性别、学术资格及居住地等标准的第一轮筛选以外，候选人要经过心理—技术测试以衡估他们的适应能力、灵巧性与记忆力、区分颜色的能力，以及实际应用理论的能力。然后，由一位心理学家面谈，以评估候选人的真正动机、他们的感情平衡力，特别是他们承受即时工作法和多面工作紧张压力的能力，以及他们的团队工作能力和责任感。最后，通过了这些阶段的候选人要在为期七周的工作培训期间接受“正常”工作环境的测试，作为可能给予长期合同的准备。[122]

就这样，经过二十年的系统挑选，在其中，每当出现这种挑选机会时，“流动性”最差的、“适应能力”最差的、“合格性”最少的、“太老的”、“太年轻的”、来自北非的、来自黑非洲的，等等，都被排除了，于是就导致了当前的情况。我们已经看到，它的特点是，工作情况越来越清楚地划分为：一些人享有某种保障，即使由于他们的单位关闭或减少劳动力而可能产生怀疑；而另一些人遭受工作无保障和工资低下，眼睁睁看到自己得到正规工作的机会一天天减少，他们被驱向绝望和暴力。[123]这种日益加深的划分促使工薪收入者的分裂：有稳定职位的人往往被“零工们”视为“特权者”，而后者则反过来把零工看作一种影响工资和工作条件的不忠诚竞争。而且，这些还伴随着影响到所有工人的社会退步和保障减少，即使是那些被认为有保障工作的人。

工人保障的减少和社会退步

通过与服务供应商之间的商业合同来取代工作合同的企业组织形式,使它有可能在很大程度上推开劳工法的种种制约,首先使得若干立法和管理文件规定对少数成员不适用。[124]因此,小单位(特别是那些本身具有公司的合法地位、然而高度依赖它们主体公司的单位)并没有工作理事会,而且极少组织工会。小公司不适用劳工法的风险还由于以下情况而增加:小公司负责人较少有机会了解这些规章,而大组织则有法律事务部。在这种情况下,一种事实上的某些防范措施就组织起来,这不是由于无知而采取的。科尔马地区的公共检察部面对小雇主中纷纷借口说自己不了解,并说劳工法太复杂,因此决定违反该法的单位必须参加劳工法培训班,它们还必须自己付费。[125]劳工部要工厂检查员转变思想,从管理实施劳工法转为充当中小公司的咨询顾问。[126]

随着失业的增加及劳工市场竞争的加剧,一向非常孤立的分包业工人——有些是零工合同工,还有一些是由于和临时工做同样工作而心理上感到无保障——没有足够的资源来对他们的雇主施加压力,或者抵制他们。对法律框架以外的要求特别是这样。分包公司的工人在不同时代本会被发包公司所雇用,现在同样被排除于集体协议或当地协议所提供的比较有利的地位之外。最后,中心的主体公司也把外包看作部分转移它自身对职业事故或病患责任的一个机会。(这在服务供应公司比在稳定的核心公司更为常见,正如在核工业临时员工的案例中已经表明的,这些员工是负责动力站维修和保养的服务公司工薪收入者。) 243

1991年对"工作状况"的调查中揭示了这些置换的一个结果,该调查表明一个对比:大公司(有一千多员工)的"风险与困难朝着相当积极的方向发展",而在小公司"境况则在恶化"。[127]"调查的结果符合某些工厂检查员的观察。若干年来,他们中许多人已经在注意经常破坏劳工法的问题，特别是在中小公司。工作事故中记录下的群情振奋也指向同样的问题，特别是在公共建筑和工程部门。”[128]临时工显然比其他工薪收入者对于困难和伤残更为脆弱，因为他们始终担任蓝领工作，而这种工作总是最为危险的。[129]

这种形势的一个较不熟悉但却记录在案的方面是，工作市场的困难并不仅仅影响到担任较少技术工作的人们。它们对于比较稳定的工作或者较强大公司的工作，同样会产生社会退步的影响。应强调的新奇事是，集体协议过去是要来改善工薪收入者的境况的，现在却很容易地使它恶化了：“因此，法国立法议员在 1982 年……支持雇主与工会双方的权利，使得工作条件更糟，这项决定在五年后得到明确的肯定。”双方“在有关工时与工资方面，即劳工法中两个最重要的方面，降低法律规定及相关扩展常规所要求的门槛”。这一发展“导致集体协议与至今已接受的限度相违背，并偏离在最坏形势下所接受的停滞但绝不是集体同意的衰退的概念”。[130]该法律鼓励采取谈判（特别是企业一级的谈判），就为雇主们提供机会来提出他们的要求。其结果是，意欲在法律最低限度改善工薪收入者权利与福利的传统谈判，已逐步让位于旨在达成“平等交换”协议的谈判。这种谈判中的力量对比是不利于工薪收入者的，其导致的结果是：后者可能希望要保护工作，而雇主却获得实质的好处，诸如修改增加或确定工资的方法，或者改革工时。[131]“谈判权利”对“法定权利”比例的增加本身，就更突出了工人之间的权利不一致（这早已存在，但不是到这样的程度，因为员工门槛的设置）。工薪收入者从一个部门到另一个部门、从一个家公司到另一家公司，甚至从同一家公司中一个小组到另一个小组的变换，都比过去更为经常。劳工法在这种压力下的分裂，看上去并不真正能很好地
244 持续改善工薪劳动者的“真正”境况，它们正越来越被排除在与所谓“正常”工作合同（全日制长期合同）相伴随的法律条款之外。

新企业机制的另一个影响是同等工资条件下工作强度的显著

增加。当然，这里包括生产率的上升。但是，达到这一点的更重要原因是类似于增加对工人剥削的生产方法——简要地说，他们“干得多，挣得少”——而不是由于技术或组织变革使工薪收入者和公司都得利，都受惠。[132]

工资照旧，而工作强度增加

首先，劳动的零工化和分包业的发展，使之有可能只支付真正工作的时间，而减去所有懈怠时间、培训时间，以及一向部分包括在合理工作日定义内的工间休息时间。而时常实行的是，兼职工作的发展旨在使工人调整到实时的要求，超时一小时的工资不会高于正常一小时。

达米安·卡特隆在他关于麦当劳工作的叙述中[133]，公司给了他一个指示性的届时必须上班工作的时间表。但上下班时间是由部门负责人掌握的，它根据各天情况，可以要他少做，但主要是多做，因为时间表计划的是最低限度。[134]真正提供的时间事实上只尊重大约 50%，工薪收入者偶尔有机会因个人原因脱离规定时间表作为补偿——在这种特别情况下，大约占脱离时间表的四分之一。有关的 11 人的最短工作周为 11.5 小时，最长的工作周为 27.3 小时，平均工作周为 20.2 小时，兼职合同提供 10 小时。

在分包的情况下，可以注意到，发包公司的要求“对于供应商总是大于它们在机构内所具有的，而且这些要求对后者的工人有着无补偿的影响”[135]。总的说来，外包有可能利用市场压力来增加工作强度，这种压力看来是无法控制的外部因素，可以免除当地管理人员的责任，因为他们同样受制于这种压力。这种外部控制的方式比主体公司可以施加于它们自身工人的控制更为有力与合法。同样有关的是，近些年来推广的“可得性条款”，使“雇主在只能支付实际工作时间的情况下，仍能保证继续得到工薪收入者”。这使 245
得工薪收入者承受“个体经营压力”（收入不定）和从属（于发包公

司）的制约。[136]

由于新管理方法的结果，机构内也出现了工作强度的增加。例如，成本中心精巧的会计划分可以使每个人对一个部门、一个“自主团队”或者一个车间负有责任。首先，它导致人员的最佳使用，工资开支经常代表这些小型“会计中心”的大部分费用。[137]开列各部门之间工时清单的机制，鼓励核实支付的时间都是在实际项目上真正工作的时间，因此可以根据分析会计加以开列，它会减去插入时间、等待时间、懒散时间、工作日或工作周中的“工间休”，大到最低限度，并建立起一个外部人力储备。[138]根据其付费，内部用户还要设法尽可能在使用的时间中挤进其他内容，继续增加它们的细目。只要有可能，公司的各部门和分包商都竞相这样做。因此，通过管理控制技术（把预算监控扩大到更小单位，建立内部清单）产生的“内部市场”，就具有如同分包或临时合同相同的效果。任何不属于直接生产性的东西都被作为非工时活动而抛弃，维持劳动力的费用就转嫁到工人身上，或者在失业或职业工伤的情况下，就转嫁给国家。[139]

工作组织的新形式，特别是那些由丰田公司所启发的，“还提供了一种趋势，使得劳动力永远不是非生产性的，只要订单下降，劳动力就立即被裁减”[140]。因此，清水解释称，成本价格的不断下降（更常用的词是改善或“不断改善”）——丰田公司视为关键目标，今天也成为最大公司的一项楷模——主要靠追求劳动力经济来达到。这意味着使用技术和组织机制，但也包括清除一切懒散时间和最大限度地增加工作速度。只要工人工资直接联系到作出的劳动节省，他们就这样做。[141]

1991年“工作状况”调查（1993年“工作技术与组织”对此确认）说明，越来越多的工薪收入者发现自己受制于速度。这种现象影响到所有的社会人群，从干部到工人，以及所有部门，包括第三产业（原来以为它会比工业部门较少软弱性）。在1984年至1993

年间，由于一个部件或一件产品的自动化置换而受工作速度制约的工薪收入者人数，从3%上升到6%；由于机器自动化节奏而受影响的人数，从4%上升到7%；由于规范标准或交货紧迫而受影响的人数，从19%上升到44%；由于顾客或公众要求而受影响的人 246
数，从39%上升到58%；由于上级经常管控而受影响的人数，从17%上升到24%。[142]工人的心理责任也同样在处处上升，这种趋势表现在：1984年至1991年间，工薪收入者声称他们必须双眼紧盯工作的人数，从16%上升到26%。[143]像别人一样，干部也发现对他们工作的要求增加了。他们抱怨缺少时间，抱怨同事。[144]他们的工作时间增加了：在1984年至1991年间，工作日长于11小时的人数百分比，从14%上升到18%；工作日为10至11小时的，从19%上升到20%。[145]"行使等级制责任，甚至会增加被钳制在市场与组织之间的风险。如果管理干部得到良好的保护，那么中间等级却在和交货截止期斗争。"[146]在丰田公司工作法中，劳动力每天、每时适应于生产的起伏，起着库存所起的缓冲作用。其结果是，正如美国研究移植日本经验所特别表明的：工时上升人数的增加，以及涉及疲劳和紧张健康风险的增加。[147]同类的许许多多观察可以在Y.克洛特、J.Y.罗歇与伊夫·施瓦茨论述标致汽车集团工作重组的著作中找到。

除了交货期以外，还要严格履行标准——例如，国际标准化组织9000系列就是这种情况。一个典型案例是："承担集中流程的分包商必须同时满足顾客的要求，还要尊重非常严格的质量标准，因为它们既无空间、也无时间、也无经费来改正误差。因此，工薪收入者处在双重制约的境地：因要求变化所产生的制约，以及标准坚持一致所产生的制约。"[148]正如弗朗索瓦·埃马—迪韦尔奈说明的，只要有可能，公司绝对要向工薪收入者和分包商转移顾客所要求的质量保证责任，顾客希望得到"完美无缺的"产品和服务。[149]

使用新技术也是增加对工薪收入者压力的机会：在社会职业

相等的程度上，使用信息技术的工人具有更洁净、体力上更好受的工作，但是他们要经受需求的压力，尤其是蓝领或白领工人。其他工人更为自主，收入更好，但是他们受制的交货期起着越来越大的作用。[150] 因此，电脑化伴随着“对关注、警醒、效能和集中的要求”[151]。

新的信息技术现在可以对工人的工作状况组织非常严格的管控，逐渐消除“无管控”空间。格雷古瓦·菲洛宁科引述了家乐福公司使用的阿纳贝尔系统，它除了对库存和订货管理具有重要功能
247 以外，还能方便地了解每个仓库经理的绩效；公司安装在店内的照相系统不但可以防止顾客偷盗，而且可以检查员工的工作，其他相机装在库房。[152]

在佩里鲁研究的军火工厂，新的生产机制对“操作工”的“多面性”和“自主性”赋予重要作用。但正如一位知情者称，管理数字指令工具的软件“记录”，“可以按时间顺序跟踪 1988 年以来进行的一切操作，几乎可以做到分秒之细”[153]。因此，一方面，新的电脑机制可以施行一种监管来消除懒散时间；另一方面，保证一项行动与处事记录，对旧操作进行实时的遥控或回顾，例如一项法律诉讼的案例。而且，在接收信息的标准化系统可以指导和组织行为时，这两种操作可以将大部分融合起来，只要把有待进行的任务形成详细的数码即可。

弗朗西斯·金斯伯格在其对绍莱地区服装业分包网络的管理所进行的研究中表明，信息技术的发展伴随着一种新型的不对称，这是由于使用了一项程序，可以计算各类工作的时间并在各车间推行。[154] 工作计算机化最明显的结果之一是，使得资方比过去配备更多、更灵敏的管控工具，能计算不但是公司或工厂一级、而且是团队或个人的增加值；而且这可以是远距离的。与此同时，这可以减少监督员的数量（减少等级制线路的长度），他们不再需要在现场，站在工人身边，而是使自己不引人注目，甚至几乎看不见。

最后，我们将引述特别是在“千禧虫”推动下“企业资源计划”

(ERP)当前的快速实施。把它作为更新电脑系统的机会,这导致大大加强遥控,例如,使总部以实时了解每名雇员的确切表现,以及极迅速地合成该雇员在公司过去不连贯数据库内的所有信息。过去以高度独立为特点的职业(如销售代表),由于顾客记录完全电脑化、电脑便携化、远程传送技术,以及每次外访后或外访期间必须键入数据的规定,而使得这类职业在今天受到压力。干部开始被要求使他们的日志在网上能自由进入,以便通过编制有关他们使用时间各种方式的信息,很快找到涉及许多人的会议线索。在每种情况下,迅速及时的好处、传输和数据加工的可靠,伴随着控制的 248
扩展及懒散时间的减少。

加强工作强度的另一种方法,比提高速度较不明显的是,工资照旧而加进多项任务。戈尔热与马蒂厄说明,在录用过程中对候选人品质的要求从不与资格水平相一致,因此是不付报酬的。录用半熟练和不熟练工人是按保证最低工资,即使他们从事"质量控制、调整、维修、生产管理等任务,当这些任务交由不直接涉及生产的员工去做,就成为技术工作,但是当它们由生产成员来做,就不作为技术工作了"[155]。组织工作的新方法可以扩大这些任务,发展蓝领工人的自主性,他们可以表现比在大多数泰勒制组织中更多的主动性。操作工的事业形象不同了,他们更合格,更能胜任;但是工资仍然停留在原有水平。所以,为了要挣到最低工资,就必须比过去干得更多,更加合格。而在70年代初雇主试图重组工作结构时,就遇到工会强烈要求以工资形式的补偿,近年来由于工会战斗力的低下,就能够推动工作改变而无需对工作强度增加的工人多付工资了。[156]

为了利用至今受制于零碎工作的工人中新的技术层次的想法,就鼓励他们参与,这也导致剥削加重。发动人类能力(人际关系、接受能力、灵活性、感情融入、承诺,等等)事实上就是加强剥削,泰勒制正是由于把人作为机器,所以对此没有做,也没法做。可是这种对人的品性的支配，与法律所规定的工作应和工人分开发生了冲突。工人带入工作的东西越来越取决于他的总体能力，以及他在公司外所发展起来的技能，因此这越来越无法用工时来衡量；这种情况适用于更多数量的工薪收入者。用一位最早建立质量小组之一的顾问的话来说，“雇主弄不清工人能干什么”[157]。有了讨论和解决问题的新机制，就比过去要求他们多得多，施展他们的智慧、他们的观察能力、他们对公司利益的机敏性。如果这一事态发展本身并非消极——谁也不希望工作只是一系列机械手势——工人们额外贡献所得到的报酬却显示：能者留下，其余走人。鉴于劳工市场的状况，以及按世代定报酬的方法，雇主们也可以录用超合
249 格的人而只付低于其资格的费用，倾向于不去记下这种超合格的真正贡献。[158] 因此，看来矛盾的是，相应于对工人掌握的技能层次越来越深的剥削，工资费用却有不断减少的倾向。

最后，工作状况个人化的趋势（尤其是报酬），就可以更加紧抓住工薪收入者个人，从而更有效地对它们施加压力。1950 年至 1970 年的时期内，标志着报酬对个人业绩的相对自主化（在当时的主导组织形式中往往难以衡量，尤其是装配线工作的案例）；标志着工资按生产率整体水平增长而集体增加；标志着报酬的标准化（减少按产出定报酬，推广每月付酬，等等）。[160] 在 80 年代期间，工作自动化的不断发展伴随着报酬差异化和个人化的增加，这更加直接联系到个人业绩（工资与业绩挂钩），或者工薪收入者所属单位的情况。报酬现今是由岗位决定的，现在越来越联系到担任该岗位者的个人特性，联系到管理当局对他们成果的评估。[161]1985 年，增加工资的公司中，五分之一实行了基本工资个人化。在 1985 年至 1990 年间，这一比例翻了一番，有关的工薪收入者比例上升到 45%至 60%。与个人化措施有关的工人在 1985 年至 1990 年间从 43%上升到 51%。这一过程开始于大公司：从 1985 年起，雇用 1000 名以上工薪收入者的公司中，有 85%实行了工资个人化。[162] 这种做

法此后扩展到小公司。[163]技能、奖金、赏罚的个人化具有进一步的不好影响，往往会使个人完全对他们自己的成败负责。

我们已经看到，这一套转型已能够在公司中一定程度地恢复70年代初让步的秩序，取得重大的生产率增长，到今天，在国外市场卷入直接对抗的法国公司总的说来是有竞争力的。[164]这样的结果完全不能说是无价值的。可是，看来工薪收入者为此付出了高昂的代价。因为事事都表明，他们仅仅为了保持生活水平，就必须更紧张地工作；由于同样原因，那些被认为跟不上的、“适应不了的”人则已被推到技术较少的工作，甚至完全推出劳工市场。因此，当前工作缺少的部分原因显然是由于这种措施，把一切无效时间从付费的工作时间中剔除，正如一定比例的公司利润肯定涉及榨取更多工人劳动的增加值而工资照旧不变。[165] 250

支持这种转型结果为“经济进步”的人，一面设法应付劳工市场偏向有利于公司的不平衡性质，却不去关切这个市场真正改变的是什么性质。我们知道，当劳动被作为一种脱离劳动者的商品时，劳动就成为一种法律上的虚构。[166]“人力资源”不能像其他资源那样消费，因为必须具备与他们的使用成本不可分的保养与生殖成本。一个人购买一个西红柿，原则上就支付了它的生产成本，从种子在地里生长，以及肥料和对它的照料。[167]他并不只是花费它从菜盘子到他胃里的时间。可是，这种情况更成了有关劳动的常事，因为在雇用以前的成本（教育、培训，以及在不活动和休息时间的保养），或者在雇用以后的成本（恢复和增强体力，消耗磨损，年老），都越来越被排除在支付的工资之外。而且，这没有把体力和脑力劳动加强的消极影响考虑在内。这种情况更成问题的是，“人力资源”要花很长时间来“生产”，如同某些树的木材要生长很长时间以后才能砍伐使用；因此，某些情况的影响要在几十年后才会感觉到。保养和生殖劳工的成本已经这样主要转移到私人个体和公共体系。这加剧了前者（私人个体）与收入有关的不平等——最贫穷者没有帮助就无法保养和生殖——并加强了后者(公共体系)的福利国家危机。国家被迫实行新的强制征税,容许公司进一步逃避责任,这种社会经济现象的恶性循环有无数例子。

把安排人们工作的成本转移给国家

正如阿兰·叙皮奥辩称:

> 没有一个总的机制(调整贡献)可以把部分成本(额外费用)或储存(奖金)归于公司,使它的管理选择(对内或对外灵活性)承担起失业保险,并使其他公司也这样做。[168]今天,这个问题无疑可以从公司间平等对待的角度来有益地加以处理,而不是从公司社会责任的角度。因为,从劳工市场运作的观点来看,重要的不是公司承担社会成本的份额,而是对面临这些成本的公司平等对待的问题。可是这种平等是没有保证的,这不利于最尊重"人力资源"的公司。为了增加利润,不是去产生
> 251 更多财富,而是使社会承担这些成本更为容易。[169]

但是国家已经同意且仍然同意,把以前由公司承担的成本加以社会化[170],比如,有关老年工人或生产力较低者的成本。对于雇用某些类别的人(青年人、长期失业者、不熟练工人,等等)给予津贴,已经是公认的做法。所以,主要就"全国就业基金"(FNE)特殊津贴来看,设想在1994年涉及5.6万人,这是被排除于就业之外的老年工人的部分成本。[171]因此,当标致汽车公司在1991年减少940个工作时,国家与"全国工商业就业联盟"(UNDEIC)支付了2.1亿法郎为他们享有失业保险或全国就业基金(403人),而公司负担了3200万法郎。[172]

从就业政策(这只包括工作津贴、培训课和提早退休)受益的人数因此从1973年的10万人上升到1990年的150万人,然后到

1997年的285万人或工作人口的10.7%。开支水平几乎是1973年的十倍;相对于国内生产总值,它增长了六倍,达到1996年国内生产总值的1.5%(或1180亿法郎)。对此必须加上,自1993年以来,总的措施免除了雇主对工薪收入者接近于最低保证工资的费用,这在1997年大约是400亿法郎,适用于500多万工作岗位。[173] 这些数字没有考虑失业福利金[174],或者最低收入(1997年12月31日支付给100万人)。最低收入越来越多地被视为类似于对首次寻求稳定工作者的一种社会整合补助,以及对不符合失业福利者的一种补助(近年来由于合格标准收紧而这样的人越来越多)。[175] 某些补助涉及家庭政策但也有关就业,如"父母家教补助",它鼓励有两个孩子的母亲(小的不到3岁)退出就业,可以同样是这类特点。[176]"容忍同时兼职"的各种措施,如"在家育儿补助"和"幼儿护理员育儿",这包括某种情况下的有关社会补助,或者为家庭工作减税。如果我们再加上一定比例的60岁至65岁之间的退休费用(它使公共账目形成严重紧张)[177],1981年降低退休年龄并没有被视为一项社会权利,而是作为减少劳动人口的一种方法。最后,这些项目没有包括地方社区提供的津贴:某些地区规定的赠款和免税,以及地区议会的部分社会预算(这尤其应该纳入最低收入机制)。 252

但是,让我们限于就业政策的规定方法,1996年花费了1180亿法郎,这可以使人们提早停止工作(提前退休,55岁以上的失业者免予求职,等等);这可以进行职业培训(全国成人职业培训协会或成人职业教育协会、整合培训课、再培训协议等);这还可补助市场工业(就业创始合同、兼职补助、培训合同等),或非市场工作(青年就业计划、就业团结合同等)。在1973年至1997年之间,潜在雇佣人口增加420万(在业者、失业者、退出劳工市场者),而工作只增加100万个。因此,失业数字增加了260万,60万人由于就业政策而退出市场,他们中三分之一参加培训措施,三分之二提早停止工作。鉴于与此同时有210万个市场和非市场工作得到补助,工作数量没有增加100万个以上，这意味着“普通”（即非补助的）工作数量在二十五年中减少了100万个。[178]然而，这些数字并不意味着：如果没有给补助的工作，就业就会减少100万。工作总量会增长，但不到100万（还提到14万失业者），这是因为意外收入效应（雇主把补助收进腰包而不改变决策）和替代（雇主选择属于规定范围的人员而不改变这种雇佣政策）的重要影响。[179]而且，与某些共识相反，在流向市场工作的主要补助中，总量中的份额在增加。当雇主雇用工薪收入者做兼职工作或者把全职工作改为兼职工作，他的社会保险缴款就可以减少，这已成为市场部门中基于数量的公共行动的主要衡估。因此，从1992年至1994年，部分免除社会成本的工作数量从3.2万上升到20万个。[180]这种方式实际上是对私人部门的普遍补助。

从1973年至1995年期间，工业与市场服务各接收37%的受益者，工业就业因此超过它的相对分量。它主要采取提早退休（67%的受益者在工业），而市场服务总体上利用就业补助（56%的受益者）。同样，大机构也广泛使用提早退休（78%的受益者），而不到10名工薪收入者的机构接收63%的有补助工作的人。[181]所以，这意味着就业转移到往往大部分属于服务部门的小单位。我们应当记得，部分原因是由于企业战略的发展（外包、建立子公司，以及
253 朝核心业务重新定向）。这是由于社会的支持而在两方面发生的：一是在大工业公司裁减工作期间，一是在它们建立（往往更多的是重建）小型第三产业结构期间。同样地，对1996年6月11日罗比恩法以后签订的协议的分析，它们规定减少工时以增加录用（正面法）或避免裁员（防御法），可以降低社会缴款。这说明正面协议包罗小型服务业公司，而防御协议指的往往是工业企业的大单位。[182]这些数字使我们注意到研究裁员计划的人所熟悉的一个现象：发给补助是用于支持结构重组，同时，其他的是用于分包商来创建工作。如果总体结果不能被视为系统地意图利用福利国家，如果两方

面的补助协调并不总是像例证中所显示的那样同时和适合，那么由于公司战略改变的费用就主要由社会来支付，这是那些反对强制税率的人没有提到的。

至少可以说，谈到等级制的态度问题时，“小霸王”已经被废除，丰富工作经验和加强工作自主性的企图已经取得效果，进步是真实的。人们的工作时间更加自由了，兼职工作的发展满足了无数愿望。这些哪一个都不假。可是，自主性的扩大也掩盖了更多的制约。

就工作来说，近几十年来资本主义变化的收支表，不论如何想象，都不能称之为十分有利。无疑，没有工作组织法以前经验的青年工薪收入者，不会比他们的上辈更能忍受60年代等级制的独裁主义和道德主义，他们的上辈对1968年的这种机制起来造反。在无数事例中，工作内容充实，工作责任发展，基于绩效的报酬，满足了工薪收入者的一些重要愿望。可是与此同时，我们不能不强调过去二十年间工薪劳动者境况演变中所标志的许多倒退。

显然，要是没有艰难的劳工市场助长广泛的失业恐惧并赞同工薪收入者乖乖顺从，这样规模的退步是不可能的——工薪收入者甚至部分地参与了所谓的自我剥削。同样地，这也肯定会被强大的社会批判和工会所制止。然而，资本主义的置换也促成了非工会化和平息社会批判。下一章就专注于这些问题。 254

注释：

1. 以总剩余剥削衡量的资本增加值份额在70年代下半叶大约为29%，在1995年上升到接近40%。工资的份额在70年代曾经上升，在1981年达到71.8%，逐渐从1982年至1983年下降，1990年降至62.4%，1995年降至60.3%。而1970年至1982年，5%以上的国民收入已经从资本再分配给劳工，而从1983至1995年，10%的国民收入却从相反方向由劳工再分配给资本。为了评估这些变化的程度以提供一个对比点，托马斯·皮克蒂评论说，社会党政府在其开始执政的1981年所决定的财政再分配措施（右翼谴责为“财政抢劫”）导致相当于当时国民收入0.3%的再分配（《不平等的经济》，发现出版社，巴黎，1997年）。

2. 见珍妮弗·比埃，“灵活性的不同形式”，《劳工与就业》，第41期，1989年，第29—35页。

3. 见达尼埃尔·林哈特，“对于后泰勒制的讨论”，《劳工社会学》，第1期，1993年，第63—73页。

4. 弗雷德里克·德·科宁克，“后泰勒制的演变和新的社会分裂”，《劳工与就业》，第49期，1991年，第40—49页。

5. 林哈特，“对于后泰勒制的讨论”，第69—71页。

6. 瓦莱里·阿奎因等，“劳工境况演变的二十年”，《劳工与就业》，第61期，1994年4月，第87页。

7. 资料来源：劳工部，就业与职业构成，“1991年劳工日程表和劳工境况调查”，《劳工与就业的统计材料》，第98—99期，1993年10月。

8. 每天具有同样工时的人员百分比在1998年增加到49%：凯瑟琳·布洛赫—伦敦与皮埃尔·布瓦萨尔，“工时安排与减少”，《1999年社会数据》，国家统计与经济研究所，巴黎，1999年，第212页。

9. 米歇尔·塞扎尔与莉迪·万克，“在工作中员工积极性的制约和限度”，《1996年社会数据》，第224页。

10. 见保罗·让索林，“一个形态，两种速度”，《企业》特刊“法国的企业”，第2518期，1992年，第162—163页。

11. 托马斯·库特罗，“生产组织的新模式：对劳工就业、组成、组织有何影响？”，《1996年社会数据》，第210页。

12. 随着“即时工作法”的实施，公司库存大大下降。从1985年至1990年，制造业库存价值总体增大4%，而生产价值量增长32%：米歇尔·阿马尔，“‘即时工作法’的影响”，《企业》特刊“法国的企业”，第2518期，1992年，第234—235页。

13. 国际标准化组织的质量标准化从1992年以来发展更为强劲，鉴于其规范性，似乎符合第二种资本主义精神。然而，它对质量的观点（总体质量而不仅仅是制造质量），以及它提出的某些问题，例如在开发新产品的同时实行工程管理，使它成为以第三种资本主义精神的概念为标志的管理手段。

14. “即时工作法”的实施影响了属于农业和食品工业部门36%的机构。对能源与中间产品部门的数字是49%，对家居用品为43%，对消费品为56%，对公共建筑与公共工程部门为27%。服务部门受这种做法的影响较少，它开始向工业服务发展（零售业与交通运输部门为20%，商业服务为17%，但医疗保健部门只为9%，银行与保险业为3%），它受其他革新的影响较多，如质量小组（银行与保险业为41%）、多学科小组（市场服 255
务部门的机构为42%，医疗保健部门为49%），或者废除等级制中的一级（银行与保险业为30%）。见库特罗，“生产组织的新模式”。

15. 出处同上，第211页。

16. 那些批评组织工作转变相对缓慢（几乎花了二十年才达到目前阶段）的人们应当看到，这没有什么特别的，我们可以对比一下泰勒制实施的步伐（见吉尔·马尔热里埃，“危机与工作的新组织”，《劳动与就业》第22期，1984年12月，第33—44页）。组织革新需要时间来确立，我们看到，根据第三种资本主义精神的认知所预想的，教育中确立了习惯和态度的深刻转型，其甚至被认为：它们的扩散意味着工作世代的倒转。因此，40岁以下的人的作用显得非常重要，它们是新行为和新价值观的旗手，这是弗雷德里克·科宁克的研究（“后泰勒制的演变和新的社会分裂”）所表明的。

17. 国家统计与经济研究所，《法国统计年鉴》，国家统计与经济研究所出版，巴黎，1998年（CD-ROM版）。1998年，几乎一半的公司都搞分包。1998年搞分包最多的分别是交通与旅游部门的从属单位（营业额的41%）、飞机建造（28%）、建筑与土木工程（15%）、有色金属加工工业（14%）、公路运输（13%）：伊夫·布尔尼克与尚塔尔·德·巴里，“发包与分包”，《企业》特刊“法国的企业”，第2518期，1992年，第224—225页。

18. 1995年的“产业调查”使用了八个类别，头四个的特点为“产业合伙”或“扩大分包”：订制工作，按规格生产，供应设计与生产，供应设计，特许生产，在销售商品牌下按需求生产，自主生产，供应服务。

19. 见米歇尔·汉农，“一项调查的描述”，国家统计与经济研究所，《方法》，第67—68期，“企业网络：单一的集体”，1996年11月20日，第155—160页。

20. 见科莱特·儒尔丹，“临时工——取得就业的一条途径”，《1999年社会数据》，国家统计与经济研究所，巴黎，1999年，第169—176页。

21. 见让—吕克·布里库，“服务的上升”，《企业》特刊“法国的企业”第2518期，第38—41页；米歇尔·拉克鲁瓦，“对企业的服务”，出处同上，第56—58页。

22. 见阿兰·什尼，“工人阶级在危机中”，《1993年社会数据》，巴黎，1993年，第473—485页。

23. 见菲利普·特罗甘，“保洁与安全”，《企业》，第2518期，1992年，第240—241页。

24. 见拉克鲁瓦，“对企业的服务”。

25. 见奥利维埃·马尔尚，“回顾90年代的雇佣人口、就业与失业”，《1999年社会数据》，国家统计与经济研究所，巴黎，1999年，第100—116页。

26. 见菲利普·波米埃，“企业世界”，《企业》，第2518期，1992年，第12—13页。

27. 见帕特里克·克罗尼埃，“企业集团的采购经理人指数”，《企业》，第2518期，1992年，第22—23页。

28. 见埃里克·韦尔热与尼科尔·夏巴纳斯，“十五年内企业集团数量的大增”，国家统计与经济研究所，《创始》，第533期，1997年11月。

29. 企业集团数量的增长无疑主要由于少于500名工薪收入者的“微型集团”的增长，它从1980年的1966个上升到1995年的5279个；“小型集团”（500名至2000名工薪收入者）从383个上升到1027个；“中型集团”（2000人至1万人）只从233个增加到292个；而1万人以上的大型集
256 团则从73个增加到84个。另一方面，尽管这个现实扭曲了生产结构的感觉，例如，二十年前是150人的单一公司，今天则是不到150人的一组4家公司。这可能好像小公司的就业份额真增加了，但是这并不完全肯定。而且，大公司的数量本身也增加了。因此，集中化在今天并没有降低（见

韦尔热与夏巴纳斯,“十五年内企业集团数量的大增”)。

30. 见米歇尔·阿马尔与让—吕克·布里库,“金融集中”,《企业》特刊“法国的企业”,第2518期,1992年,第70—71页。

31. 见樊尚·托戎—波默若尔,“企业集团的架构”,出处同上,第18—19页。

32. 反之,企业集团在汽车、能源或金融业部门则占主导。在对公司服务部门,集团的份额大约占增加价值的三分之二,如同在除能源以外的工业中(韦尔热与夏巴纳斯,“十五年内企业集团数量的大增”)。

33. 见阿马尔与布里库,“金融集中”。

34. 1990年底,巨型超级市场和超级市场一起占食品市场的52%,而1980年为31%,1970年为13%。它们在“个人用品”市场上的份额在1980年至1990年间从18%上升到26%;“家庭用品”市场份额从23%上升到31%;“卫生—文化—休闲—体育”市场份额从9%上升到14%。在20世纪80年代,专门经营食品以外商品的巨型超级市场也发展了(家具、DIY商品、服装、体育)。最后,巨型超级市场在汽车燃料市场上取得重要份额(1990年为三分之一以上),加速了独立加油站的关闭(见弗朗西斯·阿尔芒,“小商业与大商业”,《企业》,第2518期,1992年,第61—62页)。

35. 自从70年代末以来,国家统计与经济研究所每年都汇编资本的所有权联系,这使得在今天有可能观察公司集团的发展。同样地,从70年代中期以来,工业部的工业统计局设法查明工业分包的数量,正如我们看到的,这还不考虑所有的分包,直到1995年才建立“工业联系”调查。但是,对其他形式网络组织的观察是非常困难的,因为那些网络组织的形式既不采取严格意义上的分包,也不具有重大的财务联系。第一个问题是要找出一个进入点,以便解开那张网;反之,如果那网络很复杂,重要的就是要知道在哪里打住,从而定出该网络的特性,并在该公司集团的基础上进行计算,而不是把那些公司视为独立机构(营业额、员工、增加值等)。参见本杰明·卡米,“措施的开始”,国家统计与经济研究所,《方法》,第67—68期,“企业的网络:单一的集体”,1996年11月20日,第139—141页。额外的困难是,由于网络的头头虽然都参与同样的市场,但却属于很不同的部门,这就难以产生明确的统计情况。因此,如专门的服装业,网络头头们属于服务(广告、培训),或者属于产业(比如当它负责很大比重的服装制作),或者属于批发业,或者属于零售业。此外,有特点的会计流程(向批发组织预订、专卖权)并不脱离传统搜集的会计信息。参见马里冯内·勒马里埃,“网络标记:以服装产品销售为例”,国家统计与经济研究所,《方法》,第67—68期,1996年11月20日,第161—172页。

36. 出处同上。

37. 见热罗姆·菲利普,“服装的网络商务:销售与生产的交织逻辑”,《经济与统计》,第314期,1998年。

38. 见布里吉特·贝洛克与克里斯蒂娜·拉加勒内,“临时性就业与辅助性就业”,《1996年社会数据》,国家统计与经济研究所,巴黎,1996年,第124—130页。

39. “法国经济统计的基本工具——《商业名录》数据与《企业年鉴》——把它们观察单位的公司作为法律单位。公司集团化不受系统观察,但257 集团则明显地例外……情况在于,大多数公司网络的统计很透明。……为了克服这一差距,要解决的问题很清楚:要考虑的公司间联系极其多样。无数的非正式合作联系,诸如那些围绕研究与服务交流的活动就难以查明,而且更难以分类与评估。此外,超越法国本土领域的网络为数不少,因此,只靠观察本国疆界内的调研单位,是无法准确地评估公司战略的。”(国家统计与经济研究所,《法国经济:1998—1999》,袖珍本,巴黎,1998年)这些问题在监测国际公司活动的国际统计中再次遇到。各国直接对外投资的数字或多或少可以知道,但这些只能考虑从国内实际流出的资本,而不是在当地的利润再投资,或者进入国际金融市场或外国银行系统。一项估计表明:1990年,美国直接对外投资中大约有44%是母公司向国外子公司的资本外流;其中,31%是这些公司的利润再投资,25%是子公司在当地的就地融资。因此,直接对外投资就被很大地低估了。此外,专家们所谓的“新投资形式”并不是参与型联系,而是一种“网络”型联系(许可证赠予、技术援助、特许专卖、国际分包、产业合作,等等),不受任何评估,这又会低估全球化公司的力量(伍拉迪米尔·安德列夫,《全球跨国公司》,发现出版社,巴黎,1995年,第8—9页)。

40. 分别见居伊·卡雷,“就业无保障和劳工市场的管理”,第戎经济学系《政治经济学通讯》,1981 年 9 月 24—25 日；国家统计与经济研究所,《法国统计年鉴》，国家统计与经济研究所，巴黎,1998 年(CD-ROM 版)。

41. 见儒尔丹,“临时工——取得就业的一条途径”。

42. 见阿卡因等,“劳工境况二十年的演变”。

43. 见贝洛克与拉加伦内,“临时性就业与辅助性就业”。

44. 见多米尼克·古与埃里克·莫兰,“流动性更高，但长期失业并未减少”,《1993 年社会数据》，国家统计与经济研究所，巴黎,1993 年,第 170—175 页。

45. 然而,这些合同形式的大量新雇员希望工作更多。在做兼职工作不到一年的人中,1995 年有 67%希望更多工作，而在干了一年以上的人们中是 33%，这意味着 67%的案例接受兼职合同是暂时性的，他们希望更好的事。参见索菲·奥德里克与热拉尔·福尔若,“部分临时工的发展”,《1999 年社会数据》,国家统计与经济研究所,巴黎,1999 年,第 177—181页。

46. 见洛朗·比绍尔等,“部分临时工的发展”,《1996 年社会数据》,国家统计与经济研究所,巴黎,1996 年,第 225—233 页。

47. 在公共部门有津贴合同的人们中,74%在 1995 年 3 月处于就业不足的境地(就是说,“他们不自愿地做少于正常时间长度的工作,他们寻找额外工作或者等着这种工作”)。私营部门有津贴合同的人们中 36%也是这种情况,9%是临时工,17%是定期合同的工薪收入者，只有 5%是稳定工作的工薪收入者（贝洛克与拉加勒内,“临时性就业与辅助性就业”,第 130 页)。

48. 比绍尔等,“部分临时工的发展”,第 227—228 页。

49. 资料来源:劳工部,就业与职业构成,“1991 年劳工日程表和劳工境况调查”,《劳工与就业统计材料》,第 98—99 期,1993 年 10 月,第 102 页,表 III.3.1c。

50. 见热拉尔·利翁—康,“资本的可塑性与雇用的新形式”,《社会法》,第 9—10 期,1980 年 9—10 月,第 8—18 页。另见米歇尔·瓦塞,“劳工权利与危机”,《社会法》,第 6 期,1980 年 6 月,第 287—298 页。以公司

258 与雇主意识为基础的劳工法被特别规避了，其办法是通过利用商法的法律技术来重构公司。

51. 见让·德·马亚尔等，“社群工作大增：对就业外部化现象的观察”，《社会法》，第9—10期，1979年9—10月，第322—338页。

52. 见阿梅尔·戈尔热与勒内·马蒂厄，“更公正的录用与生产——法国汽车设备的新工厂”，《“就业研究中心”材料》新集刊，第7期，1995年；“附近的含糊——汽车设备的新机构”，《社会科学研究活动》，1996年，第44—53页。

53. 戈尔热与马蒂厄，“更公正的录用与生产”，第55页。标致—雪铁龙公司与雷诺公司从1990年至1992年相当大量地削减工作（裁减12575人），在1993年和1994年还在继续，虽然速度稍慢。开始时，影响到年岁较大和技术较低的工人（出处同上，第69页）。分包商产生的新工作包罗不同的人，因为部件制造商很谨慎地录用制造公司以前的工人，而喜欢没有工业经验的、教育水平较高的年轻工人，他们更易适应，生产力更强，更不昂贵。

54. 看来制造商的境况并不很困难。雇用的长期合同操作工变得很少了（标致—雪铁龙公司开设赛福诺工厂，雷诺—弗林斯公司建立第三个工作团队），标致公司和雷诺公司继续进行裁员计划，雇用大量临时工：在某些时候和某些工厂，大约是生产工人的30%—40%（戈尔热与马蒂厄，“更公正的录用与生产”，第69页）。

55. 出处同上，第72、74页。

56. 格雷古瓦·菲洛宁科与韦罗尼克·吉埃内，《在行动的十字路口》，德斯科利·德·布罗瓦书局，巴黎，1997年。

[此书名为双关语，意为“剥削的家乐福”，法国大跨国公司“家乐福”（Carrefour）法语意为“十字路口”，作者曾为该公司职工，在书中揭露“家乐福”剥削工人的种种手段。——中译者注]

57. 见克里斯蒂娜·拉加伦内与埃马纽埃尔·马夏尔，“1990年至1994年劳工市场的录用”，《“就业研究中心”通讯》，第9期，1995年5月；以及贝洛克与拉加伦内，“临时性就业与辅助性就业”。

58. 1981年以前，兼职工作被认为是例外，有一套规章限制它（规定受益人、工作长度、报酬、社会合作者的协议)。在 1981 年和 1982 年,大多数限制都已取消。主要是,工时数不设下限,可以直接雇用兼职工。从 1992 年起,甚至采取雇主可以免除社会缴款的政策以鼓励发展兼职工作(见奥德里克与福尔若,“部分临时工的发展”,第 177 页)。

至于工时的调整,直到 1982 年 1 月 16 日的法令,才可以调整集体工作长度。直到 1982 年,公司要改变工作长度,只能靠超时,这受制于工厂监察员的授权,并通过部分失业的方式。从 1982 年起,它们可以进行超时而无需授权,在年度定额之内,在某些情况下,年度框架内的工作周长度有所变化,通过谈判来调整集体工时。这项努力被 1982 年 11 月的奥鲁法所鼓励,它要求各公司有义务举行年度谈判,讨论实际的工作长度与工作组织,要求有工会代表。1993 年 12 月 20 日的持续五年的法律把兼职工作年度化,使临时工成为兼职工作的一种特定模式(布洛赫—伦敦与布瓦斯纳,“临时工的安排与减少”,第 208 页)。今天实施三十五小时制,容许工时减少以换取工作调整,但并不总是能转变成工薪收入者条件的改善,尤其是必要的工作时间不能和家庭生活或休闲活动的时间相匹配。某些工薪收入者,特别是妇女,尤其受工作时间不规则之苦,首先是经常涉及个人安排的严重改变(特别是育儿),往往事前通知时间极短。(出处同上, 259
第 212 页)

59. 阿兰·叙皮奥,“在就业上善用法律”,《社会法》,第 3 期,1997 年 3 月,第 231 页。

60. 安托万·利翁—康与安托万·杰莫德,“法兰西”,利翁—康与杰莫德编,《劳工权利、民主与危机》,南方行动出版社,阿尔勒,1986 年,第 37 页。可是,在 1990 年,这种管理架构再次受到限制,恢复到不公开的理由和限制可能更新委派的数量。

61. 叙皮奥,“在就业上善用法律”,第 231 页。

62. 利翁—康与杰莫德,“法兰西”,第 33 页。

63. 见 A.O. 赫希曼,《反动派的巧辩》,贝尔纳普出版社,坎布里奇(马萨诸塞州),1991 年。

64. 见苏珊·伯格与迈克尔·皮奥里,《工业社会中的二元论和间断性》,剑桥大学出版社,纽约,1980 年。

65. 雅克·马戈,“法律的社群工作大增”,《社会法》,第 12 期,1975 年 12 月,第 525—530 页。

66. 见卡雷,“就业无保障与劳工市场的管理”。

67. 见德·梅拉德等,“社群工作大增”。

68. 见帕特里克·布鲁迪克与让—米歇尔·埃斯皮纳斯,“管理劳工的政策”,《劳工与就业》,1980 年 10 月,第 10—25 页。

69. 戈尔热与马蒂厄,“更公正的录用与生产”。

70. 叙皮奥,“在就业上善用法律”,第 231 页。

71. 出处同上,第 232 页。而且,正是长期合同所具有的多种权利,正是那些对于法国法律所容许的灵活性的缺乏感到愤怒的人的目标。他们特别批评裁员的耗费(要支付补偿金,有责任建立一个 10 人以上的裁员计划,等等)太高昂,以及所实行的行政管控,裁判可以以“缺乏真正的、严重的理由”而修正一项裁员,可以要求恢复原状或支付额外费用。公司现在能找到许多比长期合同更灵活的其他合同,愿意只要有可能就采取较不贵的解决办法,因为临时合同与定期合同预设对工作保障的回报可增加收入,而公司却可以自由行动,对中小公司来说,可以避免在经济困难涉及裁员的情况下突然收紧账目。灵活性合同的激增说明“正常”合同的灵活性较少,它们所具有的权利得到加强而不改变取得较差合同的机会,从而使得公司继续雇工的零工化。

72. 而且,劳工市场低下的流动性是丹尼尔·科恩提出的美国与法国之间差异的原因(《世界之富,各国之贫》,弗拉马里翁出版社,巴黎,1997 年)。他认为,比不熟练劳工的成本影响更加重要的是,美国工人据说更愿意换工作(数量更大,更加经常),公司更容易雇人和裁人,与法国相比较,就是找工作的时间大大缩短。失业时间比法国缩短,可以解释两个失业率的差异。

73. 见克里斯托弗·德儒尔,《法国的痛苦——社会不公的常态化》,瑟尔出版社,巴黎,1998 年。

74. 出处同上,第 114—115 页。

75. 弗朗西斯·金斯伯格相当正确地强调:“‘外包’工作的内容几乎不能等同于以前的组织形式与法定形式。……零工大多数往往是徒工时间被缩短的工作、从事既定的技术及新技术中尚非生产性的工作。它们很少为承担者提供职业进步的前景。他们的工作条件不容许有机会来影响 260 工作内容,来掌握它并达到专业化。"(《企业管理、减少劳动成本并组织发展》,发现出版社,巴黎,1998 年,第 64 页)关于取得新技术,见米歇尔·塞扎尔、F. 迪萨尔与米歇尔·戈拉克,"泰勒到市场——劳动组织与新技术",《"就业研究中心"通讯》,第 26 期,1992 年 12 月。关于取得培训,下列数字可以说明一切:1989 年,51%的技术员与监督员、47%的工程师和干部上培训班,而这样的白领工人为 27%,熟练蓝领工人为 22%。在这方面,不熟练蓝领工人只有十分之一多一点的机会得到继续培训。而且,小公司的工薪收入者与大公司相比是不利的:1989 年,雇用 10 到 50 个工薪收入者的公司的财务利息为人均 1600 法郎, 比雇用 2000 个工薪收入者的公司(人均 6300 法郎)少三倍。而且,它们资助大公司的大部分培训费。事实上,许多小公司未达成最低限度的规定预算,不得不把未使用的经费返还给公共财务部门或者它们所属的行政单位。在这种情况下,经费往往被用于其他更大的公司的培训(让索林,"一种构成,两种速度")。

76. 经济无保障与家庭无保障之间的相关性,在 1993 年"就业、收入与社会凝聚力理事会"关于"无保障及被排除的风险"的报告中被提出来。人们或者推迟成家的时间,或者不想定居下来,或者是失业对人们有极其破坏性的影响,尤其是男性,夫妇在中期内过不下去,即使往往在失业几年以后才发生家庭破裂(塞尔日·波冈编,《法国的无保障及被排除的风险》,法兰西文档,巴黎,1993)。格雷古瓦·菲洛宁科提到有若干个场合的情况很特殊,但他只能明智地辜负了家庭(一次是孩子出生,一次是他家房子瓦斯爆炸),当时他一心要使雇主满意。六天工作周是干部的常规,而晚间装货架的工作是经常的,"正常" 工作周总是增加到 65 至 70 小时之间,在应季时期有时干得多得多,甚至整整 24 小时干活。由于部门头头 80%的工作是在库房里干的,他们的干部地位似乎更与要求长期工作而不要超时费相关。(菲洛宁科与吉埃内,《在行动的十字路口》)

77. 理查德·森尼特,《性格的腐蚀:新资本主义中工作的个人后果》,诺顿出版公司,纽约,1998 年,第 26 页。

78. 见贝洛克与拉加伦内,"临时性就业与辅助性就业"。

79. 同样地，如果一个来自小公司的人要想进入大公司，比来自另一大公司的人要困难得多。1991 年，每 100 个人在当年改换工作，进入有 500 人以上工薪收入者的公司，其中 62 人已经在这样规模的公司工作过。可是大公司的工薪收入者只代表在一年内改换公司者的 22%（古与莫兰，“流动性更高，但长期失业并未减少”）。

80. 这是德儒尔采取的步骤（《法国的痛苦》），他的著作完全专注于寻找一种机制，说明干部虽然具有道德感，却参与了一项卑鄙的社会毁灭，不适当地（我们认为）使此事近似于许多德国人参与灭绝犹太人的事情。为了答复这个问题，他作了三阶段的回应。在此事的最高层，发号施
261 令者都是腐败分子，他们组织了有计划的信息歪曲，使“事情不为人知”。干这“肮脏事”的中层等级被赞扬他们有男子气概所操纵，其证明就是他们会干坏事。最后，牵连最少的人由于蒙蔽而过来了。尽管提供这种心理过程的有趣信息可以在发生裁员时提出来，我们觉得这种解释并不合适，正是因为它想要揭露所有有关的人都是坏心眼，什么都会干。它认为他们都是有意识的，毫不糊涂，他们是在干“坏事”，即使这种意识被压下去。可是，这种预想似乎太简单化和偶然性，远不是确定的（而且并不只是因为该信息被操纵来掩盖制度的卑鄙性）。

81. 拉夫·巴克塔瓦查罗证明，在经济上被裁员的人在寻找新工作时比其他求职者经历更大的困难。1995 年底，裁员后失业的人，其失业长度平均为 505 天，相比于其他人的 361 天。这些数字与 1993 年底相比更形恶化：上述两个数字分别为 420 天和 350 天。在找到新工作的人们中，被裁员者的失业时间长于其他人（“裁员与 90 年代初的有关措施”，《1996 社会数据》，国家统计与经济研究所，巴黎，1996 年，第 150—156 页）。

82. 见弗朗索瓦·埃马—迪韦尔奈与埃马纽埃尔·马夏尔，《录用的方式——在劳工市场上判断才能》，梅泰利埃出版社，巴黎，1996 年；以及克利斯蒂昂·贝西，“录用机构与劳工市场上的中介形式”，贝西与埃马—迪韦尔奈编，《劳工市场上的中介商》，就业探究中心报告，法兰西大学出版社，巴黎，1997 年，第 103—142 页。

83. 让—马利·克莱克，“1970 年与 1971 年的法国社会冲突”，《社会法》，第 1 期，1973 年 1 月，第 19—26 页。

84. 见塞尔日·波冈编,《排除——知悉的状况》,发现出版社,巴黎,1993 年。

85. 如同金斯伯格所观察的(《企业管理》,第 94 页),如果一个人在培训初期就被判断为资格低下, 那么必定会想到不熟练工人总是比非技术工作多。1982 年的人口调查说明,当时有一半以上的工作人口(56%)既无职业培训证书,又无技校证书或相当于中等教育的一般证书。这种“低下资格”显然就是那 56%作为工业中“熟练”蓝领工人的例子。

86. 部件制造商把需要难以加强的体力劳动制造工作分出去, 因为它们不希望保留不熟练和半熟练等级的工作,那往往是沉重的,尤其对老工人(戈尔热与马蒂厄,“更公正的录用与生产”,第 113 页)。事实上,部件制造商根据经验知道工人的年龄,特别是不熟练和半熟练的蓝领工人,知道不能寄希望于每个人的发展。因而最后就有个问题,到时候他们就不再能够像年轻工人那样工作了。所以,最好的办法就是摆脱这些工作,以便摆脱这些劳动力。

87. 情况更是这样。我们以后可以看到,雇主们拒绝设“全工”,以便只支付直接生产性时间,在过去二十年间,工作的定义已经大大改变。

88. 见弗朗索瓦·法韦内克—埃利,“离职的权利与管理”,《社会法》,第 6 期,1992 年 6 月,第 581—589 页。

89. 在上两次调查之间(1982 年与 1990 年),蓝领工作在煤矿业每年减少 11%,在钢铁业和铁矿业每年减少 8%(-5.3 万工作),或者快于农民的减少(农民每年减少偶尔超过 5%)。建筑业减少 12.2 万个蓝领工作,纺
织和服装业减少 10.8 万个工作, 汽车业减少 6.2 万个工作, 机械工程减 262
少 5.5 万个工作(什尼,“危机中的工人阶级”)。

90. 出处同上。

91. 评述情况可见让—路易·穆希利,《跨国公司与全球化》, 苏伊尔出版社,巴黎,1998 年;多米尼克·韦尔康,“全球化与就业:争论的因素”,《“就业研究中心”通讯》,第 24 期,1997 年 11 月;皮埃尔—诺埃尔·吉罗,《世界的不平等——当代的世界经济》,加利玛尔出版社,巴黎,1996 年。

92. 吉罗认为(《世界的不平等》),真正的工作减少高于所有研究指出的。“可是,有很好的理由认为,低工资国家竞争的间接影响——就是

说,它通过工业化国家之间竞争的影响——并非微不足道。为了说明这一点,只要举出国际商业机器公司的个人电脑在欧洲作为美国进口品,在美国只占 24%的增加值,在日本占 46%,在新加坡和韩国占 30%。另一个例子是,法国国家铁路公司向美国航空公司的子公司购买订票软件'苏格拉底',它的注册办公室在休斯敦,事实上主要是由在巴巴多斯和多米尼加共和国的程序团队开发的。它是从低工资国家来的服务进口品,但并不止于此。因此,富国的全球公司价格竞争的加剧(我们看到这是 80 年代的特点),肯定部分也是由于初始新工业化国家重要性的增大。今天,各国之间的竞争并不只是一国对他国的直接出口。全球公司使得各国相互竞争。这些间接影响是很难、事实上也是不可能衡量的。为了考虑这些,伍德把评估直接贸易工作内容所得来的数字乘以四,但是这种评估是非常单薄。"(第 295—296 页)

93. 关于力量对比不平衡的一个好例子是,大多数媒体对最不熟练劳工在法国与某些东方或南方国家之间重新作比较,引起对工资的下降压力及对法国最低工资水平(据说这是失业困难之根源)的不断辩论,而美国已经下降的最低工资却使得工作有很大程度的增加。关于有朝一日法国蓝领工人的工资会决定于曼谷的想法正在增多,而且肯定进一步增加国内工资不平等,这种不平等在大部分西方国家缩小几年之后,在 80 年代重又开始扩大,有时还早得多,例如在美国(皮克蒂,《不平等的经济》)。不言而喻,重新部署的决定并不取决于单一标准——蓝领工人的小时工资水平。这一解释是简单的,容易使人懂得和传播,此外也有利于公司,所以它们不去否认或限制它。

94. 更加真实的是,真正不熟练的工人受更合格工人的竞争,尤其是学生,他们同意做工资不高的兼职工作,而且更愿意合作,因为对他们来说这是零工。这样,雇主就得利于雇用一般更合格的劳动力而无需支付更多工资,还不必担心提高工资,因为学生要继续学习而会自动离职。因此,学生占临时工的 21%(儒尔丹,"临时工——取得就业的一条途径"),在麦当劳这样的服务类公司几乎完全录用这类人口(达米安·卡特隆,"一家麦当劳餐馆的自主与管控",社会科学高级研究院吕克·博尔坦斯基研讨会讨论的论文稿,1998 年)。在后者案例中,都是长期合同,因为大多数

人都是在辞职后离去的；公司付一点解雇费，但省去了一开始作为零工合同而补偿缺乏工作保障的津贴费。 263

95. 清洁工如同厨师——这两类工作都是在显著增加的职业，都是“蓝领工人阶级”工作，主要由于分包而涉及到工业，但他们都分在服务类，因为他们是在供应服务的公司。而且，商店的包装工，饮食业的男女侍者，推销员和出纳员，也都是在很快扩张的职业，都作为白领雇员，即使他们有许多特征与蓝领工人相同。

96. 一些数字表明了这一点。在 1991 年，第三产业部门 23%的蓝领工人服务时间不到一年，而工业蓝领工人的这一数字为 15%（什尼，“危机中的工人阶级”）。第三产业部门中人员周转率高的也是在小公司。在 1991 年，小公司中的人员周转率为 23%，而中型公司为 15%，大公司为 13%（古与莫兰，“流动性更强”）。

97. 金斯伯格，《企业管理》，第 46—48 页。

98. 见多米尼克·古与埃里克·莫兰，“企业、薪水与成人教育”，《经济与统计》，第 306 期，1997 年，第 27—40 页。

99. 戈尔热与马蒂厄，“更公正的录用与生产”，第 57 页。

100. 研究者们引用 1993 年开张的一家新机构有关的录用事例。3200 多封申请信首先按评选标准来看。对蓝领工人来说，这种筛选根据性别（男子）、年龄（35 岁以下）、资格（持有职业培训证书或技校证书）与住址（离工厂 36 公里以下）。不到 50%的申请在这个阶段保留下来。半小时的选前面谈可以进一步删除 20%的人。然后出现一个录用机构进行心理技术测试（三或四个小时），面谈再删除候选人中的 50%。进一步由一位心理学家面谈（蓝领工人为 45 分钟），再删除 50%。设法通过所有三个阶段的人还没有受录用。生产工人被送到一个培训班（部分由全国就业局出资并举办）试用七周后才正式录用。1994 年 4 月，有 36 名长期合同的生产工人，有 17 人在培训。“非生产”人员有 33 人（学士水平 +2，这是秘书、监工和维修人员的最低要求）都得到长期合同（戈尔热与马蒂厄，“更公正的录用与生产”，第 81—82 页）。

101. 然而，我们要注意，高等教育毕业生和年轻干部数量在 20 世纪 70 年代迅速增加，使得世代之间以家庭继承原则为基础的关系模式的长久存在变得复杂起来。其结果是，年轻毕业生与年轻干部适量的迅速增加,使得高职位人员及其申请替换者之间的比例趋于不平衡,从而引起继承问题上的实际斗争。在 1960 年至 1970 年,同样的进程给助理讲师和教授之间预期继承的从属关系造成了不平衡(见皮埃尔·布迪厄、吕克·博尔坦斯基与帕斯卡尔·马尔迪第埃尔,“团队防御”,《社会科学信息》，第 10 卷,第 4 期,1971 年,第 45—86 页)。从这一角度看,公司选择限制其事业前景并更多利用外部劳工市场(相比于公司内部的市场),看来可能是合理的。

102. 例如,《劳动与就业》特刊专注于脱离工作提早退休(格扎维埃·戈里埃与马里冯内·戈格纳隆—尼科莱,“经济危机与社会变化:提早退休(50—65 岁)”,《劳动与就业》,第 15 期,1983 年 1 月 /3 月)。从 1968 年至 1975 年,55 岁以上人口中的工作人口百分比从 31.5%降至 15%。在 55—59 岁的男子中,工作人口从 82.5%降至 68.9%(安娜—玛丽·吉耶马,“企业对老龄劳动力薪给的态度与意见”,《就业与老龄化》，法兰西文档,巴
264 黎,1994 年,第 57—70 页)。受到提早退休机制的鼓励,55 岁以上人中的不雇用率从 1975 年起在所有经合组织国家中(除了日本)都上升了,而在法国增加最为显著(从 1975 年的 31%增加到 1993 年的 58.5%)。这些机制很受欢迎,特别是干部,其中随资历(在这类人中很普遍)增加的规定被一项心照不宣的规定所取代，贬低了老年人的工作及其工资的价值,因此,50 岁以上资格很高的人在失业一段时间后重新找到工作的，有 49%的人的工资下降了，而资格很浅的人中却只有 19%(罗伯特·卡斯特尔、让—保罗·菲托西、雅克·弗雷西内,《失业:法国的案例》,法兰西文档,巴黎,1997 年)。

103. 见米歇尔·戈拉克,《被迫的行进？对劳工变化的研究》,法国第八大学,1998 年;克里斯蒂昂·博德洛与戈拉克,“三十几岁的薪水:年龄问题还是世代问题”,《经济与统计》,第 304—305 期,1997 年 4 月。

“平均而言，1993 年，在 50 名以上工薪收入者的机构中，七个职业中有一个是由 25 岁以下的年轻人担任的，但是在两个新来者中有一个，在三个离去者中有一个以上。”(奥利维埃·马尔尚与莉莲·萨尔兹伯格，“法国的年龄管理,对未来的一种障碍？”,《1996 年社会数据》,国家统计

与经济研究所，巴黎，1996年，第165—173页）在这方面特别惊人的是，在20世纪70年代之交，很大数量的年轻人被谴责为——如我们在第三章中所见——故意不做公司工作，拖延过稳定的成人生活，以及干临时工或者领失业津贴来抢夺福利国家机制的情况，已经不知不觉地过渡到当前的情况。现在，同样年龄段的成员都狂热地希望工作（现在工作很少，难以找到）——任何工作——而且被吸引（特别是国家的工作鼓励机制）来接受培训或小工作，不管提供给他们干什么。青年人（尤其是大众阶级的年轻人）被描绘成希望过享乐主义生活（弗朗索瓦·迪巴，《青年生存之舟》，法亚尔出版社，巴黎，1987年），而不是在家庭社会化架构中被灌输了工作品德；现在则被描绘成被迫不活跃的青年，以及拼命寻求任何可能工作的青年。

104. 德·科宁克，“后泰勒制的演变及新的社会裂痕”。

105. 见奥迪尔·梅克林，“就业的转型及法国工人取代移民工人：汽车业的案例”，《劳动社会学》，第1期，1986年，第58—74页。

106. 1973年至1979年间，汽车工业中移民的就业人数下降了2.7万，而法国人上升了4万。比过去更为加剧的是，移民工人干的是外围的、不稳定的且常常是危险的工作（波冈，《排除》）。特别突出的取代事例是70年代下半期移民垃圾收集工被本国垃圾收集工所替代。因此，例如里昂地区的一家垃圾收集公司，那里的垃圾收集工95%是北非人（司机是法国人），在70年代下半期一次罢工以后，130名移民工人被裁员，并着手重组该机构，在将来只招收法国年轻人（较少不舒服的工作，可能从垃圾收集工提升为司机）。参见安娜·梅耶尔，“就业的质量重估与法国青年工人取代移民工人——关于一个垃圾收集企业的案例”，《劳动与就业》，第17期，1983年7月/9月，第41—47页。在70年代初，也是特别为了不要寻求移民劳工，沃尔沃汽车公司试行一项任务重组，设立了乌代瓦拉试验工厂，把它作为许多机构推广丰田工作法的模式（马尔杰里埃，“危机与劳动新组织”）。

107. 阿尼克·埃夏尔杜与埃里克·莫兰，“外国劳工”，《1993年社会数据》，国家统计与经济研究所，巴黎，1993年，第506页。在最近两次普查（1982年和1990年）之间，总就业上升3%；但外国人失去了4万个工作

(-3%),他们还有10万以上的失业(上升48%,而总人口中的失业率为
265 36%)。然而,外国人在工作人口中的比例并未改变。如果可以观察1974年以来总的录用放慢情况,这首先就涉及家庭重圆问题,外国人必须带家人,因为害怕一旦离国就回不去,以及要求避难。“没有工作的几率对一个北非人来说,几乎两倍于同年龄、同学历、同资格、工作在同一部门的葡萄牙人(或法国人)。而北非移民的时期早于葡萄牙人,与法语的联系更紧。”(出处同上,第505—511页)

108. 奥利维埃·马尔尚,“90年代期间的雇佣人口、就业与失业”,《1999年社会数据》,国家统计与经济研究所,巴黎,1999年,第100—116页。

109. 在总工作人口中,1998年3月的男子失业率为10.2%,妇女为13.8%;这一差别部分相关于一般较少技术的职业。衡量妇女失业率的困难由于不同原因。(当就业市场太困难时,有些人宁可退出,而且更由于在某些情况下允许年轻母亲留在家里而可以得到每月津贴的措施。)但是,也可以认为比男子失业率大致高出50%。参见达尼埃尔·泰曼,“失业面前的不平等”,《选择经济学》特刊,第21期,1994年7月;路易·莫兰,“妇女劳动力”,《选择经济学》,第127期,1995年5月;以及马尔尚,“雇佣人口”。

110. 无数著作也表明,在经济裁员案例中,最先受影响的人都有医学或心理障碍,例如,因夜工或工时多变而失眠。参见多米尼克·默尔斯与帕斯卡尔·夏庞蒂埃,“不合常情的时间表对工薪收入者日常生活的后果”,《劳动与就业》,第32期,1987年6月,第47—56页;多米尼克·德索尔、让·施拉姆与塞尔日·沃尔考夫,“挑选或排除的‘情景’障碍:一项对辞退的前工作条件的研究”,《劳动与就业》,第2期,1991年,第31—47页;纳塔利·弗里格等,“损害健康与受职业排除:86名长期失业妇女的调查”,《劳动与就业》,第56期,1993年,第34—44页。

111. 波冈,《法国的就业无保障与受排除风险》。

112. 见戈尔热与马蒂厄,“更公正的录用与生产”。

113. 德儒尔,《法国的痛苦》。他特别谈到在社会保险方面正在实行的一项活动,旨在排除年龄在35至40岁之间的妇女,“她们记得过去实行社会援助的做法”,她们“大规模抵制来自经理人员的节约压力,要她

们欺骗那些已经为自己应得的福利与服务付出了贡献的人们”(出处同上,第 79 页)。

114. 戈拉克在《被迫的行进?》中摘引的 F.莫泰的著作说明,现行的新形式组织大大依靠教育社会化过程中获得的技术,因为新结构不但更有“交往性”,而且更加定型化,书面交往增加最多。这些因素无疑更大地排斥移民,大约三分之一移民被认为法语掌握很差(埃夏尔杜与毛林,“外国劳工”)。

115. 戈尔热与马蒂厄,“更公正的录用与生产”,第 81 页。

116. 出处同上,第 54 页。

117. 见克里斯蒂昂·贝西,“挑选辞退的职工:一种管制经济”,《劳动与就业》,第 58 期,1994 年,第 38—54 页。

118. 帕斯卡尔·普莱,“延长教育及把青年人结合进来:一项微妙的关联”,《经济与统计》,第 300 期,1996 年,第 71—82 页。

119. 古与莫兰开始于一个称为“就业调查”的试样性团体(1990—1994)及专业资格调查,提出了证书的影响问题:“无证书教育年限(没有证书来标明完成学业)不涉及同一工薪收入者的有证书年限。相反,重读 266
一年的毕业生与那些没有经历教育困难的毕业生都做类似的工作。”(“教育、经验与工资:最近的趋势与长期演变”,《研究文件》,第 4 期,法国研究与统计局,巴黎,1994 年,第 17—18 页)

120. 见达尼埃尔·林哈特与马尔加雷·马鲁阿尼,“工人就业的无保障与不稳定”,《劳动与就业》,第 11 期,1982 年 1 月 /3 月,第 27—36 页。

121. 见托马斯·佩里鲁,《试验性劳动,一个工业企业的生产办法与受苦形式》,社会科学高级研究院论文,巴黎,1997 年。

122. 戈尔热与马蒂厄,“更公正的录用与生产”,第 81 81 页。

123. 虽然认为“犯罪统计必须谨慎对待”,只是因为并非所有时间都报道,而且她们同时衡量犯罪的变化,以及负责制约犯罪的法制力量活动的变化,署名为路易·迪恩的作者认为:不可否认,从 70 年代以来,对财产的侵犯有显著增加(《法国社会趋向,1975—1995》,法兰西大学出版社,巴黎,1998 年,第 358 页)。自从第二次世界大战以来,人身侵犯依旧。偷盗大为上升,如侵入建筑等等,案例包括支票,还有一般的“小罪”。偷盗从

1951 年的不到 20 万起上升到 1985 年的 230 万起;1984 年记录了 23.5 万起侵犯公共或私人财产的案件。但是,最显著的犯罪增加是与毒品有关的:记录的事件从 1968 年的几百起上升到 1987 年的 4.95 万起。克洛德·希亚拉蒙蒂解释这一增加是“未结合进消费社会”的迹象,或者,按照他的评论,这是接受消费社会和资本主义世界价值观及不可能用合法手段得到足够收入来享用消费之间的紧张关系。监狱人数自 1975 年以来持续增加,平均人数从当时的 2.7 万人增加到 1987 年的 4.65 万人(希亚拉蒙蒂,《1990 年社会数据》,国家统计与经济研究所,巴黎,1990 年,第 434—437 页),然后增加到 1997 年 1 月 1 日的 54269 人(奥迪尔·坦巴特,“司法机构衡量的犯罪”,《1999 年社会数据》,国家统计与经济研究所,第 373—377 页)。

124. 有关多少工人行使某些权利(特别是工人代表权与工会活动),或者享受某些保证的法律规则,取决于公司雇用特定数量的工薪收入者。

125. 见 L.范·埃克乌尔特在 1999 年 3 月 2 日《世界报》上发表的文章:“在阿尔萨斯,雇主‘粗暴对待’劳工法中的紧急援助”。

126. 见多米尼克·西科特,“工人检查员的百年苦役”,《选择经济学》,第 104 期,1993 年 2 月。

127. 公共部门也在恶化。我们在分析中省略了公共部门,因为它并不直接形成“资本主义”的一部分;但是它的发展不能脱离私营部门。缺乏资源,变换工作(警察与医疗服务非得如此),社会工作者、医疗人员、教师、法制代表等都直接经历了社会状况恶化,由此促成公共工作的困难大增——认为这些工作者具有职业保障的看法,无疑不恰当地模糊了这一现象。但是还忘记了公共部门是“津贴性小工作”的重要提供者——肯定是帮助无业者的一种方式,但也是廉价填补公共服务的一种方法。公共部门与资本主义部门状况之间的相互影响,以及对公共部门困难问题原因的调查,值得写专书研讨,我们只简要突出几个方面。

128. 见米歇尔·塞扎尔、F. 迪赛尔与米歇尔·戈拉克,“工人的境况、组织与新技术”,《工人的统计材料与就业》,研究与统计局,第 90—91—
267 92 期,1993 年,第 10 页;阿奎因等,“工人境况二十年的演变”。

129. 在中间产品工业中,48%的临时工称他们呼吸进烟尘,41%称他们呼吸进毒素，而这一工业中工薪收入者总的上述两种比例为36%与32%(塞扎尔、迪赛尔与戈拉克,“工人的境况、组织与新技术”,第90页)。另见金斯伯格举的例子(《企业管理》)。

130. 斯皮罗·西米蒂,“劳工法有没有未来?”,《社会法》,第7—8期,1997年7月/8月,第660页。

131. 利翁—康与杰莫德,“法兰西”,第38页。另见阿兰·叙皮奥(《对劳工法的批判》,法兰西大学出版社,巴黎,1994年,自173页起)关于施与性集体协议的发展。甚至存在一种雇主计划,由诸如“企业与进步”或ETHIC等协会提出,作为一项“集体的公司合同”,就很大数量的主题(除了属于严格公共事务的“硬骨头”以外)进行立法,其可行性在于它由两方负责代表签署——一方是资方代表,另一方是工薪收入者选出的代表(不一定属于工会)。如双方同意,它容许背离立法的、管控的和部门协议的条款。“鉴于工会力量在大多数法国公司很软弱，这种计划一旦出现,就相当于雇主的自我管控。”(出处同上,第175页)

132. 我们并不是在这里声称所有的生产率增长都是靠加大对劳动力剥削来取得的,肯定不是这种情况。另一方面,许多工薪收入者受制于更紧张的工作,而工资有时却在下降,这是必须突出的一个现实。

133. 卡特隆,“一家麦当劳餐馆的自主与管控”。

134. 形成的部分默认协议是，工薪收入者必须至少多工作一小时,因为那个负责人的习惯是在超时第二小时开始的时候才问工薪收入者是否能多工作些时间。希望多挣些钱,大多数工薪收入者都倾向于延长工作时间。

135. 戈尔热与马蒂厄,“更公正的录用与生产”,第55页。

136. 阿兰·叙皮奥,“在就业上善用法律”,《社会法》，第3期,1997年3月,第229—242页。

137. 会计的最新进展是从1989年以后广泛发展的“经营活动会计”,它特别要改善对职工管理部门的监督。因为这些部门号称是无法控制的,它设法使业绩指标连接到进行的服务,并结合根据达到的业绩水平所要求的资源量显示的“成本指标”(托马斯·约翰逊与罗伯特·卡普兰,《失去关联:管理会计的兴衰》,约翰·威利父子出版社,纽约,1987年;约翰·香克与维杰·格温达拉扬,《对成本的战略管理》,组织出版社,巴黎,1995 年; 以及菲利普·洛里诺,《业绩的情况与说明——关于驾驭企业的论文》,组织出版社,巴黎,1995 年)。把公司分拆成一组小公司,同样可以规定分送账目的小区域,使得巨大压力可以忍受。因此,对行政监督的研究,对加强监督与评价至今未受管控的活动方面,并非无足轻重(韦罗尼克·马尔雷,“对功能单位业绩评价的方法”,《法国和谐评论》,第 259 期,1994 年 9 月, 第 44—53 页;“对复杂形势的评估: 掌握进程”,L. 考林斯编,《管控的问题》,法兰西大学出版社,巴黎,1999 年,第 149—172 页;夏娃·希亚佩洛,“艺术、创新与管理:当艺术工作质问管控”,考林斯编,《管控的问题》,第 194—218 页)。

138. 当要进行的任务似乎不需要一名全日制工薪收入者,或者有很大的时间变化时,成本中心的负责人就会找临时工,或者去雇用定期合
268 同工。

139. 见卡雷,“就业无保障与劳动市场的管理”。

140. 见热拉尔·利翁—康,“资本的可塑性与就业的新形式”,《社会法》,第 9—10 期,1980 年 9 月 /10 月,第 8—18 页。

141. 见清水浩一,“在丰田汽车公司与丰田九州汽车公司的劳动改善与管理:丰田途径的一个问题”,《GERPISA 议程》(GERPISA 是法国许多不同学科学者研究汽车工业的一个网站——中译者注),第 13 期,1995 年 3 月,第 14—42 页。该机制近四十年运作良好,直到出现一项“工作危机”,使得公司把生产单位的工作人性化。(出处同上,第 31 页)

142. 见瓦莱里·阿奎因、珍妮弗·比埃与莉迪·万克,“工人组织两年中的演变:对工薪收入者更多的制约,但也有更多的自主”,《第一综合》,第 54 期,1994 年 6 月 16 日,法国研究与统计局。

143. 塞扎尔、迪赛尔与戈拉克,“工人的境况、组织与新技术”。

144. 出处同上。显然,干部并不受制于机器所具有的节奏制约,或束缚于产品或部件的自动置换, 只是最低程度地受上级经常监督的管束(1993 年为 11%,但是在增加)。但是,在 1984 年至 1993 年间,由于受制于定额或紧迫截止期的压力则从 8%上升到 28%, 由于顾客或公众需求的压力从 51%上升到 66%(阿奎因、比埃与万克,“工人组织两年中的演

变”)。

145. 资料来源:劳工部,就业与职业形成,“1991 年劳工日程表”。

146. 戈拉克,《被迫的行进》,第 62 页。

147. 见克里斯蒂昂·贝格伦,“精益生产: 历史的终了? ”,《GERPISA 议程》,第 6 期,1993 年 2 月,第 15—36 页。

148. 伊夫·克洛、让—伊夫·罗歇与伊夫·施瓦茨,《变化无常的河流:从生活者的角度看技术变化》,基体出版社,1992 年,第 59 页。

149. 弗朗索瓦·埃马—迪韦尔奈,“劳工市场: 一种多元体制主义观”,政治经济学研讨会通讯,《论坛》,巴黎第十大学,法国楠泰尔,1998 年,第 16 页。

150. 见米歇尔·塞扎尔、F.迪赛尔、米歇尔·戈拉克,“泰勒制到市场:工作组织与信息学”,《“就业研究中心”通讯》,第 26 期,1992 年 12 月。

151. 见米歇尔·戈拉克与塞尔日·沃尔科夫,“更快、更高、更强,劳动的紧张化”,《社会科学研究文件》,第 114 期,1996 年 9 月,第 54—67 页。

152. 菲洛宁科与吉埃内,《在行动的十字路口》,第 26—28 页。

153. 佩里鲁,《试用工》,第 268 页。

154. 见弗兰西斯·金斯伯格,“玛丽—泰雷兹: 业绩与 Lectra 软件”,《劳工》,第 10 期,1985 年 11 月,第 33—39 页。

155. 戈尔热与马蒂厄,“更公正的录用与生产”,第 99 页。

156. 见马尔吉里埃,“危机与劳动的新组织”。

157. 可是,清水浩一(“在丰田汽车公司与丰田九州汽车公司的劳动改善与管理”)说明,丰田公司的董事中并没有人预计工人质量小组提出的想法会产生很重大的生产率改善(因为工程师办公室有更大的机会来行动和控制更多的变数,他们主要发明最有利可图的机制)。另一方面,工人质量小组的作用是可以保持工薪收入者一定程度的工作满足感,使他们有解决问题和改善他们工作场所的满足感。他们也可以减少与一个体系的临界距离,在这个体系的服务中必定也包罗他们自己在内。

158. 集体协议内包罗的保证最低工资的分类网格,按等级制中的技术来区分,并不考虑人们的真正技术,而只考虑不同工作岗位所要求的技
术。所以,公司没有责任向超过某一特定岗位资格的人支付更多工资(米 269

歇尔·博内谢尔,《工人的权利》,发现出版社,巴黎,1997 年,第 67 页)。我们已经引述了学生就业的案例。但是,学生并不只同那些资格不如他们的人竞争,他们一旦毕业后就同他们自己直接竞争。鉴于青年人在学习末了面临结合进工作的种种困难,教育中心为了在中期帮助他们,因此设法增多培训课程及未来毕业生在学习期间的职业经验时间。因此,例如商业学校往往对快要离校的学生都延长培训期达一年,“年轻录用者”的岗位,如销售产品助理经理越来越多地由正在学习过程中的学生来担任, 付给他们较低工资,而且对他们的社会费用减少。

159. 工作条件个人化的发展,伴随着工作合同、工时和工作时间管理的多样化(林哈特与马鲁阿尼,“工人就业的无保障与不稳定”)。

160. 罗伯特·布瓦耶,“泰勒制引进法国启发了最新的研究”,《劳动与就业》,第 18 期,1983 年 10 月 /12 月,第 17—41 页;多米尼克·厄斯塔什,“工资个人化与灵活性——化学公司的案例与 80 年代初工人与他们的生产”,《劳动与就业》,第 29 期,1986 年 9 月,第 17—35 页。

161. 而且,根据一部分工薪收入者的要求,这一事态的发展得以出现:在统一活动日益增加的公司里,70%以上的人希望建立更加个人化的报酬;在年轻的、做监管工作的、做管理工作的员工中,超过 80%(托马斯·库特罗与西尔维·马比尔,“激励性工资政策的发展”,《1993 年社会数据》,国家统计与经济研究所,巴黎,1993 年,第 218—224 页)。我们在第三章看到,这伴随着公正概念的深刻变化,从社会职业类别之间公平分配利益的公正概念(“社会公正”),过渡到以个人业绩为中心的公平报酬的公正概念。

162. 见库特罗与马比尔,“激励性工资政策的发展”。

163. 奥利维埃·巴拉、托马斯·库特罗与西尔维·马比尔,“法国的工资谈判:90 年代初的有限能力”,《1996 年社会数据》, 国家统计与经济研究所,巴黎,1996 年,第 207 页。

164. 经济盈利能力衡量使用资本的收益 (总剩余剥削 / 固定资产 + 周转资金需求)在 1979 年到 1988 年间大大增加,从 9%上升到 18.3%。至于财务盈利能力(当前纳税前利润 / 股权资本),同期上升 6%(让—吕克·布里库与 M.迪奇,“一项有利的健康检查”,《企业》特刊“法国的企业”,第

2518期,1992年,第172—174页)。

165. 我们已经提到80年代期间增加值分配有利于公司的发展。这在90年代大体保持在同一水平。也应当指出,工薪收入者的购买力没有改变:“设想工作岗位没有改变(以不变的资格结构),净工资的购买力在1951年至1967年间年增4.2%,在1967年至1978年间年增3%。自1978年起稍稍下降。一定岗位净工资购买力的下降,从1978年到1994年限制在每年0.1%,从1994年到1996年上升为每年0.8%(阿德里安·弗里兹,“1950年以来的工资”,《1999年社会数据》,国家统计与经济研究所,巴黎,1999年,第156页)。有些问题肯定以社会保障缴款的上升来解决,因此是由于工薪收入者之间再分配的增加。但是,这一增加也有关过去由公司承担的各种费用转移到社会团体的结果。因此,资助全国工商业就业联盟(失业保险的机构)的经费除极少例外,经常得到增加。从工资总额的 270
0.25%,缴款率上升到1979年的3.6%,1982年的4.8%,1993年8月达到8.4%。而且,这一缴款在公司与工薪收入者之间的分担,变化为不利于后者。开始时,雇主承担费用的80%;今天,该数字在62%左右(资料来源:《选择经济学》,1994年5月)。

166. 见卡尔·波拉尼,《我们时代的起源:大转型》,维克多·高兰兹出版社,伦敦,1945年;叙皮奥,“在就业上善用法律”。

167. 虽然听农夫说,可能感到这是很对的。与人的劳动一起,土地形成一部分天赋物品,它们由理论上以供求关系确定的市场价格为自身定值,而且可以定在低于再生产费用的水平。见波拉尼(《我们时代的起源》)关于土地、劳动与金钱的想象商品的论述。

168. 见叙皮奥,“在就业上善用法律”。看来,这种机制今天正在被就业部所研究。

169. 出处同上,第236页。

170.演艺界失业保险的例子可以很好地说明,如果遵循同样的途径,这个总体制度会变成什么。根据有关机制,艺术家(他们工作不规则,所以属于零工类别)必须在一定时间内盖到若干印章,失业保险才能得到。开始时是平衡的,现在已有了赤字而由整个体制来资助。特别要说明的是,雇主指望这方面的收入来源而设法安排若干盖章,并使费用总额能保证艺术家一定的生活水平而雇主只支付最少限度。这一机制的初始目的是，向历史上作为创作零工的演艺界人员提供保障，现在却同样广泛地服务于津贴雇用单位了。皮埃尔—让·邦浩兹的《处于艺术与金钱之间的电影》（阿尔马丹出版社，巴黎，1989 年）谈到了津贴电影生产的影响。关于该计划平衡的整体机制与发展，见皮埃尔—米歇尔·芒厄，“艺术劳动市场和风险的社会化，演艺业的案例”，《法国社会学评论》，第 32 卷，1991 年，第 61—74 页；“间歇性的艺术家、工作的灵活性与演艺业的职业风险”，《劳动与就业》，第 60 期，1995 年，第 4—22 页；以及“间歇性的演出、就业增长与失业补助”，《国家统计与经济研究所初始调查》，第 510 期，1997 年 2 月。

171. “全国就业基金”的协议是在政府与雇主之间签署的。地区或行业的就业形势一定有严重不平衡，才使得老工人不可能重新部署。协议针对 57 岁以上的人，他们在退休时在最高限额部分得到工资的 65%，其余部分得到工资的 50%。公司的缴款在 6%至 18%之间。5.6 万这一数字来自克里斯蒂昂·阿布罗西莫夫与迪迪埃·热罗，“在经济增长与公共行动中 1990 年至 1994 年的就业政策”，《1996 年社会数据》，国家统计与经济研究所，巴黎，1996 年，第 131—137 页。

172. 见弗朗索瓦·盖鲁，“需要恢复裁员的授权？”，《选择经济学》，第 140 期，1996 年 9 月。

173. 见诺贝尔·奥尔克布拉特、皮埃尔·马里奥尼与布里吉特·罗盖，“1973 年以来的就业政策”，《1999 年社会数据》，国家统计与经济研究所，巴黎，1999 年，第 108—116 页。

174. 如果我们把就业政策计划指标的 1180 亿加上失业福利与公共就业服务机构（国家就业署等）的活动，那么将达到 3430 亿法郎（出处同上）。失业救助缴款在理论上是由社会合作方支付，但实际上，鉴于全国工商业就业联盟积累的赤字，政府有责任承担部分经费开支。因此，在 1984 年，对一些无业者的责任就转移给国家和国家预算。此外，在若干场合，用馈赠和低息贷款来拯救这个制度（例如，1993 年初为 48 亿法郎）
271 （资料来源：《选择经济学》，1994 年 5 月）。

175. 见塞德里克·阿夫萨与塞尔玛·阿米拉，“最低收入：一项改变的措施”,《1999 年社会数据》, 国家统计与经济研究所, 巴黎,1999 年,第 406—412 页。

176. 这一机制最初保留给三个或更多孩子的父母,现已扩展到两个孩子的家庭。在起草法律期间,计划这一扩展的额外开支 1994 年为 68 亿法郎。为了这一措施的成功, 必须追加 25 亿法郎。“父母家教补助”在 1997 年 6 月设计大约 50 万人左右(出处同上)。

177. 见热拉尔·阿布拉默维奇,“社会保护”,《1999 年社会数据》,国家统计与经济研究所,巴黎,1999 年。第 390—397 页。

178. 见奥尔克布拉特、马里奥尼、罗盖,“1973 年以来的就业政策”。

179. 克里斯蒂娜·夏尔佩尔等,“对就业政策的评价”,《1999 年社会数据》,第 117—127 页。另一方面,就业政策有效减少了失业的失常上升,主要是通过吸收裁员突然上升的社会影响: 这是 80 年代中期和 90 年代初的情况,当时这样避免的失业可能达到 50 万人。因此,它起了反经济周期的重要作用(出处同上)。情况依然存在,每次增加都使得津贴工作的数量也上升,结果是很难减少它们的数量,似乎保持了困难时期靠津贴来维护就业——虽然设计的不一定是同一些人——当经济形势好转时,导致目前还有 210 万的津贴工作。见前引文第 11 页的图表。

180. 见阿布罗西莫夫与热罗,“在经济增长与公共行动中 1990 年至 1994 年的就业政策”。

181. 见奥尔克布拉特、马里奥尼、罗盖,“1973 年以来的就业政策”。

182. 布洛赫—伦敦与布瓦萨尔,“工时的安排与减少”,第 213 页。 272

第五章

破坏工作世界的防卫

工会运动的削弱，以及针对资本主义公司批判程度的降低，尤其是从 20 世纪 80 年代初到 90 年代中期，明白地表明：社会批判在制止特别有害于经济、教育、社会等资源缺乏者的发展过程方面遭遇了种种困难。

这个时期中工作世界的变化，继续引起抱怨或义愤。但是，传统上负责使抱怨（仍然停留于特定个人的一种表达不满的方式）转变为普遍谴责和公众抗议的机构却广受毁誉，或者当时处于瘫痪。我们将限于研讨工会的立场，它很接近于发生的问题，所出现的非工会化现象既是社会批判危机的征候，又是它的原因。[1] 对左翼政党的发展（在第三章粗粗谈及）及右翼政党（因为它们也支持战后社会国家的建设，并作为对资本主义社会批判的改良主义后续，尽管左翼运动有比较激进的措辞）的分析，将使这一分析得以完成。

工会与政党所经历的困难，也必须关联到缺乏分析模式与扎实的反对论据，那是至今所公认的意识形态纲要解体的一个后果，这个纲要主要依靠以社会阶级来描述社会。现在，正如我们将在本章第二部分看到的，描述的机制（在社会的、统计的、政治的和认知的描述意义上）有助于使社会阶级具有实质并取得客观存在，但其在资本主义置换的影响下已经趋于解体。这使得许多分析者把这一划分原则视为过时。如果在某种意义上，这一挑战最终有助于重建批判，因为它们鼓励注意到新世界的现有特征，那么它们的当前效果是取消传统意识形态组织的合法性，从而强调批判的危机。 273

非工会化

公司中工会组织的削弱，以及它们在工人中群众的减少，对于批判水平的降低起了决定性的作用，而资本主义过程自 80 年代起就是受到批判的。

事实上，很难抗衡公司自身对业务发展的分析，其内容主要是关心利润，而不提另一种来自工人观点的同样很有根据的描述。当工会基础稳固和活跃时，涉及一家公司、某些职业或特定部门企业活动的工作问题，可以提交到全国一级并加以合计。这就可以建立数据与总体解释，形成选择评估的基础。但是，信息的不平衡今天大大有利于公司管理者，他们在信息系统投入大量内容，而工会只能组织粗略的、局部秘密的数据搜集。更多取得公司系统的信息，是走向双方之间更大平等的第一步（在工作理事会的案例中有一定程度的存在）。[2] 然而，只要该系统基本上只是回答利润率的问题，而使工薪收入者代表提出的问题默默无闻，那就不会完全改变形势。没有基层工会组织的接力，在全国或分支谈判中代表工薪收入者的下属工会组织（它们的存在对公司和雇主都显得必要，因为在某些问题上要有参与对话者，或者说，法律规定必须有参与对话者）就会由于不够现实、效能不足或思想狭窄而易受批评。它们难以提出基本问题，并制止最有破坏性的事态过分发展。

工厂检查人员也主要是无权的，工薪收入者不去向他们报告，因为不知道怎样报告，或者因为不敢报告。没有一个厂内工会每天每日接替着行使管控，工人权利得不到尊重的可能性严重上升。[3]

人们如何知道雇主有权靠“努力”来要求什么？他们是否必须接受？雇主必须提供什么来作为交换？他尊重集体协议吗？培训在劳工法里不是就业的一项要求。谁会告诉工薪收入者？就所了解的工人权利而言，正如获悉工作“实况”一样，这片游戏场并不平坦。

从我们关心的观点看，工会也有从公司外部提供支持点的优势，如集会地点、汇总和反映信息、使人获得不同于雇主所提出的
274 信念、工作方法、抵制手段的社会化、训练谈判技术，孤立的工会代表是做不到这些的。

我们在过去二十年间观察到，在工会已经很虚弱和分裂的这个国家里，通过批判手段和批判能力的削弱，非工会化大大促进了雇主与雇员之间的力量对比朝着不利于后者的方向转变，并推动了重构资本主义的任务。但是，认为非工会化的发展无关乎实现利润过程的改变，那是不正确的。正好相反，资本主义的置换具有大大削弱工会的效果，部分是蓄意和预谋的，部分是通过意想不到的结果加上工会对面临新情况的拙劣处理。个人主义的发展和人人为己的思潮，对政治行动的信心危机，或者害怕失业，例如通常都提出这些来说明难以抵制社会排斥的扩大，因此不能脱离资本主义的活力及其批判。

非工会化的程度

工会危机的首要迹象是会员人数的下降。皮埃尔·罗桑瓦隆认为：“我们可以估计法国工会的会员人数在 1976 年至 1988 年之间总体下降 50%以上。工会化程度（工会会员数相对于领工资的工作人口数）在 1976 年为 20%，而在目前大约是 9%。崩溃有时是惊人的。法国总工会的金属工人联合会——这个总联合会的历史性、象征性核心——1974 年时声称有 42 万会员，现在则不超过 8 万缴纳会费的会员。”[4] 正如二十年前的情况，1990 年，法国在所有欧洲国家中工会建立得最差；它也是工会会员下降最多的国家之一

(-12.5个百分点,或者说下降56%)。[5]这些数据显示,工会在工作场所几乎消失。在法国总工会高级视听理事会1993年7月进行的一项民意测验中,37%的私营部门工薪收入者说他们从来没有遇到过一个法国总工会的工会会员;25%说曾经遇到过,但再没有见过——这是当法国总工会在数量上是主要的工薪收入者工会的时候;63%说他们从来没有和工会有过任何接触。[6]

非工会化也可以根据工薪收入者代表在各种机构内的选举水平来加以观察(劳资法庭、工作理事会、互助会、社保基金会,等等)。因此,“社会保险”选举人团在社会保险选举中的弃权,从 275
1947年的28%上升到1962年的31%,在1983年达到47%。在劳资法庭选举中,工薪收入者的弃权率在1997年为65%。[7]

同样的过程在工作理事会的案例中也很明显。这种选举在公司内举行,可以减少出差,涉及一般熟悉投票人的机构代表。然而,弃权的比重也在上升,1970年至1990年间增加几近10个百分点。[8]在所投的票中,非工会候选人得票很多,在1967年至1992年间从大约14%上升到28%,这一进展主要得益于法国总工会的损失,它在该时期初得到50%的选票,而在1992年大约只得22%。[9]工作理事会具有相当大的权力,例如,向工薪收入者告知公司的经济成果,以及维护工作(这在裁员计划期间有特别意义);工薪收入者首先通过社会与文化活动接触到它们(图书馆、假日营、各种折扣、出游等)。事实上,最大多数投票者认为这是最重要的功能。只有那些作为工会候选人当选的人,才把其他一些功能作为他们的优先(经济成果27%,就业26%,然后才是社会与文化活动19%)。[10]1945年以来,由于奥鲁法进一步扩大工作理事会的权利,可以要求外部专家帮助它们审看公司账目,分析一项裁员计划是否合理合法,或者引进新技术的影响。但是,这种专业知识权很少使用——中心工作理事会中不到9%,工厂工作理事会中不到4%。它主要由具有工会会员的工作理事会所使用,它们中有55%利用了它。[11]事实上,只有工会参与的工作理事会才关心就业或工资问题。[12] 工会在选举结构中的下降，因此也伴随着它们积极作用的重新界定，减弱了社会警觉和工人保护，因为现有机构的作用正在变化而无需改变法律规章。

某些分析者观察到工会总是建得很弱，所以视其结构的合法性只是在选举方面，选举人与当事人的关系取代了积极性的承诺。[13] 但是，弃权的增多和对工会投票的减少显示了这种解释的弱点：工作场所没有工会出现，选举本身就失去一些意义和效果。以选票来衡量的群众损失，事实上直接有关组织的崩溃，因为工会组织只有在它们有候选人的地方才得到选票，除了法国总工会的情况，有它
276 们在场的机构很少失去群众。[14]

工会运动的危机，无论用什么指标，都说明在继续深化，看来很难抵御。年轻世代从未经历过很高程度的斗争，常常不知道工会工作者是什么模样。然而，他们却是折磨工作世界种种问题的头一批受害者。在上述 1991 年的民意测验中，工薪收入者表现对工会复兴的乐观程度很低，因为私营部门工薪收入者中 54%认为工会会继续走下坡路。[15] 即使近些年来对工会活动的信心有所增长（1990 年至 1997 年间从工薪收入者的 40%上升到 47%），[16] 这并没有扩大到最年轻的人群（25 岁以下）。对于“为了准备你的未来和社会的未来，你最依靠谁？”的问题，8%的年轻人提到工会，这远远落后于家庭（40%）、公司头头（31%）、友谊（27%）、选出的市长和议员（16%），以及共和国总统（13%）。[17]

在社会问题日益增加的背景下，社会冲突却达到历史低点。在 1971 年至 1975 年间罢工人日数年平均为 400 万，在 1976 年至 1980 年间降到年平均 300 万。80 年代标志着很重大的低潮：在 1981 年至 1985 年间罢工人日数年平均为 150 万。在其后五年中，此数降到 100 万以下，在 1992 年甚至低于 50 万。1990 年记录低于 70 万，这是 1946 年以来从未达到过的低点。此后，低潮在继续。

1995年恢复到200万人日数，但不要产生幻想。1996年损失的罢工人日数不足50万，1997年不足36万，这一年罢工人数只有11万。[18]这种较低程度的冲突是工会活动减少的一部分。事实上：

> 工会代表的在场对于发生争执的可能性有最强大的影响，如果工作理事会代表或劳工代表不是以工会名义当选的，这种影响就低一些。法国总工会作为多数的分支，这种影响特别明显（这涉及由它主动发动的争执），法国民主工会的影响要小得多。当至少建立两个工会时，尤其涉及法国总工会与法国民主工会两者结合时，情况就更加显著。[19]

拒绝超时在没有工会出现的公司里肯定是比较常见的一种抵制形式。但这种抗议在任何情况下完全不会扩散，即便是在没有工会的公司里，也少于罢工和请愿。[20]拒绝工作的唯一办法只有旷工和辞职，但是说明这些是困难的。 277

这些各种现象的积累效果是明显的。基础虚弱的工会明白自身的作用在缩小，作为抵销力量的能力大大降低；由于这些原因，它们在工薪收入者中的信誉降低。它们在选举中作为工薪收入者的代表性越来越小，而且它们发现自身进一步丧失信誉，被谴责在搞一个新的“精英集团”来受惠于社保基金的赏钱和不正当的工会工作时间，加上因为它们不大来现场而不再能了解工作中的疾苦。由于缺少新会员，工会分支往往还对现有的很少工会会员加大压力，要他们活动起来，加强内外有别。[21]工会代表因此发现自己执行任务时更加孤立，立法者已经在这期间扩大了它们的任务：他们与工薪收入者的接触越来越少，不再有时间发展会员，或者关心会员，这进一步加重了非工会化。

对这种积累过程许多原因的分析，面临1968年以来法国工会运动演变的两大问题。法国是工会走下坡路最为显著的国家之一，而工会的权利与保护却一直在加强，怎么会这样呢？在1968年，法国工会运动的弱点得到了纠正，合法权利及对地方分会的保护有相当程度的加强。1968年12月的法律据此对工会提供办公室和工作需要的额外时间，并且增加在工厂内活动的可能性。1982年，奥鲁法标志着对工会权利的又一次大力推进。例如，它要求资方向劳工代表提交内部条例，加强工会分支的保护与权力，使各单位选举劳工代表作为一项强制性活动，确立谈判的义务，等等。

第二个问题有关工薪收入者联盟、雇主和国家之间某种心照不宣的共识，以遮盖这一侵蚀范围而不去考虑它的真正含义。[22]因为"人们继续把工会说成是'代表'，相信法国存在着一种'社会对话'，因为它与政府和雇主'代表'讨论，而它的实际代表性已不再清晰"。[23]人们可以在高层接触的工会的存在，是否只在理论上具有权力但却失去了与工人的主要接触，并不真正了解工人的疾苦与关切，而只为了满足公司与国家的负责人？因为后者急于实现社会和平，并已显示取得同意而并非强加。而工会联盟方面则让步屈从，以防如果显示难以发挥功能，就会丧失它们之所有？

我们现在要进行的对非工会化背后因素的分析，由于手头信
278 息不满意而更加复杂。如果说我们对于在私营部门建立最好的两大工会具有一定数量的信息——法国总工会（CGT）和法国民主工会（CFDT）——那么，当我们着手分析被称为改良主义的"代表性"工会的活动或组织情况时，就比较困难了。法国基督教工人联合会（CFTC）、法国管理联合会—法国干部总联合会（CFE-CGC）及法国工人力量联合会（FO），它们的作用至少在雇主采取分裂工会政策或重新谈判集体协议时，无疑是很紧要的。因此，我们就并非情愿地主要将私营部门两个最大的工会联盟作为例子。

反工会的压制

关于非工会化的著作不把反工会压制作为这一现象的一个基

本原因，无疑是因为这种压制始终存在且并无相当的非工会化记录在案，但也可能因为我们缺乏可归因于这种措施的非工会化程度的信息。例如，我们不知道隶属工会的工薪收入者代表比例过大的确切程度，也不知道已经被裁员的工薪收入者中的前工会代表。[24]

可是，回顾一下公司反工会政策明显可见的存在，以及雇主们相当广泛的对工会运动的敌视，是适当的。尤其因为法国的工会运动很长时期是由一个有影响力的反对派工会——法国总工会——所主宰的。在这方面，法国民主工会完全不输一筹，至少在20世纪70年代期间。

汇集了大多数欧洲工会的国际自由工会联合会（ICFTU）显然与若干数量的跨国公司（往往是美国的）相一致，它们遵循非常敌视工会的政策，尤其是柯达公司、联合果品公司、国际商业机器公司。例如在国际商业机器公司，任何人设法成立工会分支都会得到很坏的评价而往往被迫辞职。甚至法国总工会也经历了这类跨国公司的主要问题。当工薪收入者表现气质过于战斗性，他们就会被裁员，而更加听话的新员工则会被录用。有些公司还成立它们自己的公司工会，如雪铁龙公司的法国工人联合会（CFT），以便得到工会支持。法国工人联合会支持的雇主民兵队对斗争进行镇压，已成为法国总工会与法国民主工会出版的《黑皮书》的主题。[25]

更加巧妙但也无疑更为有效的，是使用非正式的奖罚制度。“愣头青”看到自己前途堵塞，只得到集体协议中规定的报酬，而那些表现“态度好”的人则得到奖金。[26] 米歇尔·皮亚鲁很熟悉索肖地区的标致汽车公司，引述一名法国民主工会有战斗性的成员的例子，他从来没有得到过专业提升，一直是普通工人，而他在标致学校的同学们则已成为监察员、技术员，甚至部门经理。[27] 他还提到 279
一名前不熟练工人的例子，他被通知按以下条件提升：“或者你继续在角落里夸夸其谈，或者你表现得聪明些，上来跟我们在一起。”工薪收入者把这些话作如下解释：“穿工装还是穿上衣。我选上衣。"另一个突出例子是一名前法国总工会富有战斗性的分子，因为事业原因他转到了法国工人力量联合会。公司以相当一般的方式"提出升迁，开辟了互动空间，并直接或间接地表明(但往往狡诡地)：在此刻，有必要把政治同情束之高阁"[28]。

在多米尼克·拉贝、莫里斯·克鲁瓦萨与安托万·贝沃尔对为何工会会员离开法国民主工会的调查中，若干战斗分子提到了资方的压制。有些离开的人认为自己"受够苦了"。有六七个人说他们被裁员或被迫辞职。这一类考虑到纪律上会失去工作而退出工会的情况最终是很少了(在调查中引述为1%至2%之间)。可是这种情况可以使雇主用来强调对工会会员的另一种可能结果：为晋升而离开工会——这样做更为常见得多。"显著地看到熟练工人成为团队头头，工头成为车间主任，干部升任处室负责人，他们都感到在道义上有责任退出工会，且都不情愿地这样做了。……在法国传统上，纪律力量似乎不适合工会会籍。"而且，其他会员因为害怕与等级制妥协，同样想这样退出，这就随了资方所愿。[29]

一种恐吓的方法也是资方或多或少有意识使用的，包括对工人的人际关系表示蔑视和嘲讽，使他们不敢当众诉说自己的观点；这最终导致某些选举任务缺乏候选人。[30]没有工会作为后盾和支持的一名选上的蓝领工人代表，除了一言不发或者支持雇主的路线以外，怎么能通过考验呢？

当有几个工会存在时，我们也可以提到有计划分裂各工会代表的措施；或者试图(有时奏效)"买下"代表的沉默，办法是操纵与他们工作有关的福利，如工会工作时间；或者还是向工薪收入者暗示，为了他们的利益，让他们的代表与资方合作。弗洛朗斯·韦贝尔讲述称，在她所调查过的唐布朗地区，"一名法国总工会代表干'重叠时间'的工作(正常时间表为八至十七个小时)，而几乎所有蓝领工作都是两个八小时。他认为这是一种惩罚，使他与其他工人分开；而他人却责备他有好钟点——工头的时间"[31]。积极活动分子时常遭到怀疑,他们往往离开车间去做工会工作,甚至要“赶着做完活”,把工作责任留给他们的同伴,或者有计划地施惠于他们的“同志”,以致许多谣言形成“不信任或敌视的气氛,很不利于工会运动”[32]。这种怀疑也可以由资方启发。面对会员的减少,工会本身同意接收“任何人”、“最不合格的人”、“懒惰的人”、“想自己得利的人”,以此来替换对他们的谴责,并充实丧失的信心。 280

因此,反工会措施的全部内容是很广泛的,从各种骚扰到恐吓,通过一种在工薪收入者中间破坏“工会地位”的阴险狡诈的手段。这些措施在今天的观察者眼里不大看得见,无疑由于自从公司结构重组以来它们的效用降低了,公司重构具有更激进的影响:公司内建立了新的机制,结构重组可能成为工会的强心针。

甚至有些情况无法知道,是什么首先推动组织改变的——是反工会斗争[33],还是追求生产率增长。鉴于两者密不可分,由于更依顺的工人往往更有生产力。跨国公司关闭工厂,其理由是产能过剩,这样就首先冲击了罢工更频繁的工会化地点。公司设法分包或外包出去的制造业务,往往主要由组织最好的工人在承担。在不太久以前,临时工显得是罢工破坏者。[34]现在,蓝领工人看到他们的孩子形成这支队伍的一部分,并且在他们工作生涯一开始就受制于这种困境,他们甚至原谅他们当自己罢工时还在工作。[35]

公司结构重组是非工会化的一个渊源

非工会化分析者考虑到,公司结构重组的第一个后果是失业和零工的发展。零工地位和伴随而来的害怕失业,具有削弱工人战斗性和参加工会可能性的效果。零工参加工会的比率不到3%,[36]而遭遇失业往往转化成退出工会。

> 从失业的某一程度开始,我们观察到,工人与工会接触已不太经常。难以确定某一程度的门槛,但看来开始于8%的失

业率会带来工会化比率的下降。……雇主们利用失业更加要求求职者提供“社会关系”情况，他们愿意要一名非工会会员，
281 而不要活动分子。即使那些保住工作的人也经历反工会运动的压力，大量的工薪收入者设法离开工会以保住他们的职业。[37]

我们还必须考虑职业问题所引起的“灰心丧气”效应，特别是那些做最少技术性工作的人，他们看到自己的未来和他们孩子的未来“被堵塞”[38]。因此，拉贝、克鲁瓦萨与贝沃尔研究报告称，5%的前工会会员说他们离开工会是由于一种无权感。研究者分析，这主要指的是丧失职业士气。[39]

许多工会运动“强大堡垒”的关闭（煤矿、钢铁、铁矿、造船、汽车等），或者遭受严重的工作削减，以及首先排除老工薪收入者——就是那些最可能具有工作场所组织工会经验的人——被合理地引述为失业和非工会化上升的有关根源。[40]

然而，失业率和工会化水平之间并不是一一对应的关系。相反，对1981年欧洲国家比较形势的分析表明情况的多样性。[41]认为失业率越高工会运动越弱，是不对的。认为工会强大时失业率低，也同样是错误的。这样的说理，忽略了一个中间情节，就是政治情况。这不是指统治集团的政治局面，而是指从更加长远的过去因袭下来的政治的或者政治—社会的结构，[42]失业率上升本身（现在影响到工作人口的12%）似乎同样不足以说明工会会员减半——这种下降的巨大幅度，就我们所知，在法国是特别突出的。

因此，除了仅仅看有关职业无保障和失业的统计以外，我们觉得有必要衡量经济结构重建（外包，设置津贴，重新部署定位，等等）对工会化的影响。

把工作转移到服务业和中小公司——我们看到，这主要是出于重新构建生产方式，而只是局部由于新需求的出现——的结果，是把工薪收入者安置到工会组织薄弱的、没有反对传统的结构中

去，在那里，职业无保障的增大，对组织起来的任何潜在愿望产生不利影响。我们知道，代表制体制和工会的存在，随公司规模而增长。因此，1992 年，83%的工薪收入者受雇于不到 20 名工人的单位，他们是没有代表的；48%的工薪收入者受雇于 20 人至 50 人的单位，这些人既无工会代表，又无劳工代表，也显然没有工作理事 282
会，因为这些都只有 50 人以上的单位才必须强制执行的。[43] 冲突程度主要有关企业部门和公司规模[44]，所以公司就想把大结构分拆成中小公司的一支船队，并把以前的工业功能外包给服务业。此外，我们知道，只要有可能，雇主们避免把新结构建在城里，那里太“红火”或者太靠近以前的“堡垒”，因为那里强烈的反对派政治文化的风险明显可见。[45]

劳工流动性，不论是鼓励的还是被迫的，与非工会化大有关系。[46] 人们到了没有地方工会分会的工作场所，与工会的联系断开了。一位特别有效能的工会代表的离去，足够使一个分会死亡。多米尼克·拉贝的文章揭示了工会组织对工会化的重要性，工会化是工会代表在工会会员中间开展活动，并产生参加工会气氛的结果。因此，我们注意到，大公司中的工会会员是成批的：一个部门里工会化程度极高，另一个部门却完全没有工会化，或者隶属于不同的联合会。由于工会会员流动而使分会的每次削弱，造成它建起的网络消失。可以表明，新工会会员（1978 年以后）主导了以流动性为特点的职业存在：他们中只有 40%没有换工作，而工会上一代会员的这 比率要加倍。结果，他们花在工会里的时间较短，职业问题构成他们离开的部分解释。工薪收入者阶级的演变，因此涉及工会在巩固分会活动和发展新会员忠诚方面的更大困难。企业结构的流动性是一个类似问题。在所有大公司中，半经常的集中、接收、转移和合理化往往经常改变组织结构，经常转移工会的对话者，使得难以找到“真正的决策者”[47]。这阻碍了建立确定的职业关系，因而妨害了工会的发展。

打破工作群体，在同一场所雇用属于不同公司的不同职业地位的人们，也有助于把集体行动解除武装和迷失方向。安托万·利翁—康与让·德·马亚尔在一篇讨论“招收人才”的方式在法理上成功的文章中写道：

283 我们可以预想有关公司的活动是互补的。它们着手相互交换人才。但它们的机构是明显不同的，它们员工的集体地位也不同。因此，分属于不同公司、受制于不同法规的工薪收入者将在同一场所工作。这些劳工的有组织代表怎么建立呢？如果招收人才的措施只是常规性的，法官肯定不同意存在一个经济与社会的单位。可能他会同意有一个经济集团，但是很难，尽管根据直观想象他会同意“存在一个构成社会单位的工人群体”。[48]

雅克·马戈所谓的“法律所有权”（支付工资的人）与“实际所有权”（有权组织工薪收入者在生产集体架构内工作的人）之间的分离，往往会把工薪收入者的要求（向支付工资的人提出）与“对组织工作的挑战”（指向分派任务的人）分开，从而阻碍部门协议或集体协议的达成。这使得谁来接受要求成了问题（谁是真正的雇主？），大大减少了工薪收入者的谈判能力，使公司恢复了“主动优势”（与所有工薪收入者属于“单个实体”的情况相比）。[49]难以认清雇主，阻碍了行使工薪收入者的集体权利。所有人属于同一个工作群体的成员被新形式的组织所拆毁了，严重妨害了动员。[50]弗朗西斯·金斯伯格与让—伊夫·波泰尔的分析导致同样的结论：从70年代中期以后，集体谈判减少了。作者们认为，这特别由于“社会经济结构重组打破了原来的工作集体的团结，导致集体工会力量的下降”[51]。

伴随着生产率的增长和只需很少熟练劳工的营运成本的降低，公司的新结构方式因而方便了广泛破坏工会反对。人事管理的新方式(介入、个人化、参与,等等)具有同类效用。

新管理规避了工会

在80年代初,工资个人化在大多数实施的公司里所采取的方式是:加强顶头上司(后来是项目头头)评估工薪收入者的作用。每年一次或两次,每个工薪收入者与他们的上司一起"检查他们的情况",这就是一次"总评估"。[52] 对公司来说,这种决定工资的方法的优点是:让最大多数工薪收入者参与进来,他们必须对同事,在某种意义上也是对自己,作判断。但是,必须相互评估的工薪收入者也难以形成针对公司管理中心的共同阵线。设置以完成指标为基 284
础的附加工资,不论是给个人的还是专门给小组的,同样可以增加小组之间和工薪收入者之间的竞争精神,正如介入工作相应地降低结伙或造反的可能性。米歇尔·皮亚鲁采访的代表因此认为,设置奖金是蓝领工人丧失团结的一个基本因素。[53]70年代末——首先在大公司,然后在中型公司,80年代中期在公共服务部门——实行工人讨论小组、"质量小组",以及一整套复杂多样的人际关系机构,使经理们能够加强管控。现在,他们要比工会更多地得悉工人的要求与不满。[54] 这些机构的纯局部性质,还可以迅速扭转信息、不满或抵制形式(如果有的话)扩散到其他公司(或同一集团的其他单位)的风险。工会看到,它们的作用随着公司对工人要求的直接注意而相应缩小;工薪收入者今天往往更信任公司统治集团而不是工会来维护他们的利益。[55] 如果没有疑问,公司改善了更经常的沟通,许多工薪收入者对工作的满意度增加,他们的意见得到考虑,而与此同时,也在相当多的情况下,由于工作场所的紧密控制,使得一些要求在萌芽时就被干脆掐死。

最后,许多机制,包括刚提到的工资个人化,旨在发展人人介入工作,鼓励人们负起责任和实行自我管控。保留工作或取得新工作,更灵活的和多面性的方式来组织工作,这些正在逐渐取代旧的泰勒制方法，并提供机会在工作环境中得到更大承诺和减少批评。一个特别惊人的例子是索肖地区开张的标致汽车公司新车身工厂，名叫 HC1。进新工厂的蓝领工人先被送到为期三周的一个培训班，设在通常用于培训干部的大楼里。他们必须在见证人面前作出正式的承诺，遵守新组织的“十诫”[56]。在一次这类培训期间，一名工人拒绝了，他就被要求离开培训班，送回去做他的旧工作。尽管要求这种承诺是非法的。[57]

管理人际关系的新方法，具有大大降低公司冲突程度和规避工会的效果。可是，对那些主张较不敌对的新类型职业关系的人来说，有一个更涉及业务的工会运动，就像具有强烈社会民主主义传统的国家那样，这些发展不一定是负面的。同样，雇主的许多革新
285 得到工薪收入者的赞同。这里的问题是，这种机制的含糊性、合理性和风险性是同等明显的，它要瘫痪或消除工会会员提出的批判，要加速使他们失去信心。

新机制麻痹作用的含糊性

新的企业机制使工会疲于奔命，他们时常不知如何对付。[58]有时候，他们以原则上反对雇主任何倡议的态度作掩护，先验地认为都是坏的；有时候认为这种倡议是在仿效他们自己的建议，尤其如采取自我管理的想法的例子，那最初是由法国民主工会提出的。同样地，法国民主工会的重新定向，在 1978 年至 1979 年，它退到了具体问题、当地问题、企业层级的谈判，特别关注工作条件、革新与以往的经验（“行动必须紧密地从每天每日关心的问题出发”），回顾起来，可以视为同 70 年代末以来雇主态度的演变相协调的。[59]

例如，当工会面对质量小组时，它们不知道应采取什么立场。因此，一家大公司里的法国民主工会分会指出，它的会员中没有共同的观点：有人是敌视的，相信工作的组织“不是工人的事”；有人要等着瞧；还有一些人把公司的问题联系自身，希望生产率上升以

保住工作。在预测人们的态度时,工会隶属也不是决定因素,每个工会的会员态度从激烈谴责到积极支持的都有。[60]

在其他主题上,诸如减少和改革工时,以及灵活性,各个联合会的立场很明确,但彼此不同,打破了工薪收入者之间形成统一战线的可能性。[61] 如果说法国工会运动始终以多元主义为特点——从来没有像 70 年代末法国民主工会重新定向那么突出——那么工会会员中的争吵却从未如此经常,如此趋于涣散,他们发现自己成了自己的抵押品。以前,尽管它们之间存在意识形态方面的分歧,但法国民主工会和法国总工会之间达成过一致行动的协议,各联合会之间极少竞争同一批会员,因为存在若干个分会的公司内,某种地盘划分就很明显(一个特定车间属于法国民主工会,一个特定办公室属于法国总工会,等等)。[62] 联合会之间的冲突,很多是由于法国总工会对法共的依附,还由于如何解释危机的问题而加剧。法国民主工会特别不同意法国总工会纯"经济的"观点,认为危机既是社会的和经济的,同样也是文化的和政治的。它的领导人认为,"继续提出需要就业以恢复增长"是不够的。重要的是"要'利用'危 286
机来'设想'另一种增长,那是不同于使光荣的三十年(1947—1973)取得成功的增长"[63]。70 年代上半期,法国总工会与法国民主工会之间的冲突,围绕在增加工资的等级制性质还是平均主义性质上。法国总工会赞成工资增加应相当于资历水平,尊重分级与资格,而不赞成抹杀工人技术的资本主义倾向。对比起来,法国民主工会认为,工资等级制是工作世界内资本主义上升的信号,所以不应当考虑它。[64]

不可能直截了当地决定工人在新机制中的利益,使得工会无法确定它们的立场。它也把它们相互分裂,产生一种被它们的会员势不可挡地拒绝的政治过程。

在公司结构重组中或多或少地积极参与,几乎系统地贬低了工会分会会员行动的信誉。拉贝、克鲁瓦萨与贝沃尔认为,他们研究的工会分会在与“裁员计划”对峙中，不管采取什么态度，没有一个不受到损伤的，因为这在一处和另一处有很大不同，从该问题的准共同管理到原则上拒绝裁员。[65] 在法国，传统上有“代表性”资格的工会，事实上有能力调配工薪收入者，但是当它不再涉及谈判改善和分配它们，而是在分配牺牲上作仲裁时，这就成为自我失去资格的根源了。[66] 在它们一方，联合会的正式立场有时似乎与会员的看法相矛盾，或者与他们在公司内经历的情况相矛盾。[67] 法国民主工会在 1984 年对灵活性问题谈判期间的态度——当它同意传统上被其战斗性同伴法国工人力量联合会或法国总工会评价很低的原则与组织时——就显得是一种十足的“背叛”，而且看来引起了大量的辞职。[68]

相反，也可以是工薪收入者赞同某些条款，而工会对这些条款的反对就成为进一步失去信心的根源。由于这种情况，在 80 年代上半期，许多公司的工会签署了包括工资增加个人化的协议，尽管它们基本上反对这种方案。但这些协议太明显地满足许多工薪收入者的期望，工会如果反对，就有进一步削弱自己的风险。

在 70 年代，整个一代新毕业生反对家族世界特有的人身依附形式，认为那是侮辱性的，在年轻干部的事例上，他们拒绝行使这类紧密权威。同样也反对官僚主义形式的非人格化控制，这被视为无效能和非人性。他们不再愿意被作为“家族分子”或“机器”对待。妇女也提出批判，她们越来越多地从事有薪酬的工作，越来越不愿
287 意接受“小霸王”（调整员、工头、办事员等）的滥权，常常还伴随着性骚扰。[69] 她们还希望看到增加兼职工作，以得到更均衡的存在。这些对解放的要求（其核心我们称之为艺术批判）已经被听到，并局部得到满足。但是她们的满足，在工资收入者与工会之间对于当时发展的解释，却起了分裂的作用。如皮亚卢所强调的，标致汽车公司录用的青年半熟练和不熟练工人比较被新机制的某些方面所吸引：竞争、个人成功优先、竞争精神。[70] 工会分会结果发现自己遭

遇到了世代冲突，经历到团结工薪收入者的极大困难。

至少，随着左翼进入政府，工会——以法国民主工会为首，因为它非常密切地有关奥鲁法的产生——有机会传达许多想法，并获得它们的地位与权利的改善。但是，立法的盈亏并不能仅仅靠宣读该法案的内容来设想其有利。因为它们的实施方式、雇主们利用它们所做的花招，以及工会自身的弱点，导致一系列未曾预见的、某些分析者确认为非工会化主要原因的后果。

立法进展方面未曾预见的后果

事实上，似乎在许多方面，这些得胜并没有产生预期的果实，首先是各社会成员之间的谈判发展要给工会一个最佳的地位。奥鲁法为此设法加速企业层级的谈判[71]，但是，仲裁权从全国一级（工会在那里比较显著和强大）置换到地方一级（工会在那里普遍较弱）使它们相当无力抵制雇主的意志。这种缺乏有效力量的情况有利于非工会化。

但是在开始时，雇主们似乎感到奥鲁法很不利于他们。看一下1983年4月法国民主工会出版的小册子（《奥鲁法的应用，法国民主工会的建议》），它警告雇主们注意该法，“不要冒险为得到公司效能而危害公司里工作的人及全国社会”。雇主们特别害怕——回顾起来，可以说他们无需害怕——奥鲁法会加强工会作为公司唯一对话者的地位，因此使恢复资方控制与建立质量小组启发的讨论组相妥协。雇主对谈判形式的态度改变，事实上几乎是完全的：在60年代，他们主张部门谈判，为了避免“经济地位最好的公司成为工薪收入者对其他公司提出要求的参照点”；在80年代，相反，雇主们发现“在企业一级谈判符合他们的利益，以便能更有效地考虑经济形势的制约”[72]。 288

而且，这些法律把工会作为谈判中自然对话者的同时，也把在工会结构以外与“工薪收入者表达意见之权”进行协商定位合法，这无疑与工会失去群众不无关系。事实上,行使“工薪收入者表达意见之权”的方式必须通过集体谈判来解决。可是,如果达成了无数协议,它们往往指派直接领导任会议的主要位置,而把“表达意见之权”变成参与性管理一整套措施中的一个普通手段。

至于对所有工会联合会一律平等对待的原则,那是在战后为了民主而实行的(使得多样性的工薪收入者都有代表权),但也出于不太民主的动机(限制法国总工会的权力,它在长时期中享有强大多数),则并未改变,即使它推进了分散化和工会代表制的减弱,而且首先阻碍了奥鲁法的中心内容真正集体谈判的发展。“工薪收入者多数代表制极少得到集体谈判权的考虑,而且在非常有限制性的条件下它们看似已决定不会实现。因此,雇主们同一个事实上只代表少量多数工薪收入者的工会组织达成协议,就是合法的了。在这种制度下……继续的国家干预仍然是不可避免的”。[74] 有些人,如金斯伯格,甚至相信,在奥鲁法投票表决以前,在 1982 年 1 月至 3 月间发布七项法令,确定此后处在谈判以外的规定内容(把工作周减至 39 小时,五分之一周的带薪假日,限制使用临时工和定期合同工的可能性,兼职工作的条例,以及 60 岁退休),就把复兴谈判的意图掐死在襁褓之中。因为成员们时常凑合地把新的法律条款写进集体协议。[75] 这是法国社会规章典型的主要形式,让国家起关键作用。鉴于工会的弱点——它本身束缚在不鼓励工会化的管制性架构之中,保持着各联合会之间的竞争——它们自己显然不会从雇主得到 1982 年法令规定的社会进展。结果,国家必须干预,这是社会进步的真正推动力,而反过来又使工会丧失信誉。

其他双刃剑式的得胜包括工会活动范围的扩大及其使用的手
289 段,值得注意的是允许工会工作的时间。这些措施方便了专职工会工作者的涌现,他们从若干代表机构(工会代表、劳工代表、工作理事会、健康与安全委员会)积累工会职责的时间,并且花时间开会。他们专业化了,技术化了,但由于同样原因,他们失去了与会员的接触，不再有时间去搜集邮票、发展会员，等等。从公司和工薪收入者的观点来看，法国的代表制是头重脚轻的、难以理解的，其特点是不同活动领域的无数团体并存。虽然这种多样性阻碍了有效行动，但各工会都赞同它，因为它的权力及其对“保护”某些工薪收入者所提供的许多机会。1993 年 12 月 20 日通过的吉罗法涉及到少于 200 名工薪收入者的公司，设法弥补让公司头头有权单方面决定劳工代表也是工作理事会中的工薪收入者代表。如果这些条款的确把事情有所简化，但担心它们主要被用来削弱工会在已有工会的中小公司内的影响，不要再建立迄今不存在的代表机构。[76] 从这个例子中完全清楚地看到，为了有效果，机构的简化必须结合对工会化的鼓励，而且很容易理解，如果没有这种政治计划，工会就会抓住被有些人谴责的所谓“既有好处”与“小费”。

工会由此就成为专业人员的事，而不是积极分子的事。甚至看来工会会员在某种情况下已成为一项负担：必须倾听他们，必须侍候他们，而法律托付给工会工作者的无数职责，可以无需工会会员而完成。而且，由于各种权力（社会保险基金、工作理事会的书记等职位）都联系不同联合会的选举胜利，而选举很快地一个接着一个，对员工的许多努力都投在竞选运动中。对工会会员在选举中的关注就更加忽视。直到发现工会作用失去太多，会导致选举倒退，以及在选举中无目的的弃权，再一次加剧了工会丧失信誉的进程。[77]

因此，20 世纪 70 年代的运动成就了那些取胜，随着左翼当政，他们的许多思想得到实施，并产生了许多反常影响，那是批判力量本来会加以阻挡的，而雇主们却不去冒险反抗因工会而损失的影响，他们在用别的武器来抗击它。但是有很长时间，取胜感和满足感阻碍了人们看到新机制的弱点。这些因素进一步表明：满足了批 290
判（如果批判的要求被认为可行，那就合意），就成为对批判本身的危险，批判就会放慢再去对世界进行检验。

由于批判对自身的另一个反作用影响，艺术批判不但鼓励拆除公司里的官僚制，而且严厉斥责国家、政党及（就我们在此感兴趣的）工会。而且，工会还与之同化——虽然以不同程度，这取决于联合会、部门等——因此推动了毫不犹豫地把它们作为改革目标的力量。

工会运动作为艺术批判不情不愿的牺牲品

对工会的批判在80年代中期达到高潮，但并不只是来自雇主，它也植根左翼反对派（毛主义者虽是少数，却成功地在其中极其突出），反对工会官僚主义（法国总工会是这些谴责的特定目标），反对工会权力，在有些部门，这往往与小霸王的权力相合并。[78]与此同时，工会所受到的非常激烈的攻击改变了它们的形象（如同弗朗索瓦·德·克洛塞在80年代初出版的著作中出现的）——从被压迫者的捍卫者变成受保护的少数人明明白白特权的捍卫者——得到了促使其广泛传播的条件。[79]更加确实的是，工会在小公司中从未很好建立，它主要在公共部门、国营公司，以及逃脱小任务外包浪潮的大公司核心企业保持积极作用。工会组织（如同政党）属于“1968级”要加以摧毁的等级制与官僚制世界，但它最终退却了。政党和工会未能够迅速地更新它们自身的反对形式以适应新的希望（资本主义的这一任务似乎完成得比它们好），它们受到批判而吸引的积极分子越来越少——当它们没有被谴责为倒退和宗派主义时，又回头去服务于各个不公正的少数特权社团。例如，法国总工会对工人自我管理很感犹豫，正确地视为那时对它所采取的代表制和工会运动传统形式的一种批判。

这种对工会批判的含糊性，是由于谴责法团主义对一批积极分子具有内在利益，他们梦想一个包罗全体工人阶级（或工人阶级周围所有工薪收入者）的、跨越所有特殊利益（特别是那些与职业和公司有关联）的工会。它在另一批积极分子中也有内在利益，他们受激进平均主义所启发，反对一切等级制，包括职业或技术的等级，谴责其为压迫的根源。因此，即使在80年代初对法团主义的谴责被使用以前，就看到它已经在内部发挥作用，促成许多组织变革，可以追溯为非工会化的一个根源。 291

有很长时间，联合会一直是由部门和地区分部而不是由职业或公司组织的，但是结构总是很松散。最终，这样的组织形式就加给了所有的同盟工会："从60年代开始，以广泛团结和工薪收入者在雇主面前团结的名义，联合会取消了明确划分，并进而拆除全国性工会，认为那是法团主义原则的自然延伸。"法国民主工会在1974年的一份通告中这样回顾道：在一家工厂里的护士或社会工作者，如果那是一家纺织工厂，不能隶属于医疗服务联合会，而必须隶属于诸如"服装、皮革、纺织联合会"（HaCuiTex）。法国总工会的社会工作者也发生同样情况。1969年，该联合会要求其全国工会解散，把会员分到相应于它们各自雇主的联合会中。这类要求导致某些"横向"职业，如社会工作者及电脑科学家、培训师、销售人员等，没有代表权。[81]

与此同时，出现一种倾向要压制并存于公司内的不同社会类别：因此，法国民主工会就成立了结合所有类别员工在内的单一工会组织。但是，这一神圣想法未能成功，因为会员们希望到可以提出他们具体专业问题的地方去。[82]在同一年，法国总工会遇到了考虑某些集团特殊性的巨大困难，特别是干部，尽管存在着"工程师、干部与技术员总会"（UGICT），但他们还是觉得难以得到倾听。[83]

最后，工会领导还希望加强地理的、地方的和处室的结合来超越部门之间的职业分野，这在积极分子数量下降之际可以导致机构、委员会和决策单位的增多，可以把他们进一步吸收进工会机器，强化他们与基层及会员的距离。

过去，法国工会运动从它的法团角度和它处理工作场所个人问题的能力来汲取力量。因此，当声称"超越法团主义"和组织"广泛团结"时，工会岂不是在破坏它们建立的基础吗？……在很多情况中，“结构重组”导致一般普通工会会员与工会分支的消失。[84] 80年代初，无疑还存在着工会内部力量没有拆除的法团主义堡垒（例如铁路工人、教师和书籍出版工人）。但是，如果它们那么显著和强
292 大，也是因为法团形式能使它们流失较少成员。

表达自由名义的艺术批判在类别性架构中受到不适当的限制（那种架构以人们所属团体来行使权利与义务），它与社会批判的平均主义梦想结成联盟。它们一起对工会结构做工作，试图消除一些区域，使会员们可以在更加具体的共同事务的基础上，而不仅仅作为工薪收入者来构筑一致行动。

艺术批判还攻击一切被认为是压迫性的机构（家庭的、宗教的，特别是共产党的）。它们惯例的、控制的性质受到挑战，必须找出使它们更加灵活的方法。但是，努力取得的自由也使工会吸收会员发生枯竭。把宗教批判为资产阶级道德的同盟，加剧了宗教根源的行动主义危机和天主教运动危机，而直到 20 世纪 70 年代以前这些一直是法国民主工会吸收会员的重要来源。[85] 对法国共产党和“真正社会主义”国家的国家统制方法的批判，使得法国总工会吸收会员趋于枯竭。法国工会运动是活动分子的工会运动，他们的成员很少，但以坚强信念为鼓舞，不论是基督教信仰还是社会主义。吸收会员传统来源的枯竭，加上上述原因使较多专业性、较少意识形态的群众性工会运动极难出现，也是促成非工会化的因素。[86] 至于对家庭的批判，以世代冲突的形式贯穿于各个工会分支，不能脱离其他两个进程——反对传统的天主教道德和反对父母的工人阶级文化——也不能脱离劳工市场状况，以及以年龄定报酬和管理工薪收入者的做法，我们看到，这已经产生加剧年轻人同年长者之间竞争的结果。[87]

在涉及非工会化的因素中，我们还要举出工会组织几乎应全部负责的因素。这里我们不谈雇主的策略花招直接（反工会的镇压）或间接地（结构重组、新管理）削弱分会组织，也不谈立法进展

非故意的后果或70年代的成功批判。成问题的是工会的功能失常。虽然它不是直接联系于资本主义的置换,以及对资本主义批判的变化,我们必须在再次研究中加以简要考虑,因为毫无疑问,它对削弱批判起了作用,从而帮助推开了重构资本主义的努力可能遭遇的阻力。 293

工会功能失常不能导向工会化

第一项功能失常可以从工会表现的盲目性中找到,它们往往无法衡估工薪收入者所关切的问题,从而捍卫他们,表现为它们对某些职业或某类工薪收入者的困难问题缺乏了解。我们已经提到"横向"职业的人们难以在工会运动中找到位置,他们包括干部、工程师(在"法国干部总联合会"之外的),或者年轻人。克里斯托弗·德儒尔也责备工会运动拒绝考虑工作造成精神病的危险。[88]

经常提出的第二个责备与第一个有联系,指的是曾经放弃会员。如拉贝所强调的,"三分之一以上的会员并不是自愿离开的,而是工会离开了他们。事实上,我们遇到过许多人并不认为自己已离会了:没有人再来要他们付会费,分会不开会或者不来通知他们开会,不再有人值班,没有人打电话来。工会的结束,首先就是积极活动的结束。"[89]除了已经提出的工会运动转型的原因(专业化、专职工会工作者的出现、缺乏传统吸收积极分子的温床,等等),我们还必须提到当时相当广泛的一种工会意识形态,它来自"光荣岁月的神话"或"资本主义的总危机"。根据这种概念,无需设法去适应社会的变革;只要等待"制度的矛盾"激发一场总起义的时刻就够了。"工会工作者的任务不是去解决难题;相反,他们必须帮助矛盾'成熟'和爆发。"[90]这类意识形态障碍——德儒尔和所有那些解释顽固工人主义的人,特别是在法国总工会里的人都提到过,认为那是工会运动危机的因素之一,是发展社会批判来使它适应新世界的困难的一部分。在某些方面,工会演变很快,正如表现在专业工会运动的发展上，但在另一些方面，它们却显得死气沉沉，例如在工作世界正在发生深刻转型之时却无法更新它们的教义与分析。好像支持社会批判的情况不再掌握必要的知识手段来了解正在实施什么，已经事实上被一种同型性构建为意识形态上（即使不是数量上）非常接近于有计划的大公司所统治的、雇主们正在加以革命化的工业世界。它们无法以足够的速度在意识形态上更新自己的原因——不论是因为它们已失去与它们会员的联系，还是因为它们以前的分析阻碍它们看到在发生什么——是难以确定的。无怪乎
294 这两个现象是互相促进的。

多米尼克·拉贝最后就求助于工会联合会的增选做法。不论是哪个联合会，每一级的工会干部都是由上级挑选，从来不是会员挑选的。因此，工会代表是地方或科室工会而不是工会分会指派的，他们为了保住职位，就必须取悦它们的工会上司而不是基层。联合会（只提几个最大的，如法国总工会、法国工人力量联合会、法国民主工会）当前领导人的一个共同特点是，他们大部分的工作生涯都花在工会机关里，远远脱离他们原来的工作环境。

在下结论时，我们必须提到针对政治化及其过度行为的批判，它事实上涉及无数的不满意见：法国总工会与法国共产党之间的联系，随着法共一头扎进支持苏联，这就越来越成为累赘；法国民主工会与法国社会党之间较不牢固但真实的联系[91]，在1983年的政治转换中，它使法国民主工会失去信誉；法国民主工会与法国总工会在多年联合行动之后它们的各个分会抢夺地盘的斗争。70年代看来是正常的东西——工会支持政治项目（如左翼联盟、各联合会呼吁投某些候选人的票）当时吸引了无数会员——在80年代工会运动中发生了反弹，政治观点模糊了，大肆谴责政治化。

工会运动应当将主要力量用于设法制止或纠正资本主义置换所引起的工作世界的崩溃。它也应当动员起来阻止它自身的溃败，那是企业新措施的一部分。但是，曾是其手段的双边批判所取得的

收获——社会批判在工会体制化方面取得的收获，或者采取艺术批判提出的某些建议——使得难以评估新发展，延迟了认识它们可能带来的非本意的后果。在批判的影响下，这个世界已经部分地改变了，批判重建自身很慢，并且面临新的任务。

这种缓慢回应的一个原因在于毁损了建立同等类别的形式与方法，它一方面可以比较形势，因此激励一种团结感，并有利于集体动员；另一方面，为解释管理措施和倡议提供工具。在毁损的同等类别中，有一个必须给以特别重要的意义，它远非限于公司的范围，在普通的社会解释方面也起中心作用，并已经达一个半世纪，它从战后以来已经在某种意义上结合进国家的结构：社会阶级。这些阶级划分了社会领域内在劳动分工、财产关系和可能生利的资源分配中占据不同地位的人群。社会阶级的领域事实上已经模糊， 295
而且不再是不言而喻的了。在 80 年代以前，阶级构成了一个实际而认知的共同参照架构，特别是 50 年代由国家统计与经济研究所关于社会职业类别划分所作出的。

对社会阶级感到怀疑

如同非工会化的情况，资本主义的变化必须视为社会阶级模式危机的原因之一。70 年代与 80 年代期间的新检验形式的置换，不但影响了对于可雇用者与不可雇用者的选择、保留工作者的选择，以及成功或边缘化道路的选择。它们不但减少了工会影响和它的群众，而且改变了谈论社会世界和学术分析时所设想的社会的架构。在谈论社会时，人们至少不言而喻地很一般性地表示同意，在前几十年中，民族国家里的主要分野是由社会阶级或者社会职业人群的划分所代表的。

社会被表述为民族国家架构内的一套社会阶级

从30年代中期以后,社会阶级的存在及给予它们正式承认的必要性几乎是普遍同意的事,即便这些阶级的性质,尤其是它们的冲突性或互补性,以马克思主义者为一方,以法团主义者、新社会主义者或社会天主教分子为另一方,继续促成二者之间常常激烈的争论。[92]一种社会的概念确立下来了:一个社会是民族国家架构内的一套社会职业集团。当组成社会的各集团之间的关系可以根据大体平等分享公、私物品和全国范围计算的增长果实而证明正当时,这个社会就是好的。国家是这种平衡及最终社会和平的仲裁者。所以它在社会调节体系中,特别是在调节劳资关系的体系中,起着决定性作用,其证明就是:经济组织——工薪收入者的工会和雇主们的组织——在国家主持下在全国一级进行谈判。

建立这一概念的缓慢进展——在法国,至少花了一个世纪以上——是因为这必须建立在反对来自法国大革命的全国代表性的概念(主要受卢梭主义的影响)。根据这一概念,国家由公民组成,
296 公民的政治资格预示他们脱离了涉及私人利益集团(在《社会契约论》中被称为阴谋)的一切地方或职业的联系,所以他们能谈论总体利益。利益集团的代表性是没有地盘的,因此,就没有社会职业集团的承认、体制化和代表性的地盘。在这种政治构思下,公民是没有财产的人,他之所以合格,完全是由于他属于全民。

我们必须从别处寻找把整个社会的概念视为划分成社会阶级的政治根源。正如让—菲利普·帕罗表明的,从20世纪30年代中期和战后时期,逐渐引进一种职业利益集团在国家中的代表性,那是通过如计划部、经济与社会理事会、国家账务办公室和国家统计与经济研究所的社会职业分类,以及一个职业关系系统。国家是雇主和工会之间谈判的保证人,并结合三股政治思潮:法团主义,其主要组成成分之一是社会天主教主义;工会运动;以及起源于圣西门的技术官僚的计划思潮。[93]

从50年代开始，社会职业类别的分类是统一和代表社会阶级的一个强大工具，有别于政治或行政代表性、统计代表性、社会代表性及心理代表性。[94]这一名录范围产生于1954年的人口普查并在1982年作了修正，很快成为收集社会结构情况的重要工具，这由四十年来的大量研究所验证，公共研究中心和私人民意调查机构都使用这种分类系统。一旦有了这个，它就成为特别有用的工具来系统分析社会地位、学术资格、收入与社会出身之间的相互关系，那曾经是战后以来社会能人统治思想的中心，也是第二种资本主义精神的中心。

这一名录并不是充分有备地从创始者（让·波特）头脑里产生出来的。它是相关分类标准的社会历史的产物。阿兰·德罗西埃描述1954年分类名录产生需要的三个步骤。[95]第一个步骤标志着根据旧政制时期（Ancien Regime）组成职业的做法，尽管1791年的夏佩利埃法取消了行会。这就可以列举种种“职业”。在每个职业中，还没有区分师傅和工匠，不同于未来分开雇主与雇员；“帮工”与“专业人员”分开（他们被贬称为“没有专业”），这不同于后来确立的另一种分类，其中，“不熟练工人”（前劳工）同“熟练工人”（前工 297
匠）一起形成了一个“工人阶级”。第二个步骤包括分开雇主与工薪收入者，分开非工薪收入者与工薪收入者。但是，直到19世纪末劳动法的出现，并明确规定工薪收入阶级的定义以后，这才是有可能的。第三个步骤导致社会职业类别名录以工薪收入阶级内根据工龄与技术水平规定的一种等级制为特点。工人与职员之间的区分以早已使用的体力/非体力两分法来构建，但是，工人与职员群体并不是以我们今天所熟悉的方式在等级上组织的：就是说，在工人方面，采取“劳工”、“半熟练与不熟练工人”与“熟练工人”的系列；在职员方面，采取“雇员”、“中等专业”与“干部和高等知识专业”的系列。

第三个步骤从30年代延长到50年代，依靠帕罗迪协议和写入集体协议的分类架构。这些协议在 1919 年由法律确认，但直到 1936 年的马提翁协议以后才公布实施[96]，成为战后时期社会关系所根据的主要体制之一。1946 年，帕罗迪—克鲁瓦萨法令确立了计算工资的分类，部分是为了保证战后重建所承担的“牺牲”得到“公正的分配”。因此，它们受 20 世纪 20 年代冶金业集体协议的启发，扩展到所有部门的蓝领技能级别（劳工，OS1，OS2，P1，P2，P3）。每个部门对每个技能级别附加职业列表。战后时期还产生了工作理事会，它的代表由分成三个选举人团（工人、职员—技术员—监督员、干部）的工薪收入者选出，再一次定型了各工薪收入者群体之间的界线。这些年还确定了公共服务规章，提出干部中 A 类与 B 类之间的区分，作为划分“中等干部”（在 1982 年分类名录中的“中等专业”）与“高等干部”的模式。社会职业类别的名录因此直接联系到公司所使用的工作划分的历史进程，但这主要是国家所确定的。这一独特的历史说明了与其他地方不同的法国社会职业类别所采取的独创形式。这也说明了它们对分析数据的稳健性。

有了这种名录的帮助，所进行的分类是更加可靠的，因为这些职业是由职业集团很好地代表、并由法律与规章所确定的。因此，它表明 70 年代最显著的集团和级别——他们的存在同时被政治伙伴、职业代表、统计人员或社会学家及普通老百姓所承认——如
298 何成为长时期构建和体制化努力的目标。以干部类别为例，它在多数方面是非常异质的（从事职业、收入水平、传承规模、学术资格，等等）；它的存在首先在于代表机构的产生（协会、工会、刊物，等等），由此取得正式地位的界定和调节机制的实施。[97]它们的立法性质保证它们在每个公司和全国范围推行。[98]通过分析国家统计与经济研究所内进行的编码工作可以说明，例如，名录中关于博士的分类错误是极少的，尽管他们使用非常广泛的专业称号。关于必须是医学博士才能行医的要求，是决定该职业轮廓的有利手段。[99]

集体协议代表社会职业类别之间的一个重要联结，有助于统

计工作，并提供根据社会阶级对社会的描述[100]，以及企业的措施，因为在某种意义上说，它们是工薪收入阶级内统计分类健全性的保证者。代表雇主的职业组织（或雇主们自己）同工会所代表的工薪收入者之间，在职业生活中提出并签署的合同，其目的是要应付就业与工作的整套情况（雇佣、工时、超时、兼职工作、假日、培训、晋升办法、辞职、裁员、退休的情况）。他们特别使用分类网格（称为帕罗迪分类法）对公司或部门的不同工作与职业，根据工薪收入者任务与职责的划分和详细说明进行分类。它们根据以类别为区分（半熟练与不熟练工人、职员、技术员、监督人员、干部）来分清不同的常规体制，其中还要分清技能水平（水平、类属、范围、等级）。技能水平联系到职位，而不指担任该职位的人，即便涉及其定义的学术资格也是如此。集体协议提到相应于工薪收入者在该范围内所任职位最低工资的一项工资系数。它们据此确定有关技能类型与工资水平的公司内类别划分。集体协议并不覆盖私营部门的整个工薪收入阶级，尽管公共当局一再试图鼓励它们扩大适用范围。1993 年，私营部门有 1350 万工薪收入者，据估计，当时他们中约有 80 万人没有被任何协议所覆盖。[101]

这种模式在思想方法上的反响是明显的。一方面，社会职业类别构成所谓社会结构常情所依据的隐含格局。[102]另一方面，在 60 年代和 70 年代盛行的法国社会阶级社会学使用了这种分析架构 299
的含义并加以理论化。例如，社会学家们强调在工作中的社会流动性，区分了社会职位空间（结构）与潜在任职者的性质（人员质量），从而在理论层面上重现了集体协议中的区分："工作职位" 的具体说明和适合担任者的专业"资格"。同样地，如"社会轨迹"这样的概念，把同时期内所推广的事业晋升的方式，从公共部门普遍推行到大公司，并用在集体协议之中。

社会阶级模式的危机

虽然在70年代，社会阶级非常盛行——不但在社会科学内是大量著作的主题，而且在文学、传媒或电影中也是——但是它们却逐渐从描述领域消失了。在80年代下半叶，受尊敬的、著名的分析家们严肃地相信并声称它们不复存在。

战后以来蓝领工人生活水准的上升，他们获得如汽车或电视等消费品，住房舒适度的改进，加上这类工人数量自1975年以来的下降，产生了所有阶级——特别是工人阶级——都被吸收进一个广大的中产阶级的理论。民意测验传达了阶级觉悟正在下降的看法：比较法国舆论研究所（Ifop）1966年的一次调查和市场信息研究所（Sofres）的几次调查（1982年、1983年、1985年、1993年和1994年）说明，不属于一个阶级的感觉在上升[103]，“那些说自己的确属于一个社会阶级的人”越来越多地指“属于中产阶级，这可以解释为否定阶级觉悟，因为没有反对另一阶级”[104]。更加惊人的现象是：蓝领工人中说自己属于中产阶级的百分比从1966年的13%上升到1994年的30%。[105]这样，路易·迪恩研究集团在它1990年的出版物中就能质疑社会分裂为阶级的观点。[106]

皮埃尔·罗桑瓦隆力求表明阶级已经解体，社会只是不再能汇集成阶级的一批个人，或者它们都属于同一个中产阶级。[107]为了指明社会职业类别名录的不合适，他引述例如“中等专业”的收入统计，看到21%的干部位于“中等的”中位数工资水平线以下，而14%的蓝领工人却超过了它。[108]罗桑瓦隆的立场不是孤立地重建统计类别，而是相当简单地消除它们：“收入水平、文化资本和社会职业
300 类别，都不再像过去那样清楚地相互有关，使得社会较不容易解读。……不再需要描述集体特性，而只要个体轨迹。……当实行统计手段的认知成果缩小时，就是转向专题新用途的时候了，以便达到可称为社会纹理的灵敏评价。”[109]现在唯一认为要考虑的是个人轨迹，这不能归纳在类别里。例如，“被排除者”事实上只是一批生

活中经历“失败”的个人，不可能把他们构建成一个同质性阶级。[110]

在不表述社会阶级的工作中，社会学的作用既是消极的，又是积极的。它是消极的意思是，它不像时常声称的那样自主，逐渐对阶级不感兴趣，因为它们的传统轮廓在社会里不太有代表性了。它是积极的意思是，社会学在选择和表述什么对社会关系重大的问题上作出了自己的贡献。不再提供阶级的表述，就促使它消融了。

在这方面，社会学的案例是典型的，它作为一个声称科学有效性的学科，应当有义务说明影响它的变化的原因。从1960年到1980年期间，根据阶级、类别、社会职业集团等的分析，在法国社会学的迅速发展中起关键作用。社会职业类别名录形成了一个架构，公共和私立研究机构积累的大量数据都嫁接上去供社会学解释说明。可是从80年代初或中期以来，根据阶级的分析已少得多——那就是说，矛盾在于，这是在影响经济活动的非常重大的变化对阶级和阶级关系发生冲击的时期。[111] 过去十年中，对组织、工作，以及较少程度上对贫困、失业和就业问题所积累的丰富著述却都忽视了这个问题。事实上，我们见证了社会辩论方面的转型：直到70年代末，始终围绕的是不平等的主题，后来则逐渐转移到排斥的问题。然而，第一种看法“对社会集团之间的敌对留下余地；第二种看法则确立了广大共识的思想，一种很少受少数极端形势阻碍的广泛的标准化”[112]。

社会阶级的消失在社会哲学中更加明显，且不提传媒或政治话语——特别是社会党，它在80年代的大部分时间里是执政党。通过广泛实行对“指标规定的”就业给予津贴，公共政策事实上帮助了这一进程，因为它越来越不关心社会集团之间的力量与利益分配，而把它的行动集中到“最急需帮助的人们”。 301

资本主义置换在社会阶级解构进程中的作用

如果我们同意，社会阶级的形成不是来自自然进程的外部原因，其体制取决于形成和代表它们的劳动——特别在法国，就是国家——那么就会同意，上述的资本主义转型使阶级特性所构建的中心点变得模糊，并对察觉到的类似情况所根据的同等因素的有效性提出挑战。

尽管在这个时期的开始时比较弱，但工会在代表不同阶级或社会职业集团的工作中起了重大的作用。它们这样做，是通过保证它们在由国家仲裁的谈判机构中的代表性，也通过贡献于突出一个团体中成员的相似性来形成社会代表性。因此，非工会化也意味着工会逐渐丧失保留特性的能力，而该能力主要结合在至今被心照不宣承认的代表与被代表之间的同型性。

至于在许多公司中与重建工作环境相联系的就业条件的个人化，其产生的后果是，突然使得社会特性观念所依托的不言明的均等性变得陈旧。机构界线的淡化，划分成相互间较少巩固关系的更小、更临时性的单位，这些都模糊了建立在既有分类基础上的条件之间的对比。我们也不能低估被劳工市场竞争加剧所刺激的对差异的新敏感性在腐蚀社会特性方面所起的作用。

但是，资本主义置换对社会阶级的影响，并不只是增加工会在代表阶级方面所经历的困难，或者造成工作环境的演化而使“阶级觉悟”萎缩。大量的雇主倡议也同样推动了分析架构的直接改变。

一开始，让我们提到公司负责人在使用名称上所做的工作。法国雇主全国理事会最近转变为“法国企业运动”，导致其从所代表的合法领域中消除了“雇主”的字眼，因为它不再承认自己这个名称，所以使用这个名称越来越多地与批判相关联，它的涵义岂不变得更加负面？法国雇主全国理事会现在把自己作为公司的代表，因此——有何不可——也是它们工薪收入者的代表，消去了股东与工薪收入者之间的利益冲突。这样，以前确定的分野就被否认了，
302 只有批判才会重提它。

早在 1971 年，雇主就在半熟练和不熟练工人的报告中提议用

“操作员”的名称来取代“体力工人”(第三章分析过),是又一个象征性手法，它的结果之一是，坚持用工人阶级职务的新提法来使“工人阶级”消失,并消除情况的重要持续性。

这类做法可以更容易地打破与每个类别在传统上有关联的“典型例子”。事实上,当它们在斜行表栏外读到,或者在民意测验广播评论中听到时，名单类别向人们谈的只是它可以在每个项目中填写的、出处与统计无关的描述(因此,例如“干部”一词覆盖的内容就是与该类别的关键例子关联的描述而牺牲了它的次要成员)。[113]现在怎么有可能在“工人”类别中罗列描述呢？因为公司头头们在说明他们公司雇用多少工人时,忙着加上一句“指国家统计与经济研究所意义上的工人”,而放弃在公司内使用“工人”一词,代之以类别名单中没有的“操作员”。

在集体协议中使用的分类行动，我们已经注意到它在描述法国社会阶级中的极大重要性,在70年代中期以来仍然持续,逐渐打破了以前使用的等级制与类别。

自70年代中期和80年代以来,各项倡议胜过了这些分类,有一部分雇主认为它是对灵活性的主要障碍。[114]

从70年代开始,通常的分类网格(它引起一系列要求及后来的集体增加)被视为工资个人化的障碍,因此是实现公正的障碍。但是，实行职工的个人化管理转而会带来同一部门集体协议所涉及的一批公司内可比职务与可比资格之间巨大的工资差别。[115]随着雇主对治理性危机再次回应的实施,集体议价趋于衰落,逐渐促成了薪酬措施脱离协议中写下的最低工资，同时利用低于最低保证工资的协议最低工资[116],以及一项奖金机制,以缩小正式分类网格的作用。因此,在1971年的法国雇主全国理事会对半熟练和不熟练工人的报告中提议“使供求法则起作用”,主张把他们的工资提高到“相对于职员和某些专业人员的水平”,“显然,如果这些类别的工资增加不会自动应用于其他职业的话”。但是,来自帕罗迪

协议的分类是这一计划实施的障碍，因为它们对一个类别中工资
303 与成员之间的关系规定了过分的僵硬性:“确实必须看到，在我们国家，自从实施1945年帕罗迪分类法，我们面临‘吸收进国营部门’的某种倾向。……改变一个职业的薪酬情况而不影响整个范围，是极其困难的。……这个体系的僵硬性扩张到了全国。”为了逃避这种僵硬性，“作为第一步”，作者建议“把工资的概念同分类的概念分开”，利用“补助”和“附加工资”；然后引进新标准来重构分类，例如“责任”或“神经紧张”。

对分类中实际的职位定级采取行动，是绕过它们定下的调节架构的另一个办法。因此，弗朗索瓦·热格尔—马迪奥认为，“熟练工人”与“不熟练工人”之间的差别，在集体协议的分类中并不反映那么大的技能分别，它取决于劳工市场的情况，可以有一个均等的技能水平。[117] 可以特别清楚地看到，具有职业培训证书或技校证书的年轻人现在都系统地受雇担任不熟练工人的职务，而技校证书仍然广泛关联到熟练工人工作的协议。[118]

弗朗索瓦·埃罗等人关于分类与工资（根据4个工业部门中27个单位实际支付的工资）之间关系的研究表明，分类与工资之间的相关性仍然很强（约为0.8）。另一方面，分类网格的使用方法在各公司不一样，它们在结合工资政策与分类政策方面有所不同。[119] 他们指出三类做法：一是这里提到的一类，包括积极地使分类网格中性化，使之不起作用；二是把分类网格作为一种管理工具，旨在边缘使用；三是使分类在合意的组织变化中起积极作用，包括对标准和等级制进行重要的再谈判。[120]

让我们确切地谈一下包括力求转变网格而不是设法绕过它们的那些做法。分类网格的历史标志着冶金部门在1975年签署了一项名为“加权标准”的新一类网格。从那时以来，这类协议数量大增，使得这种网格正在逐渐稳步取代帕罗迪网格。它们大大有助于模糊社会阶级的分野，因为，虽然它们代表当今大体一半的有效集

体协议,但它们不再允许对社会职业类别进行直接编码。[121]

在战后时期根据帕罗迪法令谈判的分类网格，其特点是详尽无遗地阐明不同职业在事业道路上的等级化任务和工作职位。因此,例如道路拖运协议指出,第一组雇员包括不承担日常事务的清洁人员、看管人及不做日常事务的守夜人。在第二组,我们发现有 304
日常事务的保洁班子(大任务)、看门人、看管人,有日常事务的守夜人及门岗、通讯员、摩托驾驶员和办公室助理员。

从 70 年代中期以来已经谈判的、带加权标准的分类网格中，等级制建立在谈判已达成协议的组合标准的基础上（工作的技术性、知识水平、创新、责任)。类似于“定级标准”的冶金业协议中关于第一层第一级的行政与技术人员（与上述道路拖运组的同一层次)的规定如下:“在更高资格官员直接监督下,根据简单指示与说明程序,从事简单的、重复性的或类似的任务。”这一直截了当的例子足够说明新分类所导入的回旋余地。现在,签署部门的每个公司就要在协议所界定的架构内为它自身的工作定级，而就帕罗迪分类网格来说,分类已经确定并摆明。冶金业协议中的分类网格仍然保留类别之间的某些次分等,区分蓝领工人、白领工人、技术员与监督员及干部的不同等级。但其他的分类网格,例如在制药业,就设法建立从体力劳工到管理干部之间一个连续系列，逐步导向消除对职工群体的特定安排。

如同已经发生的其他置换，对新分类网格的评估不是直截了当的。组织一个连续系列可以显得有助于平等和限制等级制原则。更一般的阐述似乎较少受制于有限的时期并易于在新职业出现时作调整。它们也似乎适合于对具有很不同职业的公司的谈判部门。但同样清楚的是，有加权标准的制度在工作分类中恢复了回旋余地,但对工薪收入者的分类和对待则减少了保证。这些并非无关紧要的问题,因为集体协议保有经管工作的最大重要性,尤其在中、小公司中,正如我们见到的,它们在工薪收入者分布的比重上在增大。法国国家统计与经济研究所1992年的调查《工资结构》中指出，有20名至200名工薪收入者的公司，实际上三家中就有一家，在1988年至1992年间调整工资问题上对部门的建议"极为重视"。（对于少于20名工薪收入者的公司，财务结果起主要作用，而较大的公司则提出自己的指令。）而且，当涉及决定基本工资、等级分布工作和计算工龄奖时，部门的集体协议是极其重要的。[122]所
305 以，我们必须想到集体协议的改变是可以考虑的。这里还有关的是要指出：1975年的冶金业协议开始了这类做法，但签署的却只有法国工人力量联合会、法国基督教工人联合会和法国干部总联合会，而在冶金业最有代表性的联合会法国总工会和法国民主工会则弃权。[123]然而，根据法国工会代表的规则，该协议被视为有效。这构成一个很好的例子，说明资本主义的置换、对工人减少保护、灵活性的发展、使工会声名誉扫地及有关政治责任方面的法国法律规则之间存在无法解脱的联系。

安内特·若贝尔与米歇尔·塔拉尔认为，90年代标志着比以前加权标准更加灵活的分类网格的出现：

> 架构网格打开了新领域，……向公司提供了一种新的分类法，而不是已经构建起来的体系，它在部门规定的标准基础上和在其限度内引导公司（或亚部门）阐述它们自己的工作等级。……当涉及到保险形式时，架构协议的概念是最明晰的。部门的作用是根据五个标准界定七个级别。他的作用实际上到此为止，因为然后就是公司根据标准的权重来把它编存和评价的职责填入那些级别。……经过同意，公司可以决定中间级别，它们以自己的选择来指派职责的名称。职责的数量没有限制。确实，在实施新体系的两年时期末了，人们将面对根据公司职责数量及评价方式的非常不同的分类网格。[124]

传统上委派给集体协议的作用崩塌——其作用是拉平不同公司同一部门之间的竞争条件外——与此同时，保证工人所得的公平性也崩塌了。

资格网格的放松或中和，其直接作用是增多特殊情况，并产生一家公司与另一家公司在组织工薪收入者进入等级制的不同规则。这逐渐导致解构集体，并不断使得用于说明依靠过去组织形式的社会结构统计类别归于无效。

试图解构有时仍然比较直接，如干部类别的情况，它已有相当时间受到雇主想取消其特殊性的某些压力。这个挑战是又一惊人例子，说明社会阶级的模式越来越失去信誉。从外表上看，什么也没有改变。干部条例仍然存在，它的有关福利（特别是退休）与制约（例如没有超时费）照旧。与过去一样，过渡到“干部”的地位代表着合意地跨越一条社会界线。干部在国家统计与经济研究所的名录 306
中很重要，研究所的期刊仍然经常发表数字说明这一类别在继续扩大。然而，它的有效性日益受到挑战，特别在高科技部门，以及受到一些更有创新性的雇主的挑战。因此，《企业与进步》在 1992 年出版一份专门谈干部的材料，题目是《干部与非干部：一条已废弃的界线》，它提出了一批论据，主张废除干部条例，取消这一社会类别，并质问一项“社会职业类别体系，证明有它过去的价值，但不再可能面向未来”[125]。这些论据所提出的主题已经在新管理著述中涉及，但值得再详列一下，因为它们提出了主张废除干部条例的根据的一幅几乎完整的图景。

第一批论据强调在 20 世纪 30 年代和 50 年代体制化了的一个类别的历史性（历史已经做了什么，可以不做什么）；以及这是一种流动性的类别（“如社会学家已经指明的”），受制于多种定义与统计评价。直到 70 年代它还是有用的和“有推动力的”，但时至今日，它的存在则起着有害的作用，理由如下：（1）因为社会环境已变得单质，已不再像过去那样干部与非干部之间在生活方式与社会态度上有显著不同(都像属于一个大的中产阶级);(2)因为随着服务部门的发展,干部数量大大增加,而蓝领工人数量则已下降;(3)因为学生的数量也大为增加,鼓励他们都会成为干部的希望,是危险的;(4)因为干部的称号是特定法国的,因此是对法国公司国际化的一个障碍。

其他论据涉及组织方式的改变，以及从泰勒制过渡到“灵活的”、“模式性的”或“项目性的”组织:(5)干部不再实行监督的功能,当等级制层次数量减少时,干部类别的数量却有很大增加;(6)干部的名称强调等级制,中央集权,划分小部分,垂直沟通,这些都是已经废弃的金字塔式组织的方式，适应于不灵活的集体协议;(7)干部的称号清楚地划分筹划思考的任务与具体执行的任务,可是这种泰勒制的区分不复存在,区分干部与非干部,妨害了各层次的自主性、个人积极性与创造性;(8)干部称号对学术资格赋予太多重要性，阻碍了经验与技能的优先,“它与承认实际技能与责任背道而驰”,所以,它一度是“有推动力的”,现在它被视为一种“排除因素”。

最后,这一论据特别与我们的目的有关,是围绕共识与报酬方
307 式的问题:(9)以前我们听说,对干部要求的职责和其他工薪收入者之间有着真正的不同,对干部要求“全部专注”,转化为“目的”,无法以时间来量化(因此不付超时费);其他工薪收入者承担的任务是由有关他们的工作时间所适当规定的，他们与公司的关系也“较远”。这种不同伴随着不同的评价方法、满足方法与激励方法,它们在前者是个人的,在后者是集体的:对干部的评价是通过“经常面谈”进行的,“按绩效付酬”,其他工薪收入者是按“同样的总趋势”付酬。[126] 而现在,在新的组织内,“非干部中有许多职业的生产率只是次要地联系于所花的时间”，而且由于技术越来越复杂,可以发现熟练工人的“责任”比干部的责任还大。

建议中提出的这种对类别的挑战，是设法通过把以前的干部

待为普通工薪收入者，通过对其他工薪收入者应用至今只对干部的管理方法。例如，这一材料的作者们建议，在新雇员就职期间，不要考虑地位之间的正式差异（特别是那些与学术资格有关的人们）。另一方面，“把应用于干部的评估业绩与潜力的方法扩大到所有层次，以便建立‘基于信赖与承认技能的关系’，并且把‘根据组织能力的等级制有力概念作为优先，任何地方出现人才，就要加以委派和提升’。”[127]

但是，这些建议并非只关心公司的内部管理。它们同样要求“修正，甚至废除，某些常规的、调节的或法律的集体规则”。它们特别寻求：(1)修正“地区性、部门性集体协议中的法规性差异”；(2)“放松劳工法令中特载的类别集体代表制规则”，特别对于有愿望为全体职工建立单一选举人团的公司，要放松其机会；(3)“当涉及补充性捐助养老金计划时，要反对干部与非干部区分”(具体来说，“职工补充养老金计划协会”与“行政官养老基金总联合会”的逐渐合并)，以及更一般的是对退休、裁员和意外事故的补偿方式标准化。这一材料的作者们表示赞同关注直接工资的方式，让工薪收入者去安排对意外事故和退休的补充。[128]

这些建议不是空想。它们已经开始实施，对国家机构改变现行规章和程序具有明显的压力。例如，看一下制药业全国联合会(SNIP)在1996年10月致国家统计与经济研究所的一封信，告知 308
说制药业在将来无法响应根据社会职业类别的强制性调查与宣示(例如，就业结构调查)。它的论据是，该工业在1994年6月修改了工作分类制度，现在不再涉及社会职业类别，“估计这些概念不再反映当前现实，使公司和工薪收入者不能很好地为目前的经济发展作好准备”。在随信附寄的材料中，说明正式地位的存在不但有害于公司，而且对工薪收入者自身也是危险的，他们在“一个不稳定的世界”里“找到另一个工作”的机会，取决于“工薪收入者在其公司帮助下取得的增加值”，而不是取决于他们“以前的工作称号和社会职业类别，不管其多么好听”。后来在有关这一问题的一个会议的报告中说明，制药业全国联合会的倡议，旨在“在部门中推动管理新模式并承认更符合新现实的资格。总之，这是从基本上以地位为中心的集体管理模式，走向基本上以管理技术为中心的集体与个人管理模式”。它总结说：“行政意外事故不应构成对部门所向往的新价值观兴起的障碍。因此，完全为了统计或行政加工的目的而重建以前的地位逻辑，是要避免的。”这些战斗的重要性在最后阶段显示了，因为国家统计与经济研究所的专家们能够确定，联合会建立的工作名录使它很容易根据社会职业名录来为工业中的工作编码。因此，以公共团体期望的格式提出统计的有关技术困难，就成为彻底进行一次思想改造的借口。

我们刚察看过的文件表明，干部类别迫近的碎片化的可能性必须认真对待。二十年前，曾经努力要拆散该类别，指出它远非具有当时归于它的唯一性和自然性，而是异质的。贯穿利益关系和权利关系的，是经济与政治历史的产物。（总之，至少以这一范式最纲要的内容来看，这个类别只是体现了一种意识形态。）今天，雇主们正在力求拆除它，所根据的是以前他们认为无关的批判性社会学著作中时常引用的论点。因此，经理们和干部们之间保持高度团结一致来把它执行（集中了大量工人和战斗性工会的一体化大公司似乎颇为紧要），已不再是优先了。

社会职业类别名录所使用类别的有效性（法国社会作为一套
309 社会阶级的形象，主要以此为根据），很大程度上取决于它们在社会世界中所实行的划分是否合适。但是，这些划分本身的鲜明，导致很大程度的调节机制与工作组织模式的客观化，名录本身就是它的产物。最终，名录的划分与世界上可观察到的划分两者重合的确定使名录有了信誉。可是，以货币为例，人们对它健全的信心，以及名录类别结合它们自身心理类别在很大程度上保持了这一合适性，并最终保持了对名录的信心，以及根据它对阶级的分析。对于与名录一致的调节机制和组织模式的挑战，是为了使它与世界疏离，与它的目标断开，打破对它不言而喻的信奉。而且，除了对名录真正的满意以外，对它有效性的信任基于相信社会世界具有最低限度稳定的可能性。名录的细节可以加以修正，而不会损害以一项分类学来描绘社会职业世界的可能性。反之，对社会世界的比较稳定性提出挑战，主张不确定和复杂前景的看法，就会降低对它可被描述的信心。[129]

然而，把真实情况的特殊性与阶级成员的划一性作对比，那是再天真也没有了。这就是今天有些人所做的，他们根据与微观历史相关的专题技术或统计技术，或者从中得到启发，[130]重新发现工作条件、社会轨迹、承认特性或关系网络的多样性，好像这些现象是他们突出的，是完全真实的，而怀疑以类别、群体或阶级所作的描绘。无数著作已经表明，[131]这是忘记了群体和阶级的形态总是需要长期、强烈、冲突性的努力来确立均等。在较大或较小多样性条件的背景下，就要求突出特性和断定的共同点以强调相似性。但是确立均等，完全不是要抹杀情况的特殊性，那总是可以强调来阻止构成均等或者取消已有的均等，正如米歇尔·卡龙与布吕诺·拉图尔表明的，[132]那是永不能逆转的。情况是：所有设法取消已有均等的措施——不论是行政意义上的措施，或者社会撰写与统计意义上的措施——都是以观察者和行动者自己的观点来恢复突出特殊性。更一般地说，他们构建了一个对差异很敏感的世界，它并不因 310
此而更不真实，当均等体系存在时可能被视为次要。随着社会阶级代表权的解构，无数的特殊性在它们被模糊的地方再次显现，当初是由于铭刻成既定均等形态（分类法、组织机制等）的同质影响下被模糊的，同时被结合进社会行动者的认知能力。时常纲要性地描述（因此易受批判）一个分成单质性集团或类别的社会，因此被一个困惑、破碎的世界同样草率的看法所取代——这个世界全然由并列的个人命运所组成，社会学家对这一描述提出，“社会的消失”

是“社会生活所依靠的非常特别的描述”。[133]

社会阶级的挑战对批判的影响

社会批判是受到社会阶级模式淡化影响的最直接对象之一，因为在一个多世纪以来，它一直基于突出个人阶级之间的各种不平等，并力求推动参与同一生产进程的这些不同集团之间的苦乐得到公平的分担。否定不同阶级的存在（它们的利益是完全或局部地相矛盾的）而把分析集中在一个总量上——“被排除者”一词的定义正是由于其不参加生产进程，传统社会批判的话语实际上因此词而趋于无效。例如，它会引证“圈内人士”中日益增大的不平等，而当前主导的分析纲要认为：这一特性正使他们成为新的“特权分子”。或者再来重建“工人阶级”，把相当多的新职员加进体力工人中。这会表明，它根本没有消失，它的人口比重甚至相当令人印象深刻。

艺术批判也受社会类别解构的影响，因为这也使19世纪中叶以来在法国完全起中心作用的另一个对立变得模糊起来：以知识分子和艺术家为一方与以经济精英为另一方之间的对立。各种数据表明这正处在发展中，即使不是失去所有的相关点，那至少是在迅速淡化。[134]

今天，经理人正在起着承担艺术家和知识分子质量的作用，这种方式看来正在淡化浪漫主义所确立的商业人现实主义与文化人理想主义之间的距离。这更是由于：影响文化生产体系的变化，使
311 得艺术家和知识分子为了得到他们项目的成果，而力求联系非常不同的人士与机构，探索网络，建立合伙关系，安排——特别在财务上——项目（尤其但并非只在研究领域或实况表演、戏剧、音乐等）。例如，艺术生活——如同皮埃尔—米歇尔·芒厄最近关于演艺业的文章[135]所描绘的——构成一个真实的限度，“经理人”的理想（正如顾问们的著作所勾画的）似乎就朝这个方向。艺术家要回应

一个非常可变的、不确定的职业世界，就要扩展风险，使自己具备“包含不同风险的业务活动和资源”，这授予“个别艺术品组织某种微型公司的性质”。对他们来说，不规则的工作代表最广泛的就业形式，有不断短期的工作，或多或少长期的不工作。这项事业不是在填补“空隙”，而是参与大量往往非常异质的项目（1988 年平均一年 5 项，10%的演艺艺术家在 10 项以上）。最佳战略是积累相对稳定的工作（它特别保证了领取失业保险的权利），以及非常短促和多样的合同，以便可以“探索新的丰富的工作环境”，增加多次合同的数量，取得新的技能与信息，并受惠于“声誉”效益。这些是加强“受雇能力”的许多因素，它大大取决于“看得见的声誉”，以及从以前参加吸引注意的项目所得来的影响力。当没有联系的经理人的理想被拥有财产的老板和忙于生产计划和合理管理的经理人所取代时，艺术家的流动性与商界繁荣人士一心一意寻求固定性之间的紧张就缩小了。新型经理人，像艺术家一样，岂不也是创新人士，直觉、发明、接触和机会的遭遇者，总是不停地活动，从一个项目转到另一个项目，从一个世界转到另一个世界？像艺术家一样，他岂不也是摆脱了财产的负担和等级附属品及权力符号（办公室或领带）的束缚，以及最终也摆脱了资产阶级道德的伪善的束缚？然而，反过来，今天的艺术家，甚至今天的知识分子或研究员，如同寻求生产商的网络人士，岂不也是为了实现他的项目，需要昂贵的、异类的、复杂的安排，要有能力与遥远的、多样的人员达成谅解，他们担任不同职位——从地方民选官员，到公司头头，通过部里来的专员。他必须对他们感兴趣，说服他们，争取他们？

结果，统治精英内部的整个冲突的平衡得以妥协，由批判传统相互作用所支配的以前的敌对，为聚合交替让出了地盘，每个成员在那里都有在同一地方丧失特性和激烈竞争的风险。这些变化的 312
效果之一是，使得采取批判立场——从 18 世纪中叶以来，尤其在德雷富斯事件以来，这有助于就此界定艺术家或知识分子——立即比以前更有必要，但在很大程度上是无效的。对知识分子是必要的，因为批判是最后的标志，能在商人和权势人物面前保留他们的特殊性或特性。但是，知识分子或艺术家发展起来的批判，很快被主要媒体和对手称为“尖刻”、“恼人”或“激进”，它们据信是要毁谤。而后者却要成为合作者，甚至完全一个样，忙着为自己的利益采取批判，以致批判失去了应用点，并且被谴责为不断修改或空洞夸大。

我们也可以把这种渗透现象联系到过去三十年受中等教育和大学教育的公众的很快发展，这些公众成员所受的教育纲要是由上一代传给他们的。这个集团特别包括文化指导和中介人员——记者、宣讲者、戏剧人士，等等——他们在1968年5月前后自己也是学生，今天他们担任学术、出版或传媒界的文化权力职位。这些知识引导者广泛传播艺术批判的形式与表述，其特点是20世纪上半叶的先锋派——立体派、达达派、超现实派，等等——他们自己就是这样成长的。因此，他们帮助了一个要求标示“越规”产品的市场，即使现在受挑战的“禁忌”同真正的审查内容只有极遥远的联系，但那不言明的或禁止的事物今天却挂在权势的头顶供思考和谈论。

由于社会类别与放松公司用来记录工人与分类的统计模式相联系，它的解构也有助于打破工作关系，特别是支配着获得就业、晋升、某些水平的报酬等。

非类别化对工作检验的影响

当我们在本书导论中提出检验的概念时，我们主张一个社会（或社会状况）可以由它建立的检验性质（通过这些检验来进行社会选择），以及对这些检验公正性的争论来界定。现在，在这方面，本书所设法说明的转型是激进的。联系工作的检验（选择、晋升、人员与职位的适配、决定工资等）在60年代围绕着长期事业的组织强烈地体制化了；这一切有相对制约性的集体协议及能使协议遵行的强大工会参与。工薪收入者之间的收入分配由大集体经管，在那里工作的只有属于同一雇主的工薪收入者。这同时可以显示条件和利益的共同性，建立一个与资格水平收入有关的定型了的、协商过的公正。唯一可能的就业合同是长期合同，其他的都受到很严紧的限制。 313

三十年来，这一大厦已经拆除。工资的决定主要通过市场上不平衡的力量对比，它使得为了生活而需要工作的工薪收入者，直接面对能抓住劳工法解除管制所提供一切机会的高度结构性的公司。随着有组织事业越来越少，人们不得不回到市场，在那里，他们的价值在他们工龄的不同阶段受评估。大集体转化成小结构的小舰队，以及工薪收入者不同情况的扩散（合同类别、雇主类型、工时、适用的集体协议，等等），打破了计算的同一空间，成为许许多多特定情况，不再能容易地加以汇总以获得总体形象。局部计算的扩散掩盖了网络中的主要分布而难以总体化。事实上，在汇总各不相关的数据进程中的技术障碍是很大的。但除此以外，根本得不到信息。描述工薪收入者和收入信息的机制，事实上基于"公司"的法定实体，在某种情况下，基于一个组织的较小单位，它作为属于单一公司的一个工作集体，而排除了来自其他机构的工人（临时工、服务业公司工人、分包公司工人）。或者，在更高一级的汇总，基于由多数资本联系的公司集团的较大单位，但是由民族国家疆域所严格界定，尽管最近在一些跨国公司中有向着建立"欧洲集团委员会"的进展。[136] 因此，它们不容许取得国际范围的数据。

资本主义的置换有助于废除检验，在几十年积极社会批判的影响下，它受到高度监督，在公正方面非常严格。在本书使用的名称中，它们可称为"地位检验"。一旦它们被废除，就只剩下"力量检验"了。

资本主义置换对既有检验的影响

资本主义置换对既有检验不断发展的影响，特别在于它们对
314 可以使检验力求公正的分析性类别发生解体所起的作用。

我们这里的意图是相继提出两个逻辑，以不同的知识传统来阐述，它们支撑着描述总是作为不相容的，甚至敌对的社会世界——那就是，一方面是一个类别化的逻辑，另一个是置换的逻辑。在第一个逻辑中，形成的话语涉及公正、正确、合法、普遍。在第二个逻辑的语言中，阐述是以强力、战略、地位与网络的描绘。我们认为，这两种逻辑所表达的分析，对于了解批判的力量极为重要，但是对于它在理解世界时遭遇的困难也是很重要的。

类别化在检验的公正取向方面的作用

我们把检验界定为总是一种力量检验（总论）。但是，我们也提出了两者之间的一种连续系列：一端是所谓的“地位”检验，在那里，涉及与衡量的力量被指明是排除其他的，检验的方式保证这些力量不插手破坏结果；另一端简单称之为“力量”检验，其特点是它们既不被指明也不受监督。

地位检验（符合一项公正模式）首先预设确立要控制参与力量的性质和数量的机制。组织社会竞争的这种进程可以用许多方式来表明。以教育体系发展史为例，关于实行竞争性考试不得具名，或者限制挑选建立的学校名单；或者以经济史为例，关于反托拉斯法或者建立监督股票市场运作的委员会；或者举另一例，选举民主的体制，关于禁止在同一市政名单中包罗同一家族的成员，旨在保护公民地位不受家族世界寄生性行为的影响。但是，我们也能找到体育检验方面的例子，正如阿兰·埃伦伯格看到的[137]，这肯定是我们自己公平检验概念所根据的范式。

乔治·维加雷洛描述了体育检验事例中规章的做法。[138]一开始

联系到不同体育项目的不断自主化，或者由业余运动员独立发展的成就(每个都有自己的方法,因此有各种方式,包括多样的、不太合格的力量),他们具有自主训练的地位,可以这样参加国际竞争。“每项体育的历史,因此基本上是一批规则的历史,这些规则越来越详细和精确,规定单一的比赛方法的法规,在过去则只是局部的或地区的。”[139] 在这一例子中,旨在指明可以用于检验的那种力量 315
及检验的组织方法,以便展示这种力量,而不是其他一种。目的是要防止竞争者使用一种不同的力量,从而使各方有平等机会,使得成败完全取决于他们的成绩。

但是,规章的工作在一项运动确立其特性以后并不停止。男女运动员取胜的努力使他(她)们对使用的技术实行修改(往往是次要的),不论是运用身体的方法,还是所使用的物质器材的制造方式(撑杆、自行车、标枪)。在一段时间里,这些修改可能不被注意到而有利于取胜。然后,他们可能在对手的压力下受制于规章,对手们没有这种有利而在他们认为不公平的条件下输了,也就是说,检验条件被单方面地改变了。因此他们可以辩称,他们和他们更幸运的对手事实上没有共同面对同一项运动有关的同样检验。

我们来举一些例子。1956 年,西班牙运动员伊劳斯昆使用了一种投掷标枪的新方法,所谓的“旋转法”,是来自一种传统的巴斯克投掷树干的体育技巧,并获得巨大成功。可是,该技术在墨尔本奥林匹克运动会前十五天被禁止,理由是它“有危险”(标枪可以轻易地偏离路线而射向观众),而且还因为它大大改变了对投掷者“至今的体质要求”。1986 年提出了一项新的规章,这是在对标枪本身作了修改以后,赫尔德在两年前发明了一种更有效的标枪,重心有了改变。我们还可以举跳高的例子。某些运动员在完善身体运用方面作了改变，导致规则与使用器材技术特性的改变。霍林在 1910 年发明了一种水平肋式跳。奥斯本在 1922 年模仿他,但以一种新动作即加上“轻轻稳触固定杆”。在这种修改后,规则也作了改变,以便“改动支撑位置,使得在任何情况下跳杆不会阻挡横杆滑落”。正如维加雷洛正确地指出的，规则改变——在这里提出的分析架构中属于类别化的范围——或多或少是所作修改的延后结果,因此涉及一种“反作用机制”。

因此,体育规章的发展主要是对机会平等的优选要求的产物。检验的条件必须安排得可以显出竞技者最为个人方面的长处,而
316 尽可能限制因机会或运气导致的不平等。这也是为什么竞技者必须在检验前具有近似的同等力量。在体育中，不可改变的身体特点——如体型或体重——是一个决定性因素,这就要确立类别(如拳击的情况),以及更一般地通过淘汰轮赛,包括有组织的检验顺序,只接受上一轮检验中得分最高者。至于一般的社会选择程序,排定的检验进程也起中心作用，主要通过限制每次检验的候选者人数，以使行使评判的机构不致被大量候选者所淹没而无法行事(不管是精神负担太重,还是缺少时间)来作出公正的挑选。

为了使检验可以合法，所以它必须受制于说明其目标与目的的定型化措施。而且,它的行为也必须受到监督,以避免被未知的、非法的势力所渗透。一项检验应正式取决于只有同类势力来到一起,而在实践中还要让各种势力进来。因此,没有一项检验,即使是正式看来最无懈可击的,也不能免于批评,这就是原因之一。

除了它多多少少要详细说明和受到监督以外——就是说要有合法性——其他的特点可以从两个方面来进一步说明。

第一个方面必定有关它所揭示的条件变化表述的程度，因此也有关参与检验的人士的反射水平。世界上事物条件的任何变化,都会留下一个痕迹,但这个痕迹可以实际上未被注意到,或者在另一种情况下被人抓住它来显示情况有变。因此,表明条件变化可以采取多种形式,可以有很不均衡的强度。在一个极端,我们看到检验的痕迹记录得很微弱（可能只是偶发的焦急:“为什么我在电梯里向 X 说话时他避开我了？为什么我没有被邀请参加调任去另一

部门的那位同事的告别酒会？”）。在另一极端，有一些检验的条件变化也许可以被任何人听到，它具有若干满足不偏不倚和稳定标准的条件（如同考试或录用检验）。

第二个方面有关参与检验的人士的比较稳定性。如果所有人士都经常面对检验的不确定性，这样的世界将会是混乱的。对于它无话可说。检验的表现“要有意义，就必须存在一个情况保持确定的事物”[140]。在这个背景下，我们可以找出一个对比两个极端的轴心。一个极端情况是，大量人士的条件是不确定的，受制于许多争议，甚至不可能对进行检验的目的有最少的了解，或者说了解它的“风险”。另一个极端情况是，对大多数人呈现条件的判断同时发 317
生，因此不确定性完全集中在其中一个人，或者为数有限的人（例如，要设法检验的是学生的拉丁文知识，而不是他对父母的感情）。

检验的这三个连续系列——根据有关人士的合法性、反射性或相对稳定性——可以分析性地加以区分，但不是彼此独立的。因此，检验周围大量人士的稳定化，预示着情况有相当定型化的表述（反射性）。至于提到合法性原则（公正），这要求对于人们参与检验的方面有确切的定义并进行相互比较。一般来说，一项检验的常规化程度越高，它就越受制于调节的或法律的监督，而且这些不同的参数就越被指明。然后，我们可以谈谈既定的检验（诸如政治选举、学术考试、体育检验、社会成员之间的平等谈判），它们是以此界定和得到承认的。以这样或那样的方式参与的人们不能忽视，他们在这种情景中的判断与行动会有持久影响。在这种对比的情景中，至少有一名参加者意识到是在检验并受到判断，但这种未经集体合格手续的情景是不被普遍承认的。在第二例中，那些把它重新界定为检验情景来说明发生情况的人们，可能会遭遇其他参加者的怀疑，甚至被视为“偏执妄想”而取消资格。

与日常生活中的矛盾冲突相比较，这些高度定型化的检验既有优点，也有代价。优点是它们便于排除暴力，结束冲突，以及恢复协议，办法是限制对峙的不确定人士的数量，使行动者必须对评估这些人士的利害关系与观点达成协议。但最后，它们的代价是，人们必须澄清和限制他们的冲突根据，因此要求他们通过类别化程序来牺牲含糊、模糊、不确定，牺牲被置换的而赞同稳定化的。

一项检验转变为一项地位检验时，类别化进程就在各个层次介入：指明可能参加检验的人士种类(可比较体育中的体重或年龄类别)，以及可以参与的力量和被排除者的种类。评估检验的结果本身要使用判断类别。

我们所观察的与工作世界有关的检验变化，造成了以前确定
318 的检验的总体破坏，以及我们提到的三个轴心(规范与监督、反射性、稳定性)的非体制化。

在录用与晋升检验中判断内容的性质(该人的实际技能？市场短缺？取得职务空缺的信息？声誉？适应能力？长期受雇能力？工人集体组织的程度？)似乎特别不清楚，而且变化随采取的机制而定。(因此，弗朗索瓦·埃马—迪韦尔奈与埃马纽埃尔·马夏尔表明：录用中使用的"技能常规"更多取决于使用的录用渠道——小广告、个人熟悉、猎头——而不是评估的这个人。)[141] 挑选轮次似乎不起作用，出席检验的候选者人数大大超过能通过的人数。因此，通过小广告来做录用工作的负责人，经常发现自己面对大量简历，必须经过根据区分鉴别的初步筛选，诸如年龄、性别或住处。一般意见认为，这对于人们有关职位的技能与适合性只是有限地相关，但另一方面，它们确实加强了排除"太年轻的"、"太年老的"、妇女或移民。[142] 人们发现更难以决定去参加哪些检验，例如，估计他们是否有合理的得胜机会，因为各候选人之间的力量差距似乎不太大(除非检验不公正)，并获得可使用选择标准的稳定定义，或者更一般地，知道可以求职的资格和教育。不确定自己在劳动力市场上或者在公司内"价值"的人数正在大大增加，尽管公司所组织的个人评估的扩散非但不能稳定评估水平，反而使人认为每个人的价值

显然在变化,因此检验要每天进行。如果每件事都是检验;如果每天都要进行一切检验;如果无法识别最重要的检验或者一天天的变化;如果判断标准为数众多,形形色色,有时并非定型化的,那么就根本不清楚如何选择才会公正,以及如何判断取得工作、合同质量或者报酬可以说是人们相对功绩的作用。一个世界的规则如果不是人人可以信赖的,那么这个世界就会容许具有各种不明力量的强者趁机利用弱者,后者的弱点也是难以界定的。因为没有大人物和小人物,只有强者和弱者,即一系列看不见的、说不明的、没有什么监督的、根本不稳定的一系列检验后的赢家和输家。 319

置换与非类别化:从地位检验到力量检验

类别化预设在可以成为同等形式的特定成分之间进行比较。确立同等性,就可以吸收不同成分,在某些预先确定的方面相互比较,而成为共同类型(正如我们在编码活动中观察到的)。因此,类别化包罗两层空间:特定成分的空间,以及以普遍化为特点的等同常规占有的空间。与这两个层次相关的是一种反射类的行动,要求描绘并依靠语言,使它转向法律架构。

与类别化相对照,置换则免去常规,主张外在性或普遍性。置换的逻辑只有一层。所以,置换总是当地的、真实的、偶然的事。它很容易与机会混同,应付有限度的反射性。它逃避了在整体总类上正当性的制约,那是涉及第二层次的——正是在那里,按照类别化的逻辑,存在着等同的逻辑。在我们引用的体育检验的例子中,置换所采取的形式是:某些运动员有一大在正式规则架构内的革新。但是,置换证明正当性的问题,只出现在该项革新不涉及规则而只涉及支撑规则的原则,那就是说,涉及第二层次结构,使它有可能判断事物,比较特定情景,把它们分入至少两个群体:那些被检验容许的,那些被检验预先排除的。没有这一增加的普遍性层次,如果我们留在规则层次——就是以前的分析类别——而没有走再类别化的阶段，那么置换是看不见的。

置换处在单一的层次，即不涉及公正的常规，它涉及具有各自观点的、各各不同的、异质的人士。置换行进在这些不同的汇合之中，从不同走到不同，从一个人走到另一个人，或者(类比弗洛伊德对此词的用法)根据关联性链结。例如，雇主们开始通过实行奖金来放松工资分类的禁锢。然后，他们使个人评估系统精细和扩大，以便实行业绩奖金。最后，他们设法使那些在评估中显得生产力最低的人成为零工。这些行动很不同于如重新谈判集体合同和分类网格等能见度很高的活动，它们表现为类别化中的变化，其转型遵
320 循更高的措施。

在基于类别化的检验制度中——即地位检验——人们并未发现自己参与所有方面的检验。因此，他们的永久地位在他们通过一系列检验进程中可以得到保证。在这种事例中，检验就是在活动与资格之间建立沟通的时刻，以便可以声称普遍有效的正当性。

在置换制度中，检验有不同的形式。置换采取的形式是人们在无限方面相互面对，而使用的力量并未得到资格认定。因此，在每一检验中，他们的永久地位和持续潜力处于危险中。在这种制度中，检验可以界定为人们遭遇抵抗时设法以改变自己来坚持下去的时刻，也就是说，置换他们的能量以便与他人妥协，由此从差异中得利，不论多么微小，这带来好处。这种改变了的力量对比因此是检验的结果。因为置换制度中的检验是力量的检验，既定检验架构内的每一项置换利用未经承认的力量来避开它或胜过它，就把它推向力量检验的方向。这是在更加无法弥补地使得置换不经过类别化的检验来加以考虑的情况下进行积累。

在类别化制度中，等同于规则改变的变化只能使自己透明可见，因为它涉及使用公共语言并使类别所吸收和集合的所有人士都参与进来。但是，正如弗洛伊德观察的，他认为置换构成了无意识功能的主要手段，在没有一个包罗一切的观点的情况下，置换至

多是当地、短时的、偶然的表现。因此，置换所提供的额外力量是由它享有的意外效应所加强的。

到现在为止，我们用"力量"一词而未加澄清。但是，观察了地位检验的条件以后，就可以更好地赏识我们的理解。当我们提到"力量"或"地位"的时候，我们不是在提不同种类的实体，而是不同检验制度的实体。所谓"地位"，我们指的是人们在检验中显示的特质，它的使用在于类别化。所谓"力量"，我们指的是人们在检验中表达的特质，它的突然出现依靠置换。所以我们要说，在置换制度中，力量是差异互动的结果，它保证检验的成功不受普遍化识别的制约。或者更简单些说，力量是不受规范性、常规性或法律性制约所展示的东西——那就是说，没有类别化的活动。 321

新检验的识别与判断类别的重构

为了能使得被置换所转型的检验再次受制于公正的紧急状况，我们必须开始识别这些置换并且给它们一个含义。换句话说，我们必须把这些置换与其他置换相比较，以决定它们对那套已有关系的意义(其他置换是朝着同一方向行进的)。这预设把它们连成一个顺序，从而过渡到一个类别化制度。结果，为了比较这些置换——就是构成一个类别[143]，或者建立一个时间系列——我们必须退出置换逻辑，使自己配备外部观点的可能性，并最终转向类别化。

因此，对检验的任何反射性观察往往引出制度的变化。因为为了回顾地识别成败的原因，就必须转向类别化。但是，如果要有持久的效果，反射性观察必须导向构成各类检验，或者至少导向对先例的识别。这种做法有个基础，就是要设法避免重复失败，或者做到追求成功——如果所有检验都被视为完全是特殊的或者（你也可以说)偶然的，那就毫无意义了。

这也是说，当不断面临失败的人们正在开始向类别化过渡并设法了解发生了什么，以便支持对不利于他们的检验的批判时，置换带来成功的那些人也在这样做。他们进行过渡的时候,认识到他们得到好运不是靠运气,而是靠他们做的事,但不清楚他们行动中间什么事情使他们得利,因此不能重复他们的成功。但是这样做的话,他们就失去了无知(单纯)的优点,而在置换制度中那是他们力量的一部分。

如果设法改善检验的公正性,向类别化过渡是批判所义不容辞的任务之一,我们看到,这导致"收紧"检验。因此,批判的反论认为,在类别化的模式中,必须面对的总是置换之类的改变。它所代表的,是那些在每次检验中力量下降、最终在世界上失去影响力的人们。由于它无力为分散的每个失利者增加力量(要是做到了,那是会铭刻在当今世界上无数机制之中的),它的主要资源,就是使苦难零零散散地显现出来,汇合为大量抱怨所组成的单一抗议。所
322 以,它必须比较个别情况,而且为了把它们构成不公正现象,就得把它们以总体等同来加以评估。这立即使它处于类别化的制度之中,面向法律目的,界定规章或构建普遍有效的权利,并最终为大家所用。规章与权利服务于什么目的?它们如何增加弱者的力量?它们制约检验的方式是限制力量的置换,并明示——因此是可控的(或可惩的)——修正强势领域的改变(那是由许多局部置换所导致的)。

但是,类别变化的短暂性并不是置换制度的改变。正因为置换是局部的、偶然的和多重的,并通过同一层次差别变异而发生,而不求汇集于同名,它进展迅速。批判总是滞后于置换。对批判来说,有了汇集异质性事物的工作,以使完全不同的局部情况都能明晰可见——就是说,给它们意义。对于批判,还有职责来证明事物确已有了变化,即便法律类别和日常思考并未(或尚未)记下这种改变。它的短暂性包括做这项工作。而世界已经变化到这种程度,使得批判(由于批判依靠现存类别而使其规范性参照列于以往)终于能放声说话时,却发现自己在这个大不一样的世界上已没有任何

影响力。

第四章设法提供今日工作现实的综合图景，我们在各个场合都指出批判的困难，因为批判类别不再适用于它要说明的世界。因此，我们看到，非常难以了解法国经济权利的集中程度，因为新网络机制很不容易加以类别化。我们也看到，不再清楚雇主之间的界线在哪里；或者重新画出工人阶级的轮廓，因为它已局部地转移到服务部门；或者，零工是否应视为一个阶级的再生——在光辉的三十年(见中译者前注)期间，它被认为走向消失途中：次无产者。研究公司的研究者与研究工作的研究者之间的分隔，是无效分类的又一个例子。制定劳动力或公司类别的调节与立法机制已经被拆除；工人与公司的个人化至少在一度可以比较的方面仍在继续。可是，一旦形势的联系因素已经阐明，为了恢复进程，批判必须不仅仅是记录特殊性的再起，而要探求新原理，使它能指令世界，以便再次在世界上有它的影响力。 323

结论：批判的终结？

有些人在70年代和80年代对资本主义的左翼形态寄予希望，对此失去幻想的时刻很快就到来了。虽然按照令人激动的、创造性的、变化多端的、革新的和“解放的”方面提出资本主义的更新，在开始时可以重建承诺的基础，但这些实质上是个别的。我们看到，个人繁荣发展的机会，伴随着一些不掌握抓住这些机会必要资源的个人或团体被排除在外，结果就是贫困与不平等的增长。

在整个进程中，过去二十年间，资本主义得益于批判的减弱。今天的批判前景如何呢？能否看到它以足够的自信重建起来，不但迫使最低限度保障机制的体制得到接受，而且对于一个破坏性资本主义的发展施加严格的限制？为了勾画对这个问题的回应，我们必须回想到：批判危机的特殊性之一，就是它同时影响了社会批判和艺术批判，但是原因不同。

在社会批判事例中，资本主义的置换产生了一个难以解释的世界，难以用反对运动在上个世纪锻造的工具来加以反对。在意识形态上，那是以第二次世界大战后确立的社会阶级分类学为基础的。在实践上，它们以政治与工会运动为基础，能够以不同于经济精英提出的社会解释来吸引听众。这些困难因全世界共产党政权的内爆，以及西欧福利国家面临的问题而更形复杂。这些问题主要是一个进攻性资本主义战略后果的一部分，随着共产主义的崩溃，不再需要 30 年代危机以后为了加强其合法性或只是保证其生存而与社会国家建立的联盟。

80 年代后半期，随着冷战的结束，资本主义发现自己又独立于世，没有任何明显可信的其他替代选择。这种看法并不只存在于资本主义胜利的经营者中。为了保住越来越不容易给予他们的合法性，绝大部分的这些活动分子（即使来自迅速没落的共产党）都很想表明他们放弃革命暴力、激进社会改革计划、新社会和新人性的未来前景、光明的前途——这一切对于五十多年来盼望它们的人
324 们是明显的，但是因为充分看到建立苏维埃社会后与之俱来的恐怖，而立即变得丑恶可憎、幻思空想和荒谬绝伦。

在世界体系外围的各个部分，重要程度不等的运动确实追求着批判（往往伴随暴力），作为对资本主义（或者更一般地，对西方自由派社会，甚至对现代性）的另一种选择——采取伊曼纽尔·沃勒斯坦的用词，就是“反体系”运动[144]，或者伊斯兰主义运动。但是，在资本主义的核心地区，这些形式的抗议作为令人反感的一极，却反而加强了它的意识形态统治。

消除了积极的替代选择，也使法国自 90 年代中期以来特别试图重建激进的批判。这种做法的新颖之处——它从不直提共产主义，甚至不提马克思主义——在于它是纯批判的，甚至不揭示作为批判基础的规范支点，或者提出替代的机制或意识形态。

缺乏替代选择会产生两个结果，一个是实际的，一个是理论的，它们相互协调。实际的结果是，把面对贫困的义愤所激起的行动意愿转换成一种慈善的、人道主义的立场，围绕着直接面对当前情况（而不是遥远的未来），旨在减轻急需者的苦难。在理论方面，这相当于放弃宏观社会学和宏观历史学的观点，并后退到根据情况采取行动或作出判断的微观分析，往往被解释为说明“批判的终结”。这一行动本身主要从属于依靠历史哲学（在过去三十年中，它以日益谨慎、谦卑的态度维持着历史学与社会学的“微观”观点）的总体化形式的危机。19世纪与20世纪上半叶的古典作者们（当代社会学仍然受他们的影响）都把他们的描述基于历史的趋势：马克思的生产方式连续性；涂尔干的机械团结过渡到有机团结；韦伯的理性发展。在社会学更甚于历史学，在思想实验当中，突出未来时刻和采取立场的可能性，是宏观描述的前提条件：社会学是一种当前历史学，需要预测未来，以便选择使用于当前的事物——按照这一看法，就是未来的指向。

社会批判只是在近几十年来才恶化的，它的问题在50年代和60年代就已明显，共产主义的批判采取左翼主义的形式，即艺术批判与社会批判结成联盟。第二种资本主义精神的社会性质，它在策略上与福利国家结盟，因此特别受到知识分子的强烈谴责。社会 325
批判的激进化，主要通过采取和加强艺术批判的各种主题。与资本主义和社会民主主义关联的社会国家，被谴责为引诱工人阶级“资产阶级化”，把它“整合”，把它控制，并通过模糊革命前景而最终服务于资本主义的目的——这种谴责完全是虚假而偶然的，因为第二种资本主义精神与社会国家的结盟，确实包括通过自我限制剥削程度以增加合法性的作用。

至于艺术批判，它的危机在于似乎成功的结果，以及对于自己被资本主义恢复剥削处之泰然。这种恢复采取若干形式。

对自主性的要求，结合进新的企业机制，可以使工人再参与生产过程,并减少监督成本,代之以自我管控、结合自主性和责任感来应对顾客要求或严格的交货期。

对创造性的要求,主要是由高度合格的工薪收入者、工程师或干部提出的,已经得到三十年前所曾希望的更大承认。现在已很明显:不断增长的利润份额来自剥削新技术开发的创新、想象和发明资源,特别在迅速扩张的服务业部门和文化生产部门。在其他影响中,这已导致一个世纪以来,艺术批判所植根的知识分子与商人及生产之间的对立、艺术家与资产阶级之间的对立逐渐消失。[145]

对真实性的要求,这集中在对工业世界、大规模生产、生活方式同质化,以及标准化的批判,已经被商品的扩散和多样化所缓和。这是通过短系列的灵活生产而做到的,[146]配合这种发展,特别是在休闲与服务部门的高质量(甚至半奢侈)产品的时尚样式,由于新生产方式而降低成本,[147]突然使得至今对奢侈品牌表现某种蔑视的社会类别人士——如同知识分子——可以买得起了。

最后,对解放的要求——它特别是在道德领域建立起来以对立于资产阶级道德的,它可以提到以节俭、家庭道德和正经态度为中心的早先被废弃的资本主义精神,以示与资本主义批判相合作——发现自己已没有反对的弹药,因为取消以前的禁忌,证明已打开了新的市场。性相关商品与服务的市场扩张(电影、录像、聊天
326 热线、物品)是这方面特别惊人的例子。

资本主义恢复了艺术批判,并不转向社会批判,我们看到,它本身处在危机之中。大多数知识分子认为这无所谓,并继续展示反对商业世界与企业的标志,并把现在结合进商品和无限制提供给广大公众的道德与美学立场视为违法。这种多少自觉的坏信念必然会触发不安,在传媒批判和传媒化中找到了一条出路,因为在世界的非现实化和虚假化中,它仍然是真实性的专门护卫者。由于处于少数,因此它可以采取的唯一道路是:公开的沉默,高贵的退出,个人抵制,以及世界末日般地预测资本主义的内爆(如同共产主义

一样)，或者现代性自我垮台。在这种情况下，将其诊断为批判的终了，也并非不现实。

注释：

1. 虽然这不是唯一的途径，工会运动在理论上和实践上都是社会批判的矛头。而且，艺术批判在队伍中也没有缺席，正如法国民主工会的例子所指明的，它在自我管理计划上以创始方式结合艺术批判和社会批判，同时着力解决异化和工作中的剥削问题。

2. 比较邻国的法律，法国法律条款的特征是对信息权特别有利。然而，与我们在德国观察的情况相反，该权利并没有被假设可以参与决策。而且，法国工会运动在传统上反对“阶级合作”，所以从来没有导向后者，以致工作理事会改变事物的真正权利取决于基层地方工会的会员。此外，扩大到工作理事会的大量信息获得权，容许雇主在决定传送文件的格式与详细程度上有很大的回旋余地。

3. 非工会化是工厂督察员和工业法庭重大破坏的根源。取消雇主与工薪收入者之间的任何中介，导致的情况是：问题直接提到法庭面前，或者直接提到督察员办公室。就后者而言是系统的堵塞，更不受欢迎的是长期的人员不足和就业问题，就像劳工法复杂性的增加，使得督察员的任务立刻更为紧急和更为繁重（多米尼克·西科特，“工厂督察员的百年任务”，《选择经济学》，第104期，1993年2月）。

4. 皮埃尔·罗桑瓦隆，《工会问题》，卡尔曼—莱维出版社，巴黎，1988年，第14页。

5. 只有四个国家在绝对值上损失更多（奥地利16个百分点；荷兰13.5个百分点；葡萄牙29个百分点；西班牙16.4个百分点）。但在相对值上，西班牙经历了更大的下降(60%)，只有11%的工会化率。葡萄牙损失了48%，1990年的工会化率仍然保持在31.8%。英国的工会在玛格丽特·撒切尔当政期间受到重大压制，几乎损失4.3个百分点，保持的工会化率

为工薪收入者的39%。一些国家甚至见到它们的工会化上升了(比利时、
327 丹麦、芬兰、冰岛、意大利、卢森堡、挪威、瑞典)。参见勒内·穆里奥,《1995年工会危机分析》,工作文件第68期,1995年,第5页。

6. 弗朗索瓦·迪歇纳,“正在来临的工会运动”,载J.-P.·迪朗编,《未来的工会运动》,西罗出版社,巴黎,1996年,第229页。

7. 穆里奥,《1995年工会危机分析》, 第23页; 路易·迪尔恩,《法国社会的趋向:1975—1995》,法兰西大学出版社,巴黎,1998年,第277页。

8. 瓦莱里·阿奎恩等,“工作情况二十年的演变”,《工作与就业》,第61期,1994年4月,第86页。

9. 迪恩,《法国社会的趋向》,第277页。

10. 资料来源:研究与统计部,出处同上,第217页。

11. 克里斯蒂昂·迪富尔,“工作理事会: 没有权利的知情权”,《选择经济学》,第142期,1996年11月。

12. 克里斯蒂昂·迪富尔,“工作理事会的退出”,《选择经济学》,第125期,1995年3月。

13. 吉拉尔·亚当,《工会的权利》,迪诺出版社,巴黎,1983年;罗桑瓦隆,《工会问题》。

14. 米歇尔·塞扎尔与让—路易·达扬,“变化中的劳资关系”,《1999年社会数据》,国家统计与经济研究所,巴黎,1999年,第192页。

15. 迪歇纳,“正在来临的工会运动”,第223页。

16. 市场信息研究所社会调查,居伊·格鲁摘引自《关于社会冲突的再起》,贝亚尔出版社,巴黎,1998年,第18页。

17. 出处同上,第19页。

18. 阿奎恩等,“工作情况二十年的演变”;格鲁,《关于社会冲突的再起》,第23页;以及布吕诺·埃罗与迪迪埃·拉佩罗尼,“地位与特性,冲突与集体抗议”,O.加兰与Y.勒梅尔编,《法国的新社会——三十年的变化》,阿尔芒·科兰出版社,巴黎,1998年,第183页。

19. 塞扎尔与达扬,“变化中的劳资关系”,第195页。

20. 在1993年的一次问卷调查中, 雇用50名工薪收入者的雇主中,有17%提到,1990年至1992年的三年期间, 他们的公司里至少有一次罢

工，13%提到有请愿，10%有集会与示威，6%有拒绝超时加班，3%有怠工和“偷窃货品”（出处同上，第 195 页）。为了说明斗争形式的当前等级，我们也可引用已经提到过的法国总工会调查：私营部门中 78%的工薪收入者宣布，为了自己的利益，他们已准备好签署一项请愿，但只有 57%准备示威，48%准备罢工，40%准备加入工会，30%准备占领他们的公司（迪歇纳，“正在来临的工会运动”，第 229 页）。

21. 多米尼克·拉贝、莫里斯·克鲁瓦萨与安托万·贝沃尔，《非工会化》，格勒诺布尔政治研究所，1989 年，第 71 页。

22. 马里利纳·博马尔与米歇尔·布朗肖，《工会运动的危机》，阿蒂埃出版社，巴黎，1994 年，第 11 页。

23. 多米尼克·拉贝，《1945 年以来的法国工会与工会会员》，阿马丹出版社，巴黎，1996 年，第 7 页。

24. 博马尔与布朗肖（《工会运动的危机》，第 20 页）肯定地说，被裁员的工会代表的数量自 1986 年以来还在增加，使得联合会感到担心。但我们不知道更多了。由于工厂督察员必须在裁员情况下同意一个“受保护的工薪收入者”，有关这一问题的一些信息应该可以得到，但是我们没有找到它的统计资料来源。

25. 米歇尔·洛内，《欧洲的工会运动》，全国出版办公室，巴黎，1990 年，第 454—455 页。罗伯特·林哈特作为雪铁龙公司前成员，在其证词中提出对罢工者和“罢工领袖”镇压形式的单子，就是一个很好的例子：个别人传唤移民罢工者（当时是体力工人中的大多数），告诉他们罢工是非法的，会不加警告即受裁员惩罚；提到有些工人在雪铁龙宿舍的住处受到恫吓；提到法国慷慨地提供他们工作；提醒每个罢工者说他已列为个人目标 328
被资方存档；实施威胁，并没有正式手续地从宿舍赶出 20 名罢工者，他们的箱子在晚上被扔在楼道里；在林哈特自己参加罢工期间，一名罢工领袖被调到仓库工作，他在那里只能在下工后才能和罢工工人接触；采取一切行动拖垮最后一批罢工坚持者（12 人），通过骚扰、监视、敲诈、多次要求重做工作、迫使辞职等手段；挑拨和侮辱一名法国工人联合会成员，挑拨被伤害方挥拳，并以此立即将他辞退。至于林哈特，他最后辞去了“要让他吃够苦头”的工作，然后在假日前最后一个工作日，当没有人可以动员时，他被通知裁员并不让申诉。这些事件是1969年以后的事，但没有理由认为这种做法现在没有了，至少在职工还保留某些战斗力的公司里。参见林哈特，《装配线》，玛格雷特·克洛斯兰译，约翰·卡尔德出版社，伦敦，1981年。

26. 洛内，《欧洲的工会运动》，第454—455页。

27. 米歇尔·皮亚鲁、弗洛朗斯·韦伯与斯特凡娜·博德，“工会运动的危机与工人的尊严”，《政策》，第14期，1991年，第7—18页。

28. 出处同上，第13页。雇主在这方面的成功之一就是改变了参加工会的行动，它曾经作为“正常的”，现在则等于是宣战，这显然有助于非工会化。这也适用于参加“工作问题讨论会”，除非该会是由雇主组织主持的。只有在慈善领域，因为它的作用更多的是关怀而不是防御，因为它往往处理紧急情况而不是改革疾苦的原因，所以看似可以逃过资方的怀疑，这无疑说明在其他集团消失时它的力量。其中，关心社会状况的工薪收入者发现，他们可以无所畏惧地进行的唯一投资（不论对或错，受到他们雇主的包袱或者失去信任）就是别再想这件事。

29. 拉贝、克鲁瓦萨、贝沃尔，《非工会化》，第57、58页。

30. “重要的是，要在不熟练和半熟练蓝领工人中找到工作理事会的候选人是很困难的，理事会的会议（大约每两个月一次）很官方、很正式（每人轮着发言，提的建议都记录下来，‘老板们’任意冷嘲热讽，等等），选举职工代表的会不一样，有时也在低级干部的问题上有很激烈的对峙，大家对他认识很久了，大家可以反对他，大家和他有共同语言。……一位有经验的活动分子向我们重述了工作理事会开会的情况，他首先强调干部经常对以下情况表示出轻蔑，即语言习惯、法国总工会和法国民主工会代表们在这种场合使用的现成理论模式，以及他们无法适应公开发言的合法规则。……与干部的这种对峙被大大低估了。一些前代表告诉我——这只是在事后谈的——许多代表去开会前先‘痛饮一番’。我们几个人一起喝——可以壮胆。”参见皮亚鲁、韦伯与博德，“工会运动的危机与工人的尊严”，第8—9页。

31. 出处同上。

32. 拉贝、克鲁瓦萨、贝沃尔，《非工会化》，第59、63页。

33. 弗朗西斯·金斯伯格分析认为(《资方对公司:降低劳动成本还是组织发展》,发现出版社,巴黎,1998年,第58页),影响绍莱地区服装业的生产变化是由于打破大单位、生产分散,以及资方为了“防止社会传播”而成立分包制造车间。同一作者还举了别的例子:在福瑟梅的索尔默公司 329
(第48页)、马赛修造公司(海军船坞)(第53页),在巴黎的一家洗衣公司(第80页),所有这些地方都采取可以使它们免除工会压力的组织方式。

34. 出处同上,第49页。

35. 见米歇尔·皮亚鲁与斯特凡娜·博德,“长期工与临时工”,载皮埃尔·布迪厄等,《世界的分量》,P.P.弗格森等译,政体出版社,剑桥,1999年,第257—266页;皮亚鲁、韦伯、博德,“工会运动的危机与工人的尊严”,第10页。

36. 格鲁,《社会冲突的再起》,第20页。

37. 洛内,《欧洲的工会运动》,第449页。

38. 在“危机教育学”,以及不断重申只有改善技能才能减少失业率的影响下,工人阶级家庭设法找到他们孩子们学业成功的出路,其他任何办法看来都注定失败。(皮亚鲁、韦伯、博德,“工会运动的危机与工人的尊严”)

39. 见拉贝、克鲁瓦萨、贝沃尔,《非工会化》。他们的话如下:“在工厂里,战斗分子只有难题和粗话。我干到死还是个蓝领工人:所以我就干这八小时。就这样。”(出处同上,第59页)

40. 于盖特·布佐尼在对1912年至20世纪80年代的工会会员数的一项研究中,指明了使得工作人群稳定化或不稳定化的因素的重要性。两次战争期间工会会员数的下降时期都部分地联系于“使工作人群不稳定化的危机”。相反,1945年至1960年间工会建设的巩固,看来是“战前工业基地建设稳定化”的结果(“1912年以来工会影响的演变:一份说明的论文”,《法国社会事务评论》,第41卷,第4期,1987年10月/12月,第59—82页)。

41. 我们可以区分第一组高度工会化的小国家,它们失业率低,立法提供工人重大的保护,很长时期实行社会民主主义政治,政治领导与工会总部之间密切合作(奥地利、希腊、冰岛、卢森堡、挪威、瑞典与瑞士)。第二组包括在1981年平均有4%至9%的失业率的国家,它们的法律提供工人较少保护,政府政策更自由派(丹麦、芬兰、法国、意大利、荷兰、德意志联邦共和国)。第三组包括有9%以上高度失业率的国家,它们中有的工业部门处在严重危机之中(比利时或英国的采矿、冶金、造船),或者有很重大的人口压力(葡萄牙、西班牙)。第三组的国家有强大的和极具战斗性的工会运动(洛内,《欧洲的工会运动》,第444—446页)。

42. 出处同上,第447页。不同国家的工会现实事实上很难比较。会员的概念和握有会员证的意义一国与一国不同。工会化程度明显反映了不同的鼓励程度和社会支持(若尔·维塞,"工会化的趋势",《就业观》,经合组织,巴黎,1991年,第103—105页,摘引自米歇尔·拉勒芒,《劳资关系的社会学》,发现出版社,巴黎,1996年,第47页)。

43. 奥利维埃·巴拉、托马斯·库特罗与西尔维·马比尔,"法国的工资谈判:90年代开始回旋余地的减少",《1996年社会数据》,国家统计与经济研究所,巴黎,1996年,第199—268页。这些数据有关雇用50人以上工薪收入者的非农业零售部门的公司。我们认为,那些不到20人的商业机构中的工会情况,比不到20人的公司中的工会情况要好一些。在有工作理事会的机构中(或者50名以上工薪收入者机构中的80%),58%在1995年有工会(塞扎尔与达扬,"变化中的劳资关系")。

44. 在1983年至1995年间,工业占罢工人日数的70%,虽然它只代
330 表工薪收入者总数的三分之一。因此,工业就业的下降是罢工下降的一个因素。而且,罢工和停工在零售服务业与商店是很少见的。至于商业机构的规模,可以指出,在雇用50至100名工薪收入者的单位中,只有14%在三年内(1990—1992)有过一次罢工,而雇用1000人以上的单位中则有73%(出处同上,第195页)。

45. 见阿梅尔·戈尔热与勒内·马蒂厄,"更公正的录用与生产:法国汽车设备的新工厂",《就业研究中心文件》,新系列,第7期,1995年。

46. 拉贝、克鲁瓦萨、贝沃尔,《非工会化》,第58页。

47. 洛内,《欧洲的工会运动》,第444—445页。

48. 安托万·利翁—康与让·德·马亚尔,“提供人才”,《社会法》,第 4 期,1981 年 4 月,第 320—335 页。

49. 见雅克·马戈,“法律工作大增”,《社会法》, 第 12 期,1975 年 12 月,第 525—530 页。

50. 见斯皮罗·西米蒂,“劳工法还有未来吗？”,《社会法》, 第 7—8 期,1997 年 7 月 /8 月,第 655—668 页。

51. 弗朗西斯·金斯伯格与让—伊夫·波泰尔,“集体谈判的方法——1972 年至 1981 年的分会谈判与企业谈判”,《劳动与就业》,第 20 期,1984 年 6 月,第 7—15 页。

52. 见卡洛琳·格洛让,“工资个人化与企业的战略”,《劳动与就业》,第 32 期,1987 年 6 月,第 17—29 页。

53. “标致汽车公司……在分类问题上确实很小气,但另一方面在奖金问题上很大气:‘如果你留到半夜, 你会得一份奖金, 你在星期六来公司,你得一份奖金。……’然后有医疗管理,他们和工人坐下来,‘你这天这天没上班,你固定的病休日数超过了,……你必须有质量目标,你快要达到了……我们要求你每天在开工前 5 分钟或 10 分钟到公司听简要传达,你没有来……那就过了顶了,我不能给你奖金！’……强调的是这些,然后部门头头说得很清楚:‘那是因为他, 你失去了奖金’, 人们没有说话,他们想 50 法郎是个大数……他们不愿意因为那个家伙而失去 50 法郎！”参见米歇尔·皮亚鲁,“车间代表的世界搞乱了”, 载皮埃尔·布迪厄等,《世界的分量》,第 328 页。

54. 格雷古瓦·菲洛宁科与韦罗尼克·吉埃内,《在行动的十字路口》,德斯科利·德·布瓦尔书局,巴黎,1977 年,第 54 页。

55. 在私营部门,39%的工薪收入者对他们的上级抱有很大的或合理的信赖, 而对工会抱这样态度的只有 33%(迪歇纳,“未来的工会运动”,第 218 页)。

56. 事实上还不止这些“十诫”。我们可以摘一些:我和小组及我的上级保持良好关系;我的上工记录好;我随叫随到,一切准备好;我至少参加一个工作小组;我努力机动(多面手、适应能力等);在外面,我为公司品牌形象作出贡献(皮亚鲁、韦伯、博德,“工会运动的危机与工人的尊严”,

第 12 页）。

57. 出处同上，第 14 页。

58. 吉安卡洛·桑蒂利在菲亚特公司都灵工厂发生问题（炎热的秋天、车间代表的运动等）之后，在 70 年代末和 80 年代初分析重申控制权的情况表明：80 年代宣告的新管理措施在早期的实施，结合着大规模的工作削减（从 1980 年的 164352 个减至 1985 年的 99722 个），出其不意地袭击工会，使它们无法制定新战略，因为这些措施大大改变了“工人阶级的组成”、“劳资关系”和“社会技术环境”。从此以后，工会“在解释有关工作与公司方面在工人阶级基础的问题上所出现的新趋势遇到巨大的困
331 难。菲亚特公司资方近些年来实行的政策，代表一种紧凑的、结构性的、复杂的战略”（“菲亚特劳资关系的演变，1969—1985”，《劳动与就业》，第 31 期，1987 年 3 月，第 27—36 页）。

59. 法国民主工会继 1977 年左翼联盟破裂之后的重新定向，又被 1977 年左翼选举失败所加强，在短期内没有政治变革的任何希望。1978 年 1 月的莫罗报告对 70 年代遵行的政治有一个自我批评。“评估斗争的政治成果，使我们在法国背景下特别看重政府和国家行动，影响到加强工会在这一级行动给予优先的倾向。”同样的主题在 1979 年的布雷斯特大会上被提出来：“国家倡议被认为是促成一致且往往着眼于从现有情况出发来看斗争的渐进动力，防止创造性和工会方面的集体想象力。”（引自米歇尔·布朗西亚德，《法国民主工会历史》，发现出版社，巴黎，1990 年，第 293—294 页）

60. A.博尔泽克，引自吉尔·马尔吉利埃，“劳动新组织的危机”，《劳动与就业》，第 22 期，1984 年 12 月，第 33—44 页。

61. 见安托万·利翁—康与安托万·杰莫德，“法兰西”，利翁—康与杰莫德编，《劳工法、民主与危机》，南方行动出版社，阿尔勒，1986 年，第 19—49 页。

62. 见拉贝、克鲁瓦萨、贝沃尔，《非工会化》。

63. 洛内，《欧洲的工会运动》，第 459 页。

64. 见皮埃尔·杜布瓦、克洛德·迪朗与萨比娜·埃贝斯—塞甘，“法国工会运动的矛盾”，科兰·克鲁奇与亚历山德罗·皮佐诺编，《1968 年以来

西欧阶级斗争的重起》,霍姆斯与迈耶出版社,纽约,1978年,第1卷,第66页。

65. 拉贝、克鲁瓦萨、贝沃尔,《非工会化》,第72页。

66. 利翁—康与杰莫德,“法兰西”,第34页。

67. 法国总工会组织的某些全国性运动,如关于比兰考特十人案,主要被基层所忽视,它们有其他关心的事(皮亚鲁、韦伯、博德,“工会运动的危机与工人的尊严”,第14页)。

68. 拉贝、克鲁瓦萨、贝沃尔,《非工会化》,第75页。

69. 托马斯·佩里鲁在其专论比利时一家大兵工厂重组的论文中,提供了大量关于性别强制的证据,直至60年代,调整员还对他们管的女工这样对待,资方对此默认支持,资方强调道德秩序的家长作风,闭眼不看这种“不可避免的”滥用职权。参见《工作检验——一家工业公司的生产手段与受苦形式》,社会科学高级研究院论文,1997年。

70. 皮亚鲁、韦伯、博德,“工会运动的危机与工人的尊严”,第8页。

71. 自从确立公司有义务每年谈判工资问题以来,企业一级的协议不断发展。1950年有17项签约,1970年658项,1992年6198项,1996年9109项(格鲁,《社会冲突的再起》,第84页),1997年1.2万项。可是,这些协议只包括有50名以上工薪收入者的3万家公司中工作的700万工薪收入者中间的300万工薪收入者。1997年的高数字是由于1996年的罗比恩法,它规定国家援助的赠与取决于协议。这些数字可与部门谈判的稳定相比较:从80年代中期以来,每年签订或修改约300项协议(米歇尔·塞扎尔与让—路易·达扬,“变化中的劳资关系”,《1999年社会数据》,国家统计与经济研究所,巴黎,1999年,第197页)。

72. 见弗朗索瓦·埃马—迪韦尔奈,“劳动法与经济法:一些分析要素”,《劳动与就业》,第33期,1987年9月,第9—14页。

73. 见米歇尔·博纳谢雷,《劳动法》,发现出版社,巴黎,1997年,第62页。

74. 阿兰·叙皮奥,“善用就业问题的法律”,《社会法》,第3期,1997年3月,第237页。

75. 金斯伯格,《资方对公司》,第73—74页。 332

76. 博纳谢雷,《劳动法》,第 72 页。

77. 见拉贝、克鲁瓦萨、贝沃尔,《非工会化》。

78. 左翼批判工会的一个极端例子，是在 1978 年出版的一本非常雄心勃勃的理论著作。作者是法学家贝尔纳·埃德尔曼,当时他受阿尔都塞主义的影响（《工人阶级的合法化》，基督教资产者出版社，巴黎,1978 年）。埃德尔曼的目的在于表明:19 世纪与 20 世纪社会冲突之后得来的劳动法,事实上是完全受“资产阶级”影响的,诸如“工人阶级可以被它自己的‘胜利’所‘腐蚀’，这也可以视为一个结合进资本的进程”(第 11 页)。按照这种观点,工会是“一种意识形态的国家机器,它类似于国家机器,但是意识形态机器。因此是‘管理’工人阶级的机器:计划、效能、命令与从属——这就是技术结构的关键词”(第 159 页)。因此,“资产阶级”所“建立的”“工会权利”就相当于“负责训练军队的军官团”的权利:工会越离开其基层会员，就越脱离斗争中心；它越逃脱工人阶级“自发性”,就越加有效。谈判的体制化使得工会“机器”像国家或资本主义集中化一样“集中起来”(第 182—183 页)。至于劳工法,它只是“社会主义法”的细菌,就是“苏维埃法”,或者换句话说是“斯大林主义”(第 191—197 页)。

79. 在 1982 年底,一名至今一直专于科普的记者弗朗索瓦·德·克洛塞发表了一本著作《始终!》,在几周内印数达 70 万本,而且对传媒有重大影响(报刊文章、广播、民意调查)。该书从自由派公正的观点写作(但它似乎在刚执政的社会党人圈子里也很受欢迎),抨击“特权”和“法团主义”,而自己则代表弱者反对强者,代表孤立的个人反对游说者。它有历史兴趣来提出工薪收入者的特权,以及工会在取得和保卫这些“特权”方面的作用,它是以工作为代价而保存下来的——这是 80 年代上半期对一个非常重大作用的另一个论点(德·克洛塞,《始终!》,格拉塞出版社,巴黎,1982 年)。三年以后，同一个作者要出版一本 500 页的讽刺作品反对工会(《一起来结束工会》,瑟尔出版社,巴黎,1984 年),它充分反映了 80 年代的倒退:主要的工会现在不会遇到许多反对,可以不作为工薪收入者反对剥削的捍卫者,而是作为工薪收入者作为特权人物的捍卫者,特别是公共部门的工薪收入者;后者享有职业保障,开始就有高贵的特权。在谈判灵活性问题期间出版的德·克洛塞书中的主要问题，就是反对“法团主义”和阻止生产单位适应市场的“僵硬性”。

80. 尽管以法国民主工会的方式对工会活动进行重大革新，而且建成了一个由多种思潮组成的社会党，但是这些新结构（法国民主工会是法国基督教工人联合会在1964年世俗化中涌现的，社会党是在1971年埃皮奈大会上建立的）也受到工业世界中代表性机构的总体批判，虽然为时稍迟。例如，工作条件的主题只在1971年出现，然后作为次要问题出现在法国总工会与法国民主工会之间的共同行动协议之中（以前的协议是在1970年12月，正当所有对危机的评论员都在强调这个主题对工薪收入者的重要性），说明工会组织努力赶上新要求的程度，它们在任何情况下都没有加以表露（克洛德·迪朗与皮埃尔·杜布瓦，《罢工的社会学调查》，政治学全国基金会——阿尔芒·考林，巴黎，1975年，第27页）。而且，对共产主义机构和新列宁主义左翼运动——特别是1973年以后半消失的毛主义运动（见让—皮埃尔·勒·戈夫，《1968年5月——不可能的遗产》，发现出版社，巴黎，1998年）——不满的许多原因之一是它们的独裁和集中化做法，对不同的活动分子和当地情况没有什么回旋余地。对待成员们的 333
这种组织威力——其中，旨在清算毛主义战斗分子小资产阶级个人主义的自我批评会，是其极端的事例——在1968年事件中加入政治的一代人对此越来越不能接受。

81. 多米尼克·拉贝，《1945年以来的法国工会与工会会员》，阿马丹出版社，巴黎，1996年，第93页。

82. 拉贝、克鲁瓦萨、贝沃尔的调查中举了一些例子（《非工会化》，第73页）。技术员、高级干部或工程师感到处境难堪：“会议开得冗长。如何解决食堂问题，或者以感情为由解决一些工人和一些老板的冲突？”；或者举另一个例子：“在同一个小组中包罗所有的工薪收入者——从扫地工到管理干部——是一个慷慨的、但不实际的空想。法国总工会成立了一个‘干部’组，从我们手里掐掉了选民，吸引了大批被我们吓走的青年人。”

83. 多米尼克·拉贝与雅克·德尔维尔记录的与法国总工会干部的访谈（《“1945年以来的法国非工会化”报告附录》，格勒诺布尔政治研究所，

1995年)在这方面非常有启发性:“法国总工会组织摆弄相当多的工程师和干部,所以要求总联合会的坚决干预以转变这种‘工人主义’观,迫使它们把增加工程师和干部的重要性,以及他们对体力工人工会感到不安的问题,摆到桌面上来。”(采访勒内·洛梅,第179页)或者另一个例子:“它的内心有个强烈的倾向,把学校都看成是资产阶级学校。有很长时间,法国总工会认为它自己应当训练自己的干部,不要去找毕业生。这些立场是可以说明的,但它是重要的遗产。”(采访莉迪亚·布罗韦利,第50页)

84. 拉贝,《1945年以来的法国工会与工会会员》,第95页。

85. 米歇尔·皮亚鲁因此说明,在标致—索肖地区,天主教农业工人的社会化主要由基督青年工人会(JOC)进行,它是招收法国民主工会青年积极分子的温床。相反,共产主义传统在该地区并不存在,主要在工厂周围发展,吸引不同背景的工人。

86. 至于法国民主工会,通过分析各代工会会员可以得出下列观察:“50年代末,一个单一世代发展起一个群众性的、非共产主义的工会运动,领导这个组织达二十五年久。60年代期间与70年代初似乎得到成功,会员大增,汇集地区扩大。但正当此时,形成创始世代年轻时期的社会机制(基督教民主主义思潮、天主教运动、学生会)开始消逝。其影响加重了危机的后果,危及到组织的生存,特别是在私营部门的公司。”(拉贝、克鲁瓦萨、贝沃尔,《非工会化》,第149页)

87. 拉贝、克鲁瓦萨、贝沃尔的采访中(出处同上,第65页)经常提到这种世代冲突:“我太老了”,“我的工作生涯已经过去”,“给年轻人让路”,“像我这样年纪的人(48岁)该扔到垃圾堆去了,年轻人认为他们掌握真理,觉得我是个绊脚石,我退出了”。这是洛内提出的解释之一(《欧洲的工会运动》,第450—451页),在今天退休工人的青年时期与他30岁的儿子之间,他作了显著的对比。在生活水平上,前者觉得他是工人阶级的一部分,而出生在60年代的他的儿子却没有同样的阶级觉悟。他在学校里时间较长,和他的中产阶级同学有同样的体育和音乐偶像,有一套高保真系统和一辆摩托车。他是一个摇滚乐团的成员。他去巴黎贝希游乐宫听音乐会。“尽管他和法国人文社科大学或者伦敦经济学院的学生在穿着、仪态、语言、社交、阅读有所不同,但有一整套共同的文化思考,虽然

解释不同但经历类似,而且都一致接受。对这个青年工人来说,阶级团结 334
不如总体结构重要,他没有像他父亲那样明确的工人阶级记忆。如果他是法国人,他听到人们讲到的大造反就是1968年5月。那是无产阶级的吗?1936年6月或1945年8月就太远了。……在这种情况下,工会怎么会有吸引力呢?读一页——只读一页——工会报纸,不管是什么文字,你就会看到它的描述——今天人们叫“相貌”——和青年人杂志的描述之间的距离。谁能相信完全这个样的报纸会吸引现实读者的注意呢?

88.“70年代开始的对工作的心理病理学调查,符合当时工会的禁令和左翼的谴责。……心理学家、医生、精神病学家和精神分析家对心理问题的任何看法,都被诬为大罪:对个人主观性给予特权,导致个人行动,有害集体行动。……这种关心心理健康,被认为是反唯物主义的,被怀疑是有害集体动员和阶级觉悟的,是赞同‘小资产阶级的’关注反动性质的小事务。”(克里斯托弗·德儒尔,《法国的受苦——社会不公的庸俗化》,瑟尔出版社,巴黎,1998年,第43页)

89.“在许多分会组织中,积极分子(特别是职工代表)的首要任务之一,直到70年代末,包括‘巡视’各办公室和车间。收会费,特别是接触工会会员,搜集当地情况和工薪收入者意见,是这些巡行的主要目的。……会议中一大部分内容有关这些问题。很明显,代表们有时感到他们在浪费宝贵的时间——分会工作的时间很快花在无效的讨论上——听那些关于场地肮脏、监工无能和独裁、工资不合适、不承认技能和资格等世俗事务。积极分子们走了一圈回来时往往觉得,从他们工友那里听不到更多东西,你想想,只有靠道德责任,他们才在下个月照样重复做一遍。积极分子在工作场所的情况产生了一种‘工会氛围’,那是工会会员正当性的首要理由之一。”(拉贝,《1945年以来法国的工会与工会会员》,第64—65页)

90. 出处同上,第106—107页。

91. 因此,法国民主工会与奥鲁法的阐述,和1984年的灵活性问题谈判时密切关联的。一旦左翼当权,无数工会工作者都进了部办公室。对基层会员来说,有时候这看起来像是一种背叛:人们在自己背后建立政治事业。

92. 在1929年危机以后,特别是1936年大罢工以后,没有人——或者实际上没有人——否认社会上存在着由职业界定的集团，赋有不同概念、生活方式和兴趣。这个“阶级问题”的解决因此被普遍关切为“社会问题”的中心。极其纲要地说，我们认为所采取的非常广泛的立场分布于马克思主义到法权主义之间，代表了法西斯政权的官方教义。由马克思主义和法权主义所影响的社会阶级描述，在两个关键方面不一样。第一个有关社会阶级的冲突性还是互补性。在马克思主义中，阶级的概念包括的意思不只是不平等，而且首先是剥削。它不能脱离阶级斗争，而且其积极的前景是消灭剥削和无阶级社会（那是在革命所代表的阶级斗争高潮，以及无产阶级专政的过渡时期以后到来的）。在法权主义中，阶级并不认为一定是敌对性的（即使有时它们会有背道而驰的利益）而基本上是互补的。正是阶级的组织、它们在中间机构中的代表，以及在国家主持下它们利益的协调，组成了革命必须面向的积极图景。第二个基本差异是这样的：在马克思主义中，阶级体系的表述围绕无产阶级与资产阶级之间的中心冲突，
335 即使在马克思的著作中及后来的评论者中，也可以包罗各种次要的或中间阶级的存在——次无产阶级、农民、小资产阶级等——特别有关经验上的斗争危急时刻（例如，1848 年革命，或者马克思的公社）。在法权主义中，尤其在 30 年代的文章中，构成阶级体系关键的是中产阶级。对法权主义来说，有关双重意识形态对立面的选择，一方面是“集体主义”（在象征系统中与无产阶级有关联），另一方面是资本主义和自由主义（与资产阶级，特别是与世界性资本拥有者相关联），在两者之间，必须找到“第三条道路”。对于“无根基的”无产者与“无国家的”资本家之间的冲突，“非人格化”公司的股东因此对立于家庭公司中与工人一起工作的小业主所体现和实现的劳资协调。

93. 见让—菲利普·帕罗，《政治思想运动中的利益表述》，法兰西大学出版社，巴黎，1974 年。

94. 阿兰·德罗西埃，“社会职业名录史的成分”，J. 阿菲夏编，《争取建立统计的历史》，第 2 卷，国家统计与经济研究所—经济学，巴黎，1987 年，第 35—56 页；《大数量的政治》，发现出版社，巴黎，1993 年。

95. 见德罗西埃，《大数量的政治》。

96. 1919 年，在各部门都已达成了协议，特别是为了实施工作日限于

八小时的法律。但是，面对雇主的不让步，法国总工会的软弱，以及劳工单位总联合会的反对“合作”原则，集体协议搁置。在1936年法律以后，签订了8000份协议，由于国家选出的“监察人”的干预，都没有遵循真正的联合协议（让—达尼埃尔·雷诺，《法国的工会》，瑟尔出版社，巴黎，1975年，第176页）。

97. 选举工作理事会的第三选举人团、退休基金、劳工法中关于超时工资的特殊条款、通知时限或试用期，等等。

98. 见吕克·博尔坦斯基，《一个阶级的形成：法国社会中的干部》，阿瑟·戈德哈默译，剑桥大学出版社/人文科学之家，剑桥，1987年。其他国家使用的分类，特别是英国与德国，并不指明法国分类学意义上的干部。这是因为这三个国家的社会史并未导致强调活动之间同样类型的划分。德国的分类围绕体力与非体力的区分，相应于上世纪末出现一个庞大的白领工人的阶级；而英国的分类把事物垂直划分，把工程师、专家、自由职业（专业人员）与高级经理（经理）分开。见于尔根·科卡，《1850—1980德国的雇员——一个社会群体的历史》，社会科学高级研究院出版社，巴黎，1989年，关于德国白领工人类别的历史；以及西蒙·斯雷特，“总登记处关于职业的社会分类的起源”，《英国社会学学刊》，第35卷，第4期，1984年，第529—546页，关于英国职业分类的形成。

99. 1982年名录的构成，也是对某些职业体制化问题斗争的场合，特别是医务辅助人员，他们要求承认职称或标准定义，以决定在名录中的分类类别。参见阿兰·德罗西埃与洛朗·泰夫诺，《社会职业类别》，发现出版社，巴黎，1988年。

100. 1954年分类的作者让·波特，也发明了“社会职业类别”一词，从那时起已流行了。德罗西埃与泰夫诺（出处同上，第191页）描述了这个，但时常在最后被质疑为何挑选这个而不是“社会类别”。他回答称：“如果我们挑选那个词，每个人都会批评我们。左翼会认为它们不是真正的社会阶级，而右翼会高叫它们是社会阶级。然而用‘社会职业’，那就谁也不会 336
说什么。”

101. 安内特·若贝尔与米歇尔·塔拉尔，“集体协议部分的文凭与证书”，《就业形成》，第52期，1995年10月/12月，第134页。

102. 见吕克·博尔坦斯基与洛朗·泰夫诺,“在社会空间找出自己的路:基于游戏的一项研究”,《社会科学信息》,第 22 卷,第 4—5 期,1983 年,第 631—680 页。

103. 对于“你是否觉得属于一个社会阶级?”的问题,1966 年问到的 61%的人回答“是的”,即与 1994 年相同;但是回答“不”的人数从 30%上升到 38%;不表态的人同期中从 9%降至 1%(迪恩,《法国社会的趋向,1975—1995》,第 88 页)。

104. 出处同上。

105. 我们也摘引了洛内的话(《欧洲的工会运动》,第 451 页),由于非工会化的原因而使年轻人的工人阶级觉悟减少。

106. 这是他们在 1998 年就这个问题说的话,进而说明由于所观察的趋势最终逆转而使他们的预测未能实现:“至于总的社会结构,我们强调过两个趋势,对分成阶级的社会形象提出问题(当时仍然是最广泛的形象)。一方面,属于一个社会阶级的感觉在淡化,因为越来越少的人说他们属于工人阶级或资产阶级;把自己放在中产阶级的人数越来越多,达到成为全体人口中大多数的程度。这个趋势在继续。另一方面,中间社会类别在扩散,而使国家统计与经济研究所不得不改变它的社会职业名录。这两种判断宣告中产阶级本身的消失,因为它不再位于两大敌对阶级的中间,它失去了‘中间’的特性。”(迪恩,《法国社会的趋向,1975—1995》,第 21 页)

107. “如果所谓的中产阶级社会部分符合于生活方式的同质化和社会等级消失的倾向,我们就不能仅仅凑合应付一些观察。这种社会的主要特点是对区分方式进行巨大的重组。这些不仅仅是集体的(表现在收入、资格等类别),它们更多是个人化的。”(皮埃尔·罗桑瓦隆,《新的社会问题》,瑟尔出版社,巴黎,1995 年,第 207—209 页)

108. 让—戴维·费尔马宁认为(“1997 年 3 月 14 日社会学变革研究中心工作日志报告”,国家统计与经济研究所,就业与活动经费部,1997 年 7 月 19 日),这种结果不再出现于两位数的社会职业类别中,那对于描述收入差异更为有用。罗桑瓦隆使用的一位数社会职业类别(《新的社会问题》)只包括 7 个职务(农人、工匠—店主—公司头头、自由职业、干部与高级知识职业、中间性职业、白领工人、蓝领工人),特别没有说明若干区分,如私营与公共就业,对收入问题显然很重要。而且,我们知道,在3个一位数社会职业类别之间的界限变化,即“白领工人”、“中间性职业”与“干部”,分类者难以决定例如是否把有些人划分为“中级干部”而不是“高级干部”(阿兰·什尼,“不间断调查的工业代码,1975—1990”,“社会职业类别变化下的工作日及社会分层的决定因素”,1997年3月14日,社会学变革研究中心;“职业统计描述”,《当代社会》,第27期,1997年)。

109. 罗桑瓦隆,《新的社会问题》,第209页。

110. “要了解被排除在类别之外的人是没有意义的。必须考虑的是排除进程。……它们的标志是悬殊和差异,而不是普通描述的事(收入、职业、教育水平等)。所以去‘指望’被排除者是没有多大意义的。不可能把他们作为社会行动的对象。……动员和代表被排除者的困难在于,他们首 337
先在生活中被判定为失败和消极。由于这个原因,他们不能成为可以被动员的一股社会力量。他们不是实业社会中的新无产者。严格来说,他们没有共同的利益。他们并不组成马克思主义传统意义上的一个客观的阶级(在生产进程中的地位)。几乎由于这个因素,被排除者甚至也不形成一个‘非阶级’。他们代表社会机能失调的阴影,是费力解体进程的产物,是强烈意义上的非社会化。……被排除者是某种形式的‘不可代表者’:他们不构成一个可以有代表或代言人的阶级。因此没有失业者工会,因此把千百万失业者转变成有组织集体力量的企图总是失败。”(罗桑瓦隆,《工会问题》,第202页以下)不言而喻,我们不同意这种分析,只是因为,“被排除”的机会并不是按照“阶级”均匀地分布的。

111. 亚尼克·勒梅尔、马尔科·奥贝尔蒂与费德里克·雷耶在1970—1971年、1980—1981年、1990—1991年两个法国刊物(《劳动社会学》和《法国社会学评论》)上提出了一批与社会分层有联系的名词:“社会阶级,包罗一切的名词?两个杂志中有关社会分层名词的频率与使用”(《劳动社会学》,第2期,1996年,第195—207页)。总的说来,如果“阶级”一词出现在50%的文章中,近年来则出现较少了;或者是更多文章不提该词,或者是使用该词的文章中出现较少了。1970年至1971年标志着马克思主义影响强烈出现,80年代初标志着布迪厄式的影响(从1979年开始显著），1980 年至 1990 年标志着简单使用社会职业类别，或者求助于根据某些变项的社会分层，但不提设法构建一种阶级关系理论的架构。作者们惊奇地看到，“与我们在其他国家（美国、英国、意大利）的观察相反，我们看不到任何以‘阶级’、‘社会集团’或‘阶层’作为社会总体结构的‘理论重构’的企图”（第 205 页）。

112. 多米尼克·西科特，“断裂下的阶级”，《选择经济学》，第 29 期，特刊，1996 年 7 月。国家统计与经济研究所每三年出版一次的《社会数据》总结的演变在这方面特别有意思。这项工作建立在整理国家统计与经济研究所进行的各项工作的基础之上，而且也包括各个部的统计部门（劳动部、工业部、国民教育部、政法部等）或者研究中心（研究与就业中心、国家人口研究所、消费研究与文献中心等），最终颇能代表社会统计界关切的问题。1990 年与 1993 年，人们还能找到一部分具有有关“社会集团”的称号（1993 年是它本身，1990 年结合“人口”）。1996 年，这部分消失了，由一个关于“贫困和无保障”的新的部分替代，1999 年仍在继续。出版于 1999 年的著作还标志着出现一个“社会联结”部分，有意思的是有关涉及网络的社会世界概念的发展。（我们感谢阿兰·德罗西埃让我们注意这些变化。）

113. 在国际商业机器公司工作的高等商学院毕业生，是 60 年代干部的实际代表或“好例子”，比工作在中小公司的自学成才生产干部更好。它可以表明，一个类别的“好代表”的特点并不具有统计上的代表性。因此，典型的干部代表比普通干部有更高的学术资格（博尔坦斯基，《一个阶级的形成》；以及博尔坦斯基与泰夫诺，“在社会空间找到自己的道路”）。关于就焦点与外围来分析脑力类别的结构，见埃莉奥纳·罗施，“论感性与语义类别的内部结构”，T.E.穆尔编，《认知发展与语言获得》，学术出版社，纽约，1973 年；以及“真实世界物体的分类：认知的起源与描述”，P.N.约翰逊—莱尔德与 P.C.沃森编，《思考：认知科学读物》，剑桥大学出版社，
338 剑桥，1977 年，第 212—222 页。

114. 弗朗索瓦·埃马—迪韦尔奈记得，工资分类在某些方面通过可以指明交换了什么而确立市场，它也对市场的完全“纯粹”运作构成桎梏，因为：（1）“它们形成识别工资的集团，而个人可以有不同的生产率”；（2）

“它们僵硬，而市场可以显示工资等级的改变”；(3)它们经常联系分类表列中靠资历晋升的进程”(“劳动法与经济法：一些分析因素”，《劳动与就业》，第33期，1987年9月，第9—14页)。

115. 见厄斯塔什，“工资的个人化与灵活性”。

116. 1985年，有1万名以上工薪收入者的分公司中，80%至少有1个最低水平低于最低工资。从1990年以来国家鼓励谈判，可以对情况有所改善，所以在1993年，一半以上分公司的工资计划中，最低水平等于或高于最低工资。另一方面，更高档次的最低水平很少改变，造成分公司工资等级拉平，使得计划与实际报酬措施之间脱钩，因此也使熟练工人的工资水平合法化，他们的工资过去很接近于最低工资和不熟练工人工资。(巴拉、库特罗、马比尔，“法国的工资谈判”)

117. 弗朗索瓦·热戈—马迪奥，“职业家庭的就业与失业”，《1996年社会数据》，国家统计与经济研究所，巴黎，1996年，第119页。

118. 见若贝尔与塔拉尔，“集体协议中的分支文凭与证书”；什尼，“工人阶级在危机中”，第479页。

119. 见弗朗索瓦·埃罗等，“企业内的分类：职业等级的生产与工资”，《劳动与就业》，第38期，1989年，第64—78页。

120. 第二种态度在公司里更流行，它认为分类规则是工会化很弱的分公司谈判的事，因此，没有多少压力就可以谈判好。它们的工资相当接近于分公司最低水平，或者取决于劳工市场情况。第三种做法一般更有关领导市场的公司，可以承担重新描述职业和措施的费用。这些倡议是在企业重构、新业务活动发展等等的时期发生的，它预见到工作的重大重组。

121. 见雅克·朗坦与让—戴维·费尔马宁，“集体协议的描述”，国家统计与经济研究所就业与工作收入部记述，1996年12月16日。可是，至今还保证符合情况的是大多数计划并没有“纯”分类标准，而保留仍可找到旧类别的一些典型职务或一部分职务的内容。为了进行过渡，有关的社会成分本身需要在一段时间内保留与旧分类形式的联系。

122. 巴拉、库特罗和马比尔，“法国的工资谈判”，第203页。50%以上的公司在这些问题上仍然依靠分公司的集体协议，不论它们规模如何。这一比率没有达到的唯一例子是有500名以上工薪收入者的公司，而且只在决定基本工资的问题上：在分公司协议中只达到48.5%，但对此必须加上27%，这是根据该公司的特定协议。分公司协议的作用最大程度是对雇用50人至100人的公司，67%用它来定基本工资，69%用它来使职务等级化，64%用它来为资历升值。（出处同上）

123. 米歇尔·塞扎尔，“分类：一大步”，《经济与统计》，巴黎，1979年。

124. 若贝尔与塔拉尔，“集体协议中的分支文凭与证书”，第142—
339 143页。1990年见证了一种新型协议的出现——钢铁工业协议“A.Cap 2000”，那是按照技能逻辑决定的。这项协议组织了一个非常灵活的架构，分类等级根据人们积累的“技能”，不再根据某种标准的职务“分量”，人们不改变职务也可以改善他们的资格。这种协议典型代表人们利用集体协议来推动内部变革的愿望——在这个事例上，朝向职工具有更大的多面性。它对技能和职务有一套复杂的说明，并经常组织个别采访来评估现有的和希望的技能（科斯塔斯·夏济斯、弗雷德里克·德·科尼克与菲利普·扎利费安，“就业政策评价”，《1999年社会数据》，国家统计与经济研究所，巴黎，1999年，第117—127页）。该协议暂时只此一份，而且只包括一家公司“乌西诺—萨西勒公司”，无疑因为做起来相对艰巨，而正在谈判的分公司则希望定下最轻便的架构，让它们的会员有余地在确定的模式内进行革新的可能。

125.《干部与非干部——超越一条界线》，企业与进步出版社，巴黎，1992年，第3页。

126. 出处同上，第18页。

127. 出处同上，第7、29页。

128. 出处同上，第29页。

129. 对名录的信心在下降，国家统计与经济研究所指派几名干部来修改它，足以证明这一点。可是，他们的调查结果说明，社会世界的分析如同它们的合作者一样，认为名录不可替代，他们建议稍加整理即可（埃迪·福舍和居伊·内勒，与让—戴维·费尔马宁及阿兰·费拉古合作，《对社会职业类别（CSP）是否恰当的评价》，国家统计与经济研究所，总检查处，第49/B005号，1999年）。同样地，社会学变革研究中心在1997年3月14日组织的一个学习日，讨论了“社会职业类别作为行为与意见的说明因素，其作用正在下降”，总体上不同意这一看法。当然，阿兰·什尼（“职业的统计描述性”）认为，名录在1990年比1982年或1975年时更不“健全”，因为把同一个人以同一方式两次编码的可能没有变化，而编码方法是改进了。他把这种情况归因于“有分类标准的集体协议的出现”，以及“工资个人化的倾向”，它“使得社会地位准确关联某个职务或职业更加成问题”。还能找到一些例子反映社会职业类别的说明力似乎减弱了，如同对待学习的性别行为或学生态度的情况。可是在这一轮中，社会职业类别看来在它们的区分力上并没有损失多少。（费尔马宁的报告，“1997年3月14日，社会学变革研究中心工作日志报告”）

130. 例如见莫里齐奥·格里包迪与阿兰·布吕姆，“联系个人的类别：社会空间的统计分析”，高等商学院年刊，第6期，1990年11月/12月，第1365—1402页；罗桑瓦隆，《新的社会问题》。

131. 人们在这里想起反对结构主义的马克思主义的机械简单主义著作，它们大多数是历史的，表达了力求——特别是政治上力求——构建社会阶级建立的等价物，并确立表述它们的手段。特别见E.P. 汤普森，《英国工人阶级的形成》，企鹅出版社，哈蒙茨沃思，1980年；以及威廉·H. 斯韦尔，《法国的工作与革命：从旧政权到1848年的劳工语言》，剑桥大学出版社，剑桥，1980年。

132. 见米歇尔·卡龙与布吕诺·拉图尔，“放出大怪兽”，K. 诺尔—塞蒂纳与A.V.西库莱尔编，《社会理论与方法论的进展》，劳特利奇与基根·保罗出版社，波士顿，1981年，第277—303页。 340

133. 弗朗索瓦·迪贝，《经验的社会学》，瑟尔出版社，巴黎，1994年，第52页。

134. 见夏娃·希亚佩洛，《艺术家对经理人——文化管理对艺术批判》，梅泰利埃出版社，巴黎，1998年。

135. 见皮埃尔—米歇尔·芒厄，“艺术的劳动力市场与风险的社会化——演艺艺术的案例”，《法国社会学评论》，第32卷，1991年，第61—74页；“匹配、风险与人力资本：艺术职业中的就业与事业”，芒热尔与J.—P.帕斯隆编，《研究的艺术——纪念雷蒙·穆兰德论文》，法国文献社，巴黎，1994年；以及“当个断断续续的艺术家——演艺艺术界工作的灵活性与职业风险"，《劳动与就业》，第 60 期，1995 年，第 4—22 页。

136. 经过二十多年的社会努力之后，最终在 1994 年 9 月 22 日出现了对欧洲的工作理事会的一项指令，对欧盟方面的公司规定必须实行谈判。另一方面，谈判参与者有完全的自由来确定协议内容（地方、会议次数和长短、物质与财务资源、提交事项、信息与咨询程序），选择建立一个欧洲理事会，还是提供一个程序来咨询和通知欧洲范围的工薪收入者（博纳谢雷，《劳动法》，第 109 页）。在谈判失败的情况下，在三年结束时可以应用默认条款。但在指令之前已经签订的协议在执行时提出免除重新谈判，这使得开始时最为敌对的团体极力运作，诸如尤尼莱佛公司或标致公司（乌多·里赫费尔特，"工会面对公司的全球化：欧洲公司委员会的作用"，《汽车工业研究网文件》，第 21 期，1997 年 12 月，第 35—38 页）。而且，已经签署的协议证明比默认条款更为不利，甚至有可能谈判既不产生程序也不产生理事会。欧洲工业与雇主联合会（UNICE）在欧洲地区的雇主代表，对这个方向的任何进展始终抱敌对态度，从 1972 年以来已经在若干场合使同类型的其他计划归于失败，对于尽量缩小该指令的影响方面起了重大的作用。可是，该指令标志着走向工薪收入者欧洲代表制的第一步。雇主的立场是：必须容许跨国公司试验在没有任何立法以前的机制，有些公司——主要是法国，然后是德国——如雷诺、布尔、汤姆森、达能或大众已经在参与建立"欧洲集团理事会"，移交给它的事项由各种各样，不一定包罗整个公司，而只是一个分部（《选择经济学》特刊，第 15 期，1993 年 1 月）。至于工会方面，它们很迟才承认欧洲条例的必要性，担心不太有利的社会条款会加到它们工薪收入者头上，因为它们自己也必须开始跨国工作。

137. 见阿兰·埃伦伯格，《独处的疲乏》，奥迪尔·雅各布出版社，巴黎，1998 年。

138. 见乔治·维加雷洛，《体育文化史：技术的昨天与今天》，体育运动评论—罗伯特·拉丰出版社，巴黎，1988 年。

139. 诺贝尔·埃利亚斯与埃里克·邓宁，《追求兴奋：文明进程中的体育与休闲》，巴西尔·布拉克韦尔出版社，牛津，1986 年。

140. 弗朗索瓦·夏托雷诺，《工作失误：一项责任冲突的社会学》，梅泰利埃出版社，巴黎，1991 年，第 166 页。

141. 见弗朗索瓦·埃马—迪韦尔奈与埃马纽埃尔·马夏尔，《录用者的方式——劳工市场上对能力的判断》，梅泰利埃出版社，巴黎，1996 年。

142. 出处同上。

143. 而且，有意思的是，这正是格里包迪与布吕姆在一篇文章中所谈的（“个人与类别的联系”），开始时作为对类别的批判，并要求恢复个人统计数据。作者们设法说明，社会流动是指子女职业与父母职业之间的比较，他们表明类别划分用来说明一个阶级过渡到另一个阶级，或者反过来，因为阶级的再现只能使我们看到类别没有删除的东西。另一方面，它 341
们模糊了“边缘的”人们的特定状况，他们附属于一个阶级，包罗所有人的空间被划分开来，但是，他们的特性最终还是有别于形成类别核心的那些人。如果他们对类别缺点的批判完全有效，提出来了解分析现象的替代性选择，只不过是实现一种不同型式的类别化而已。因此，它们构建了父与子配对职业的阶级。它们个人记录的类别，不再包括世代级别与职业联系的人们，而是包括父与子联系的职业，其定义就是：屠夫与面包师、业主与律师等形式的职业。它们最终是职业之间的三种世代联系，可以提出关于社会流动的新现象。

144. 关于描述和比较这三种非常不同且远非具有共同意识形态与方法的运动、它们开始抵制自由主义或自由派现代性（墨西哥的萨帕塔运动、北美的民兵及日本的奥姆真理教），读者们可以看曼纽尔·卡斯特尔斯、矢泽秀次郎与埃玛·基谢廖娃的“反对全球秩序：对墨西哥的萨帕塔运动、美洲的民兵和日本的奥姆真理教的比较分析”，《伯克利社会学学刊》，第 11 卷，1995 年，第 21—37 页。

145. 见希亚佩洛，《艺术家对经理人》。

146. 见迈克尔·皮奥里与查尔斯·萨贝尔，《第二次产业划分》，基础书社，纽约，1984 年。

147. 时尚部门的生产机制形成了过去十多年来若干报告的主题，与我们的主旨最有关系的内容集中在贝纳通（被认为是一家网络化公司的例子）和巴黎的圣蒂埃区，它们适应力极强的机制把处于时尚和流行款式前沿的设计者工作和工人的劳动灵活地协调起来。这些工人往往是移民，而且经常是非法移民,他们的生活条件几近奴隶。参见莫里基奥·拉扎拉托等,《独特的企业：意大利的贝纳通和法国的圣蒂埃》，南方出版公司，
342 普罗旺斯,1993 年。

第三部分

资本主义的新精神与批判的新形式

第六章

社会批判的复兴

20 世纪 70 年代下半叶和 80 年代期间资本主义的置换，并不只是结束了拆除一个旧世界——显著地通过削弱与第二种资本主义精神有关的机制(那是社会抉择性检验所根据的定义与监督:集体协议中的分类网格、工薪收入者的工会、事业晋升),它们还有助于不断建立(还在进行)一大批新机制和选择性检验(流动性、转换项目、多面手才能、培训期间的沟通能力),即我们称之为“联系性的”不同逻辑。

这种世界情势在开始时可能被视为完全消极的（解除了一切旧常规),或者以后现代主义方式吸收进一个难以作任何一般解释的混乱局面,终于在网络语言中找到了描述工具。但是,因为它包含的检验是新颖的、尚未确立的,没有联合的劳工,没有均等的机构,相当异质,所以它们相当难以识别——不但被批判机构,而且被必须遵从它们的人们。结果,它可能成为新形式的不公正和剥削的场所,这正是因为它们基于未经识别和类别化的检验。伴随第二种资本主义精神构建及其工会、社会阶级分析、国家主持下的全国性谈判而出现的社会批判形式，对新世界所采取的行动大部分是无效的。

然而，贫困的增长和大量人们经历的经济与社会困难的不断上升，必然激起愤怒而成为行动的召唤，即使那些关心变革的人们——不论是直接的关心，还是出于利他主义——并不总是很清楚地知道要干什么。在这些情况下，重新部署社会批判就有了可能。它的第一项任务是重新制定批判类别，以便可以在世界上再发
345 挥一些影响力，希望有朝一日得以减少不公正，也就是说，对于人们（特别是更无权的人们）现在不得不面对的检验进行管理及更有效的监督。

我们相信，在80年代的混乱之后，目前正是这种批判复兴的时期。在19世纪构建起来的两种批判形式中——阐述要求解放和真实性的艺术批判，以及谴责贫困和剥削的社会批判——后者表现出新生的希望，尽管它目前可能有些犹豫和节制。而且，毫不令人惊奇的是，我们记得，当60年代抗议浪潮的附带结果出现时，从70年代中期开始，这两种批判的命运就非常不同：艺术批判的主题被结合进了资本主义的话语，所以这种批判可能似乎部分地得到了满足；而社会批判则发现自己处境难堪，丧失了意识形态的支柱，而且被扔进了历史的垃圾桶。

我们所能期望的社会批判的更新，特别在于植入公正形式与原则的更加茁壮的机制，那是项目型城市所特有的，我们对这种城市以理论范畴的管理语言作了阐述。如果新资本主义世界的盈利之途想得到认可的话，那么不形成这种城市，资本主义的新精神事实上会缺乏它所需要的规范性支柱。

关于艺术批判的复兴会碰到的种种问题，我们将留待下一章来谈，艺术批判由于其部分主题结合进新资本主义精神而仍然处于瘫痪。

社会批判的再起：从排除到剥削

从社会阶级到排除

剥削的概念——迄今为止只在马克思主义中得到充分的理论阐述，在一个多世纪中构成了社会批判的主流——在80年代的过程中变得模糊起来，与此同时，它所落脚的总的阶级架构也被抛弃。[1]放弃剥削这一主题——在80年代后半叶，它似乎成了“陈词滥调”——并不表示对现有秩序的一致支持和放弃一切方式的批判。新的类别逐渐被提出以表达社会消极面，特别是与容纳相对立的排除。在对于贫困增长表示义愤的这种新形式中，剥削的概念难以找到它的位置。在马克思主义批判中，它事实上联系于工作中的阶级关系。剥削主要是通过劳动的剥削。但是，排除主要是指驱逐出工作关系领域的各种形式。被排除者首先是“长期”失业者（80 346
年代构建出来的一个统计类别）。

最早使用“被排除者”一词是指那些由于自身障碍而享受不到增长与经济进步有利影响的人们，通常要归于勒内·勒努瓦1974年的书——《被排除者》。[2]勒努瓦在书中写到的精神仍然是60年代的积极内容。不可避免的增长后果是生活条件的总体改善和标准化，最终会导致社会阶级消极方面即作为剥削关系的来源的消失，而让位于功能性非对称的劳动分工。但是，这一光明未来中还存在着一个阴暗点：残障者。他们不能为生产财富作出贡献，因此也不能分享它所提供的福利。勒努瓦认为，残障首先是生理的和心理的，而不是“社会残障”。可是这一名词已经被广泛使用在一些人由于其社会属性而不受选择或受到歧视的情况，或者被教育系统所拒绝（“教育残障”）。因此“被排除者”退出（增长）还有着并非他们自身失败的原因。它可以归咎于别人自私自利的行动。

不同于社会阶级的模式，那里对“无产阶级”贫困的解释是基于认清一个对它负有“剥削”责任的阶级（资产阶级，生产资料的所有者），而排除的模式虽认清消极之物却并不进行谴责。被排除者不是任何人的受害者，即使他们作为人类共同成员（或“共同公民”)要求他们的疾苦得到关注,使他们得到帮助,按照法国的政治传统,特别是得到国家的帮助。相应地,排除的主题有关我们在其他地方所说的“情操问题”,而不是“谴责问题”[3],这导向十年后人道主义运动使它重新拥有的做法。

埃马纽埃尔·迪克斯迪埃认为[4],排除的主题在勒努瓦的书出版(1974)之后的十年间处于非常边缘的地位,而到了80年代中期非常不同的环境下则真正兴旺起来了。这些环境的标志是失业的增长,以及被初步认知为“新贫困”的现象,这种情况更显突出,是因为大城市街道上重新出现19世纪意义上的潦倒落魄之徒,即没有生存手段或固定住所、靠公私施舍生存的人们。从此,“排除”一词不但被用于残障人士,而且被用于所有新社会贫困的受害者,作为一个总称。

与此同时,它通过人道主义或慈善协会过渡到关怀最贫困者,他们被批判机构、特别是工会所忽视。在这些协会中,我们必须突
347 出“苦难救援会”(第四世界运动)所发挥的作用,它在1957年由雷辛斯基神甫(他本人的出身就是非常贫困的)成立于大闹市公社的“无家可归营”。雷辛斯基神甫认为,“被排除者”一词指的并不是残障者,而是那些处于社会边缘的、没有任何代表权的,甚至源于被工人阶级斗争的批判机构所抛弃的、沦于侮辱性和无效能援助的人们。[5]

“排除”一词通过计划委员会,特别是通过伴随着建立最低收入的讨论(它本身受到雷辛斯基神甫于1987年提交给经济与社会理事会的一份报告的很大启发)而结合进国家的语言,它失去了在第四世界运动材料中的抗议取向。正好与社会学和行政学的话语相合,它体现一种新的社会形象,对此我们可以指出两点(一致的)表述。第一点,仍然使用“阶级”一词,但去除了任何斗争的含义;第二点往往含蓄地提到网络的比喻。

根据第一种以宏观社会学阐述的解释,老的阶级社会已经被

一个比较一致的中产阶级的扩张所淹没，中产阶级占领了大部分的社会空间。一端是很小一批有财有权的人；另一端是被排除者，他们数量较大，由计算方法而定，主要是长期失业者，而且还有各种社会或自然障碍的男男女女（贫困家庭的子女、单亲母亲、没有身份的外国人、“社会不适应者”，等等）。因此，社会工作就包括重新结合这些“被排除的”人们，也就是说，帮助他们克服造成他们边缘化的障碍（他们被排除也加重了他们的边缘化），使得他们只要有可能就容纳进巨大的中产阶级。

第二种是更加宏观社会学的解释，它使我们感兴趣，是因为它更清楚地根据对构建于以网络比喻为中心的社会描述。在这种排除范式中，被容纳的是那些通过许许多多、各式各样的纽带与他人——人士或高一级的机构，诸如公共服务、家庭、公司——连结和联系的人。相比来看，被排除者是那些看到他们与他人联系的纽带已经切断，从而被降至网络的外围，在那里的人们丧失了一切能见度、一切理论基础，以及实际上的一切存在。因此，例如在罗伯特·卡斯特尔对不隶属概念的阐述中——无疑那是最近对社会边缘化现象分析的最重要的贡献——排除，如同它的对立面容纳，间接地指一个设想为网络的世界中社会纽带的形式。[6]一个不隶属的人是联系不断被割裂的人，他不再结合进任何网络，他不再是隶属 348
于构成社会结构的任何错综复杂链的人，他最终是“对社会没有用”的人。

我们认为，随着联系性世界的建立，以网络作为社会世界的定义得到非常迅速的扩散，就可以了解最初有关边缘化人群命运的排除和容纳的动力，如何能取代以前赋予社会阶级描述社会疾苦与解救之法的作用。[7]这种扩散的迹象之一是，在90年代期间，越来越多的行动者（包括干部）把“排除”视为正在威胁他们个人。结果，他们看到在某种社会形势下他们自身的命运——与他们自身状况（范式形象或“典型范例”）尚很遥远——是“无家可归者”，没有温暖壁炉或家庭的流浪汉。[8]

构建排除的概念，也使得那些处于社会阶梯底层的人们，在记者、作家、电影制片商、社会学家、统计人员等所提供的社会形象中找到了一个位置。但是，这个新的形象不再像 70 年代那样是无产者或被剥削者的形象，即属于社会阶级的人们。那些处境受谴责的人是新环境中的穷人、潦倒落魄者、没有住所或没有身份证的人、移民，以及已遭废弃和充满暴力的城乡结合部居民。对剥削没有清楚的概念，没有社会变革的希望，反对社会不公就退回到它的原始刺激因素：对苦难的义愤。但是，这也就是说，一个世纪的工人阶级的斗争，以及革命文学所赋予人民大众人物的一切积极特征——勇气、爽直、慷慨、团结——在对最无权者的描述中变得无影无踪。这些品德——现在归之于市场上神话性附属材料（要是不用来掩盖斯大林主义暴力的话）——已经被被排除者可怜的属性所取代，这种属性首先界定为一无所有：没有发言权，没有家，没有证件，没有工作，没有权利，等等。

人道主义运动（部分地是这一概念的来源）也发起活动来抗击排除的现实。有一段时间，这类干预似乎是唯一可行的做法。

人道主义行动

富裕社会中不平等的加剧和贫困的再现，从 80 年代中期开始重新警醒了对社会问题的关注和社会运动的再起。然而，在主导前两个十年的批判机构处于失败、解体和丢脸的情况下，在没有一个
349 批判理论来把愤怒转变为论证或者使造反建立理性基础的情况下，这种社会关注和伴随的运动都会采取人道主义行动的形式。

这类行动在原则上并非新东西（红十字会也许可以视为最初的人道主义组织之一），在 70 年代期间因来自左翼或极左翼年轻医生的参与而出现了新生。他们放弃了在法国的政治斗争——认为无效果和无意义——专注于直接帮助第三世界的战争或自然灾

害的受害者，通过居间协调他们的苦难和发放给他们的援助来设法保护这些人。[9]这种形式适合于体现80年代形势下对贫困的愤慨，因为它全力强调参与活动和直接个人援助。它可以不必通过漫长的环节来指责遥远的对象（例如雇主或跨国公司的股东），或者一般化地指控某种类型的社会。这种向人道主义行动的后退更令人惊奇的是，以前的许多批判机构在主张支持不公正的受害者时，都狠狠地攻击"慈善"甚至"社会工作"，谴责它们是伪善、自满或不正当地把人们扭向唯一有价值的行动：政治行动。

新慈善机构最受称赞的例子——由左翼主义所产生，并非由于忏悔的背景——是"爱心饭店"，它于1985年至1986年冬由科鲁谢创办。帮助困难人群的无数机构在这些年里看到了阳光，据估计，在1990年，有800万人做过义工（包括在援助机构的120万义工）。专门花在这些机构的义务劳动时间估计为每月1.2亿小时，相当于大约70万个全职工作，或者3.4%的有工资工作。[10]从90年代开始，这些人道主义机构（它们越来越多地雇用年轻毕业生作为短期的工薪收入者）发现，排除的习语成了一个普通用语，而且不论他们当时的实际趋向是什么，都把重新结合被排除者作为他们的总目标。他们参与非常不同的领域[11]，接受公共基金，并时常与国家的社会工作者或者特别是属于地方社区的行政人员协作共事，他们以此参与成立了一些定期的地方项目。[12]

但是，这种形式的活动很快似乎不够了。无保障和贫困不再专门被作为由个人来设法缓解的个人苦难，而是被作为首要的社会问题，并推动了新的社会运动的出现。 350

新的社会运动

把排除问题政治化，可以追溯到90年代初。它是围绕就有关最低收入的法律进行投票的辩论所推动的，或许首先是由于吃惊地看到符合最低收入的人数与种类之多。最低收入因此成为对贫困的一种揭示，然后就引起那些在反映社会世界方面具有关键作用的行动者(记者、社会学家等)的关注。[13]

在对这一为时稍晚的关注起作用的著作中，收入与支出研究中心(CERC)1993 年第 3 季度关于排除在法国的不稳定和风险的报告,起了特别重要的作用,因为它把广泛的不安转化成了数字,而其他证实这些情况的,包括成功的《世界的苦难》一书,该书大体于同时在皮埃尔·布迪厄指导下出版。事实上,该报告由塞尔日·波冈根据国家统计与经济研究所 1986 至 1987 年关于“处境不利的人们”的调查整理完成(更新局部内容),评估具有“有保障的稳定工作”的人们占 51.6%，具有稳定但受到危险的工作的人们占 28.5%,做不稳定工作的和失业的人们实际上占工作人口的 20%。它还证明,工作稳定程度和贫困与社会脆弱性——即“被排除的风险”与“边缘化”——之间有着极大的关联性。[14]

这种不断增长的不安迹象可以积累起来，最突出的无疑就是私营部门工薪收入者与公共部门工薪收入者之间在 1995 年 12 月所表现的心照不宣的团结[15]——后者不受裁员的影响。但是,人们也想到,例如 90 年代中期以来,针对广大公众的大量作品往往印数很大,主题是批判经济社会,不论是集中于失业、工作、排除、贫困、职业无保障、新的不平等、新自由主义、全球化的危险、暴力的扩散,还是极端个人主义。[16]

即使随着 1995 年罢工以来试图重建一个“左翼中的左翼”,人道主义活动再次因它的“非政治”特性而趋于失去信誉,但情况仍然是,主要是由于 80 年代后半期政治战斗性重新定向而转向人道主义活动，因而形成一个新的环境,90 年代批判的复兴就植根于其中。这个环境是十分多样的,甚至是异质的,然而它形成了一个连续不断的网,在那里可以建立接触,发展对立,对特定问题的选择性活动订立局部协议。在这方面,与 19 世纪后半期奠定福利国
351 家基础的群体没有多大差别,即通过社会改革者、法律工作者、慈

善工作者、工人互助机构，以及革命工会或政党的联合努力（即便作出贡献的人们常有尖锐的冲突）。[17] 在今天围绕反排除斗争构建起来的环境中，我们发现在最高的公务人员、法律工作者、改良主义倾向的经济学家或社会学家、宗教背景运动的成员（如天主教救济会或各运动援助流亡者委员会），以及来自新型机构的积极分子[18]，如住房权利会（DAL）、争取权利会!!（Dd!!）、反失业共同行动会（AC!）。[19] 这些运动围绕特定事项（如住房、无证人员、失业者，等等）构建起来，它们从 90 年代以来在重构社会批判方面起了重要作用，不但直接通过它们组织的活动，而且或许首先通过这些活动的压力及它们的媒体能见度，对社会改革者发生了影响。占领金龙路大楼事件和 1995 年的罢工，是这些运动与工会工作者建立和睦关系的场合，特别是和团结与民主工会（SUD），它产生于 80 年代末法国民主工会积极分子的造反。[20]

这些和睦关系并没有导致组成党派（因为这使人想起游说式政治动员的形式而遭到拒绝），但足以使积极分子密切而经常地接触而认识到大家处于网络之中。在这种网络中，流转的人们在许多方面非常不同，对很多问题有分歧的意见（好比一块“拼贴图”），但是可以走到一起，在反对排除的行动中互相支援，根据的是权利的最低定义，这往往以灵活界定的“公民权”来提出要求。

事实上，在这些新运动中实现了以下两者的结合：一是人道主义运动在 80 年代发展起来的那种行动（传媒化的直接援助）和正当性（人权）；二是 70 年代初斗争中继承下来的对抗性专门知识，以及旨在刺激当局并揭露其欺诈性的造反姿态。[21] 这些运动中最活跃的成员往往是前工会积极分子或政治积极分子[22]，他们对现有机构的无效率感到失望，甚至对他们在党派和工会中经历的政治花招或个人利益感到厌恶，从而发明了一整套抗议办法（以夏尔·蒂利的用语）及组织形式，它们显著地有别于一个世纪以来主宰着工人运动的做法。例如，相对于把权利交给代言人而远距离进行活动的代表团篡夺并滥用权威，它们主张面对面的行动，以亲密关系直接援助受压迫者，这被理解为真实参与的条件之一，因为它所要求的一种牺牲——特别是时间方面的牺牲——是难以装假的。同样地，不同于僵硬组织的官僚主义化把该组织的利益充作其声称要捍卫的人们的利益，它们采取可适应的、灵活的形式，联系
352 特定情况（界定为许多项目，而且往往像职业那样特意进行媒体化宣传），号召人们不同程度、不同方式地参与。对于参加活动的人们，并不要求他们对每个细节都总体支持。事实上，相对于传统组织采取意识形态同质化（那被谴责为极权主义的），这些运动要求尊重参与方式与动机的异质性和多元主义。[24]团结、统一与民主邮电工会创始人之一克里斯托弗·阿吉顿把这种活动方式界定为："代表情景的组织形式——网络，即人们在一起合作共事又保持自己特性的一种流动性体系。"[25]由于它们以网络逻辑来描述自己，因此围绕着保卫"权利"而形成的新运动，对于参与者数量问题很不关心——不像传统组织有固定的小组或分支、会员证、续办证件的程式等等，几乎是无法解脱的。因为，当会员制替换为联合行动时，它只在紧要时刻、当地情况和特殊场合开战，人们怎么能知道谁"在内"或谁"在外"呢？

根据这一简要描述，我们可以认识到新抗议运动与过去二十年来确立的资本主义形式之间的形态同源性。这种同源性为这些高度流动的运动提供机会，在传统组织失去立足点的地方恢复一些影响力。但是，这也意味着，它们必须与资本主义复兴形式所特有的那种紧张达成妥协，包括灵活性、流动性和速度同参与的连续性之间的紧张（如果没有事件连续不断激励它成为真实，这种参与就会变得模糊起来）。

新的运动遇到的困难之一，是从排除的概念过渡到剥削的理论。我们已经指出，排除的概念符合于描述一个网络世界，加上它有关一种"情操政治"。过渡到剥削的理论，就可以使得"被排除者"

摆脱单边个人责任或无情的宿命论，从而在他们的命运与较富裕的、特别是担任特权社会职位的人们的命运之间建立一种联系。这种活动可以加大后者的责任，为最无权者构建较好的保证，而不是仅仅向“好心人”呼吁。而且，转变排除的主题可以有助于识别排除的新原因，不仅仅是目前谈论最多的缺乏资格。 353

把排除作为一种批判概念的问题

如果排除的确是一个批判概念——如同社会阶级，它的主要意义在于要求消灭阶级——这两个主题却铺砌了很不同的批判形式的道路。即使它在全社会普遍化以后，排除的类别仍然保有它最初用于指那些因自身缺陷而被排除社会福祉的人们。不像剥削，排除不但不会使任何人得利（因此没有人应对排除负责，除非由于疏忽或缺漏），而且排除的受害者仍然具有它的消极特点。而且，主要统计材料的意义即在于此，不论多么善意，总要指明排除的“高危”人群，即由于自身的缺陷（现在理解为社会的及生理的或心理的缺陷）而有被排除危险的人们。但是，正是贫困与缺陷之间的联系，或者更准确地说，贫困与个人性质之间的联系，会容易变成个人责任的因素，这在阶级的概念中，尤其是无产阶级的概念中，是要接着加以打倒的。

因此，排除是（要加以斗争的）个人不幸，而不是有人从中损人利己的某种社会不均的结果。排除不问剥削。这一论点显然是90年代初计划专员让—巴蒂斯特·德·福柯提出来的，他无疑是大力负责反对排除的最高级公务员之一。虽然他承认，我们的社会里还存在剥削的残余，但他要明确区分排除与剥削。排除属于不同的性质。他认为，排除不会构成剥削，因为剥削发生在工作之中，而被排除者首先的特点是没有工作。[27]时常提的这个论点今天起着非常重要的作用，因为它打破了富人好运和穷人不幸之间的联系，这涉及社会公正的平衡是全国社会职业集团之间的均衡。但是，西方社会作为公正理想建立在人人实质上平等的原则之上的不平等社会,不能免除对不平等的认可。因此,就不能低估倒退到专门以人的天生能力,甚至遗传来作解释(不管多么不合理)的危险:有人能力众多,善于抓住机会,而较不聪明或具有缺陷(并不是恶行)的人就浪费了机会。

由于这一切,我们应得出结论认为,排除只是一项(马克思主义意义上的)意识形态,是要设法掩盖一个以阶级剥削为基础的社
354 会持续存在吗?正相反,我们相信排除的概念应当认真对待,因为它指向相应于80年代期间出现的资本主义形式的新贫困形式。但是我们也认为,应把这一分析推前一步,以便看到这一概念如何涉及各种当代的盈利机制。

在马克思主义中,剥削是联系19世纪资本主义迅速扩张的工业与商业世界而构想出来的。但是,可以存在适合于不同世界的不同形式的剥削。在这一分析的其余部分,我们将发展一个看法:排除的概念首先适合于在一个联系性世界中发展起来的一种剥削形式,那就是说,这个世界是通过在网络中组织经济活动来实现利润的。但是,当分离出联系性剥削形式时,还缺少一个东西,因为把新世界特有的一切贫困都界定为排除,那是不够的。我们还必须界定这个世界中利己主义采取的特殊形式,因为剥削理论把直觉系统化为穷人的苦难与富人的利己主义之间存在关系。某些人的剥削,即使是无意的,事实上也假设他人(或不同时间的同一人)规避共同福祉的要求而只考虑他们的私人利益。

因此,我们将设法恢复被排除的主体所放松的这两大愤怒源之间的联系。我们看到,这种愤怒支撑了社会批判:一方面是对贫困感到愤怒,另一方面是对利己主义感到愤怒。

联系性世界中的利己主义行为

我们认为,新的网络机制鼓励一种原始形式机会主义的发生

和发展，它不同于市场机会主义，而且范围更大，也就是说，善于在各种各样情境中找到其位置，而市场交易只是其中可能的场景。

因为机会主义出现在个人倾向的初始例子中，那我们就从联系性世界中人们为了舒适而必须具有的特性开始，他们的行为举止是通过精明地管理关系资本来享受个人成功。我们对这些特性并非不熟悉。当我们在界定项目型城市的模式时，就已经部分地接触到它们，我们列举了一些使人成为该城市中"大人物"的品格。它们是经理人或项目头头的典型品格，他们流动性强，精干合理，具备建立和保持无数形式多样的、互为补充的联系的技巧，具有发展扩大网络的能力。355

在该城市的逻辑中(我们记得，那是一种公正的模式，不是对世界状况的经验式描绘)，这些品格用于共同福祉。但是，这种理想也消极地揭示了另一种可能的行为方式，在这种世界里，成功的人们利用他们的品格来自私地，甚至伪善地只为自身的利益服务。把他区别于项目型城市中的大人物（我们把他们总称为网络拓展者)，我们把机会主义人物(虽然具备一切必要品格，却纯粹自私地使用它们)称为网络分子。区分网络拓展者与网络分子是根据城市逻辑中构成高地位的特性与某一世界中保证成功的行动（即获得较好条件)和品格之间的不同分析。因此，这两种人物适合于同样的价值尺度（网络拓展者与网络分子的成败可以是以同样的原因)；而且，为了成功——在这里就是说，为了发展联系——他们必须作出同样的牺牲(在稳定性、连续性等方面)。所以他们具有共同的东西，所不同的是——在城市逻辑中是基本的——网络分子的成功，受惠的只是他自己，而网络拓展者获得更好的条件则惠及全城，因此是共同福祉。[28]

为了勾画网络分子的画像，我们引用把网络世界中的行动作为专以战略考虑与利益引导的社会学著述，特别是罗纳德·伯特的著作。过去二十年间,美国的网络研究中有意思的是,它不是强调小集体(集团),它们的特点是密切的互惠关系,有相互选择,信息共享,每人都和其他人交流;而是强调丧失联络的空间——伯特称之为“结构空洞”——更确切地说,强调大量联络与空隙对比所产生的差异。如同米歇尔·卡龙的著作[29],但观点有所不同,伯特的著作为分析网络逻辑构建的不对称、特别是信息的不对称铺平了道路。实际上,如果每个人与同一集团中的其他所有的人沟通交流,汇集知识,共享信息,这就限制了不对称的发展。可是,由于同一原因,没有人比其他人积累得更多,或者说没有人牺牲别人而积累得更多。网络的罗网使每个网结连接到其他网结,不产生任何不对称。但是,它也不提供一种差异,在网络的某些点上可以受益于积累的资本,尤其是信息资本与关系资本。

这是罗纳德·伯特在一系列著作中提出的直觉[30],它的兴趣特
356 别来自其混合性质:处于正式的理论与含糊的经理手册之间。它的主要论点可以简要地总结如下:分清三类资本,他称之为经济资本、人力资本和社会资本,他认为最后那种资本最为重要,因为它决定了积累其他两种形式资本的可能性。社会资本的意思是一个人能够汇总的那套个人关系。但是,社会资本的积累相当迅速地变得有限,因为它依靠个人承诺,它需要时间与精力的投资,那是难以委付的。因此,伯特建议必须有分别地使用,避免过度投资。如果皮埃尔和雅克在同一部门担任类似职位,那么对他们两人浪费时间不断保持关系是无谓的。最有利可图的投资不是投在同一集团内的,而是投在远距离的。要通过克服结构空洞——就是说,与不和他正在接触的其他网结、网点建立联系——来形成不对称。在这个基础上,差异性积累就有可能。伯特的构建并不总是很明显的,只有在财富积累中信息起关键作用的世界里才出现。通过联接以前被结构空洞所分开的网点而取得的收获,主要是不对称信息的收获。伯特说,这样的话,就有可能在一方面取得集团中其他成员

所不具有的信息，或者赶在他们之前取得这些信息（那是一回事），从而得到时间上的优势；另一方面，在难以进入的空间取得声誉上的收获，因为建立了关系的人们容易谈到你，使你的名字为人所知。最后，我们还要说，伯特的模式可供经验确证。本书作者把它加以检验，主要通过调查一家大高科技公司的中上层人员，调查表明：每个“活动者”（采取伯特的用语）的成功与他掌握的结构空洞数量有密切关联。[31]

伯特没有说的是（如同所有同一学派的作者一样，他提出一个没有其他社会形态的完全网状的世界），如果活动者并不被机构界线所分隔，克服结构空洞战略所取得的利润不会是这样的。空间分隔、法律障碍或进入费用的存在，都增加了克服障碍者预计的形成联结的成本和差异性利润。[32] 那是因为，当把活动者从机构隶属中解脱出来时，他们所处的情况是非常不同的——取决于他们的忠诚度[33]，以及他们掌握的资产——积累一项富于结构空洞的社会资本，对机会主义的网络分子来说，可以是一个利润之源。

同样地，网络分子设法彻底利用信息不对称。他从经验中得到有用联络的形象，但只留在自己手里（不像网络拓展者），尽力防止接近他的人构建有效类型的网络。他把自己严密遮盖，首先不让他策划的不同领域相互接触，目的就是避免这许多联系通过他来相互了解，通过长久联络，有机会不通过他来流通有用的信息。分立对密切者（同一项目的参与者，或者同一网络集团的成员）尤其必要，因为后者已经掌握了网络分子操作的许多信息资本，他们可以在转移新信息或新联系时大量取得。分立可以使潜在对手中立化，而不视为叛徒，从而不丧失老朋友和合作者信任的好处。事实上，应当转移对表里不一或战略行动的怀疑。同样地，为了表示信任和证明真正有利，每个新接触者必须显示有幸和无私。所以，新接触者也要有同样的分立，以避免利用联系来扩展自身的网络而不付必要的代价。因为仍然存在着僵硬界线所分隔的不同环境，或者因为有关人士往往有冲突性历史，并非一切联络都立即相合，所以某些联结的声誉（“坏公司”）可以阻碍建立其他联系。所以，网络分子通过不同网络部分之间保持分隔，由他来设法连接，从而成为掌握钥匙者。结果，他的活动帮助产生了黑手党人[34]、腐败的网络、“特权”、“哥们”，等等。在非管理著述中，对于坏网络有许多名称，它们纯粹适合于自私行为，不能形成项目型城市的基础。

并非所有职位都同样有利于发展网络活动。有意思的一个解决办法是在一个机构中（公司、公共服务部门、协会）担任一个职务，调配资源（基本工资，工作用具，诸如电话、复印机、电脑、电子邮箱等），身份与法律保证，不直接接触市场制约（如同个体经营的企业主的情况），或者对下属有直接责任（如同经理的情况）。[35]机会主义的网络分子则力求其他人员——企业主或机构负责人——来承担他的活动的风险，而他则集中于捞进利润。一个网络分子发展活动的最佳出发点看来是：能取得最高程度的资源，而只有最低
358 程度的监督，以便使公司财产为网络分子的个人活动服务。

找一个网络分子来参与一项集体活动，可以取得资源并相对免除官僚主义形式的监督。他已经放弃了事业的想法，知道他参与的机制是临时性的，因此也知道自己在不久的将来必须转移活动。对他来说，好战略并不是如管理所建议的那样，去和他的团队分享信息和联络，以利于他所依靠的中心。正相反，那是要利用他取得的资源，取得一项社会资本，使他具有超过团队其他成员的优势。实质上，在这过程中获得的是时间。由于他的活动能力，网络分子抢在潜在对手之前——就是许多情况下的合作者和朋友——发表一些原创的东西（产品、想法、文本等），以此联系他的姓名和个人。网络分子要做到，在一个项目终了时，有些事物可以归于他并公开联系他的姓名。这里的有些事物并不一定具有工作所特有的稳定性和客观性。如同“表演”艺术家，对网络分子来说，重要的是产生一场事件，他可以署上大名。团队的共同技能与知识立即贬值了；

这降低了其他成员开展活动或受雇于不同项目的机会。但即使在这种可怕的结果以前,由于网络分子设法使他们相对孤立,他们的技术没有发展,他们不知道没有学到任何东西,没有通过接触他人而丰富自己。

网络分子的活动对于同他联络的人们是主要的问题之源。在他们活动的公司或组织中,也产生监督问题。只要表现为盈利,他们就得到鼓励,但是他们也触发不安,因为他们倾向于把利润导向完全依靠他们忠诚的公司,这是不确定的。事实上,正如在官僚主义化的公司里,经理们可以发展来自雇主或股东的不同利益(例如,扩大他们管辖下的工薪收入者人数),所以网络分子可以发展不同于经理的利益,他们的权利在于机构功能所要求的事。他们没有同样的时间方向。网络分子活动的短暂性和流动性使他力求从每项活动中取得最大限度的个人利润,不顾及对于他取得资源的机构的后果。在一个被视为极其不确定和动荡的世界里,唯一值得识别和发展的成分是自我,因为那是自身唯一能最低限度忍受的事物。因此,他自身通过的每一项活动,就成为网络分子扩张和扩大其自我的机会。他是“他自己的企业主”。对他来说,他所参与的活动、公司托付他的“使命”的价值,主要决定于它在多大程度上能够通过扩大和增多与其有关的世界而增强他自己,这是他从事新置换的资产。但是,按照这种逻辑,就会和发起项目或提供资源的单位——公司或部门——发生冲突。这些冲突可以特别围绕在产权问题上,尤其是涉及冲突的不是物而是人,或是难以保护的非物质事物,例如顾客、供应商、想法。

我们已经看到,联系性世界中机会主义行为的发展危害工作人群的其他成员,他们的受雇能力降低,对网络分子提供资源的机构得不到必要的支付。这些观察表明联系性世界特有的剥削形式的可能性。现在我们必须构建一种剥削的概念,它适应于一种社会,其中除了传统剥削模式涉及的工业世界和商业世界以外,联系性世界也更加突出。这样重新阐述剥削,就可以把当前因排除问题而使剥削概念分开的差距弥合起来。

网络世界中的剥削

剥削理论必定表明,一些人的成功与优势事实上归因于(至少部分地)干预了他人,使他们的活动既得不到承认,又不受重视。产生这种批判性观点,首先预见到一个共存的世界。要把排除关联到剥削,我们至少必须能够找到强者(大人物)的好运与弱者(小人物)的苦难之间存在着一个休戚相关的原理。如果在一面是高度繁荣的强者,而另一面是苦难处境的小人物,但两者之间没有关联,各自在完全不同的世界里活动,那么剥削的思想就没有意义。他们必须至少存在于一个共同的世界里。这个共同世界可以在这里用网络的直觉来识别。网络的确构成了一种形式，它围绕着关系运转,可以在同一图景内不但包罗最强者和最弱者,而且包罗(因为关系的汇总可以密度或多或少)联系最多者和联系最少者、结合者和不结合者、位于图标中心的容纳者和赶到边缘的被排除者。

但是,强者和弱者能否不属于同一共存的世界,没有一方好运
360 依靠另一方恶运，或者一方恶运由于另一方好运?我们要谈论剥削,它们之间就必须具有互相依存的关系,那并不仅仅是结构性的(强者丰富联络的优越性只是有差异地存在,这与弱者同其余世界贫乏的联络形成对比),而且也是实质性的。在一个建立关系的能力是利润之源的世界里,这一定能使我们识别那失去的部分,没有它,大人物的好运就是神秘的(正如马克思联系资本价值化时所说的);能使我们澄清这个失去的部分包括什么;能使我们表明,它在现实中是由小人物贡献的，而他们应得的那部分增加值却没有相应地分配。

所以,在一个联系性世界中,从小人物那里抽取的、说明大人物优势的部分,到底是什么?为了说明小人物对价值的产生过程作

了贡献,我们就应能表明他们在建构有利的连结上是有用的。如果情况不是这样,那他们在连结上是贫乏的——那是他们的遗憾——他们不能贡献什么。弱者所贡献的东西必须立即得到有限的能见度,不在世界架构内被承认,虽然对丰富世界作了贡献,但价值微薄(否则对他们的不公就会明显)。可以提供以下的回应:在一个联系性世界里,小人物对丰富作出的特定贡献,以及他们被大人物的剥削之源,恰恰在于他们在这架构内的软弱——就是说,他们缺乏流动性。

事实上,在一个联系性世界中,流动性——不但在地理空间,而且在人际之间,或在精神空间、思想之间自主流动的能力——是大人物的主要品格,小人物品格的主要特点则在于他们的固定性(他们的不灵活性)。再说一次,我们不应太多重视特定地理或空间流动性与其他形式流动性之间的区别。事实上,任何意义的联系都非常容易在某个阶段转化成地理上睦邻友好,反之,不联系则非常可能导致空间距离。很明显,如果我们把地理距离这一网络语言重新加以界定,则情况尤其如此,网络都是用连结的数量和强度来衡量的。(在这一事例中,有人总是住在同一城市,但他已经完全改变了整套关系,可以被视为已经在网络空间中流动了。)因此,地理或空间流动性总是可以被视为流动性的一种范式表述。

大人物不会站着不动。小人物总是厮守一地。大人物通过流动而产生新的连结。小人物留在一处,就失去了他们潜在最可得利的连结(排除的过程)。一个人处在与别人一起的地方;别人流动了,他待在后面。最后,那人就单独一人,或者与网络核心以微弱连结相联。[36]因此,"排除"可以设想为一个过程,即一个无意的过程,没有预想使人把别人排除出他们圈子的意图。 361

但是,这不足以了解不流动(或较少流动)的人们如何对流动(或移动较多)的人们所形成的增加值作出贡献。可能辩称,他们不移动是因为他们留在家里或因为胆怯,说他们有固定的想法和习惯，或者因为他们结了婚，有了孩子，有年老母亲，等等。但那是他们的事务，甚至是过错。他们没有准备为流动作出牺牲。当然，这对他们不利。但是，这根本不会对流动的人们不利。剥削仍然没有找出来。要识别它，就必须了解有些人的非流动性对于另一些人的流动性是必要的。

一个联系性世界会出现邻近和遥远、地方与全球之间非常尖锐的紧张。这种紧张特别影响大人物，因为他们体现世界的实况。要在世界上取得高地位，就要不断流动，以便培养新的连结。最好是本人的流动（出席会议，接触业务伙伴，等等）。我们看到，为了指明联系性世界内力量归属的那类雇佣人口，罗纳德·伯特使用了社会资本的名称，它的意思是网络中建立的关系被转换成其他东西，特别是转换成金钱，否则提及“资本”就是纯比拟性的。[37]但是社会资本的特点，例如与金融资本相比，具有对人的有限自主性。它只是微弱地与人们分开。如果人们不和它周转，它就周转很差。在这方面，社会资本可比拟于人与劳动、劳动与劳动者自由分开的建构以前的人类劳动。因此，社会资本的增加遭遇到时间局限。所以，建议投资者避免构建过多的连结。但是伯特也观察到，我们期望关系良好的人们的好处之一是，他们会在我们不在场的时候、当我们无法出席一个适宜场合时说我们的好话（例如，为一项特定活动寻找一个合作者，或者提名某一新项目的头头）。伯特（如同大多数思考网络问题的人们总采取强者的观点）显然在专门考虑声誉。但是，这种话可以使我们识别联系性世界中小人物对大人物的优势所作的贡献。

由于留在原位，小人物看到强者在场——后者不能立即在其
362 他地方——保持了为他们培养的连结。由于他们，扩展社会资本的时间（自然）局限可以克服。我们要说，在联系性世界里，小人物是替身。大人物从远距离建立一个连结。他联系一个人（可能是一个集团中心的他自己），他挑选或存放一个人来保持该处的连结。替

身必须留在他所安置的地方。他留在网络的节点上,使得大人物可以流动。没有他的帮助,大人物在置换过程中就会失去许多建立的联系,永不能设法积累,资本会逃离他。如果你不能肯定在连结的那一端找到一个人就位、在场,可以代你活动,因为他手头有着你要活动的东西;如果不能这样,那么即使你有一部移动电话(主要的联系工具)又有什么用呢?

在联系性世界里,高地位预示着置换,大人物从小人物的非流动性中得到他们的部分优势,那是小人物贫困之源。活动最少的人员是活动者从置换中取得利润的突出因素。事实上,在一个人人流动的世界里,活动是不确定的;随着可能在其间流动的场所失去一切特殊性和一切独特性(因为人们留在原位,他们就不再保持其特性),置换所产生的利润,特别是通过在远距离不同人们或世界之间建立联系所产生的利润就会消失。

如果有些人的非流动性确实是别人从流动性取得利润的前提,如果流动性产生留在原位的人们所能期望的无可比拟的巨大利润,那么我们可以说非流动者受到剥削与流动者有关。他们被剥削的意思是:他们作为生产因素所起的作用没有得到应有的承认;他们对产生增加值的贡献没有得到公平分配的必要报酬。

如果考虑时间作为积累的过程,不平等就更大了。流动性最差者完全有机会看到,他们在这个时期初所期望的那份利润没有了;而随着时间的推移,他们还会丧失相对的保障,这在其他剥削关系下却可以指望换得稳定和(对自己的)忠诚,这在远见和深思上是极其重要的。事实上,留在原位的小人物不发展他们的流动性,不去建立新连结(以公司发明的用语,就是他们的"受雇能力"),那么结果就是,他们的地位取决于他们的头头维持他们所保证的当地联系的兴趣。留在原位的小人物的价值来自他们和一些大人物的连结。替身从他们与大人物的连结中得利。但是,小人物并不从大 363
人物汇集的关系资本中得利,因为大人物(他们只是代理人)是他们的钥匙持有者，而他们同大人物利用关系的人们没有直接联系。他们完全忘却了他的存在。大人物在流动（那是作为大人物的品格），联系并不是永久的，公司来来去去，项目变化无穷，所以可以使替身变得无用。他们随着他们的位置所依靠的社会资本的投资老化，他们在原位保留的连结失去了相关作用。头头切断了与代理人的连结（它不值得维持了），替身解脱了，但他的力量和存在力也相应缩小。被那些代表不可缺少的多种遥远联系的钥匙持有者所切断关系，替身就被降至网络的边缘，并被拖进一个排除过程。

在网络世界中，每个人因此都生活在永久担心被流动者切断联系、被拒绝、被就地抛弃的焦虑之中。因此在今天，地方性、忠诚与稳定都矛盾地构成工作无保障的因素，而且越来越如此，年轻人不愿担任边缘职位，就可以说明这一点。例如，工作或生活在衰落中的地区，一生定居在那里，借钱来购买膳宿设施（而不是租借），结婚（而不是同居），生孩子（而不是流产以保住工作），等等。因此，在工作无保障的环境中，自卫行为可以推动“不隶属”，可是其矛盾的结果是增加了无保障。[38]

新企业机制的一个影响特别有关我们的主题，因为它们增加了人们可以运转的网络范围和多样性形成的不平等影响。不同于那些依靠地方的、稠密的网络而生存的人们，脱离了它们就面临各种风险，有些人们和集团能在广泛的网络间周转活动，他们的保障不依靠地区保护的支持，而是保有维持稳定或他们活动循环所依靠的相互联系的空间。

可是，上述这些话并未说完剥削概念所包含的愤怒指责。除了这种可以称为较弱的剥削以外（它们只触犯了公正的意义），还存在着强烈意义上的剥削，包括触犯了人类的尊严。[39]批判在这里依靠的是尊严的原则，意思是说，不可能把人们永久彻底地归入单一形式的地位：在某一方面是小人物的人，必须有机会在其他方面成

364 为大人物。贬低一个人，使他无法表明在任何领域的价值，就是打

击了构成他作为人的尊严。现在，在一个世界里给予人们的处理——这里指工作——可以是非常不公正的，阻碍了他们在另一世界中表明他们能做什么。在一个世界中的剥削(微弱意义上的)怎么可以导致在所有世界中强烈意义上的剥削呢？设想这样一种影响生命力的严重形式，即一个人所具有的各种再生能力。在工业世界中，这种边界形式的剥削包括工作中的损耗。那么在联系性世界中会怎样呢？剥削的极端形式表现为不断大大丧失连结，并逐渐出现不但无法产生新连结，而且无法维持现有连结(与朋友分手、家庭关系破裂、离婚、政治上落漠)。这种失去连结，这种无法产生连结，这种彻底放弃，岂不构成今天经常描述的“被排除者”的状况吗？

然而，我们必须在网络世界中检验这种剥削模式，以便正确了解第四章中描述的工作世界及其不公正。为此目的，我们必须把刚提出的工作图示普遍化。为了说明的目的，它专门构建在人际关系的基础上，以便能以同样的纲要加以描述，利用流动性差异，既有在个人基础上对一些人的剥削，又有属于如公司、国家和阶级等集体的在流动性方面不利的人们。

检验非流动者被流动者剥削

惯常被谴责为不平等当前来源之一的金融市场势力或者全球化，确实有关我们以上分析的流动与非流动差异的模式。

正如经常所观察到的，金融市场流动它们投资的速度远远大于商品交换的速度，并在不久以前奠定了国际金融波动的基础。[40]如果我们的模式被接受，那么金融市场就是首要的剥削者，那些最具流动性的人进行着一系列连续的剥削。他们的活动逻辑鼓励了受害者也要这样做，变得像资本那样灵活地流动，以便取得较大份额的增加值。这反过来又触发其他的剥削现象，使每个人(除了位于连锁两端的人以外)都成为既是剥削者又是被剥削者。

金融市场可以被认为剥削着国家或公司。它们把资本转移到
365 一个国家(货币买卖,贷款给国家[41],从当地公司买进股权),但是能随时撤出(这一可能性作为一项投资条件规定下来)。有关国家没有这种流动性。它需要这笔钱供发展之用,如果突然撤出,就会使它陷于危机。一国的货币不是作为其经济活力的计量,而是反映市场对它的信心。而且,如果资本撤出,货币就下跌,因此——与理论相反——有关国家的经济健全联系于货币汇率。[42]为了使投资者同意不抽走资金,就只有提高利率,结果非流动者就被债务负担、利息负担所压垮——国家以纳税人的税款为资金来源,纳税人如同债务人不能逃避税金。能单方面决定撤资的人,可以对那些留在原地"动不了"(金融交易用语)的人指定代价和利率。

因此,投资者的极端流动性是对公司的经常威胁,它的资本并不如他们所说"拴得牢牢的"。如果公司没有如它所期望的创利,就可能被卖给资产收购者;如果他们感觉到它可以经营得更好,它的偏低的股价将使它成为收购出价的牺牲品。[43]产业家必须作长期投资,拥有不活动的固定资产——工厂、机器——经常害怕失去他们财务后盾的支持,不再有能力实现他们所向往的资本扩张,或者支付昂贵的代价,因为为了动员一定的数额,他们必须给他们的资本大大"注水"(因为股价低,他们必须增发许多股票)。他们害怕失去借款人的信心,他们往往就是握有股票的那些人(现在的市场又不太分立化了),[44]而且会要求高利率。而且,按照主要与公司无关的逻辑,市场波动总是可能的,由于汇率或利率变化,扫除了难以取得的工业利润。他们不满足于使用他们较高的流动性来要求更高收益,也可以直接从价值链上取得利润:他们所制造的风暴使得公司要保护自己,因此就购买他们在市场上出售的金融产品,这样就会受到疾病的冲击,然后他们再卖药来治病。[45]

为了回应这一压力,公司就使自己全球化,以便自己成为不可回避的。[46]投资者不论到哪里去,他们总是遇到同样的活动者、同

样的品牌、同样的产品。在每个市场上，很快就只有四五家公司。它们的流动性也相应降低。公司变得巨型以后，就摆脱了市场监护，因为超过了一定规模，没有谁大得足够买下它们，所以被收购的风险降低了。股东方面，根据市场理论，要求他们能自己套利，把他们的金钱放到他们希望的地方，放到对他们有财务利益的贸易和国 366
家中去。他们希望，有时候能取得这种流动性：例如，化学巨头分立成为两大集团，一个化学集团，一个制药集团。但是，跨国公司会作出反应，通过全球化来再次限制市场套利的程度，市场不再能选择它们的国家。公司希望把自身建在许多国家里，以便在地区之间自行套利，获得市场在其他方面从他们那里夺走的利润。它们也学会直接在市场活动，与传统活动者竞争财务利润。[47]

虽然流动性比金融市场较少，但跨国公司极少对某一国家、地区或地方更忠诚。为了获得或吸引它们，国家或当地社会要支付它们费用、提供土地、降低税收等等。最具流动性的公司强索它们的价格，但它们不会承诺自己留下来。它们总是说走就走。

当“剥削伙伴”是国家、全球性公司时，虽然它们自己也是金融市场的受害者，但还可能与它们联合，正如我们看到最近经合组织内部提出的投资多边协议草案。[49]这项协议是要保证外国直接投资活动自由，它可以是长期工业投资，或者简单的并购金融组织。[50]该草案是要使商品贸易（关税与贸易总协定）与服务贸易（服务贸易总协定）多边协议的范围完整。在协议的条款中，我们看到“联系到投资，特别是资本交易、利润和红利的支付应能自由出入东道国”。主要人员的入境与居留也要得到保证。而且，协议设法废除各国对在它们国土上投资的干预余地。对投资施行的某些义务，诸如商品或服务最低出口指标，被提出废止；投资者之间的平等应得到保证——例如，如果外国公司得不到补助，本国资本的公司也不应得到，又如购买土地不应限于本国人；许多条款规定，投资者与公司遭到政府干预而可能限制它们投资创利的能力并对外国资本实行歧视时,应得到补偿。同样地,与一国形势有关的政治风险,虽然投资者愿意创业,也不是他们的责任,而是国家的责任。根据该草案,在遭遇"内战纷争"、"革命、紧急状况或其他类似情况时",公司应得到补偿。

跨国公司作为最具流动性的公司,可以利用这种置换差异来
367 首先对那些较小的公司施加压力。它们有财力在一地关闭一家工厂,在别处再开张一家;或者,更快的做法是,在一地出售一家工厂,在另一国买进一家工厂。重新安置地点使得所有那些在关闭工厂中谋生的人们失去工作:它的工薪收入者,它的分包商,而且还有所有那些从后者(商业企业、供应商的供应商,等等)取得收入的人们。这样的话,部分网络就消亡了,窒息了。在出售(不是关闭)一家工厂的事例中,它使得留在原地的人们要赢得新雇主的欢心。

我们看到的向外包和全球化的大量转移,就可能由于希望精干合理而实行起来,以便能越来越快地流动。一家拥有所有其分包商的整体公司,在重新安置地点时,就要三思而后行。如果不论在哪里建厂,从不同供应商购买70%的营业所需,问题就会减少。

为了对付这种风险,供应商和分包商就依次实行全球化和精干化。流动性必须用流动性来对付。如果它们不想冒风险使自己有朝一日被沦于危难而不顾,它们就得紧追客户到天边。它们有时甚至设法比客户更具流动性。例如,我们看到汽车部件制造商的事例,它们现在比汽车制造商本身获利更多。但是,这种不同部分地是由于制造商就是制造不同车辆特定项目适当设备的老板,例如它们的分包商制造挡泥板的模具。这种设备肯定可以在全世界流转,但不能从一种车转用到另一种车。相对而言,分包商摆脱了这些特定投资,享有很低的模具改变成本。当市场优先变化时,使制造商设计其他车辆,而它们没有受害,因为它们继续做部件而不必为之支付固定成本。在开始阶段,制造商把生产转移到部件供应商而使自己成功地大大精简。但是,它们要保留自身当车辆的"所有

者”(符合第二种资本主义精神),而不看到它们因此使自己负担过重。面对它们供应商的成功,它们现在就要进一步精简,把设备所有权的负担转移给它们。[51]我们在这个例子中可以看到,流动性具有一个地理空间,但是更一般来说,它表现为脱离任何太特定、太结合具体环境的事情(如上述例子中无法转移到其他工厂取得东西)。模式化的、灵活的、非特定的工业设备在扩展。它可以更容易地在地理上转移,而且从一种产出转向另一种。

顾客是另一种不稳定性之源。犹如非人格化的股东,顾客决定是否购买,不受任何忠诚所约束。公司设法达到能适应顾客愿望易 368
变性的流动水平。它们根据即时的原则运作,以便不冒库存积压的风险。它们在正当顾客需要的时候准确地生产顾客所需要的东西——这只有接近分包商的流动性才能完成,分包商总是保持比顾客更多的库存,[52]并使用更加劳动密集化的进程(较多人手做较少产额)。分包商自己也设法精简,也就是说,把经营业务所要求的最低限度非流动性的负担转移给其他活动者。因为,显然有必要拥有最低限度稳定性的地点来建立生产工厂,或者植根于一定地域的销售中心,顾客无需每天去,他们觉得搬到那里是好的。在这些相对稳定的地点,它们必须找到当地的劳动力,至少在它们营业时。但是,这种劳动力拥有较少的流动能力,使他较少能出去并在其他地方找到工作,也就更容易加给他零工的地位。结果就有可能把工厂的活动一天天减少而无需实行裁员计划,而只要不再使用其所在国家或地区的临时工即可,这使得其他以前的机制可以尽可能精简和流动。

所以,把临时工的灵活性和工作无保障同顾客或跨国公司的流动性包罗在同一类别内,是一个重大的错误。在一种情况下,灵活性是挑选出来的,是力量之源,是肯定的;而在其他情况下,它却是强加的,是自由的反面。剥削者流动性的对应面是被剥削者的灵活性。灵活性的工人处于痛苦的工作无保障,不能提供他们流动的自由，不能使他们开发他们的流动能力——就是说，它没有毁了它——灵活性的工人是下一次置换中被最强者排除的候选人（例如在临时工合同终了的时候）。工薪收入者也是这样，他们——例如健康原因——不能再跟得上强加于他们的疯狂速度。

因此，公司设法每天一点点减少可能把它们拴在一个地方或一批劳动力的状况。它们力求集中于使生产依靠发展外包、精简和模式化设备，也依靠销售，其中一项尝试是减少体力工作。发展使用一切媒介的邮购销售（电话、邮政、互联网）[53]，或者通过专卖网络，就可以说明这一点，这意味着网络头头无需承担全部资产的负担。一家经营邮购销售和分包制造的公司实际上不再拥有资产；它租用注册办公室，它的价值包括在数据档案及一小批设计和购销人员的专门知识之中。它几乎可以建在任何地方，只要它最不可缺少的人员准备跟来，但是它也已变得非常精简，它可以待在它的主
369 要人员希望居留的地方。因此，最有流动性的、最具受雇能力的、构成关键人员的那些人，也是最容易迫使他们的雇主容许他们有既定生活方式，而且没有伴随的风险。

这些情况说明，专家们敦促人们和公司要有流动性，那是对的。危险的是比他的顾客或雇主更具流动性，更少笨拙：只有这样，才能解决力量对比。人人都追求的专家会滥用选择。它可以随时辞职而下一天找个新工作，他威胁要辞职，可以得到重大报酬。学语言容易和换工作不难的工薪收入者可以伴随雇主的流动性；他和公司是一体的，没有被落下的危险。所有其他的人都发现自己由于流动性较少而受到剥削。雇主通过威胁切断连结和抛弃他们——如果组织起来迅速行动，事情较易解决——而强使他们接受较低的工资，并使他们忍受连结的最后一环：变化莫测的市场。流动性的规则在实践中被很好吸收，一家公司关闭一处场所，同时提供在500公里外的重新部署，可以声称没有裁员的关厂：如果人们不服从，那毕竟是他们自己的过错；如果他们被裁员，那是因为他们自

己要这样的。

在这种情况下，知识最专门和最不特定的工薪收入者是工资最高的，因为他们能快速地从一家公司转换到另一家，而没有他们是不行的。因此，依靠技能的财务人员由于金融市场而相对稳定，各处的金融市场使用同样的数学模式，也由于在一国及在全球范围内会计规则越来越标准化，跨国公司都在同样的市场上报价。相反，负责管理雇用几百人工厂和治理工业资产的工业劳动力人员却工资很低，因为他们的技能被束缚于累赘事务，即人员和工厂。此外，这些干部永不如他们从事所熟悉的特定工业活动那么有用，那是他们的全部事业——重化工、机械工程、纺织、塑料，等等。他们的知识较少能转移，他们必须留在他们的部门。所以，干部必须学着把他们的知识标准化，以便具有可转移能力，与财务人员或咨询人员竞争，他们在各处应用同样的分析与决策模式。所以，开发他们职业的普适证书（目前是太特定了）以加强他们的流动性，是符合他们利益的。当涉及某种产品、商业部门或技术类型时，非常称职的人们是不可缺少的，因为没有他们，机器动不了，产品出不了工厂，技术改进无法搞。但是，他们太地方化，太特定了，就贬了 370
值。只有一小批专家会希望从他们的专门知识获益。但是，他们很可能被超越，总有一天他们的专门知识过了时。为了赶上时代，他们必须大力进行投资，大大超过那些具有专门的、但转移能力极强的（即不是特定的）知识的人们。

在这链条的各处，更具流动性的人们从较少流动性的人们那里攫取剩余价值，以换取自己流动性上的懈怠。为暂时不提出改换地点的威胁，公司就少付工资，或者把有些作为零工。投资者要求高额回报以换取长期承诺，因为（他们这样说）如果不能撤资，他们的风险更大，所以必须补偿这种风险。国家对跨国公司给以补贴，使他们同意留在该国若干年。因此在法国，同一家公司可以得到帮助，在一地关厂，而在另一地提供工作。

因此，流动性差异在今天是很有价值的商品。它的价格在很快上升，完全由“慢者”支付，从而让“快者”的协调步子有所放慢。可是，快者没有既有活动的支援也无法生存；他们所推动的网络不能没有地域标志及机器与人力等典型累赘物的作用。他们的计划就是实现致富而不要这些负担，可以从分包商购货，贴上他们的品牌，在互联网上再出售，而在这过程中收取整个链条所产生的剩余价值。

因此就表现出在流动性差异基础上有着无数的剥削关系：金融市场对国家；金融市场对公司；跨国公司对国家；主体大公司对小分包商；世界性专家对公司；公司对零工；顾客对公司。

只要我们是在谈资本主义——一个力求更多积累以货币价值衡量的资本的过程；只要在这一过程中，各方不同参与者（顾客、工薪收入者、分包商与供应商、金融家等）之间所共享的增加值的检验采取具有价格的合同形式，似乎上述现象完全可以用商业性地位的名词来加以描述（如同“新自由主义”诋毁者所做的那样）。可是没有更不完全的了，因为以市场关系的扩展来分析，并不考虑与流动性相联系的力量对比普遍化。而各处的商业性地位都与联系
371 性地位达成妥协，使得市场确立的关系大多已重新界定。

商业性的力量对比主要决定于交易时积累资本或信用的差异（如果双方都要一个产品，富人能支付更多，就胜过了穷人）；或者在合意性上（某些商品或服务费用更大，因为它更合意；一个供应商可以支配价格，因为他制造的东西与众不同，那就非他莫属）。在以市场主宰的标准模式中，不大考虑供应商能否流动，或者高级干部能否在世界各处旅行，或者双方都比顾客或雇主更具流动性。这种易变性并不使他们更加合意。他们干脆就是更难管控。相反，在一个联系性世界中，不但要重视产品或服务的质量和稀缺性。来自移动性差异的价值要加入所支付的价格。流动性最强者事实上可以随时威胁“退出”，这符合他们因易于流动的潜力而具有种种机

会；因此他们处境优越，可以谈判他们对商品和服务的出价。

关于商业性认可正确与联系性认可正确之间的不同，一个很好的例子是：用来说明灵活性政策和组织流动性发展的原因性质。最常用的论点是新产品上市的速度。这里生死攸关的是，在取得潜在市场的资源方面应快于竞争者。在这个例子中，所推荐的流动性是合理的，因为“敌人”是直接竞争者。另一方面，流动性的优点构成与供应商、工薪收入者或顾客议价时的优势，这一点从未提过。可是，一家公司获得把新产品迅速推向市场所要求的流动性，也能获得其他方面的流动性。因为要达到这一点，他必须彻底修正其组织。更加精简以后，它也能在其他情况下利用这一优点。合理的市场流动性使它可以比竞争者行动更快，而不是去“讹诈”求职者。为了说明降低不活动工薪收入者的工资是合理的，就要有不同的联系性性质的理由，把不灵活的一切都贬值。这种理由目前正在取得合法性。

走向联系性的公正机制吗？

在这一节中，我们将评论目前主要由法学家提出的一些机制，它们是有关工作的辩论中心。我们认为，它们的共同点是，它们的实施有可能实现项目型城市，使它结合我们以该城市基础原则的名义所作的检验，来谴责从流动性得利的不公正方式，从而限制联 372
系性世界中的剥削程度。但是，为了巩固剥削问题和“城市”问题之间的联系，我们必须首先表明，这种特定形式的剥削（根据上述段落中论述的流动性差异）只是一个更一般性模式中的一个特例：这种模式可以描述不对称情况利用多种差异——明显地包括财产差异或者市场稀缺性差异，那是古典剥削理论的根据。

一般剥削原理的要素

在资本主义背景下,我们在这里特别感兴趣的是,剥削的观念可以阐述如下。资本主义典型的力量检验（它转换成许多局部检验)关注对创利贡献的报酬。谴责剥削意味着某些贡献得不到它们应有的报酬。

这种活动总是会引起争议，预想到要建立一个广泛的计算对等的机制，并扩大时间与空间的计算范围。资本主义与其他政制(如奴隶制或农奴制)相比较的一个特点就是,资本主义下的剥削不一定采取某种强制形式。但在前资本主义社会中,剥削都是直接的,在资本主义中,剥削通过一系列的迂回掩盖它。一方面,它在法律上否认剥削,因为对生产作贡献的活动者是处在一种合同关系。另一方面,剥削不是简化为表现在面对面情况下的胁迫,而是具有一种系统性。它涉及在远距离活动的行动者,可能相互都不知情,而且有不同的意向。那些行使紧密管控的人(干部或行政人员)不一定是从中取得最大利润者(例如股东)。因此,往往要包括大量传递、难以相互关联的很长链条来控诉剥削(例如,把伦敦一家交易大厅中一名交易商的行动关联到一个非洲城市中贫民窟里流浪儿童的贫困)。

对于发生存在剥削的争议时必须有的计算架构，应有可能识别对盈利作贡献的机构及每家所作的贡献。首先，识别将围绕事物,特别是人物,在他们之间应能表明一种功能性相互依存。下一步,它必须说明每家贡献了什么,最后如果认为是公正的,那么每
373 个贡献应得到什么程度的报酬。对剥削的谴责可以根据这一识别过程中的每个环节（而谴责总会受其他计算办法的异议而出现争议）。它可以表明有些贡献盈利者被遗忘或忽视了,或者表明他们的贡献没有充分识别,或者被低估了。对这些谴责的确信程度主要取决于存在剥削关系的人们之间分隔距离的多少（断言距离非常遥远的人们之间存在剥削关系，至少其中一人否认与另一人有任

何关系,必定视为那是“妄想狂”),取决于定出这些谴责的对等计算系统的力度。

但是,揭示计算出的不公是不够的。要维持对剥削的谴责,同样必须具体说明不平等区分所根据的强势的性质,以及为什么看不见(否则,掩盖它就没有道理了)。例如,为了谴责前工业社会的剥削形式,那里的社会联系主要基于亲属关系。马克思主义人类学设法表明,造成剥削的强势差异基于血统成员的人身依附关系,规定为从属与孝顺的形式。

在工业社会中流行的古典马克思主义对剥削的谴责,不平等区分所根据的强势来自财产差异(即在法律范畴上):那是因为有些人(资本家)拥有生产资料(工具)而他们可以剥削不拥有生产资料的人,后者只能靠出售他们的劳动力来进入生产。[54]在这种事例中,恢复较少不平等的区分,就要使拥有生产资料的人同样依靠拥有劳动力的人。鉴于生产资料所有权是集中的,而劳动力所有权是分散的,因此提高社会公正之路在于将工人结合进工会运动。

这一同样的说理也应用在社会主义背景下谴责剥削,以及更一般地,应用于不是由老板而是由经理控制的官僚主义组织中。然而在这个事例中,提出的差异不再是财产差异,而是权利差异(也是法律上保证的),它可以榨取剩余权利。[55]事实上,那些占据高位、地位由资格(教育的、职能的、政治的,等等)所保证的人们具有决策权,它正式归于他们,事实上是——以克劳德·勒福尔的用语(我们借用他的分析)——“混合”和“分布”于“各低层之中”。这种对权利的夺取,被剥削下层人士的官僚制在识别它们时加以掩盖。[56]
在第二例中,回归公平要通过根据真正权利的分布来重新分配正 374
式权利,即通过自我管理。

我们也可以使用城市确认合理的架构来识别差异,它们在理论上是高位之源,可以在无监督的检验中成为优势之源,从而取得不平等的区分。作为批判观念,剥削事实上与包罗在“城市”概念中的公正规范完全一致。因此，并不存在两个逻辑——一个指向分歧，另一个指向共识——而是两种观点，可以从同一个规范立场来影响世界。[57]事实上，对剥削的批判，有效地逆转了构成城市格言要旨的谚语“大人物的好运成全了小人物的好运”，而是相反地宣称，即小人物的不幸成全了大人物的好运。大人物之所以伟大，其秘密不在于他们的个人功绩，而在于他们从小人物的不幸中得利。[58]他们的崇高地位是他们好运差异的结果。由此，“大人物的好运有利于小人物”的谚语，可以被视为马克思主义意义上的一种意识形态，即一种为利益服务的幻想，它逆转了对现实状况的描述，从而掩盖了它。对立于那些总是得利于检验的人们的高层世界观，就有那些以同样情况衡量不断经历失败的人们的下层世界观。[59]但是，这种对现实的不同观点，在道德层面上是相合的。事实上，大人物不能总是伪善而不危及他们自身的伟大，他们说他们的特权是合法的，因为他们对共同福祉作了贡献。至于小人物，他们可以坚信一种反向伟大的公式，而不陷于虚无主义的绝望，他们只要不断相信一个可能的乌托邦世界，那里的检验会是真正公正的。

那种谚语的逆转，使我们从城市转向剥削，也指明反对剥削的道路。这包括认真对待城市所体现的公正规范，并通过组织事物而使有关这种规范的检验真正面向公正。联系性世界所特有的剥削形式植根于流动与非流动差异之中，这涉及应澄清目前的流动性检验，并确立旨在管控其操作的机制，以及清除非联系性检验。例如，假定的市场检验，事实上是被非承认的、邻近的联系性力量所玷污的。这种行动是构建新的机制，它们虽与联系性世界同型，却有可能进行监督并限制其破坏性影响，有点类似工业型世界中的
375 分类网格。这些网格虽然认同资格等级制的原则，但努力约束可能发生的以它们的名义定下工资差异的错误做法。确立新的计算架构，可以按网络逻辑汇总各种贡献者和他们的贡献，可以形成部分的必要机制。它可以防止网络分子——即联系性世界中的剥削

者——不酬报在他们的成功中有份的人们，或者不恰当地酬报他们。在工业型世界中，这种汇总是由属于一个大公司的所有工薪收入者产生的。我们看到，这样的架构在今天已经失去它的许多相关性了。

确立项目型城市的条件

确立项目型城市的机制，使得联系性世界所特有的力量对比合理合法且有限制，一直是乐观的方案。但无论如何不能认为，在不久的未来将会实现或在某种程度上实现，而没有重大危机。如同过去其他调节性架构的情况一样，它的实现将取决于活动逻辑不同的各种因素的结合。

第一个条件是存在一个持续的、有威胁力的、有创造力的批判。新的社会运动——我们曾快速地加以描绘过，它的发展伴随着过去二十年间排除概念的形成与扩散——可能代表了它的雏形。它们采用了网络和项目的主题，定位于很靠近新世界，意味着它们特别有利于创建项目型城市的机制。而且，它们始终保持在严格意义上的政治世界之外，并已经对政治官员和“专家”不断施加压力（这些人员中有高级公务员、法律学家、经济学家、社会学家，等等）——走向项目型城市所不可缺少的其他活动者，为这些机制提出了反对排除的计划，没有提他们的激进主义。结果是，社会改良主义领域的活动重新兴起，我们将稍后研讨他们的一些建议。

任何改良主义行动同样不可或缺的是参与者，其中包括高级公务员、政客、充分独立于资本主义利益和股东监护的一部分资方人员，甚至一部分充分摆脱资本积累命令、看到不平等与无保障增加的巨大危险、并对共同公正感持开放态度的资本家。事实上，这些不同的活动者都能对试行新机制发挥主要作用，支持调节架构的改革，使他们的实用主义及对资本主义机器的深切知识为共同 376
福祉服务。高级公务员的兴趣可能被认为是最容易调动的。鉴于他们的任务是管治福利国家，不能眼看着公司把维持劳动力有关的成本负担推给国家(危害国家)来扩大它们的利润而无动于衷。70年代初，于尔根·哈贝马斯就已预见到，这会导致国家的合法性危机，“因为公共预算系统性地过度加重”，“使国家落后于它自己定下的纲领性要求”，“以致出现合法性消退的惩罚”。[60]但是，商人——特别是那些主管大量人与物的人们(总裁们)——也关心限制网络分子的活动，这些分子寄生于他们所管理的实体，并关心使相互之间及与金融市场之间的竞争条件平等化。

网络世界中机会主义行为发展所造成的问题影响了足够多的人(虽然形式各异，但情况相当惊人)，难以使很不相同的活动者之间联络起来。机会主义的网络分子增加他从扩大联系中取得的个人利润，但危害了两类活动者：一方面是他所依靠的实体(公司、项目、利润中心、机构部门、国家服务、协会)，他得到他需要的一些资源，但不把他的活动收益返还给它们；另一方面是流动性较少的活动者，他增加了对他们的剥削，加深了他们的排除。但是，具有不同利益的受害者可以在有关问题上组成联盟以促成特定的机制。更进一步说，看上去一个联系性世界的普遍化，如果不遏止任何种类的剥削，就会破坏社会结构，现在我们将提出它的一些主要方面。

在一个世界里，如果人人——或者至少大量人，并不只是几个骗子——设法扩大他们的网络，选择良好的目标，分开空间与关系，那就会自我崩溃。另一方面，没有人再会考虑机构责任，因为要
377 使工人不流动的成本太高，而且由于缺乏权威和不可能管控成员，因此无法实行。甚至久远地持续的机构，当它们被要求保持资源，特别是保持网络分子活动所需要的储存内容时，也会垮台。最终这会造成固定资本的破坏，一个资本主义世界没有固定资本，即使在联系性形式之下，也是无法生存的。另一方面，信任会消失到这种程度，不但很难打破信任(它构成网络分子的力量)，而且，出现普遍不信任会使得建立任何人际安排都极成问题。这一现象会被反

射效应的出现所扩大。前引罗纳德·伯特的书对此提供了看法。事实上，如果最大化网络的效用，以及用以达到这一点的技术都成为常识的话——基于社会学研究、指南、培训——人人都将永远警惕他们伙伴的机会主义迹象。在这样的世界里，日常生活会变得困难，社会结构会分散。

在一个不受项目型城市所控制的网络世界里，机会主义行为即使一开始只是很少几个人采取，也很可能会迅速蔓延。我们可以把机会主义界定为包括不承认与他人（不管是个人或集体）签定的债务。[62] 现在与各城市有关的机制特别具有保证承诺已签债务的功能。例如，在商业性世界里，机会主义必须与汇率有效性的机制达成妥协，诸如保持货币等价，或者当兑汇不是即期时，要保证承诺合约。因此认为，联系性逻辑的出现，逃避了有关既有城市的管控机制，为机会主义行为的显著发展铺平了道路——如果项目型城市得以建立，它可以设定制约来遏制机会主义行为。

在一件事上，联系性机会主义不能被商业型城市所遏制。有利可图的网络连结并不系统地听从市场形式，当它们是合同的主体时，这些是不完全的，或者只由部分的交易所描绘，其余的没有特定性，随关系发展而变化。部分的联系利益事实上来自非商品（至少直到最近）或不适用于合同的资源：思想（我们知道，它无法受任何法律保护）；他人关系的信息，或者例如他们的健康情况，他们的政治、美学、学术等的倾向。正是这种不完全性，说明了商业秩序所依据的制约的相对不可行性，以及在联系性世界经常求助于人际 378
关系的信任主题（似乎借用家族性世界的手段）。但是，家族性世界也不可能避免机会主义网络行为。如果人际关系的重要性乍看上去使得联系性世界类似于家族性世界，那么前者的不同在于没有后者保证债务实施的机制。在家族性世界里，承诺已签署的债务是根据同一些人在同一空间共存，他们相互实行管控。现在在联系性世界里，构成基本需要的流动性使其极有可能通过拖欠违约，并对支持过他的人忘恩负义，来逃避前家族世界应承担的集体赔偿。同样的话也适用于社会机制无法控制联系性机会主义。正如纳塔利·萨尔图—拉瑞所评论的，在卢梭那里，社会契约的观点是基于“承认相互债务”[63]，所以它构成援助机制的基础（指不同于慈善），作为一种“社会债务”，一种对穷人的“社会的债务”，因为他们属于社会，都拥有“权利要求”[64]。但是我们必须加上一句，真正要实现这种机制，就应预见到可以建立一项架构定义，说明受苦者的不幸与繁荣者的好运之间的关系。这种架构正是社会观念所提出的，主要依托于民族国家的空间概念，如同它在19世纪所建立的。[65]现在，联系性世界所基于的网络逻辑本身不可能设计这样的架构。它不以空间为依托，没有一个代表机构或全盘立场，被无限延伸的网络要求所主宰，不容许结合进网络分子所成立的、被他的成功所排除的人们的同样机构，而是在他们之间建立一种债务。因此，这种逻辑仍然对公正及更一般地对道德漠不关心。[66]结果，只有实施有关公正形式的机制，以及类似于在项目型城市中的机制模式，才能使这样的世界从属于结合债务概念的检验。

此外，对自立的要求，对自我获得的个人主义理想，对作为高级形式成就的自我实现，它们代表联系性世界中的主导价值观，有助于提供给那些在网络中舒适生活而不注意到感激受惠是社会联系合理泉源的人们。因此，特别是网络分子依靠与他人建立关系而成功地剥削他们，可以用家族世界的逻辑（信任）来加以解释，但是
379 其背景是他们能使自己摆脱家族世界稳定性所建基的控制形式。

对网络分子自己来说，危险来自替身，他们可以依次利用形势和滥用连结来为自己得利。[67]有必要对他抱有警惕。在这种事例中，资本主义建基的工业纪律（它时常与家族纪律达成妥协）是无助的。它太依靠于空间与时间的接近。

从90年代初以来辩论的许多建议中，我们觉得有些建议预示，可以建立一些能对项目型城市给予实质内容的机制，使之植根

于实物世界，铭记于法律文本之中。我们要再次强调：在没有强有力的批判干预下，我们还可能看到无保障、不平等和普遍不信任（往往被解释为“成功个人主义”的一个方面）会继续发展。

总体观察减少联系性剥削的建议

我们要研讨的机制——或者说建议的机制——并不使家族的、公民的或工业的调节形式对立于网络逻辑的扩大。相反，它们依靠网络以便限制联系性世界的破坏性影响。在这个意义上，它们不是源于“保守的”批判，以图恢复一个永久逝去的世界。

这些建议旨在收紧联系性力量检验，以便把它们转变成项目型城市中的地位检验，而不是用不同种类的检验来取代它们。这一取向说明它们为什么必须同时保持网络的灵活性，并依靠法律来更好地保护社会成员，特别是那些弱势成员。设想的机制不是要防止人们流动来保护他们，那会阻挠作为新资本主义中心内容的自主性或灵活性的要求，而是要阻止这种流动性和各轮检验。关键是要使人人都能得到置换的机会，使得积累公平，也就是说，从一开始，在置换的每个阶段都应公正地得到酬报。所以，设想的机制必须调和好两种世俗事务：一种是短暂的间断性事务，指临时性工薪收入者必须参与以得到薪酬的有限项目；另一种是长期的持续性事务，那是指人的一生。

人们在积累和携带收集的东西时怎么能运转呢？我们将举出与项目型城市不同类型的公正相关的两种可能性，并表明哪一种都不适合联系性世界。

根据第一种可能性，它可被称为家族的，人们在有着美名的熟悉环境中运转。除非逃离家族约束，因为它不让人们运转很广，不 380
会导向在广大世界中运转。第二种可能性基于市民社会与工业的协调，可以进入职业的或法定的集体，其特权取决于证明初始教育水平的教育资格。为了可以运转，工作场所必须构建成人们可以以某种程序通过的一系列等级制职位。这种我们称之为工业的格式，是集体协议体系的基础。但是，这种形式在一方面要求大力确立等同，以便使不同的空间部分同质化，使他们相互依存；另一方面，要求计划化大公司具有工作稳定性，这种稳定性已不再适合于人们向往的有异质性独立单位组成的世界，在那里，不同的实体——人物、工作、公司、产品——都被界定为可变的。

目前对于诸如“受雇能力”、“技能”、“活动”与“活动合同”或“普遍收入”等的讨论，勾画了对于涉及流动性的种种问题加以新阐述的可能性，并在自主与保障之间提出一种符合于项目型城市逻辑的新妥协。

我们汇总的评估有两类。大多数位于公司社会政策与国家社会政策之间的接触点。但是，它们不触及公司内活动者之间的交易性质，或者导致盈利的活动，甚至工作组织，这些方面被视为服从于不同逻辑的许多“黑洞”，它们的倡议者似乎无需干预。这些评估来自提出抗击排除机制的改良主义思潮，旨在以宏观经济学观点来捍卫受害者。这些思潮的出发点是对人人都具有同样约束力的情况，好像谁也没有希望它，谁也不觉得它符合自己的利益。失业与零工被视为总体上非人格化力量的结果，对企业战略有机械性影响，不论其压力是在于“全球化”还是“技术的”变革。失业与零工被视为外在因素，可以在社会上对付。但与此同时，公司内部的情况，以及那里实行的新型社会关系，则不在询问范围。因此，它们总是放开对公司内部选择过程的分析，它导向某些人员零工化，而其他受到同样总体制约的人们则看到自己的优势加强了。

建议的第二个来源是管理当局本身。这一次，关心的前沿是公
381 司内关系的可取性。因为它喜爱的主题是提高生产率以使利润最大化，管理著述不能不关心不同人员的报酬按他们对增加值的贡献来看是否真正合理的问题。尽管公司进行了重要的精简合理措施，那些管治瘦身后新集体的人们必须找到分配不同报酬问题的

答案。不适当的僵硬失衡持续存在，会使得工薪收入者士气低落，在他们之间激起争执，从而降低他们的生产率。因此，当我们在第二章提出项目型城市的图景时，管理著述具有我们要依靠的一个道德层面。

我们要把这些建议划分为我们对剥削的一般基础原理所提出的三个类别：(1) 设法对项目涉及的行动者制定一份清单的建议；(2)试图对网络报酬提出公正原则的建议；(3)某些建议旨在使人们的机会(或力量)均等化——使每个人的流动能力均等化。

制定贡献清单的新架构

我们在本节中研讨的方案，会结束与某些贡献者能见度低有关的剥削，这些贡献者由于在网络内的边缘地位而报酬极差或者根本没有报酬。这些建议旨在转变以公司甚至工厂作为法律实体的会计架构，以图更充分地包罗非常活跃的网络的所有组成部分。它们以此设法把描述和反映机制导入网络逻辑。描述并(在较少程度上)反映预示法律所固有的类别化活动，会对网络系统设下一些局限，以便能裁定成员与非成员，并纳入检查其部署和不断适应外部条件的形态。

我们将看到，至少在目前，这些方案的复杂性及有时相当抽象甚至流动不定的性质，似乎源于它们的作者们所关注的对网络赋予法律地位。其目的是要限制在它们中间正在发展的机会主义与剥削的可能性，而无须强加不灵活的法律形态——这会使它们不能运作，因为其抓不住它们要应用的结构特殊性。

关于适应网络世界的一种会计架构的理想形象，以电影参与者名单的方式建构了出来。一个主要项目，在固定时间上联系了一批人物，他们来自不同公司，有各种地位(长期工薪收入者、娱乐业合同工、自由职业者、服务提供商等)，这部故事片完全结合了联系性逻辑，意图正式联系每一位影片制作的贡献者，不论其作用多 382

小。众所周知，参与者名单会详细罗列所有的贡献者，不论其雇主与地位如何，每个名字都要显示，甚至是最次要和短暂的合作者。

贡特尔·托伊布纳认为，有可能设想给予网络一个正式的法律地位。[68] 主要是因为，由即时供应商网络、专卖商网络、银行部门的资金转让商、研究领域的战略联盟等组成的“类公司”，都隐藏在“合同帷幕背后”，它们可以摆脱福利国家架构内所建立的社会管控和调节，摆脱劳工或消费者立法的法律制约。托伊布纳认为，这种相异性有利于企业的新经济理论（特别是“交易成本”观，他称之为一种“政治武器”）的散布，它把企业比拟为一个合同网络，把组织分解为它们的商业环境。把这些“准企业”作为合同网络，而不是作为具有正式法律地位的法律实体，意味着：例如，无数中间性银行之一的客户参与了一系列非物质化资金的转移，即使犯了错误，也不能取得“有关银行的契约性或带有犯罪性的责任，尽管它与顾客没有直接的契约性联系”。同样地，“通过与主要企业签订一系列详尽合同而结合进网络的半自主企业主”，在情况糟糕时并不能得到“劳工立法提供的保护”。最后一个例子是，专卖户的工薪收入者不能“享有整个专卖系统中专卖商的社会保护”，因为“依靠专卖的合同架构，看上去专卖户是完全的雇主”。而且，托伊布纳补充说：“一个专卖系统事实上等于一家大企业”，它由于网络组织，可以逃避其责任和“逃避法律”。他建议制定一项新法律，可以把“混合型作为合同与企业之间的第三种类型，实行适合于网络的特定保护规范”。因此他提出，例如建立一种“网络内集体利益的代表”，其形式不是“僵硬的机构”，而是一种“反向权利的中心”，具有“合法的法律手段，由灵活的合同协议所管控”。

夏尔·萨贝尔研究他所谓的“宪政秩序”则是又一种尝试。通过使网络配备特殊规章，定期约束它们，以揭示参与的人物或组织——贡献者名单——并提出他们的权利与义务。[69] 萨贝尔特别设
383 法超越有关“共同社会规章”或“共同信仰与价值观”，那是一种非

成文法,他认为是不合适的。他吸收工业领域的经验、分包关系和项目团队,想象一种内在于网络的调节机制来限制机会主义。他这样做就建构了一种原创形式,符合我们提出的项目型城市的特征。

这种形式一方面具有宪政秩序(以这样的名称来强调它密切有关民主的政治形式),包罗一套异质性的单位;另一方面,它具有一种"监管作用"。这些单位可以由任何内容组成,只要它们的关系是重要的相互依存:个人、团队、部门、公司、工会、学校等。这也适用于监管者,它可以采取仲裁委员会的形式,包括各方自己或它们的代表、一个法庭、一个选出的机构,等等。监管者必须是一个更总体结构的一部分。监管作用就是要界定立宪单位的作用和责任,确立它们进行交易的规章,解决立宪单位无法自行解决情况下的争端。但是,这种管辖权本身是有限的。一方面,要立宪单位执行的规章必须符合监管者作为更大整体的成员应遵从的规章;另一方面,一切仲裁规章必须通过立宪单位之间的磋商来确定。因此,监管者限于解释和加强立宪单位从自身经验和历史得来的规章。他(或它)的作用主要在于促进它们之间的沟通。但是,监管者不是其他立宪机构的"雇主",双方的等级制地位是不确定的。这种形式的治理并不是来界定一个稳定的秩序,相反是为了能不断调整以适应合作——调整秩序本身进行重组的要求。萨贝尔认为,这一类的体制安排应有可能发展一种"深思的"、"反思的"或"研究过的"信任。因此,想象的这类组织提出了一种贡献者清单的方法,其形式是保持一份网络"成员"单位的名单,即使这份名单会不时改变。因此,问题就是,为这些不同单位组织导向调节网络的互动程序。

走向更公平的报酬规则

但是,问题不仅仅是识别参与的人们。下一步是要迫使合伙者以工业世界集体协议的模式提供他们公正的报酬。如果,如弗朗索

瓦·埃马—迪韦尔奈的分析所指出的[70]，工作合同越来越不完全，
384 必须找到收紧它们的办法，因为不平等力量间的合同差距为对最弱者的更大剥削打开了大门。

为了公正，在对包罗一系列项目的网络世界中，一名贡献者的报酬，并不专门限于他从劳动所得到的收入。事实上，看上去都接受的是，现在公平报酬的问题只是亟需改进——或者至少保持——工人的受雇能力。如果对工作报酬只估算有关从事劳动的时间，而没有同样考虑劳动力的培训和再生产，那事实上是不能被认为是公正的。协作模式至少提供了大量事业空间、终身雇用或长期参与，特别是对干部，难以算出规定工作的报酬与劳动力报酬之间的总工资份额；以及次要地，当前工作报酬与他们事业之初所牺牲的推迟报酬之间的总工资份额。在新的网络机制中，在临时项目中，每次契约性参与的相应报酬只涉及尽可能确切界定的特定工作。这使得他们能胜任这一工作所获得与保持的品格，完全在于他们个人（或者，如果他们犹豫的话，在于国家或者人道主义机构）。以这种观点，受雇能力的概念可以用作一个枢纽，来勾画劳动者与雇主之间重新分配劳动力的维护，而不影响流动性的要求。临时性雇主，如果在合作者参与特定项目的有限期间，对发展合作者的受雇能力作了贡献，就已经完成他们维护劳动力的份额。[71] 在实践中，当一个项目结束，人们寻找新工作时，受雇能力的得失就显现了。当他们比过去更合意地参与其他项目时，或者很容易地找到新任务时，这是显示他们受雇能力增大的最确切迹象。相反，有些人难以再结合进一个项目，或者被指定参与较不充实的项目或者降至边缘职位，就可以说他们的受雇能力降低了。在这个事例中，有关公正的主要问题是哪一方应对丧失受雇能力负责。没有公认的受雇能力之权，公司没有发展其职工受雇能力的社会责任，那么对这个问题的回答就总是把责任推给个人。如果他们的受雇能力差，那是因为他们不会保持自己的受雇能力。要求公司发展受雇能力，

以及不断确立受雇能力之权[72]，就可能设想有更复杂的检验（包括在劳资法庭上的听证会），以确定在个人受雇能力下降的事例中谁应负责并导致长期失业。这样，对失业的责任（目前完全在于公司的裁员，否则就转移到承受后果的个人）就可能在许多机构中分布且随时间扩散。 385

技能的概念作为受雇能力概念的条件，重新界定为一个工薪收入者积累的技能数量，每当他获得一项新技能或者已有技能提高到更高一级时，他的受雇能力就上升了。根据这一观点，作为雇主对受雇能力的贡献，以他对人们技能状况的改善作证明。

1990 年由钢铁工业集团和工薪收入者的工会组织（法国总工会没有参加）签署的“A.Cap 2000”集体协议（“关于进行专业活动的协议”），是建立在汇总与评估人们技能基础上的一种公正形式，以及联系个人技能档案的充实来组织事业道路的一种尝试。[73]

其他的机制也建立在技能概念的基础上，如维维尔报告[74]所主张的“技能评估”或“全国资格参考体系”。它们的共同点是旨在为工薪收入者提供一个具有“使用价值”（以他们有些支持者的用语）的来源，并在他们工作置换中继续保持。因此，技能概念扩散的同时，正当公司在设法组织它们工薪收入者的外部流动性（外部安排）。[75]对“技能”的承认因此成为抗击排除的工具，技能来自初级教育、继续培训或经验，以及公私机构的“认可”或“赞同”[76]，其形式是“既是基本的又是很普遍的”[77]能力，因此适宜于无数的重新组合。因为它允许人们配备一批资格，使雇主们对他们在广泛、异质的空间活动时的专长抱有信心。而且，确立这样的机制将促进目前中止的努力再次走向人力资源的计算，它探讨更加公正地描述工薪收入者，不但把他们作为成本，而且作为“资源”，即作为对公司有益的技能掌握者。[78]

正如阿兰·叙皮奥表明的，受雇能力的思想在法律层面有两个影响。关于公司，它预示一种新形式的责任，其模式可以是设法保证尊重环境权的机制:“正如在环境问题上,确定的原则是污染者必须付费(而不是社会),所以既定的思想是,应当让把大部分‘人力资源’成本转移给社会的公司支付更多,而减少把成本内化的人们的负担。”[79]叙皮奥也没有忽视“有些公司……外化这些成本,不是直接转移给社会,而是转移给经济上或法律上依靠它们的公司”,因此有必要在分包合同中加入“社会条款”。在有关劳动力的方面,它把“工人的正式地位”从“合同的工作时期”分开。实际上,“执行合同不再完全等同于从事工作,而要包括越来越多部分的培训,这对于工薪收入者适应工作要求的知识变化是必不可少的”。所以,有必要不把“劳动降低到它在合同中的交换价值,而要考虑工人本身所体现的劳动能力”,把工作融合在更广泛的活动概念上,这应获得正式的法律地位。

叙皮奥看到,在当前各种积极权利发展中涌现的新法律形式,使工人有了“从一个工作环境转移到另一个工作环境的权利”。工人在掌握集体利益授权中所取得的小时化信用无疑代表了这种权利的最初表现。近些年来,已增加了不同类型的特殊假和缺席权,诸如:培训信贷、时间节约账、失业者创业赠款、培训担保,等等。叙皮奥坚称,我们事实上正在见证“一种新型社会权利的出现”,它涉及一般性的工作(家务工作、教育工作、志愿义工、个体经营工作、公益工作,等等)。他把这些新的法律机制称之为社会提款权,它“方便了从一类工作转向另一类工作”。而且,更一般地,它加固了自主与保障之间的一种新类型妥协。事实上,这些新权利的实现由有关各方自由决定,是“在以前积累的信用限度之内”行使的。它们假定“充分的规定”已经建立起来了。叙皮奥认为,在近年来确立的机制基础上,必须发展一个紧凑一贯的架构,把人们职业情况中连续性和流动性原则的结果都吸收进来构成这些社会提款权,这可以带来“时间的解放”,并可以得到“市场之外的工作资助”。

广泛建立社会提款权,预示着计算工作时间的时间单位发生变化，从短时单位（周、月或年）过渡到包罗人们整个工作生涯的长时单位。因此，这联系到重组生活周期的纲领，把“线性的、不灵活的生活计划”（教育、工作、退休）替代为一种“灵活的生存模式”。其特点是具有这样的灵活可能性：把工作、教育或休闲时期根据个人 387
意愿分布在一生之中；与此相适应的是“不同生命阶段的非特定社会转移”[80]。例如，人们可以在任何年龄长期休假，作为退休的头期付款。提到这一可能性，戈斯塔·雷恩也谈到一种“提款权”，也就是说，“在选定时期，把一种生存形式换成另一种生存形式的权利”[81]。

1994年的“五年法”提出一种新的机制——培训时间资本——在培训领域预示出这些社会提款权。这一机制旨在鼓励“技能继续发展”，让工薪收入者从“他们工作生涯过程中可以积累的培训时间”受益，以保证“专业维护”（这是计划专员在一份材料中提出的概念，旨在维护人们的专业资格，以限制裁员风险）。这项资本有别于个人培训假，它必须在公司培训计划的背景下建立，来自“雇主的计划，而不是工薪收入者的个人愿望”，“它并不中断工作关系”。可是，它是联系工薪收入者本人的一项个人权利，必须能从一家公司转移到另一家公司，伴随个人流动；这将导致资助的互助化。[82]

贝尔纳·吉拉尔结合了某些工作补偿的形式，就我们刚提到的那种（受雇能力提高，新技能增加，社会提款权加强）结合进他所谓的“新社会条约”[83]。在这个架构中，对公司的屈从不再能用工作保证或希望社会提升为理由，而以公司提供工薪收入者机会为理由，他们知道自身“一定会经常回到劳工市场来建立专业遗产”，以便“获得必要的技能来找另外的工作”。可是他看到，一项“条约”认可某种形式的社会公正（它基于异质性空间中不同项目之间人们的运转）为合法，却出现了新的法律问题。这包括流动的人们与其公司或项目之间的产权划分，特别是当人物、诀窍或信息的联系中涉及大量稀缺、难找的货品时。不建立这种“条约”，工薪收入者和公司之间一定会出现争议：前者不再在公司内找到充分的保障，将会用他们的特殊资本——他们的技能——来发展机会主义行为；后者将设法“采取法律手段来防止其他公司挖走它们的干部”。[84]从这些发展中可以明显看到，根据双方权利与义务，在一个以网络的比喻界定的世界里重新谈判工作合同，应当既能制止雇主对工人
388 的剥削，又能防止工薪收入者机会主义得利而危害公司的风险。

类似于用来保证包罗大量不同技术和地域成分的系统可靠性的程序，我们也可以说，迄今提到的机制必定使人们在一个异质开放空间中的整个事业是可以查找的。在结构上，网络世界是没有地域化的，不再有可能通过人们在结构空间中的位置来识别他们。另一方面，他们还可能保留他们已经经过的不同网络。

在联系性世界中，界定公平交换的管理与组织贡献理论更强调公司所蒙受的机会主义风险，更甚于公司可加给工薪收入者的剥削风险。但是在某种情况下，对付一种风险会影响到另一种，此外，对联系性的错误进行制约，有助于促进这些调节的合法化。因此，公司所发明的机制形成了项目型城市的一部分。而且，公司有更多的余地来对它们的成员实施管控机制，比公共部门管控公司的力度更大。所以在今天看来，它们更能有效地抑制剥削，对此，它们比国家和人民更脆弱。

回顾机会主义的风险在组织经济学中有着很长的历史。因此，代理人理论基本上设法说明“母公司”在控制其“代理人”的计划和忠诚时面临的困难。在这一基于悲观人类学（它与标准经济理论相一致，只知道自私的行动动机）的思潮下，这个设想的机制是一种控制机制，或者是直接控制，或者通过威慑机制（如声誉）。形成这一理论所启发的机制，预示要加强奖惩制度，以便把网络分子的行动转到对母公司有利，并设立监督机制。在放松等级制制约的同时，个人或小组的评估与报酬的发展，可以用这种观点来加以解释。同样地，各种新通讯和信息技术的普及（手提电脑、流动电话、远距离输入数据、网上日志、企业资源计划，等等），可以支持人们

的流动性而又不必放松监视。

可是，组织经济学具有另一个基于乐观人类学的思潮，它认为人类具有远离眼前利益以进行联合行动的功能。这一思潮特别设法克服以利益范式为中心的理论缺陷，那是没有道德关注并排除利他行为可能性的。[85]这些新看法的中心思想是信任，我们看到， 389
这是新管理时常采取的。有了信任，就可以放松管控，信赖一种对组织很低廉的自我管控形式，而且似乎并不妨害流动性。我们认为，更新管控的研究，比如交易成本理论与代理人理论[86]所明确表达的，以及最近在信任问题上发展的大量著述[87]，都是新形式机会主义的出现会带来问题的迹象。联系新网络形式的组织，这些问题不再能以支配市场关系或等级机制关系的规范架构来解释。[88]因此，对信任的分析主要联系于网状组织，它不能简化为市场（那是持久的关系）或等级制（单位不受制于独裁控制）。[89]

可是，信任概念的手段不是直截了当的。如果当世界似乎每天每日都在重视机会主义时，公司希望看到"信任关系"发展起来，它们就必须寻求一些机制来保证它们所雇用的人都是"可信赖的人"，而不是"潜在的网络分子"。重视教育资格可以视为公司使用的一种相对老的机制，对于网络分子所理想的职位（可以大量取得资源，管控程度很弱）进行严密控制。鉴于获得这些职位在今天比以前更取决于学术资格的水平，后者似乎作为得到这一职位者道德品格的标准，尤其当它被视为衡量一人为了成功能否服从外部规则——教育制度的规则——这预示某种服从和抑制机会主义。

设法提供经理们行为举止基础的生存模式的管理文本，是发展"可信赖倾向"的又一来源。我们已经看到，这一著述勾画了项目型城市中大人物（我们称之为网络拓展者）的理想类型。他与网络分子共同具有利用联系和扩展网络的一切必要品格。但他不同于后者，他值得信任——就是说，他的行动不是考虑自己，而是考虑所有参与项目者的共同福祉。网络拓展者的道德可以保证他的团队和他的公司在从事项目的过程中不会受到剥削。为了限制项目头头的机会主义诱惑，公司要剥离资产，管理学作者们必须使他的行为与共事者相对称。

近年来，对商业道德的重视说明了发展人们忠诚的其他尝试，
390 公司和它们的合作者都会从中受益。对于90年代初主要对跨国公司确立的“价值观宪章”和“道德守则”的分析表明，在所有文件中突出了两个条款。第一个涉及工薪收入者在公司内可能得到的信息的机会主义使用。宪章正式禁止它传给外部世界，传给可能用以反对公司或者为自身得利的人们。在商业银行中，它的干部从事有关公司合并或兼并的高度机密活动，关键问题是防止通过内部交易而得利。工薪收入者在公司外对他们公司的自身表述，是有法律保证的。[90]但是，组织充分警觉到允许任何信息扩散的风险，设法靠宪章来制止这类事情，有时包括宣誓的仪式。第二个是道德守则禁止贪污，那是网络分子的活动方式。贪污事实上可以界定为从机构位置获得个人利益的行为。由于这种机构位置对担任此职的人授予某种权利，而他可以把它转化为金钱，可以牺牲委任他的组织来使个人得利，例如组织在不知情的情况下对供应商多支付或者接受虚假服务的发票。[91]

旨在组织公正的贡献报酬并制定公平交易规则的各种机制，一方面通过试图建立促进真正受雇能力（技能）或潜在受雇能力（提款权）的额外报酬，另一方面防止合作者以破坏信任的范例的形式逃避义务的可能性，是比较多样和为数众多的。改革者看似对此更加满意，而不是发展会计架构以便不缩小或不忽视某些人们的贡献。这是因为他们认真对待联系性世界中流动性的价值。他们考虑到不要使结构（由于关联到工业的组织形式而贬值的类别）僵化，自然就不把责任归于人们——或者使他们的道德感承担正确行为的全部负担（如商业道德），或者把他们社会命运的责任转移到他们的认知能力，以事物正常化的模式加以整理和证明。[92]这样

集中于个人联系与特定的人们，似乎使他们不去寻找一个涵盖一切的立场来调节公正(不但在每个网结上,而且在整个网络上)。涉及的是对网络的局部观，因为它集中于个别的联系而看不到大量联系所产生的特殊形式，其集体力量高于每个个别关系微小力量的总和。 391

走向流动性的机会平等

本节中研讨的机制首先设法解除某些人的困难，他们在没有补偿的情况下,永远无法直接面对流动性起重大作用的检验。联系性检验，只有在人人作了必要牺牲之后都有成功解决的合理机会时,才是公平的。有人享有关于童年的优势(例如,他们的父母常常搬家,他们就发展了适应不同环境的很好能力),或者收入的优势(他们并不特别适应于流动性,但总是能支付个人服务,如司机、翻译等)。因此,在联系性检验时,他们有一个优势,不是因为他们作了牺牲(功劳),而是因为他们拥有别的资源。在这种情况下,他们的胜利不是合法的。因为要这样的话,所有不享有同样资源的人无论如何必须得到成功的机会。在工业世界里,如果检验技能——在法国,这主要基于教育成功——被认为是公正的,那么教育检验必须被认为只是衡量学术表现，而不是父母的经济资源或者孩子的社会背景。众所周知,这种能人统治的形势引起了大量主张改善教育公正的批评作品,并导致全国教育体系的一些改革。

再结合机制是在网络世界中追求机会均等化纲领的一个初始例子。“抗击贫困”的政策符合项目型城市的机制——不是它们旨在通过公共条款或社会援助来减轻贫困，而是因为它们更加特定地要重新结合“失去连结”的人们来制止排除。这些机制的总体目标是要帮助人们建造新的连结，为此它们往往使用直接有关网络逻辑的社会技术。项目就是进行结合或再结合的,可以在人们中发展最低程度的受雇能力——就是说，成功地对一个初始项目进行联系检验，接着进行流动性检验，或者在联系第一个项目结束后联系另一个项目。否则就不可能了解，思想是如何在社会工作者和城市政策架构中成长起来的，参加构建成项目形式的任何活动（无论文化的、体育的、社会的）都有利于把缺乏积极性结合起来。

关于最低收入的情况也是一样。一方面，实施最低收入的好处是，它使人看到了迄今被忽视的苦难，因为受苦者非常孤立，与任何机构完全脱离联系，绝对地被排除到社会网络的边缘，他们的痛
392 苦一直处于人们的能见度之下。另一方面，最低收入提出的革新之一是，使得国家援助的条件根据一项“有所回报”的政策。由此，最低收入的推动者要使这一福利机制不同于传统意义上的援助。他们相信，最低收入的受惠者订立了一项债务契约，只有全力重建失去的连结才能解除它。是否得到最低收入，取决于当地结合委员会的决定，委员会由社会工作者、地方政府官员、总顾问、公司头头或协会领导人组成，他们根据一项具体说明受益人进行“再结合”努力的“结合合同”来授予补助。“再结合”首先指正规工作。但是，因为在大量事例中这一目的不现实，任何“项目”，如果其目的在于通过与别人重新建立连结（例如志愿帮助别人）来直接制止“边缘化”，或者从事被认为是重建连结的前提条件的工作（例如，不再酗酒并“对自己的健康负责），都将被视为（值得的）努力。[93]

同样与建立项目型城市有关的，是所有旨在专业性结合的赠款资助工作——政府发起的工作合同、地方任务、培训课程、技能合同、结合合同，等等——它们的推动者，虽然认为它们导向稳定就业尚不均衡，但强调它们的有利方面，而不是只提供“若干个月的稳定”，“提供重建项目的机会”。[94]

自从 80 年代中期以来，围绕这些机制的各种极其不同的行动者的数量激增，主要依靠的是国家或者联系于新的人道主义运动（国家就业办公室的当地部门、地方服务部门、培训机构、学会、结合企业等）。这些代表了许多“专业结合的中介机构”，它们的活动

涉及网络主题的界定——越来越不以等级制的、计划的方式来协调，而以“当地的结合网络”形式来协调。这些居间行动者的新颖之处（与远距离行政干预以人口为标准的做法相比），在于它们在地方层面进行活动，考虑到求职者与潜在供职者的特殊性。它们设法“说服雇主与失业者互相建立关系”，以“产生信任就业的必要关系”，其办法是突出“在一般形式的资格（诸如教育证书）中被贬低的特定品格”——它们更喜欢“专门诀窍和不包括在知识课程内但在工作中很快用得上的人际技巧”等“技能”的发展——并且与公司负责人“谈判职位内容”。这类机构分配的培训内容包括：在失业 393
人员中发展起展现自己的能力，以“建立连结”，“进行接触”，“安排约会”，并为此目的而使用通讯工具——报纸、可视电话、电话。它也包括建立一个积极参与结合机制的公司网络。[95] 问题在于，要通过开发失业者的流动性和联络他人的能力，来增加他们成功参与新联系性检验的机会。

但是，机制设计者感兴趣的不但是那些在连结方面不再具有流动性长处的人们（即被排除者），而且是所有那些较少优势者，如果这一特殊优势能保留，他们仍然有可能满足新检验。这是一个不但对弱者而且对每个人都开发流动可能性的问题。

弗朗索瓦·埃马—迪韦尔奈关于在劳工市场构建新的中介机构的建议——特别是在学校与公司之间，而且在公司与劳工市场之间（关系性基础结构今天被堵塞，只能疏导约五分之一工作变换）——也符合使各方处于平等地位的精神。[96] 它们可以重组这一工作中我们称为选择回合的东西，它在过去三十年中的破坏，导致了很不平等的录用检验，因为每当要通过中间机构进行工作变换时，就会有一大批求职者来竞争少数几个职位，从而为歧视性过程铺平了道路；在不经中介机构而变换工作的情况下（24%为未征求过意见的申请，20%为以前的专业合同，23%通过个人或家庭关系），就会在不平等的基础上提供工作。特别是，高等研究院的校友关系，得利于大多数大学毕业生所没有的网络。此外，研究院的校友关系，是大学毕业生不具备的许多劳工市场的中介机构。埃马一迪韦尔奈认为[97]，新的中介机构应该用面对面的选择方式，而不是靠简历来远距离挑选，这往往用种种歧视方式而不能评估人们的真正技能。

其他建议的目标不但要允许职业流动性，例如上述结合机制和录用机制的情况，而且要提供每个人新世界所允诺的个人发展自主性和机会——就是说，参加各种各样大量项目的可能性。这里的问题是取得由项目型城市提供好运的平等机会。

因此，活动的概念被提出，是使得任何类型的项目和流动性合
394 理合法，而不仅是工作的形式。根据这一观点，重要的是，人们应善于发展自己，而一些改革者认为，这就联系到要发展他们的受雇能力。因此，相对于"在合同架构内"进行的"劳动时间"，阿兰·叙皮奥提出了"可以在其他层面发展的人类活动"。在这一标题之下，他包罗了"培训"、"消费"和"一切形式自由承担的活动"，包括在"家务活动、公共或社区……文化或培训活动"框架内进行的"无私工作"。所以，活动地位的体制必须保证"自由变换工作"，而且是"在工作与非工作之间真正自由地选择"。"人们经历中作为'工作'的，包括一部分今天的法律视为'非工作'的内容，不论它包括自学劳动（一般或专业培训）还是无私工作（主要是家务劳动）"。叙皮奥认为，对活动概念的法律强化，意味着确立一种"最低限度的工作地位，它可以保证已经工作了一定时间的任何人，在特定时期都有机会专注于他们自由选择的活动"，以此来克服"一方面是社区保证的社会最低限度活动与另一方面由合同架构界定的工作报酬之间的区分"[98]。

但是，对活动概念的法律阐述却没有提失业过程中多少积累的问题（例如技能），如同上一节提到的机制的情况，诸如权利的持续问题。正是它包罗异质的能力和赋予它正式地位，使得活动的概

念具有比工作更大的范畴。而工作的概念关联到从属、工薪收入阶级及法律形式的工作合同,而活动则——如同弗朗索瓦·戈迪所强调的——在法律形式上是中立的,所以这个概念可以涵盖整个范围的异质性环境。[99] 让·布瓦松纳主持的委员会,在其报告“二十年间的工作”中所提出的“活动合同”建议的架构,应当作这样的理解。这里我们看到了适合于项目型城市的公正机制的当前最清楚轮廓。报告强调了生产体系的变化,特别是它的“网络组织”(大公司与分包商之间的伙伴关系,个体经营分包商与“家庭公司”的扩散,等等);以及改变工作关系的法律与体制架构的必要性,以便“面对当前的资本主义变化”,容许例如工薪收入者的地位顺利过渡到企业家的地位(以及返回)、职业和地域改变,等等——简言之,目的是为了方便人们在广大、多样、异质和不断变化的活动空间中周转活动。[100] 一份活动合同“可以包罗工作合同而不会使它消失”。它可以具有相当长的时间(约有五年期),“包括在公司内的生产工作、培训工作时期 [101],以及社会原因的请假(例如家庭原因), 395
保留社会保证、但报酬水平和方式有所不同”。工人在非生产时期的报酬和保护可以“通过发展互助收入基金,让报酬平稳退出”[102]。将和一个“集体”签订一项合同,包罗“自由构成的公司网络”和公私培训机构、公共单位(从国家到地方社区,通过不同类别的公共机构)、协会、工薪收入者和非工薪收入者的专业组织。[103]

因此,活动合同明确地构成一种妥协机制:一方面是雇主要求工薪收入者的灵活性和流动性,另一方面是“旨在对付单方面分配就业风险”[104] 的公正要求,让人们获得受雇能力与技能,并在网络世界的异质性空间中运转时携带这些资产——即使当他们在项目中被降至边缘或被排除时,这一资产也不会破裂。[105] 事实上,公司在活动合同的架构中享有很大的灵活性:“一家公司暂时缺乏一定数量的订货,可以让工薪收入者去另一家公司,让他们做非全日工作,让他们去培训,鼓励他们做一段时间的个体经营活动,或者放开他们以使他们有时间去做其他社会活动。”在这个意义上，活动合同越来越多地把地区或职业流动性的条款导入工作合同，它在网状组织中可以导向事实上的雇主改变。[106]

但是，活动合同对这些措施是既作为体制化的，又作为限制的。它必须允许人们具有流动性而不会因此陷入变化莫测的市场：“工薪收入者进行特定任务的同时，始终保有活动合同的保证。他不会被扔进失业的垃圾桶”，在遇到裁员时，“可以在新合同期间继续活动”[107]。活动合同利用培训甚至义工工作来解决“互助风险”和“就业与失业期”。在这一架构中，“活动包罗社会有益活动”[108]。因此，活动合同就可以是“重建工作关系的保障，它的目标是建设长期的专业性事业道路与社会地位，而不是至今所有没有长期合同的人们被判定要走的职业与社会路程”[109]。

在有些方面，关于普遍性收入的各种建议——支付给富人和穷人的一项平均主义收入，[110]区别于补偿性的社会福利——可以
396 被视为活动概念的货币等价物。因此，这些建议在项目型城市的机制中值得考虑，尽管证明他们正当往往需要诉诸其他原则，特别是工业类的，或者关系到自由派架构的。[111]事实上，普遍性收入旨在抵消以收入与工作脱钩而使“经济与社会之间失去联系”。对每个人根据社会权利（维持生存的收入）或政治权利（公民收入）分配基本收入，有助于缩小不同类型工作（有工薪的、培训的、家务的，等等）之间的区分，特别是迄今分割有工资工作与志愿义务工作之间的界线。普遍性收入必须使人人能自由地工作或不工作。或者说，它必须使人人能自由地挑选他们的活动，自行界定“独立活动”（“开办一家公司，试行尚未被社会承认的非典型性活动”）；以及在有工资工作中，应有自由被较好安置，并得到基本收入，“谈判工作与报酬条件”[112]。

普遍性收入的反对者突出了无分别支付的耗费（估计为2600亿法郎，而最低收入的费用仅为2500万法郎）；通过税收难以弥补

对“并不真正需要的人们”及数量庞大的管理机构的支付。他们主张较不激进的解决办法,诸如“第二张支票”:一种补偿性付款,资金是部分来自公共资源,部分来自公司,在个人基础上,支付给愿意接受的人们,使他们能减少工时和工资以便能发展“有益于社会的”活动,或者在不同活动之间更换。[113]

上述机制主要旨在鼓励绝大多数人们的流动性。他们与其他一些人互补,那些人相反是在设法抑制过度的流动性。例如,资本市场的流动性,如果在其他参与者只有工业资产流动性的检验中,可能被判断为过度。由于它非物质化的性质,以及全球经济网络的建立,资本肯定会时时得利。

因此,1981 年诺贝尔经济学奖得主詹姆斯·托宾(他以论述金融部门与经济实体部门之间的关系著称)主张的托宾税,基本上旨在对国际金融交易课税,以便减少投机性资金外流,即那些不联系货物或服务的商业贸易或者国家或公司的融资要求。这些投机性流动,特别是在货币市场上,占汇兑的主要部分。重要的有关赋税是要使短期投机性流动特别昂贵。“事实上,货币市场周转的日利如为 0.2%,则全年最终将达到 48%;但是,同样的利率对实物贸易或长期投资只有微不足道的影响。”[114] 因此,相对于其他资产,这样的利率会放慢金融流动性,所以,它形成项目型城市可能机制的一 397
部分。[115]

欧元的产生取消了 11 种欧洲货币之间的汇兑风险,从而降低了全地区的资本流动性。通过允许降低利率(它不再需要防止某些汇兑风险),它对减少实体经济的消耗,以及稍稍放松对公司的制约产生了直接的影响,它们有望支付高于利率的资本收益。[116]

一再呼吁实施更强化的市场管控,也传达了限制潜在流动性的愿望。目前只有银行受到监督,特别是库克比率的监督。[117] 但是,这并不包括金融衍生产品在资产负债表以外所作的承诺,那是近年来主要推动交易增长的因素。其他参与者(基金经理、保险公司、公司)并不受制于任何“谨慎的”规章,即要它们必须小心谨慎的规章。[118]

至于跨国公司与不同国家工薪收入者之间流动性差异的减少,我们必须在项目型城市那套机制中加上迅速扩大的公司认证的措施。这可以限制一国与他国劳工与环境保护方面的不平等,而这种不平等构成了公司地域重新布局的动机之一。认证的结果是取得一份标签,证明一家公司尊重规范所包罗的某些标准。这种标签是在一个独立机构检查或审计以后颁发的。而且,即使这只是局部制止了重新布局,这些认证应当在理论上可以约束投资接受国对人和自然的剥削。认证证明是在网络世界中进行管控的相当合适的方案。它基于一再进行的审计,负责保证公司措施符合若干规章的系统。一旦网络头头得到认证,趋势就要使认证扩展到整条分包链。因为为了使得它的认证可信(那是它的客户和最终顾客信心的标记)[119],公司设法从得到认证的供应商取得供应,以便堵塞把争议活动转移到没有密切监督的分包商之手。因此,认证一步一步地,从一个连结到一个连结地进入了网络。存在着一个环境认证ISO14000,并在很快发展,但它的缺点是:它只确认公司组织好尊重一国的环境法律,然而这不是根据全球的参数。在社会领域,1977 年产生了一项名叫 SA8000 的规范(社会责任 8000),旨在保证工人的基本权利,与若干国际公司和例如大赦国际这样的组织进行对话。[120] 但是,这是否能像 ISO14000 或者它们两者像 ISO9000
398 质量规范那样成功,还不能过早下结论。

结论:法律的位置

关于机制的建议,为了限制联系性世界所特有的滥用与危险,旨在把项目型城市列入事物与法律的领域(以有别于仅仅视为设法掩盖剥削存在的一种“意识形态”话语),于是就开始流行。改良主义者受贫困增加所推动，他们还受到社会运动的压力。然而，把这些机制付诸实践，并在局限与不完善出现时（即在使用它们的过程中）实行改进，以及试行它们的速度，主要取决于对揭露资本主义进程的批判力度，并对政府运用专属于它们的武器——法律——所施加的压力。

一个新城市形成的标志是一个特定的法律体系的大发展。法律事实上代表管控检验有效性的一项机制，并在争议它们的结果时诉诸法律。[121] 正如安托万·利翁—康和安托万·杰莫德说的，一项规范的司法性质的一个方面是它的“可辩性”，也就是说，“在审判中挑战它的能力，辩论它的意义、它的范围或者它对具体情况的应用”[122]。法律可以“对立于”心照不宣的权利形式。它们可以使它经过纯形式的运用假装公正，使它去接受检验。按照我们这里使用的逻辑，法律可视为公共标志，总体规章的形式，保留主要条例的线索——就是说，每个世界内自我限制的机制——而关联到不同的城市。[123] 因此，法律约束一个世界使用其特定资源的方式，以便限制过度掠夺的做法，那会危及该世界建基的逻辑。与此同时，它有助于保证其合法性。[124]

法律能与强制机关相结合，那是它的特殊性[125]，并容许它连接规范性要求（它的基础是司法外的）与行政性强制和惩罚手段（如韦伯所阐述的暴力）。如果没有外部制裁的必要，换句话说，监督人们尊重检验的公正组织并保证它们的裁决被实施，法律在城市建构中就没有位置。但那会假定可以自行确立惯例，有充分力量保证检验的公正和裁决的协定，但情况远不是这样。因此，更可能的情况是，如果城市有了必须遵守的法律秩序的支持，城市的合法秩序才能达到。

因此，有两种观点可以影响法律（与城市）。第一种观点强调进行检验的顺从方式，从而把检验中明显的不平等视为合法，有利于 399
从不平等中受惠的人们。[126] 第二种观点强调无权者可追索检验的公正标准,或者由于原检验并不基于合法的公正原则,或者由于当地做法违背了公认的有效(合法)程序,或者还是因为其不利的结果被长久记录在案,而当事人被拒绝还有机会来证明自己。

我们并不忽视法律规章的局限性(我们所强调的置换逻辑正包含着绕过良好的检验),可是我们要在这里强调法律保护最弱者的作用。而且,绕过检验的置换都最坚实地基于法律规范,把力量对比转移到较少法律抵制的区域,说明法律力量的相反方面。

但是,只要法律不是形式主义的,而且完全由内在逻辑所调节,达到外在规范要求并依靠共同福祉的政治定义(城市),它就能够用以限制最强者建立的优势。那就是说,在这里提出的架构中,它能识别并抑制置换(调整、例外、施予等),这是撤销了因受制于类别化而反对其不闻不问力量的扩张。强行实施规范,会增加有过度灵活性的社会存在的负担。因为如果法律不铭刻于特定城市,而是具有共同福祉的不同合法定义,那就要不断活动,就要降低组成其体系的异质性要求之间的紧张。

在下一章中,我们将研讨对资本主义的艺术批判的当前情况,以及为了复兴它而可能遵循的道路。重新开始艺术批判的必要性,与重建社会批判相比,今天显得较不紧迫,而且,鉴于它有助于新资本主义的到来,所以也特别困难。但是,我们将设法表明艺术批判是必不可少的,因为要纠正我们认为有害的各种资本主义当前趋向,而且,如果建立了项目型城市,那么要加强它就是有风险的,因为在调节新世界的过程中,它也使许多方面合法化了。现在,或许比从前更加必要,我们应当设法结合这两大批判,尽管它们之间有种种矛盾冲突。

注释：

1.“剥削”一词在法国马克思主义各种流派中的历史，必须加以追溯。它在1950年至1970年间被共产党和工会运动用得很多，但导向1968年5月的在那些年有影响的不同的左翼思潮（“论点”，“社会主义还是蛮 400
荒主义”）逐渐以异化的主题取代了它，异化主要是青年马克思提到的，把物质贫困的苦难改变为文化贫困；然后在20世纪70年代，被统治的主题所取代，统治似乎更适合于国家具有压倒地位的一个社会，它结合对官僚制的批判，可以同样痛斥资本主义国家和社会主义国家。对统治的批判，在争取解放的要求支持下，也可以连接起社会批判和艺术批判，连接起对大多数无权者所受待遇的谴责，以及作为新知识分子的工薪收入者对自主权的要求。

2. 勒内·勒努瓦，《被排除者：十个法国人中有一个》，瑟尔出版社，巴黎，1974年。“排除”一词目前的含义，似乎在1974年首次出现在皮埃尔·马塞的笔下（《进步的红利》），然后是计划部总专员米歇尔·福柯在60年代初曾经使用它。由此，在1961年《古典时代的疯狂史》一书出版之后的访谈中，他向《世界报》宣称：“在中世纪，受排除所打击的是麻风病患者、异教徒。经典文化排除的是来自普通一员的、教养院的、济贫院的、所有与麻风病有关的人。”（引自《文学杂志》，第34期，1995年7月/8月，标题“被排除者”，第22页）

3. 见吕克·博尔坦斯基，《遥远的痛苦：道德、传媒与政治》，格雷厄姆·伯切尔译，剑桥大学出版社，剑桥，1999年。

4. 埃马纽埃尔·迪迪埃通览了经济与社会理事会和社会事务部的图书馆书目，以便找出集中于贫困的著作，以及它们之中在标题或内容的关键词上包括“排除”的作品（《排除》，硕士论文，政治社会学与道德研究会/社会科学高级研究院，巴黎，1995年）。这一排查说明，有关贫困的著作在1970年至1985年还相当稀少（大约每年5至10本），而从1986年起数量增加很大，1987年至1992年间达到顶点（每年30至45本）。“排除”一词在1975年至1986年间实际上没有，而到80年代末则被大量使用，并且与此同时逐渐去除了一切形容词(社会的、经济的、教育的,等等)——这是该类别合法性增加的迹象。如果说直到1983年人们往往谈到“被排除者”而不是“排除”,那么这一比重后来倒过来了:“排除”升到新的社会问题,现在超越了那些作为其受害者的不幸人们的命运。

5. 值得指出的是,雷辛斯基神甫选择社会排除一词,是为了使自己远离“次无产阶级”的概念,他认为该词太马克思主义,而且太贬义。然而,他乐于把此渊源留给勒努瓦的新范畴。“苦难救援会”创始人的问题主要是社会方面的:人们并不拥有属于社会和在文明中生存所要求的文化。与马克思主义的观点相反,他并不强调它们在生产关系转变中的经济作用(也是由于雷辛斯基神甫,我们有了“第四世界”的表述)。

6. 见罗伯特·卡斯特尔,《社会问题的变形》,法亚尔出版社,巴黎,1994年。

7. 排除的主题迅速扩散为并非法国所特有。在法国开始的对排除问题的辩论很快扩展到欧洲其他地区。1989年,欧洲共同体社会事务部长理事会通过了一项抗击排除的决议。1993年发表的欧洲委员会关于增长、竞争与就业的官方报告呼吁“向排除作斗争”。丹麦、德国、意大利、葡萄牙和比利时成立了新的机构,负责实施反排除的措施。但是,“排除”一词在不同社会—政治背景下具有不同的含义:因此,在具有自由派传统的英语国家中,这围绕着歧视的概念。反排除的斗争是反对不同形式歧视(种族的、两性的,等等)中的一个因素。在欧盟,排除的概念则给予“社会公民权”的社会民主主义思想,它“把该词语中不平等和社会权利的概念联系起来”(希拉里·西尔弗,“社会排除与社会团结:三个范式”,《劳动国
401 际评论》,第133卷,第5—6期,1994年,第585—638页)。

8. 埃莱娜·托马斯,《被排除者的产生》,法兰西大学出版社,巴黎,1997年。

9. 见博尔坦斯基,《遥远的痛苦》。

10. 见塞尔日·波冈,“人道主义协会的兴起——一种新的社会联系”,《评论》,第68期,第905—912页。

11. (1)失业者的再结合与工作安排,值得注意的是,中介性协会与企业把人们再结合进工作,1994年约协调1000人,同年有4.6万人恢复

工作;(2)援助被排除住房的20万人(根据1992年的一份调查)和47万暂居者(旅馆、饭店等);(3)援助没有工作的单身母亲;(4)干预问题地区(据估计有500处至800处),特别通过"邻里网络"组织;(5)援助"游走人员";(6)对问题家庭自律的教育支持;(7)教成年人读写(据"反对文盲长期代表团"的估计,成年人文盲有400万至900万人);(8)援助希望逃离她们境况的妓女(巴黎注册的临时或全日妓女有7.5万至9万人);(9)干预监狱(1994年有5.74万人在狱中);(10)援助老人与孤独无依者;(11)医疗照顾(例如无国界医生协会举办的中心对没有医疗保护的病人给予帮助,七年中接受30万人就诊),特别帮助患有极端伤残病患者(保护艾滋病患者协会,等等);(12)文化活动,特别在剧院或体育协会,吸收问题地区的年轻人参加要求团队工作的"项目";(13)援助移民,特别是那些没有合法证书的人。(资料来源:《十字报》特刊,1994年11月23日,专注于反对排除的斗争)

12. 见波冈,"人道主义协会的兴起"。

13. 没有指明其中的因果关系,应当指出,也是在这个时期,失业开始影响高等教育毕业生,不论是他们自己的未来还是他们子女的未来,包括那些来自资产阶级的,他们迄今本来是相对不受影响的。干部的失业在90年代初大大上升(瓦莱里·安德烈—鲁和西尔维·勒·米内兹,"干部失业的十年演变:1987—1997",《1999年社会数据》,国家统计与经济研究所,巴黎,1999年,第140—147页)。

14. 见塞尔日·波冈编,《法国排除的不稳定性和奉献》,就业、收入与社会凝聚力理事会文件,法兰西文献,巴黎,1993年。

15. 见阿兰·图雷纳等,《大拒绝——对1995年12月悲痛的反思》,法亚尔出版社,巴黎,1996年。

16. 1993年在皮埃尔·布迪厄指导下出版的一本篇幅巨大的书《世界的苦难》几个月内就售出了8万册。接着是阿尔贝·雅卡尔在1995年由卡尔曼—莱维出版社出版的《成功经济的控诉》(3.7万册);维维亚纳·弗雷斯特1996年的《经济恐怖》,售出30万册,译成18种文字。埃马纽埃尔·托德的《经济骗局》于1997年出版,售出5万多册;P.拉巴德与B.马利的《天哪!经济战争真美》1998年出版,7万册(又见P.里什的文章"经济恐怖”,《解放》,1998 年 5 月 21 日)。证明大学系统所忽视的社会领域时来运转(无疑,在远不能忽视的青年干部中,虽然缺少这方面的数字),使有些报刊不断取得成功,例如《查利·埃伯杜》(每周 8 万份)或《外交世界》(每月 20 万份)。我们还可以引述数量激增的俱乐部:梅洛·蓬蒂、马克·布洛赫、祈求、行动之理、考伯尼克等(贝尔纳·普莱,“左翼中的左翼”,《辩论》,第 103 期,1999 年 1 月 /2 月,第 39—59 页)。此外,读者们可以在塞尔日·波冈指导下出版于 1996 年的《排除状况一览》中找到出版于 80
402 年代末和 90 年代初有关贫困或无家可归主题材料的主要证据。

17. 例如,热尔特吕德·希梅尔法布(《贫困与怜悯:维多利亚时代晚期的道德想象》,A.克诺夫出版社,纽约,1991 年)论述了维多利亚时代英格兰慈善家的作用;以及克洛德·迪德利(《法国集体协议的法律建构:1900—1919》,社会科学高级研究院论文集,巴黎,1994 年)是关于第三共和国法学家的著作。

18. 在这些新形式协会(让—马克·萨蒙称之为“传媒协会”)开始之初,它们较少关注成员数量的增加,而是关注通过把它们的“行动”传媒化而突出起来,人们明显发现,在 80 年代后半期的社会斗争中,特别是在 1988 年 10 月护工行动期间所建立的协调,回应了工会代表制的危机。协调不是以工会为基础,它创造了一种集中于(为他人服务的)护工特性的职业尊严和道德方面的新类型示威,它的象征形态、风格化的表情展示都是很惊人的特点(奥利维埃·菲利居尔编,《抗议的社会学——当代法国集体行动的形式》,拉马丹出版社,巴黎,1993 年,第 94—107 页)。这两个特征(道德方面与戏剧性)也可以在 90 年代的示威中找到,艺术家(视觉艺术家和表演艺术家)起到了重要的作用,在 1997 年至 1998 年代表无合法证件者的动员中,情况也是这样。

19. “住房权利会”是于 1990 年在警察驱走维纽尔路一名占住者以后成立的。从一开始,此事就得到一批组织的支持,包括世界医生协会、帮助赤贫家庭会、反种族主义人民友谊运动、法国民主工会工会工作者,以及对传媒有潜在影响的“人士”:阿贝·皮埃尔、勒内·迪蒙、阿尔贝·雅卡尔、泰奥多尔·莫诺(让—马克·萨蒙,《公司的愿望:吃掉失业者运动的心》,发现出版社,巴黎,1998 年,第 173—174 页)。但是一直到 1994 年 12

月占领金龙路一座空建筑的事件以后，这项运动及其以后组成的机构的重要性才增加了；这有助于使得排除的主题成为 1995 年总统选举运动中的一个主导主题。

“争取权利会”是 1995 年在占领金龙路事件中成立的，得到蒙塞涅尔·加约、阿尔贝·雅卡尔与莱昂·施瓦岑伯格的支持。该会由来自住房权利会的菲利浦·夏旺斯领导，其宗旨是“使反对排除的斗争普遍化”（萨蒙，《公司的愿望》，第 187 页）。

“反失业共同行动会”是在工会期刊《集体》的锻炼中形成的，该刊是来自法国民主工会左翼（如基督教亲青年工人工会的积极分子克莱尔·维利埃）和来自团结与民主工会—邮电左翼（如克里斯托弗·阿吉顿）中工会工作者的网络。在 1993 年 10 月，《集体》发动呼吁组织一个广泛的反失业运动。反失业共同行动会影响范围的表现之一是 1994 年春的反失业游行，团结与民主工会—邮电参加了组织工作（出处同上，第 200—205 页；玛丽—阿涅斯·孔布克，《够了！失业者运动史》，普隆出版社，巴黎，1998 年，第 112—113 页）。

20. 克里斯托弗·阿吉顿认为，电讯局工会工作者被法国民主工会开除，促成团结与民主工会出现，正如 80 年代末的保健工人的情况（促成社会保健联合会出现），是工会协调镇压的继续。团结与民主工会—邮电建立于 1989 年，有大约 1000 名成员。在其后年代中进展巨大，在 1995 年有 9000 名成员。它在法国电讯局的选举群众在同一期间从 5%上升到 25%。新的团结与民主工会在 1995 年罢工以后建立（团结与民主工会—铁路、团结与民主工会—教育）（克里斯托弗·阿吉顿与达尼埃尔·邦赛伊德，《社会问题的重现——法国社会运动的再生》，二页出版社，洛桑，1997 年，第 147—158 页）。

21. 住房权利会和反失业共同行动会使用的方法之一是，向报界和电视谨慎地透露某日某时将举行一项行动，但不说明确切地点。约定举行一场地下讲坛。在行动方式上，住房权利会是要求住房，在反失业共同行动会是暂时占住。例如，一家公司被占据了，要求资方说明裁员或存在的 403
空额。反失业共同行动会在 1995 年冬扎营在金龙路，就在住房权利会旁边。反失业共同行动会与法国总工会的失业问题理事会之间在 1997 年冬失业者运动中的协调，标志着许许多多失业保险金管理组织的占领活动。

22. 住房权利会的创始人让—巴蒂斯特·埃罗是中学的一名毛主义者，后来是法国民主工会的一名积极分子。1982 年，他占领了一家关闭的工厂并和各个协会联系，特别是阿贝·西蒙建立的帮助赤贫家庭会（萨蒙，《公司的愿望》，第 171 页）。团结与民主工会创始人之一克里斯托弗·阿吉顿是法国民主工会的异见分子（孔布克，《够了！》，第 145 页）。全国失业者与不稳定者运动全国代表 J. 德桑纳在 1997 年以前是革命共产主义联盟的积极分子（普莱，《左翼中的左翼》）。

23. 见夏尔·蒂利，《阶级与集体行动》，塞奇出版社，比佛利山庄，1981 年。

24. 因此，同样的人们可以在这一个或另一个题目下动员起来，它取决于要捍卫的事业："如果是游行反对失业，那么团结与民主工会的有些成员宁可要反失业共同行动会的旗帜而不是他们工会的旗帜；如果是示威反对德布雷法，那么宁可要请愿者的旗帜。"（阿吉顿与邦赛伊德，《社会问题的重现》，第 199 页）。

25. 出处同上，第 200 页。

26. 没有人赞成排除。一切政治倾向都同意谴责它，除了"时钟俱乐部"。1995 年，它以 P.米兰的署名发表了一部著作（《拒绝排除》，"世界文坛"），批评了人权的"意识形态"，试图区分"合法排除"与"非法排除"。

27. "明日社会的排除问题就是昨日社会的工人阶级问题，而且它必须摆脱慈善或人道主义的外衣，以便使它成为一个政治概念，即一个斗争的概念。""公司外的排除往往开始于公司内的剥削，特别是对资格差的工人或者非正规工人。"但是，"一个'被剥削的'阶级至少与压迫他们的'剥削者'有经济关系。采取 1848 年《共产党宣言》的著名列举，这适用于古代的奴隶与庶民、中世纪的农奴或者面对工匠师傅的短工，以及显然适用于 19 世纪与 20 世纪的工人阶级无产者。被剥削者对剥削者有用，因为他们在那里干活。被排除者或许对排除者一样'有用'，如果排除者认为把自己同他们分开，设法使自己摆脱那些被认为重负的人们，他们只有走开才有用。他们只有变得没用才有用。剥削者与被剥削者、压迫者与被压迫者，共处在同一经济与社会领域里。他们成了一对，即使是不平等的和剧烈的。而排除者和被排除者已经切断了他们的联系，而且他们各自的领域是相互分开的。"（让—巴蒂斯特·福柯与德尼·皮韦托，《一个寻找意义的社会》，奥迪尔·雅各布出版社，巴黎，1995 年，第 13、144—145 页）

28. 网络分子与网络拓展者之间的区别，并不取决于他们各自的盈利能力。正如一些活动者，虽然在发展网络逻辑，却在活动中失败了，不能成为其他人不可缺少的钥匙持有者（他们不断寻找新的联系，他们的地址本上有许多名字，但是却不在任何人的地址本上），所以网络拓展者应有的品性不足以保证成功。我们会说，网络拓展者的失败，是因为他掌握了无数丰饶内容而把什么都传递出去（任务、信息，等等），不在自身周围积累什么。他增加连结，但没有协调它们朝向一个优先时段的目标。他不倦地建设网络，但未能形成临时稳定化的形式，或者推迟项目所代表的置换与联系。

29. 见米歇尔·卡龙，"技术—经济网络与不可逆转性"，罗伯特·布瓦耶编，《经济的可逆转性与不可逆转性》，社会科学高级研究院，巴黎，1991 年，第 195—230 页；以及卡龙编，《理性不知情的网络》，拉马丹出版社，巴黎，1993 年。 404

30. 罗纳德·伯特，《结构空洞》，哈佛大学出版社，坎布里奇（马萨诸塞州），1992 年；以及"竞争的社会结构"，N.诺里亚与 R.埃克尔斯编，《网络与组织：结构、形式与行动》，哈佛大学出版社，坎布里奇（马萨诸塞州），1992 年，第 57—91 页。

31. 伯特的最近一篇文章，在芝加哥大学 50 名工商管理硕士生实际工作的基础上（他们都是公司的全日制雇员），比较了他们在网络中的地位（集中于那些处在集团或僵硬等级制结构内的人们，与那些冲出结构空洞的人们之间的对比）和他们的"个性"，由一家咨询机构所完善的自我管理测试来进行评估。在那些网络地位具有丰富结构空洞的人们中，他发现许多接近于联系性人物的特性，不同的是，当伯特谈到在网络中处之泰然的人们时总使用赞扬的形容词，而在谈到那些无法退出其集团的人们时都用有贬义的词。前者把自己视为活动者，是十分独立的，有能力在自己周围创出兴奋的光辉，爱好变化，对他人感兴趣，对可以应用的信息感兴趣。他们是独立的外界分子。相反，处在集团内的人则拒绝风险，喜爱保障与稳定，顺从，关注于技术细节，强调系统与程序。他们是循规蹈矩的内部分子。参见罗纳德·伯特、约瑟夫·E.詹诺塔与詹姆斯·T.马奥尼，“性格相关与结构空洞”，《社会网络》，第20期，1998年，第63—87页。

32. 这里的说理类似于对贪污的经济分析关注于追求不劳而获的收入。贪污经济之所以可能，只是由于存在的界线和规章被超越或违反后获得费用。机构空间与网络空间之间的差异，使之有可能在超越机构划分与调节时打开了获利的可能性。参见雅克·卡蒂埃—布勒松，“对贪污经济的分析因素”，《第三世界评论》，第131期，1992年，第581—609页。

33. 见A.O.赫希曼，《退出、呼声与忠诚》，哈佛大学出版社，坎布里奇（马萨诸塞州），1970年。

34. 这项原则是限制毒品走私网络的扩张。设法建立连锁的人必定要尽其所能保证他下游渠道中的人们不掌握他关于供应来源的信息，所以他们必须通过他来获得供应，而上游渠道的人们无法与商人进行直接安排。它必须尽其所能，包括使用暴力，来防止新来者站稳脚跟。在这方面，毒品走私者是保守的。他们设法不要扩张网络，而相反要关闭网络：形成一个黑手党（米歇尔·希雷，“毒品链：三个层次和五个逻辑”，《未来可能性》，1994年3月）。鉴于这类信息在网络中非常零碎且分布不平均，这种网络只是警察用来积累信息以追索供应链的。

35. 担负责任的或有权的职位，同时具有导致发展联系的某种能见度，如认真对待，会抑制结构空洞丰富的社会资本的产生。一方面，机构权利的正式性质会制约可以建立的连结。另一方面，掌权者（事物护卫者）行使权利也因此受到制约。

36. 移民的悲伤和怀旧来自离别的反思，这无疑是世界与价值观改变的迹象。远离而去的移民自身感到孤独，切断了连结，脱离了他人，所以他在离去的时刻就梦想回来。相反，今天的被排除者发现自己一无所
405 有，是因为别人离开而不想回来，让他孤立无援。

37. 见伯特，《结构空洞》。

38. 因此，资本主义与家庭之间的关系在过去三十年中已大大改变。以前在描绘资产阶级时具有关键作用的两类价值观的结合——家庭价值观与金钱价值观——当时资本主义处在世袭基础之上，并设法稳定和驯

服一支流动的、不驯顺的劳动力，现在却有了不同的情景：对流动性的强调使得家庭联系成了障碍。破碎的家庭——随着情况变化与置换而“重建”，我们可以说是“灵活的”——因此与资本主义的网络形式似乎有了密切关系。

39. 例如，西蒙·韦尔以“压迫”一词正式针对这种强烈意义上的剥削，她在她的工厂刊物上作了描述(《劳工境况》，加利玛尔出版社，巴黎，1951 年)。她在同一期上发表的写给阿尔贝蒂娜·特夫农的一封信上说：“在工厂里工作就意味，我的自尊心所基于的一切外部理由(以前我认为是内部理由)，在两三个星期的时间内，因受每天每日粗暴胁迫的影响而粉碎殆尽。”(第 27 页)在几页以后，她在给一位不知名的记者的信中写道：“例如当你说，不熟练工人一旦离开工厂就不再被囚禁在大规模生产的领域之内，显然你是对的。但你从中总结出什么？如果你总结认为每个人不论多么受压迫，但仍有机会每天像人一样活动，那么一切都是好的。但是如果你总结认为，在雷诺公司或雪铁龙公司的不熟练工人，对要保持人的尊严者来说是一种满意情况，那我是不会同意你的。”(第 44 页)

40. 1992 年，外汇市场上联系到商品贸易的交易量只不过是交易总量的 3%(弗朗索瓦·谢奈，《资本的全球化》，西罗出版社，巴黎，1994 年，第 209 页)。1980 年与货物与服务有关的进出口活动达法国国际收支流动的 70%以上，这一份额在 1992 年下降到大约 31%，其余为资本活动(这里只衡量阶段性未偿债务，因此没有把所有的周转列入)。这些数字本身已经很突出，它们必须根据各类型资本活动大大增加(在同期，从国内生产总额的 14%上升到 89%)的背景来加以解读。(出处同上，第 228页)

41. 国家求助于国际金融市场的资助，大大加快了市场的全球化进程。1970 年，美国联邦债务为 3220 亿美元，1992 年为 4061 亿美元，1998 年预计为 6141 亿美元。这些需求主要求助于国外资本的融资。(出处同上，第 221 页)

42. 紧接着布雷顿体系在 1971 年美元对黄金停止兑换的影响下垮台之后，以货币学家米尔顿·弗里德曼的理论为基础的专业共识是：浮动汇率的制度给投机泼冷水，因为汇率会自动反映经济的“基础”(易卜拉欣·

瓦德,“市场辅助者:托宾税计划、投机者的猛兽和审查的目标”,《外交世界报》,1997 年 2 月,第 24—25 页)。其结果正相反。谢奈认为(《资本的全球化》,第 207 页),“外汇市场现在能够无例外地改变所有货币(包括美元)的相对汇率,以收集它们所获得的特定种类的投机利润。”

43. 收购出价通常集中于一些公司的售价被判断为相对低于其潜在盈利性。提出高于其当前的价格来购买该公司股票是为了设法控制它。一家公司如果被“袭击者”买下——就是着眼于短期利润——而不是被例如竞争者为了加强其整体力量而购买,那就会被肢解并“分块”卖出,无论
406 如何都会被结构改制,以榨取可能的利润和捞回初始的花费。由于公司的资本散布于公众之中,据称“易于收购”的公司必须报告强劲的利润率以抵消这种风险。

44. 新金融产品的出现广泛促进了各个市场的整体化(外汇市场、信贷市场、债券与股票市场)。在法国,最重要的整体化措施是 1984 年法律提出的,它取消了长期信贷与短期信贷之间的划分(谢奈,《资本的全球化》,第 226 页)。而且,金融脱媒使得跨国公司不必通过银行而直接利用市场。这些发展有助于把所有的国际金融资源集中到很少人手里。金融市场上的活动者事实上比非人格化的“市场”名称所提示的要少得多,而且容易辨认得多。

45. 对跨国公司集团来说,任何产业决策,不论短期、中期或长期,都必须考虑大量金融变项:汇率的演变,不同期限与国家的利率比较,等等。危险很大,因为与汇率风险有关的金融成本变化可以高达 100%,不像其他的开销。可以举一个例子:一个集团的收入中一半为美元的话,如果美元下跌 10%,它的营业额就损失 5%(以本国货币表现)。根据克洛德·塞尔法蒂提供的数字(“金融全球化中的产业集团”,《外交世界》,第 23 期特刊,1995 年 1 月),在他写作时是有效的,以 5.30 法郎兑 1 美元,六月期的合同需付名义总额的 2.6%,两年期的付 4.4%。在利率期权市场上,为了保证 6.5%的利率,两年期权花费 1.7%,五年期权花费 6.5%。因此,为了以 6.5%的利率借入,加上期权保证此利率的费用,有必要把利润率定得更高,以便能偿还贷款,并满足股东们所希望的更高收益,他们相信他们的风险高于借方的风险。

46. 欧洲共同体进行的工业集中进程，在 1987 年以后发展更快，前景是单一市场和单一货币。根据谢奈引用的数据(《资本全球化》，第 70 页)，1988 至 1989 年比 1982 至 1983 年在主要股权的合并与兼并方面增加三倍。1998 年世界范围的合并与兼并总额达到历史记录，以前的纪录是在 1977 年。

47.考虑到金融市场(特别是外汇市场)产生的机会与风险往往大于工业活动的事实，若干大集团都拥有交易厅，它们无需妒忌银行(除非它们变得很大)，它们建立了自己的银行和信贷机构。它们也有习惯把一部分资金放到金融市场上(而不是放在新的工业项目中)以便更容易地满足金融商人。这样，它们能从市场取得后者要求它们的报酬，这显然是金融交易商很不高兴的，因此就施加各种影响压力，使公司把它们的资金放给它们(论点是说投资完全是他们的事)。允许这种转移的技术之一是公司购买自己的股票。这样做，实际上把它的部分资金转移到前股东之手，这有助于抬高价格，保证其与股东更大的利润率，因为流通的股票数量相对低于要分配的利润，那在理论上是稳定的。此外，从市场观点来看，这样转移资金有利于减少公司的自主性，它们为了替以后的工业项目融资，就必须向市场借贷。

48. 在这方面，胡佛事件特别惊人。1993 年初，美泰集团决定关闭在第戎的真空吸尘器工厂，把全部生产集中到第二工厂——苏格兰的朗维克——那里有更多的空间，虽然厂长预计在苏格兰的工资成本较低。正式 407
文本没有言明的是，资方以关厂威胁苏格兰，以便迫使与工会取得的协议再加放低，特别是要对从第戎调来的新雇员实行更严格的录用条件(定期两年合同，该期间享受不到公司的年金计划)。一旦取得协议，资方就宣布关闭第戎工厂，这无疑早在谈判以前就决定了的。此外，这种简单的生产能力转移最终在欧洲范围破坏了就业，却被认为是苏格兰的新崛起，使它能汇集当地的补助(1000 万英镑)。据胡佛资方称，法国当局对于相反方向的转移提供同样的数额，但却没有影响最后的决定。可是有没有人问过，如果公司就是简单地关闭一家工厂，那它能从这项结构重组中受惠到一笔补助吗?(皮埃尔·索尔伯格，“胡佛事件的教训”，《选择经济学》，第 106 期，1993 年 4 月)

49. 协议草案的发表受到普遍欢迎，它被提交给世贸组织谈判，当谈到修改对各国最不利的条款时，只是代表富国有利。

50. 在外国直接投资总体增加的背景下，来自金融部门（银行、证券公司、保险公司、养老基金）的外国直接投资事实上都增加了。在投资多边协议中，“投资”被界定为包括直接投资，但还有证券投资、地产投资，以及来自合同的版税。

51. 汽车制造商不断要求供应商提供完整“单位”（已装配好的前座部分，配有座架的完整座位系统，装配齐备的挡泥板），这就要向供应商转移无数集成和装配单位部件有关的加工品。汽车在制造商工厂里的最后总装（这有待接近最终客户时完成），不断归结起来就是各个单位的装配。鉴于要求极大数量的部件，汽车是一个特别复杂的“重型”产品，但这样做就成为工业上的“轻型”产品。制造商甚至会要求它们的分包商部分资助最终装配工厂，这是我们已经看到的在洛林建设的梅塞德斯汽车公司斯马特（前斯沃奇）工厂的情况。

52. 见米歇尔·阿马，“‘准时工作法’的效果”，《企业》特刊，“法国的企业”，第2518期，1992年，第234—235页。

53. 戴尔公司最近在电脑市场的成功是极为典型的。该公司直接在互联网上出售电脑，从而节省了销售成本，而且提供了更好的服务，因为通过与顾客直接接触，它能以合意的软件使它的电脑直接在工厂成型。

54. 由于存在若干形式的剥削，从一种形式过渡到另一种形式有时会感觉是相对的解放。因此，卡尔·波拉尼在《我们时代的起源：大转型》（维克多·戈兰兹出版社，伦敦，1945年）评论道，工业革命所确立的新形式剥削，很快被英国农民视为不可忍受，它具有相对自主性，而中欧农民（迄今境况接近农奴）则较少敌意地接受它。剥削方式当前的变化情况也是这样，它可以被人们感觉为自主化或随意性，取决于施加给他们的工业
408 控制形式与官僚制控制形式的严厉程度。

55. 因此，克洛德·勒福尔针对那些强调“消灭私有财产”的人们评论道：如果苏联的官僚制是“以保证其物质基础的计划与国有化”的东西，那么它的起源在于“政治官僚制”——也就是说，“把权威集中在少数统治者之手，就使得群众被排除于信息流通与决策领域之外、功能等级化与工

资差异化、僵硬分工制——简言之,这种不平等的科学组织就成为一种新的阶级压迫的原则。” 在这种情况下,“参与剩余价值分配就等于是参与统治制度”(《对官僚制批判的诸因素》, 德鲁兹出版社, 日内瓦—巴黎, 1971 年,第 308—309 页)。

56. 出处同上,第 298—299 页。

57. 正如乔恩·埃尔斯特有说服力地表明的,有必要把批判剥削建立在公正规范及最终道德原则的基础上,也适用于马克思,尽管他的作品的无数段落把道德要求作为其讽刺目标(《看懂马克思》,剑桥大学出版社 / 人文科学之家出版社,剑桥,1985 年,第 261 页起)。另见雅克·奥罗出色的澄清(“马克思的道德哲学与马克思主义”,《伦理学与道德哲学字典》,法兰西大学出版社,巴黎,1996 年)。

58.例如,家族型世界里的被剥削者,是被迫服务于长子继承权统治世界里继承人的弟弟。商业型世界里的被剥削者,是由于穷而不能购买用以剥削劳工的生产工具的人们。工业型世界里的被剥削者,是不能获得其相应资格的工资以产生增加值的人们。所以,在工业型世界里,工资等级制是意图解决公平报酬的许多争议的主题。公民型世界里的被剥削者,是没有任何权利的小公民,他的代表通过实施使自己致富的赋税来剥削他。在声誉型世界里的被剥削者,是帮助名人扬名而自身不受惠的人们。在灵感型世界里的被剥削者, 是把他的主意告知天才画家而不得到任何回报的助手。至于剥削是联系于资本主义的一个概念,总是以不公平货币报酬来阐述它,那是正常的。

59. 这意味着我们只有通过听批判者谴责剥削和痛斥剥削者来对待剥削。但是,我们绝不会遇到任何声称自己是剥削者的人。因此,某种形式剥削的存在总是可以加以否认的,让受害者或支持者承担证明的全责。

60. 于尔根·哈贝马斯,《合法性危机》,托马斯·麦卡锡译,海涅曼出版社,伦敦,1976 年,第 69 页。

61. 让我们举商业世界引进署名逻辑的例子, 迄今被知识分子和艺术家保留着。它基本上改变了演员之间竞争的条件。在等级制逻辑下,只要导演担任一个职位并完成其职责,他就有权因该集体(服务、部门、行政,等等)的成功而得到好评。但是,这种归属的正式层面要减弱其个人性质而授予一些代表性质：在只邀请他的会上，主任代表他的同事，他可以控制他们的剥夺感，把他作为一个代表。可网络分子的情况是，他进行活动并已准备好下一个活动，归属就具有署名的个人性质。竞争因此成为对姓名的直接竞争——就是说，或者直接为署名，或者当这个目的达不到时，就要用专有名词来联系成功（我和谁谁工作了，我在某个项目中是谁谁的助手，等等）。但是对身分（那是由等级从属所相对控制的）的关切又
409 大力出现了，而且与此同时，还长期怀疑错占和篡夺。保罗·维尔诺评论道，适合于联系性世界的机会主义行为“带有害怕色彩”：“在工作时间是挥之不去的对特殊或潜在危险的害怕。”维尔诺还说，但这种害怕本身构成了适应新工作条件的动力：“感到自己在不断革新方面没有保障，害怕失去自己难以得来的特权，对‘落在后头’的焦虑——这些都转化成灵活性、顺从和准时重新部署。”（《机会主义、伪善与害怕》，光明出版社，康巴斯，1991年，第16—17页）

62. 见纳塔利·萨尔图—拉瑞，《债务道德》，法兰西大学出版社，巴黎，1997年。

63. 出处同上，第8—9页。

64. 见皮埃尔·罗桑瓦隆，《从1790年到今天的法国状况》，瑟尔出版社，巴黎，1990年。

65. 见彼得·瓦格纳，《现代性社会学：自由与纪律》，劳特利奇出版社，伦敦与纽约，1994年。

66. 尼古拉·多迪埃，《人与机器——以技术为基础的公司中的集体意识》，梅泰利埃出版社，巴黎，1995年，第35页。

67. 替身不能受直接控制，他们的忠诚是个信任问题。但是，当行使这一任务的人知道他们是他们的老板破坏信任的目标时（认识到这一点，只会加强对于网络世界成功形式战略知识的扩散），他们会反过来设法从他们的地位得利：为自身得利而占用他们保证维持的联系。这一场景的典范说明的例子，可以在曼基维兹的电影《夏娃故事》中找到。夏娃是一位大明星女演员的替身。通过计谋，她成功地把自己介绍给那位演员的一些关系，夸大她的功劳，从中获利（对她主人进入的圈子中的对手玩弄手段）。在有利时刻（演员不在，用计谋把她支开了；反正她不能到处都在），

她怂恿力量检验,取代了她所要求的那人的权利。在电影末了,一个初出茅庐的演员,就像几个月前的夏娃那样,作自我介绍。循环再次开始。

68. 见贡特尔·托伊布纳,“组织的新形式与法律”,《法国管理评论》,1993年11/12月,第50—68页。

69. 夏尔·萨贝尔,“历史背景下的宪政秩序”,弗里茨·沙尔普夫编,《等级制于网络的博弈》,西方视野出版社,博尔德(科罗拉多州),1993年,第65—123页。

70. 见弗朗索瓦·埃马—迪韦尔奈,“劳动力市场:一项多元体制观”,经济政策座谈会通讯,《论坛》,巴黎第十大学,南泰尔,1998年。

71. “技能组织”(在1987年安托万·里布一个报告之后出现)的主题可以被视为把受雇能力的发展从“社会目的”的地位(在这种情况下,就是说,受惠的工薪收入者不为盈利作贡献)转移到“经济安危”的地位。事实上,提出这一观点的管理思潮中(菲利普·扎利菲安,“工业中的能力与合格组织”,P.米内等编,《能力:神话与现实建构》,拉马丹出版社,巴黎,1994年),技能组织使人们结合进一个项目来发展他们的技能——不是退出生产去参加培训班,而是接触或多或少不确定的“事件”(机器故障、产品改变,等等),它打断了项目的实现并进行不断反思。这有利于学习经验的扩散,以及“把某个情况下已经学得的东西转移到其他环境的能力。技能培训因此可以调和取得受雇能力和寻求最佳表现。它可以‘发动和保持力量’,所以‘技能发展’是‘经济表现’的结果”(米歇尔·帕里埃、克里斯蒂昂·佩里安与多米尼克·蒂埃里,“合格组织及其十年后的挑战”,《法国管理评论》,第116期,1997年11/12月,第4—17页)。 410

72. 这种权利目前特别是在1992年2月5日上诉法庭裁决的基础上发展起来的,它认为“雇主有义务充分完成工作合同,有责任保证工薪收入者适应他们工作的发展”。该裁决限制了至今已达成的关于雇主作为工薪收入者“能力的完全判断者”的原则,习惯法工作合同非原则性地提出雇主出资培训的责任。“因此,法官可以要求把培训作为雇主履行责任所使用的手段”,如果雇主未能尽责提供培训,就不能以专业不足为由来终止合同。相反,“法官提出,工薪收入者拒绝培训的例子则可以被批准裁员”(让—马里·吕特兰格,“法官注视下的‘培训公司’”,《社会法》,第3

期,1994 年 3 月,第 283—290 页)。

73. 与“技能组织”相一致,“A.Cap 2000 协议”是个人技能的发展,被界定为“可行的操作诀窍”。这项协议中体制化的技能概念,主要是由于最近在认知心理学方面的发展,强调的是在不可预测的发展面前的行动培训,是模式掌握的可转移性而不是仅仅学点知识。与此同时,建立了评估与证实的方法,那是根据二十年来教育界以“参照系统”为基础进行的工作,即详尽说明岗位行动,它预想到彻底编列人的行动方式。一项技能的有效性取决于检验,基于对人们的表现所揭示的个性反映的正确评估(“各人有各人的技能”),而不是根据分工类别所代表的他们的位置(“同工同酬”)。参见吕西·唐居伊,“企业的技能与社会聚合”,F. 罗佩与唐居伊编,《知识与技能——关于这些概念在学校与在企业中的应用》,拉马丹出版社,巴黎,1994 年。

74. 技能评估权已写入工作守则第九册有关专业培训的应用范围。它类似于个人培训假。这是一项个人权利,每个工薪收入者可以在他们的工作合同中载明,雇主不得反对。但是,这一权利真正只在 1993 年有效,根据咨询公司“职业教育与继续教育所”称,工薪收入者仍然相对不知情,只有两万多人使用过这权利。在实践上,有心理学家、培训员或招聘员进行的技能评估与教练相类似:参加者并无直接好处,除了可以较多了解自己、他们的资源与愿望、使自己更加现实之外。就这个意义上说,它包括一种训练民主化,或者把训练转变为一种普遍权利:一种“有关职业范围与级别的全国资格参考体系,包含相应于基本职业技能的简单而可使用的要素”(米歇尔·德·维维尔(主席),《使专业构成有一个新的提升》,劳工、社会对话和参与部指定的报告,巴黎,1996 年)。全国资格参考体系的功能是“平等对待取得资格的三种方法”:初始培训、继续职业培训与专业经验。

75. 见米里安·康比诺—迪贝尔内,“人员过多的管理,人力资源幻想的结束?”,《劳动与就业》,第 64 期,1995 年,第 23—24 页。

76. 在传统上,证书在法国是“公共当局的一项特权”。直至最近以前,大多数文凭由国家教育体系授予;今天的情况不再是这样了,证书的扩散被重新界定,由专业部门完全承认。大部分集体协议中都特别提及文凭(主要是“专业才能证书”和“高级技工文凭”)。在安内特·若贝尔与米歇尔·塔拉尔研究的部门协议事例中,88%至少提一个文凭,41%至少提五个文凭。从90年代初开始,新机构——全国联合就业委员会——可以颁发专业培训证书,打破了国家教育系统的垄断。这些证书所界定的不是 411
内容而是可达到的目的(“能担任”),这符合技能的逻辑。它们首先是在钢铁工业发展起来的(90年代中发了120份专业培训证书)。(若贝尔与塔拉尔,“集体协议中的文凭与证书”,《就业培训》, 第52期,1995年10月/12月)

77. 见洛朗·泰夫诺,“一个按标准的征服——信息格式的实践与政策”,考内因与泰夫诺编,《社会的认知与信息》,社会科学高级研究院出版社,巴黎,1997年,第205—242页。

78. 见米歇尔·卡普隆,“走向人力资源核算的更新”,《法国管理评论》,1995年11月/12月,第46—54页;索尼亚·A.萨克曼、埃里克·G.弗兰霍尔兹与马里亚·隆巴尔迪·比伦,“人力资源核算: 最先进的评论”,《会计著述刊》,第8卷,1989年,第235—264页。人力资源核算事实上包罗很大范围的著作,有些方向似乎增加对工薪收入者的压力,而另一些则受到核算手段变化的影响,而“鼓励雇主想象雇员是可估计的组织资源,其价值升降取决于如何管理”(卡普隆,“走向人力资源核算的更新”,第46页)。这种努力配合着公司发表信息的责任,其中传递给工作理事会的“社会审计”条款代表了第一步(雷蒙·当齐热,《社会评估工具:信息与管理》,迪诺出版社,巴黎,1983年)。随着《会计、组织与社会》特刊在1976年的发表,人力资源核算到达了顶峰。在法国,必须提到埃德蒙·马尔凯斯的先驱性著作《人力资源管理》(人与技术出版社,巴黎,1980年),以及亨利·萨威尔关于隐蔽成本的著作(萨威尔与韦洛尼克·扎尔代,《新管理控制》,马尔泽尔布,埃罗尔,巴黎,1993年),它说明为生产率目的使用人力资源核算。关于这方面,全国工作条件改善署在70年代发表了有关不良工作条件的成本代价。参见《劳动条件的代价:经济评价指南》,三卷集,巴黎,1979年;贝尔纳·马尔托里,“劳动条件的代价:基础与手段”,《法国会计评论》,第101期,1980年3月,第136—141页。

79. 阿兰·斜皮奥,“工作——共享的自由”,《社会法》, 第9—10期,

1993 年 9 月 /10 月,第 723 页。

80. 安娜—玛丽·吉耶马,“就业、社会保护与生活周期:活动预期解决方法的国际比较”,《劳动社会学》,第 3 期,1993 年,第 257—284 页。

81. 引自安德烈·戈尔兹,《经济理性的批判》,吉利恩·汉迪赛德与克里斯·特纳译,维索出版社,伦敦与纽约,1990 年,第 210 页。

82. 见帕斯卡尔·阿尔邦,“形成时期的资本”,《社会法》, 第 2 期,1994 年 2 月,第 200—203 页。

83. 见贝尔纳·吉拉尔,“走向一项新的社会条约”,《法国管理评论》,第 100 期,1994 年 9/10 月,第 78—88 页。

84. 作者举了德国亚当·奥佩尔集团的例子, 它谴责大众汽车公司 1993 年的这方面根据。那是由于害怕看到工薪收入者带着他们在公司中获得的技能资本而离去, 因此要结合 “技能授予培训” 合同忠诚的条款(所谓的“丧失性培训”),规定选出的工薪收入者同意使培训与职业流动性相联系 (帕特里克·吉尤,“就业发展中工资的集体谈判与专业适应”,《社会法》,第 11 期,1990 年 11 月,第 818—832 页)。

85. 这一限制已产生无数批判(例如见萨贝尔,有关交易成本的“历史背景下的宪政秩序”),它最近促使反思,旨在把“道德”关怀重新导入
412 代理理论,他特别考虑到代理人对委托人的义务(如在标准理论中)及委托人对代理人的义务。参见诺尔曼·罗维与爱德华·弗里曼编,《道德与代理理论》,牛津大学出版社,牛津,1992 年。

86. 见奥利弗·威廉姆森,《资本主义的经济制度》, 自由出版社,纽约,1985 年;约翰·普拉特与理查德·泽克豪泽编,《委托人与代理人:企业结构》,哈佛商学院,波士顿(马萨诸塞州),1985 年。

87. 见迪埃戈·甘贝塔,《信任:建立与破坏合作关系》,剑桥大学出版社,剑桥,1988 年;菲利普·贝尔努与让—米歇尔·塞尔韦编,《信任的社会建构》,蒙克雷斯坦出版社,巴黎,1997 年。

88. 这些经典的代理理论只特写个人追求其自身利益, 他们愿相互协作以分担风险,但也有倾向去欺骗合作者。他们以循环方式从市场到等级制, 再从等级制到市场 (贝尔纳·博德里,“就业关系与分包制中的信任”,《劳动社会学》,第 1 期,1994 年。第 43—61 页)。我们知道,威廉姆森

认为，公司事实上是“对信任的功能性替代物”（马克·格兰诺韦特，“经济行动与社会结构：嵌入问题”，《美国社会学学刊》，第 91 卷，第 3 期，1985 年 11 月，第 481—510 页）。机会主义行为的潜在性结合着不可能建立完全的合同（有限理性），使得以财产权交换为基础的当局与等级控制（代价很高地）容忍市场不确定性。可是，另一方面，参与官僚公司的代理人（例如总裁），他们的行为并非都能观察或衡量（除非花很大代价），他们具有特殊的利益，可以把委托人（例如股东）的指示解释为对他们自身有利——但同样这些话也适用于公共官员——所以寻求对官僚主义不确定性的容忍，像钟摆一样作为自我约束机制摆回到市场。信任本身的分析并不避免人类学的冲突，它具有不稳定的性质，或者因为它简化为明白的利益，如同信任在代理理论中是声誉影响的结果，或者因为人们设法使它直接来自人类利他倾向而具有个人的志愿性质，很少导向寻求稳定机制。

89. 见沃尔特·鲍威尔，“既非市场，也非等级制：组织的网络形式”，《组织行为研究》，第 12 卷，1990 年，第 295—336 页。

90. “克拉沃案例确立了工薪收入者在公司外表述工作情况的自由。阿兰·克拉沃在《人道报》发表了他谈到其工作的一篇访问记后被邓禄普公司宣布为裁员。里奥姆上诉法院裁决称，如果公司内没有规定不许表述之权，那么在公司外也非例外，最高上诉法院同意这一论据。”“更晚近地，工薪收入者在公司外的表述自由，已经清楚地以 1789 年宣言第 11 条为依据，它标志着宪法规章对工作关系的干预。”（博内谢尔，《劳动法》，第 62 页）

91. 大公司“都关切它们的中介机构贪污的减少，使它们获得法国或国外某些市场时不必发挥贪污者要它们发挥的作用，那无疑会损害它们的利润。但是，这一层次的活动似乎有限，而且由于金融市场不愿看到付出的一些资金消失在中介的报酬中而不产生什么价值。

92. 见泰夫诺，“依靠准则的政府”。

93. 伊莎贝尔·阿斯蒂埃，《最低收入与关切整合》，德斯克里—布罗沃出版社，巴黎，1997 年。

94. 引自德尼·布热等，《反对贫困的政策》，四卷集，社会需求经济中心，南特，1995 年，第 17 页。

95. 见塞西尔·巴隆等,《结合的中介机构》，就业研究中心，巴黎，
413 1994年。

96. 见埃马—迪韦尔奈,“劳工市场”。

97. 出处同上,以及埃马—迪韦尔奈,“劳工合同:一种比较观”,C.贝西与埃马—迪韦尔奈编,《劳工市场的中介机构》，就业研究中心报告,法兰西大学出版社,巴黎,1997年,第3—34页。

98. 叙皮奥,“工作——共享的自由”，第719、721、723页。在最近的一篇文章中(“在就业上善用法律”),叙皮奥回到了活动的概念。他批判称,这不但“与存在不可分”,它指的是普遍的社会权利,是存在的权利,不是“确立一种特殊权利”,因此最终界定“专业条件”,即一种不同的就业法规,(叙皮奥说)在法国按文职服务法规的模式构建。他现在主张用工作一词,不是以挣工资来界定,而是以义务来界定。从这一意义看,任何作为义务的活动都是工作,不论是合同性的还是法规性的,无论是付费的还是免费的。这里的标准是把工作列为法律责任,如不履行就要受罚。多米尼克·梅达在呼应叙皮奥的一篇文章中提出了国家资助这一新法规的问题，以及逐渐过渡到放弃工作合同与工资的个人概念,“补偿特定个人的贡献”，以便承认“工作的深刻集体性质”。(“工作与社会政策”,《社会法》,第4期,1994年4月,第334—342页)

99. 弗朗索瓦·戈迪表明,在过去二十年中,活动如何通过例外的合同渗透进工作领域,“其目的是培训或整合工人”，以及工作如何适应活动,把“个人化事业”的合同包括在内,要求结合其他法律行为。他举了“结合合同”与“事业协议”的例子——与最低收入有关的机制——它界定其目的“最终在于签订工作合同”的进展;以及“培训信贷”的例子,它提供“培训计划个人化项目”的权利,有关“技能评估”与“证实成就程序”。(“工作与活动”,《社会法》,第2期,1997年2月,第119—126页)

100. 让·布瓦松纳,《二十年的工作》,计划总署,奥迪尔·雅各布出版社与法国文献处,巴黎,1995年,第48页。

101. 报告作者们认为,法国对教育系统提出教育赋予的意义是这种流动性的主要障碍(而且间接是失业及就业机会不平等的主要原因,这关系到学术资格水平)。它们对此提出一种“多元性教育道路”,扩展到整个

人生的一种教育,有学习时期与活动时期的次序,这要求“公司深度地、有组织地、持久地参与教育与培训进程”,并“从工作合同向工作—培训合同或活动合同”过渡。

102. 见让—伊夫·凯尔布希,“临时工:活动合同中已经提到的一种形式”,《社会法》,第2期,1997年2月,第127—132页。

103. 戈迪,“工作与活动”。活动合同不是一个绝对的空想,存在着接近于这种公式的法律架构。这就是令人注目的雇主团的事例(根据1985年7月25日法律成立,1993年修改),它允许“中小型公司建立一个新的法律实体,工薪收入者的雇主现在由成员们按照他们各自的需要来处理”。该团体“允许工薪收入者在单一工作合同的架构下享有稳定工作”,而“工薪收入者被该团体成立时选定的集体协议所覆盖”。其他机制提供可比的可能性:地方雇主团(GLE)和整合与资格雇主团(GEIQ)。这些形式都旨在提供工薪收入者“一项单一的法规”,而避免“兼职工作合同和定期工作合同的多样化”。它们伴随着一份道德守则的规定,以“排除任何设法找廉价人力并与现有立法和报酬相反的做法”。除了这些正式的机制外,有许多关于在某一地区组织多种活动的地方性倡议。参见马里— 414
弗朗索瓦·穆里奥,“空想与胁迫之间的多种活动”,《就业研究中心通讯》,第51期,1998年2月。

104. 斯皮罗斯·西密蒂斯,“劳动法仍然有未来”,《社会法》,第7—8期,1997年7/8月,第655—668页。

105. 早在1980年的一篇出色的文章中,热拉尔·利翁—康就提出了对新形式零工和灵活性目标的一项综合描述:“(对雇主们)重要的是走向劳动力永远不会缺乏生产性,而且一旦订单下降就能排除他们。”但是他还说:“重要的是观察这种趋势的报酬并未实现:并不存在流动性法规,包括继续关注工作无保障及工作结束后重新配置。”(“资本的可塑性与就业的新形式”,《社会法》,第9—10期,1980年9/10月,第8—18页)活动合同从乐观方面看可能代表这种“流动性法规”的开始(而从悲观方面看可以是一种新形式的雇用服务)。

106. 因此,最高上诉法院最近决定:“一项条款期待在法国委派的施行,而其中止后由不同公司处理,工薪收入者认为并不构成(工作合同的)实质性改变,即便由另一家公司处理而涉及雇主的改变,因为单方面内部规范的委派定义可以说明这一可能性。"(伊莎贝尔·多格雷尔,"工作合同的流动性检验",《社会法》,第2期,1996年2月,第128—140页)

107. 布瓦松纳,《二十年的工作》,第31页。

108. 安尼·富凯,"工作、就业与活动",《就业研究中心通讯》,第52期,1998年4月。

109. 见迪埃利·普里斯特莱,"布瓦松纳报告所提出的'雇佣合同'建议",《社会法》,第12期,1995年12月,第955—960页。如同让—伊夫·凯尔布希所说,雇佣合同出现的问题有点类似于临时工的问题。他们关心的是服务的继续性或非继续性及合同的性质。雇佣合同扩展了临时工提出的法律规定,并旨在"缩小不继续雇用的影响,在工作合同外再构建一项职业继续性"("临时工")。可是,如同临时工的情况,一个集体内的人员周转不应类似于分包的人们或雇用的人们。许多针对活动合同的批判大多数都强调看到这种机制被用于比临时工公司更少限制的租用人力,结果加强了就业零工化并使之体制化的风险。(穆里奥,"空想与胁迫之间的多种活动")

110. 可是,在某些背景下,普遍性收入必须付比例税,因此根据受惠者财富来再分配是很不平等的。

111. 在让—马克·费里的著作中,可以找到对工业类型的认可,那里的普遍性收入来自抵消生产过剩危机的需要,要求国家向各家庭无条件拨付基本收入,因为随着自动化的发展,公司可以产生财富而无需相应增加工资,而且不再进行一度承担的分配货币收入的功能(费里,《普遍性津贴——公民的一项收入》,塞尔福出版社,巴黎,1995年;"另一种劳动价值稳定措施——捍卫并说明第四产业部门",《精神》,第234期,1997年7月,第5—17页)。菲利普·范·帕里叶斯认为:普遍性收入可设想为一种补偿性机制,受城市工业的启发,以对付有关新形式剥削形成新型阶级分野的不公正后果(剥削被界定为拥有影响收入分配的稀缺资源)。这种新的"阶级斗争"使那些拥有稳定、合理收入工作的人们对立于那些被剥夺了就业之路的人们——工作富裕者对立于工作贫瘠者。为普遍性收
415 入而斗争,就是要鼓励工作贫瘠者组织成一个自觉的阶级。范·帕里叶斯

认为,事实上,普遍性收入可以使求职者之间的工作分配不均等(这只有在社会主义制度下才有可能,但是以集权制和剥夺自由为代价),而可以把工作资产的不均等分配中和起来("阶级理论的一场革命",《政治与社会》,第15卷,1986年,第433—482页)。对于F.布吉尼翁与P.A.希亚波里提出的税务改革与再分配机制,我们将给以自由性的认可。他们提议"给所有人提供最低收入"(结合由源头支付的单一税,对最高收入收附加税),这是米尔顿·弗里德曼引进经济著述的负所得税传统(《赋税与再分配——一项改革的计划》,圣西蒙基金会评论,巴黎,1997年)。

112. 费里,"另一种劳动价值稳定措施"。关于这最后一点,在《社会科学反功利主义运动评论》专注普遍性收入的一期上刊登的辩论过程中,罗伯特·卡斯特尔根据历史资本主义的经验提供了一个有趣的反论据("关于无条件最低收入的辩论",《社会科学反功利主义运动评论》,第7期,1996年,第174—187页)。他强调称,在19世纪前工业社会中,农村工匠的处境总是比城市工匠的处境更为不利,因为商人们、资本拥有者利用农村工匠与农业活动相联系而有补充收入的事实,而"无情地"剥削他们。以此类比,他害怕雇主们利用先期工资的存在而减少支付的工资。在这种情况中,普遍性收入会促成"劳工市场极端自由派的重组"。同样的论点可以从伊曼纽尔·沃勒斯坦著作中找到,他表示:保持少量农业收成产生的盈余,相应地降低了可接受的最低工资门槛。

113. 见让—米歇尔·贝洛热,对迪迪尔·热洛与塞尔日·沃尔考夫的访谈,《集体》,第24期,1994年12月。

114. 见沃德,"市场辅助者"。

115.一批专家在1995年进行了一项研究,其中包括一些在国际金融方面最好的专家,他们特别分析了这种税收对稳定金融流动的能力(马赫布·乌尔·哈克、因格·考尔和伊莎贝尔·格伦伯格,《托宾税:对付金融动荡》,牛津大学出版社,牛津,1966年)。除了少数怀疑者之外,人们似乎感到托宾税"满是诺言"(引自沃德,"市场辅助者")。批评者指出,把市场建在"避税天堂"而拒绝收税来进行规避的可能性。但也显示有可能通过改革国际货币基金组织来设立一个制裁体系,例如禁止这些避税天堂取得多国贷款。另一项批评强调,这种方法只能放慢小额投机,但却会形成每一时刻全球范围一种货币的单一汇率。相反,这种税收对于使某一货币不稳定的“主要集团”难有威慑力。与其对营业额征税,还不如对增加值征税,即对有关交易利润征税。而且,还有人相信,美国和英国的利益,加上它们市场的利润,是太强大了,各国难以合作建立这样一类机制,或者因为已经把一部分债务投入国际金融市场的国家,很不愿意以任何方式反对该市场的利益,因为对利率的约束是直接的。但另一方面,它们从收税得来的财政资源,在当前它们无可争议的财政困难面前,肯定是一个实在的激励因素。

116. “变化的稳定器”,《选择经济学》,第 148 期,1997 年 5 月。

117. 库克比率是 1987 年由国际清算银行的十国中央银行和监督机
416 构组成的一个委员会所制订的,规定了现有信贷对专项基金的比例,根据无力支付的风险,估算从 0 至 100%的系数。它规定在 8%左右。

118. 见达尼埃尔·热尔韦,“国际制约与国家顺从——金融市场及大国的不负责任”,《外交世界》,1993 年 1 月,第 18—19 页。

119. 看看公司文件(当某家公司收到了特别认证)中突出的可憎宣传。在社会认证中,它们首先提出销售政策的形式,旨在满足受第三世界童工问题困扰的西方国家顾客,不论是有关 Gap 品牌的服装、Nike 品牌的运动鞋,还是如家乐福或欧尚的大零售商。

120. 见马夏尔·科塞蒂,“社会上认可正确的道德”,《选择经济学》,第 161 期,1998 年 7/8 月。

121. 法律加强了城市的准司法性,它也可以用其他方式表达。程序机制主要是非正规的和习惯性的。但是规章,诸如品行守则的颁布(如礼仪手册)、榜样的积累(如圣人生平)、规则的组成(僧侣规章、车间规章,等等)一系列程序措施的规定(如考试或比赛的入场条件),则是它们主要倾向之一。在城市秩序中,司法规章因此是一种完整的形式。

122. 安托万·利翁—康与安托万·杰莫德,“法兰西”,利翁—康与杰莫德编,《劳动法、民主与危机》,南方行动出版社,阿尔勒,1986 年,第 19—49 页。

123. 因此,希望把法律定在一个世界而不在另一个世界是无意义的,即使它的公众性给了它公民内容,或者有关不同世界的规章在不同时刻有不同表述。正如贡特尔·托伊布纳提醒我们的(“言论冲突之权”,《法律与社会》,第35期,1997年,第99—123页),以韦伯的价值、法律,特别是复杂现代社会的多神论比喻来看,那是一种“异质社会理性的混合”,来自各种“规范性生产机器”,诸如:市场关系、政治关系及科学与技术实践,它们符合不同的公正定义。情况就是这样,即便法律(托伊布纳说得好)“从它自身理性的观点观察其他社会理性的多元性”,它是合法与非法之间区别的中心。

124. 这些话同样适用于商业性世界。根据自由派认为的规章无用(除了契约法),以及存在一个自我调节的市场的情况下,必须强调,(正如无数著作表明的,例如:洛朗·泰夫诺,“投资形式”,《惯例经济学》,就业研究中心图书,法兰西大学出版社,巴黎,1985,第149—189页;马利—弗朗斯·加西亚,“一个完美市场的社会建构:方丹—索洛涅拨号市场”,《社会科学研究活动》,第65期,1986年,第2—13页),市场的可能性不仅在于制约机制(反卡特尔立法、监督股票市场运作的委员会)与法律制裁(罚金、下狱),而且在于许多惯例,如不遵守会有法律影响——特别是质量惯例。正如埃马—迪韦尔奈的著作(“质量惯例与协作形式多元性”,《经济评论》,第2期,1989年3月,第329—359页)及泰夫诺的著作(“确认公共服务正确,它们能包罗市场吗?”,A.利翁—康与V.尚佩尔—德斯波拉编,《欧洲建设中的公共服务与人权》,巴黎国际研究所—达洛兹防卫所,巴黎,1998年),这些惯例可以“识别货品”,可以“对它们进行判断”,并可以提出“市场关系中的公正”要求,那是单靠货币评价不能保证的。市场扩展的可能,只是因为它得到“技术和惯例架构整个机器”(例如品牌)的支持,有产权法的保护(见泰夫诺的文章)。总之,如叙皮奥提出的(“在就业上善用法律”),“法律不是市场外的工具;没有法律的确 417
认,就没有市场”。

125. 马克斯·韦伯,《法律社会学》,法兰西大学出版社,巴黎,1986年。

126. 韦伯举例称:“工人参与选择与任何雇主订立合同的正式权利,对工人来说,不代表决定他工作条件的一丁点儿自由”,因为“市场上最强大的人物——通常是雇主——有机会规定他选择的条件”。在这个事例中,“合同自由……提供一个机会,通过在自由市场上明智地利用货品来获得对他人的权利。在市场权利上得益的一方因此就是这类法律秩序中得益的一方。”（出处同上，第113页）因此，合同各方平等的原则（它“是劳动法发展的中心内容”）提出了“巨大的法律困难。……因为仅仅宣布正式的平等，一开始只会剥夺对最弱者的保护。经过了一个世纪，出现了经济权利和社会权利，使得工人与雇主之间的平等不再是对前者受后者剥
418 削的认可”（叙皮奥，“在就业上善用法律”）。

第七章

艺术批判的检验

在 20 世纪 90 年代，批判的再起在社会领域特别明显，在那里，摆脱了许多制约的资本主义增长的相关存在形式显著恶化。正如我们在第六章中看到的，特别在这个领域中，近年来一直在寻找托辞以对付日益发展的自私与贫困——好像减少最无权者的经济无保障，就足以为发达国家的成员（尤其是年轻人）提供“开放”、“创新”和“包容”社会“令人鼓舞的”生存形式。

确实如此，由于资本主义新精神吸收了盛行于 20 世纪 60 年代末的许多艺术批判，以前出于争取解放、自主与真实性的愿望而针对资本主义的种种谴责，似乎不再具有坚实的基础了。艺术批判在历史形式上让真实性的要求从属于解放的要求：人类如果不能从资本主义积累，特别是从影响他们的制约、局限甚至残缺中解放出来，他们就难以充分展示其真实性。在这一背景下，我们不知道 1968 年 5 月以后获得的解放，是否使许多人有机会得到艺术条件所刻画的那种真实生活，尤其是排除一切形式的有关追逐利润的纪律规章。解放，尤其是性解放；个人与情感生活的自主，而且是工作的自主；创造性；不受拘束的自我充实；个人生活的真实性而不是伪善的、旧式的社会常规——这些看来都是，即使没有肯定确立,至少被广泛承认为重要的现代性价值。

可是，我们可能不知道是什么使得新资本主义精神和项目型城市让自己恢复这种批判的。今天是不是可以好像什么也没有变化地紧紧联系 19 世纪中叶以来的资本主义批判，而继续进行对
419 “资产阶级思想”和“资产阶级道德”的批判,以便扩展其固有的解放计划呢？我们应不应该从不同的基础出发——就是说,问一下：经过过去三十年发展的资本主义形态，结合了整套艺术批判并使之从属于营利活动，难道还没有穷尽完成具有实质内容的解放与真实性要求并归属于人们的日常经验吗？

提出这个问题,我们必须首先对创造性、自由和真实性价值的任何民主化(被指责为庸俗化)不作贵族式的拒绝,这种价值正是与众不同的艺术生活方式(它仍然一般被视为罕见)的基础。作为对 70 年代开始的反应，一些死硬的精英在 80 年代又倔强地冒头了,表明例如蔑视非法的文化形式及其推行者所认为的“创造性”要求,并嘲笑今天广泛希望的“充实性工作”、“做些有意思的事”、“表达自我”、“显示自我”、“开创新领域”,等等。

我们要做的是：在承认对解放和真实性的要求已是普遍的既成事实的同时,设法说明新积累机制中包含的潜在压迫,并指出它们对真实关系可能的危害。

为了确立重新动员艺术批判的必要性,我们将开始寻找迹象，说明支持这种批判的义愤之源并未枯竭——不但通过以艺术批判表达的观点来识别新资本主义中仍然成问题的东西，而且通过指出那些可解读为存在剧变的现象。如果我们要看到艺术批判的复兴,那么它的基础不仅在于“学术性地”分析与资本主义当前情况有关的现象,而且在于结合它到处扩散的苦难——意思是说,经历这种苦难的人们无法阻止它或者把它归于可受谴责之源——以及坚持遏制它的愿望。

一种焦虑的征象

艺术批判关切的问题，比起有关社会批判的问题，较难以直接触及。社会批判的问题是看得见的：乞讨的增多，无家可归者的扩散，失业、工作无保障与不平等的增加。可是，我们能察觉到在文学或图像艺术中表现的苦恼迹象，在社会改革家的作品内出现在“丧失意义”的主题之中。[1] 就我们来说，我们将使用焦虑一词（借自洛朗·泰夫诺的作品[2]），它包罗一种关联到难以识别危险之源并设法加以控制的不安情绪。无疑它就是涂尔干所谓的“反常现象”，我们 420
必须设法找出联系性世界出现而产生的焦虑征象。

联系性世界中的反常

反常的概念，一般指的是对前景期望的标准与常规趋于淡化，导致社会联结解体，恰当地描述（我们设法表明的）一个社会以前的检验已经破损，而联系性世界所建立的新的检验却无法识别，而且没有什么监督。

涂尔干在《自杀论》一书中提出的区分，可以对反常作更多的澄清。他特别区分了反常的影响和自我中心发展的影响：自我中心式自杀所在轴心的另一端是利他性自杀，而因规章与规范缺失造成的反常自杀所在的轴心另一端则是宿命的自杀。它是“调控过分”的结果，涂尔干没有花很多时间来讨论，因为他相信这在他的社会里已很少见。[3] 因此，通常显示反常的现象并不把个人主义（指自我中心的意思）的增加转化为理论，但是严格意义上反常的增加，即对于该做什么的焦虑，主要不是由于心理上获得的规范的淡忘，而是由于其扎根的环境与背景的缺失。

我们将看到，涂尔干教导我们认清：反常迹象的所有现象从70年代下半叶以来已经在增加。这可以被解释为不但是工作无保障与贫困增长的机械结果，而且是人们对其社会环境的影响力消失的标志，结果使得他们对未来作为行动取向并回顾今日的意义失去信心。

现在，我们认为，反常现象所表达的“难以规划自己的未来”[4]，必须关联到联系性世界的经验。它所产生的苦恼可以更明确地归因于各种规范之间的冲突（在家族型和工业型世界中尤为明显），优先于长期中协调一贯的事物，以及灵活性世界中人们的状况（他们根据遇到的形势来改变自己）。如果人们或大多数人们不重视可以传之久远的东西，他们就不愿承受分离隔绝之苦，以及必须重新构建看来已解决的任务时的垂头丧气。而且，这正是项目型城市旨在缓和的苦恼，对暂时性事物赋予合法性并组织伴随过渡的检验。
421 情况仍然是，在许多领域里，一件承诺的价值及其引起的热情，继续或明或暗地关联到它的持久性。显然，婚姻就是这样，它并不是以固定时间缔结的（即使它可以因离婚而终止），而婚姻以外的爱情也是这样。人们更加重视这类爱情，认为它们会是长远的；至少不会在它们一开始就预见到它会结束。大多数所谓的个人关系或友谊也是这样，其吸引力在于我们期待它们如何发展。即使在工作领域，暂时性参与工作现在是公认的事实，令人满意的经历往往促使希望留下来（定期合同的再续，定期合同转为长期合同，不用说晋升或事业发展了）。接着讲关系破裂，项目告吹，那容易被作为失败的经历（并非一种单调的经历，项目型城市的逻辑会这么看）。强调点放在自主性和自我充实的价值观上，而忽视了自我充实成功的条件非常不均衡分布的性质，使这种失败具有个人性质。经历这种失败的人承担全部负担。成问题的是他们在完成任何任务（建立关系，取得工作地位，成立家庭，等等）中“充实自己”的能力。建立新连线更加困难，那么接下来的自贬就有助于使孤立长期存在。

下面提到的各种反常现象，清楚地指向与资本主义重新部署有关的那种与“解放”相结合的焦虑所产生的苦恼，它密切联系于与工作无保障相关的自主性，无疑使得“规划未来”更加困难。但是，我们也可以把它们视为对安置与调节旧世界的机制和常规（家庭关系、教育资格、取得工作合同、社会专业类别，等等）的价值没有定见的迹象。因为第五章中所描述的去类别化，在许多情况下，就难以用不言而喻（如许茨所说）的方式来赞同必须相信或实行的事。特别是，在更大数量的工薪收入者中扩大不区分工作时间和工作外时间、不区分个人友谊和职业关系、不区分工作和工作者——这么多的特征都是19世纪以来构成艺术条件的典型特点，特别是艺术家"真实性"的创造者[5]——并把这种操作法引进资本主义世界，就只会破坏评价人物、行动或事物的参照点。 422

今天的反常现象

在建立持久专业联系的问题和标志私人关系领域深刻变化的现象之间，如果没有树立一种直接因果关系的话，我们就不得不怀疑改变工作生命周期和家庭感情生命周期的协调。进入工作生活较晚，以及以特定工作替代开启事业前途的结合方式，伴随着私人生活中短期承诺的发展。这不但表现在婚姻数量的减少和离婚的上升，而且表现在界定为"同居"的"无法定文件"关系日益增大的脆弱性。[6]

自杀统计的变化趋势似乎更有关系。众所周知，由于这些统计建立于19世纪，它们表现为与婚姻思维有很强的相关性（已婚者比离异或寡居的单身较少可能自杀），以年龄计，年龄越大，自杀倾向增加。后一相关性直到最近在时间和空间上的稳定性，[7]可以被解释为有关人们的未来。从这个角度来看，那是因为失去了可能前景、对希望灰心丧气，以及随着人们年纪越大而社会联系断裂，这些都有关于自杀倾向的激化。

现在，在这方面，在70年代和80年代之交，趋势上有个长远改变，标志为男性自杀率普遍增加（从每10万人22.9人上升到33.1人），然后到1990年逐渐下降（每10万人29.6人），此后又有新的上升（1994 年为 31.6；1995 年为 30.5）。[8] 而且，在记录的同一年在年龄分布上有了变化：随年龄增长改变为双峰分布，第一个高峰为 35 岁至 44 岁年龄段，随后的年龄段下降，而到 75 岁以后自杀倾向又上升。[9] 自杀率及其年龄分布的演变极大地相关于其他典型的反常现象（相关性高于 0.8）：第一次结婚年龄、首婚率、青年失业率上升、犯罪率等。[10] 克洛代尔认为，这些变化较少说明价值观变化，更多说明生命周期的重构，“不同生命阶段社会地位的重新分布”，以及人们不同年龄的时间关系的相应改变：年轻人和处于生命高峰时的人们更难以“规划自己的未来”，因为不确定性（按照 F.奈特的意思，与可预测的风险相比）影响到他们与世界及他人的关系。工作关系尤其是这样，因为“失业和工作无保障”影响到“家
423 庭连系的松弛和个人的心理或生理孤立”。因此，我们不能不惊愕地看到在 25 岁至 49 岁的成年人中竟有同样的失业与自杀阴影。[11] 这些不确定性导致“‘失去’未来，甚至失去意义，这是哈尔布瓦克斯和涂尔干的用语”[12]。

所以，在阿兰·埃伦伯格以后，一批在路易·迪恩名下的研究者团体把声称患有“抑郁症”的人数的增加和精神病药物消费的增长的原因，解释为孤独感是构成其因素之一，失业者的孤独感三倍于有工作者。[13]

反常现象指向解放的一个矛盾影响，因为处于焦虑境况的人数增加与夺取自主权是一致的，甚至看来人人并未实现充实的承诺。我们觉得，同样的数字表明对日常存在意义的一种困惑，也可以指对在联系性世界中如何阐述真实性的问题感到不安，特别是如何评估人与物的固有价值问题。

所以，我们将设法识别当前意义上艺术批判（被结合进资本主义精神并服务于盈利）的要求被结合进复原周期的程度——这种复原一方面为新形式的压迫铺平道路，另一方面是真实性要求力图缓和的焦虑的重新扩散。因此，在过去三十年间对解放与真实性

要求的基础上，我们将研讨它们在联系性世界中遭遇的命运。

哪一种解放？

自从资本主义精神形成时候起，解放的话语一直是它主要的组成内容之一。[14]原先，资本主义所提供的解放形式，其意义主要来自被界定为压迫性的“传统社会”与唯一能使个人获得自我充实的“现代社会”之间的对比——这一对比本身就是构成现代性的一种意识形态建构。但是，资本主义精神在后来的系统阐述中所提出的一种解放前景，也能结合谴责资本主义压迫的批判，即在实践中不能实现在资本主义政权下解放的诺言。那就是说，在第二种表述中，以及在它当代的形式上，资本主义精神在这方面遵循两条不同路线。第一条总是把“传统主义”作为目标，因为认为它会严重危害西方社会，而这正是第三世界的现实社会。第二条至少含蓄地呼应 424
对资本主义压迫本身的批判，包含着把自身作为对资本主义早期现象的解放者。在20世纪后半叶，资本主义精神既把自己作为参与资本主义实现自我充实的方式，又把自己作为从资本主义本身解放出来、摆脱资本主义早期压迫现象的途径。

因此，正如我们已经看到的有关公正的情况，资本主义精神的力量似乎在于“复原周期”。[15]当我们涉及解放的时候也可以看到它们，一般会感到参与资本主义过程“令人激动”。资本主义吸引自认为迄今受到压迫的行动者，向他们提供某种解放形式而掩盖了新型压迫。然后会说，资本主义通过实施新控制方式来“复原”它发展的自主性。可是，这些新形式的压迫逐渐被揭露而成为批判的目标，甚至资本主义被引导转变其活动方式，提出批判影响下重新界定的解放。但是，反过来，这样得来的“解放”包容了新的压迫机制，允许管控在资本主义架构内恢复积累进程。因此，复原周期导向一连串被资本主义解放的时期和从资本主义解放的时期。下面我们将更加详细地分析在我们称之为第一种资本主义精神构建以来的这股力量。

第一种资本主义精神提供的解放

与19世纪后半叶被界定为“传统”的社会相比，资本主义本身的表现是解放的——就是说，表现为鼓励完成被启蒙运动视为基本道德要求的自主与自我实现的诺言。它主要在两个方面这样做，两者都来自以市场为首要：人们选择社会条件的可能性（职业、生活地点与生活方式、关系，等等），以及拥有或消费的货品与服务。[16]

人们选择社会隶属方式正式可能性的扩大，实质上重新界定有关居住地点与职业——相对于一生下来就被固定在一个村子和一个生活场所——确实是原始资本主义吸引力之一。鉴于家庭在传统社会里的重要性，这种解放形式首先采取解脱家族联系负担的形式。[17]这被总结为“地位”与“合同”之间的对立。相比于有些社会指定人们一生中实际上不可能改变的地位——无论如何，不改
425 变村庄的话，那是困难的，因为他们的价值和他们的身分都有赖于当地的根基[18]——资本主义据说提供了自愿根除这种状况的可能性，那是得到赋予合同法律手段重要性的保护。因为合同不像地位，可以建立一个固定时间，并不包罗人的一生，而是规定人们的特定方面受到与他人关系中的承诺所约制。因此，根据工人的劳动力与工人人身之间的正式区别，工作合同界定一种依附形式，它不同于传统的依附，不是总体的依附。结果，劳工市场本身成为一种导致实现自主理想的机制。

至于分配货品与服务，在传统社会里的特点是送礼和回礼的漫长和复杂的循环。其结果是，在没有公认自主经济领域的情况下——巴托洛梅·克拉维洛认为[19]，在18世纪欧洲，这种情况还远非普遍，只是在北方商业城镇里很缓慢地逐步建立——交换并不预示货品及货品拥有者之间的明确区分。[20]无需卷入马塞尔·莫斯

在《礼品论》中所提出的辩论，我们只想简单地说这种交换形式是基于一种义务制度，其中最强制性的无疑是“给你的就得接受”的义务。这主要决定于法定联系，由此产生其他义务，特别是回礼，而尊敬规范是很复杂的、不成文的、能引起微妙的时间量度（不要立即回礼，不要回礼太晚）和对等（回礼有所不同，但要有关送来的礼，并同样受欣赏）。现在，与这些制约相比，市场提供了一个解放的机会，因为它以一个价格调节机制取代了义务制度，人们在市场上没有义务出售（以任何价格）或买进（如果价格不合适）：各个人都分别买进，但对同样的货品都有同样的渴望，由当时当地价格所代表的中心点来协调，价格据信包含他们所希望的货品质量，以及竞争货品的占有。如果这种最低描绘情况有任何问题或引起争议的话，应该说市场理想低估了人们的实际质量，他们不论隶属什么，都同样有权进入市场，并在那里根据他们的财力和能力，在任何时刻抓住市场提供的机会，随心所欲地进行买卖。

对资本主义作为一种解放因素的批判

资本主义所包含的解放承诺，在19世纪上半叶受到强烈的挑战。使用的论点思路是不同的，部分是矛盾的，虽然它们融合在单 426
一批判之中。[21]第一种论点攻击资本主义的纪律影响，怀疑它能否成为解放之源；而第二种论点挑战它在无约束的要求自主和自我充实的基础上建构可行的社会秩序的可能性。

第一套批判努力说明，新形式的压迫恰恰来自资本主义把解放要求扭转到自身利益方面，从而强加它的纪律。在资本主义统治下，解放的诺言据说以马克思主义意识形态的意义来运行，使人们从属于它的秩序。

首先，从地位中解放出来——据说这是参与了资本主义进程就可达到的——而转释为根除。[22]使人们脱离他们具体的存在领域和规范及其相关的保护，而把他们交付给工厂纪律和劳工市场权力，于是也就无法抵抗了。根除所带来的分离远不是构成一种解放因素，却导致了出卖劳动力的普遍竞争，降低了劳动力价格，乃至工人注定在工作长度、工厂纪律奴役和微薄工资的条件下无法实现正常的人类生存，而这却是自决权和多样化活动所界定的。承诺的解放事实上被一种新形式的奴役所取代。所以，工人运动的最初要求包括减少工时，工资照旧；以及把工作日和工作周的组织除工资劳动以外还有其他活动，如家庭生活、教育儿童、阅读、参与工人阶级文化教育，等等。[23]

资本主义因商品市场而提出解放的幻想性质，也可以受到谴责。特别是在马克思的著作中，我们可以找到一种批判论点，直至今日仍然是60年代以来对所谓"消费社会"谴责的基础之一，销售与广告的发展给这种社会新的活力。论点如下：消费者看似自由，事实上完全在生产的掌握之中。他们认为是自己愿望、来自他们自主意志而有独特个性的东西，却是货品供应商在他们不知不觉情况下奴役他们想象力的操纵之物。他们的愿望是受引导的愿望。供应掌控并决定需求，或者如马克思所说的，"因此生产不但为主体产生客体，而且为客体产生主体"[24]。鉴于通过商品供应而产生利润，本质上它在资本主义架构内是无穷尽的，所以欲望必须不断加
427 以刺激，使之永不满足。

根据对资本主义所提出的解放加以批判的第二种批判思路，自主性的要求如不尊重另一种要求所提出的限度（就是构建一个集体），就无法导向真正的解放。因此，资本主义被谴责为，不仅在于强加一种比它容许人们摆脱的更为严厉的纪律，而且相反地，在它统治下不可能在个人愿望中灌输充分的纪律来防止社会解体。

这种论点无疑在涂尔干基于悲观人类学对经济自由主义的批判中得到完美的表达。根据涂尔干式的人类学，人类是受无节制的欲望所推动的[25]，它不像动物的胃口，不是受本能所自然限制的："在人的内心，没有什么来约束他的胃口。"如果他们不要变得"永

不满足”，就得“受外在于个人的某些力量来加以约束”[26]。涂尔干认为，这种力量就是集体表述，更确切地说，就是道德表述，它来自社会，来自社会存在，来自实践理性的超越个人事例的集团。唯有集体，道德所产生之处，才具有抑制个人胃口的必要权威，个人胃口无节制的表现将使社会沦为解体和冲突的状况，接近于霍布斯的自然状况，使人人作出必要的“牺牲”，因为“私人功利”将从属于“集体功利”。[27]

第二种资本主义精神的兴起伴随着这两种谴责的某种同化，它一方面挑战与第一种资本主义精神关联的资本主义压迫性（或者如彼得·瓦格纳阐述的纪律性）；另一方面挑战它无法形成能对个人胃口与自我主义进行规范性抑制的集体。

从第二种资本主义精神到当前形态

为了从瓦格纳所谓的“第一次现代性危机”[29]中（19世纪末和20世纪的前三分之一）崛起，一方面强调稳定和协调行动的机制，加强体制界限以及计划和科层化；另一方面，强调改善工薪收入者的生活条件，提高他们的购买力（通过再分配生产率的提高），以及建立保障机制，福利国家因此得以逐渐建起。[30]

提高了对工人的保障以后，与第二种资本主义精神关联的体制，就可以被提出来为发展真正自由（不是形式上的自由）作贡献：它们似乎减少了受制于工作，有可能逃脱紧急状况和即时需要的 428
压力。在自由派架构内，当保障来自国家行动时，经常被责为限制个人自主性。保障也可以作为真正解放的前提，也就是说，可以使人们充分生活在工作以外的领域中。而且，这些新保障主要依靠类别机制，它们可以作为限制破坏性自我主义的新集体规范兴起的中心。

但是，对批判的安抚是短期的，只延长到发现与第二种资本主义精神相关的新剥削形式。从60年代末开始，对资本主义不兑现其解放诺言的谴责强有力地再次兴起。不但反对等级制的制约,因为它规定优惠关系和确立这种关系的渠道(组织表),不利于人们通过系统性探索网络来自由构建任何潜在的丰富连结;而且,有关实施任务的一切限制都被拒绝,因为项目的每个变化都为人们之间重新分配任务提供机会。60年代与70年代的治理危机,表现在将这些要求结合进资本主义,以及建立新的所谓"网络"资本主义,这蕴酿着第三种资本主义精神的兴起。

到达历史上要求解放的这一点,以及资本主义把它复原的情况下,能不能说明它的诺言再一次不被遵守,从而出现了新形式的压迫呢?

强加的自我充实和新形式的压迫

在这里无疑会赞同一种反动的批判,它忘记了对家长制、组织官僚化,特别是泰勒制谴责的强度和有效性,却把有关"福特制"管理方法(管理学派所推广的用词)的管控形式理想化。另一方面,我们不能忽视当前资本主义形态的那些特征,它往往要限制和某种程度上复原自主性,它不但被作为一种可能性或权利,而且是被人们所要求的,他们的地位根据其自我充实的能力不断得到评估而提升到评估标准的地位。

与新资本主义精神关联的所有机制——外包、公司内自主利润中心的扩散、质量小组或新形式的工作组织——在某种意义上已明确地满足了自主性和责任性的要求,它们在70年代初的一次反对派登记中已经提出。摆脱了等级制束缚的干部起来负责"自主
429 利润中心"或者监看"项目"完成,解脱了最分裂形式的装配线工作的工人,的确看到他们这一级的责任加强了,与此同时,他们的自主行动能力和表现的创造性得到承认。但是,这种承认没有完成一切期望,其中有若干原因。

首先,虽然有工资和支付的局部个人化,酬劳却较少包括正面

内容——诸如提升——而是如暂缓实行裁员的负面制裁。我们看到，组织的新方式事实上使得“事业”的希望多少变得陈旧，在60年代和70年代，长久以来保留给高级工薪收入者的这种希望，扩展到了中、低级管理人员和监督人员，甚至是蓝领熟练工人。因此可以注意到，自主性和责任的增加是以降低该时期初级工薪收入者享有的保护为代价的，这不但由于经济状况，而且由于暂时有利于他们的力量对比。正如我们在第三章曾经指出的，自主性是与保障相交换的，甚至往往是一种强制的、非自愿的自主性，难以等同于自由：“新近转化为企业家的工薪收入者”继续依靠他们的主要雇主，从属性只是在表面上被“劳工法”过渡为“商业法”所掩盖而已。[31] 从70年代后半叶开始确立的压迫形式的惊人之处，正是由于用工新方法（临时工、定期合同）和失业所造成的工作保障性下降。而且，在联系性世界中，活动者设法进入的项目不言而喻必须结束，急切寻求新参与和新联系的时间附加到工作时间上，侵入了本可用于其他活动的时间。

其次，所进行的工作和所动员的人员质量，总是具有纯当地的特点，由于没有普遍化的机制（资格、证书、传媒），无法把声誉扩展到远超出工作地点。[32] 结果在某些方面，现在的潜在流动性较少，因为原来由资格体系衡估的全国等同性，现在主要依靠个人关系熟悉的网络。

最后，就那些并未零工化的工薪收入者来说，取得自主性是以承担更大责任为交换的，或者以总体上重新安排工作方法为背景的，工作状况调查揭示了一项矛盾：工薪收入者同时更加自主，又更加受制约。[33] 在第四章里，我们讨论了由于淡季消失而使工作强化，各种制约的发展（与机器自动化速度、规范、交货期收紧、顾客 430
要求等等相联系）对工人的影响，或者是新信息技术提供的监督手段的发展。正如米歇尔·戈拉克说明的[34]，原则上说，工薪收入者可以选择操作方法，但是“由于工作强化，他们事实上被迫使用最快的工作法。可这不一定是最适合他们的方法”。他举例说:“一名工人必须操作重物。如果他有时间,他会选择一项理解适应形态学、适应可能的肌肉或风湿病的方法……匆忙之下,他只能‘选择’干活最快的方法,但那是不一样的。”

这种发展由于可发工作指示的人数的激增而得到加强,同事和公司外人数百分比在增加(在1987年至1993年间,分别从39%上升到41%,以及从19%上升到22%)。[35]制约的增加与工薪收入者积极性的发展相一致。因此,工薪收入者自行处理工作事故(“发生不正常情况”)的百分比从1987年的43%上升到1993年的54%。这一数字在各社会类别中都上升了。托马斯·库特罗也表明,采取至少三项“组织革新”的公司(因此它们属于新资本主义精神的前列)比革新较少的公司具有更大自主性(发生小事故时无需向上级报告)和多面性(试行轮替工作),但也受到更多的制约(精确描述要进行的任务,系统管控个人操作)。[36]同样地,工薪收入者说他们常常更多地受制于紧迫的交货期,较少回旋余地。在工作中设置“自主区”的确让工人经历一种“工作的神圣感”,那在“泰勒制装配线上闻所未闻”[37]。但是,伴随着它的是无数新的制约,那是有关减少库存、多面手、建立维修责任,它们增加了精神负担。此外,这些新的自主区是受程序制约密切框束的。在其中进行的活动事实上越来越受到电脑系统的监控,不但规定系统所承认的相关类别,而且给它们一种“规定力”,这通过“行动基本原理”[38]来导向结构性任务。而且,无疑是电脑的控制革命帮助雇主们转到了自主性的主题。

鉴于增强的自主性伴随着自我管控和团队工作的增加,加上相应的同业监管的加强,所以很可能工人比从前受到更大的控制。
431 这是詹姆斯·巴克尔进行的一项在电路板生产上实行自主团队的工厂研究中指出的。作者的一名信息员把情况总结如下:“当老板不在时,我可以坐着……和我的邻座谈话,或者干我想干的事。现在全队都在我旁边,全队都在看着我做些什么。”[39] 米歇尔·皮亚卢采访的标致汽车公司的工会代表也强调同样的情况。原先由老板承担的无数任务转移到了团队,结果他要对他的队员进行经常管控,特别如准时上班,不缺勤,要一些工人别请病假而影响了他们的健康。当集体奖金有危险时,会确立一种内部监督来制止那些行为有害于每个人奖金的人们。工人集体的凝聚力不可避免地受到影响:“集体凝聚力原来是对立于部门头头,对立于监工;现在的凝聚力则是工人对立于其他工人。”[40]

根据这些情况,至少可以说,胁迫并没有从工作世界消失。相反,它却十分显著,即使今天是以新形式来表现。新形式的管理关联于新形式的管控。涉及较少的直接监督,由被授予权力的人们对其他无权的人们面对面地行使,它们较少看得见,但并未因之消失:自我管控,通过市场管控,实时、远距离电脑化管控——这些结合起来对工薪收入者行使类似经常的压力。

管控方法的这些转型,因此可以被视为对治理危机的一种回应,我们看到,这在 70 年代初是劳工争议的一个主要方面。[41] 关于这些新形式的制约,迈克尔·鲍尔谈到了一种审计社会,它有别于福柯意义上的“纪律社会”,把管控技术从“直接监督”转为“管控的管控”。[42] 这种活动从时间和空间距离来操作,承认不可能像有关泰勒制组织那样的全盘监督工程。

对于资本主义构想的解放进行涂尔干式的批判可以再次兴起,只要网络把自身否定为人们永久归属的类别,因之它们能构建集体规范来限制人们的个人感情。这一主题今天特别由查尔斯·泰勒所阐明。[43] 自我充实只有在实现一些事情后才具有意义。可是,不论他要做的事如何多样,他总是依靠存在着值得完成的目标。泰勒认为,这些目的不能纯属个人;为了合理合法和值得他们作出牺牲,他们必须是集体的。一项活动的自我充实预示着目标充满着自 432
我以外的价值。最终,间断项目的自我充实事件使得社群建设大成问题，而不同行动是可以和谐协作的。

解放的概念事实上可以解释为至少两种意思，那是批评资本主义具有解放性质的两种论点不能同样加以调动的。因此可以表明，资本主义架构中产生的复原循环，对这两个不同意义之间的混乱产生影响，以致资本主义似乎可以作出让步而走向更大的解放——这个词的第一种意思——而第二种意思则是重新取得某种控制能力而限制走向解放。

被资本主义复原的两种“解放”意义

如果资本主义在一开始的自我描述中的确结合进一种解放的要求，那么它把这种要求扭转到支持和激励积累过程发展的转型，则在于对“解放”一词意义的两种解释之间的混乱。解放可以理解为：人们从遭受的压迫状况中解脱，或者从可能限制个人自我定义与自我充实的任何决定形式中解放。

第一种解释强调历史处境的依附形式，在那里，一个集体在统治它的一个集团束缚下受苦。以这一意思解释，解放是不可分割地重新取得自决权的一项政治行动，是逃脱文化或宗教压迫（而且在若干情况下是某种剥削）的一种方法。它指向特殊的异化，就是说，这些是特殊的，一个集团或一个类别不公正地遭受压迫，而其他集团没有遭受且它们不是行使压迫者。迈克尔·沃尔泽认为，这种解释源自圣经的《出埃及记》，伴随着四个世纪的激烈政治运动，从17世纪的英国清教徒，到拉丁美洲集结于“解放神学”周围的人。[44]

第二种解释从19世纪中叶以来在我们称之为“艺术批判”中特别明显，它使解放活动转向摆脱一切形式的必需，不论来自定居于常规稳定的社会环境（例如一国的国民），还是继承于隶属一个客观世界（亲子关系，为某一特定技能而从事的工作），或者拥有某一特定团体（不可能同时在各处，由年龄或性别决定）。所以它指向普通的异化。在这里，对自主性和自我充实的要求采取巴黎艺术家在19世纪后半叶对它所提出的形式，他们使生活方式和价值不确定[45]，以便能拥有几种生活，以及与此相关的多种身分[46]，这也预示着可以使自己摆脱任何天赋并反对任何原始恩泽[47]，不论其性质如何。这样来看的话，解放主要被视为释放受压迫者而成为另一个人：不是一个生活计划受别人构想的人（父母、老师等）；当自己希望时，就成为自己希望的人。这就开放了多种身分认同的可能性，在这过程中人们最终逃脱对一个国家、宗教、民族，特别是——至少从19世纪中叶到20世纪中叶——家庭（始终被认为是“资产阶级的”或“小资产阶级的”）的身分隶属。拒绝社会继承作为进入艺术生活的一个条件[48]，特别是，拒绝成为地方资产阶级及名人和贸易等琐细世界的成员，把采取多种身分作为自由选择，甚至一种游戏，是19世纪末20世纪初文学中常见的内容。他们表现为多种人物：背井离乡，离家出走，行旅漫游，在无名大城镇流浪，易姓改名，叛国通敌，侵占篡夺，上戏剧舞台——那是最精彩典型的多种身分、神秘活动、阴谋诡计、欺骗诡诈、废物残渣等各种表演的场所，可以过各种生活。 433

可以证明难以区分这两种异化。因此，在异化结合性的情况下，有些异化可能被视为特殊的，如果性别（英美社会学这样看）作为被异性压迫的借口的话；其他异化将被视为普通的异化，如果涉及反对生理结构差异（男性体力、生育潜力等）。阶级成员的情况就更加复杂：按照马克思主义理论，一个阶级被另一个阶级剥削应受谴责，视为特殊的异化；但是，当反对的是联系某种职业或生于特定社会环境而受到的制约，那就是指普通的异化，意思是说人们一定生于某处，必须在成年后有个职业。事实上，不结合这两种的解放要求是罕见的，因为这两种异化形式一定是相连的。因此，旨在把妇女从男子束缚下解放出来的女权运动，也谴责与妇女生理结构有关的某些制约。怀孕与体力较弱是社会压迫的生理基础，因此，通过避孕药和人工流产以消除特殊的异化，使自己从普通的异

化中解放出来，意义即在于此。在联系社会类别成员有关的异化中，当阶级再生产突出时，普通的异化与特殊的异化是无分别地混
434 和的。因此，生于某一环境，会使人们在一生中受到压迫，并很大程度上决定了他们会从事的工作，而且即使他们希望，也无法改变这一事实。这些观察说明，把一个异化的特点称为普通的，会使旨在消灭压迫的社会批判很快感到怀疑：面临消灭特殊异化的解放要求（例如一个性别受另一个性别压迫），统治受到挑战的人们的第一反应是，把解放的要求复述为普通的解放，而且作这样的嘲弄（“那么妇女现在要当男性了？”）。

对比来看，谴责资本主义的惩罚性质，是根据消灭特殊异化的解放概念（某些人群在资本主义政权下特别受压迫）。但是，它很容易扩大到要求消灭具有普通性质的异化形式，比如要求因技术进步而消灭工作，技术进步据信可提供人人富足的前景。（根据这一图景，在当前技术水平上，人类可以最大限度地减少多少世纪以来为生存所需而对寻求食物和基本货品的依赖。但是，由于这预示着一小撮精英垄断利润，资本主义制度宣告大多数人必须为生存而工作。）

相反，涂尔干认为，真正自由的概念只是当它具有集体规范的时候，这样，他就能谴责资本主义所主张的“虚假自由”，符合于消灭特殊的压迫。但是，这表现为对解放概念第二种解释的强烈批判。

我们的综合看法是，资本主义在其发展的任何时刻，并没有以同样程度提出两种类型的解放，而且它的倾向是提出一种时收回另一种。可是，鉴于这两种解放形式在我们看来是紧密相互依存的，收回的和提出的具有相互作用的倾向，从而导致两种异化形式的一个新的相对状态。

资本主义被界定为相反于传统社会，似乎带来了两方面的解放。它使人们有可能摆脱家族制约的束缚（特殊的异化），而且尝试从理解为普通异化的空间制约中解放。但是，随着无产阶级从属于

它遭受其统治的资产阶级的出现，一种新形式的特殊异化很快被识别了。但无产者有漂泊的自由，可以随意一天干活，下一天走人，挨饿却有闲暇。无产者的“普通”解放（流浪）受制于“特殊”压迫（工资永远不足以不干活，只能从一处挪到另一处）。435

第二种资本主义精神所提供的，主要是从无产者特殊异化（它的剥削）中的特定解放。但是，这以偿付早先让出的普通解放为代价：工人阶级人口定居与工厂纪律的发展换来工作保障与工作收入改善。除了它所带来的保障以外，科层化公司架构内的措施组织，打开了另一个要求普通解放的空间，容许多重身分。一方面，可以明确区分工余生活（家庭生活、私人生活）与工时生活，区分人物与所任职位；另一方面，特别对干部来说，它提供事业的可能性——就是说，在一生的过程中改变职责。在此背景下，职责本身被界定为不要不适当地侵犯人们独特的性格。这已经编入已有的特性系列，像教育资格那样列为社会编码，处于国家保证之中。

在 60 年代末和 70 年代初的批判中，两类要求都盛行，而且常常合为一体。要求集中于既要把工人阶级从他们仍然遭受的特殊异化中解放出来，还要把人们从普通形态的压迫类型中解放出来（例如性别上的制约）。第二种资本主义精神提供的多重身分被认为仍然太有限制性，可能的角色范围对妇女特别有局限，她们取得有关工作的身分受妨碍。但年轻干部的表述风格是 60 年代的原型，他们主张心理分析和解放愿望的呼声，要求突破与第二种资本主义精神相关的常规和措施的狭窄框架。主要是，这第二种解放要求必须由资本主义复原，并支持导向追求积累过程的转型，使之更为合意：现在，据说有可能时常改变职业，一切联系和亲子关系可以切断，因为它们是不灵活之源。最后，人们希望是什么，就有权成为什么，这似乎已经得到承认。

但是，这些解放的收获是以第一类要求为代价的：许多人远没有发现自己得到解放，相反发现自己被零工化了，受制于新形式的系统性依附，不得不在更加孤独状况下面对不明确的、无限度的、痛苦的自我充实和自主性。[49]而且，在大多数情况下，脱离了生活的世界，没有任何东西来帮助他们充实自己。对许多人来说，这些新形式的特殊异化的发展就这样取消了似乎已经达成的“普通”解
436 放。例如，随着有关工作生活或职业生存的焦虑扩展到工作领域的时间与场所以外，项目多重化却矛盾地消灭了生活与身分最低限度的多元化（职业、家庭、社区等不同背景中地位与角色的多样性），那是在体制庇护基础上的组织形式能提供相对保障才是有可能的。如果一切联系（不论如何确立）都能利用来探索项目的施行或建设，不同的存在空间就能在一个网络内很好并真正地标准化，进行旨在保证人们经济生存的活动。

因此，在资本主义政权下消灭解放要求所揭示的异化，看来极为困难，一方面因为货品与服务的生产有某种纪律，另一方面因为它导致资本主义方式在某一特权点的资本积累。但总是可能判断制约和纪律是否过分，并谴责某一时间的利润分配涉及剥削形式且来自力量的对比。虽然资本主义从一开始就把解放要求结合进它的自我描绘，可是，如果它要生存，就得在某一点上停止下来。它可以用谈判方式这样做，比如与批判互动时，可以达成协议，用可以接受的方式分配工资和处理工作条件；或者像今天这样，在重新部署和避开批判所监督的检验后下达它的命令。

另一方面，有一种解放方式是资本主义无需抑制的，因为它允许它发展：这就是由消费提供的解放。人们渴望流动性，渴望增加活动，有更多机会做事，产生无穷的想法来构想新产品和服务以提供给市场。因此可以表明，几乎所有促进资本主义发展的发明都有关提供人们解放自己的新方法。除了人类和动物以外，这显然是能源发展的情况，它伴随着工作形式及家务劳动的自动化（洗衣机、食品加工机、成品餐饮等），货品与服务运输的进展（铁路、汽车、飞机），当然还有信息（邮政、电话、收音机、电视、电脑网络）。这个名

单上还应加上近年来促进消费的其他产品与服务，同样可以成为流动性的特征——不论是增加移置的速度和效率（“即取即用”旅游产品），还是得到移置的幻想（例如供应异国食品），或者无间断地进行活动以争取时间和效率，如利用随身听、流动电话及最新的 437
附带视野装置的眼镜。这些产品无疑特别令人兴奋，因为它们产生解脱空间与时间羁绊的幻想，制造他们自己的消费空档，为他们占用解开需要的时间通道，使得有支付能力但饱和的社会集团，在扩大消费时减少因时间短缺而受到的局限。今天，文化产业的迅速发展，使得“文化消费私人化”也可以被视为通过商品获得解放的形式。它的原型是人们何时何地只要愿意就可以听录音的形式，只要靠便携式放送设备即可，因此现在立即就能听到所希望听的音乐，而且可选择听多长时间，而不用去音乐会。

这种对解放要求根据时代以不同形式结合进资本主义精神的速览，已经显示了某些机制，说明当资本主义提出某种解放时，也同样部署新形式的压迫。因此，这为艺术批判从争取自主性要求的观点再度兴起打开了通道，我们将在本章结论中再来谈这一点。特别是，这些必定会认真对待资本主义使欲望商品化的天命——尤其是解放的欲望——从而复原它，监督它。另一方面，艺术批判的重新阐述应当考虑解放要求的不同方面的相互依存，以便更好地准备好挫败至今布下的复原陷阱。

现在我们将研讨艺术批判的第二个方面，它谴责资本主义政权下世界的不真实性。[50]

哪一种真实性？

为了了解今天对真实性批判所面临的问题，以及它可以重新阐述的方式，我们必须回顾并追忆当第二种资本主义精神处于主导地位时，它的方向如何，就是说，朝着对标准化和大规模化的批判。

不同于处理解放问题的方式，我们不去阐述对于关联第一种资本主义精神的不真实性的批判，它主要采取的形式是批判资产阶级思想及其惯例，关注良好仪态和“做成了什么”，特别不去管情绪的“真相”和关系的“真诚”。结果，不像我们所观察的解放要求的情况，历史资本主义从不声称回应对不真实性的批判，它只在有关形成我们所谓的“第三种资本主义精神”时才真正加以考虑。因此，
438 这方面的有关变化只发生在60年代末。

对关联第二种资本主义精神的不真实性的批判：对规模化的批判

关于这一批判，丧失真实性主要指的是“标准化”，或者（如果你愿意，也可以说）“丧失实体间的差异”，不论那是物还是人。

它首先来自对机械化及其必然结果——大规模生产——的谴责。缺乏差异指的是激增的物品充塞了生活的世界：棉织品、家具、小摆饰、汽车、家用电器等。技术物品或技术产品，它们每一个都是不同的实体，供个人所有。但另一方面，每一个都和同一系列的所有其他实体极其相像。它们之间不但没有差异，而且为了运行，它们每一个都必须完全以同样方式使用。

因此，没有对人的大规模化进行相关的谴责，就没有对大规模生产的谴责。物品与运作的标准化有效地带来使用及使用者的同样标准化，他们的做法由此而大规模化，而他们自己不一定要这样做或者觉察到这样做。随着两次战争之间时期的末了，特别是在第二次世界大战以后销售与广告的发展，人作为使用者通过消费的这种大规模化，扩展到看来是人内心深处最特定、最私密的方面：欲望本身，接下来，欲望的大规模化就受到谴责。我对某个特定物品的欲望与别人对同一系列类似物品的欲望之间，已不再有任何差距。连性欲也一样，其间没有差异了。

同样在生产上，尤其是在组织泰勒制类型工作的形式上，人们之间的差异消失了：装配线工人失去了一切特点，因为同一工作岗

位的工人是完全可以互换的。如果一个工人做错,他可以立即被取代,就像在现代战争中——大规模战争——一个步兵倒下去,立即被别人替代其所在的位置。[51]

被启蒙运动自由主义视为自主性中心的那些领域,情况也是这样,那就是:政治行动及其对它们自身和世界、人们所接受的它们的思想、它们的意识形态的描述。从 19 世纪后三分之一时期一直到 20 世纪 60 年代,当人群聚集到一起时,从不同观点提出的最常见的主题之一,无疑就是有关人们标准化和丧失一切特点、一切差异的理论。从 20 世纪 30 年代到 60 年代,这一理论达到顶点,认为我们正在见证一个思想大规模化时代的来临。开始时是关于对民主政权的批判[52],谴责它把权力让给群氓,从而鼓励了蛊惑言辞 439
的兴起,这一点被批判极权主义、特别是批判纳粹主义所采用,以说明为何德国人把自己放进"元首的"权力,好像他们放弃了任何批评精神、甚至任何个性似的。这一理论在 20 世纪 50 年代和 60 年代再度兴起,其形式是批判受传媒影响的大规模化,谴责使大规模文化产品的顾客条件化和标准化,把他们转化为一项标准信息的被动接受者,因而先期安排无批判地采取自上而下强加给他们的意识形态。[53]

与这一政治主题一起,我们发现一个哲学命题与理论的原则,它由很不同的作者(他们可能在其他方面是不相同或对立的)以很不同的形式表达。它对比了人类生活状况不相同价值的两种方式。第一种是面对"悲惨的"但可宣称为"真实的"的生活。第二种受制于意欲逃离而避居在可称之为"不真实的"一套惯常生活。那么,一方面,有些人接受"真实性"与"偶然性",勇敢地面对"自己要承受"的"焦虑",奋身投入一个"既有的"世界;他的生存意义在于努力走向必须做到的(海德格尔称为"关怀的",萨特称为"方案")而最终得到他本体的"自由"并面对他的"责任"。另一方面,还有一些人则沉缅于日常的"陈词滥调"来逃避焦虑,靠"喋喋不休"来庇护,言辞日益贬值，让自己完全受别人所左右。（这就是“意见”的专制，一味遵从“他们”的主宰，海德格尔所谓的“他们做”、“他们说”、“他们觉得”；萨特说这是“无信心”，对自己不真实，或者所谓认真精神，通过它，一种外在制约——不论是屈从于客观世界的决定，还是服从于超前规划的道德价值——替代了负责任主体的自由。）

在战后仍然活跃的法兰克福学派成员如西奥多·阿多诺、马克斯·霍克海默和赫伯特·马尔库塞的后期著作中，我们发现，对不真实性的批判是人的大规模化和标准化。它和60年代萨特综合的共同之处在于，把这一主题扩展到马克思主义影响的架构和特色，这就有助于鼓励1968年5月运动来采用它。

这些作者肯定要使自己同海德格尔对“真实性”的使用拉开距离，阿多诺为此专门写了一篇激烈的短文——《真实性的八股》，1964年以德文发表。[54]但是，人们读一下这篇抨击文章，就不禁会觉得，它首要是由于不认为对现代条件和掌握技术的两种一致的类似谴责方式有任何相同之处。例如，早在1947年出第一版的《启蒙运动的辩证法》。阿多诺和霍克海默以马克思声调的语言，但完
440 全合乎海德格尔不真实性主题的方式，谴责一个社会以划一的看法和遵从的统治把消灭任何差异定为自己的目标。他们旨在把影响一切存在方面的大规模化和标准化的激进批判进行到底。[55]这种标准化扩展到语言方面，把字词甚至专有名词，都转变为“变化无常的、可以操纵的名称，其效果到现在才可以预测”，意图激起条件反射，如同“商标广告”[56]的情况。因此，极权主义与法西斯主义都被作为揭示其真相的“先进资本主义”极端。所以，广告等同于宣传，为全能“托拉斯”服务的极权主义广告业主等同于为极权主义国家服务的宣传老手：在这些事例中，融入群众的个人就什么也不是，只不过是一个“幻象”罢了。[57]

在1968年5月前后的年代中，对不真实性的这种谴责形式得到空前的扩散和社会成功。对“消费社会”的批判推到了通衢大街，

它谴责这个世界把自身交付给系列商品、大规模生产、标准化意见；或者马尔库塞所谓的“杂货店文化”，在那里，“柏拉图与黑格尔、雪莱与波德莱尔、马克思与弗洛伊德”和侦探小说或浪漫小说都放在同样的书架上，从而降到了仅仅消遣的功能。[58]《单向度的人》在法国意想不到的极大成功（该书在5月事件前一些月中开始出版时印数很少，但后来重印多次以满足需求），标志了对不真实性批判的高点，接着就迅速下跌。事实上，我们在马尔库塞著作中发现：具有自由意识的、了解自身愿望的人与“先进工业文明”的、被大规模生产和“舒适安逸”所“白痴化”和“标准化”的人之间的对立，使其无法加入到世界的当前经验，而完全受制于被别人所操纵的需求。

差异的商品化，作为资本主义的回应

对于标志60年代末和70年代初的有关差异性和非大规模化的要求，资本主义的回应是把它内化。

这种复原所采取的形式是商品化，就是说，把原来以不同事物状态留在商品领域之外的货品与活动转变为“产品”，赋予它价格，从而可在市场上交换。[59]通过商品化这一最简单的进程，资本主义可以承认批判的效力，并使它归于自己，把它结合进资本主义自身的特殊机制：企业家听了批判所表达的要求以后，力求生产一些能 441
满足这些要求的产品与服务，并可以将其出售。我们已经在满足解放要求方面看到这一进程在起作用，发明了据说具有“解放”性质的产品与服务。这也在更大范围运作，以满足对真实性的要求：因此，消费者所得到供应的产品是“真实的”和“有差异的”，可以消除大规模化的印象。

相应地，对大规模生产实行一些改变，以便能够提供使用周期更短、更加迅速变化的比较多样的货品（生产运转期短，提供给消费者的选择多，等等），这与福特制的标准化产品形成对比。企业家

把这种新的供应来源视为抗击市场饱和的一个机会，通过提供更健康的、具有更多“真实性”的“高质量”产品来加强消费者的欲望。[60]这种新的产出是由于人们对形体美观与保健的兴趣日增；是由于大规模消费产品不但枯燥乏味而且有害健康，它们——特别是食品——的人造性和工业性受到谴责（新兴的生态学对此提供了一些论点）。发达国家中对消费专门知识的增加，也对此有促进。在这方面，迄今处于商品领域之外的货品的商品化（它们之所以被视为真实，原因即在于此）与此并驾齐驱：资本主义要渗透进一些迄今比较处于大规模商品流通之外的领域（旅游、文化活动、个人服务、休闲等）。

人的某些品性的商品化程度增大，这种发展趋势是希望服务——特别是个人服务——工作关系“人性化”。个人服务的架构典型地涉及直接接触的密切性。伴随着实际的“服务”，其他方面也进入了交易，特别是与身体直接有关的（不但是提供检查，而且有关嗅觉，甚至触摸）。例如，引起同情或反感、吸引或排斥，这些都影响到顾客的满意度，因此也影响到盈利的可能性。交易中涉及的个人方面，虽然不直接形成所销售服务的部分定义，却是并非预设地自发存在的。或者，相反地，它们可以来自特殊的选择或训练[61]，甚至关系的实际性质问题（纯粹是“商业的”，或者也联系到“真正的”感情）总是悬而未决，始终得不到答复。在一个工作集体内，具备这些“人际品性”在今天也得到推荐——这些品性在过去并非界定为
442 可在工作合同架构中以此换取工资的。在联系性世界中的盈利方面，对中介人、人际关系、友谊或信任等作用所赋予的重要性——相互关联的还有私人生活与商业生活分野的淡化——就把一度定为“没有私利的”关系带进商品领域。

把真实货品和人际关系作为商品的形式来供应，是呼应真实性要求的唯一可能方法，符合积累的需要。但是很清楚，在这个新的意义上提到真实性，就不再指1968年5月后的年代中仍然弥漫

于对消费社会批判的拒绝货品、物质舒适或“物质主义”的苦行主义。

真实性商品化的失败和焦虑的再现

但是,资本主义对于何谓“真实”的渴望是注定要失望的,我们就要设法表明这一点。与旨在供大规模消费的大规模生产划一性货品相比,真实性货品与服务的商品化事实上具有一种矛盾性。

一方面,为了定名为“真实的”,这些货品必须来自商品领域以外,来自可称为“真实性来源”之处。真实性的商品化因此指的不是商品的来源,而是作为对使用者具有独特关系的一种纯使用价值。结果,就会承认(至少含蓄地)非商品“在价值上”优于商品,或者说,其特殊的使用价值优于其普通性的交换价值。真实性的商品化包括在资本主义支配下利用货品、价值与手段,它虽然承认是代表财富(或者如秀也川北所说的“财宝”[62]),却迄今被排除在资本与商品流通之外。事实上,在任何时刻,这些实体中只有有限部分——物质的或非物质的,真正的或虚拟的——可能是希求之物,因此是潜在的利润之源,真正处在资本支配之下。这或者是因为,它们中有些并未被发现是满足欲望的潜在之源,因此是利润之源;或者是因为它们难以取得,转型昂贵;或者还是因为它们被故意排除并由法律规定的道德禁律所保护。在这个意义上说,真实性的商品化可以恢复非资本转化为资本的过程,那是资本主义在新基地上的主要动力之一,并最终迎来70年代出现的大规模消费危机的威胁。 443

但另一方面,为了使来自非商品货物真实性储备的货物流通起来并产生利润,它们必须处在管控与流通的领域,成为交易对象,如果是人,就要成为“合同对象”、批准对象,等等。从非资本过渡到资本,事实上遵循可以称为生产活动的一系列活动,因为它们从各种资源中产生一件“产品”,即便它们涉及非物质货品,转型纯属象征性的,或者它们应用于人。[63]

真实性的商品化首先预示开发作为潜在利润之源的真实性之源，例如人类、风景、人们喜爱的咖啡馆、美味、韵律、存在与行动方式，等等，它们还没有导入商品流通领域。这一逻辑开始时很长时间发生在经济比较边缘的文化事业领域——出版业、唱片生产、交响乐团、画廊，等等——在那里，经济绩效基本上相关于企业家凭借个人关系的能力来察觉创造潜力并预见到公众的爱好和愿望。过去三十年间，它有很大的发展，这是由于文化与技术投资的重要性日益增加，以及服务业的发展，特别是旅游业、旅馆业与餐饮业、时装业与服装、室内装饰与设计。那是"经理"的事，他的技能接近于艺术家、组织者与商人的技能。这些人为了开发尚未识别的资源，他们要有才能来察觉一些事物，就不能依靠现有标准，必须表现管理著述所谓的"直觉"。增加命中目标的机会有赖于这种直觉如何"自发"或"自然"，就是说，这更多地并非植根于专业活动过程中发展起来的反射性，而是植根于他们自身的愿望，这预示他们和潜在的公众具有共同的品味、兴趣与活动，他们预测到或者察觉到公众的要求。

第二批活动包括分析有关货品来管控它的流通，并使之成为一种利润之源。事实上，除了古董或艺术品这类物品在市场上流通时不损失很大的独特性[64]以外，一般的实体——物或人——如果要结合进积累过程，就必须把它们转变为"许多复制品"，如同有关版画印刷或照相摄影的艺术语言。旨在商品化的产品或服务受制于选择要保留的不同特色（有别于可以扬弃的次要特色或再生产过于昂贵的），那就要"整理编纂"，同样必要的是评估真实产品商
444 品化的财务成本，以及旨在加强其名声的销售活动方法的成本。

整理编纂不同于作为大规模生产前提的标准化，它容许较大的灵活性。而标准化则一开始就设想把一件产品一模一样地再生产出来，市场能吸收多少就生产多少。整理编纂则使一个个要素成分可以在结合体中活动，并引进一些变化，使产品有相对的不同，

但仍属同一式样。在这个意义上，整理编纂容许有差异的商品化，这在标准化生产的情况中是不可能的。因此，它适合于真实性的商品化，因为它可以保留独特性的东西，这是原创的价值。以小咖啡馆为例，它装备任何旧物，不论多么直觉和任意，但是可行。它很有效果，总是客满。有人要扩大它，要买下它隔壁的房子，但不会走很远。要扩大它，必须在别处重建，在另一个区，另一个镇。它需要变换，但是因为不清楚是什么使得它成功，不清楚从它那里要什么。古怪的桌子？农家盘子？不正规的服务？常来的友好顾客？合理的价格？（但其他地方不同的顾客会愿意支付更多吗？）为了发现，必须分析该咖啡馆，看看是什么使它具有价值的真实性，选择它的某些特性——最重要的，或者最能转移的（例如，顾客是最难转移的东西）——而不必管其他次要的。这一过程就是编码的过程。

资本主义通过商品化的手段（我们刚提到它的很大矛盾性）来吸收对真实性的要求，其作用就是在人们关系中引进迷恋和失望快速循环的货品与人物（A.O.赫希曼把它用在别的方面）。[65] 对真实性的欲望主要集中于被视为原创的物品——就是说，可以被视为仍然留在商品领域之外，因此要得到它就要作出不减少货币开支的牺牲（时间、持续的体力、个人投资于建立一种信任关系，等等）。对商品领域以外的货品进行商品化，使这些货品拥有者更容易获得货币数额。可是，只是由于要保证这些货品的商品化，它们就必须再生产和复制，进行编码和计算利润率的过程，那么，一旦它们上了市，就必定至少会使曾经对它们怀抱的一些期望的人们感到失望。因真实性而受到欣赏的产品，其吸引力事实上并非完全由于它能充分而更廉价地发挥特殊功能。这很大程度上取决于其定界的开放性（因此必然是没有编码的），这个名单假定是无限 445
的——正如N.海因里希对艺术品的情况所提出的，这一特性使它可与人相比。对于真实性的产品，喜悦不仅在于它的用途，而且在于独特关系过程中揭示了隐蔽的意义和性质。可是，再生产复制所依靠的整理编纂往往会限制货品具有意义的多样性。因此,一旦由编码特意介绍的含义被认识以后,货品往往会失去它们的兴趣而令人感到失望,即使它们的用途继续正确发挥一定功能。

我们可以从大众旅行转入所谓“冒险”假日的转变中看到这种现象的典型说明,当它们依次成为旅游胜地时,就要求不断更新目的地,失去了使它们如此宝贵的真实性(没有了旅游者,就足以表明)。[66]被称为“天然的”或“真实的”商品显示了一种矛盾性,因为,当它们严格地作为商品来流通时(常常甚至在大规模销售流通中),它们为了取得声誉(适应它们的价格),就必须提到早先的市场关系:那时,买主在市场上和工匠(既是制造者,又是商人)面对面。这些物品特别令人怀疑,因为难以消除它们是否特别靠展示(包装)和销售(广告)来显著优于标准产品,或者同样靠不同制造方法而具有实质特性。[67]

因此,使差异商品化的可能性带来了一个怀疑的新时代。因为,如果区分一件工艺品和大规模产品、一个“规模化生产”工人和一名“自由”艺术家,是比较直截了当的事,那么我们怎么能知道有些特定事物、事件或感觉是存在自发性的表现呢,还是旨在把一件“真实”货品转变为商品的一项预谋过程的结果?同样地,我们怎么能知道一名特定作者是“真实的”造反者还是一件“编辑”产品呢?怎么能知道一个微笑、一个友谊姿态或者一件晚餐邀请是自发的、真诚的友谊呢,还是训练有素的结果——例如,一种培训课旨在使某些服务更有吸引力——或者更糟糕的是一种目的在于赢得信任或产生影响的策略,以便更有把握地获得纯商业目的呢?

如同公正或解放的例子,我们可以联系真实性提出一个复原周期。就后者而言,我们所观察的是,在初期,批判标准的、常规的和非人格化的货品与人际关系。资本主义机制被加以修改来回应这些批判,其办法是实施差异的商品化并供应新货品,其价值正在
446 于它们原先处在商品领域之外。我们可以说,资本主义恢复对真实

性的要求,在于其有利可图。

另一方面,这种形式的恢复不同于实行公正与解放的情况。在那两个例子中,恢复时的特点不是像此例中通过满足批判的要求,而是通过补偿以不同方式作出的让步。在真实性事例中,我们看到的是恢复资本主义的控制,意思是说,它使以前提出要满足的期望落空了。因此,商品化产生了对于人或物的真实性的新焦虑形式;你不再知道它们是“真实的”或者“不真实的”、自发的或者为商业目的而重新设计的。可是,对比我们观察公正或解放的复原情况,在这个例子中不能说积累进程从影响它的约束中解放出来了。当早先已经以自主性或控制检验作出的让步又以其他方式恢复时,积累进程重新发现控制它有关于“人力资源”的自由与能力。相反,如果它不能提供真正的“真实”货品——这是它必定做不到的,因为真实的特点指的是没有策划的、没有意愿的、没有商品化的——它也就超越了其发展的限度。

目标的怀疑:生态产品的例子

生态产品的情况提供了一个很好的例子,说明资本主义恢复对真实性要求的方式导向迷恋与失望的快速循环。这一例子指明:消费者对“天然”产品的欲望(它被认为较少污染或较少危害健康),当资本主义以销售和广告的形式来回应这种要求时,就感到失望了。

绿色消费,至少在70年代形成阶段,往往伴随着对资本主义和消费社会的批判,它可以被视为对艺术批判的当前庇护之一。它所根据的最一般与普遍的主题是,把天然作为真实性的价值所在。一方面,它是“原始”的场所,必须保留原样,但总是或多或少地遭受仿照模式逼真性“非天然”复制品的威胁。另一方面,它保存了美学差异(风景)和有机差异(生物多样性),它的扩散本身就是一件珍宝。从这个观点来看,工业产品因造成环境恶化而被反对。

80年代末绿色消费的发展（被销售专家们称为“购物车造
447 反”）威胁到若干家公司，被环保运动谴责为污染产品或危害健康产品的消费量大跌（诸如含磷酸的清洁剂、含氟氯化碳的烟雾剂，或者在美国，经化学处理过的苹果或者某种塑料薄膜）。开始时，消费者的环境关切表现在赫希曼所称的规避（有别于抗议）。从1988年到1990年，绿色消费者（声称以生态理由选用此类产品而不选另一类产品的人们）的百分比，在英国从19%上升到50%。[68]

最早发现这个现象的是销售商，他们把绿色消费增长的成本转嫁给生产商，要求供应商提供名为较少污染的产品。生产商自己开始更多关注分包商使用的程序，这有助于发展可追索的措施和合同标准化。为了回应绿色消费所代表的威胁，在80年代末和90年代初还有两个进一步的情况发展，尤其在英语国家：一方面，研究工作希望对消费者这方面的态度有更多的了解；另一方面，考虑旨在使环境保护的关心与管理结合起来（生态管理）。从1989年开始，生态上较少受攻击的新产品——生态产品——的生产，以及强调环境保护的销售的发展，受到研究报告的鼓舞，表明绿色消费者具有高于平均水平的购买力和教育水准；而且他们准备多付25%购买较少污染的产品，或者在食品方面购买“有机”产品。[69]在80年代后期的焦虑以后，若干家公司乐观地发现，在这一范围顶端具有潜在的新市场。[70]

生态销售向几个方向发展。第一个方向包括发起环境保护的运动，并亮明身份（生态倡议）进行宣传。但它也试着进行生态广告，强调努力使产品较少污染和较少危害，或者改善它们的生产，使之符合更多地尊重环境，或者，在生产周期末了使其消失。论点有下列几种：某某连锁餐馆使用的品牌牛肉没有鼓励破坏森林；罐头金枪鱼的捕鱼方法没有危害海豚；[71]这些干电池不用汞；某一家公司的卡车用无铅汽油；另一家公司利用再生纸做包装。[72]

可是，消费者很快变得怀疑这类论点。生态销售专家的反应是

设法使他们的运动减少商品化，办法是呼吁外部专家、公共当局、 448
混合委员会、环境协会[73]或者标明的研究所，以及要求具备生态器材的机构作生态审计，以便由“环境监督机构”来“建立信誉”。[74]但是，看来生态销售方面所丧失的信誉，并不只是由于使用了很无根据的论点，或者由于一个产品广告推荐在某方面较少污染、却在另一方面有更大污染，这被故意忽略了。这还因为看到生态语言变成一种商业论调。商品化足以令人对生态产品的现实与价值感到怀疑。从 90 年代初开始，愿意为绿色产品旅游或花费更多的顾客百分比出现下降。[75]例如在法国，最早（1990 年）推出“绿色产品”的主要销售商之一“不二价公司”（Monoprix）选择生态销售，而不是环境倡议，发现自己被指控为“生态荒诞销售”[76]。与此同时，更加激进的生态运动（如“地球之友”）批判绿色消费，认为鼓励新货品的商品化，就是正当市场达到饱和点时去帮助复兴资本主义，因此推迟了逃避消费社会的可能性。[77]

对真实性的新要求：批判伪造

资本主义通过商品化结合对真实性要求的方式，促成了真实性的重新定义。当大规模生产和标准化消灭了差异时，有了不真实的一种定义，于是单一的真实性就成了抵制标准产品划一性的原则，两者可以对立。但这被另一种定义所取代：不真实的定义是为了商业目的而复制差异——作为副本——原件的真实性可以与之对立。原件的真实性与按其形象“仿造”的人工性之间的紧张反映了，把某物定性为真实的意思，指的并不是物体本身，而是指它的意愿。现在，真实的东西是没有间接战略意图而制作的——就是说，除了制作它，没有任何其他意图（有别于如生态产品为了出售的意图），使它（或自己）为人所爱，使它（或自己）为人赞赏。[78]人际关系也是一样，联系性社会强调从联系中获得利益，不论联系是如何建立的，往往普遍怀疑建立关系的背后意图。结果，“不真实”的

形容词就加在一切被怀疑有“二级”意图的行动之上——就是说，
449 受一项策略的或“操纵的”计谋所影响。

不像统治20世纪上半叶的大规模化那么成问题，对不真实性的批判在目前所采取的形式恢复了一个不同的传统。深深树立其中的是谴责与自发性相反的技巧性，与生动性相对的机械性，与诚恳相对的策略性，与自然流露的真感情相对的激发造作的仿效：反对“场景”。正如约翰·巴里什在他的不朽的对喜剧的“偏见”[79]中所表明的，这一传统流程早自古希腊，到18世纪达于顶点（特别在卢梭著作中），在今天再度盛行。“模拟”艺术似乎特别令人反感，如同18世纪的情况，对现有机构的批判把道德层面的整个负担转移到了人物，他们易动感情，容易受情感影响。道德层面脱离了遵行外部规范和强制品德，就被揭示为纯粹、自发的表现。[80]于是，戏剧就受到抨击，因为它依靠演员表演外在感情的能力。戏剧中要突出的内容是差异——每个人物的特点包括什么，人脸能用大笑或泪水表达的情绪，独特的姿态作为特定躯体状态的表达，等等。但是，每一件都是激发的、预谋的；差异的实现受制于一个外部目的——取悦观众：凡事都是假的。[81]

因此，事事都商品化是资本主义利用差异从中牟利，也应被谴责——例如被德波德，或者在另一方面被波德里亚——把每件事物变成一种场景：因为任何真实生命力的毁灭，不论多么微弱，立即被加以编码，以便安置在商品信号周转之中，然后它取代真正“生命”的经历来接触世界。[82]对普遍模拟的怀疑，对事事商品化的怀疑（包括似乎最崇高与无私的情感），确实形成我们当前状况的一部分，例如表现在90年代初对人道主义行动作为电视场景进行粗暴控告。

对人与物的真实性的怀疑，今天可以用特别明白的方式加以展现，因为它脱离了对大规模社会的批判，它从19世纪末就在某种意义上结合进来。例如，马尔库塞的主要目标是当时的北美社会，对大规模社会批判中的一个重要成分，通过事事商品化结合了恢复的主题，但没有给予它自主性。[83]资本主义对大规模社会和差异商品化的自我批评，为将整个现实谴责为幻想和表演（作为最终 450
商品形式的场面）铺平了道路。

可是，现在我们要设法表明的是，对不真实性的这一新批判不能充分盛行，因为它被早在60年代的另一项意识形态结构所中立。而且，正是这造成了当前将不真实性谴责为伪造、场面或模拟的特性所在，每当发现自主性时，它就经常从内部受到抑制。

对不真实性批判的中立化及其令人不安的影响

如果我们要了解这种中立化，我们就必须回到1968年5月前后。我们观察到这个时期有两大矛盾的动力。一方面，我们看到，在这些年中，批判受资本控制的世界的不真实性在公众中得到成功，导致资本主义把它复原。但另一方面，在同一时期，也是从关联1968年5月运动的立场出发，表现在该世纪上半叶，出现了一种对真实性要求的激进解构。以前的真实性情况在各方面被谴责为一种幻想：认为是资产阶级的、反动的，甚至是“法西斯的”精英主义；认为是幻想的出现，特别是出现一种“真实的”主体；认为是天真地相信存在一种“原始”，可以多少忠实地加以描述，因此多少比较真实，指的是与幻想（模拟）相对的真相。

这种批判最初在较小范围内阐述，我们在下面将对它举一些例子，它在其后二十年中得到广泛扩散——这一现象与网络的兴起并非没有联系。实际上，对真实性的旧观念的解构——作为忠实于自己，作为主体抵制他人的压力，作为要求符合理想的真相——就和网络世界的概念勾结起来。在联系性世界中，忠实于自己，看来就像不灵活；抵制他人似乎就像拒绝联系；真相界定为描述与原件相一致，就是不能理解在网络中周转的人和物具有无限的多样性，每当他们与不同的对象交往时就有变化，所以他们所呈现的没有一方面可以作为原始点来与其他表现相比。在一个网络世界中，真实性的问题不再能被正式提出——或者它在该世纪上半叶的意思，或者在资本主义试图恢复对标准化的批判以后我们所看到的
451 系统阐述，它仍然具有根据原件作评估判断的可能性。

现在——这是本书主要论点之一——资本主义的重新配置关联到复原网络的形体，即使这种范式的出现来自一种自主的哲学史，而且在任何方面都没有直接特意地精心对付资本主义从60年代开始面对的种种问题。

因此，可以既不夸大又不矛盾地说，如果资本主义试图恢复消费社会批判（通过把它商品化）中对真实性的要求的话，在另一方面——而且相对独立地——伴随着网络的比喻，它已经使这项批判吸收了自主性的要求，其阐述为配置网状或根系范式铺平了道路。

这种矛盾性的双重结合都承认对真实性的要求是有效的，并要创造一个不再提出这个问题的世界。我们看到，这构成人们参与积累过程时感到的存在性紧张——无法摆脱的心理与道德的紧张。但是，如果这种情况由于它带来紧张而使投入者困惑的话，必须承认它允许资本主义避开回应真实性要求时必定遭遇的失败。从无限度积累的角度来看，最好取消这个问题，并说服人们相信一切事物都是模拟（即便不是现在）；相信“真正的”真实性从此已在世上绝迹；或者相信对“真实性”的愿望只是一种幻想。然后，他们就会更愿意接受满足于提供的货品，不管它们是否是“真实的”，而不去梦想一个不是技巧和商品的世界。

随着它结合进资本主义，真实性要求的贬损也对新的真实性要求的表达方式有所影响。在解构以后，它们不能再像过去那样天真（如果我们可以这样说），好像什么地方还有一个保留着的真实性。因此，新的真实性要求必须总是阐述得与它自己保持距离。

然后，来自资本主义固有矛盾的存在性紧张，由于批判方面没有任何可能的解决办法（它一面谴责不真实性，同时又认为这种谴责是天真和幼稚的）而更为加剧。资本主义为自身更加“真实”而自豪，但同时又承认在自身所处范式中对真实性的要求是无意义的。 452

在研讨这些紧张以前，我们必须更加详细地回顾以前对真实性的要求在理论上被推倒的方式，然后才使它的日常表述被贬损为时代错置，甚至是荒谬可笑。

对真实性要求的贬损

在60年代下半叶与70年代，真实性的主题受到一批作者系统地解构，他们的名字（不论是对是错）往往都被联系到《68年思想》一书。无疑，这主要是由于决心对付不同形式的存在主义（尤其是基督教存在主义，不用说个人至上主义了），在50年代曾经主宰过学院派哲学。这一激进批判表达的立场是，虽然它们从不同的哲学方向出发，但其共同的目的是抛弃负责的主体，他们把真实性和不真实性之间的替代作为存在的选择。这被谴责为纯属幻想，或者是资产阶级精神气质的表现。为了简要地描述目的，我们将举出这一批判在皮埃尔·布迪厄、雅克·德里达与吉尔·德勒兹著作中的三个例子。

从相近于我们所谓的“社会批判”的立场，布迪厄对于批判大规模化基础的大众阶级显示一种贵族式的蔑视。他把“大众媒介”社会学作为后续的目标，谴责其忽视不同社会阶级成员对同一传媒信息的不同解读及其不同利用；[84] 谴责萨特式的主观主义和忽视“取得真实生存形式的社会条件”；[85] 谴责海德格尔式地把真实性与不真实性相对立，把真实语言与日常聊天相对立，布迪厄把它等同于一种意识形态——就是说，在这特殊例子中，等同于20年代和30年代德国（因此预感到纳粹主义）“保守革命”预言中工业群众所激发的厌恶言辞；[86] 以及最后，“纯粹美学”与“天然品位”的“特殊美学观点”被揭发为只是一种“神授感召力思想”的表述，旨在掩饰“接触艺术品能力中不平等阶级分布奇迹的隐蔽条件”，并为一种文化的特权成员提供出名的优势。[87] 因此，有品位的人士与视为“真实”崇高的艺术品之间的关系——注视与作品之间的接触——只是如同破译一个反复灌输而不知情的密码而已。[88]

第二个例子，与第一个同期，就是德里达。他并不直接批评一
453 心为己的真实存在与游走于“他们”日常平庸生活之间的对立。但是，他在其承担的《语法学》（出版于 1967 年）一书中解构了西方形而上学整体依托的对立——“声音”与“写作”之间的对立——把本体论和道德的至高地位同时赋予“在场”，他对此保持距离，并以某种方式持相对态度。德里达质疑把特权给予声音，给予现场讲话，作为没有距离或中介的真实表达，它的在场显示了真实性——相对来说，写作则是延迟的在场和有距离的操作，是损害真相的补充和应急技巧。这样，他推倒了自卢梭以来构成支持真实性要求的最丰富泉源的形象。[89]

最后，第三个例子是在《差异与重复》一书中发展的德勒兹式的事业——该书出版于 1968 年，因此实际上与《语法学》同时。德勒兹提出了事物与概念之间沟通意义上的一种表述的批判，由于结合了形而上学，因而不再可能保留原件与复制之间的对立。在这样的世界中，“一切特性只是模拟，由更加深刻的差异与重复的游戏来产生一种光学‘效应’”。为此，德勒兹补充说：“现代生活是这样的，我们自己里里外外面对着最机械的、最老套的描述，我们从它们挤不出什么差异、多样和改变。相反地，由差异不断置换所推动的秘密的、装扮的和隐蔽的重复，则在我们内外恢复了赤裸裸的、机械的和老套的描述。”现代世界是一个“仿真”的世界。可是，“仿真并不只是复制，而是颠覆一切复制品，也要颠覆原型”[90]。在“仿真”的世界里，不再可能对比“复制品”与“原型”；对比以真实

性为取向的存在(如自我身分)与机械性重复的外部力量所制约的存在;对比一种本体论的差异(它可以是负责的主体)与它在无差别中的损失。"内在阶段"只看力量差异,它的置换产生(微小的)差异和持续的多样,他们之间没有等级和"复杂的"重复形式。[91]

对真实性主题(我们刚刚已提到它的路线)的各种挑战,铺平了源自马克思主义对意识形态批判道路——由法兰克福学派,或者甚至是《神话》[92]的作者巴特打开的。其结果是社会批判,还有文艺批评,承担的主要任务是破译和揭示秘密支持(就像从舞台两翼操作的剧场设备)各人声称真实存在的代码活动。这种断言法规绝对至上,以及揭示这样的存在幻想,可以有助于支持对世界不真实性的批判。但是,他们不容许对幻想描述有真实性表达的对比。 454

而且,无疑由于它并未成功地使自己解脱真实性概念的解构(发生在60年代进入70年代的时候),对世界不真实性的新批判把商品的影响作为普遍化的仿真,这很容易陷入死胡同,而谴责极度激进主义造成任何"真实"现实的丧失,并破坏了可以阐述这种谴责的规范立场,甚至认知立场。如果现在所有事物无例外地只是代码、场景或仿真,那么批判可以从什么外部立场来谴责一个与存在整体完全一致的幻想呢?以前对标准化和大规模化的批判,至少给充耳不闻喋喋不休"他们说"的、承担责任的、独特而真实的个人,提供一个建立理想的规范性支轴。在批判把世界作为场景的例子中,没有剩余的立场可以来要求对物、人和自己有真实的关系。新批判的激进目的因此不断威胁它自身确切阐明的立场,因为它必定被问到:如果现在每件事物都只是仿真和场景;如果从今以后任何涉及外部世界及关于真相的经典定义都被取消("幻想不再可能,因为真实不再可能");[93]如果我们所沉浸其中的"体系"完全"已被编码","它本身已啥也不是,只是一个巨大的仿真"——"就是说,不管环境如何总是循环往复地永不换成真的,只能换成自己"[94]——结果发现自己超越或落后于真实与虚假;那么批判可以采取什么立场呢？

批判真实性和要求真实性的资本主义双重同化之间紧张的初始结果，对人们有能力达到相互同意的信心具有特别阴险的影响。

对关系的焦虑：在友谊与商业之间

如果对于与他人关系的焦虑，同经济无保障那样更加容易观察到的因素一起，对于传统上被视为不正常行为的形成起了重要作用的话，我们就必须特别关注联系性世界中由于消除无私关系（迄今认为指个人情感生活领域）与职业关系（可以出于利益）之间的区别而产生的不安。

正如项目型城市的架构中所设想的，联系的建立不能根据远距离操作的标准化程序。只有在直接接触中，关系的基本不确定性
455 才能消除，相互期望才能发现、协商和协调。在这一过程中必然涉及比较因素，它的描述使用友好或情感的语言，比如亲和，发现共同品位、兴趣或立场，这种可以产生的信任往往是以“自发”为特征。这些连线建立的方式，亲和在它们之中所起的作用，很像友谊联系形成的方式——特别是当联系遥远、新颖和没有最后确定时。它的功能（尚属完全潜在情况）只能在关系本身的力量中揭示，它产生一种效用，在联系确立以前没有人确切知道其内容。如果追逐利润仍然是这些关系形成的基本目标，那么，友好关系与商业关系之间的区别，无私分享共同利益与追逐职业或经济利益之间的区别，还是令人困惑地感到模糊的。我们怎么能知道一份特定的晚餐邀请、介绍一位好友，或者参加一次讨论，是无私的还是自私的，偶然的还是策划的？[95] 人们怎么来区分一天或一年中用于工作的部分和闲暇部分，私人生活和工作生活？建设项目型城市时特别提到的“活动”概念，岂不正是旨在使这些至今明白分开的不同状态之间的界限模糊起来吗？

对关系的策略利用，它所具有的某些特征在其他背景下可归于友谊，但当财务好处来自这些联系时就尤其会导致困惑了。企业家利用他的关系来发展自己的业务是很难看出来的，当中介活动商品化时，涉及联系的利润是一清二楚的——就是说，有人作为生意人之间的中介而得到工资、费用或佣金（例如，安排一位发明科学家和一家进行革新的公司头头共进晚餐）。这种活动可能被谴责为破坏了禁止把人商品化而成了问题。由于在以前没有直接联络的人们和团体之间建立新的联系而扩展了一个网络，因而得到一笔奖金；使认识的某人与希望会见她的第三方接触，从而得到报酬支付——这些事例类似于分包的越权：中介人的干预，好像他对安排第三方来接触的人拥有产权，因此要从这一联络中收取好处。

对联系性世界中一人与他人关系性质问题上的困惑，来自以下两者之间的基本矛盾：一方面是适应性与流动性的要求，另一方面是新世界所充斥的、项目型城市所复制的真实性要求。 456

因此，一方面要求流动，适应各种情况，以便利用机会建立呈现给自己的联系。从“根系”世界的观点来看，旧存在主义意义上的真实性——抵御精神大规模化的孤独主体——已经极度陈旧。在以网络为基础的本体论中，以脱离人群、自愿孤独、退居自我为手段的真实性存在要求丧失了一切价值，甚至一切意义，因为这些关系先于它们所建立的条件，人们的实质特性依靠的是他们所植根的关系。网络只知道中介，不管人们之间的对立，差异把他们刻画为最深刻的、亲密的和特殊的，把他们从中解脱出来的群众或系列视为没有区分，以便看到他们的真相。在这样的世界中，某种意义的自由会兴旺，但没有真实性的要求。

另一方面要求可靠，要求有人可以信赖。对体制和体制当局（被谴责为官僚主义的）的挑战，对“礼仪”意义上的常规、“常规”关系、统管“常规道德”（被斥责为正规的，对比于“伦理道德”的自发性）的法规和规则，以及更一般的家族秩序和等级关系所依靠的惯例的批判，导致了重新激活以“真诚”、“承诺”和“信任”所阐述的“真实性”，使得人们要完全对关系负责。因此，只举最明显的例子，夫妇之间的关系只有在一开始就保持“紧密关系”的基础，现在才是值得的经验；朋友之间的关系要有自发的亲和感；极其矛盾的是，存在的最法定的家庭关系却可以“选择”。[96] 在商业世界，同样的非常规化导致了强调关系方面“个人”的意义，需要把关系建立在“信任”的基础上——就是说，在内心相信建立某一时间长度的联系是真诚的——同时继续建立新的联系作为获利的前提。因此，面对外部世界的平庸而采取把真实性作为“内心领悟”的概念，表明它坚守在建立起来反对它的新网络世界中心。[97]

在这样的世界里，那里的全部关系压力都在于人的真实性，看到这些关系被新管理推荐利用于旨在产生网络利润的策略上，是
457 特别令人困惑的。

新管理和对操纵的谴责

对人际关系真实性的奖赏，以及对适应性和流动性的要求之间的紧张，是新管理的中心：或者这两项职责在同一作者所实行的方案中起重要作用而并未明显出现矛盾；或者更少见的是，试图重新界定工作组织的最佳形式指向寻求一些机制，旨在减少这些不同类型方针之间的对立。

第一类型的例子可以在鲍勃·奥布里的著作中找到，他在一则道德故事中提到一位“客户”，他在一次讨论中立即成了很“坦率”和“有效”的“朋友”：“我们的关系立即转化为相互了解，我有印象感到我处在商业上最真正和崇高的中心——决定‘走到一起’，相互信任，相互关心。……因为……我的决定中直觉地赞同与我的客户建立一种支援关系的可能性。”[98] 可是，这同一作者是流动性需要最热切的推动者之一，他突出地把流动性界定为“自我即事业”。同样地，罗萨贝思·莫斯·坎特同样主张“移情”和采取“灵活分配工

作的逻辑”;关于“移情”,他说:“好买卖取决于移情——对别人设身处地和赞赏他们目的的能力”;关于灵活分配工作,要根据“不同长度与宽度的顺序和同步项目,通过它使不同组合的人们按照任务、挑战和机会来活动”[99]。最后一例,于贝尔·朗迪埃以几页的篇幅强调“迅速适应”,以及在“根据信任自由选择的合作”中发展“非正式关系”的必要性。[100]

相反,伊莎贝尔·奥戈戈佐却关切要降低这种紧张,她把两种不同形式对立于她所谴责的旧的等级制沟通模式:第一种是理想形式(她说是受到于尔根·哈贝马斯及“沟通伦理学”的启发),在其中,“利益的普遍化并不来自上方,而是来自特定利益之间在逐渐构建过程中的自由而坦率的讨论”;第二种是“反常的”形式,它的“现代方面”包括以“神秘化沟通”的手段来操纵公司的积极分子。在这一实例中,要求个人“忠诚、诚恳、热情”,但要使他们忍受他们“感到害怕、不信任和憎恨”的压力,在这样的背景中,“人力资源的发展只意味着对人加重挤压的手段”。[101]这里,顾问谴责操纵式地使用新管理措施,并提出了协调人们工作的方式:既不是由上面发布的“命令或信息”,也不是对人甚至感情的刺激,旨在以间接的、隐蔽的方式达到想要的结果。 458

今天公司里的工作情况事实上特别提供对操纵的谴责。如果管理总是包括要某人完成某件事,但难以用传统的指令形式,包括发号施令——预设从属和等级权合法性得到承认,那么操纵和对操纵的怀疑就会发展。可是,过去二十年标志着常规命令和等级关系出现下降,不论这有关工业世界还是家族世界,都被谴责为独裁主义;它也标志着涉及自主性的要求得到扩散。在这样的背景下,就设法尽快地使等级式指令取代为诱使人们自行去做要他们做的事,就像处在自愿、自主决定的影响之下。这样,如我们在第一章里所见的,干部必须把自己变成“鼓舞之源”、“教练”或“领导”,他们的商标特点就是他们制定了振奋人心的“愿景”,使人们鼓舞自己,因为强迫他们这样做不再是合法的了。

因此,这特别促进发展一种技巧,以看似自愿的方式来使人去做要求他们做的事。例如:内部与外部沟通技术的发展;组织发展(OD)的潮流,这特别旨在使人“看到”已经由管理指明的“问题”的存在,因此组织方法的改变就较容易实现;或者是参与性管理,根据顶头上司的意愿来作决策,但依靠合作者的意见,这可以使后者支持决策。

可是,基于同意和协议的这些机制,只有通过融合具有真实性基本原理典型特征的形态,才能达到它们的目的:自发、友好的关系;信任;要求帮助或建议;关心疾病或痛苦;友谊,甚至爱情。卷入这些机制的人们无法明白地拒绝参与这些交换,这会直接导致他们被排除或开除。但是,即使他们以最小的保留,甚至愉快地参与这些机制,他们也不能不觉察这些更加“真实的”关系依靠的是“动员”的技术(克洛泽与塞里埃的用语,以使他们明显不同于早先“幼稚”的“鼓动”形式,那“对高学历的人已不再具有任何影响力”了)。[102] 可是,不在世界上使他们的自尊与信任冒风险,他们就不能以极其愤世嫉俗的方式、以假装的方式参与——或者至少参与时间不长。因为这些新技术,正在于他们较少依靠涉及物而不是涉及人的程序和机制(例如装配线),以及他们对资源的用途要求他们
459 在场,他们的感情、他们的姿态、他们的声音等,与实行他们的人形成一体。后者作为特定人物的内在特性,因此干预了他们对自己策略的使用,而且总是有超越的风险。但他们自己并不察觉,就像人们从开始时自认为受影响的强制感情,过渡到他们意想不到地俘获并淹没他们的真正感情。在这种情况下,实际上无需要求人们信从而说明,负责完成任务、说服人们、引导人们的人是真的贡献自己;或者相反,当他们开始看到他的努力只是愤世嫉俗地使用操纵技巧,就会失去他们的爱好了。

参与进真实性原理所解释的关系与谴责操纵性手段之间的这

些紧张，当人们极其需要把自己与职业世界区分开时(正如今天的情况)，就达到最高点。不仅对于迅速扩大的知识职业与艺术职业(标志着需要获得特殊声誉)确实如此，而且所有以零工化为特点的职业也越来越如此，那里的价值是寻找另一项目的先决条件。在这种情况下，作为已做了这个那个，作为有点主意并得到承认的人，是紧要的。同样地，有人可能"受过影响"而难以忍受，因为风险在于，人们必须在世界上以自己的办法来充实自己的生存能力。随着对独特要求的增加，因此我们可以预见到人们妄想行为的增加，他们永远害怕自己被操纵、抄袭或劫持。结果，可以参照形成中的项目型城市建立的秩序，不断被处于其他世界(如家族世界或受鼓舞的世界)的人们进行谴责的可能性所破坏(认为是一种操纵的产物)。换句话说，他们可能被人看到是出于愤世嫉俗而提及真实性，以便使人们看上去是自愿地去做一些不再能以等级制方式来下令的事，因此作为发展"自愿奴役"的一种手段。

这种矛盾——在紧急适应与"真实性"要求之间一旦产生联系——也进入人们的核心之中。对人类来说，据说他们的特性依赖于他们被分配的变化环境(有别于独特主题的拒绝形象)，就必须在时间与记忆上保留充分的一致性和永久性作为积累的中介，没有它，他们在接触过程中就无法丰富起来。 460

作为某个人，并且具有灵活性

在一个联系性世界中，对灵活性的要求与作为某个人的需要之间的紧张——就是说，掌握具有特性的自我(一种"个性")和某种时间上的永久性——是焦虑的经常来源。总结成功生活理想的口号是成为自己——就是说，进行改变，以便揭示和发现自己的潜在形象，这样，自己就不再是同一个人，但同时表示符合于原来的自我——就是这种紧张的典型表现。

为了适应一个联系性世界，人们必须证明有充分的适应性来经历不同世界，并改变特性。暂时借用的逻辑可以从物质财产扩展到个人特性，扩展到人的属性，就是说扩展到抛弃永久品性，而它是具有特殊情景的。认识情况内容的能力，并激活它要求自我特性的能力，首先使它可以采取适应该世界的行动方式。适应性——就是能把自身处理为可以翻译成不同语言的文本——事实上是在网络中周转的一项基本要求，保证一个极少被界定和带着专门名词的人物通过异质性。从这个出色的新模式的观点考虑，永久性及对自己特别忠实，或持久隶属于各种“价值观”，会被批评为放错地方，甚至是病态的灵活性，以及(取决于背景)无效能、粗暴、难以忍受和无法交流。

但在另一方面，联系性人物的成功并不完全依靠他们的可塑性。事实上，如果他们只是适应出现的新情况，他们的风险是被忽略了，或者更糟糕地，被判定为缺少地位而类似于那些小人物、新来者、无知者、“受训者”。要想从他们的接触中得利，他们必须吸引人，而要做到这一点，他们必须具有只能来自外在于他们所接触世界的卓越性。因此，适应性的理想就同网络活动的其他交易性的要求发生紧张。结果，为了使自己联系上别人——特别是当他们属于远离自己的世界时——网络工作者必须带些东西给他们。只要在他身上，在他的性格里，具有可能使他们感兴趣和赢得他们的“东西”，他就能吸引他们的注意力，获得信息或者他们的支持。但为了这一点，他必须是某个人，也就是说，带有不同于他们世界的成分，并认为是他特有的。如果他只有适应的本事，如果他不是某个人，那么为什么要联系上他呢？因此，这种适应性要求加上交易性要求
461 就产生不可逾越的紧张。

联系性世界所特有的这些紧张，不会被项目型城市所驱散；它们只是更加剧了。在这种城市中，大人物必须全能，不能把自己关在专门学科里，而与此同时有专长技术的支持，因为没有它，就没有人来找他。他必须能取得资源，但不是成为他用来建立新联系的

资源的俘虏。他必须能完全参与一个项目,同时充分保持自己能结合进不同的项目。事实上,鉴于他的每个项目和连结在结构上都是暂时的,他必须善于以同等的灵巧来脱身、解脱、摆脱自己,并参与更时兴和更有利可图的新关系、新项目。最后,他必须启发信任,预示他尊重承诺,同时能充分机会主义地根据出现的联系或多或少有利可图的性质来改换连结。因此,迈克尔·皮奥里认为,承诺的要求与不确定的、多样的、变化的和暂时性的项目是新管理的关键问题之一。[103] 大人物前景中的幸福是自我充实,这是指他发现他拥有的潜力。连续的项目被视为有机会每一步都对他显示更合他本质的事物,更体现个体识别的与他相似和相分的事物(艺术先锋派的连续据认为旨在不断显示艺术的本质)。但是,这种对自我的追求经历了一系列折磨,既根据项目而采取的特性有别,同时保留经常的个性以便在网络置换时可以资本化资产。

因此,在始终具有转为不灵活性危险的自我不变,与不断适应形势要求而有全面融入暂时性连接之虞两者之间的世界中,要寻求平衡的可能性至少是很成问题的。对网络世界和项目型城市的描述加上了一项公正秩序,同时结合了真实性要求,作为保证工作机制所根据的个人关系,真实性失去资格而赞成适应性要求[104],这样就结合了困扰联系性世界的主要紧张之一。

可是,在某些方面,项目型城市似乎试图克服这些困难,并不是使紧张消失,因为它已结合进它,而是要设法取消它的问题性。这个城市事实上是要废除真实性问题,把它降为直接相互作用的状态,不一定必须探测他们会揭示的深深的自我。结果,建立项目型城市的利害关系是巨大的。我们已经在公正问题上看到过,这个 462
城市使自己作为联系性世界的调节的同时,也作为它大部分特征的合法化。当谈到真实性时,问题在于使个人利益领域和无私领域的重新划分合法化——那就是说,转变可商品化与不可商品化之间的界限。

项目型城市及可商品化的重新界定

新的企业措施，以及伴随它们的新的网络道德，往往要挑战个人性质的活动和品性与职业性质的活动和品性之间的划分，这一划分在资本主义形成中起了很大的作用。正是由于文学与艺术活动不接受这种划分，所以它们留在资本主义的边缘或者与它相冲突，即使物质的迫切需要使它必须提供到市场上，但艺术品在结构和原则上都是无价的。[105]

在资本主义世界里，这一划分至少在两个理由上是重要的。第一个理由来自自由劳工市场构建的方式，从而使雇佣劳动的条件可以发展。众所周知，在自由范畴，劳工市场的可能性在于法律上虚构（它的产生可以上溯到从罗马法开始）工人个人（那是不可转让的）与他们的劳动力（他们可以在合同上把它转让）之间的清楚区分。迟至 19 世纪，这个区分形成了家族情况之间对比的基础，建立了主仆之间的一种个人纽带，预示着不仅是从属，而且是忠诚与互助（在主人方面，例如有责任照顾年老家仆，让他们留在家里），以及工人阶级条件。这只是涉及完全集中于工作的雇主与雇员之间的合同关系。[106] 即便在今天，这种区分也提供了禁止雇人的基础，它制定和控制临时工机构和分包商的发展。最后，它激发了证书和学位的资格定型化，它证明由经验或学校获得的知识有别于与个人相联系的才能，那是在检验揭示以前不知道的。

第二个理由有关自身利益和无私之间的划分方式。这种划分在人际关系领域具有特别重要的作用。它可以在两类关系之间至少正式确立一个明白的区分。一方面是业务关系，这些成员们之间的联系不论多么友好，都可以把合法追求各自利益（不管是相合的
463 还是竞争的）作为他们的动机；另一方面是友谊关系，这只有完全脱离任何自我利益的动机，而且完全基于互相爱好和共同品位，才值得被视为这种关系。正如阿兰·西尔弗表明的，这个比较晚近的

友谊概念的确立，正是由于经济的政治哲学的形成，使它可以设想完全由竞争利益所支配的特殊领域。[107] 利益自主化和自我利益关系促成了以无私之名的友谊的重新界定。从那以后，这种区分在道德判断上起了非常重要的作用，对人们相互的行动往往阐述为“真实性”或“不真实性”。友谊关系被视为真实的，认为它们是真正无私的。当至少有一个伙伴被揭示为背后具有个人利益的动机时，它们就被谴责为不真实的。在我们的社会里，认识到自己的一位至亲朋友的明显感情事实上隐藏着自我利益的动机和谋略，就是一个失去幻想的范例——往往在文学中加以戏剧化——并为不再着迷铺平道路。

这两个区分——在个人与其劳动力之间，以及在无私关系与自我利益关系之间——在资本主义中起了关键的作用，因为它们被用来进行什么可以商品化和什么不可以商品化之间的划分，从而构建资本与非资本之间的分别。

因此，人与人际关系在道德上（以及很大程度上在法律上）都被认为是不可商品化的；那些认为公开违反这一规范的人，是要实际上受到普遍谴责的。现在，资本主义的逻辑是要使这一规范处于紧张，资本与非资本之间的界线移置——就是说，把迄今逃离市场的货品与服务加以商品化——将在追求积累上起着非常重要的作用。但是，如果要使得侵犯日常判断所根据的原则的这些移置可被接受，它们就要求在利润与道德之间的关系上作重新安排（而且，无疑更为深刻地，在人类学上作重新界定，作为描绘特别人性的一种方式），并对我们所谓的资本主义精神的变化作出贡献。

这一类型的重新组织，安抚新企业机制所造成的紧张，以及利润移置到新的经营部门，伴随着项目型城市的形成。这种变化的特点是，它们在利润动力中比以前更深地涉及人们。

我们可以从一些例子中看到，符合项目型城市的若干机制（见第六章），涌现为降低联系性世界中适应性与真实性矛盾要求之间 464

的紧张所产生的存在性混乱的办法。但是,这种降低主要靠它们对这两种划分所控制的界线移置的批准或合法化，这在第二种资本主义精神时代仍然有关。这样做,它们就认可了可商品化与不可商品化之间的界线移置，结果就为人的更大商品化铺平道路并使之合法化。

安德烈·戈尔兹用来反对最低工资的论点,可以扩大到反对普遍收入,就是以这一类的批判为基础的:那是因为,工作是由“社会决定和酬报的，因此授予我的是一个抽象社会个人的非人格化现实”,给了我“一种实质上非人格化的功能,我在他人之中作为一个可互换的个人占有它”,无需“对它投入我个人的全部和生命的全部”,这就是另一个领域的可能性条件——作为“主权与志愿互惠”场所的“私人领域”。然而,废除了社会劳动的强迫性与抽象性,工作与活动之间的区分,以及像普遍收入这样的机制的消除,往往会使我失去我的“私人存在”[108]。

同样地,源自针对人的产品标准化[109]的标准化程序的应用(在管理机制中,它被“技能”概念的操作化所预见),往往会对人的商品化授予一种正式形态。参考点不再是在职位结构中被客观化的劳动分工,而是人的品性:“他能做什么?”取代了“他在做什么?”[110]而与集体协议所承认的分类有关联的资格,则主要指向确定相对工资,即指向关于在工人中分配利润的问题，他们的主要要求得到批判剥削所支持——技能的逻辑对个人提供了直接的“经济价值”。[111]

最后，由于要和被认为不人道的泰勒制工作方式决裂而得到认可的新机制(工作充实,工作条件改善),从这里所考虑的方面来看也是含糊的。传统的工作泰勒制化无疑包括把人作为机器。但是,它不可能把人最特殊的品性——他们的感情,他们的道义感,他们的荣誉,等等——直接服务于追求利润。相反,新的企业机制要求更大的参与并基于更复杂的人类工程学，结合了后行为主义心理学和认识论科学,正因为它们更加人性,并且更加深入地渗透

进人的内心。后者期望"把自己"交给工作,该机制允许对人所具有的最特殊人性的东西实行工具化和商品化。 465

资本主义经过一个范例(网络)无数次迂回以后的吸收——来自一部自主哲学史,部分地构建以反对真实性的概念——今天最终提出了对于商品化——特别是人的商品化——的论点,甚至对它的加强给以合法化。在70年代末,尤其是80年代上半期,扩散的各种对真实性的批判,因此有助于丑化对消费品、舒适和"日常琐事"的艺术式拒绝,那是属于过时的态度。更一般地,它们从中释放了战后时期既是苦行节制、又自命光荣(蔑视金钱和金钱提供的舒适)的若干理智。[112] 但是,如果不再能相信有可能脱离资本主义而过更加"真实的"生活,认为那是模仿仍然隶属资本主义的人们的好方式;如果怀疑存在于商品领域以外货品的可能性(具有不能与商品等同的价值,如果进入商品流通就会被破坏),那么为什么还要制止商品化进程呢?这样,资本主义就夺得了以前从未获得的回旋自由与商品化,因为,在一个所有差异都可接受的世界里(它们正由于等同而作为等价物),任何东西都不值得只因其存在而不受到商品化,因此所有东西都是商业的对象。

由于这些理由,在检验机制中坚守项目型城市的价值,不能被视为对新形式资本主义产生的社会问题的适当解决办法,即使它们的优点是减少剥削和不平等增大。当艺术批判质疑项目型城市调节新世界时实现的合法化时,它保留了所有它的相关性。它特别显得急迫地要重新考虑必须对商品化设定限度的问题。同样地,对于在联系性世界中可能为所欲为的那种自由(曾经受项目型城市的惯例所约束)的有效性问题,必须被重新提出。

结论:艺术批判会再次兴起吗?

艺术批判目前正由于它的成功或失败(取决于人们的观点)而

处于瘫痪。

直到 20 世纪 50 年代，它限于少数派和先锋派，它是成功的。从 60 年代末开始，它与大量群众的愿望相合。这类批判现在拥有
466 基础和代言人，在传媒上占有重要地位。

由于解放的愿望没有敲响资本主义的丧钟，就像弗洛伊德—马克思主义预示在 30 年代与 70 年代之间会来临，因此它是失败的。而且，这种信念忽视了资本政权所包含的自由内容，以及愿望的深刻复杂性(它的力量很大程度上依靠愿望)。艺术批判帮助推翻了与旧家族世界有密切关系的惯例，并克服了工业秩序的不灵活性——官僚主义等级制和标准化生产——艺术批判为资本主义打开了一个机会：把自己建立在新形势的管控之上，并把新的、更加个人化的、“真实的”货品加以商品化。

因此，艺术批判今天处在一个困境之中，它的两只角都显示出它的虚弱。

它或者遵循在 19 世纪所从事的批判方向（谴责资产阶级道德、审查制度、对家庭和宗教的控制、对习俗解放和性解放的限制、主导文化机构的保守主义)而不去考虑资本主义的移置，特别是它不再勾结家庭或宗教，更不用说道德了。它甚至(但是在主要报纸的栏目里或者在电视上）攻击媒体阴谋压制自由思考。顺便说一句，这些谴责正是媒体很愿意接受的，就像一件商品，可以引起人们谈论——就是说，在这件事例上，可以促销。为了保持对自己的信任，这类行为经常由于缺乏对手而自行垮台——最具破坏性的建议几乎立即转化为安排得很好的公众辩论，然后结合成双股力量的文化支援：一股是副产品的商品化，一股是它们作者的正式庆贺——必须制造敌手，或者把留存敌手长期以来失去的力量归还给他们。

另外的做法是，表现一种“明白清晰”，作为在即将来临的启示面前仍然值得采取的唯一态度（语气往往是回顾魏玛先锋派在之

前和预示保守派革命的灾变式预言），可以记下资本主义“复原”任何事物和一切事物的能力。可以宣告一切价值的结束，甚至任何现实的结束（虚拟的主宰），进入一个虚无主义的时代，以相当矛盾的姿态再次披上贵族式的、但非常褴褛的讽刺作家的服装，以孤独的“良心”面对白痴式的群众。[113] 然后，可以对理想化的过去作反动的怀旧来锻炼自己，回想它的温暖的人性社区（相对于个人主义的孤独）、常被称为“共和派”的自由所认同的纪律（相对于教育的无政府主义和郊区的混乱）、它的真正和诚实的爱情（相对于不加区别的性事）、它的真实的画架画（相对于把任何旧东西都装配一新）、它的久未感受的风景、它的稳定的生活费用、它的农产品，等等。 467

要逃脱这个死胡同，艺术批判或许应比目前更大程度地花时间重新阐述解放与真实性的问题，先从它不经意地造成的新形式的压迫开始。

作为解放因素的保障

放松作为压迫事例的资本主义控制，可以有什么影响力呢？那实际上与一个世纪以前是同样的。凡是加强今天工作者的保障与稳定的所有事情都增加了一分自由，提供了机会来抵制胡乱扩大自我管控，而且正要依靠新的资本主义精神所承认的自主权理想，来辩驳新管控机制（特别是电脑化机制）的扩散。

有一项批判方向是设法反对把流动性作为前提和无可争辩的价值，鉴于流动性与解放至今具有紧密关联，这一方向似乎有矛盾。解放的项目是否仍然符合流动性、接触和联系要求的无限扩展？我们已指出，它们可以是新形式剥削和新存在性紧张的来源。第一个问题是绝对具体的，有关时间的使用。也许今天走向解放的一步涉及放慢联系脚步的可能性，但并不由此担心不为他人而存在或归于湮没，甚至最终“排除”；涉及推迟参与一个项目或出版一本著作，而是分享它，例如在一次展览或一次会议，但并不意味着他有权得到的承认被别人所占有；涉及拖延一项进行中的项目，他的充分潜力并未在一开始就被认识到；涉及推迟检验的时刻，更一般地，或许并非取消检验——那一定会激起强烈的不公正感觉——而只是拉长。如果没有检验的世界是不可设想的，同样清楚的是，不断更新检验的世界会很快被证明难以忍受[114]，所以调节检验的节奏是公正的极重要组成部分。

对流动性的奖励导致根据存在方式来评估人，这除了远非普遍所希望的以外，还预想可以取得非常不平等地分配的资源。一方面，授予流动性的价值和建立新连结的能力（时间是个稀缺的资源，有能力对付旧连结）；另一方面，身分构建中的优先权在于网络中人们的移置所建立的选择性连结，而不在于根据如国家、社会阶级或家庭等已有集体的隶属——这往往会至少排除一种形式的自
468 由，其合法性越来越没有保证。这种形式的自由表达为稳定的选择、忠诚的优先性与遗产的传承，以此接受下来，不考虑它可能带来的利益——只是因为它就在那里。如果身分与生活世界的增多确实是现代性扩大的一个中心因素[115]，那么，只有当渴望完全包罗在一种特权身分和不分散空间中的生存有效性得到承认（即使这只是今天唯一的一种生活方式），这才能代表一种解放因素。而且，如果其他人对这些身分没有足够稳定的隶属来保持实质形式和时间持续的话（否则他们会消失在受支配的大量象征性短暂占有之中），这些身分范围（在激进的自我构建逻辑下，行动者可以自由地任意采取）怎么可能保留呢？正如我们在第六章中看到的，如果团体、机构、场所之间没有界线，那么，在网络周转中可以获得的利润就会转化为零。通过它需要代价，如果不存在无变化的个人来维持当地的连结，那么支离破碎的矛盾在于它设想存在着有关集体来使身分保持良好，而他人则会采取模拟的办法。因此，同样按照解放的要求来捍卫这种集体的合法性和生存，其能量是在反对背井离乡的斗争中被动员起来的。

如此进行，显然使艺术批判接近于社会批判。放慢、推迟、延后、分散——这些事实上预示着构建大于“项目”的短暂空间，我们在管理著述中发现它的界定，或者提供人们在参与不同项目之间的生存手段。如同阿兰·叙皮奥评论的，工人的流动性和灵活性必须不但意味着“对公司的需要具有更大、更便宜的辅助”，而且有条例规定使之可以保护流动性，并对“流动性工人”赋予一种“地位”。[116]事实上，几乎没有其他办法来使人们对市场具有相对自由，或者当他们面对不受束缚的社交新要求时具有相对自由，而不是给他们一些类似法规的东西。这种法规在现代国家中的作为调节团体情况的文本，开始时被设想为一种解放工具，旨在把个人从人身依附、细小政治顺从，以及来自外部的经常监督（例如以“职业秘密”的概念）中解脱出来。因此，它设法保证思想自由和政治自由，同时指明人们在某些方面被要求服从的那些检验，以保留他们的状况和生存的物质条件，来保卫他们不受未界定或未定形的检验在任何时刻和任何方面的评估。[117]法规说明个人位置在一定时间长度 469
和一定空间内可以确立什么，不涉及在一定时刻他们与别人的互动。它们预计所提到的某些如机构，不但能组织持久的检验来稳定期望并界定其节奏，而且能行使如义务和制裁形式的外部制约。只有通过与机制妥协，既是约束又是保证，覆盖日常的互动与合同关系，流动性要求才能有助于一种解放，它既摆脱官僚者的大受蔑视的不灵活性，又不是革新者普遍庆贺的流浪生涯。

在这个意义上，保卫或保留“法规”的斗争，远不是新自由派说的是向后看的战斗，而是以解放观点来看完全有关的目的。唯有法规条款才有助于在法律上剥夺或至少限制即将在公司、车间、办公室、商场等处推广的新形式实时电脑监视。

但是，保障性法规只在两种情况下能起解放作用。

第一点是，加强保障并不是以工作衰弱为代价而取得的，就像从市场资本主义过渡到福特制资本主义期间的情况。希望工作中文化因素的增加，使得泰勒制类型的剥夺比它在过去更加困难，虽然电脑机制的灵活性意味着我们不能排除这种可能性。

第二点是，法规并不加强到排除任何形式检验而不管其性质的程度。关于法规的重要点之一是，它们可以间隔开检验的节奏，依靠清楚确定的检验时期（检查、面谈、评估），在期间给予人员信任。这与承认一个持久的法规并无类似之处，如果不是伴随着承认一般称之为“职业良心”的那种常规的话。它还预计承认一个能使检验和制裁合法化的当局。

情况仍然是，走上这条道路预示着很大程度地放弃对界定为绝对自主的解放要求，同时解脱别人的任何干预，以及由外界当局定下的任何形式的义务。

商品领域的限制

在差异商品化的时代，真实性战线上显然有不可避免的一项任务：限制商品领域的扩展，特别是朝着人的商品化的方向。我们
470 看到，人的商品化在项目型城市的架构中由于消除了自我利益领域与无私领域之间的界线而受到欢迎，不论这包括通过产生来自于人品性编码的产品而得利，还是利用人体作为各种材料之一。

但是，这也预设要限制革新者的行动余地，破除有关解放的要求，因模糊而不能通过（按当时的需要）对市场的批判，而采取自由企业的严格市场概念，即使在科学或文化领域。而且，反对新货品商品化的斗争特别困难，这不仅仅是由于“市场协调的全球性”[118]，或者是使用金钱所固有的把一种货品变换成另一种货品的能力。[119]无疑，这也是因为它与不同团体的自由意志论者的利益相冲突，他们可能在其他方面不和：知识领域的革新者和资本领域的企业家，更不用说消费者了，他们的唯一希望是，以最佳价格获得最大舒适。

但是，要限制商品化，为什么应该是“艺术批判”而不是——或者共同的——“社会批判”呢？

我们可以浏览通常被认为作为商品来销售是不道德的“社会货品”的单子，来设法回答这个问题。那是由迈克尔·沃尔泽在他关于金钱的《公正领域》一书的章节中提供的。对货品采取的观点通常始于需求：首先要维护人的同等尊严，这使他们可以同等取得基础货品；这种维护是社会批判优先应有的任务，因为它涉及纠正不平等的根源。因此，许多货品脱离市场，因为人人能平等获得这些货品被视为道德的必需，而它们的商品化会带来难以忍受的不平等，因为人们的财务资源是不平等的。在沃尔泽的书中，这种事例是基本公共服务（诸如警察）、服兵役（购买豁免现在被视为不道德而被禁止了）、选举权等基本政治权利，以及恋爱和婚姻。沃尔泽提出的其他禁止，无关平等的要求，而是安全的要求（例如危险的二手车）。但在这种事例中，采取的观点也是需求的利益。

关于商品化的另一个观点只得到艺术批判的接受，虽然总是含蓄地。这就是供应的观点。这里，不是因为该货品的商品化违反使用者的平等尊严而要把它隔离市场。排除它的商品化，是因为如果通过编码而把它“非天然化”，转变为一种产品，或者你可以说把 471
它“异化”，这就违反了该货品的特殊尊严。而且，正是从供应的观点出发，以奴役或淫媒方式的人的商品化，已被列为非法。但这种禁止不能扩展到其他货品，例如：人身的一些方面或一些类型的行为因转化为具有价格并提供到市场的产品而被视为降格堕落；身体器官、胎儿等；人工制品如艺术品，或被视为独特的地方；或者如动物（沃尔泽认为，有些动物像人一样具有“自由”价值）、河流、山脉等自然实体。以这种观点看，艺术批判的再起显然与生态批判联合起来，这在今天构成了唯一的立场，使得人类、自然物及某些方面人工制品等存在物的多样性和特殊性，具有内在的价值。

注释：

1. 见让—巴蒂斯特·德·福柯与德尼·皮韦托，《一个寻求意义的社会》，奥迪尔·雅各布出版社，巴黎，1995 年。

2. 见洛朗·泰夫诺，“公共协调的感情与评价”，佩帕曼与 R. 奥吉恩编，《思想的色彩》，社会科学高级研究院出版社，巴黎，1995 年，第 145—174 页。

3. 菲利普·贝纳尔，《反常：自涂尔干以来社会学学科内的用法与功能》，法兰西大学出版社，巴黎，1987 年，第 81—98 页。

4. 见路易·肖韦尔，“基于年龄的男子自杀率：生命周期世代重组的影响”，《法国社会学评论》，第 38 期，1997 年，第 735—758 页。

5. 19 世纪，艺术生活被视为“真实”，特别因为它不是分割成各部分的，而是同一存在的各方面浑为一体，趋向一件作品的整体性及其创作者的独特性。

6. 因此，在 1973 年，80%的 25 岁至 44 岁之间的男子结了婚，而 1996 年只有 54%，同一时期，单身者人数增加一倍以上，离婚者人数增加两倍。至于“没有合法文件的”结合，一方面显得不如婚姻长久，在 1980 年开始的这类结合，有 58%不到十年就破裂，而结婚者破裂的为 12%；另一方面，他们的无保障还在增加：“1970 年组成的这类集合中的 11%，1980 年开始结合的 23%，以及根据前景计算 1990 年开始结合的 34%，不到十年即告结束或将要结束。”（阿尔弗雷德·尼扎德，“自杀与社会病”，《人口与社会》，第 334 期，1998 年 4 月）

7. 见贝纳尔，《反常》。

8. 女性自杀率也有相似的演变，虽然在绝对数上程度较低，妇女尝试自杀多于男子，但往往自杀成功的要少得多。

9. 见肖韦尔，“基于年龄的男子自杀率”。

10. 出处同上。

472 11. 见尼扎德，“自杀与社会病”。

12. 见肖韦尔，“基于年龄的男子自杀率”。

13. 见路易·迪恩,《法国社会的趋向,1975—1995》,法兰西大学出版社,巴黎,1998年;阿兰·埃伦伯格,《对自身的厌倦》,奥迪尔·雅各布出版社,巴黎,1998年。

14. 正是因为生产状况不断剧烈变化,资本主义必须为解放的思想留下余地。这里向读者提到马歇尔·伯曼的著作(《一切固定的东西都烟消云散了》,维索出版社,伦敦,1983年),以及《共产党宣言》中的名句,对此作了大量评论:"生产的不断变革,一切社会关系不停的动荡,永远的不安定和变动,这就是资产阶级时代不同于过去一切时代的地方。一切固定的古老的关系,以及与之相适应的素被尊崇的观念和见解都被消除了,一切新形成的关系等不到固定下来就陈旧了。一切固定的东西都烟消云散了,一切神圣的东西都被亵渎了。人们终于不得不用冷静的眼光来看待他们的生活地位、他们的相互关系。"(卡尔·马克思和弗里德里希·恩格斯,《共产党宣言》,维索出版社,伦敦与纽约,1998年,第38—39页)。(中译文引自《马克思恩格斯选集》,第一卷,第254页,人民出版社,1972年)

15. 他们的逻辑如下:被人们共同视为中心的各种检验,在批判的冲击下逐渐收紧,这揭示了它们不公正的一些方面,以致有若干行动者发现,绕开这些检验而实行一系列置换是符合他们利益的;这些绕开的行动包括,对早先阶段"强人"为了成为"伟人"所造成的牺牲和无节制地重新部署力量一时的补偿;然后批判逐渐再开始,导向新检验的合格化和类别化,那也可以根据更大公正的观点来加以批评和收紧。由于这一转化,结合进新资本主义精神的价值就涌现了。

16. 我们先不谈民主的问题,以及更一般的解放理想和自我实现的特定政治方面,这并不直接结合资本主义而是自由主义(资本主义与它有复杂的联系),在本书有限的篇幅内是无法处理的。

17. 显然,解放不能完成,因为,如果第一种资本主义精神提供有关家族纽带的某种解放(如脱离土地所示),我们看到它的保障方面则在于资产阶级道德(见导论)。

18. 见伊利莎白·克拉韦利与皮埃尔·拉梅森,《不可能的结合:17、18、19世纪在热沃当地区的暴力与亲情》,阿歇特出版社,巴黎,1982年。

19. 见巴托洛梅·克拉维洛,《施与的恩惠——现代经济中的天主教人类学》,阿尔宾·米歇尔出版社,巴黎,1996 年。

20. 马塞尔·莫斯,《礼品》,W.D.霍尔译,诺顿出版社,伦敦,1990 年。

21. 见彼得·瓦格纳,《现代性的社会学:自由与纪律》,劳特利奇出版社,伦敦与纽约,1994 年。

22. 被连根拔起,指的是无产者。天才的青年马克思在其“黑格尔权利哲学批判”导言(1843)中一段著名的话里,引人注目地寄希望于无产者作为这一消极特性的解放力量:“那么,德国解放的积极可能性在哪里呢?这是我们的回答。形成的阶级[立场]是所有阶级消亡,这个领域具有普遍性,由于它普遍受苦而不要求特殊权利,因为它所遭受的错误不是特殊错误而是一般错误;一个社会领域不能再要求历史性所有权,而只是人的所有权。”(卡尔·马克思,《早期著作》,企鹅出版社 / 新左翼评论,哈蒙兹沃思,1975 年,第 256 页)

23. 见乔治·迪沃,《第二共和国与第二帝国期间的教育思想》,多马—蒙克雷斯蒂安出版社,巴黎,1947 年。

24. 卡尔·马克思,“导论”,《政治经济学批判大纲》,马丁·尼哥劳斯
473 译,企鹅出版社 / 新左翼评论,哈蒙兹沃思,1973 年,第 92 页。

25. 见菲利普·贝纳尔,“涂尔干与妇女或未结束的自杀”,《法国社会学评论》,第 14 期,1973 年,第 27—61 页。

26. 埃米尔·涂尔干,《社会主义与圣西蒙》,夏洛特·萨特勒译,劳特利奇与基根·保罗出版社,伦敦,1959 年。

27. 因此,涂尔干在《社会的分工》(麦克米兰出版社,伦敦,1984 年)第二版序言中指出,他赞成重新确立法团机构,以便成为个人与国家之间的一个中介机构,它们可以保证存在集体并恢复公共行动的取向。

28. 见瓦格纳,《现代性社会学》。

29. 出处同上。

30. 见亚布拉罕·德·斯旺,《照管国家》,政体出版社,剑桥,1988 年。

31. 斯皮罗·史密蒂斯,“劳动法还有前途吗?”,《社会法》,第 7—8 期,1997 年 7/8 月,第 663 页。

32. 见尼古拉斯·多迪埃,《人与机器:以技术为基础的公司中的集体觉悟》,梅泰利埃出版社,巴黎,1995 年。

33. 见米歇尔·塞扎尔与莉迪·万克,“对职工在工作中发挥积极性的制约与余地”,《1996年社会数据》，国家统计与经济研究所，巴黎,1996年,第217—224页。

34. 米歇尔·戈拉克,《被迫的行进?关于工作变化的研究成果》,巴黎第八大学,1998年,第60—61页。

35. 见瓦莱里·阿奎恩、珍妮弗·比埃与莉迪·万克,“工作组织两年中的演变：更多的制约，但对工资有更多的自主”,《初步综合》，第54期,1994年6月16日,研究与统计部。

36. 见托马斯·库特罗,“生产组织的新模式:对工作就业、形成和组织有什么影响？”,《1996年社会数据》，国家统计与经济研究所，巴黎,1996年,第209—216页。

37. 见兰迪·霍德森,“参与性管理下工作场所的尊严:再谈异化与自由”,《美国社会学评论》,第61卷,1996年10月,第719—738页。

38. 见菲利普·阿格里,“监督与抓住:人员信息的两种模式”,B.科奈恩与L. 泰夫诺编,《社会的认知与信息》，社会科学高级研究院出版,巴黎,1997年,第243—266页。

39. 詹姆斯·R. 巴克尔,“收紧铁笼——自我管理团队的协调管控”,《行政管理学季刊》,第38卷,第3期,1993年,第408页。

40. 见米歇尔·皮亚卢,“车间代表的世界在混乱中”,载皮埃尔·布迪厄等,《世界的分量》,P.P.弗格森等译,政体出版社,剑桥,1999年,第331页。

41. 詹姆斯·贝尼格表明,导致一般所谓“信息社会”管控技术的发展,是如何被19世纪下半期的交通、生产、销售和消费领域工业机械化发展所造成被其称为“管控危机”所推动的。贝尼格认为,管控危机是在技术系统转型速度与处理信息能力之间日益不一致所造成的。他说,该世纪初大机构的发展因此构成了对19世纪末管控危机的呼应。[《管控革命：信息社会的技术与经济根源》，哈佛大学出版社，坎布里奇（马萨诸塞州）,1996年]

42. 迈克尔·鲍尔,“审计社会”,A.霍普伍德与P.米勒编,《作为社会与机构实践的会计学》,剑桥大学出版社,剑桥,1994年,第295—336页。

43. 查尔斯·泰勒,《自我的来源：现代身分的形成》，剑桥大学出版社,剑桥,1989 年,特别是第 495—521 页。

44. 迈克尔·沃尔泽,《出走与革命》,基础书社,纽约,1985 年。

45. 见杰罗尔德·西格尔,《豪放不羁的巴黎：文化、政治与资产阶级
474 生活的界线,1830—1930》,企鹅出版社,纽约,1986 年。

46. 阿兰·埃伦伯格,《不确定的个人》,卡尔曼—莱维出版社,巴黎,1995 年。埃伦贝格解释了吸毒的发展，不论是非法毒品还是精神治疗药物,“作为创造个性的化学捷径,增多自我的人工手段”(第 37 页)。

47. 见纳塔利·萨尔图—拉瑞,《债务道德论》,法兰西大学出版社,巴黎,1997 年。

48. 见皮埃尔·布迪厄,《艺术的规则：文学领域的创造与结构》,苏珊·伊曼纽尔译,政体出版社,剑桥,1996 年。

49. 见阿兰·埃伦伯格,《倦为自我》，奥迪尔·雅各布出版社，巴黎，1998 年。

50. 我们必须从不真实性而非真实性的问题出发，因为真实性是——正如莱昂内尔·特里林在他分析真实性的现代概念历史生成中观察到的——一个有争议的概念，它的含义只有从它不同于和对立于针对人或物不真实性的谴责中才能确定。[《真诚与真实》,哈佛大学出版社,坎布里奇(马萨诸塞州),1971 年,第 94 页]

51. 关于 1920 年至 1930 年间文学与先锋派,对技术标准化和非人性化力量与 1914 年至 1918 年战争前线经验之间关系的描述,参见多迪埃,《人与机器》,第 42—45 页。

52. 例如,古斯塔夫·勒庞在 1895 年出版的《乌合之众：大众心理研究》一书中对于 19 世纪后半期无数作者作品中都可找到的解释给出系统的形态。勒庞预计他所谓的“群氓时代”的到来,那里的个人都发现自己卷入群众之中,在“思想传染”的影响下将失去一切思想独立性。在勒庞的著作中,“群氓”的概念包罗非常广泛的不同群体,包括议会的大会(勒庞,《乌合之众：大众心理研究》,欧内斯特·本出版社,伦敦,1952 年)。我们发现,直到 20 世纪 30 年代,写到群氓和群众这一主题的大多数作者们都有类似的意向——例如,J. 奥尔特加—加塞特出版于 1930 年并获很大

成功的著作《群众的造反》——对“群众分子”和“精英分子”之间作贵族式的对比。

53. 这一主题在法国由埃德加·莫林在60年代上半期“群众交流研究中心”的材料及该中心出版的刊物《交流》中作了阐述。

54. 阿多诺批驳海德格尔著作拜物教地——即意识形态地——使用语言，脱离历史，把资本统治下的异化转型为本体论的深渊，在闲谈中消耗自己来等待成形。他的批判中心是海德格尔的“我的”概念(“集合的存在”作为“真实性的可能条件”)，其中他揭示了一种“伪装的身分”，一种对资产阶级理想“人格”的模仿(以及它的“内心”、“意识”等属性)。

55. 最惊人的标准化显然是影响知识分子的那种标准化，正是由于它们体现独特性、自主性，抵制陈词滥调。因此，我们在阿多诺的《最低限度的道德》(E.F.N.杰夫科特译，维索出版社，伦敦，1978年，第206—207页)中读到格言132：“即使那些手头满是反对资产阶级意识形态论点的知识分子也实行了标准化进程。……他们选择的好事很久以来就是公认的。……虽然他们痛斥官方的矫揉造作，但它们的观点却像听话的孩子一样，只被允许接受选定的营养，以陈腐反对陈腐。……所有的文化产品，即便是不符合规范的，也都被结合进大规模资本的销售机制；在最发达国家里，没有大规模生产许可的一件产品是很难到达读者、观众和听众的；这就预先否定了对它们主题的偏差期望。”同样的主题(容忍异见是先进资本主义的极权主义形式)由赫伯特·马尔库塞在《单向度的人》一书中加以发展。

56. 西奥多·阿多诺与马克斯·霍克海默，《启蒙运动的辩证法》，约翰·卡明译，维索出版社，伦敦，1979年，第164—165页。

57. “一个女孩接受并保持必须履行约会的方式，在电话中或在最亲密情况下的变音，谈话中用字的选择，以及由现在深度有所减值的心理学 475
所分类的内在生活，见证了人们试图使自己成为熟练的机器，类似于(甚至在感情上)被文化产业提供的模式。”因此，“在文化产业中，个人是一个幻象，不仅仅因为生产手段的标准化。只有与普遍性的完全一致不受质疑，他才得到容忍”(出处同上，第167、154页)。

58. 赫伯特·马尔库塞，《单向度的人》，灯塔出版社，波士顿，1964

年,第 64 页。马尔库塞没有使用真实与不真实的范畴。但是,他依靠在他的建构中起到几乎同样作用的其他对比,特别是,化解冲动与不化解冲动之间的对比。他把化解冲动关联到“艺术异化”,把不化解冲动关联到“技术现实”。前者作为“调理的愉悦”,可以退居外界对现实作批判;后者作为“立即的愉悦”,融入日常黏性之中。因此,高雅文化降为“大众文化”可以用弗洛伊德关于席卷一片的不化解冲动来加以解释(出处同上,第 72 页以下)。

59. 资本主义与“经济增长”的动力,事实上必须归因于“带来愉快或使用价值的活动转化为也能为组织者产生利润的活动。……把洗涤、烹调、清扫和简便看护——不用中说娱乐了——这类事情不断从私人家务变为商业世界,证明资本在社会生活空隙中的内部扩展。资本主义社会中许多被称为‘增长’的东西包括在这种生活商品化之中,而不是增强不变的或甚至改善的产出之中”(罗伯特·海尔布伦纳,《资本主义的本性与逻辑》,诺尔欣出版社,纽约与伦敦,1985 年,第 60 页)。

60. 资本主义不得不面对一个双重的、实质上矛盾的要求:供应更多真实货品(更加独特且有一定程度不确定性的货品),在市场上并不令人惊奇地推出更加可靠、更加稳定的货品——它通过开发“全面质量”过程来呼应这一要求。

61. 例如,那些想在麦当劳餐馆厨房里工作的年轻妇女,假如被负责招工的人认为特别漂亮的就会有计划地转为接待(达米安·卡特隆,“一家麦当劳餐馆中的自主与控制”,社会科学高级研究院座谈会论文,1998 年)。至于培训,我们可以摘引阿利·拉塞尔·霍斯奇尔德研究空姐的例子(《被管理的心:人的感情的商品化》,加利福尼亚大学出版社,洛杉矶,1983 年)。在她们培训的过程中,她们学习控制感情,只能表达风格化的、整编好的可以解释的方式。

62. 见秀也川北,“人的尊严”,《大分县跨文化杂志》,第 8 期,1996 年,第 40—65 页。川北负责日本一个地区(福井县)的振兴,他选择从居民“自豪的来源”出发。因此,他组织了“寻宝”活动,意图搜集所有对他们构成“价值”的东西,诸如“美丽的风景”、“旧方言说得好的老太太”、从山脚下看的“日落”,等等。特别是,这些“宝”是通过在该地区的学校和学生中有组织地搜罗而收集起来的。用这种方式搜集了4500个“宝”。为了处理这些搜集并组织他的振兴运动，作者把这些项目分成类别，诸如“人际关系”、“环境之宝”、“活动事件”，等等，这显然使它们失去了独特性。

63. 应注意到，在过去二十年间，“产品”一词的普通用法有了重大的扩展，我们今天常常谈到“金融产品”、“旅游产品”、“所有权产品”，指的不是物质的物件，而是指一大批服务。有时甚至听到人们在某些科学圈子里把一项新理论或新范式称为“产品”（说有些特定理论是“运转良好的产品”）。 476

64. 情况是这样的，即使艺术品和古董的价值取决于艺术史家（不论是业余爱好者还是专家）把它们与象征系列的联系，根据他们所建构的范畴，来对作品进行鉴定与评价，识别“学派”，在艺术家之中安排等级与确定类别，等等。

65. 见A.O.赫希曼，《改变参与：私人兴趣与公共行动》，普林斯顿大学出版社，普林斯顿，2002年。

66. 这一部门经济活动的一种革新形式包括提供个人化服务，设法恢复“游历”感而不是大规模旅游，例如，留宿在“真实的”地方——就是说，在那些尚未受旅游影响的地点：“真正的印第安村庄”，只能骑毛驴到达的“废墟”，等等。可是，显然，把旅游者介绍到那里去，旅游工作也就毁了他们提供的货品价值。

67. 一个典型的例子是法国卡门贝干酪，它的传统包装是上世纪末发明的一种杨树木板箱——可以装很多产品，不同口味的，而且适于保存和运输，那是不同生产过程的结果——未消毒的或已消毒的牛奶，自动灌模，手工舀装或者靠模仿干酪工姿势的舀装机器人，等等。参见皮埃尔·布瓦萨尔与玛丽—泰雷兹·勒塔布利埃，“在乳制品工业中传统与标准化之间的一种革新妥协”，L. 博尔坦斯基与L. 泰夫诺编，《工作中的准确与公正》，就业研究中心出版社，法兰西大学，巴黎，1989年，第209—218页。

68. 弗朗西斯·凯恩克罗斯，《消耗地球》，商业书社，伦敦，1991年。1988年9月，《绿色消费者手册》在英国出现，对公司与产品根据它们对环境的尊重程度来奖励星星。该书在四周内跃居书店畅销书之首。

69. 让—吕克·本纳米阿斯与阿涅斯·罗什，《一切色彩中的绿色——

绿色运动的历史与社会学》，阿尔班·米歇尔出版社，巴黎，1992年，第118、125页。

70. 生态产品销售的两位美国专家对发现这一新市场所激发的热情描绘道："早在80年代末，当环境突然上升到'原因'的顶端时，企业家和市场人士都马上跳进看来最完美的绿色机器，大家说'这是本世纪最伟大的新商业机遇'。还有什么比这更容易的？把清洁的绿色事业变成绿色大钞。"（鲍勃·弗劳斯与朱莉·科尔豪，《环境销售势在必行：把环境承诺转变为竞争利益的战略》，普罗巴斯出版公司，芝加哥，1994年，第1页）

71. 为了应付对金枪鱼的抵制，海因茨公司说它已经进行调查，保证使用的捕鱼装备不会伤害海豚。但绿色和平组织反对这一销售论点，提供证据说明，海因茨公司的分包商仍然在用不是"海豚友好型"的老方法捕鱼，使得该公司失去信誉。（出处同上，第186—187页）

72. 凯恩克罗斯，《消耗地球》，第155页。

73. 麦当劳是一个好例子。当这家公司知道它被环保分子视为"坏蛋"时，它就用一个论点来说明它的真诚，说它已经同环境保护基金会达成协议，决定回收聚苯乙烯包装。该基金会是一个环保组织，它开展运动反对快餐包装的垃圾。（弗劳斯与科尔豪，《环境销售势在必行》，第184—185页）

74. 见雅克·维涅隆与克洛德·比尔斯坦编，《生态产品：概念与方法论》，经济出版社，巴黎，1993年；史蒂文·贝内特、里查德·弗赖尔曼与史蒂芬·乔治，《公司现实与环境真相：环境时代经商术》，约翰·威利父子出版社，纽约，1993年。

477 75. 凯恩克罗斯，《消耗地球》，第159、163页。

76. 见维涅隆与比尔斯坦编，《生态产品》。

77. 加布里埃尔·扬尼斯与蒂姆·朗，《不好管理的消费者：当代消费与分散性》，塞奇出版社，伦敦，1995年，第165页。

78. 从这个意义上说，物的真实性是人的真实性的延伸。超越叙述真相的真诚——谈事物的实况，即自我反思——这指的是人们形成他们所表达部分的情况，并不可能区分何者属于存在，何者属于交往，因此不必要提到反思和意向。以华兹华斯诗篇"迈克尔"的主人公为例，为了说明

不同，莱昂内尔·特里林说他似乎心怀悲痛，所以我们只把他理解为悲痛者。（《真诚与真实》，第 93 页）

79. 约翰·巴里什，《反戏剧的偏见》，加利福尼亚大学出版社，伯克利，1981 年。

80. 例如，苏格兰的启蒙运动作家们认为，当遇到有人受苦时在感情上表达同情怜悯，是揭示人们充分人性之时。鉴于在道德存在中赋予感情的作用，那就要能区分直接深入“心”底的真正感情和没有内在关联的、形象表现的、纯属外在的模拟式感情。

81. 卢梭在《致达朗贝尔的信》（但也在《新爱洛漪丝》）中反对“戏剧的晦涩”，它俘虏了独自受幻想入迷的观众，使他脱离真实的“存在”，节日的“透明世界”作为“感觉透明的自我肯定”，每个人在其中“既是演员又是观众”。参见让·斯塔罗平斯基，《让—雅克·卢梭》，阿诺德·戈德哈默译，芝加哥大学出版社，芝加哥与伦敦，1988 年。

82. 在让·波德里亚的作品中，70 年代对“消费社会”的谴责，以及在 80 年代和 90 年代激进化为对“模仿社会”的批判。在这种社会中，商品的统治导致了形象的无限扩散，其他都看不见（电脑生成的形象、录像，等等）。例如，他把海湾战争分析为一场虚拟的狂舞（《海湾战争没有发生》，保罗·巴顿译，印第安纳大学出版社，布卢明顿，1995 年）。这种商品化并没有放过现代的解放项目——政治解放或性解放——因此成为和其他一样的商品，供媒体化和评论——按照这个逻辑，就是供消费。居伊·德波德认为，场景与生活之间的对立是主要的（朱利安·库帕，《情景主义思想的观点与批判》，硕士论文，社会科学高级研究院，1997 年）。写于 60 年代中期的《场景的社会》（唐纳德·尼科尔森—史密思译，佐恩书社，纽约，1994 年）预见到从真实性的第一次批判的转变，它在许多页中仍然存在——例如谴责行政权力集中化（第 19—20 页）或大规模生产的商品（第 120 页）——过渡到第二次批判，本文代表其最初系统表达之一。德波德对场景的批判并不能简化为对媒体的批判，而这又是常常被简化的。它的目的旨在成为对世界状况的激进批判——世界上所有东西都逃不过商品化的上升。场景是“从拥有普遍转变为好像”（第 22 页），“使得世界不再直接感到看得见”（第 23 页），就是对“生活”的否定：观众“考虑得越多，他就生活得越少;他越承认自己的需要就是主导制度提议的需要形象,他就越不了解自身的存在和自身的愿望"(第 23 页)。因此,他"脱离了生活"(第 24 页)。德波德认为,场景是商品的最高阶段,当所有的事物都感到成为商品时,"商品就完成了它对社会生活的殖民化"(第 29 页):"场景看到的世界处处都是,那是统治一切生活经历的商品世界"(第 26 页)。在场景里什么都是等价的,就像金钱一样成为"所有商品的抽象的一般等价物"(第
478 32 页)。

83. 因此,马尔库塞把民主社会提供的那种容忍与自由,视为一种"没有恐怖的"新形式极权主义。他认为民主社会不是压迫性的,因为它可以同化盲从全能蛊惑的群氓,如同在勒庞及其后继者的著作所说的。它又是压迫性的,正因为它以同样原因和同样方式提供自由,就像提供任何其他大规模消费品一样。没有镇压的容忍一开始就掐断了以无视规则来获得愿望真相和真实存在的可能性。迈克尔·沃尔泽批评《单向度的人》,把马尔库塞的论点归结为"越好就越坏"的箴言,因此把马尔库塞等同于"一个反民主的批评家。他在 20 世纪左翼分子中独来独往,完全可以听起来像奥尔特加—加塞特"(《一帮批评家》,哈尔班出版社,伦敦,1989 年,第 184 页)。

84. 见皮埃尔·布迪厄与让—克劳德·帕瑟隆,"神话的社会学与社会学的神话",《现代》,第 211 期,1963 年 12 月,第 998-1021 页。

85. 布迪厄在他的《实践理论纲要》(理查德·尼斯译,剑桥大学出版社,剑桥,1977 年,第 74—75 页)的一条长注中,批评他所谓的萨特"极端主观主义"忽视一种对经济与社会状况有真正意识的经济与社会状况问题,"授予革命意识的觉醒——把想象的变更所产生的意识加以'转化'——有权创造今日的意义,并通过创造革命的未来来否定它"。"行动的世界只是这个能互换可能性的世界,完全取决于产生这种意识的法令,因此全然没有客观性。"布迪厄还说:"这种人工主义承认自我自由的唯一限度是,通过自由放弃誓言或抛弃坏信仰来确立的自由,萨特名之为异化,或者是主奴之间黑格尔式斗争中改变自我的异化自由对它强加的顺从。"

86. "'真实性'与'不真实性'之间的对立,那些'存在于那里的初始模式',如黑格尔所说,整个工作是围绕它组织的(即使从最严格的内部读

物的观点来看),是‘精英’与‘群众’之间通常对立的特定的和特别微妙的重译”(《马丁·海德格尔的政治本体论》,彼得·科利尔译,政体出版社,剑桥,1991 年,第 79 页)。该段落的其余部分特别有启发性,因为我们可以含蓄地读到布迪厄在持续抗击的其他对手的批判——受法兰克福学派(“‘平伏下去’的力量”)鼓舞的大众媒介的人物(指“‘人们’,这里称存在”)和社会学家:“我们可以列出学术贵族主义的平凡事务,它在这段常常被评述的段落中不断出现,充满集市的地点作为学校的对立面,休闲对阵学校。仇恨统计(鼓吹‘平均’的主题),视其为一切‘拉平’活动的象征,它危及‘人们’(这里称存在)及其最宝贵的属性,它的‘原创性’和‘私密性’。蔑视一切‘拉平’的力量。”(出处同上)

87. 皮埃尔·布迪厄,《区分:对品位判断的社会批判》,理查德·尼斯译,劳特利奇出版社,伦敦,1989 年,第 29 页。

88. 事实上,在区分中,真实性地位的东西总是坚持,但它从不明说:如“大众美学”,“基于肯定艺术与生活之间的继续,意指形式服从于功能”(出处同上,第 32 页)。正是从这一立场出发,两种不真实的形象得以揭露:一方面是一种初始的不真实性,属于“纯品位”(第 31 页);另一方面,一种可称为衍生的不真实性,属于“小资产阶级”,他们急于使自己有别于大众品位,而没有加入资产阶级品位的资源,被责为“模仿”,“一种不自觉的唬人,它主要欺骗唬人者自己,他们最有兴趣模仿原件,就像购买‘旧货’、‘废品’、削价品或二手货,他们要说服自己:‘那更便宜,而且有同样效果’”(第 323 页)。 479

89. 这就是德里达所谓的声音中心论,他通过长篇评述卢梭,特别是占《语法论》整个第二部分的《论原件与语言》(加雅特里·查克拉沃蒂·史皮沃译,约翰·霍普金斯大学出版社,巴尔的摩与伦敦,1977 年)。在卢梭的著作中,我们无疑可以找到最初系统表述现代形式的真实性要求,声音作为自我真实临场和绝对近似(因此如同真相),相对来说,写作则有距离、中介、失去在场、便于幻想,正如现场的大众节日相比于戏剧场景的人工性,或者在另一方面,通过公民集会实现的直接民主方式对比于代议制民主,在后者,共同意志由代言人包罗,有着被扭曲和降为特殊利益的风险。

90. 吉尔·德勒兹,《差异与重复》, 保罗·巴顿译, 阿思隆出版社,伦敦,1994 年,第 19—20 页。

91. 可是,有些东西坚持作为指向更加真实的道德立场的来源:至高的生命作为对无限、扩散和创造性的开放(低于或前于个人),作为对封闭秩序和封锁的抵制; 尼采视作用力优先于反作用力 (这使尼采挑起忿恨,结果是批判"道德主义"意义上的道德)。

92. 在罗兰·巴特的《神话》(安妮特·拉弗斯译,乔纳坦海角出版社,伦敦,1972 年)中的许多页上,我们发现关于繁荣未来的主题预示:世界的未来就如外貌。例如,专注于皮埃尔神父的那一章中脱掉了他可称为戏装的穿着,那是表示角色的某种形象,每件服装都处理为一种信号来辨认预示的一个代码。皮埃尔神父在他生活的时代里根据他所属机构的规定并不穿着成一个神父。他给自己一个神父的外貌。他给自己一个新的外貌,就像今天所说的歌星那样,作为一个强有力的教区牧师。

93. 让·波德里亚,《仿真与模仿》,希拉·法利亚·格拉瑟译,密歇根大学出版社,安阿伯,1994 年,第 19 页。

94. 出处同上,第 6 页。

95. 这类含糊关系的一个例子是艺术世界提供的。对于导致开拓性艺术创作出现的组织背景的特点分析,揭示了艺术家以外的某些人(我们可称他们为"教练")的友谊加上参与的某种关系,对于艺术家作品的重大作用,这是一种移情批判的形式,即,一种在理论上从艺术家规划的观点,而不是从该组织对利润关心的观点所进行的批判。但是,这种机制可以看似生产的弯路,友谊与"深情的批评"事实上证明用在高质量产品的生产上, 以致它们会被谴责为操纵 (夏娃·希亚佩洛,《艺术家对经理人——文化经营对艺术批判》,梅泰利埃出版社,巴黎,1998 年)。

96. 见萨比娜·夏尔冯—德梅赛,"选择的社会——一个挑选关系的世界情境",《地域》,第 27 期,1996 年 9 月,第 81—100 页。

97. 而且,我们遇到网络世界生产货品的定义中同样的紧张。我们知道这个世界极看重创新,但创新是网络中不断发生的接触、联系、混合的结果,永远不具有一个绝对性:现在没有可能断言"原件"对"复制品"的至上地位,因为在多样性和无限变动的情况下,任何变化都会发生。

98. 鲍勃·奥布里,《恰当行事的知识》,相互出版社,巴黎,1990 年。 480

99. 罗萨贝思·莫斯·坎特,"新管理工作",《哈佛商业评论》,1989 年 11 月 /12 月。

100. 于贝尔·朗迪埃,《走向聪明的企业》, 卡尔曼—莱维出版社,巴黎,1991 年。

101.伊莎贝尔·奥戈戈佐,《管理的矛盾:坚强的堡垒和流动的分部》,组织出版社,巴黎,1991 年。

102. 米歇尔·克洛泽与埃尔韦·塞里埃编,《21 世纪的企业管理恐慌》,马克西马出版社,巴黎,1994 年。

103. 迈克尔·皮奥里,《超越个人主义》,哈佛大学出版社,坎布里奇(马萨诸塞州),1995 年,第 76—78 页。

104. 这同样应用于精神疗法的新用途,目的不是治疗精神疾患以便去认识真实的根源是什么, 而是去教导病人自己离开疾病, 把自己"管理"得善于适应情况,包括与他人交往,与他人关系中满足交换要求,这被视为典型的标准要求。参见伊莎贝尔·巴斯赞格,《疼痛与药物——一种遗忘的结束》,瑟尔出版社,巴黎,1995 年,第 343—356 页。

105. 见希亚佩洛,《艺术家对经理人》。

106. 因此,立宪会议把仆役排除在外(他们在革命前夕占巴黎工作人口的 17%),因为他们"象征对第三方的依附"(皮埃尔·罗桑瓦隆,《公民的神圣权利——法国普选史》,加利玛尔出版社,巴黎,1992 年,第 129 页)。罗桑瓦隆引述称,西哀士被他们提到是"受仆役依附所束缚的人们,不是干活,而是由主人任意支使"。

107. 见阿兰·西尔弗,"友谊与信任作为道德理想:一种历史观",《欧洲社会学杂志》,第 30 卷,1989 年,第 274—297 页。

108. 戈尔兹,《经济理性的批判》,第 207—208 页。

109. 见泰夫诺,"规范的治理"。

110. 米歇尔·弗特里与埃里克·韦迪埃,"企业与技能培训——一个未完成的社会建设",《工作社会学》,第 4 期,1993 年,第 469—492 页。

111. 对职务性质与其报酬之间的差距,以及与任职者资格(学术资格的贬值)之间的差距进行谴责的可能性, 由于使用的技能概念而消失了。技能的概念特别旨在避免把知识固定在使期望稳定化的分类之中,它指的是人们独自固有的潜力,“技能诀窍”或“人际技能”,只有在当地背景下才可出现的特殊经验的成果,因此,它们的有效性形式是要在实地观察行为和个别检验。在这种架构下,培训的目的不再为了传授可以借此获得资格,而是为了鼓励可以用于多种不同任务的可转移专业技能(伊丽莎白·迪盖,“知识管理:贬低的知识是隐蔽的力量”,《工作社会学》,第3期,1993年,第273—292页)。

112. 至于文化组织,艺术家或作家作为一件真实作品的原始主角,主要是由于艺术社会学,而这一光辉的解构,特别是马克思主义影响的潮流把艺术家只视为与他人同样的工作人员。这种去除幻想的做法有助于使用管理技术来管控艺术家“产品”的生产与销售,并把越来越多的艺术家结合进资本主义流通,它不再使用过去对创造者及其作品的真实性极其消极和危险的伪装(希亚佩洛,《艺术家对经理人》)。

113. 见马克·昂热诺,《字词小册子作者——现代话语的类型学》,帕约,巴黎,1983年。

114. 见吕克·博尔坦斯基,《作为技能的爱情与公正》,梅泰利埃出版社,巴黎,1990年,第90—109页。

115. 见瓦格纳,《现代性社会学》。

116. 趋于这个方向的是阿兰·叙皮奥(“在就业上善用法律”)称为
481 “职业自由”,其中他区分“企业自由”与“工作自由”。总的想法是,创建不但管控而且设立劳工市场的权利,不但保护而且赋予积极道德的权利。因此,叙皮奥认为,对企业的权利应当导向“对参与业务的人们赋予特殊权利”(给予假期去成立一家公司,或者对这个方向成立公司的失业人员给予赠款)。同样地,对工作的权利不应当理解为一种限制性的权利,限制工薪收入者集体行动的机会(例如罢工的情况),而是一种赋予“积极道德”的权利,提供“人们工作自主性的法律基础……行政官员告诉我们,这是新管理模式的一个基本特点”。在这些积极自由中,正有着对它们的法律承认,叙皮奥提到了主动权(辞职权)、培训权(个人假期)、批评权(发表意见权)。这些与工作自由有关的多种权利,作者认为,可以有助于“制止在这种自主化幕后的新形式从属。这正是出现的许多随叫随到的规定

（随时待命，按要求工作，无规律工作，等等）”，这可以让雇主保证“工薪收入者”不断随叫随到，而雇主只需支付它们真正工作的时间。这些条款“显然破坏了工薪收入者的工作自由，因为它们不能在‘自由’时间里找另外的工作”。

117. 例如，就小学教员的情况来说，19 世纪末的工会行动主要在于为这个职业的成员获得一个法规，以便把它们从当地名人权力中解放出来，使他们得到政治自由。

118. 见泰夫诺，“公共服务的正当性——它们能控制市场吗？”

119. 关于这一点，金钱是侵入不同公正领域的主要手段之一，这是保罗·里科尔在评论迈克尔·沃尔泽时提到的。参见《公正》，埃斯普利—瑟尔出版社，巴黎，1995 年。 482

结论

批判的力量

在这个结论中，我们设法在比较有限的空间内，浓缩过去三十年间资本主义的历史转变，以及我们用以说明它们的变化模式与概念。这项综合所采取的形式，是导向形成新资本主义精神的一系列步骤。

虽然我们并无野心要构建一门声称放之四海而皆准的“变化理论”，但我们设法通过标明我们对导向资本主义精神变化过程的顺序，并对这段历史给以纲要式的或风格化的形态[1]，来为空间和时间上可能的普遍化铺平道路。[2]

一开始，我们回顾若干个原理，它有关这里提出的变化模式所根据的主要概念之间的关系，即资本主义、资本主义精神和批判。

变化模式的原理

以下的命题都是模式所依据的许多前提。在每个例子中，我们都触及若干理由，使我们想到，可以根据它们来对过去三十年间影响社会与资本主义关系的事件构建恰当的解释。

1. 资本主义需要一种精神，以便使所需之人参与生产和商业运作。

这些人不能靠强制来参加工作和不断工作。第一个理由是实际的：资本主义并不被赋予武力之权，因为国家掌握着对合法武力的垄断权——资本主义的国家总是相对自主，虽然程度不等。第二个理由是：自由是资本主义牢牢具有的，如果它完全依靠强制来征募人们，就会否定自己。至少，资本主义预示自由劳动（接受工作或放弃工作，参与或不参与）和自由企业（雇用、购买、出售，以及更一 485
般地结合各种资源来牟利）。最后，如果强迫劳动可以进行某些主要使用大量不熟练人力的工作（土方工作、田间工作、简单的工厂工作或建筑工作，等等），那么当进行的任务需要高水平技术，需要工人自主和积极参与（知识工作，或者涉及许多决策的工作），或者需要使用复杂机器，以及当产品必须满足革新、可靠、成品质量、遵守多项制造规范等严格要求的时候，就绝对不合适了。

正是因为资本主义密切结合自由，对人们没有总体影响，并预见到进行大量任务不能没有工人的积极参与，所以它必须提出可以接受的参与理由。这些理由包含在资本主义精神之中。

2. 资本主义精神为了能动员人们，就必须结合道德的层面。

这意味着它必须在一方面对人们提供可以根据公正来反对为他们构建的条件，另一方面，人们可以合法地希望有充分的生存安全，以维护他们自己并繁衍他们的子女（他们的生物与社会生存条件）。

即使在资本主义最牢固确立的地方，人们仍然继续存在于工作之外，存在于作为工人以外的其他方面，所以他们总是能依靠这种外界生活（家庭、友谊、文化、政治或社区的生活）并保留一个批评性距离，至少当剥削程度不是最高的情况下（第六章强烈意义上的剥削，界定为一种耗尽的程度，经受这种剥削的人在非工作情况下无法生活)。这种抵制的影响,使得资本主义为了合乎人们心意而为自身配备一种意识形态,来最大限度地提供正当性,指向公正标准,并可以回应批判。

除了资本主义必然易受批判以外(因为它并不强制人们参与,因为在非极权主义的正常政权下,人们肯定有一些空间可以使自己与积累进程的要求保持距离),资本主义还需要道德方面调节的另一个理由。那就是:资本主义的本性是永不知足的,而人们是知足的,所以他们需要参与不知足进程的正当性。而且,资本主义也
486 不能除了其固有的永不知足以外,就提不出任何比较具体的东西。

因此,不同于涂尔干[3],我们把这种永不知足的全部压力转移到资本主义——就是转移到它的制度特性——而不是人性的人类学特性。我们想,资本主义要使得自身被接受而面临的困难之一是,它要向完全不准备为积累进程牺牲一切的人们论述自己。这正是因为他们并不完全认同这种政体,而且经历过不同政体,例如家族依附、公民团结、学术或宗教生活,等等。甚至似乎最认同资本主义的那些人(一种单向度性使他们在外界眼里显得有所反常,甚至可怕),也不能完全忘却经历过不同政体,至少他们在童年时,而且曾经受过不同价值观的社会化。多元价值观的存在,以及人们同时或连续隶属于若干生活世界的情况,造成其愿望相互冲突,因此往往对人性赋予一种知足性。或者用另外的说法,它们制止了涂尔干提到的不知足性倾向。如果人们知道只有一种货品和只有一种方式来得到它们,或许这种倾向就会不受拘束了。但是,这类单向度的人——接近于经济人的虚构——不会对任何事物都产生义愤,不会对任何人或任何批评精神都有感情。对他们来说,不会再有任何不同于人性的事物。[4]

资本主义无法在不知足积累进程(它本身就是不道德的)的逻辑中发现一个道德基础,因此必须从它外界正当性的秩序中(这里称为城市)借来其所缺少的合法原理。通过资本主义精神的中介,

资本主义因此以某种方式结合了对它自身的批判，因为它结合了一些道德原理，人们可以用来谴责不尊重它已经连接自身的价值观的那些方面。

3. 资本主义如果要生存，就需要既激励又抑制不知足性。

作为一项无限制积累的进程，资本主义必须不断激励不知足性的倾向，并激活不同形式的积累欲望：积聚财产；集中权力，这对于伴随30年代官僚化公司发展的、关联第二种资本主义精神的形态特别重要；或者如我们今天所观察到的，导向流动性与创造性的资源资本化。事实上，资本主义只能依靠人们争取积累利润、权力、发明、不同期望的倾向，才能发展。 487

但是，这一力量本身很不充分，因为没有外部基础的话，积累欲望本身就成问题，往往在一生过程中，或者至少在下一代，会消耗殆尽。我们看到，如果人们因天性而不知足，情况就不会是这样。但现在的倾向是自我毁灭，因为寻找无限制的利润增加了竞争，如不加制止或调节，就接近于暴力。例如，如果不禁止偷盗（即尊重财产权），资本主义会变得怎么样呢？

资本主义精神因此可以被视为对这个问题的解决办法，因为它以激励和解放的方式激活不知足性，同时把它拴在道德的要求上，以便使共同福祉的约束对它发生影响而限制它。

在刺激积累欲望与受相应欲望形式的规范限制之间，当包罗在其他地位规程之中时，有着一个永久紧张的领域。由于在结构上是一种不稳定的妥协，它的动员力可以加强或削弱。它可以被削弱，是因为它失去了激励的一面，或者是因为没有足够地面向共同福祉，而人们发现它提供的参与理由相当浅薄。但是，它任何一个组成成分的加强都会对其他成分起反作用。一个完全公正的世界将会异常缺乏面对不确定性时产生乐趣的能力，因为一个社会分配货品与责任所依据的一切检验（选择与录用检验、工资水平的决定、工作评估,等等)都会从中解决而不会留下什么机遇。在这样的世界里,还有可能出现惊奇吗?相反,一个似乎任何事情都可能的世界里,虽然令人激动,但也有难以激发的风险,因为人们不再知道他们能依靠什么。

4. 资本主义精神不能降为一种对世界事态没有影响的幻想意义上的意识形态。

它必须在某种程度上发表它的诺言。事实上,它经常受到人们的检验,他们依靠它唤起理想,谴责实践中不符合规程的东西。这预想人们具有真正的批判能力——就是说,他们绝不会异化到不能确立批评距离。批判有真正的效用,因为为了抵挡检验,资本主义的正当性必须能依靠机制就是说,目标、规则、惯例的汇集,法律就是表达它的一种概念。这些机制发展起来回应批判,约束了积累
488 进程。

5. 资本主义有着转变自己的经常倾向。

寻求利润的新途径是转变的强大力量,不论它涉及创造新产品和新服务来克服市场饱和的影响——特别是,通过把迄今仍在商品领域之外的空间加以商品化——或者对其他竞争者取得暂时优势来恢复被竞争侵蚀的空间。这种优势(管理著述中称为"比较利益")使它可以获得有关掌握专利权或制造秘密、控制一项新技术,或者实施一项更有效率的新组织的临时收益的好处。这表明经常的"创造性破坏"(约瑟夫·熊彼特的用语)所起的作用,指的是非常具体的批判形式,即竞争(按照赫希曼的类型学,就是退场的批判,意思是说,它不是用言辞而是用退出来表达)。这不断助长资本主义的进程,因为企业家总是设法避免蒙受余地被侵蚀。

另一方面,资本主义的变化主要无关于赫希曼所说的批判的呼声(公众抗议),虽然在某些情况下它鼓励了它们,放慢了它们,

或者阻止它们发生。

当它们积累起来,变化可以变得非常激进,适应于一定时期的一种资本主义精神最终证明完全无法进行它的动员功能。

6. 资本主义精神的创造与转变的主要操作者是批判(呼声)。

虽然声音批判并不是资本主义变化的主要因素,它的作用却是构建以不同形式与不同时代伴随资本主义的那种精神。

通过公司负责人及其助手方面的反思,目的在于回顾成功和了解失败;以及通过批判方面的反思,目的在于设法了解义愤的根源并质问前者,要他们提供解释和正当性,关于资本主义某种情况的一种世界制图学,已根据这两类活动者分享的类别确立出来。

这一制图学承认各种重要的地盘——可以在不确定情况下心照不宣地协调的中心点[5]——那将被视为判断、评价、选择、报酬、支持或制裁的特许时刻。我们把它们称为"检验"。部分地是由于批判的影响,被认为特别重要的某些这类检验受制于体制化的工作,并对有关来自它们的次序范围加以检查和控制——它的赢家和输 489
家,它的大人物和小人物——都应公正。这一过程使得各方同意重点应特别注意阐明,从而有助于阻止冲突。批判越注意一项检验,就越有机会使既有机制根据它多少具有的公正性来改善它。

因此,批判在这个过程中起若干作用:对检验合法地交托的长处加以识别和类别化;当参与者之一被发现在利用检验形式以外的长处时就提出抗议。这样,它就施加压力来影响确认的检验更加公正而消灭附属势力;换言之,它参与进来收紧检验。因此,批判在形成资本主义精神上起到重要的作用,如果要做到可信,就必须有相应的受监督的检验。

因为批判可以使资本主义配备一种精神,它要求人们参与盈利过程,它间接服务于资本主义,并且是它持续能力的手段之一。这对批判形成了一些严重的问题,因为它很容易发现自己要面对被忽视(归于无用)或者被复原的两种选择。

7. 在某些情况中,批判本身可以是资本主义(不仅仅是它的精神)的变化因素之一。

可以设想三种情景:(1)对既有检验的批判非常强烈,以致资本主义设法通过移置来回避它们——就是说,对尚未以同样程度加以识别和类别化的领域冒风险,甚至不惜危及其合法性和动员能力所依托的"精神"。例如,逃避集体协议所保证的就业等级和工资等级之间固定联系(这往往会使整个系列的任何一点增大)的一个方式,就是让没有包括在分类之中、而且得不到既有保证的零工参与进来。这打破了关联第二种资本主义精神的事业前景诺言,抹杀了它的信誉。(2)因为批判是多元的,它的不同组成成分(它们在局部自主的批判史上可能是内生的)之间平衡的改变,会加强迄今虚弱的检验,甚至通过对自主化中迄今被忽视或不够格的图点加以识别与类别化,来建立新类型的检验。因此,在 1968 年 5 月以后的年代中,解放的要求把注意力重点从批判迄今压倒一切的问
490 题——增加值的分配——转移到等级行为,甚至公司负责人不得不修改旧的纪律形式。(3)批判迫使资本主义限制自己,约束它以改变它的积累形式。例如,在第二种资本主义的事例中,对剥削的批判可以用会计的架构来揭示增加值及其分配。

8. 批判从义愤之源获得它的能量。

这种义愤以历史安置的形态出现,而无疑植根于人类学,具有很广泛的有效性。义愤的形态可以被视为一种道德转移锚地的感情表述,认为侵犯至少会含蓄地影响人们实现人性的可能。我们看到四大义愤之源是针对资本主义的批判。我们记得,第一个有关对解放的要求,基于人们基本的不可降低性,它的潜力(相对于行动)不能限于有限系列的特性。第二个揭露人与物的不真实性,基于真

实与幻想之间的对立。第三个控告自我主义,指向共同人性的迫切需要,表达它自己在集体内的团结。最后,第四个来自对痛苦的敏感性,更确切地说,是非普通性质的痛苦形式(例如道德的情况),可归于人的行动——那就是说,就我们所关心的,归于资本主义的动力。不像反对人类境况的疾苦,这些义愤之源指向被视为人类境况中可以弥补的方面。[6]

虽然这些义愤形式可以视为具有相对无时间性的批判,以我们今天熟悉的形式,密切有关现代性和民主。如果肯定没有无批判的社会形式,那么作为政治急需的批判是启蒙运动的产物。[7]我们认为,谴责之权现在成为人权的一部分,以致我们不能想象:可取的生活可以没有进行批判并在公众讲台上大声疾呼的可能性。

没有疑问,涂尔干在对比机械性团结与有机团结时,心中也想到要发展批判的能力。而前者架构内的批判主要包括制裁恶意的侵犯,后者——它有关大量劳动分工的形式、更多关注多元主义,以及不同的合法性要求——对各种解释的冲突,以及对社会批判的体制化铺平了道路。

我们可以说,如果不开放批判,资本主义的发展是不可能的;批判联系大量实践,只是因为它主张自由劳动、自由企业和竞争。491
我们看到,竞争本身已经代表了一种批判形式,包括脱逃。但是,除了它极少是"纯粹而完美"以外,竞争还远不能掌握传统授予它的调节权,抗议必定牵连到市场不完美。由于价格不能集中到满意与不满意的一切理由,资本主义也必须给予呼声以应有的评价。

在回顾了赋予我们的"宏观活动因素"——资本主义与批判——以及它们互动结果的某些特征——资本主义精神——以后,现在我们可以在资本主义精神组成成分顺序的变化史中引导它们,例如我们在过去三十年的基础上把它重新加以建构。

资本主义精神的变化步骤

在以下的讨论中，我们将交替包含最一般的变化模式和其他的变化模式，它们指向研究时期的特征，是该时期的说明，或者甚至提供早先时代由资本主义精神变化所标志的例子。

对重要检验协议事例的批判

批判——至少在公众模式中，以及就它依靠共同福祉的正当表达而言——是作为对检验的优先事务来操作的。这些检验已经通过程序或规章从属于正规化和稳定化，以及至少体制化的框架，给予它们一种客观性而可以分担义愤。这与勉强正规化的检验相对比，它们产生需要加以解释的“不安”，[8] 难以诱导别人来分担，一旦表达出来会被轻易地贬损为纯属“主观”，甚至作为妄想倾向的结果。鉴于我们著作的主题，我们感兴趣的正规化检验主要是那些通过它们来追求合法性的资本积累和盈利形式。

我们可以区分三种类型的检验，其中面对的问题是：它们的做法是否从研究时期一开始就是公正的——就是说，在60
492 年代后半期和70年代初。

（1）首先受影响的是工资/利润关系——即增加值的划分——所依靠的检验。这些检验导致把人们分列为某些数量的特点、货品、权利及相对于工作的职责：他们必须从事的任务性质（例如，根据岗位来界定）；报酬；工作合同类型，主要特点是根据其零工与灵活性，按照工时数；等等。特别是从30年代以来，这些检验从属于以劳工法为基础的正规化，这导致建立通常称之为“劳资关系体系”。

（2）同样受到密切批评调查的是一些检验，它们把权力或资历地位的不对称加以合法化，特别是当这种不对称属于家族性质(即年龄、家庭财产或性别),而且当它根据早先选择检验结果认可的业绩作为不平等的要求时,比如一位“贵人”把他的权威植根于一项学术称号。

(3)最后,批判抨击社会选择所根据的、据称合法和公正的、所有或多或少正规化的和受监督的检验:显然,首先是教育检验,而且还有职业录用检验,事业晋升所依据的检验,心理检验,如果一个人的工作在精神病意义上完全正常,并能进行分配给他的任务(在安全要求上特别详细和合法的部门,例如铁路)[9]而还要确立的检验,不用说旨在决定一个人在不同环境中是否有罪或无辜的一些检验(从纪律委员会,到行政法庭或审判法院)。

批判揭露这些检验中对公正的侵犯。特别是,这些揭露包括显示干预检验的隐蔽势力,并暴露某些参加者享有获得各种资源的更多办法,可以不让别人知悉地运用它们,取得不应有的好处。

在增加值划分的事例中,论证包括揭露隐蔽因素助长雇主的集体或个人利润——就是说,使工人受害的剥削。这打破了雇主的正当性,用会计结果来表明不可能满足特定要求而不危及公司。

在选择的事例上,尤其是教育检验,批判性揭露的典型形式,包括表明:竞争者处在成功机会形式上平等的情况下——胜负完全由于业绩——事实上却处在极其不平等的地位,因为他们中有些人得利于与检验性质不同的附属性势力。同时指明和揭露一些 493
竞争者,他们从并非正式考虑的更大势力中得到好处。揭露的这些势力原则上可以包括在任何地方。从理论上说,没有什么特性不能成为积极或消极区分之源,即使那些近几十年来受挑战者也主要活动于社会背景之中:性别、年龄、种族、身体或心理“残障”。对这些附属性势力构成挑战的,可以是法律条款的项目(如在选举法的禁止条款中,针对提出同一家庭的成员在同一名单上;或者在相反方面,反歧视规定)。

因为某些检验的体制化成了中心点,并和结合进常识的批判与正当性的全部内容相关联,如果批判设法走不同方向,就难以使人听取,而且总是易于被拉回到得到承认的检验上去。这种情况特别是因为各个行动者不知道如何掌握这些新批判,希望同意可协商之点。事实上,集中于定义不稳定的主题,以及集中于没有正规检验出现的主题,这样的批判考虑,会使争议没完没了,或者甚至把它引向暴力的风险。

1965年至1970年的"社会"批判被雇主们认真对待(不论把它们视为合理并迅速加以考虑,或者视为不现实和危险而加以拒绝),对比于更加"艺术"的批判,它们被拒绝——至少在一开始——是作为无条理、荒唐或"超现实"。社会批判针对的首先是那些已经(在早先冲突以后)受到重要正规化和稳定化的检验。因此,如同我们在第三章所看到的,劳工争议方的发言人首先要致力于结合进劳资关系系统的正规化检验,以便对那些争议找到解决办法。当他们冷不防地遭遇争议中的暴力时,他们在保持竞争与力量对比以进行协调的同时,通过聚合那些检验中最强壮者,力求达到一个解决办法。这些检验在法律上和体制上得到特别好的监督,较少有风险会转向不协调的和无法控制的冲突。这是工会和雇主组织之间在联邦一级谈判的典型案例,国家代表在其中起调停作用。这些检验依靠第二种资本主义精神所特有的资本主义与国家之间的坚
494 强连接。

在批判影响下检验的收紧

批判是否对最常规化的检验有直接影响或者返回给它们,如果那是有意义的,它不能没有呼应而保持很长(除非以干预政治与

社会辩论的民主活动为代价:报刊检查,禁止集会与罢工,把抗议者下狱,等等)。事实上,这些检验(其正当性与批判所提出的都呼吁同样的规范立场)必须被认为有效,甚至不可责备,以保证从中得利者的合法性,而批判则公正地谴责他们不当受益。所以,负责进行此事者不能始终无视指向它们的批判,而且,如果检验要保持合法,就必须注意这些。

在经过批判和正当性或多或少长期冲突之后,这些检验往往到头来受到更严格的监督,并且比以前语气温和,以便使自己符合当时的公正模式。

在谈到的时期中,提出了无数措施的例子,使检验方式收紧以呼应公正的要求。除了重新衡估工资/利润份额以有利于工薪收入者以外,70年代初标志着最高层发表了扩展福利国家的法律或条令,设法加强工薪收入者的稳定与保障(第三章)。

在同一年,选举检验同样受到更严格的检查,审看它们在实践中完成有关条件中所包罗的公正要求。特别是在教育体系中,旨在鼓励迄今被排除于该体系之外的社会类别的孩子们,在实践中获得中等或高等教育的一整套措施。[10]许多老师相信,教育体系隐蔽地有利于在其他方面有特权的学生,这使他们比以前更加小心地进行教育检验,以及他们自己对待不同背景的孩子们的态度,以便控制自己态度中任何可能有歧视性的东西。

至于在行使权威方面,也受制于更大程度的控制,下属更加时常要求对他们的指示和需求必须公正。当时发展起对工作中家族联系的严厉批判——从批评大学里的贵人少爷,到批评车间里的小霸王——为提高大量检验提供了基础,以便使检验重新集中于特别界定它们的优点:职业架构(或政治架

495 构、公民品格）中的"真正"能力。

在这些对检验的各种改变以后，要工薪收入者无补偿地工作超过合同职责就更难了；以压迫性态度指使人更难了；依靠学术称号来推动那些无关承认权限的决定更难了；出售可疑质量的产品更难了；使工会代表成为裁员更难了；等等。

由于检验提高了，收紧了，社会无疑就变得更为公正——或者用另一种说法，较少一些不平等——显然是在有关已承认和确定的检验模式不公正或不平等的方面（其他的不公正和不平等则依靠不受反思复查的检验而保持，甚至发展）。

即使由于与社会秩序合法性有联系的原因而难以迎头反对这种进程，但情况仍然是：更加严格地对待既有检验并非符合每个人的利益。有人从中得利，有人失利。对实际上参与检验力量的监督，有利于那些在该特定检验而不是其他检验上受过大量培训的人——专业人员、专家，等等。换句话说，它有利于那些在其他方面作过最大牺牲的人，他们由于同样理由往往不很流动，并在换地点后失去他们的比较利益。可是，相反，它处罚那些掌握许多世界分配的资源、以不同方式评估人与物而可以不受约束地从一种检验转到另一种的人们。他们通常享有的优势趋于缩小。

结果，在批判影响下检验越严格，要绕过它们的诱惑就越大。那些迄今得利于相对不受监督的检验的人们知道，更加严格或更加公正的检验所得来的合法性收获，是以其他方面的好处下降为代价的，例如，以他们自身或他们的子女成功机会减少为代价。他们可能不顺从这种好处的丧失，可能利用在检验不很严格时积累的资产去寻求利润的新途径。为了避免损失以多种不指明优势得来的竞争好处，他们转入了对立力量不太受制于管控的检验情况。

60 年代末与 70 年代初的社会收获可以改变增加值的分

配，使之有利于工薪收入者。但这种情况——加上70年代后半期的经济问题使公司利润继续减少——让雇主们相信，他们应当不参加全国性谈判并放弃“法团主义政策”，以便探索 496
新的组织模式及与工薪收入者的关系（第三章）。

人们如何开始认识到：原来似乎正常的检验不再如以前那样提供同样的可能性，因此寻求其他有力的途径和其他机会是合适的？一个设想是，在某些秩序中已经成功的大人物是最先了解这一点的，因为根据特别难以公开传达的一种心照不宣的知识，他们知道只有掌握盈余（非法的）力量的人才能获得高于检验所保证的、合法进行的最低价值。他们怀疑，如果没有这盈余力量，他们永不可能成功，他们的积极潜力会粉碎在过分受监督的检验之中，即使包含在这潜力中的东西往往对他们是个谜，而且即便他们相信以这种方式对共同福祉作了贡献——他们和别人都认为，这认可了他们所处的地位。

因此，资本主义世界的大人物发现自己面对一种紧张，可以总结如下：因为他们密切联合既有检验——特别因此而能惩罚那些设法免除检验的人——他们也密切联合现有社有社会秩序，并准备证明是“保守派”；但鉴于他们总是在寻求新的利润之源，特别是由于那些要求杰出的人所进行的竞争，他们无法防止潘朵拉的盒子被打开，它包藏着所有必须加以控制的力量，如果世界状况——以及它们自身的利益——要较少受到公正观点挑战的诂。

因此，虽然他们很少赞扬“纯粹”状态的力量——即，正由于保持不确定，因此有一切可能形式的资格——他们总是准备批评规则、条例、道德主义等等，认为都是对他们应做大事的束缚。庸俗的尼采主义（来自《道德系谱学》，在舍勒《仇恨的人》一书中成为主题）在强者中有听众。对他们来说，必须“保护强者免遭弱者攻击”是一种深刻的思想，反映他们最密切的经验。因此，隶属于“资产阶级”、“统治阶级”或“名人”圈子等受谴责的意思，首先是要共同认识到（这种认识为少数快乐者所共有，不能归于众人，特别不要公开）没有完成什么大事——不论在艺术、政治或工业方面——没有力量盈余，并不掌握规章。[11]

鉴于既有检验都被授予高度的合法性（“大人物”迄今从中受
497 益），认识到它们已失去兴趣，并且在找机会寻求其他投资的时候，其他利润之途包罗不同的检验，由此预见到在道德方面的某种自由——往往以“现实主义”的语言提出的一种非道德主义。

“不道德主义”或“非道德主义”作为有利于原始资本积累的一种意向，从19世纪初开始，而且至少从巴尔扎克以来，总是文学中的一个经典主题，它批判现代性，意欲了解这种自创的新资产阶级王朝在哪里建立起冒险性，抓住现有精英分子忽略或拒绝的机会，从混乱的政治环境中得利（以低价购买国有财产，或者对王国军队投机性地供应粮食，等等）。

在我们感兴趣的那段时期——从60年代末到80年代中——我们可以提出假想：革新者发现了所需要的资源（道德力量），把自己从道德主义解放出来，至少部分地有关心理分析的扩散，特别是在那些年代中非常流行的拉康心理分析。这对于解构惯例性道德（即首先与家庭逻辑有关的道德）有重要作用，对道德化努力的隐蔽动机提出怀疑。更特殊地，在“这些年代中，流行的拉康主义被公私部门的大量年轻干部进行解释，他们作为现实主义派接受1968年5月的解放主题。[12]心理分析治疗有什么用呢？对干部来说（他们大多数属于公共部门，或先进第三产业部门，如广告），他们在70年代和80年代相当大量地使用它，首先使人能正视现实——包括（或者尤其）欲望的现实。但同样地，它也有助于人们承认现实对欲望的限度，并使人更好地处理和控制它（而不是因为不现实地寻求财务解决而没完没了地不断经历失败)。

艺术批判在同一时期的强烈发展,攻击一切形式的常规,把道德及尊重既有秩序视为不正确的压迫,还创造了一种意识形态背景,特别怀疑一切形式的颠覆,包括雇主的先锋派所实行的。当口号是每天重新赋予自己的存在时,公司头头们就能加强他们组织机制的创造性与发明,从而成为进步人物。 498

既有检验的置换与规避

置换可以恢复力量,通过从新环境中取得带领者安置在那里的较少识别的力量。既有的地位检验被规避。突然间,有人在不同方式下成功了。一开始,谁也不知道那是什么(可能他们自己也不知道)。

不论他们可能显得多么不可预测和大胆,这些置换只是资本主义力量的表现,这是它的主要特性之一——马克思或熊彼特认为是魅力之源——我们回顾在这篇结论开始时提到的,是要颠覆现有秩序而旨在它的再生。竞争的体系性和模拟性影响,通过鼓励采取革新从而减少他们取得的优势,事实上推动了不断寻求新的利润途径。

所讨论的这段时期中提供了这些置换的无数例子,它们具有各种形式。它们可以是地理性的(重新安置到人力比较便宜的、劳工法没有发展或不重视的、环保条例较不严格的地区),或组织性的(把大结构转变为一批小公司,使一整批工人零工化,等等)。它们影响到公司间关系所依据的检验(客户与供应商关系、分包制、合伙制、网络形成,等等);工作组织(发展多种任务或自我管控);以及工资—利润分配。它们导致新形式检验的形成(由工人分析质量问题,评估沟通技能,等等)。置换还同样包括生产更小批量、更多品种的货品,并把迄今处于经济流通之外的物品与服务商品化，它们因此就被视为更加“真实”，以满足对“消费社会”的批判，同时复兴消费。

积累的置换有助于解脱既有的检验，它们不但被规避，而且证明是无效能的，因为它们越来越不能提供取得它们所允诺的福祉。如同它们的实际行动，它们所根据的原则因此变得广受贬损。因此，资本主义的置换拆除了检验所依靠的行动逻辑之间的和解妥协，从最稳固建立的到最不正规的。

导致1950年至1960年扩展的组织生产的形式，在一方面，依靠泰勒制分工与再分配生产率提高的国家机制之间的
499 结合（调节主义者称之为“福特主义妥协”）；另一方面，依靠工业类要求（计划、行政管控，等等）与家族类理由与监督之间的和解妥协，因此就出现了在公司内存在大量有关家族逻辑的情况。在雇主方面，采取的形式是：保留第二种资本主义精神主导世界的传统资产阶级价值观所支持的家族资本主义。在工薪收入者阶级方面，表达的形式是严密监督，它结合车间纪律（由当地录用和一般成员中提拔的“小霸王”执行）、工业管控机制（例如生产指标）与公司外部的传统社区或家庭形式的社会管控。

依靠工业世界与公民世界之间的和解妥协，经济机制联系上有利于非人格化管理的国家协调与计算中心，由有关公民性质的共同福祉所认可。但与此同时，凭借工业世界与家族世界之间的和解妥协，它们还发现自己深深覆盖在社会机体之中，并连接到日常生活的检验和个人经历的种种形式。

开始时，在70年代初，公民—工业的和解妥协似乎从危机中得到加强而崛起了。但为了追赶要求而使得雇主们进行一系列置换，在十年后显著地影响到恢复该时期初获得的提

高保障，这是由于采取以普遍灵活性为方向的种种措施。从80年代中期开始，从这些对峙中崛起的公民—工业的和解妥协在实践中大大削弱,失去了它的很多合法性。该时期同样标志着跨国公司的分量有相当大的增加,它们重新改组自己,以便立即全球化和精简化——就是说，最小程度地依靠它们的地理位置;这导致经济利益集团的巩固,它们大大增加对国家要求的自主性。而第二种资本主义精神所运作的时代的驱动力,则是大国有公司追求在国内市场上的内源增长,这凭借在国家主持下的“劳资关系”国家体系而认可社会关系的稳定化。新资本主义则使自己与国家脱钩。

至于家族—工业的和解妥协,从1968年起开始完全脱离学术世界,在生产世界里保持得稍长一点,尽管有着来自年轻干部、工程师和合格技术员的挑战,由管理专家和社会学家给以咨询的、更具革新性的雇主(特别集中于“企业与进步”组织)有时也作出呼应。只是到70年代下半期,当公司经理设法制止公民世界的扩展，鼓励更加关注对自主性和创造性要求 500
的管理风格时，公司内及核心家庭封闭空间外的家族安排形式的合法性才开始崩溃。[13]

没有疑问，拆除公民—工业的和解妥协有助于加速拆除家族—工业的和解妥协。实际上,家庭外和工作环境中的家族世界的持久性,主要取决于关联这个世界的社会控制工具。一名下属人员长期人身依附于他的雇主，关系到世代之间的关系与资历的关系,预示上级能控制其部下的行动和接触,并以他认为正确的方向影响他们。但为回报这种双方同意的依附,雇主必须保证他的被保护人有保障，特别要为他打开一条事业之途。在50年代和60年代的大公司里,家族依附关系因此在官僚形式的管理上找到了接力,它为年轻干部从“储库”中提供在该组织的事业机会。他们为什么到别处去,冒风险去破

> 坏他们可靠和忠诚的声誉，去寻找已经在这里提供的东西呢？家族—工业和解妥协的持久性从而联系到稳定机制和法定优先的存在，那是与寻求最大限度的灵活性不相容的。

我们必须谨慎，不要在这些变化中看到由隐蔽机构作出的、由上级实施的一项总体战略的结果。它们的解释既不能根据一个无所不知、无所不能的力量（雇主或资本主义）所管控和组织的一项预想的计划，也不能根据一个没有主体和反思的不自觉的进程。

> 70年代的组织变化肯定是由专家——经济学家、社会学家、管理专家——及专业顾问或记者做了有关面对批判的许多深思熟虑的。雇主组织也鼓励寻找更强有力的机制。同样，那些行动者发挥主要作用，汇集经验，使之稳定化并转变成可以适应和复制的技术或机制。但是，操作方法则包括通过鼓励局部的、多种的、小规模的变化来寻求新的利润之途。这种有限反思的做法来自很多活动者的关注和行动——雇主、经理、人事主管、干部，等等——他们每一个都设法重申对他们自己特定地盘的控制，要他们的下属人员回去工作，增加他们的活
> 501 动余地，并恢复利润。这些活动者是同时既相互竞争又很想合作的，以便了解什么看来对他们的竞争者起作用，并且只要有可能就为我所用。

竞争压力导致很快的置换扩散。[14] 但是，一种解释、比较和叙述的努力（往往由顾问，或者在研讨会、座谈会上进行）被要求界定什么看来是有利的，能使局部性或环境性的措施在其他地方也可行。

在这一序列的开始，当置换似乎是违反规则的、偶然的和局部的，那些得利者的成功可能对有关方面自身似乎有点神秘。他们的

显著成功，对比于那些推迟使用新方法的人们莫名其妙的失败，可以归之于环境或者心理特质（例如，他们的足智多谋或没有顾虑）。[15]但是，随着这些成功（或失败）的持续，那些及时改变者的成功感就开始形成行动者竞相创利的意识。结果，这开始在协调机构中为公司负责人制定和交流。越来越多的行动者放弃了旧的检验而追求盈利的新方法。因此，置换也往往关注利润。趋向新检验和放弃旧检验的分化就扩大了。资产贬值了，而别的人则看到他们的要求大为扩增。

我们要指出，当检验似乎对一些行动者过于严格时，置换以外的其他事情也可能发生。这包括试图以"减少管制"来干预类别化秩序中的力量，试图尽力获得基于法律秩序稳定与明朗的变化，从而恢复失去的优势。然而，不大可能激活这种可能性。因为，这会立即遭遇到围绕受公开攻击的检验而强烈构建起来的批判，而且或许不得不采取政治暴力的形式来达到其目的，除非批判本身由于某种原因而大大削弱或贬损。在某些历史环境中，资本主义肯定求助于这个，与独裁主义政治势力的联盟，例如，为了推翻挑战私有制或自由企业的一个新共产主义政权。但是，这样做的话，它侵犯了它与某些自由的坚强联系。因此，这种堵塞检验力量的途径只能作为最后一着才采取，因为它并不导向作为资本主义主要动力的革新与流动性。所以一旦可行时，也宁可选择谨慎地规避既有机制的低能见度进程。 502

在70年代中期，于是出现一个可能的战略，试图拆除与长期合同关联的权利。鉴于工薪收入者高度的流动性，这项战略的代价会非常昂贵，尤其在合法性方面。宁可选择增多其他形式的合同，以及贬低习惯法规章的可能性（习惯法保持不变，而另一方面则加强了长期合同的权利）。这产生一种印象，认为有了新的社会收获，而这种法律形式越来越对公司没有吸引力，因为它们面对着其他的可能性。

利用批判力量之间的差异，置换找到了初始的合法性因素

批判不是铁板一块的。因此，我们识别出19世纪中期以来遵循自身进程、形式不同、情况各异的两大批判方面：社会批判与艺术批判。它们根据历史的关联，或结合一起，或经历紧张。在导论中，我们也看到批判重点有时可以与检验中基础地位状况不一致（我们称之为纠正性批判）；有时处于实际上对检验提出挑战，它在其中基于同等原则，其有效性在检验有关的那类情况中不可行（所谓的激进批判）。最后，批判不是比资本主义更不可改变。它会被根据扩大到日常情况是否公平的新焦虑问题所替代。所以，它可以集中到迄今在检验中未曾定形的那些情况，包罗一些痛苦与不公未受关注的人士。[16]

鉴于这种多元性，以及批判有时也有矛盾性的情况，有可能让资本主义的置换回应某些要求，同时规避那些对其他批判方面特别重要的检验。这样的效果可以把一部分反对力量争取到进行中的置换一边来，使得变革难以逆转。

在我们所研究的时期中，相当明显的是，资本主义的置换，如果不利用社会批判与艺术批判之间的差异，就不可能来得那么迅速或达到那种规模。我们看到，60年代后半期和70年代初发展的批判运动的最初特征是：以同样强度提出两套由不同团体主张的要求，它们根据情况既是盟友又是对手。一
503 方面，它要求减轻剥削和社会不平等，巩固国家的保障机制，以及工薪收入者在政府内有更大代表权——那就是说，扩展我们称之为公民—工业的和解妥协。另一方面，它要求废除家族形式的从属与判断、认可与社会控制，不但在家庭外、公司里，而且在私人关系世界里，甚至——特别伴随着反精神病学

运动——在家庭内。

为了规避由社会批判帮助加强的检验并希望进一步强化(公民—工业的和解妥协),若干置换就使用艺术批判。例如,面对不断增强对工作中自主性的要求,最现实主义和有利的回应不是设法通过增加等级制分量和会计机制来提高管控程度,而是相反地,减少等级链的长度并走向满足自由意志论形式的要求,它有助于以自我管控来替代外部管控。转换成艺术批判的名称——自主性、自发性、真实性、自我充实、创造性、生活——许多置换可以被解释为(包括至少被一些实施者)来自资本主义对批判立场可行性的承认,资本主义终于开明起来,它的开放与现代主义授予其新的合法性。这有助于掩盖工作世界与公民世界之间联系的拆除。另一方面,为了从工作场所根除家族价值观,新的检验提出时也对此不提,从而规避了那些依靠承认等级距离和人身依附或忠诚的既有检验。

我们看到(第一章),规避对社会批判有关的检验,也从影响自主批判史的改变得到帮助,当时——70 年代末,特别是在 80 年代——共产党的衰败达到空前程度。这间接地促成了大量行动者(包括前马克思主义者)贬损社会批判的观点,因为它的表达方式和所依靠的组织类别现在看来无法改变地联系着法共的言辞和官僚制,因此发现自己失去了保护。这段时间,艺术批判仍然是唯一合法的批判。

如果艺术批判因此直接有助于解除以前时期曾经保留的工业—家族和解妥协的话,它也帮助资本主义从国家脱钩。它集中于解放的迫切需要和“真实”人际关系的要求,同样有助于——在对传统典型机构家庭进行激进批判的基础上——加强抗议力量的反体制部署,现在它可以把力量指向其他目标。因此,艺术批判就指向对另一个重大机构——国家——的批 504
判。

30 年代的社会批判有助于第二种资本主义精神的形成，它曾经把私人利益所主宰的无政府性质作为主要目标。作为纠正之法，它建议在国家主持下实施计划与调节。60 年代与 70 年代的社会环境是相当不同的，因为随着计划委员会和福利国家制度在战后年代的建立，早先时期的要求已经局部得到满足。60 年代标志着戴高乐派的干预主义，以及国家干部与大公司人员之间联系的加强。这种和睦关系出现的同时，还乐观地相信经济进步与社会进步会同时发生，并在技术发展面前带来“意识形态的缩减”。这标志着第二种精神的顶峰。

因此，从 60 年代中期到 70 年代中期重起的社会批判的方式之一，不是去对比私人资本主义的取消管制与国家计划，而正是把国家与资本主义的联结(被谴责为“国家垄断资本主义”)作为其主要目标。资本主义已经融入国家并把福利国家列入它的服务，结果，早先批判活动带来的社会进步不再成为批判再起的障碍。这种新观点破除了战后时期的中央集权经济统制进步论，雷诺汽车公司——国家大公司的象征——基本上并不强于标致汽车公司——旧的家族资本主义的体现。

但是，这种新批判需要除自由主义以外的外部支持，它同样反对国家与市场之间的“不自然”联盟。那要在极左的、反独裁主义的、反等级制的艺术批判传统中找到，它谴责“统治”而不是“剥削”，使它可以在单一态度中反对一切机构(包括已确立的工会和共产党)。国家不是被视为反对最强者(“任意”)统治和剥削的保护工具，而是被谴责为不但是资本主义的奴仆——马克思主义从一开始就指向自由派国家的批判——而且是压迫和剥削的中心机器，或者直接地，或者通过“意识形态的国家机器”——法院、文化机构，特别是学校和大学——其依据是 70 年代时常重复的阿尔都塞公式。

因此，我们可以提出这样的设想：资本主义的置换主要依靠对解放的要求——不但达到规避迄今被视为重要的检验本身会产生 505
一种解放效应（特别是对新来者），而且达到在资本主义内嵌入一个解放项目的程度。这些因素使得艺术批判特别适合于伴随置换并使之合法化，至少在它的历史阐述中重视解放多于真实性。

一项置换利用重视按公正制订的要求而取得合法性，似乎不大可能。因为它要预想到提高反思水平，以及力求类别化和进行编纂，这些都很花时间。同样，呼应对保障的要求似乎难以通过置换来作出，因为这种要求只有当有关新形式自由的风险已得到广泛承认的情况下才能确立。

在置换影响下，对既有检验的批判中立化

资本主义的置换，以及伴随它们的大多数日常机制的许多变化，都有助于解除批判的武装。一方面，它们满足批判在一个方面提出的某些要求，我们看到，没有它，置换实施起来就更加困难和昂贵。另一方面，它们挫败了联结于保卫既有检验的批评势力。置换提供对只有很少影响力的世界的批评势力：在认知方面，因为它们不再知道如何解释它；在实际方面，因为它们不再知道为了发生作用它们应当联结哪些机制。

置换具有特别的效果，把检验从不同成员之间的影响力比较对称的环境（类别化与调节正好促进这种对称，特别是，影响力取决于信息水平），转换到资方与工薪收入者代表之间的影响力分布得非常不对称的环境。与早先社会选择形式相关联的批判和批评机关，实际上对新检验没有多少影响力，它们没有受到大力承认、体制化和编纂。

开始时依靠考验良好的规范形式，相应于早先的合法性，谴责与造反就落后于置换发出的检验，因此总是不够格为保守、反动、

和向后看。

> 因此，许多评论家就认为，近些年来的罢工或抗议运动不够格，它们设法使合法性基于保卫公共服务、集体协议、资格规格或社会保护体系。
>
> 对于19世纪资本主义形式剥削的兴起，工人阶级的反应也提供无数例子，说明批判落后，以及它倾向于在检验模式迅速变化的时期依靠过时的形式来表达抵制。因此，如同威廉·斯韦尔细致的分析所表明的，1848年以前，主要在行会语言中，在旧的公司团结语言中，法国的工匠与工人设法解释他们的境况随着工业化而恶化，阐述要求，并建立互助与抗议（往往是暴力的）的机制，诸如联谊会或行会团，界线模糊的一些组织形式。只是在7月革命以后的几周里，“他们才明白他们[社团]习语的局限”，他们才懂得通过“创造性地编撰法国大革命的语言”[17]来塑造一种新语言，开始以迄今不知的轻蔑用法来使用“剥削”、“剥削者”和“剥削行为”等词语。

批判机制建立得很困难，作出了很大牺牲，而且拖延了，同它们想发挥一些影响力的机构有同类型关系。这种同型性就是它们有效性的条件。因此，它们发现自己在为了成为成员而必须密切联系的世界中，不知不觉地卷入迅速变化的组织模式和正当性形式之中。

> 因此，群众性工会运动以大公司的观点建立起来，立即对立于并适应于资产阶级的秩序、工作和进步价值观，符合于有计划资本主义迷恋科层制管理形式的产业大集中。但是，当他谈话的人们不再集中于密切靠近的大车间，不再具有同样的正式地位，不在法律上依靠同样的雇主，卷入了一系列制约而

使自己的生存取决于他们把制约转移给其他更弱者的能力，那么，要在工作高度密切、情况类似、工人间团结的基础上进行动员，就变得非常困难了。

由于同样的理由，批判本可以依靠计算中心来挑战雇主的正当性或者进行反建议，但它也已经变得无效。事实上，为何资本主义的置换导致批评机制失去影响力的理由，不但是组织方面的，而且——不可分地——也不能不有关会计。把工薪收入者放在对资 507
方的微弱地位的无数不对称中，主要原因之一——用布吕诺·拉图尔的话来说——是来自界定会计参数并把它们结合进计算中心的能力。[18]公司的资方对此有一种准垄断权。会计架构（各种力量在其中转化为金钱）最终代表劳资之间争议的主要主题之一。[19]

批评机制要成功地影响会计架构，只有以大量斗争为代价，而且——虽然以很不平等的程度，取决于国家与政府调节社会关系的作用——采取一般有效的法律改变的形式。这要求它们在政府中寻找盟友，或者对其施加足够的压力。可是，这已经预设批评机构掌握计算中心而没有董事会与资方施加权力的影响。确立这种替代的计算中心耗时很长，花费高昂，信息难以搜集与验证。所以，它的搜集必须依靠不同安置的观察员，而且能同时进行报告，从而构建出一幅总图景，并在机制内对检验就地展开的方式加以监督。一项检验可以正式地符合规章，但在实践中却违反了它们——如果没有人在那里验证书面检验、资方所做的检验报告与实际发生情况之间的关系。

置换最明显的效果之一，是使得对就地检验的监督困难得多（因为组织现实使它多样化、特殊化、分散化——见第四章）。它也使数据积累规格可以可靠、可信地发表要困难得多。

引进福利国家不能脱离建立新会计机制，这可以使它使用增加值的概念，并且方便在全国范围的计算，以及每个公司案例和工资/利润划分的计算。但是，整合一体的大公司分碎成一批批使用无数分包服务的小公司，使得这种会计架构的效能减少。增加小的计算中心（以及公司）因此就把整个生产线的主要划分（在第二种资本主义精神的语言中称为"分支"）模糊起来。"资本分裂成独立的法律实体"实际上与资方保留"信息结构"的高度整合同时进行。[20] 相反，对工薪收入者来说，可取得的信息变得分散了，这方面被限制在整体的直接单位，在法律上它就是直接的雇主，但没有任何决策自主权。这种情
508 况说明：为什么我们在项目型城市的机制中引进那些旨在把网络的所有组成部分结合进一个可辨认的整体（见第六章）。

同样地，可以认为会计架构也不再适合金融机构，由于"衍生产品"的出现代表了许许多多置换。它们的优点之一——而且绝不是最小的优点——对于受制于库克比率的银行来说，它们代表资产负债表以外最终逃脱监督的许许多多承诺。这就是市场的信息缺陷，谁也无法确切地估算这些新金融产品对全球经济带来的总体风险，特别是由于这些承诺远远超过签署者的信誉。

大公司在国外发展分公司，也给它们一种无形性，大大复杂了可辨识人物所代表机构的责任归属，战略决策的预期和识别，以及对它们效果的追索。

顺序而言，置换也可以只是使批判不起作用而推倒它们，这贬损了指望从中得到保护的人们认为具有反制力的机构。当置换发生时，那些不跟上去的人、不理解的人、认为啥也起不了作用的人、仍然信托既有检验的人感到惊愕了，苦恼了，或者变得愤慨了。这种愤慨的影响转移到监督地位检验（以长长的批判和认可的循环使检验极其严格，现在已经过时），转移到他们的批评机制，由于他

们继续相信它们有着他们不再拥有的重要性。

这是理解(至少部分地)近些年来工会运动如何走下坡路的。工会运动仍然集中于已在各方面被规避和绕过的劳资关系系统中的主要检验,这就使它失去信誉,包括在工薪收入者之中。于是,这似乎肯定了有些人的看法,他们把它视为现在不过是一小批特权工人的法团主义工具,脱离现实世界、现有世界和已变化的世界。

批判比资本主义较少流动性。批评机构不掌握置换的主动权。它们的计算中心微弱。它们的活动方式是直接的,通过罢工或者拒绝工作——但也首先间接地通过法律,它分给了它们某些惰性。依靠法律来维护最弱者的利益,使得批评组织打上了一种保守主义的印记,那是资本主义所不相容的。 509

积累的恢复和资本主义的重新部署

检验的置换,批判的拆除,世界上新的、分布不对称的影响力的确立,这些开辟了恢复积累和重建利润的机会。在规避最类别化和受监督的检验时,资本主义积累从公共福祉制约所强加于它的枷锁中解脱了自己。

我们在80年代看到这一过程的活动,当时在关于"危机"的话语掩盖下,资本主义世界的形态被重组了,与此同时,积累再次上升,它增加了利润在增加值分配中的份额。

置换的破坏性影响及其对资本主义本身的危险

从迄今被盛行的资本主义精神所强加的公共福祉制约中解放,虽然有利于不受束缚地恢复积累,但也有破坏性影响。有很大的可能，一个不受监督的资本主义可以成为不同类型灾难之源：不平等、失业、因工作或缺陷消费品造成的疾病，等等。解除管控，没有制约，资本主义除了最强者私人利益以外没有标准，也没有理由考虑总体利益。当市场缺了它们就不能运转的制度和协议垮台时，现在并没有“看不见的手”来干预引导它了。[21]

这种历史时刻可以合法地称之为“革命的”，在社会世界中却标志着深刻的改变。有些团体消失了，其他一些组成了。检验的置换对社会状况带来突然的变化：各种世界垮了，家庭破裂，职业消失，地区变空，人们离开、被毁、自杀、滑坡、丧失了一切资源；而迄今不算什么的其他活动者则享有光辉耀眼的成功。

> 19世纪的文学把所有这些描写了100次，总是提到那些影响，神秘（在一个越来越富有的世界里甚至更加贫穷）与难以置信地破坏性并存，再加上工业的发展和“自由派信条”的兴起。[22]90年代流行的环境同样标志着：与再生的资本主义并存的，是一个社会世界，在那里发展着不平等、失业、贫困、不确定的未来（特别是对孩子们），以及难以看到当前的意义造
510 成了道德败坏，它们的表现可以在反常指标中看到作用（见第七章）。

这种发展的特点是：利润增长使有限数量的人得益，结合着问题积累成为大多数其他人灰心失望之源，给资本主义埋下风险。

资本主义遭遇的风险，如果它的运行不是又一次受到有关公共福祉的各种外部要求的制约，是有若干种类的。首先，它们涉及人们脱身的可能性。即使暂时被投机利润高涨所刺激，积累进程的进行不能没有最大数量行动者的积极参与，他们被动员起来，或者作为工人，或者作为新产品创造者，或者作为顾客，或者作为投资

者,他们只有认为自己可以充分防止总体风险,才会保持信心。因为虽然积累代表自身的规范,但为了向前行进,它必须——这就是它的矛盾——深深埋藏于社会结构之中,当它的逻辑在任何外部控制之外活动时,它就永远四分五裂了。可是,这种脱身可能会不均等地影响不同类别的工薪收入者,取决于他们从资本主义重组中可能取得的利益。

因此,干部(我们看到,对他们始终要求高度承诺)可以相当长时期地赞同企业技能优先行动模式,因为它提供他们(特别当他们年轻时)在个人发展方面相当动人的前景(以及财务奖金的希望)。情况就是这样的,即使在若干事例中,他们的当前状况主要特点是工作量增加而没有工资补偿。另一方面,有一个风险,今天的干部比他们的前任较少注意与第二种精神关联的资本主义管理措施所造成的危害。由于他们负责的单位的自主化,总体制约更直接地影响到他们。而且,他们较少受制于正当性的要求,因为他们较少等级制责任,而且对下属较少以面对面方式行使直接管控,而是越来越经常地采取财务的、设计的或销售的责任。

可是即便以他们的案例,特别是涉及自主性较少的工薪收入者时,当前的参与程度——从表面价值看似乎很高——来自效果很快会随时间缩小的力量和机制。首先,这些力量属于制约之列——特别是失业所施加的制约。但是,随着它必然产生的灰心失望,害怕失业具有最终采取脱离的风险。它可能 511
采取的形式,或者是从劳工市场退休,退到商品领域以外不太盈利的活动;或者在心理上脱离工作,承担"抵制"[23]的形式,这可以相比于(虽然肯定以不同形式)代表对泰勒制的一种抵制手段:刹车措施。

而且,目前依靠人们参与工作的许多社会技术,要求工人

> 精神充沛，录用年轻人(见第四章)。现在，如果非常苛刻的选拔过程初看起来构成一种参与因素(那些被选拔的，或者过关的，都喜悦地感到他们是千中选一)，这种当选感产生的希望，由于多多少少的长期等待而只会感到失望。在没有事业的情况下，“快乐的少数当选者”知道他们很难改善初始境况。所以很可能，抵制会变成积极抗议和公开造反——个别的或集体的，取决于批评组织的情况——或者甚至变成很高程度的暴力而阻碍生产。

第二种类型的风险，来自由置换所带来的资本主义与国家不相联合。资本主义不依靠国家是不可能生存的，今天也是这样。例如，政权保证尊重财产权；国家拥有保证遵守的强制手段——肯定尊重被认可的工人权利，也尊重公司的利益和它们签署的合同。

> 当前的国家危机密切关联着资本主义近来的发展。实际上，资本主义逃出70年代危机的手段之一，是把积累过程导致的危害和风险责任转移给国家，结果增加了国家作为最后付款人的保险作用(见第四章)。这也适用于失业、零工健康恶化，以及与非法市场发展相关的无保障增加，[24]而且也在其他方面，包括工业与环境风险。
>
> 福利国家已经代表资本主义的一种“最后的求助”。可是，另一方面，它掌握着可以对积累形式提出重要制约的手段，这就是资本主义与国家的互补性可以相对地平衡。当资本主义重获较多手段来使它逃脱国家的许多强制力时，这种平衡就
> 512 受到质疑。这种力量是基于金融市场的解除管制减少了国家拥有的财政手段，也基于大公司发展中的国际化。新“网络”形式组织的建立，使得公司更加灵活，脆弱性比过去的全国性大公司少得多，也比现在的国家少得多。[25]因此，在许多国家中，

> 我们见证了越来越强大和自主的资本主义，以及相对不断被削弱的国家，包罗着少数发达富裕的公民和越来越多处境困难的人民。

资本主义置换所带来的贫困构成了又一个风险因素，即消费减少(奢侈品市场的发展不足以对它补偿)，或犯罪活动增加，使得资本主义不再提供致富机会。一个不再具有提高生活水准(特别为最贫困者)的资本主义，就会失去信誉。它可以仍然依靠解放的承诺(或害怕解放进程停顿或后退)。但是，满足解放的要求(以广义来理解，而不仅仅涉及政治自由)同样采取货品的形式和分配购买力的形式。

在这些情况下，构建一种新资本主义精神，不但从人道主义观点上是必要的——为了限制不受拘束的资本主义所产生的苦难——而且可以说从内在于积累进程的观点上也是必要的，保证这进程的继续，是一个问题。

然而，一个不受约制的资本主义遭遇的风险，因为相反的机制而得到减轻，主要是新的行动者作为顾客或生产商不断进入，他们的预期尚未失望。这些因素使得难以预见"没有回路"，而要超越它，追求积累的进程就会有问题了。

> 处在第三世界、新兴国家或前共产党国家的一支后备军的存在，有利于资本主义的置换与复兴。因为尽管那些失望者的灰心丧气或叛逆造反，其他人总在从事轮到他们的冒险。
>
> 另举一例，关于不安全问题，对于资本主义运作，它的结果总是能通过把网络带进物质领域来加以限制。这种情况诸如：受保卫的住宅区有私人道路通向严密监控的办公大楼，资本可以由此流动，世界可以远距离操作；或者如，西印度群岛贫困岛屿上的封闭式豪华旅游"天堂"有准军事队伍保护，有 513

私人机场连接世界其他地区。因此,特权者对于公共空间衰败的容忍可以较大程度地发展。

可是,欧洲在两次大战之间时期的例子说明,资本主义秩序的继续不一定是必然的,危机与政治变革可以发生,它们非常激进,使积聚的资产及追求积累所要求的经济货品出于危险之中。

批判对识别危险的作用

当资本主义可以无拘无束地部署自己,摧毁它用来兴旺发展的社会阶层时,它遭遇的危险在其倾听批判的能力上有所掩饰。无疑,这是自19世纪以来主要的强大因素。批判活动(呼声)只能在外部进行,它在资本主义公司内没有位置,进行管制就是完全靠竞争(退出)。因此,是批判运动告知资本主义有关威胁它的危险。由于资本主义倾向于躲避市场管制,并以竞争(退出)来管制,批判的作用就更有必要了,今天这表现为网络的建构。但是,这类通过冲突的管制代价很大,主要由负责批判者和发出呼声者付出。

当资本主义的回应不能简单地靠逃跑,靠搬到批判程度较低的国家去时,批判就更有可能得到考虑。关于边界的论点——松巴特用来说明社会主义为什么没有在美国发展起来,并据此,转移到美国西部处女地的农夫地位就吸收了最具反对性的工人阶级成分——也适用于资本主义本身,它只有在不可能简单逃离时才倾听批评。[26] 可是必须指出,对重新择地的刹车不单单是物理性的。它们也可以采取忠诚的形式,并且——就州、地区或地方社区而言——一种关联感(不一定有民族主义的那种排他性、进攻性和扩张性)可以劝阻逃跑,从而有利于考虑批评。

鉴于新资本主义需要流动性的意义,而且各个方面不断力求把经济活动的负担转移到流动性较小的行动者,让它们抗击风险(见第六章),可能认为,在20世纪末,法国控制的资本主义公司比在其他地方的资本主义公司更少乐意听取批评,那里的集体价值观更强,或者正处在生产机构与国内市场 514
发展期间(或者如同战后的重建期间)。批判要得到倾听而付出的代价会高得多。

即便如此,资本主义的反思仍然可以指望使它能记下发给它的危险信号。事实上,除了市场自动反映,它还有警戒机制:监督和安排市场以使价格包含最多信息的机构,提供批判状况信息的计算中心或者协调机构。

雇主组织、思想库、管理机构及传播组织革新的顾问们,他们作为许多协调机构在活动。至于计算中心,有时那些与批判有关者发出了警告信号。因此,在70年代,工作社会学、工会运动与社会阶级受到左翼立场的谴责,理由是它的主要作用是向与雇主联系的团体通报批判情况,并提供关于工薪收入者的专家信息来进一步确立监督机制和让人干活。在第三章,我们看到这种批评是局部有效的,即使工作社会学也对于阐述对资本主义的批判作出重要的贡献。

所以,资本主义考虑批判的方式,取决于不同团体可以减轻企业家参与竞争的利益(这使他们忽视批评),与团结在整个制度运作背后的利益(这使他们考虑他们政治阐述中的抗议)之间的紧张。

经过一段时间后,一些团体和机构(诸如雇主联合会与研究组、经济合作与发展组织、三边委员会、七国集团,等等)主要关注的改变,出色地表明资本主义世界回应批判的反思机构所作出的努力,或者结合它,或者不接受它——即便如此,这也使它们有责任构建正当性。因此在国际上,近年来看到一些研究报告根据大多数工业国工资下降而否定全球化的任何好处,并提出对环境风险和投资保护的关心。这些都是资本主义的协调机构提出的许多“风险”并在对它们进行研究:这并
512 非意味着它们能够靠自己来识别它们,更不用说解决它们了。

可是,资本主义听取批判,并不意味着它以改变其活动方式来具体地作出回应。最初的反应可能就是提出论点来拒绝批评,而不是研究措施来修补批评所挑战的活动。

批判的复兴

资本主义通过置换重组了自己,从批判中解救了自己。但是,这样得到的好处是争取时间,而不是决定性胜利。即使不谈批判方面有利于其持久性的因素,资本主义不受制约的破坏性影响本身就为批判的复兴创造了有利的土壤。情况是这样的,即便逆转的时间与形式取决于历史时机,而且最终是不可预料的,但它的现象总是被视为“惊奇”,未来的专家无从预测和预料。

我们看到(第六章),一种痛苦的惊讶如何很快地变成义愤:那就是80年代末和90年代对80年代上半期出现的一种演变的破坏性影响的回应,认为既是必然的(因为它是外在于任何政治决断的、控制不了的力量[全球化]所强加的),又是合意的(因为它以进步为取向——一切事物都被长远地考虑到)。

批判的复兴往往首先发生在一种时代错置的立场:根据过去证明他们自身的理想来判断现在。更确切地说,批判采取的形式是对既有检验作保守的维护,而早先的社会运动已经使这些检验更

为严格(或更为公正)。

在第二阶段,面对这种地位次序转换不可避免的性质,批判的警戒指向寻找这种现象的原因——就是说,更确切地,指向识别新检验和保证成功的隐蔽的富余力量。诠释性图式逐渐被重建起来,可以使现有变化具有意义,为更确切地批判新检验和阐述以公正为前景的要求与建议铺平道路。

在80年代的沉默以后,90年代初在法国冒头的那种社会批判不是主要受马克思主义影响的70年代批判的直接逻辑延伸——至少不是在语言方法上。至于最原始的方面,它依靠在80年代和90年代之交发展起来的人道主义运动,也依靠公民与权利的主题,部分地受到英美激进思想的影响,本身是自由派影响,它强调:无歧视地取得基本公共货品的重要性,比平等更重要。鉴于主宰70年代的批判形式的解构,以及曾经提供它基础的若干机构的衰落甚至被贬损,批判只有在与苦难的一种直接关系上才能发现富有希望的新生(见第六章)。[27] 在类似80年代后半叶的时期中——标志着70年代的若干批判行动者进入权力地位,标志着他们在许多领域的社会成功,从学院到传媒或者甚至企业——一个可信的批判的重建,事实上采取的形式是,不在话语上(特别在理论话语上)表示有利于直接参与受资本主义置换破坏性影响最深刻者。

与别人休戚与共受苦(即使是出于慈善博爱)的立场转变到抗议与斗争的立场,已经在19世纪下半期工人运动(尤其是英国工人运动)形成的案例中有了见证。这一运动主要在友好会社、文化教育协会,甚至是旨在推进行为道德化的团体(反对酗酒、提倡救助,等等)的基础上建立起来。而且,1870年至1890年间社会冲突的激化,导致在英国、法国与德国对这些团体机构进行警察监督或禁止活动。[29]

探索新的诠释图式,是与公司代表、顾问及已经在那里工作或很快要来工作的培训负责人一起进行的：如果他们提不出一幅新世界图像,他们的信誉就不能保留很久。

> 因此，规范性话语和批评性分析逐渐聚合到网络的比喻上,网络虽然在开始时的发展完全自立于资本主义进程,后来却发现自己受它调动(见第一章与第二章)。公民—工业和解妥协与家族—工业和解妥协的残留，建立起我们称之为联系性的世界,而不是一个严格意义上的市场。在这里,网络不但成为在劳工市场上连结人们的主要支援,[30] 而且成为代表社会世界发展前景的最佳比喻。在法国这样的国家里,情况尤其是如此,法国没有自由派传统,不具有足够的自由派风格,无法在这个基础上对过去三十年的变化确立一个有条理的、正
> 517 当性的诠释。

如果批判也具有资本主义代表对资本主义置换所作的许多世界的描述，它的职责则是要指出新世界中不公正的地方——就是说,例如,那些新世界中的成功者如何拥有比他们在公正世界中应得的更多货品与资源,或者,那些新世界中的失败者如何在一开始就没有成功的同样机会。批判的特定贡献类似于适应新世界的剥削理论,它可以把大人物的好运联系于小人物的厄运,并对前者灌输一种对无权者命运的责任感。如果没有批判所作的这种联系,就不清楚一个不同的世界如何达到对人类命运(且不说“资源”)的较少破坏性。

> 构建这样一种剥削理论的困难在今天特别重要，这是资本主义非个人主义化的结果。在管理型资本主义(有别于家族

型资本主义中容易辨认的雇主)的案例中可以看到,他们不满非人性化资本(例如养老基金)的重要性,以及小股东(所谓"大众"股权)数量的增加。即使对金融运转施加控制权的人数仍然有限,但识别一个制度的这些公仆(他们是它的专业人员,出于同样的原因,例如,气象学家是气候现象的专家)及中介人的扩散,使得难以识别对手——就是说,那些对最无权者的苦难最终负责的人。

与批判的复兴相伴随的——但总是在一些延迟以后——是新类型抗议机制的出现,它们更协调于资本主义的新兴形式,符合于这样的原理:批判为了更有效,往往与其致力的对象变得同型化。

这是说明新运动的方法,诸如80年代晚期的"协调"运动,或者"争取权利会"、"反失业共同行动会"、"住房权利会",等等,它们在90年代在法国兴起,打破了既有的工人运动形式,依靠也支撑80年代兴起的新管理型政权的纲要发展起来——特别是网络的数字(见第六章)。

也可以认为,跨国公司在直接重新定点或通过发展分包重新定点方面越来越大的重要性,以及经济政策日益增加的相互依存,可以复兴批评运动国际化的计划,它在民族国家架构内凯恩斯主义政策统治的战后年代中衰落。批判落在资本主义后面在这里是明显的:资本主义比反对它的运动在自我 518
国际化方面更有准备,更加迅速,它的统一预计要有长远和艰苦的努力,在人们认同的分类形式与推动他们的价值观之间取得平衡。

在重组的词语中,批判的再起之所以更加困难,是由于资本主义的变化破坏了早先情况下作为动员基础的正当性。与资本主义精神在前段时期所采取的形式关联的正当性正处在危机之中，而新的“精神”却尚未充分具体化。

资本主义积累确实已经复兴，但是付出了合法性缺失的代价。与此同时，越来越多的人们失去了迄今支持他们参与积累过程和追求利润的基础和动力，他们发现自己陷于失望和焦虑的状态，这使他们倾向于接纳批判。

新公正机制的构建

当它发挥充分的压力时，批判的复兴导致产生了资本主义必须妥协的新的规范支承点。这种妥协表达一种新形式的资本主义精神，如同在它之前的精神都包含公正的需要，而且为了支持它对合法性的要求，必须依靠总体的正当性秩序，我们已在城市的名义下指明了。如果要确立新的公正机制，而且检验程序要得到尊重，就要求一项外部力量——由迄今属于国家的强制机关支持的法律。换言之，资本主义约束自己的可能性并不仅仅取决于批判的力量。它还取决于它所依靠的国家的力量，保证它运行的负责者遵守他们的自律诺言，并尊重合同规章，那不但涉及合同双方的利益，而且还涉及公共福祉。

在90年代中期社会批判复兴的影响下，若干机制得到讨论（见第六章），它们的实施完全有可能使联系性世界较少不公平。

也可以想到，一项负责任的公共政策要有助于保证批判能行使此种警觉的可能条件，容许新条件下受苦最深者能在政治辩论中有代表权，并补助独立的计算中心来构建和传播
519 关于新资本主义领域世界大变化的数据。关于跨国公司行为、关于发达国家和第三世界最贫困者的境况、关于万物商品化造成的对人的自由与尊严的侵犯等可靠信息的需求，比任何

时候都感必要。[31] 在过去三十年间，这些独立中心尽管资源稀少，在构建新权利方面却发挥了重大的作用。[32]

城市的形成

基于历史的关头——就是说，基于早先置换所采取的方向及要限制和认可的检验的性质——新公正机制的确立，可以使它的基础建立在既有城市之间新型妥协的基础上，部署于论点中，铭刻于物品世界中(例如，工业型世界与商业型世界之间的一种妥协)。另外，它也必须由形成新城市和铭刻新机制来加以建立和支持。

> 由于已经涌现了新检验，它们不能在迄今使用的评估主题中描绘(例如，以工业的、商业的或者家族的内容)，而新形式的剥削已变得很明显，确立一项不同的评估主题——一个新"城市"——的必要性已经出现。正由于此，使得我们模式化的项目型城市要考虑相当特殊的公正形式，在我们看来它似乎尚在确立过程中，以便把意义与公正传递给有关联系性安排世界中的每件事物，而没有这个城市的形态，它是无法按公正来加以管控的。

城市是形而上的政治实体[33]，它如同文化和语言一样，具有历史存在，所以能安置于时间和空间中。因此从它们形成的时刻起，通过它们在各机制、日标与法律中的地盘，直到它们的衰退，就要掌握它们的一生和它们的演变。[34] 在一定的历史时刻，一种存在形式得到识别和推广，作为对共同福祉定义的支持，以及根据人们对总体福利所作的贡献来判断人们价值的标准。即使对城市在特定的时刻加以理解，它们最终还是带有该时期的痕迹，它们的存在形式作为模式和评估标准而据此得到自主和优先。

> 以商业型城市为例。商业活动具有普遍性，它显然先于以市场为基础的合法理由的出现。因为市场作为共同福祉一种
520
> 形式的衡量尺度，商业活动必须认为是自身有效的，不单单是它可以对其他世界事态作出贡献（王子的荣光、教会的权力，等等）。如果人们出现了，他们的活动充分专门化并具有专门机制与目的，他们的关系充分紧密，他们的社会作用充分重要而使得他们的存在形式归属于集体的风格化和正当性，那么这种自主化就得到推进。例如，难以设想，基于市场的正当性形成起来，而商业活动却没有格外增长，商人的数量与力量相对于社会其他阶级却没有格外增多。因此，在18世纪末的巴黎，解脱了行会权力的工匠使自己成为郊区的独立工人（面对法律进程），提出新型论点来捍卫自己不受主人对他们所作的指责，说在行会纪律之外就无法保证工作质量。手工业工人完全不知道，在政治经济学名义下变成市场道德科学的东西，指的是他们活动的商业性质，指的是同一产品制造商参与的竞争，指的是买主享有的选择自由，以及指的是他们对质量、价格等等的影响。因此，商业活动有它自身的尊严，面对家族道德原则时具有自主性。[35]

因此，当一批活动者依靠一个稳定的机制与目标的世界，看到它的权力得到巩固，一个城市就有机会建立起来，它的成员感到能要求专门的认可，并自豪地对公共福祉作出特殊贡献，无需确认或辩解在他们杰出领域取得的优势，而承担其他更可接受的有道德意义的活动。然后他们就能设法为自己阐述一种价值和一个地位，并得到别人的承认。这种价值和地位特别指明他们能掌握世界并给予它道德的方面。只有到那时，理论阐述的工作（以前属于道德与政治哲学，今天在很大程度上属于社会科学）才得以进行，这就可以扩大明确价值观的有效性，使它们成为新形式共同福祉的基

础。以《论正当性》一书中的话来说,世界先于城市。即使导致城市形成的力量有点按诠释学的逻辑来理解为一种反射性过程,指某种生存形式具有一个意义,某种世界本身具备一种一贯性和一种风格。 521

> 因此——回到我们研究的主题——联系性世界的发展先于项目型城市的定义。与项目型城市相关的机制概念,在居于其间的专业人员中找到了支持,他们在过去十年中扩散开来,特别是那些已发展起一项活动的人们——不论有报酬还是无报酬,专业的还是志愿的——作为社会整合中介,使用了网络逻辑的技术。这些专业人员往往被引导对他们自身活动采取反思立场,因为要求他们依靠仍在酝酿中的中介道德认可这些活动为正当,肯定要对构建项目型城市所根据的常规及其深入可复制的机制,作出特别重要的贡献。
>
> 更一般地,可以认为该行动者对某些活动的专门化是形成新城市的重要因素。例如,工程师对工业型城市,或者政府行政官对公民型城市。

一个城市的形成可以最一般地由逐步过渡到类别化的方法来加以描述。这一进程是新力量检验的集体调节事业,来自或多或少协调过的、实施合法性制约的一套置换。因此,一个新城市得以建立,只有在置换速度与数量的增加导致重大社会变化的历史环境中才有可能。在这个意义上说,一个新城市的形成,可以同样被视为(而且有效地)使得一个新世界及其建基的不平等和剥削趋于合法的活动,也是旨在减少该世界容忍的剥削程度并最终限制有些人期望的利润以使该世界较为公正的一项事业。一旦城市建成,一个更有秩序的世界及其大人物与小人物,取代了混乱的世界及其强者与弱者。

因此，城市既是正当性的操作者，又是批判的操作者。一方面，每个城市作为根据不同城市逻辑组织起来的批评检验的支承点；另一方面，每一个都展现批评导向反对特定世界遏制此城市认为可行的现实检验。

因此，项目型城市立即起来批判“工业型”或“公民型”体制不够灵活，并指出联系性世界的那些特征不符合这个世界

522 声称具有的公正。例如，项目型城市一致谴责有些项目头头占用整个项目成功的声誉，而不顾他的合作者再参与其他项目，他们的受雇能力由于被剥削了技能而又不补充新技能而降低。

因此，城市呈现为一种自我参考的批判机制，内在并固有于一个尚在形成过程中的世界，如要持续就必须限制自己。城市秩序的主要特点之一是它限制强者的力量，而只在他们内化并遵守这些限制时才宣布他们为伟大(合法的授权展示并使用他们的力量)。

例如，在家族型世界中，伟大的国王或好爸爸首先是那些不滥用世代优势，在对待子女时表现公正，不责骂他们，限制他们相互竞争(继承权)，不是为了保留自己权力而消灭他们。……儿子与父亲竞相占有妇女的情况也是这样（在弗洛伊德式神话中指母亲）。如果家族型世界要持久，如果要建立基于它的秩序，如果要确立公共福祉，这是要付出的代价。

同样地，公民型秩序建立在政治型世界知名人士的基础上，要使强者(他的资产就是人力构成的资本)不滥用他的优势，这里就是指他取得人们顺从的能力；他使用优势不是靠恐惧而是靠同意；他并不是如暴君一样行动，等等。因为一个完全建立在恐惧基础上的秩序是不会持久的。

同样，在灵感型世界中的强者（在那里，资产就是超越的权力）不应该控制那些资产完全为他所用。因为一旦它们不受束缚和不受控制，它们就会破坏给他权力的东西。以此类推。

在当前时期，项目型城市的构成有责任使得在联系性世界中有效的检验合法化，使得这个世界中成功与失败的特定新形式具有正当性。这样，新检验应能普遍有效，同时受到制约。这会限制剥削的程度。

对所有这一切，这种可能性只是可以设想的资本主义意识形态危机结果之一。不能排除的另一个可能性是，最大多数人的生存条件的不断恶化、日益增大的不平等，以及一种政治虚无主义的普遍化。但是，在构建资本主义新精神的情况下，以及它牢固地进入 523
持久机制之中，这种意识形态的现实性及其动员力，将主要依靠批判对新形式资本主义积累特有的秩序或（更确切地说）无序能够施加压力的相关性与强度。

注释：

1. 根据雷蒙·布东采用的关于社会变化理论的分类（《社会变化理论》，J.C.怀特豪斯译，政体出版社，剑桥，1986 年），这里提出的模式概要有关第三种类型，包括构建的特殊性在于强调变化的形式。一个著名的例子是托马斯·库恩的《科学革命的结构》（1962 年），它在科学动力中区分三个阶段。而且，它的情况正巧是：这种动力对“异常”赋予的作用，以及考虑这些异常并把它们加以诠释和分类的争议，在我们的模式和库恩的模式之间制造了一种并列。因此，如同库恩模式中的异常，被资本主义置换（它有利于某些行动者，而使其他行动者陷于无保障与贫困）所刺激起来的变化，开始时被视为非典型的、偶然的和临时的，后来却承认它们的新颖方面，而在批判复兴之前力加诠释。另一方面，我们并未设法确立历史规律（在波普尔的批判意义上），不论是倾向性的（布东的第一种类型）还是结构性的（第二种类型），甚至声称发现正在分析的变化原因（布东的第四种类型），或者可能如这样的情况：如果我们采取解释由于通讯工具的发展和贸易的增长而使世界的构建如同一个网络。

2. 把空间这样的普遍化，似乎对我们特意把这一著作限于法国的案例更为合意：即使我们的理论阐述使我们涉及更广的范围，例如我们对网络世界中剥削的反思，我们的例子主要选自我们自己的国家。这样集中于单一国家，看来是审察已经非常复杂的历史细节的唯一办法。此外，某些直接以全球范围进行的分析往往低估了经济措施发展的意义，伴随它们的意识形态形式的表述，以及传统的、体制的、法律的和政治的事态，它们主要依靠民族国家的架构。当资本主义盈利方式转变时，抑制国家的范围，等于半自动地抑制最能思考政治行动以回应影响社会的变化。

3. 至少沿着自霍布斯以来所有的西方政治哲学，涂尔干已经认清了现代社会不知足性所带来的问题。

4. 涂尔干认为，如我们在第七章所见，只有集体规范才能抑制人类的不知足性，所以，寻求把社会秩序（指资本主义）建立在解放个人欲求的基础上，是绝对不现实的和危险的。为了调和我们和涂尔干的立场，我们要在这里说：一个人要完全靠不知足的自利来推动是相当不可能的，除了或许在一些病态的案例中，这正是因为她或他已经社会化了。这还要说，涂尔干认为，一个由不知足的个人欲求所主宰的世界，类似于一种神话式的自然状况，在现实中从未碰到过，具有纯思考试验的性质。

5. 见托马斯·谢林，《冲突的战略》，牛津大学出版社，纽约，1960 年。

6. 不像迈克尔·沃尔泽召唤的《旧约》先知们（《出走与革命》，基本书社，纽约，1985 年），他们谴责其同代人对上帝的计划不忠，约伯不是批评
524 者，即使他的造反无疑是任何批评气质的基础。

7. 这不能无关一种新社会形式——案件形式——的构成，它的出现可以上溯到 18 世纪下半期，在伏尔泰参与的为被控为恶意中伤的人们辩护期间：巴雷骑士亵渎案和卡拉斯仪式罪（见伊丽莎白·克拉韦利，“记录、案件、原因——伏尔泰与批判革新”，《政治杂志》，第 26 期，1994 年，

第 76–86 页;“一种政治形式的诞生:巴雷骑士案”,P.鲁森编,《启蒙时代的批判与亵渎案》,荣誉斗士出版社,巴黎,1998 年)。

8. 见洛朗·泰夫诺,“一个规范的政府——信息形式的实行与政策”,B.孔奈因与 L.泰夫诺编,《社会的认知与信息》,社会科学高级研究院出版社,巴黎,1997 年,第 205—242 页。

9. 见菲利普·科尔居夫,“铁路上的安全与心理技术”,L.博尔坦斯基与 L. 泰夫诺编,《工作的确切与公正》,就业研究中心 / 法兰西大学出版社,巴黎,1989 年,第 307—318 页。

10. 1970 年,出身于蓝领工人、农夫或白领雇员家庭的工人中(他们在 1950 年至 1960 年间上学)有四分之三得了小学毕证书后就不再往前了。二十年后,他们中(他们在 70 年代上学)的大多数至少得了专业证书,五分之一得了学士学位。最后,他们中的 10%是高等教育的毕业生。不同的社会环境都受惠于“教育体系的每一步以大体同等的方式设法开放”。但是,人们不能回过头来从悬殊状况比较稳定而得出论点,否认 70 年代所采取的民主化努力的积极价值。参见多米尼克·古与埃里克·莫兰,“教育、经验与薪水——最近趋势与长期演变”,《研究文件》,第 4 期,研究与统计部,巴黎,1997 年。

11. 在艺术或科学领域,社区规章的侵犯较少非法性,因为它比其他领域更认可灵感。

12. 这与 20 世纪 30 年代对心理分析的解释完全相反,当时作家和艺术家与它有过接触,特别是超现实主义者,他们对无意识力量着迷,正因为他们承诺从资产阶级现实主义中解放。

13. 可是,拆除家族安排,并非没有一些工薪收入者的反对,无疑特别是年老者。80 年代工薪收入者在工会支持下抵制取消大多数雇主反对的资历提升(卡洛琳·格朗让,“老年薪酬的新模式”,《工作与就业》,第 41 期,1989 年,第 7—17 页),是 70 年代和 80 年代遇到的反对在主要工作场所取消家族地位的现象之一。工薪收入者在 50 岁以上提早退休,是对付过去常说的“公司老员工”(60 年代时人们还那样说)这个难题的最容易办法。

14. 见罗伯特·布瓦耶与安德烈·奥莱昂,“常规的坚持与改变”,奥莱昂编,《惯例的经济分析》,巴黎,1994 年,第 219—247 页。

15. 威廉·斯韦尔关于早期工业资本主义提供了许多例子:“在旧政权下,试图雇用分包商,或者把工作分出给家庭工,或者生产低质标准货品,或者增加分工,或者介绍无训练工人进入交易,都有悖于公司法规,所以是非法的。这并不意味着这些做法从不发生,但确实发生在小范围。……那是因为企业家希望逃脱城区公司的严格管制和高额劳工成本,因此织造业在 17 与 18 世纪是主要农村工业。但在 19 世纪,由于法国大革命消灭了公司并重新定义了财产权,所有这些做法都是业主行使合法权
525 利。如果一个企业主要雇用非训练工人来简化大规模生产鞋类中的标准化鞋帮,并没有法律制约不许他以任何谈定的工资来雇用他们。……如果要限制这种做法,它们只能被工人的具体行动来限制,工人当然可以得到害怕更具创新性的对手竞争的小业主的各种支持。但这种协调行动是非法的,因此难以组织和持久。总之,情况在 19 世纪翻了个个儿。曾经作为欺诈行为的做法成为个别工业的合法措施,曾经是对不诚实业主贪财和欺诈的合法限制成了反对产权的非法阴谋。”(《法国的工作和革命:从旧政权倒 1848 年的劳工语言》,剑桥大学出版社,剑桥,1980 年,第 159 页)

16. 这是自然实体的情况——动物、风景,等等——它们所受到的工业制约要看它的强烈程度,导致构建新的检验,从属于正当性的要求。

17. 斯韦尔,《法国的工作与革命》。

18. 见布吕诺·拉图尔,《行动中的科学》,开放大学出版社,米尔顿·凯恩斯,1987 年。

19. 我们从安东尼·霍普伍德与彼得·米勒合编的关于会计工作社会史的文集中发现了这些冲突的若干例子,由于它们有助于界定基本社会单位——诸如公司、机构、部门、服务——与有关活动者,并有助于形成架构来结合这些活动者及其冲突之间的关系,特别有关计算和分配增加值。见《作为社会和机构措施的会计》,剑桥大学出版社,剑桥,1994 年。

20. 见贡特尔·托伊布纳,“新组织形式与法律”,《法国管理评论》,1993 年 11 月 /12 月,第 50—68 页。

21. 见米歇尔·卡龙编,《市场的规律》,布拉克韦尔出版社,剑桥,1998 年。

22. 见卡尔·波拉尼,《我们时代的起源:大转型》,维克多·高兰兹出版社,伦敦,1945 年。

23. 我们转换克里斯托弗·埃洛对学校内抵制的分析(《在暴力与正义之间:校内抵制的社会学》,社会科学高级研究院社会学论文,巴黎,1998 年),把抵制的定义参照 A.O.赫希曼在《退出、呼声与忠诚》(哈佛大学出版社,坎布里奇,1970 年)一书中勾画的架构。抵制可以界定为在批评(呼声)不太可能、撤退(退出)又代价太大的情况下的一种拒绝忠诚,因为市场没有提供其他选择,因为在失业上升时的劳工市场,目前情况就是这样。

24. 玛丽—昂热尔·埃尔米特,"国际商品贸易中的非法性",载《国际贸易中的非法性》,采购法与国际投资研究中心论文,第 16 期,1996 年。

25. 比较跨国公司与国家之间的流动性差异(第六章)。也可以看到,因为国家对领土有主权,所以比组织成网络的公司在批评上更有软弱性。因为在这样的架构中,等同形式的存在,在动员上更为容易,负责人更方便确认(即使在法国的情况中,地区化和转给欧盟的能力范围同样会增加决策和责任的不透明性)。

26. 见维尔纳·松巴特,《为什么美国没有社会主义?》,帕特里夏·M.霍金与 C.T.赫斯本兹译,麦克米兰出版社,伦敦,1976 年。这是面对环保主义者批判污染工业换址迁厂或储存废料时规避主题的例子(这特别说明由于电力不能贮存,因此批判集中于无法转移到欧洲以外去的核能)。

27. 这方面非常重要的是 1993 年在皮埃尔·布迪厄指导下出版的作品《世界的分量》(P.P.弗格森等译,政体出版社,剑桥,1999 年)。我们在 526
这里感兴趣的方面是,这个作品的主要特点是有一系列访谈,以及先介绍访谈揭示的戏剧性人物与情节。不同于这位社会学家迄今出版的其他作品,它实际上没有任何超话语或明显的理论野心。赤贫必须以赤裸裸的现实呈现出来,某种意义上是独特的,激起义愤不是经过一般理论工具所协调的。

28. 实际上,为了可信,批判必须涉及牺牲。牺牲的存在,似乎是衡估批判有效性的检验,批判总是需要代价,行使者往往遭受殉难者的命运。低下的、自利的动机归咎于他们;在解释事件进程时,他们被批评为损害共同福祉；他们被谴责为精神错乱，有时被逼到精神病边缘（吕克·博尔坦斯基，《作为技能的爱与公正》，梅泰利埃出版社，巴黎，1990年）。不付出代价的批判，或者甚至似乎对实行者带来好处的批判——不但是财务好处，而且例如正式荣誉的好处（机构职位、文学或科学奖，等等）或者传媒声誉——是难以相信的，而且容易被驳斥。可以怀疑只是口头批判，在行动方面并无后果。

29. 见迪克·吉尔里，《欧洲的劳工抗议，1848—1939年》，克鲁姆·赫尔姆出版社，伦敦，1981年，第42—43页。

30. 马克·格拉诺韦特，《就业》，哈佛大学出版社，坎布里奇，1974年。

31. 例如今天，调查并不搜集每个公司每个人员类别中有多少百分比的临时工或者待命工人的信息。也非常难以评估分包和专卖网络的程度，它们的成员至少有一项共同内容但看不见（见第四章）在国际范围，信息缺乏就更为突出。我们不知道跨国公司的情况，不知道领导国际贸易和主导研究的、创造世界大部分生产总值的超级大国结构。而调查机制应已得到加强，我们事实上见证了联合国的跨国公司中心（UNCTC）过渡到缩小的贸发会议（UNCTAD）（见前言）。我们唯一很不完全拥有的是，根据这些公司在世界股票市场进行金融交往的信息，但是未上市公司不计。至于金融市场则最不透明。

32. 只要考虑“大赦国际”在人权领域，“苦难救援会—第四世界”在排除领域，“就业、收入与社会凝聚力理事会”在不平等日益增长的领域；更不用说生态同情组织如“放射性研究与独立信息委员会”对放射性领域的活动对高风险地点进行关注监督，才使它们来取代正式负责而玩忽职守的机构。

33. 它们依靠包括两个层次的建构：第一个是个体事物，不论是人或物；第二个是惯例，可以建立等同性以超越人与物的特殊性。在公理的基础上，每个城市都提出说明其包罗实体特定性质的建构，从而界定一个世界的轮廓。

34. 事实上，城市包罗若干暂时性：第一个暂时性持续很长，有关共同福祉依据构建的公理，我们在整个西方政治哲学中找到其踪迹。没有理由设想我们并非仍然处在这个长期暂时性中。这一公理建立在共同人性公理(一个社会成员同时隶属于人类这一基本等同性)与秩序制约(不同性原则)之间的紧张,涉及人们同意若干地位秩序并组织在一些价值观范围内的可能性(关于这方面的发展,见吕克·博尔坦斯基与洛朗·泰夫诺,《论正当性》)。第二个暂时性关于合法地位不同种类(工业的、商业的或 527
公民的)的特点条件,以及它们各自突出选择的存在形式。产生等同性的这些操作者受制于短期的暂时性变化因素,在城市模式中视为偶发(例如,可以是技术变化问题、权力形式改变问题、家庭组织变化问题,等等)。新城市的社会生产总是可能的,因为能作为判断基础的品格不能关闭,人类在大量关系中拥有潜在生存的能力。

35. 见巴托洛梅·克拉韦洛,《给予的恩惠——现代经济的天主教人类学》,阿尔班·米歇尔出版社,巴黎,1996 年。 528

后记

社会学对宿命论

从前面的分析中，我们无法说明：资本主义能否受劝导而限制自己，还是会继续它不受约束的扩张而伴随着破坏性影响。我们相信我们已经表明：对这个问题的答复取决于当前检验参与者的行动，特别取决于他们投入解放批判力的能量，我们已经观察了它的关键作用——包括它沉默时的消极作用。

我们希望我们有助于复兴批判，并有助于重辟它会采取的道路——不但表明它的行动是实在的，而且设法呈现资本主义置换的全景以提供重建批判力的支承点。我们这样做的目的是揭穿宿命论所认为的"如果一无改变，就没有理由不信"的虚伪谎言。

可争辩的是，没有一个时期像过去十五年那样对没有主题的行动信念作出那么多的牺牲，然而它却往往被誉为"回归主题"。但是，所说的主题是一个个体，而不是一个历史主题。

经济学家的主题是理性的，完全关注自身事务，特别热衷于最大限度地满足个人兴趣的任务。这种目光鼓励了可能事态发展的宿命论。从这种人类学观点出发，唯一可视为"现实主义的"措施是那些通过刺激变化影响个人行为的事物（减少劳工成本以激励就业；建立"自由区"以鼓励公司落脚在号称"困难的"地区，等等）。

他们排除易于改变行动者习惯行为风险的格局。敏感的专家因此认为彻底检查税收、劳工法和控制金融流通的方式是不现实的。因为这类措施预示赢家与输家，从而挑战他们认为易于阻碍改革的利益,因此这种障碍只有靠抑制民主进程才能克服。 531

他们忘记,依靠现有诠释工具的描述,对于人们的政治选举,至少与个人兴趣具有同样多的影响。而且,理解这些兴趣的方式也依靠现有的诠释架构,不论来自广泛传播的理论,还是调节或会计机制。理论指出一个兴趣是什么，机制把它们进行检验以显示它们。勒内·吉拉尔认为,兴趣不再比欲望拥有更多透明的特权。为了认识它,就必须指出它。而且,它至少非常仓促,甚至可能不适合称它为“个人的”:个人对它的认识事实上取决于它们与群体的认同方式,通过类别化活动及产生自始至终集体的和历史的等同性。因此要决定为干部个人兴趣的东西,每个分别考虑,必须通过整个历史比较、容纳和排除,以及体制化的活动来构建干部的类别,对类别给予实质内容。[1]至于这种个人兴趣的取向,假定是以自我为中心的,也取决于它所铭刻的架构。这在个人被提供原因时由利他主义行为的发展所指明:把他们自己表现为好像来自外部,这为个人自我充实的欲求提出目标——他们不能单独为自己发现的目标。

社会哲学的主题也以必然性的外观向我们作描述：个人主义的兴起,受历史哲学反对而存在下来的最后“总叙述”。如果过去十五年个人主义的兴起的确是有理的，那么它是否明显地不是由于无法制止的某种演化进程的结果,而是由于一些团体解构的结果。这些团体——阶级、公司、工会、党派,还有另外的,如教会或学校——形成的基础使人们能加入集体观点并追求公认的共同福祉?这些团体在集体建构的许多地点活动,在那里,人们相互接触,发现某些共有特点而走到一起,这提供一整套参与活动,从简单的出席会议到专职的活动承诺。但是在今天,这些地点都在衰落、关闭,它们提出的唯一替代是怀疑冷漠或者全部承担,那很快沦为教条主义。这大大增加了会员费用,并造成一种特别由反常指标所反映的普遍虚弱、抛弃和孤立感。

在无数作品、文章、座谈与电视银幕中,大量叙述了这种“个人
532 主义上升”现象所必然产生的合法性影响,在此也应当提一下。在那里,一旦社会世界被剥夺了集体隶属和未来可以依靠的机构,就很容易承认个人利益为唯一“真实的”东西。

我们可以讨论不同观点,特别是经济学对当前形势的各种流行分析进行仔细研讨后必然出现的疑虑甚至烦恼。

理性因素范式使我们构建的各种模式,显然有时可以对当代资本主义世界进行批评性分析,但往往因极端系统组合而有缺陷。这转化成为对过去三十年来影响资本主义及其深处社会的变化寻找一个单一的、总体的原因,不论是“低工资国家”的竞争、全球化,还是技术革新。可是,把所有的重点放在似乎根据一个内在逻辑运行的决定因素上,而且在总体上唯一可设想的干预或者非常激进(经济孤立主义、停止生产率增长、废除私人持股和国家组织工作,等等),或者要在很高层进行(一种全球性政府),看来在短期内并不现实,或者比它们意欲防止的坏事更糟。另一个形象——“复杂性”——的情况也是一样,它虽然并不与前者严格相合,然而却发现在某些文件中与它有关联。因为如果事事都是层层叠盖、解脱不开、多种因素的,就不可能解开因果的一团乱麻,我们就注定要处于同样的无能为力。而且,我们相信无法寻找单一的解决办法,或者少量的解决办法——这挫伤了那些想在一两个简单思想的基础上建立一个运动的人们——而是肯定更有效地去创造大量被无所不包的宏伟观点看来似乎只是小打小闹的变革。如果,在三十年的空间中,资本主义能够利用小型置换来进行这种转型,那么它是否可以使用同样的策略来再次使得工作世界革命化呢(但这一次的方向是要使生活的真实性具有更多的公正和尊重)?因此,批判就必须善于把自己再次植根于它被逐渐赶走的当地机制。只有实践

了,才能广为人知。批判将再次是现实的,并最终是有效的,即使这铭记在日常生活的间隙之中。

在无所不包的原因之中,我们稍稍提一下经济活动者卷入的激烈竞争(它与全球化同时增强)。这使得整个世界受制于这种无法逃避的全面制约,除非采取反作用措施。竞争在这些论述中显示 533
为一种绝对脱离现实的力量;特别是,它使各种规模的公司与威力巨大的跨国公司对立斗争的事实被普遍忽视了。公司兼并和建立全球性市场垄断的活动是竞争理论的许多相反事例也很少被提出,或者归因于竞争压力。结果,管理著述比直接受经济学科影响的许多著作在许多方面对现有活动的性质更为"现实"。至少,它并不模糊公司构成的宏观活动因素。我们可以像阅读一本翻开的大书那样看到规避竞争的许多战略(取得"竞争优势",就是暂时逃避竞争的机会);组织动员人力的利害关系;把一家工厂转变成灵活生产中心,特别是通过使劳动力零工化并把制约转移给供应商;关于处理决定利润的困难力量关系(工薪收入者、顾客、供应商、公共集体部门)的各种建议。例如,达到全球规模的重要点之一就是在一切谈判中取得优势地位(获得优势);面对控制问题及获悉公司内情况的手段;等等。"竞争"一词掩盖了具体从事供需人士之间不平等的力量关系,因为它指向可能用于构建公正社会秩序的商业地位——但只是在竞争者处于平等地位且受完善界定的情况限制的条件下。在当前的不平等状态下(公司与工人之间、公司与公司之间、金融市场与国家或公司之间、领土与公司之间),这种竞争(一切都不会完美)确实往往只是最强者——今天也可以说是最能流动者——进行弱肉强食法则的体现。如果有若干用于满足市场设想的供需方法得到接受,我们或许可以进展到减少最不公正的竞争方式。即使以严格的市场逻辑,包含公正机制的架构也远不可减少,这将是减弱当前流行的纯力量关系的第一步。而且,不清楚那些采用自由派话语的竞争者会轻易地使用何种论点来反对这样一种重新平衡，同时保有他们的真诚。因为这会趋于等同竞争条件并最终纯化市场检验。自由派在赞同它时，会简单地证明忠于他们的基本选择。

无论如何，如果一个等同于自由主义的意识形态确实已经强加到过去二十年，[2]通过利用“竞争的好处”来使一整批情况合法化——即使从自由派观点看，有些情况也很不公正——这些年变
534 化的主要特点显然绝不是建立了一个更加商业的世界。我们在本书中设法表明，我们认为最近事态发展的特殊性是发展起一个联系性逻辑，这并不意味着它侵入了整个社会世界，或者是联系性剥削已经特别取代了其他形式的剥削。但是我们认为，正是由于缺乏适应这个世界独特性的描述，因此迄今阻碍了批判更加有效：适合于这一新逻辑公正形式的需要没有得到充分考虑，批判转而依靠经受过长期考验的公正原则，使自己囿于就自由主义对国家集权主义的陈腐、老套的辩论（“那么，你是要重新建立苏联吗？”）。

我们认为，重启可能性领域的唯一希望在于恢复批判，支持批判并不意味着接受一切形式指控的有效性，或者抨击和拔高的抗议，以及对一种价值观本身造反而不顾它的有关性或准确性。首先，批评表明区分，显示表面上看来混乱的、不清的或难以掌握的东西的不同。因此批判也需要分析，而且同样意味着，如我们所说，汇总分析可以根据的原始数据让它充分拥有事实。我们看到，我们的工作经常遭遇缺乏数据和信息——部分是因为社会统计处于危机，专门技能中心已经破坏；部分是因为有些数据搜集以新格式进行而使新力量关系看不见。

至于项目型城市——它可能看来是“我们的建议”，虽然我们只是设法追溯它的构成，关于它的完成，什么也没有注定——在我们看来它似乎具有政治相关性。因为它可能限制过去二十年间建立的联系性世界纠缠的暴力。可情况是，项目型城市的图景仍然有限，正如我们在第七章所见，这使资本主义批判提出的许多问题未

获解决,虽然实际上没有加剧它们。特别是,它没有让我们能参与限制商品化的扩展。但是,可辩解的是,资本主义无法复原的唯一批评计划似乎可以被发现,因为它在实质上联结着商品。

复兴社会批判并设法减低联系性世界中的不平等与剥削,当然是重要的。但是,尽管这一切,并没有借口艺术批判已垮台而要埋葬它的问题——因为过去二十年来它却为了资本主义利益——而且是社会方面的紧急状况。艺术批判的主题同等重要,而且仍属要害。正是在这些主题的基础上,我们才有大多数机会发动有效的抵制,来反对建立一个世界,在那里,任何东西都一天天变成商品, 535
人们不断被检验,受制于不断变化的需要,被保证自身永存的那种有组织的无保障所剥夺。我们相信有必要保留这样生活的可能性:生活的特定力量可以兴旺发展,不会受制于经常不可预见的、既受强加又要欢迎的干扰,好像中断是成功存在的准则。不言而喻,艺术批判可以看到这一任务直至结束,如果它解脱了迄今把解放关联到流动性的连结。

如同一个半世纪对资本主义的批判所指明的,这两种批判——社会批判与艺术批判——既在许多方面是矛盾的,又是不可分开的,意思是说,它们强调人类情况的不同方面,又互相平衡与限制。只有保持双方活跃,我们才能希望面对资本主义造成的破坏,同时避免它们各自能专门表述时导致过分的风险而不受到另一方的缓解。

注释:

1. 见吕克·博尔坦斯基,《干部——一个社会集团的形成》,午夜出版社,巴黎,1982年。

2. 见基思·迪克森,《市场的福音传教士》,行动之理出版社,巴黎, 536
1998年。

附录

附录一

所用管理材料的特点

这些材料——大体长度在5页至25页之间，全部是法文——都选自专门出版商出版的法语管理评论或著作。鉴于我们的主题是法国的资本主义精神，我们自然限于本国能得到的法语材料，但有些是外国作者的著作译本。显然，法国的意识形态情景在其他欧洲国家、美国，甚至日本的描述中并不鲜见。美国是战后以来管理革新的最重要提供者；日本的成功被西方顾问们研究和传递，是过去二十年间非常重要的启发来源。另一方面，同样明显的是，每个国家把国际上扩散的思想根据本国历史和“民族感情”加以应用。而且，远不是被“全球化”，管理材料如同它们应对的资本主义，都具有地理的归宿处。这指的是国别，它们的特定精神与问题，它们的进步与落后；他们设法把一国的发现适用于不同国家；当他们向“本国”经历提供理由来参与据说是全球性的活动时，他们会提到本地传统等等，好像本国的参考架构仍然充分有效。

选用的所有材料——全部或部分——都谈到干部问题，即使它们涉及各种头衔(经理、厂长、主任等)。例如，在这些摘录中，我们看到要求干部的品格、理想经理的形象的描述，关于为什么当前的公司发展转变了干部的职能与工作的说明，等等。使用的这些材料具有规范性色彩，设法推进在经济上最有效的措施。它们旨在直接供公司使用；它们希望是建设性的，并提出建议。

选用的材料汇总在高等商业研究院（HEC）图书馆藏书的基础上。
539 它们进行过扫描以便加工，排列如下，适用一项文本分析软件程序。

表 1：选用材料的特点

	20 世纪 60 年代	20 世纪 90 年代
材料数量[1]	60 篇	66 篇
材料集篇幅(八进制)[2]	1393988	1398444
来源材料数[3]	45	52
作者数	48	49
某些作者名	路易·阿伦， 路易·阿尔芒 与米歇尔·德朗古， 罗伯特·布莱克 与雅内·穆东， 皮埃尔·布莱顿， 弗朗索瓦·布洛赫—莱内， 马文·鲍尔， 菲利普·德伍特， 奥克塔夫·热利尼埃， 让—雅克·塞尔旺—施赖贝尔， 安德烈·马尔泰， 路易·萨莱隆	奥马尔·阿克托夫， 鲍勃·奥布里， 利奥内尔·贝兰热， 米歇尔·克洛泽， 彼得·德鲁克， 罗萨贝思·莫斯·坎特， 于贝尔·朗迪埃， 樊尚·伦哈特， 梅耶姆·勒萨热， 皮埃尔·莫林， 伊莎贝尔·奥戈戈佐， 汤姆·彼得斯， 埃尔韦·塞里埃， 阿尔文·托夫勒， 罗伯特·沃特曼
美国材料译文数量	11	7
法国或旅法作者材料数量[4]	26	38
出版年份[5]	1959（3）；1960（1）；1961（1）； 1962（1）；1963（7）；1964（7）； 1965（5）；1966（8）；1967（7）； 1968（6）；1969（14）；	1989（5）；1990（7）； 1991（11）；1992（9）； 1993（14）；1994（20）；

注释：

1. 这相当于分析软件程序使用的材料档案数。

2. 这是全部只有文本的档案所占空间的篇幅，没有特殊次序。因此，虽然在 90 年代材料集内有更多材料，但字符数量多少相同，因为 60 年代的材料平均较长。

3. 当一篇作品在我们分析领域内段落太多，我们就决定把这篇材料切成若干篇以便使材料档案具有较可比的层面。90 年代的种类较多，只是因为专业管理领域的法国刊物和出版商更多供应了“管理产品”的结果。

4. 既不是法国作者又不是美国作者的译文的材料，是由说法语的瑞士、比利时或魁北克的作者写的，或者译自其他语言（如德文）。

5. 括号内的数字指发表于有关年份的材料档案数。60 年代材料集特别显示 60 年代晚期的思想状态，大约在 1968 年 5 月事件的时候，而 90 年代材料集则代表该十年的早期。 540

附录二

管理材料集来源材料目录

20世纪60年代

Allen, Louis, 1964, *Le métier de directeur*, Paris, Éditions d'organisation (translation of *The Management Profession*, McGraw-Hill, New York 1960).

Alluson, Roger, 1965, *Les cadres supérieurs dans l'entreprise*, Paris, Entreprise modern d'édition.

Armand, Louis and Drancourt, Michel, 1961, *Plaidoyer pour l'avenir*, Paris, Calmann-Lévy.

Aumont, Michèle, 1963, *Construire l'entreprise de demain*, Paris, Fayard.

Blake, Robert an Mouton, Jane, 1969, *Les deux dimensions du management*, Paris, Éditions d'organisation (translation of *The Managerial Grid*, Gulf Publishing Company, Houston 1964).

Bleton, Pierre, 1967, *Mort de l'entreprise*, Paris, Robert Laffont.

Bloch-Lainé, François, 1963, *Pour une réforme de l'entreprise*, Paris, Seuil.

Borne, Fernand, 1966, *Organisation des enterprises*, Paris, Foucher.

Bouquerel, Fernand, 1969, *Management:politique, stratégie tactique*, Paris, Dunod.

Bower, Marvin, 1968, *Diriger c'est vouloir*, Paris, Hachette (translation of *The Will to Manage*, McGraw-Hill, New York 1966).

Carlson, Dick, 1963, *La direction moderne*, Paris, OECD (training manual).

Colin, A.T., 1964, *L'organisation rationnelle du travail dans l'entreprise*, Paris, Dunod.

Devaux, Guy, 1959, 'Synthèse des débats', *L'homme d'affaires de demain-les 75 ans d'HEC*, CCP Éditions, Paris, Hommes et commerces, pp. 167—174.

De Woot, Philippe, 1968, *Pour une doctrine de l'entreprise*, Paris, Seuil.

Drancourt, Michel, 1964, *Les clés du pouvoir*, Paris, Fayard.

Dubois, Jean, 1969, *Les cadres dans le société de consommation*, Paris, Cerf.

Froissart, Daniel, 1969, *Déléguer avec succès ses responsabilités*, Paris, Hommes et techniques.

Gabrysiak, Michel, Alquier, Jean-Yves, Antoine, Jacques, Grandmougin, Jean, de Mun, Pierre-Henri, Roulleau, Jean-Pol, and Roy, Maurice, 1968, *Cadres, qui êtes-vous?,* Paris, Robert Laffont.

Gélinier, Octave, *Fonction et tâches de la direction générale*, Paris, Hommes et techniques.

—1965, *Morale de l'entreprise et destin de la nation*, Paris, Plon.

—1966, *Le secret des structures compétitives*, Paris, Hommes et techniques.

Gutenberg, Erich, 1969, *La direction de l'entreprise*, Paris, Dunod.

Hughes, Charles, 1969, *Négocier les objectifs pour la réussite commune des bommes et de l'entreprise*, Paris, Hommes et techniques (translation of *Goal Setting: Key to Individual and Organizational Effectiveness*, American Management Association, New York 1965).

Hugonnier, René, 1964, *Former des chefs, promouvoir des hommes*, Paris, Dunod.

Humble, John, 1969, *Comment faire Participer les cadres à la réalisation des objectifs*, Paris, Entreprise moderne d'édition (translation of Improving Business Results, McGraw-Hill, New York 1968).

Humblet, Jean, 1966, *Les cadres de l'entreprise: France, Belgique, Royaume-Uni*, Paris, Éditions universitaires.

Jaques, Elliott, 1965, 'Diagnostic de la capacité et de son développement en vue de la sélection et de l'appréciation du personnel', in ANDCP, ed., *Techniques modernes de choix des hommes*, Paris, Éditions d'organisation, pp. 231—245.

Jeannet, Maurice, 1967, *Le psychologue et la sélection des cadres*, Paris, Dessart.

Kootz, Harold, 1966, 'La formation des directeurs pour le profit', in Bloch-Lainé and Perroux, eds, *L'entreprise et l'économie du xxe siècle*, vol. 3, pp.917—928 (translation of 'Executives Who Can't Manage', Atlantic Monthly, vol. 210, July 1962).

Lambert, Paul, 1968, *Management ou les cinq secrets du développement*, Paris, Cercle du livre économique.

McCarthy, Dugue, 1962, *La conduite du personnel*, Paris, Dunod.

Malterre, André 1969, *Les cadres et la réforme des enterprises*, Paris, France-Empire.

Massie, Joseph, 1967, *Méthodes actuelles de management des entreprises*, Paris, Éditions d'organisation (translation of *Essentials of Management*, Prentice Hall, Englewood Cliffs 1964).

Maurice, Marc, Monteil, Colette, Guillon, Roland, and Gaulon, Jacqueline, 1967, *Les cadres et l'entreprise,* Université de Paris, Institut de sciences sociales du travail.

Monsen, R. J., Saxberg, B.O. and Sutermeister, R.A., 1966 'Les motivations sociologiques de l'entrepreneur moderne', in Bloch-Lainé and Perroux, eds, *L'entreprise et l'économie du xxe siècle*, vol. 1, pp. 569—594.

Newman, William H., 1969, *L'art de la gestion. Les techniques d'organisation et de direction*, Paris, Dunod (translation of *Administrative Action: the Technique of organisation and Management*, second edition, Prentice Hall, Englewood Cliffs, 1965).

Paterson, Thomas, 1969, *Théorie du management*, Paris, Gauthier-Villars (translation of *Management Theory*, Business Publications, London 1966).

Patton, Arch and Starcher, George, 1965, 'L'appréciation des cadres par la programmation des résultats', in ANDCP, ed., *Techniques modernes de choix des hommes*, Paris, Éditions d'organisation, pp. 163—180.

Rohan-Chabot, Guy de, 1959, 'La formation des cadres', *L'homme d'affaires de demain-les 75 ans d'HEC*, CCP Éditions, Paris, Hommes et commerce, pp. 328—332.

Salleron, Louis, 1965, *Le fondement du pouvoir dans l'entreprise*, Paris, Entreprise moderne d'édition.

Servan-Schreiber, Jean-Jacques, 1967, *Le défi américain*, Paris, Denoël (translated as *The American Challenge*, trans. Ronald Steel, Hamish Hamilton, London 1968).

Studders, Herbert, 1959, 'Comment adapter l'homme d'affaires au monde de demain', *L'homme d'affaires de demain-les 75 ans d'HEC*, CCP Éditions, Paris, Hommes et commerce, pp. 239—243.

Tronson, Jean, 1967, *Le développement de la carriére des cadres dans la grande entreprise*, Paris, Librairie générale de droit et de jurisprudence.

Vatier, Raymond, 1969, *Le perfectionnement des cadres*, Paris, PUF, 'Que sais-je?' collection.

Vidal, André and Beaussier, Jean, 1960, *Organisation des structures de direction top management*, Paris, Dunod.

20世纪90年代

Adam, Edmond, 1993, 'Le coaching ou le retour vers la personne', *Management France*, no. 86, November, pp. 12—14.

Aktouf, Omar, 1989, *Le management, entre tradilion et renouvellement*, Montreal, Gaëtan Morin.

Archier, Georges, Elissak, Olivier and Setton, Alain, 1989, *Mobiliser pour réussir*, Paris, Seuil.

Arpin, Roland, 1994, 'Diriger sans s'excuser', *Revue internationale de gestion*, vol. 19, no. 2, May, pp. 55—61.

Aubrey, Bob, 1990, *Savoir faire savoir*, Paris, InterÉdifions (prix Dauphine 1990).

—1993, 'Repensons le travail du *cadre*', *Harvard-L'Expansion*, August, pp. 56—64.

—1994, 'La méamorphose du travail conduit à l'entreprise de sol' (presentation of *Le travail après la crise*), *Management France*, no. 87, February, pp. 22—23.

—1994, *Le travail après la crise*, Paris, InterEdifions.

Baron, Xavier, 1993, 'Les enjeux de gestion des salariés travaillant dans les structures par projets', *Gestion 2000*, no. 2, pp. 201—213.

Bellenger, Lionel, 1992, *tre pro*, Paris, ESE

Bonis, Jean, 1990, *Le management comme direction d'acteurs: maitriser la dynamique humaine de l'entreprise*, Paris, CLET.

Crozier, Michel, 1989, *L'entreprise à l'écoute. Apprendre le management post-industriel*, Paris, InterlÉditions.

Crozier, Michel and Sérieyx, Hervé, eds, 1994, *Du management panique* ɑ *l'entreprise du XXIéme siècle*, Paris, Maxima.

Cruellas, Philippe, 1993, *Coaching: un nouveau style de management*, Paris, ESF.

Desclée de Maredsous, Xavier, 1992, 'L'exercice du leadership ou la gestion, de sa carrière au jour le jour', *Gestion 2000*, vol. 7, special issue: 'Gérer votre carrìere', pp. 105—126.

Doyon, Christian, 1991, *L'intrapreneurship: la nouvelle génération de managers*, Montreal, Agence d'Arc.

Drucker, Peter, 1993, 'Le big-bang des organisations', *Havard-L'Expansion*, no. 69, Summer, pp. 35—42 (translation of 'The New Society of Organizations', *Harvard Business Review*, September/October 1992).

Ettighoffer, Denis, 1992, *L'entreprise virtuelle ou les nouveaux modes de travail*, Paris, Odile Jacob.

Gastaldi, Dino, 1990, 'Le métier de cadre: évolution et prise en compte du management', *Direction etgestion*, nos 126—127, pp. 57—62.

Genelot, Dominique, 1992, *Manager dans la complexité*, Paris, INSEE

Girard, Bernard, 1994, 'Vers un nouveau pacte social', *Revue française de gestion*, no. 100, September, pp. 78—88.

Hammer, Michael and Champy, James, 1993, *Le reengineering*, Paris, Dunod (translation of *Reengineening the Corporation:A Manifesto for Business Revolution*, Nicholas Brearley, London 1993).

HEC (the professors of the groups), 1994, 'Management et ressources humaines: quelles Stratégies de formation', *L'école des managers de demain*, Paris, Economica, pp. 245—268.

Landier, Hubert, 1991, *Vers l'entreprise intelligente*, Paris, Calmann-Lévy.

Lemaire, Bruno, 1994, 'Des entreprises sans hiérarchie?', *L'Expansion Management Revue*, Autumn, pp. 74—82.

Lenhardt, Vincent, 1992, *Les responsables porteurs de sens: culture et pratique du coaching and du team building*, Paris, INSEP.

Le Saget, Meryem, 1992, *Le manager intuitif*, Paris, Dunod (prix Dauphine 1993).

—1994, *10 conseils pour le manager de demain*, brochure of the consulting firm Érasme International.

Midler, Christophe, 1993, 'La révoluton de la Twingo', *Gérer et comprendre*, June 1993.

Mingotaud, F., 1993, *La fonction d'encadrement*, Paris, Éditions d'organisation

Moran, R. and Xardel, D., 1994, *Au-delà des cultures: les enjeux du management international*, Paris, InterÉditions.

Morin, Pierre, 1994, 'La fin du management romantique', *Management France*, no. 88, May, pp. 14—17.

Moss Kanter, Rosabeth, 1991, 'Les habits neufs du manager', *Harvard-l'Expansion*, no. 60, Spring, pp. 30—39 (translation of 'The New Managerial Work', *Harvard Business Review*, November/December 1989).

—1992, *L'entreprise en éveil, Paris*, InterÉditions (translation of *When Giants Learn to Dance*, Unwin, London 1990).

Orgogozo, Isabelle, 1991, *Les paradoxes du management*, du château fort aux cloisons mobiles, Paris, Éditions d'organisation

Orgogozo, Isabelle and Sérieyx, Hervé, 1989, *Changer le changement*, on peut abolir les bureaucraties, Paris, Seuil.

Peters, Tom, 1993, *L'entreprise libérée*, Paris, Dunod (translation of *Liberation Management: Necessary Disorganization for the Nanosecond Nineties*, Alfred A. Knopf, New York 1992).

Quinn Mills, D., 1994, *L'entreprise post-hiérarchique*, Paris, InterÉditions (translation of *Rebirth of the Corporation*, John Wiley & Sons).

Ramond, Philippe, 1993, *Le management opérationnel*, Paris, Maxima.

Raux, Jean-François, 1994, 'Management et mutations', *Futuribles*, no. 187, May, pp. 9—26.

Renaud-Coulon, Annick, 1994, *L'entreprise sur mesure*, Paris, L'Harmattan.

Sérieyx, Hervé, 1993, 'À propos du big-bang des organisations', *Management France*, no. 85, pp. 29—30.

—1993, *Le Big-Bang des organisations*, Paris, Calmann-Lévy.

Sicard, Claude, 1994, *Le manager stratège*, Paris, Dunod.

Strebel, Paul, 1994, 'Comment faire évoluer les règles du jeu', *L'Expansion Management Review*, Summer, pp. 17—21.

Tapscott, Don and Caston, Art, 1994, *L'entreprise de la deuxième ère. La révolution des technologies de l'information*, Paris, Dunod (translation of *Paradigm Shift: The New Promise of Information Technology*, McGraw-Hill, New York 1993).

Tardieu, Michel, 1994, *Patrons-cadres: la crise de confiance*, Cahiers de l'Institut de l'entreprise, April, pp. 20—26.

Toffler, Alvin, 1991, *Les nouveaux pouvoirs*, Paris, Livre de Poche (translation of *Power Shift: Knowledge, Wealth and Violence at the Edge of the 21*st

Century, Bantam Books, New York 1990).

Vermot Gaud, Claude, 1993, *Mobiliser pour gagner*, Paris, Éditions Liaisons.

Vincent, Claude-Pierre, 1990, *Des systèmes et des hommes*, Paris, Éditions d'organisation.

Waterman, Robert, 1990, *Les champions du renouveau*, Paris, InterÉditions (translation of *The Renewal Factor*, Bantam, London 1988).

Weiss, Dimitri, 1994, 'Nouvelles formes d'entreprise et relations de travail', *Revue française de gestion*, no. 98, March-May, pp. 95—103

附录三

管理材料的总统计情况

软件程序

两个材料集加工时使用的软件程序，是由弗朗西斯·夏托雷诺与皮埃尔·夏利奥开发的，它把词典式方法结合诠释学方法，对类别（字符、集体实体、物体、行动等）进行编纂和互动式构建，对描写的阐述既适用于有关材料，也适用于研究问题。一开始，软件自动标明材料中遇到的字词，其办法是结合词法学解析器（这包括某些规则，例如以-ion 结尾的字词被列为实体），并参照包含不同使用者对不同检验进行标记的类别（它可以识别解析器不知道如何掌握的字词）。自动标记区分实体（普通名词、专门名词、复合名词）、性质（描述实体的形容词或过去或现在分词）、检验（主要是不定式动词或变化形式动词）、文法性字词（代名词、连接词，等等）、标示号（副词，但也有把陈述情态化的形式，诸如“它应当”，或“不总是”，等等），以及数字与不确定词语（程序不能识别的实体）。一旦这一阶段完成，自动加工就能由使用者人工纠正，以说明不确定词语的特性或者改变错误的分类。分析性阶段本身主要包括构建类别（包含一系列词语或例子由标号 @ 确认，并与这些类别合作）。这样做，就能从同一材料集或不同材料集里比较不同材料中具有的类别；审看体现不同材料类别的例子或描述；列出归属于一个例子的性质，从而知道与一个类别关联最多的词语。

两大材料集总体内容的证实

软件程序使我们能系统地比较这两大材料集，并肯定我们对其内容的分析（在第一章中提出）是准确的反映，并非某些解释性偏见 546
的结果。为了进行这一比较，我们构建了各种想象性实体（以该程序的语言），采取的形式是列出根据其类似意义汇聚的名词表。例如，想象性实体 COACH@ 结合所有用来指 90 年代作者们非常重视的支持和发展人的这种新功能的字词。“想象性实体”是为两大材料集提出的所有人的类别构建的，它可以使用同样的指标来比较两个时期描述中它们出现的相对情况。我们也同样构建某些“想象性实体”来指各个机制（如 RÉSEAU@ 或 PROJET@）。想象性实体的内容列表在本附录末尾提供。在此基础上，程序提供我们每个想象性实体和每个实体发生的计数。表 2 重现了每个材料集出现最多的实体列表，其后是它们出现的次数和下行次序。

它清楚地反映两个时期的惊人差异。在 60 年代材料集内，干部是主要关注。在 90 年代，兴趣更为多样，因为我们发现，在材料集里最多的活动者中，干部作为需要革新的老式公司的代表，经理是命定要取代他们的典型新人物①；还有客户（顾客）和商人（供应商），我们注意到他们在新机制中的重要性，不论问题是把他们结合进项目，还是把整个组织转向顾客的期望。而且，如果涉及等级制架构的类别“下级”和“主任”持续下去，尽管并非总是正面的阐述，但“工薪收入者”类别现在则占据着优势地位。这一名称——可想象最为中立化的——可以包罗全部劳动力——干部与非干部，

① “干部”或“干部”与“经理”都集中反映我们构建材料集的方式。我们可以回顾，我们首先选择有关这些人物的摘录。

不区分地位或级别，与新的介绍相符合。②

在 60 年代，材料集里另一个重要的活动者——除了“头头”，它部分地作为“干部”的同义词——是股东（“资本”类别），我们发现，它在 90 年代排位很低（第 72 位，而在 60 年代是第 19 位）——并不是他们的意义减小了，而是他们的存在并不是供许多讨论的内容。相反，在 60 年代，资方与所有权分开还成问题，因此尝试着从业务中取消与业主行使权力有联系的无效能行为。

自由的主题在两个时期中占有类似的地位，虽然如我们所见，其
547 形式不同。60 年代的作者们，要把干部从雇主集中控制下解放出来，从不忘记他们关心的公司是“自由世界”的代表。90 年代要把全部劳动力从等级制和官僚制下面解放出来，以鼓励创造性、灵活性和个人的自我实现（个人发展）。90 年代最终对等级制赋予优先地位，受到很多批评。在 60 年代，这个想象性实体的地位进一步降低（第 45 位，而过去是第 22 位）：它的出现是重要的，但不像在近些年，我们实际上从非负面含义提及包含在其结构之中的“金字塔”和“金字塔式运行”。

少量建议的广泛性，提供存在问题的解决办法，不论什么时代的材料都一再重复，这在表上也很明显，不论是 60 年代的“管理”与“目标”，还是 90 年代的网络—团队—项目三部曲。60 年代显著出现的实体引起高度非人格化的管理（功能、体系、结果、管理），而 90 年代对“生活”与“意义”给以重要空间。“权力”在 90 年代（负面含义）相当于它监督和官僚化的对偶物“权威”和“责任”，它们在 60 年代被正面提出。如人们所预期的，表达运动和变化的词语（进程、发展、变化）也在 90 年代更为流行。

表 3 包含了我们构建的其他想象性实体在每个材料集里的排序，提供这两个时期对比的更确切概念。它特别指出，模型的多样化意欲取代干部。首先，这是 90 年代作者们使用名词混乱的一个

② 60年代同等的“中立”词是“人”，但它的复数都是指下属，符合于借自军队的阐述，它的等级制的、“家族的”含义相当清楚。

索引，以及他们难以制定一项新词汇。材料中使用最多的“经理”一词事实上涉及大量人物，取决于作者想突出的特点。因此可以预期，在90年代的材料集里，我们遇到专家与顾问、教练与领导者，还有培训师、主导者—协调人—项目头头，以及网络拓展者（在这个名词中，我们结合了专门负责网络公司联系的所有人物）。强调革新和灵活性，使得创新者和艺术家获益更多。在60年代只是稍稍使用过的体育比喻，现在却已变成标准。那些坏题目实际上都集中在“官僚制”里。“英雄”类别在它的组成内容上较难诠释，部分是由于该词以奉承方式指新型人物如“冠军”、“拼命三郎”和“建设者”；部分是由于该词在60年代贬义地谴责公司掌权者，讽刺地将其刻画为“超人”或“半神”，以对立于受制于他们的“非实体”。 549

60年代的材料集里除“干部”以外的行动者类别相当不同于90年代的对等情况：我们发现，工会在该时期仍然是主要的关心方面，以及官员仍然被视为好榜样，即使有呼声要求更多地非集中化。

企业家虽然出现在两份材料集里，事实上在两段时期中包罗很不同的人物。在60年代，首先指的是小雇主，而在90年代，该词指那些“把等级制振作起来”并进行革新的人，大公司必须学着利用他们，有时候还要缓和他们的过度（如莫斯·坎特创造的人物，“牛仔”的情况）。

最后，读者会注意到在90年代的材料集中“联盟”和“愿景”的广泛使用，它们在我们所谈及的新管理的建议中发挥着中心作用。

表2：每个材料集里的主导实体

20世纪60年代		20世纪90年代	
6146不同实体		7999不同实体	
1.ENTREPRISE@	1330	1.ENTREPRISE@	1404
2.CADRE@	986	2.travail	507

3.SUBORDONNES@	797	3.organisation	451
4.DIRIGEANTS@	724	4.RÉSEAU@	450
5.Direction	549	5.ÉQUIPE@	392
6.Travail	507	6.PROJET@	375
7.CHEF@	487	7.DIRIGEANTS@	369
8.Cadre	361	8.CLIENT-FOURN@	363
9.Organisation	343	9.SUBORDONNÉS@	343
10.autorité	316	10.MANAGER@	299
11.objectifs	308	11.mangement	265
12.fonction	274	12.temps	251
13.action	260	13.processus	227
14.formation	238	14.CADRE@	219
15.résultats	217	15.développement	213
16.fonctions	212	16.vie	205
17.système	207	17.SALARIÉ@	193
18.problèmes	195	18.pouvoir	192
Tâches	195	19.changement	190
19.CAPITAL@	190	20.sens	188
20.responsabilite	189	21.HIÉRARCHIE@	185
21.hommes	188	22.compétences	185
22.LIBERTE@	185	23.système	184
23.temps	178	24.qualité	180
24.rôle	175	25.monde	175
25.l'homme	173	26.gestion	172
Societe	173	27.relations	170
26.groupe	167	28.action	167
Gestion	167	29.LIBERTÉ	165

表 3: 每个材料集里其他想象性实体的相对地位[③]

20 世纪 60 年代	20 世纪 90 年代
45.HIÉRARCHIE@	32.EXPERT-CONSEIL@
59.ÉQUIPE@	34.VISION@
60. EXPERT-CONSEIL@	46.COACH@
76.ENTREPRENEUR@	58.COLLABORATEUR@
79.SALARIÉ@	59.ALLIANCE@
83.SYNDICAT@	60.LEADER@
97.OFFICIER@	70.CHEF@
100.COLLABORATEUR@	CRÉATEUR@
104.MANAGER@	72.CAPITAL@
113.CRÉATEUR@	81.ENTREPRENEUR@
117.CLIENT-FOURN@	84.HÉROS@
	102.BUREAUCRATIE@
	106.SPORTIF@
	108.ALIÉNÉ@
	111.FORMATEUR@
	ANIMATEUR@
	114.MAILLEUR@

③ 排名120以下的想象性实体不在此表之列。排名114的“网络拓展者”类别在90年代记录出现40次,而在60年代排名117的“顾客—供应商”记录出现38次。鉴于每个时期的材料集约为500页，我们认为一个类别的描述在此数以下是弱质的。此外，占最高等级的——即全文引用的仅作1次——在90年代是153,而60年代是154。

附录四

不同“城市”在两个材料集中出现的相对情况

表 4 与表 5 通过材料提供了材料集的总貌。软件程序事实上可以决定每篇材料中最重要的逻辑是什么。

60 年代工业逻辑的显著性（我们已经突出说明，见第二章表 1），当分析在逐一材料的基础上进行时就更为惊人，因为那是 85%的材料中最主导的内容，下一个逻辑（家族逻辑）只在 6%的材料中是主导的。通过比较，在 90 年代，工业逻辑在 63%的材料中为主导，联系性逻辑在 28%的材料中占有这个地位。

对次要主导的分析表明，家族逻辑在 60 年代确实是第二重要的，而在今天，网络逻辑占有这一地位。另一方面，这些表格并不告知我们有关逻辑的正面或负面评价。但不应该忘记，如果家族逻辑常常出现在 60 年代的材料中，那是为了谴责的目的，工业逻辑在 90 年代材料中也承担了同样的阻止作用。

第二章所强调的其他变化的性质在这里得到澄清：如果灵感型逻辑（它在任何 60 年代材料中都非主导）在最近 3 份材料中处于主导地位，在另外 3 份材料中处于第二主导，它的突破相应于所有材料中的灵感型记录具有温和的丰富，创造性和个性的主题好像“洒落”在这些材料中，但没有真正的论点实质。情况对公民逻辑确实是对称的，它在60年代相当流行以后，在90年代不见了，不能对很大量的材料发挥强烈影响。

至于商业型记录，就我们所见（第二章），一般在近些年中比较常有吸引力，我们注意到上面两表中它的重要性下降：而它在60年代能对三分之一以上的材料集施加强大影响，今天它影响那些材料的半数。所以我们必须得出结论称，商业性逻辑扩散较少，更 554
集中于60年代的一些作者。对照起来，在90年代，如同灵感型逻辑那样，它轻轻散落在材料集上，但对于小数量的材料具有强大影响。无疑这相应于商业型世界在90年代有较大的合法性，它在那里很广泛，虽然内容较低下，而60年代材料集标志着在这反方面的尖锐分歧。商业型逻辑更为合法和广泛扩散，它并不以主宰话语为终了，好像它本身永不知足地要证明资本主义新机制的正当性，
并赋予它们吸引力。 557

表4：20世纪60年代材料集的材料中主要与次要主导因素

第一主导因素 第二主导因素	商业	网络	灵感	工业	家族	声誉	公民	第二主导因素 （材料数）
商业				22				22
网络				4				4
灵感								
工业	2				3		2	7
家族				22			1	23
声誉					1			1
公民				3				3
第一主导因素 （材料数）	2			51	4		3	60

如何阅读此表：有22份材料的第一主导因素是工业型逻辑，第二主导因素是商业型逻辑。从总计数来看，不管第二主导因素，60份材料中的51份是工业型逻辑主导。一份材料的主导型逻辑是包含最大出现数的逻辑类别。

表5：20世纪90年代材料集的材料中主要与次要主导因素

第一主导因素 第二主导因素	商业	网络	灵感	工业	家族	声誉	公民	第二主导因素 （材料数）
商业				11				11
网络	1		1	26				28
灵感				3				3
工业	1	17	2					20
家族		2		2				4
声誉								
公民								
第一主导因素 （材料数）	2	19	3	42				66

如何阅读此表：见表4注释

参考文献

Abramovici, Gérard, ‘La protecition sociale’, *Données sociales 1999*, INSEE, Paris 1999.

Abrossimov, Christian and Gelot, Didier, ‘La politique de l'emploi de 1990 à 1994 entre croissance économique et action publique’, *Données sociales 1996*, INSEE, Paris 1996.

Adam, Gérard, *Le Pouvoir syndical*, Dunod, Paris 1983.

Adorno, Theodor, *The Jargon of Authenticity*, trans. Knut Tarnowski and Frederic Will, Routledge & Kegan Paul, London 1973.

——*Minima Moralia: Reflections from a Damaged Life*, trans. E.F.N. Jephcott, Verso, London 1978.

Adorno, Theodor and Horkheimer, Max, *Dialectic of Enlightenment*, trans. John Cumming, Verso, London 1979.

Afsa, Cédric and Amira, Selma, ‘Le RMI: un dispositif en mutation’, *Données sociales 1999*, INSEE, Paris 1999.

Aglietta, Michel, ‘Nouveau régime de croissance et progrès social’ (interview), *Esprit*, November 1998.

Agre, Philippe, ‘Surveillance et saisie. Deux modèles de l'information personnelle’, in B. Conein and L. Thévenot, eds, *Cognition et information en so-*

ciété, 'Raisons pratiques' no. 8, Éditions de l'EHESS, Paris 1997.

Aguiton, Christophe and Bensaïd, Daniel, *Le Retour de la question sociale. Le renouveau des mouvements sociaux en France*, Éditions Page deux, Lausanne 1997.

Akerlof, George, 'The Market for "lemons": Quality, Uncertainty and the Market Mechanism', *Quarterly Journal of Economics*, vol. 84, 1970.

——*An Economic Theorist's Books of Tales*, Cambridge University Press, Cambridge 1984.

Amand, Francis, 'Petit et grand Commerce', *L'Entreprise*, no. 2581, 1992 (special issue on 'La France des entreprises' in collaboration with INSEE).

Amar, Michel, 'Les effets du "flux tendu", *L'Entreprise*, no. 2518, 1992 (special issue on 'La France des entreprises' in collaboration with INSEE).

Amar, Michel and Bricout, Jean-Luc, 'La concentration financière', *L'Entreprise*, no. 2518, 1992.

ANACT, *Les Coûts des conditions de travail. Guide d'évaluation économique*, 3 vols, Paris 1979.

Andreff, Wladimir, *Les Multinationales globales*, La Découverte, Paris 1995.

Andre-Roux, Valérie and Le Minez, Sylvie, 'Dix and d' évolution du chômage des cadres, 1987—1997', *Données sociales 1999*, INSEE, Paris 1999.

Angenot, Marc, *La Parole pamphlétaire*. Typologie des discours modernes, Payot, Paris 1983.

Ansart, Pierre, *Marx et l'anarchisme*, Presses Universitaires de France, Paris 1969.

Aquain, Valérie, Bué, Jennifer and Vinck, Lydie, 'L'évolution en 2 ans de l'organisation du travail: plus de contraintes mais aussi plus d'autonomie pour les salariés', *Premières synthèses*, no. 54, 16 June 1994, DARES.

Aquain, Valérie, Cézard, Michel, Charraud, Alain and Vinck, Lydie, 'Vingt ans d' évolution des conditions de travail', *Travail et emploi*, no. 61, April 1994.

Arbant, Pascale, 'Le capital de temps de formation', *Droit social*, no. 2,

February 1994.

Arendt, Hannah, *The Human Condition*, University of Chicago Press, Chicago 1958.

Astier, Isabelle, *Revenu minimum et souci d'insertion*, Desclée de Brouwer, Paris 1997.

Audric, Sophie and Forgeot, Gérard, 'Le développement du travail à temps partiel', *Données sociales*, INSEE, Paris 1990.

Baechler, Jean, *Le Capitalisme*, 2 vols, Gallimard, Paris 1995.

Baktavatsalou, Ravi, 'Licenciements économiques et mesures d' accompagnement au début des années 90', *Données sociales 1996*, INSEE, Paris 1996.

Balazs, Gabrielle and Mathey, Catherine, 'Opinions sur le marginalisme: analyse d'interviews de specialists de la jeunesse', in Jean Rousselet *et al., Les Jeunes et l'emploi*, Cahiers du CEE, no. 7, Presses Universitaires de France, Paris 1975.

Barish, John, *The Antitheatrical Prejudice*, University of California Press, Berkeley 1981.

Barjonet André, *La CGT*, Seuil, Paris 1968.

Barker, James R., 'Tightening the Iron Cage: Concertive Control in Self-Managing Teams', *Administrative Science Quarterly*, vol. 38, no. 3, 1993.

Baron, Cécile, Bureau, Marie-Christine, Le Dantec, Eliane and Nivolle, Patrick, *Les Intermédiaires de l'insertion*, CEE, Paris 1994.

Barrat, Olivier, Coutrot, Thomas and Mabile, Sylvie, 'La négociation salariale en France: des marges de manoeuvre réduites au début des années 90', *Données sociales 1996*, INSEE, Paris 1996.

Barthes, Roland, *Mythologies* (1957), trans, Annette Lavers, Jonathan Cape, London 1972.

Baszanger, Isabelle, *Douleur et médecine. La fin d'un oubli*, Seuil, Paris 1995.

Baudelot, Christian and Gollac, Michel, 'La salaire du trentenaire: question d'âge ou de génération', *Économie et statistique*, nos 304—305, April 1997.

Baudrillard, Jean, *The Cnsumer Society*, Sage, London 1998.

Simulacra and Simulations, trans. Sheila Faria Glaser, University of Michigan Press, Ann Arbor 1994.

The Gulf War Did Not Take Place (1991), trans. Paul Patton, Indiana University Press, Bloomington 1995.

Baudry, Bernard, 'De la confiance dans la relation d'emploi et de sous-traitance', *Sociologie du travail*, no. 1, 1994.

Baumard, Maryline and Blanchot, Michel, *Crise du syndicalisme*, Hatier, Paris 1994.

Beaud, Stéphane and Pialous, Michel, 'Être OS chez Peugeot: changements techniques et usure au travail', *Critiques sociales*, no. 1, May 1991.

Becker, Gary, 'A Theory of the Allocation of Time', *The Economic Journal*, vol. LXXV, no. 299, 1965.

Bell, Daniel, *The Cultural Contradictions of Capitalism*, Heinemann, London 1976.

Belleville, Pierre, *Une nouvelle classe ouvrière*, Julliard, Paris 1963.

Belloc, Brigitte and Lagarenne, Christine, 'Emplois temporaries et emplois aidés', *Données sociales 1996*, INSEE, Paris 1996.

Belorgey, Jean-Michel, interview with Didier Gelot and Serge Volkoff, *Collectif*, no. 24, December 1994.

Bénéton, Philippe and Touchard, Jean, 'The Interpretations of the Crisis of May/June 1968' (1970), in Keith Reader, ed., *The May 1968 Events in France: Reproductions and Interpretations*, Macmillan, Basingstoke and London 1993.

Benghozi, Pierre-Jean, *Le Cinéma entre l'art et l'argent*, L'Harmattan, Pairs 1989.

Beniger, James, *The Control Revolution: Technological and Economic Origins of the Information Society*, Harvard University Press, Cambridge (MA) 1986.

Benko, Georges and Lipietz, Alain, eds, *Les Régions qui gagnent. Districts et réseaux: les nouveaux paradigmes de la géographie économique*, Presses Universitaires de France, Paris 1992.

Bennahmias, Jean-Luc and Roche, Agnès, *Des Verts de toutes Les couleurs. Histoire et sociologie du mouvement écolo*, Albin Michel, Paris 1992.

Bennett, Steven, Frierman, Richard and George, Stephen, *Corporate Realities and Environmental Truths: Strategies for Leading Your Business in the Environmental Era*, John Wiley & Sons, New York 1993.

Bénot, Yves, *L'autre Italie 1968—1976*, Maspero, Paris 1977.

Berger, Susan and Piore, Michael, *Dualism and Discontinuity in Industrial Societies*, Cambridge University Press, New York 1980.

Berggren, Christian, 'Lean Production: The End of History?', *Actes du GERPISA*, no. 6, February 1993.

Berle, Adolf and Means, Gardiner, *The Modern Corporation and Private Property*, Macmillan, London 1932.

Berman Marshall, *All that Is Solid Melts into Air: The Experience of Modernity*, Verso, London 1983.

Bernoux, Philippe, *Les nouveaux patrons: le center des Jeunes dirigeants d' entreprise*, Les Éditions ouvrières, Paris 1974.

Bernoux, Philippe, Mote, Dominique and Saglio, Jean, *Trois ateliers d'OS*, Les Éditions ouvrières, Paris 1973.

Bernoux, Philippe and Servet, Jean-Michel, eds, *La Construction sociale de la confiance*, Montchrestien, Paris 1997.

Besnard, Philippe, *Protestantisme et capitalisme: la controverse post-weberienne*, Armand Colin, Paris 1970.

——'Durkheim et les femmes ou le Suicide inachevé', *Revue française de sociologie*, vol. XIV, 1973.

——*L'Anomie, ses usages et ses fonctions dans la discipline sociologique depuis Durkheim*, Presses Universitaires de France, Paris 1987.

——'Mariage et suicide: la théorie durkheimienne de la regulation conjugale à l' épreuve d'un siècle', *Revue française de sociologie*, vol. XXXVIII, 1997.

Bessy, Christian, 'La selection des salaries licenciés: economies d'une réglementation', *Travail et emploi*, no. 58, 1994.

——'Cabinets de recrutement et formes d'intermédiation sur le marché du travail', in C. Bessy and F. Eymard-Duvernay, eds, *Les Intermédiaires du marché du travail*, Cahiers du CEE, Presses Universitaires de France, Paris 1997.

Bessy, Christian and Chateauraynaud, François, *Experts et faussaires. Pour une sociologie de la perception*, Métailié, Paris 1995.

Bessy, Christian and Eymard-Duvernay, François, eds, *Les Intermédiaires du marché du travail*, Cahiers du CEE, Presses Universitaires de France, Paris 1997.

Best, Fred, *Flexible Life Scheduling: Breaking the Education-Work-Retirement Lockstep*, Praeger, New York 1980.

Bihr, Alain and Pfefferkorn, Ronald, 'Peut-on définir un seuil de richesse?', *Alternatives economiques*, special issue no. 25, 'Les riches', Autumn 1995.

Bisault, Laurent, Bloch-London, Catherine, Lagarde, Sylvie and Le Corre, Valérie, 'Le développement du travail à temps partiel', *Données sociales 1996*, INSEE, Paris 1996.

Bloch-London, Catherine and Boisard, Pierre, 'L'aménagement et la reduction du temps de travail', *Données sociales 1999*, INSEE, Paris 1999.

Boisard, Pierre and Letablier, Marie-Thérèse, 'Un compromis d'innovation entre tradition et standardisation dans l'industrie laitière', in L. Boltanski and L. Thévenot, eds, *Justesse et justice dans le travail*, CEE–Presses Universitaires de France, Paris 1989.

Boissevain, Jeremy, *Friends of Friends: Networks*, Manipulations and Coalitions, Blackwell, Oxford 1974.

Boissonat, Jean (director), *Le Travail dans vingt ans, Commissariat générale du Plan*, Odile Jacob and Documentation française, Paris 1995.

Boltanski, Luc, 'Pouvoir et impuissance. Projet intellectuel et sexualité dans le Journal d'Amiel', *Actes de la recherché en sciences sociales*, vol. 1, nos

5—6 1975.

——*Les Cadres. La formation d'un groupe social*, Minuit, Paris 1982.

——*The Making of a Class: Cadres in French Society*, trans. Arthur Goldhammer, Cambridge University Press/Éditions de la Maison des Sciences de l'Homme, Cambridge 1987.

——*L'amour et la justice comme compétences,* Métailié, Paris 1990.

——*Distant Suffering: Morality, Media and Politics*, trans. Graham Burchell, Cambridge University Press, Cambridge 1999.

——'Dissémination ou abandon: la dispute entre amour et justice. L'hypothèse d'une pluralité de régimes d'action', in P. Ladrière, P. Pharo and L. Quéré, eds, *La théorie de l'action: le sujet pratique en débat*, Éditions du CNRS, Paris 1993.

Boltanski, Luc and Thévenot, Laurent, 'Finding One's Way in Social Space: A Study Based on Games', *Social Science Information*, vol. 22, nos 4—5, 1983.

——eds, *Justesse et justice dans le travail*, CEE–Presses Universitaires de France, Paris 1989.

——*De la justification. Les économies de la grandeur*, Gallimard, Paris 1991.

Bonnechere, Michèle, *Le Droit du travail*, La Découverte, Paris 1997.

Bordet, Gaston and Neuschwander, Claude, *Lip 20 and après*, Syros, Paris 1993.

Boudon, Raymond, *Theories of Social Change*, trans. J.C. Whitehouse, Polity Press, Cambridge 1986.

Bouget, Denis, Cadio, Jacqueline, Guéry, Hervé and Noguès, Henry, *Les Politiques de lutte contre la grande pauvreté*, 4 vols, Centre d' économie des besoins sociaux, Nantes 1995.

Bourdieu, Pierre, *Outline of a Theory of Practice*, trans. Richard Nice, Cambridge University Press, Cambridge 1977.

——*The Political Ontology of Martin Heidegger*, trans. Peter Collier, Polity

Press, Cambridge 1991.

——*Distinction: A Social Critique of the Judgement of Taste*, trans. Richard Nice, Routledge, London 1989.

——*The Logic of Practice*, trans. Richard Nice, Polity Press, Cambridge 1990.

——*The Rules of Art: Genesis and Structure of the Literary Field*, trans. Susan Emanuel, Polity Press, Cambridge 1996.

——*et al., The Wieght of the World*, trans, P.P. Ferguson et al., Polity Press, Cambridge 1999.

Bourdieu, Pierre, Boltanski, Luc and Maldidier, Pascal, 'La défense du corps', *Information sur les sciencs sociales*, vol. X, no. 4, 1971.

Bourdieu, Pierre, Boltanski, Luc and Saint Martin, Monique de, 'Les stratégies de reconversion. Les classes sociales et le système d'enseignement', *Information sur les sciences sociales*, vol, 12, no. 5, 1973.

Bourdieu, Pierre and Boltanski, Luc, 'La production de l'idéologie dominante', *Actes de la recherche en sciences sociales*, nos 2—3, June 1976.

Bourdieu, Pierre and Passeron, Jean-Claude, 'Sociologues des mythologies et mythologies de sociologues', *Les Temps modernes*, no. 211, December 1963.

——*Reproduction in Education, Society and Culture*, trans. Richard Nice, Sage, London 1977.

——*The Inberitors: French Students and their Relation to Culture* (1964), trans. Richard Nice, University of Chicago Press, Chicago and London 1979.

Bouretz, Pierre, *Les Promesses du monde. Philosophie de Max Weber*, Gallimard, Paris 1996.

Bourguignon, François and Chiappori, P.-A., *Fiscalité et redistribution. Plans pour une réforme*, Notes de la Fondation Saint-Simon, Paris 1997.

Bournique, Yves and Barry, Chantal de, 'Donneurs d'ordres et sous-traitants', *L'Entreprise*, no. 2518, 1992 (special issue on 'La France des entreprises' in collaboration with INSEE).

Bouveresse, Jacques, 'La vengeance de Spengler', *Le Temps de la réflexion*, vol. 4, Gallimard, Paris 1983.

Bouzonnie, Huguette, 'L' évolution des effectifs syndicaux depuis 1912: un essai d'interprétation', *Revue française des affaires sociales*, vol. 41, no. 4, October/December 1987.

Bowie, Norman and Freeman, Edward, eds, *Ethics and Agency Theory*, Oxford University Press, Oxford 1992.

Boyer, Robert, 'L'introduction du taylorisme en France à la lumière de recherches récentes', *Travail et emploi*, no. 18, October/December 1983.

Boyer, Robert and Orléan, André, 'Persistance et changement des conventions', in Orléan, ed., *Analyse économique des conventions*, Paris 1994.

Branciard, Michel, *Histoire de la CFDT*, La Découverte, Paris 1990.

Braudel, Fernand, *The Wheels of Commerce*, vol. 2 of Civilization and Capitalism (3 vols) trans. Sian Reynolds, Harper & Row, New York 1981—1984.

——*La Dynamique du capitalisme*, Arthaud, Paris 1985.

Bressand, Albert and Distler, Catherine, *La Planète relationnelle*, Flammarion, Paris 1995.

Bricout, Jean-Luc, 'La montée des services', *L'Entreprise*, no. 2518, 1992 (special issue on 'La France des entreprises' in collaboration with INSEE).

Bricout, Jean-Luc and Dietsche, M., 'Un bilan de santé favorable', *L' Entreprise*, n. 2518, 1992.

Broudic, Patrick and Espinasse, Jean-Michel, 'Les politiques de gestion de la main-d'oeuvre', *Travail et emploi*, October 1980.

Bruhns, Hinnerk, 'Économie et religion chez Werner Sombart et Max Weber', in Gérard Raulet, ed., *L'Éthique protestante de Max Weber et l'esprit de la modernité*, publication of the 'Groupe de recherche sur la culture de Weimar', Éditions de la MSH, Paris 1997.

Bué, Jennifer, 'L'expression des salariés avant la loi du 4 août 1982. Les expériences d'initiative patronale', *Travail et emploi*, no. 23, March 1985.

——'Les différentes formes de flexibilité', *Travail et emploi*, no. 41, 3, 1989.

Bunel, Jean, *La mensualisation. Une réforme tranquille?*, Les Éditions ouvrières, Paris 1973.

Bunel, Jean and Saglio, Jean, 'La redéfinition de la politique sociale du patronat français', *Droit social*, no. 12, December 1980.

Burnham, James, *The Managerial Revolution*, John Day, New York 1941.

Burt, Ronald, 'Models of Network Structure', *Annual Review of Sociology*, vol. 6, 1980.

——*Structural Holes*, Harvard University Press, Cambridge (MA) 1992.

——'The Social Structure of Competition', in N. Nohria and R. Eccles, eds, *Networks and Organizations: Structure, Form, and Action,* Harvard University Press, Cambridge (MA) 1992.

Burt, Ronald, Jannotta, Joseph E. and Mahoney, James T., 'Personality Correlates of Structural Holes', *Social Networks*, no. 20, 1998.

Caire, Guy. 'La France est-elle encore à l'heure de Lip?', *Droit social*, no. 11, November 1973.

——'Précarisation des emplois et régulation du marché du travail', communication to the *IIes Journées d'économie sociale*, Faculté des sciences économiques de Dijon, 24—25 September 1981.

Cairncross, Frances, *Costing the Earth*, Business Books, London 1991.

Callon, Michel, 'Éléments pour une sociologie de la traduction. La domestication des coquilles Saint-Jacques et des marin-pêcheurs dans la baie de Saint-Brieuc', *L' Année sociologique*, no. 36, 1986.

——*La Science et ses réseaux. Genèse et circulation des faits scientifiques*, La Découverte, Paris 1989.

——'Réseaux technico-économiques et irréversibilité', in R. Boyer, ed., *Réversibilité et irréversibilité en économie*, EHESS, Paris 1991.

——ed., *Ces réseaux que la raison ignore*, L'Harmattan, Paris 1993.

——ed., *The Laws of the Markets*, Blackwell, Oxford 1998.

Callon, Michel and Latour, Bruno, 'Unscrewing the Big Leviathan', in K. Knorr-Cetina and A.V.Cicourel, eds, *Advances in Social Theory and Methodology*, Routledge & Kegan Paul, Boston 1981.

Campinos-Dubernet, Myriam, 'La gestion des sureffectifs, la fin des illusions des resources humaines?', *Travail et emploi*, no. 64, 1995.

Camus, Benjamin, 'Les débuts de la mesure", *INSEE Méthodes*, nos 67—68, 'Les réseaux d'entreprises: des collectifs singuliers', 20 November 1996.

Capron, Michel, 'Vers un renouveau de la comptabilité des ressources humaines', *Revue française de gestion*, November/December 1995.

Cartier-Bresson, Jacques, 'Éléments d'analyse pour une économie de la corruption', *Revue Tiers-Monde*, no. 131, 1992.

——'De la definition d'un marché de la corruption à l' etude de ses formes organisationnelles: un premier bilan des analyses économiques de a corruption', communication to the seminar on 'La corruption dans les systèmes pluralistes', Poitiers, November 1993.

Cartron, Damien, 'Autonomie et contrôle dans un restaurant McDonald's', working paper for the seminar of Luc Boltanski at the EHESS, 1998.

Castel, Robert, 'De l'indigence à l'exclusion: la désaffiliation', in Jacques Donzelot, *Face à l'exclusion: le modèle français*, Le Seuil-Esprit, Paris 1991.

——*Les Métamorphoses de la question sociale*, Fayard, Paris 1994.

——'Débats sur le revenu minimum inconditionnel', *Revue du Mauss*, no. 7 (issue devoted to universal income), 1996.

Castel, Robert, Fitoussi, Jean-Paul and Freyssinet, Jacques, *Chômage: le cas français*, La Documentation française, Paris 1997.

Castells, Manuel, *The Rise of The Network Society*, Blackwell, Oxford 1996.

Castells, Manuel, Yazawa, Shujiro and Kiselyova, Emma, 'Insurgents against the Global Order: A Comparative Analysis of the Zapatistas in Mexico, the American Militia and Japan's AUM Shinrikyo', *Berkeley Journal of Sociology*, vol. XL, 1995.

Castoriadis, Cornelius, *L'expérience du mouvement ouvrier*, vol. 2, Union générale d'édition, Paris 1974.

——*Capitalisme moderne et révolution*, vol. 2, Union générale d' edition, Paris 1979.

CERC-Association, 'Tendances de la distribution des revenus dans une perspective internationale', *La Note de Cerc-Association*, no. 1, October 1994.

——'Chiffrer le chômage', *Dossiers du Cerc-Association*, no. 1, 1997.

——'Les minima sociaux: 25 ans de transformation', *Dossiers du Cerc-Association*, no. 2, 1997.

Certeau, Michel de, *The Capture of Speech and Other Political Writings*, trans. Tom Conley, University of Minnesota Press, Minneapolis 1997.

Cette, Gilbert and Mahfouz, Selma, 'Le partage primaire du revenu: un constat descriptif sur longue période', *Économie et Statistique*, nos 296—297, June/July 1996.

Cézard, Michel, 'Les classifications: les grandes étapes', *Économie et statistiques*, Paris 1979.

Cézard Michel and Dayan, Jean-Louis, 'Les relations professionnelles en mutation', *Données sociales 1999*, INSEE, Paris 1999.

Cézard, Michel, Dussert, F. and Gollac, Michel, 'Taylor va au marché. Organisation du travail et informatique', *La Lettre d'information du CEE*, no. 26, December 1992.

——'Conditions, Organisation du travail et nouvelles technologies', *Dossiers statisiques du travail etde l'emploi*, DARES, nos 90—91—92, 1993.

Cézard, Michel and Vinck, Lydie, 'Contraintes et marges d'initiative des salaries dans leur travail',*Données sociales 1996*, INSEE, Paris 1996.

CEDT, 'pour la démocratie dans l'entreprise. Mai–juin 68, des expériences, des documents, des faits', *La Revue du militant*, no. 82, March–April 1969.

Chalvon-Demersay, Sabine, 'Une société élective. Scénarios pour un monde de relations choisies',*Terrain*, no. 27, September 1996.

Chandler, Alfred D., *The Visible Hand: The Managerial Revolution in American Business*, Harvard University Press, Cambridge (MA) 1977.

Charpail, Christine, Gelot, Didier, Gubian, Alain and Zilberman, Serge, 'L'évaluation des politiques de l'emploi', *Données sociales 1999*, INSEE, Paris 1999.

Chateauraynaud, Francis, *La Faute professionnelle. Une sociologie des conflits de responsabilité*, Métailié, Paris 1991.

Chatzis, Kostas, Coninck, Frédéric de and Zarifian, Philippe, 'L'accord A. Cap 2000: la "logique compétence" á l'épreuve des faits', *Travail et emploi*, no. 64,1995.

——'L'evaluation des politiques de l'emploi', *Données sociales 1999*, INSEE, Paris 1999.

Chauvel, Louis, 'L'uniformisation du taux de suicide masculin selon l'âge: effet de génération ou recomposition du cycle de vie?', *Revue française de sociologie*, vol. XXXVIII, 1997.

Chenu, Alain, 'Une classe ouvrière en crise', *Données sociales 1993*, INSEE, Paris 1993.

——'Le codage professionnel à l'épreuve d'investigations réitérées, 1975—1990', communication to the working day on 'l'évolution de la catégorie socioprofessionnelle et des déterminants de la stratification sociale', Observatoire sociologique du changement, 14 March 1997.

——'La descriptibilité statistique des professions', *Sociétés contemporaines*, no. 27, 1997.

Chesnais, François, *La Mondialisation du capital*, Syros, Paris 1994.

Chiapello, Ève, 'Les typologies des modes de contrôle et leurs facteurs de contingence—un essai d'organisation de la littérature', *Comptabilité—Contrôle—Audit*, vol 2, no. 2, September 1996.

——'Les organisations et le travail artistiques sont-ils contrôlables?', *Réseaux*, November—December 1997.

——*Artistes versus managers. Le management culturel face à la critique artiste*, Métailié, Paris 1998.

——'Art, innovation et management: quand le travail artistique interroge le contrôle', in L. Collins, ed., *Questions de contrôle*, Presses Universitaires de France, Paris 1999.

Chiaramonti, Claude, 'L'asocialité dénoncée par ses victimes', *Données sociales 1990*, INSEE, Paris 1990.

Clairmont, Frédéric, 'Vets un gouvernement planétaire des multinationales. Ces deux cents sociétés qui contrôlent le monde', *Le Monde diplomatique*, April 1997.

Claverie, Élisabeth, 'Procès, Affaire, Cause, Voltaire et l'innovation critique', *Politis*, no. 26, 1994.

——'La naissance d'une forme politique: l'affaire du chevalier de La Barre', in P. Roussin, ed., *Critique et affaires de blasphème à l'époque des Lumières*, Honoré Champion, Paris 1998.

Claverie, Élisabeth and Lamaison, Pierre, *L'impossible mariage. Violence et parenté en Gévaudan, xviie xviiie xixe siècles*, Hachette, Paris 1982.

Clavero, Bartolomé, *La Grâce du don. Anthropologie catholique de l'économie moderne*, Albin Michel, Paris 1996.

Clerc, Jean-Marie, 'Les conflits sociaux en France en 1970 et 1971', *Droit social*, no. 1, January 1973.

Closets, François de, *Toujours plus!*, Grasset, Paris 1982.

——*Tous ensemble pour en finir avec la syndicatrie*, Seuil, Pails 1984.

Clot, Yves, Rochex, Jean-Yves and Schwartz, Yves, *Les Caprices du flux. Les mutations technologiques du point de vue de ceux qui les vivent*, Éditions Matrice, Vigneux 1992.

CNPF, *Le problème des OS*, CNPF, Paris 1971.

——*L'amélioration des conditions de vie dans l'entreprise*, 4th 'Assises nationales des entreprises', 15—18 October 1977, 2 vols, CNPF, Paris 1977.

Coblence, Françoise, *Le Dandysme, obligation d'incertitude*, Presses Universitaires de France, Pails 1986.

Cohen, Daniel, *Richesse du monde, pauvreté des nations*, Flammarion, Paris 1997.

Coignard, Sophie and Guichard, Marie-Thérèse, *Les bonnes fréquentations: histoire secrète des réseaux d'influence*, Grasset, Paris 1997.

Combesque, Marie-Agnès, *ça suffit! Histoire du mouvement des chômeurs*, Plon, Paris 1998.

Coninck, Frédéric de, 'Évolutions post-tayloriennes et nouveaux clivages sociaux', *Travail et emploi*, no. 49, 1991

Corcuff, Philippe, 'Sécurité et expertise psychologique dans les chemins de fer', in L. Boltanski and L. Thévenot, eds, *Justesse et justice dans le travail*.

Coriat, Benjamin, *L'atelier et le chronomètre*, Christian Bourgois, Paris 1979.

——*Penser à l'envers—Travail et organisation dans la firme japonaise*, Christian Bourgois, Paris 1991.

——'France: un fordisme brisé mais sans successeur', in R. Boyer and Y. Saillard, eds, *Théorie de la régulation. L'état des savoirs*, La Découverte, Paris 1995.

Cosette, Martial, 'Les vertus du socialement correct', *Alternatives économiques*, no. 161, July/August 1998.

Coupat, Julien, *Perspective et critique de la pensée situationniste*, DEA dissertation, EHESS (École des hautes études en sciences sociales), Paris 1997.

Courtois, Stéphane and Lazar, Marc, *Histoire du Parti communiste français*, Presses Universitaires de France, Paris 1995.

Coutrot, Thomas, 'Les nouveaux modes d'organisation de la production: quels effets sur l'emploi, la formation, l'organisation du travail?', *Données sociales 1996*, INSEE, Paris 1996.

Coutrot, Thomas and Mabile, Sylvie, 'Le développement des politiques salariales incitatives', *Données sociales 1993*, INSEE, Paris 1993.

Crosnier, Patrick, 'Les PMI dans le sillage des groups', *L'Entreprise*, no. 2518, 1992 (special issue on 'La France des entreprises' in collaboration with INSEE).

Crouch, Colin and Pizzorno, Alessandro, eds, *The Resurgence of Class Conflict in Western Europe since 1968,* 2 vols, Holmes & Meier, New York 1978.

Crozier, Michel, *La Société bloquée*, Seuil, Paris 1970.

Crozier, Michel, Huntington, Samuel and Watanuki, Joji, *The Governability of Democracies*, mimeo, The Trilateral Commission, 1975.

Danziger, Raymond, *Le Bilan social, outil d'information et de gestion*, Dunod, Paris 1983.

Daugareilh, Isabelle, 'Le contrat de travail à l'épreuve des mobilités', *Droit social*, no. 2, February 1996.

Debord, Guy, *The Society of the Spectacle* (1967), trans, Donald Nicholson-Smith, Zone Books, New York 1994.

Degenne, Alain and Frosé, Michel, *Les Réseaux sociaux*, Armand Colin, Paris 1994.

Dejours, Christophe, 'Pathologie de la communication. Situation de travail et espace public: le cas du nucléaire', *Raisons pratiques*, no. 3,1992.

——*Souffrance en France. La banalisation de l'injustice sociale*, Seuil, Paris 1998.

Deleuze, Gilles, *Spinoza: Practical Philosophy*, trans. Robert Hurley, City Lights Books, San Francisco 1988.

——*Difference and Repetition* (1968), trans. Paul Patton, Athlone, London 1994.

Deleuze, Gilles and Guattari, Félix, *A Thousand Plateaus: Capitalism and Schizophrenia*(1980), trans. Brian Massumi, Athlone Press, London 1988.

Delors, Jacques, *Changer*, Stock, Paris 1975.

Derrida, Jacques, *Of Grammatology* (1967), trans, Gayatri Chakravorty Spivak, Johns Hopkins University Press, Baltimore and London 1977.

Descombes, Vincent, *Philosophie par gros temps*, Minuit, Paris 1989.

Desrosières, Alain, 'Èléments pour l'histoire des nomenclatures socioprofessionnelles', in J. Affichard, ed., *Pour une histoire de la statistique*, vol. 2, INSEE–Economica, Paris 1987.

——*La Politique des grands nombres*, La Découverte, Paris 1993.

Desrosières, Alain, and Thévenot, Laurent, *Les Catégories socioprofessionnelles*, La Découverte, Paris 1988.

Dessors, Dominique, Schram, Jean and Volkoff, Serge, 'Du handicap de "situation" à la sélection–exclusion: une étude des conditions de travail antérieures aux licenciements économiques', *Travail et emploi*, no. 2, 1991.

De Swann, Abraham, *In Care of the State*, Polity Press, Cambridge 1988.

Didier, Emmanuel, De l'exclusion, DEA thesis, GSPM/EHESS, Paris 1995.

Didry, Claude, *La Construction juridique de la convention collective en France, 1900—1919*, École des hautes études en sciences sociales thesis, Paris 1994.

Dirn, Louis, *La Société française en tendances, 1975—1995*, Presses Universitaires de France, Paris 1998,

Disselkamp, Annette, *L'Éthique protestante de Max Weber*, Presses Universitaires de France, Paris 1994.

Dixon, Keith, *Les Évangélistes du marché*, Raisons d'agir Éditons Paris 1998.

Dodier, Nicolas, *Les Hommes et les machines. La conscience collective dans les sociétés technicisées*, Métailié, Paris 1995.

Dubet, François, *La Galère. Jeunes en survie*, Fayard, Paris 1987.

——*Sociologie de l'expérience*, Seuil, Paris 1994.

Dubois, Pierre, 'New Froms of Industrial Conflict', in Crouch and Pizzorno, eds, *The Resurgence of Class Conflict in Western Europe since 1968*.

Dubois, Pierre, Durand, Claude and Erbès-Séguin, Sabine, 'The Contradiction of French Trade Unionism', in Crouch and Pizzorno, eds, *The Resurgence of Class Conflict in Western Europe*.

Duchesne, Françoise, 'Le syndicalisme à venir' in J.-P. Durand ,en., *Syndicalisme au futur*, Syros, Paris 1996.

Ducrot, Oswald and Schaeffer, Jean-Marie, *Nouveau dictionnaire ency-*

clopédique des sciences du lanage, Seuil, Paris 1995.

Dufour, Christian, 'Le repli sur soi des comités d'entreprise', *Alternatives économiques*, no. 125, March 1996.

——'Comités d'entreprise: le savoir sans le pouvoir', *Alternatives économiques*, no. 142, November 1996.

Dugué, Élisabeth, 'La gestion des compétences: les savoirs dévalués, le pouvoir occulté', *Sociologie du travail*, no.3 1994.

Dulong, Renaud, 'Les cadres et le mouvement ouvrier', in *Grèves revendicatives ou grèves politiques?*, Éditions Anthropos, Paris 1971.

Dumont, Louis, *Homo hierarchicus*, trans. Mark Sainsbury, Weidenfeld & Nicolson, London 1970.

——*Homo aequalis*, Gallimard, Paris 1977.

——*Essays on Individualism: Modern Ideology in Anthropological Perspective*, University of Chicago Press, Chicago and London 1986.

——*German Ideology: From France to Germany and Back*, University of Chicago Press, Chicago and London 1994.

Durand, Claude, *Le Travail enchaîné. Organisation du travail et domination sociale*, Seuil, Paris 1978.

——*Chômage et violence. Longwy en lutte*, Galilée, Paris 1981.

Durand, Claude and Dubois, Pierre, *La Grève, Enquête sociologique*, FNSP–Armand Colin, Paris 1975.

Durand ,Michelle,'La grève: conflit structurel, système de relations industrielles ou facteur de changement social', *Sociologie du travail*, no. 3, July/September 1979.

Durand, Michelle and Harff, Yvette, 'Panorama statistique des grèves', *Sociologie du travail*, no. 4, 1973.

Durkheim, Émile, *Socialism and Saint-Simon*, trans. Charlotte Sattler, Routledge & Kegan Paul, London 1959.

——*The Division of Labour in Society*, trans. W.D. Halls, Macmillan, Basingstoke 1984.

Duveau, Georges, *La Pensée ouvrière sur l'éducation pendant la Seconde République et le Second Empire*, Domat–Montchrestien, Paris 1947.

Échardour, Annick and Maurin, Éric, 'La main-d'oeuvre étrangère', *Données sociales 1993*, INSEE, Paris 1993.

Edelman, Berard, *La Légalisation de la classe ouvrière*, Christian Bourgois, Paris 1978.

Ehrenberg, Alain, *Le Culte de la performance*, Calmann-Lévy, Paris 1991.

——*L'Individu incertain*, Calmann-Lévy, Paris 1995.

——*La Fatigue d'être soi*, Odile Jacob, Paris 1998.

Elias, Norbert and Dunning, Eric, *The Quest for Excitement: Sport and Leisure in the Civilizing Process*, Basil Blackwell, Oxford 1986.

Elster, Jon, *Making Sense of Marx*, Cambridge University Press, Cambridge 1985.

——*Local Justice: How Institutions Allocate Scarce Goods and Necessary Burdens*, Russel Sage, New York 1992.

Entreprise et Progrès, *Cadre/non cadre. Une frontière dépassée*, Entreprise et Progrès, Paris 1992.

Èpistémon, *Ces idées qui ont ébranlé la France*, Fayard, Paris 1968.

Erickson, Bonnie H., 'Culture, Class and Connections', *American Journal of Sociology*, vol. 102, no. 1, 1996.

Eustache, Dominique, 'Individualisation des salaires et flexibilité. Le cas des entreprises chimiques et de leurs ouvriers de production au début des années quatre-vingt', *Travail et emploi*, no. 29, September 1986.

Eymard-Duvernay, François, 'Droit du travail et lois économiques: quelques éléments d'analyse', *Travail et emploi*, no. 33, September 1987.

——'Conventions de qualité et pluralité des formes de coordination', *Revue économique*, no. 2, March 1989.

——'Les contrats de travail: une approche comparative', in C. Bessy and F. Eymard-Duvernay, eds, *Les Intermédiaires du marché du travail*.

——'Les marchés du travail: une approche institutionnaliste pluraliste', communication to the seminar on 'Politique économique', FORUM, University of Paris X, Nanterre, 1998.

Eymard-Duvernay, François and Marchal, Emmanuelle, *Façons de recruter. Le jugement des compétences sur le marché du travail*, Métailié, Paris 1996.

Eyraud, François, Jobert, Annette, Rozenblatt, Patrick and Tallard, Michèle, 'Les classifications dans l'entreprise: production des hiérarchies profession nelles et salariales', *Travail et emploi*, no. 38, 1989.

Faucheux, Hedda and Neyret, Guy, in collaboration with Fermanian, Jean-David and Ferragu, Alain, *Évaluation de la pertinence des catégories socioprofessionnelles (CSP)*, INSEE, Inspection générale, no. 49/BOO5, 1999.

Favennec-Héry, Françoise, 'Le droit et la gestion des départs', *Droit social*, no.6, June 1992.

Fermanian, Jean-David, 'Compte rendu de la journée d'étude à l'Observatoire sociologique du changement du 14 mars 1997', *Note INSEE*, Département de l'emploi et des revenus d'activité, 10 July 1997.

Ferry, Jean-Marc, *L'Allocation universelle. Pour un revenu de citoyenneté*, Cerf, Paris 1995.

——'Pour une autre valorisation du travail. Défense et illustration du secteur quaternaire', *Esprit*, no. 234, July 1997.

Feutrie, Michel and Verdier, Éric, 'Entreprises et formations qualifiantes. Une construction sociale inachevée', *Sociologie du travail*, no. 4, 1993.

Fillieule, Oliveer, ed., *Sociologie de la protestation. Les formes de l'action collective dans la France contemporaine*, L'Harmattan, Paris 1993.

Foucauld, Jean-Baptiste de and Piveteau, Denis, *Une société en quête de sens*, Odile Jacob, Paris 1995.

Fouquet, Annie, 'Travail, emploi et activité', *La Lettre du Centre d'études de l'emploi*, no. 52, April 1998.

Frause, Bob and Colehour, Julie, *The Environmental Marketing Imperative: Strategies for Transforming Environmental Commitment into a Competitive*

Advantage, Probus Publishing Company, Chicago 1994.

Fremeaux, Philippe, 'Le bilan économique des années Mitterrand', *Alternatives économiques*, February 1995.

——'Mondialisation: les inégalités contre la démocratie', *Alternatives économiques*, no. 138, June 1996.

Friedkin, Noah, 'Structural Bases of Interpersonal Influence in Groups: A Longitudinal Case Study', *American Sociological Review*, vol. 58, December 1993.

Friedman, Milton, *Capitalism and Freedom*, University of Chicago Press, Chicago 1962.

Friez, Adrien, 'Les salaires depuis 1950', *Données sociales 1999*, INSEE, Paris 1999.

Frigul, Nathalie, Bretin, Hélène, Metenier, Isabelle, Aussel, Lucette and Thébaud-Mony, Annies, 'Atteintes à la santé et exclusion professionnelle: une enquête quprès de 86 femmes au chômage de longue durée', *Travail et emploi*, no. 56, 1993.

Froidevaux, Gerald, *Baudelaire. Représentation et modernité*, Corti, Paris 1989.

Furet, François, *The Passing of an Illusion*, trans. Deborah Furet, University of Chicago Press, Chicago 1999.

Furjot, Daniel, 'Conflits collectifs: les conditions de travail en mauvaise posture', *Travail et emploi*, no. 61,1994.

Galbraith, John Kenneth, *American Capitalism: The Concept of Countervailing Power*, Houghton Mifflin, Boston 1952.

——*The New Industrial State*, Hamish Hamilton, London 1967.

Gambetta, Diego, *Trust: Making and Breaking Cooperative Relations*, Cambridge University Press, Cambridge 1988.

Garcia, Marie-France, 'La construction sociale d'un marché parfait: le marché au cadran de Fontaines-en-Sologne', *Actes de la recherche en sciences sociales*, no. 65,1986.

Gaudu, François, 'Les notions d'emploi en droit', *Droit social*, no. 6, June

1996.

——'Travail et activité', *Droit social*, no. 2, February 1997.

Gaullier, Xavier and Gognalons-Nicolet, Maryvonne, 'Crise économique et mutations sociales: les cessations anticipées d'activité(50—65 ans)', *Travail et emploi*, no. 15, January/March 1983.

Geary, Dick, *European Labour Protest, 1848—1939*, Croom Helm, London 1981.

Gervais, Daniel, 'Contraintes internationales et démission des États. Les marchés financiers ou l'irresponsabilité au pouvoir', *Le Monde diplomatique*, January 1993.

Giarini, Orio, *Dialogue sur la richesse et le bien-être*, report to the Club of Rome, Economica, Paris 1981.

——'La notion de valeur économique dans la société post-industrielle: éléments pour la recherche de nouveaux pardigmes', *Économies et société*, February 1983.

Ginsbourger, Francis, 'Marie-Thérèse, le rendement et le Lectra', *Travail*, no. 10, November 1985.

——ed., *Pour une gestion intentionnelle de l'emploi*, working document of the collective 'Instrumentation de gestion et emploi', ANACT, Paris 1996.

——*La Gestion contre l'entreprise. Réduire le coût du travail ou organiser sa mise en valeur*, La Découverte, Paris 1998.

Ginsbourger, Francis and Potel, Jean-Yves, 'La pratique de la négociation collective. Négociations de branche et négociations d'entreprises de 1972 à 1981', *Travail et emploi*, no. 20, June 1984.

Girard, Bernard, 'Vers un nouveau pacte social', *Revue française de gestion*, no. 100, September/October 1994.

Giraud, Pierre-Noël, *L'inégalité du monde. Économie du monde contemporain*, Gallimard, Paris 1996.

Gollac, Michel, *À marches forcées? Contribution à l'étude des changements du travail*, document de synthèse en vue d'une habilitation à diriger des recherches, University of Paris VIII, 1998.

Gollac, Michel and Volkoff, Serge, 'Citius, altius, fortius. L'intensification du travail', *Actes de la trcherche en sciences sociales*, no. 114, September 1996.

Gorgeu, Armelle and Mathieu, René, 'Recrutement et production au plus juste. Les nouvelles usines d'équipement automobile en France', *Dossiers du CEE*, new series, no. 7, 1995.

Gorgeu, Armelle and Mathieu, René, 'Les ambiguités de la proximité: les nouveaux établissements d'équipement automobile', *Actes de la recherche en sciences sociales*, 1996.

Gorz, André, ed., *The Division of Labour: The Labour Process and Class Struggle in Modern Capitalism*, Harvester Press, Hassocks 1976.

——*Paths to Paradise*, trans. Malcom Imrie, Pluto Press, London 1985.

——*Critique of Economic Reason*, trans. Gillian Handyside and Chris Turner, Verso, London and New York 1990.

Goux, Dominique and Maurin,Éric, 'La mobilité est plus forte, mais le chômage de longue durée ne se résorbe pas', *Données sociales 1993*, INSEE, Paris 1993.

Goux, Dominique and Maurin, Éric, 'Éducation, expérience et salaire. Tendances récentes et évolutions à long terme', *Documents d'é tudes*, no. 4, DARES, Paris 1994.

Goux, Dominique and Maurin, Éric, 'Démocratisation de l'école et persistance des inégalités', *Économie et statistiques*, no. 306, 1997.

Goux, Dominique and Maurin, Éric, 'Les entreprises, les salariés et la formation continue', *Économie et statistiques*, no. 306, 1997.

Grana, Cesar, *Bohemian versus Bourgeois: French Society and the French Man of Letters in the Nineteenth Century*, Basic Books, New York, 1964.

Grandjean, Caroline, 'L'individualisation des salaires. La stratégie des entreprises', *Travail et emploi*, no. 32, June 1987.

——'Modalités nouvelles de la rémunération à l'ancienneté', *Travail et emploi*, no. 41, 1989.

Granovetter, Mark, 'The Strength of Weak Ties', *American Journal of Sociology*, vol. 78, 1973.

——*Getting a Job,* Harvard University Press, Cambrideg (MA) 1974.

——'Economic Action and Social Structure: The Problem of Embeddedness'. *American Journal of Sociology*, vol. 91, no. 3, November 1985.

Greffe, Xavier, 'La gestion du non-marchand', *Revue française de gestion*, September/October 1979.

Gribaudi, Maurizio and Blum, Alain, 'Des catégories aux liens individuels: l'analyse statistique de l'espace social', *Annales ESC*, no. 6, November/December 1990.

Grossein, Jean-Pierre, ed., Max Weber, *Sociologie des religions*, Gallimard, Paris 1996.

Groux, Guy, *Vers un renouveau du conflit social*, Bayard Éditions, Paris 1998.

Guéroult, François, 'Faut-il rétablir l'autorisation de licenciement?', *Alternatives économiques*, no. 140, September 1996.

Guillemard, Anne-Marie, 'Emploi, protection sociale et cycle de vie: résultats d'une comparaison internationale des dispositifs de sortie anticipée d'activité', *Sociologie du travail*, no. 3, 1993.

——'Attitudes et opinions des entreprises à l'égard des salariés âgés et du vieillissement de la main-d'oeuvre', in *Emploi et vieillissement*, La Documentation française, Paris 1994.

Guilloux, Patrick, 'Négociation collective et adaptation professionnelle des salariés aux évolutions de l'emploi', *Droit social*, no. 11, November 1990.

Habermas, Jürgen, *Legitimation Crisis*, trans. Thomas McCarthy, Heinemann, London 1976.

——*The Theory of Communicative Action*, 2 vols, trans. Thomas McCarthy, Polity Press, Cambridge 1989.

Hannoun, Michel, 'Présentation d'une investigation', *INSEE Méthodes*, nos

67—68, 'Les réseaux d'entreprises: des collectifs singuliers', 20 November 1996.

Haq, Mahbub ul, Kaul, Inge and Grunberg, Isabelle, *The Tobin Tax: Coping with Financial Volatility*, Oxford University Press, Oxford 1996.

Heilbroner, Robert Louis, *The Nature and Logic of Capitalism*, Norton, New York and London 1985.

Hélou, Christophe, *Entre violence et justice: une sociologie de la résistance à l'école*, sociology thesis, EHESS, Paris 1998.

Hennion, Antoine, *La Passion musicale*, Métailié, Paris 1995.

Herault, Bruno and Lapeyronnie, Didier, 'Le statut et l'identité. Les conflits sociaux et la protestation collective', in O. Galland and Y. Lemel, eds, *La nouvelle société française. Trente années de mutation*, Armand Colin, Paris 1998.

Hermite, Marie-Angèle, 'L'illicite dans les commerces international des marchandises', in *L'illicite dans le commerce international, travaux du CREDIMI*, 16, 1996.

Himmelfarb, Gertrude, *Poverty and Compassion: The Moral Imagination of the Late Victorians*, A. Knopf, New York 1991.

Hirschman, Albert O., *Exit, Voice and Loyalty*, Harvard University Press, Cambridge (MA) 1970.

——*The Passions and the Interests: Political Arguments for Capitalism before its Triumph*, Princeton University Press, Princeton 1977.

——*L'éconmie comme science morale et politique*, Hautes Études-Gallimard-Seuil, Paris 1984.

——*The Rhetoric of Reaction*, Belnap Press, Cambridge (MA) 1991.

——*Shifting Involvements: Private Interests and Public Action*, Princeton University Press, Princeton 2002.

Hoarauu, Jacques, 'La philosophie morale de Marx et le marxisme', in M. CantoSperber, ed., *Dictionnaire d'éthique et de philosophie morale*, Presses Universitaires de France, Paris 1996.

Hodson, Randy, 'Dignity in the Workplace under Participative Management: Alienation and Freedom Revisited', *American Sociological Review*, vol. 61, October 1996.

Holcblat, Norbert, Marioni, Pierre and Roguet, Brigitte, 'Les politiques de l'emploi depuis 1973', *Données sociales 1999*, INSEE, Paris 1999.

Hopwood, Anthony and Miller, Peter, eds, *Accounting as Social and Institutional Practice*, Cambridge University Press, Cambridge 1994.

Hoschild, Arlie Russel, *The Managed Heart: Commercialization of Human Feeling*, University of California Press, Los Angeles 1983.

Howell, Chris, *Regulating Labor: The State and Industrial Relations Reform in Postwar France*, Princeton University Press, Princeton 1992.

Illich, Ivan, *Tools for Conviviality*, Calder & Boyars, London 1973.

INSEE, *L'économie française. Édition 1998—1999*, Livre de Poche, Paris 1998.

——*Annuaire statistique de la France*, INSEE, Paris 1998 (CD-ROM version).

Jansolin,Paul, 'Une formation à deux vitesses', L'Entreprise, no.2518. 1992 (special issue on 'La France des entreprises' in collaboration with INSEE).

Jeger-Madiot, François, 'L'emploi et le chômage des familles professionnelles', *Données sociales 1996*, INSEE, Paris 1996.

Jobert, Annette, 'Vers un nouveau style de relations professionnelles?', *Droit social*, nos 9—10, September/October 1974.

Jobert, Annette and Tallard, Michèle, 'Diplômes et certifications de branche dans les conventions collectives', *Formation emploi*, no. 52, October December 1995.

Jobert, Bruno and Théret, Bernard, 'France: la consécration républicaine du néo-libéralisme', in B. Jobert, ed., *Le Tournant néo-libéral en Europe*, L'Harmattan, Paris 1994.

Johnson, Thomas and Kaplan, Robert, *Relevance Lost: The Rise and Fall of Management Accounting*, John Wiley & Sons, New York 1987.

Jourdain, Colette, 'L'intérim, une voie d'accès à l'emploi', *Données sociales*

1999, INSEE, Paris 1999.

Juillard, Michel, 'Régimes d'accumulation', in R. Boyer and Y. Saillard, eds, *Théorie de la régulation. L'état des savoirs*, La Découverte, Paris 1995.

Juillard, Michel and Boyer, Robert, 'Les États-Unis: adieu au fordisme!', in Boyer and Saillard, eds, *Théorie de la régulation*.

Karpik, L., 'L'économie de la qualité', *Revue française de sociologie*, vol. 30, 1989.

Kawakita, Hideya, 'The Dignity of Man', *Iichiko Intercultural*, no. 8, 1996.

Kerbourc'h, Jean-Yves, 'Le travail temporaire: une forme déjà élaborée,de "contrat d'activité"', *Droit social*, no. 2, February 1997.

Kocka, Jürgen, *Les Employés en Allemagne*, 1850—1980. *Histoire d'un groupe social*, Éditions de l'EHESS, Paris 1989.

Kreye, Otto, Frobel, Folker and Heirichs, Jürgen, *The New International Division of Labour*, Cambridge University Press/Maison des sciences de l'homme, Cambridge and Paris 1980.

Kuhn, Thomas S., *The Structure of Scientific Revolutions*, University of Chicago Press, Chicago 1962.

Labbé, Dominique, *Syndicats et syndiqués en France depuis* 1945, L'Harmattan, Paris 1996.

Labbé, Dominique, Croziat, Maurice and Bevort, Antoine, *La Désyndicalisation. Le cas de la CFDT*,a study conducted for PIRTTED-CNRS, Institut des études politiques de Grenoble 1989.

Labbé, Dominique and Derville, Jacques, *Annexe du rapport* '*La Désyndicalisation en France depuis 1945*', CERAT, Institut des études politiques de Grenoble 1995.

Lacan, Jacques, *De la psychose paranoïaque dans ses rapports avec la personnalité*(1932), Seuil, Paris 1980.

Lacroix, Michel, 'Les services aux entreprises', *L'Entreprise*, no. 2518,1992 (special issue on 'La France des entreprises' in collaboration with INSEE).

Lagarenne, Christine and Marchal, Emmanuelle, 'Les recrutements sur le marché du travail de 1990 à 1994', *Lettres du CEE*, no. 9, May 1995.

Lallement, Michel, *Sociologie des relations professionnelles*, La Découverte, Paris 1996.

Lamour, Philippe and de Chalendar, Jacques, *Prendre le temps de vivre. Travail, vacances et retraite à la carte*, Seuil, Paris 1974.

Lantin, Jacques and Fermanian, Jean-David, 'Présentation des conventions collectives', *Notes INSEE*, Département de l'emploi et des revenus d'activité, 16 December 1996.

Latour, Bruno, *Les Microbes, guerre et paix*, suivi de Irréductions, Métailié, Paris 1984.

——*Science in Action*, Open University Press, Milton Keynes 1987.

——*We Have Never Been Modern*, trans. Catherine Porter, Harvester Wheatsheaf, London 1993.

Launay, Michel, *Le Syndicalisme en Europe*, Imprimerie Nationale, Paris 1990.

Lazzarato, Maurizio, Moulier Boutang, Yann, Negri, Antonio and Santilli, Gian-Carlo, *Des entreprises pas comme les autres. Benetton en Italie, le Sentier à Paris*, Publisud, Aix-en-Provence 1993.

Le Bon, Gustave, *The Crowd: A Study of the Popular Mind*, Ernest Benn, London 1952.

Lefort, Claude, *Éléments d'une crtique de la bureaucratie*, Droz, Geneva–Paris 1971.

Le Goff, Jean-Pierre, *Mai 1968. L'héritage impossible*, La Découverte, Paris 1998.

Leifer, Eric, 'Interaction Preludes to Role Setting: Exploratory Local Action', *American Sociological Review*, vol. 53, December 1988.

Lemaire, Maryvonne, 'Les réseaux d'enseigne. Le cas de la distribution des articles d'habillement', *INSEE Méthodes*, nos 67—68, 'Les réseaux d'entreprises: des collectifs singuliers', 20 November 1996.

Lemel, Yannick, Oberti, Marco and Reiller, Frédéric, 'Classe sociale, un terme fourre-tout? Fréquence et utilisation des termes liés à la stratification sociale dans deux revues', *Sociologie du travail*, no. 2, 1996.

Lemieux, Cyril, *Le Devoir et al grâce*, Cerf, Paris 1999.

Lenoir, René, *Les Exclus, un Français sur dix*, Seuil, Paris 1974.

Lepetit, Bernard, ed., *Les Formes de l'expérience:une nouvelle histoire sociale*, Albin Michel, Paris 1995.

Linhart, Danièlle, 'À propos du post-taylorisme', *Sociologie du travail*, no. 1, 1993.

Linhart, Danièle and Maruani, Margaret, 'Précarlisation et déstabilisation des emplois ouvriers', *Travail et emploi*, no. 11, Janaury/March 1982.

Linhart, Robert, *The Assembly Line*, trans. Margaret Crosland, John Calder, London 1981.

Lorenz, Edward, 'Flexible Production Systems and the Social Construction of Trust', *Theory and Society*, vol. 21, September 1993.

Lorino, Philippe, *Comptes et récits ed la performance. Essai sur le pilotage des entreprises*, Les Éditions d'organisation, Paris 1995.

Luttringer, Jean-Marie, "'L'entreprise formatrice" sous le regard des juges', *Droit social*, no. 3, March 1994.

Lyon-Caen, Antoine and Jeammaud, Antoine, 'France', in Lyon-Caen and Jeammaud, eds, *Droit du travail, démocratie et crise*, Actes Sud, Arles, 1986.

Lyon-Caen, Antoine and Maillard, Jean de, 'La mise à disposition de personnel', *Droit social*, no. 4, April 1981.

Lyon-Caen, Gérard, 'Plasticité du capital et nouvelles formes d'emploi', *Droit social*, nos 9—10, September/October 1980.

——'La bataille truquée de la flexibilité', *Droit social*, no. 12, December 1985.

MacKinnon, Malcom H., 'The Longevity of the Thesis: A Critique of the Critics', in H. Lehmann and G. Roth, eds, *Weber's Protestant Ethic: Origins, Evidence, Contexts*, Cambridge University Press, Cambridge 1993.

Magaud, Jacques, 'L'éclatement juridique de la collectivité de travail', *Droit social*, no.12, December 1975.

Maillard, Jean de, Mandroyan, Patrick, Plattier, Jean-Paul and Priestley, Thierry, 'L'éclatement de la collectivité de travail: observations sur les phénomènes d'extériorisation de l'emploi', *Droit social*, nos 9—10, September/October 1979.

Malleret, Véronique, 'Méthode d'évaluation des performances des services fonctionnels', *Revue française de comptabilité*, no. 259, September 1994.

——'Les évaluations des situations complexes: des processus à maîtriser', in L. Collins, ed., *Questions de contrôle*, Presses Universitaires de France, Paris 1999.

Mallet, Serge, *The New Working Class*, trans. Andrée and Bob Shepherd, Spokesman, Nottingham 1975.

Marchand, Olivier, 'Population active, emploi, chômage au cours des années 90', *Données sociales 1999*, INSEE, Paris 1999.

Marchand, Olivier and Salzberg, Liliane, 'La gestion des âges à la française, un handicap pour l'avenir?', *Données sociales 1996*, INSEE, Paris 1996.

Marcuse, Herbert, *One-Dimensional Man*, Beacon Press, Boston 1964.

Margirier, Gilles, 'Crise et nouvelle organisation du travail', *Travail et emploi*, no. 22, December 1984.

Marin, Bernd, 'Qu'est-ce que le patronat? Enjeux thériques et résultats empiriques', *Sociologie du travail*, no. 4, 1988.

Marquès, Edmond, *La Gestion des ressources humaines*, Hommes et techniques, Paris 1980.

Martory, Bernard, 'Les coûts des conditions de travail. Fondements et outils', *Revue française de comptabilité*, no. 101, Marth 1980.

——*Contrôle de gestion sociale*, Vuibert, Paris 1990.

Marty, Marie-Odile, Nehmy, Rosa, Sainsaulieu, Renaud and Tixier, Pierre-Éric, *Les Fonctionnements collectifs de travail*, 3 vols, mimeo, CSO, Paris 1978.

Marx, Karl, A *Contribution to the Critique of Political Economy*, trans. S.W. Ryazanskaya, Lawrence & Wishart, London 1971.

——'A Contribution to the Critique of Hegel's Philosophy of Right', in Marx, *Early Writings*, Penguin / New Left Review, Harmondsworth, 1975.

——'Economic and Philosophical Manuscripts', in Marx, *Early Writings*.

——'Critique of Hegel's Doctrine of the State', in Marx, *Early Writings*.

——'Introduction', in Marx, *Grundrisse*, trans. Martin Nicolaus, Penguin/ New Left Review, Harmondsworth 1973.

Marx, Karl and Engels, Frederick, *The Communist Manifesto*, Verso, London and New York 1998.

Maurice, Marc and Cornu, Roger, *Les Cadres en mai–juin 68 dans la région d'Aix–Marseille*, rapport du Commissariat général au Plan, LEST, Paris 1970.

Maurin, Louis, 'Le bilan social des années Mitterrand', *Alternative économiques*, no. 123, January 1995.

——'Le travail des femmes', *Alternatives économiques*, no. 127, May 1995.

——'La grosse déprime de l'emploi ', *Alternatives économiques*, no. 149, June 1997.

Mauss, Marcel, *The Gift*, trans. W.D. Halls, W.W. Norton, London 1990.

Mayere, Anne, 'Revalorisation qualitative des emplois et substitution de jeunes travailleurs français à des travailleurs immigrés: le cas d'une entreprise de collecte des ordures', *Travail et emploi*, no. 17, July / September 1983.

Méda, Dominique, 'Travail et politiques sociales', *Droit social*, no. 4, April 1994.

Menger, Pierre-Michel, 'Marché du travail artistique et socialisation du risque. Le cas des arts du spectacle', *Revus française de sociologie*, XXXII, 1991.

——'L'hégémonie parisienne: économie et politique de la gravitation artistique', *Annales ESC*, no. 6, Novermber/ December 1993.

——'Appariement, risque et capital humain: l'emploi et la carrière dans les professions artistiques', in Menger and J.-P. Passeron, eds, *L'Art de la recherche. Essais en honneur de Raymonde Moulin*, La Documentation

Française, Paris 1994.

——'Être artiste par intermittence. La flexibilité du travail et le risque professionnel dans les arts du spectacle', *Travail et emploi*, no. 60, 1995.

——'Les intermitttents du spectacle: croissance de l'emploi et du chômage indemnisé', *Insee-Première*, no. 510, February 1997.

Merckling, Odile, 'Transformation des emplois et substitution travailleurs français–travailleurs immigrés: le cas de l'automobile', *Sociologie du travail*, no. 1, 1986.

Meurs, Dominique and Charpentier, Pascal, 'Horaires atypiques et vie quotidienne des salariés', *Travail et emploi*, no. 32, June 1987.

Ministère du Travail, de l'Emploi et de la Formation professionnelle, 'Horaires de travail en 1991. Résultats de l'enquête Conditions de travail', *Dossiers statistiques du travail et ed l'emploi*, nos 98—99, October 1993.

Mitchell, James Clyde, ed., *Social Networks in Urban Situations*, Manchester University Press, Manchester 1969.

Morazé, Charles, *Les Bourgeois conquérants*, Armand Colin, Paris 1957.

Moreno, Jacob Levy, *Who Shall Survive? A New Approach to the Problem of Human Interrelations*, Beacon House, New York 1934.

——'La méthode sociométrique en sociologie', *cahiers internationaux de sociologie*, vol. II (cahier double), 1947.

Mouriaux, Marie-Françoise, 'La pluriactivité entre l'utopie et la contrainte', *La Lettre du Centre d'études de l'emploi*, no. 51, February 1998.

Mouriaux, R., *Analyse de la crise syndicale en 1995*, working document no. 68, 1995.

Mucchielli, Jean-Louis, *Multinationals et mondialisation*, Seuil, Paris 1998.

Nelson, Richard and Winter, Sidney, *An Evolutionary Theory of Economic Change*, Harvard University Press, Cambridge (MA) 1982.

Nizard, Alfred, 'Suicide et mal-être social', *Population et société*, no. 334, April 1998.

Nohria, Nitin and Eccles, Robert, eds, *Networks and Organizations: Sturcture,*

Form, and Action, Harvard University Press, Cambridge (MA) 1992.

OECD, *Les nouvelles attitudes et motivations des travailleurs*, Direction de la maind'oeuvre et des affaires sociales, Paris 1972.

Padgett, John F. and Ansell, Christopher K., 'Robust Action and the Rise of the Medici, 1400—1434', *American Journal of Sociology*, vol. 98, no. 6, May 1993.

Parlier, Michel, Perrien, Christien and Thierry, Dominique, 'L'organisation qualifiante et ses enjeux dix ans après', *Revue française de gestion*, no. 116, November–December 1997.

Parrochia, Daniel, *Philosophie des réseaux*, Presses Universitaires de France, Paris 1993.

Parrot, Jean-Philippe., *La Représentation des intérêts dans le mouvement des idées politiques*, Presses Universitaires de France, Paris 1974.

Pastré, Olivier, 'Taylorisme, productivité et crise du travail', *Travail et emploi*, no. 18, October / December 1983.

Paugam, Serge, ed., *Précarité et risque d'exclusion en France*, document of the CERC, La Documentation française, Paris 1993.

——'L'essor des associations humanitaires. Une nouvelle forme de lien social?', *Commentaire*, no. 68, 1995.

——ed., *L'exclusion. L'état des saoirs*, La Découverte, Paris 1996.

Périlleux, Thomas, *Le Travail des épreuves. Dispositifs de production et formes de souffrance dans une entreprise industrielle*, EHESS thesis, Paris 1997.

Philippe, Jérôme, 'Réseaux de commercialisation de l'habillement: l'imbrication des logiques de distribution et production', *Économie et statistique*, no. 314, 1998.

Philonenko, Grégoire and Guienne, Véronique, *Au carrefour de l'exploitation*, Desclée de Brouwer, Paris 1997.

Pialoux, Michel, 'The Shop Steward's World in Disarray', in Pierre Bourdieu *et al., The Weight of the World*.

Pialoux, Michel and Beaud, Stéphane, 'Permanent and Temporary Workers', in Pierre Bourdieu *et al.*, *The Weight of the World*.

Pialoux, Michel, Weber, Florence and Beaud, Stéphane, 'Crise du syndicalisme et dignité ouvrière', *Politis*, no. 14, 1991.

Piketty, Thomas, *L'économie des inégalités*, La Découverte, Paris 1997.

Piore, Michael, *Beyond Individualism*, Harvard University Press, Cambridge (MA) 1995.

Piore, Michael and Sabel, Charles, *The Second Industrial Divide*, Basic Books, New York 1984.

Piore, Michael and Sabel, Charles, 'Le paradigme de la production de masse et ses alternatives: le cas des États-Unis and de l'Italie', *Conventions économiques*, Cahiers du Centre d'études de l'emploi, Presses Universitaires de France, Paris 1985.

Polanyi, Karl, *Origins of Our Time: The Great Transformation*, Victor Gollancz, London 1945.

Pommier, Philippe, 'Le monde des entreprises', *L'Entreprise*, no. 2518 (special issue on 'La France des entreprises' in collaboration with INSEE).

Poulet, Bernard, 'À gauche de la gauche', *Le Débat*, no. 103, January / February 1999.

Poulet, Pascale, 'Allongement de la scolarisation et insertion des jeunes: une liaison délicate', *Économie et statistique*, no. 300, 1996.

Powell, Walter, 'Neither Market nor Hierarchy: Network Forms of Organization', *Research in Organizational Behavior*, vol. 12, 1990.

Power, Michael, 'The Audit Society', in A. Hopwood and P. Miller, eds, *Accounting as Social and Institutional Pratice*.

Pratt, John and Zeckhauser, Richard, eds, *Principals and Agents: The Structure of Business*, Harvard Business School, Boston 1985.

Priestley, Thierry, 'À propos du "contrat d'activité" proposé par le rapport Boissonnat', *Droit social*, no. 12, December 1995.

Procacci, Giovanna, *Gouverner la misère. La question sociale en France*, 1789—1848, Seuil, Paris 1993.

Raulet, Gérard, ed., *L'Éthique protestante de Max Weber et l'esprit de la modernité*, publication of the research group on Weimar cultrue, Éditions de la MSH, Paris 1997.

Rehfeldt, Udo, 'Les syndicats face à la mondialisation des firmes: le rôle des comités d'entreprise européens', *Actes du GERPISA*, no. 21, December 1997.

Reich, Robert, *The Work of Nations: Preparing Ourselves for 21st Century Capitalism*, Simon & Schuster, London 1991.

Reynaud, Jean-Daniel, *Les Syndicats en France*, Seuil, Paris 1975.

Ricoeur, Paul, *Freud and Philosophy*, trans. Denis Savage, Yale University Press, New Haven and London 1970.

——*The Conflict of Interpretations*, Northwestern University Press, Evanston (IL) 1974.

——*Le juste*, Esprit-Seuil, Paris 1995.

Roberts, Benjamin, Okamoto, Hideake and Lodge, George C., 'Collective Bargaining and Employee Participation in Western Europe, North America and Japan', Trilateral task force on industrial relations (1979), in Trilateral Commission, *Task Force Reports*: 15—19, New York University Press, New York 1981.

Rosanvallon, Pierre, *Le Libéralisme économique. Histoire de l'idée d marché*, Seuil, Paris 1979.

——*La Question syndicale*, Calmann-Lévy, Paris 1988.

——*L'État en France de 1790 à nos jours*, Seuil, Paris, 1990.

——*Le Sacre du citoyen. Histoire du suffrage uiversel en France*, Gallimard, Paris 1992.

——*La nouvelle question sociale*, Seuil, paris 1995.

Rosch, Eleonor, 'On the Internal Structure of Perceptual and Semantic Categories', in T.E. Moore, ed., *Cognitive Development and the Acquisition of Language*, Academic Press, New York 1973.

——'Classification of Real-World Objects: Origins and Representation in Cognition', in P. N. Johnson-Laird and P.C. Wason, eds, *Thinking: Readings in Cognitive Science*, Cambridge University Press, Cambridge 1977.

Rothschild, Emma, 'Automation et O.S. à la General Motors', *Les Temps modernes*, nos 314—315, September / October 1974.

Rousselet, Jean, *L'Allergie au travail*, Seuil, Paris 1974.

Sabel, Charles, *Work and Politics: The Division of Labor in Industry*, Cambridge University Press, Cambridge 1982.

——'Constitutional Ordering in Historical Context', in F. Scharpf, ed., *Games in Hierarchy and Networks*, Westview Press, Boulder (CO) 1993.

Sabel, Charles and Zeitlin, Jonathan, eds, *World of Possibilities: Flexibility and Mass Production in Western Industrialization*, Cambridge University Press and Éditions de la Maison des Sciences de l'Homme, Cambridge and Paris 1997.

Sackmann, Sonja A., Flamholtz, Eric G. and Bullen, Maria Lombardi, 'Human Resource Accounting: A State-of-the-Art Review', *Journal of Accounting Literature*, vol. 8, 1989.

Salmon, Jean-Marc, *Le Désir de société. Des restos du cœur aux mouvements de chômeurs*, La Découverte, Paris 1998.

Santilli, Gian-Carlo, 'L'évolution des relations industrielles chez Fiat, 1969—1985', *Travail et emploi*, no. 31, March 1987.

Sarthou-Lajus, Nathalie, *L'Éthique de la dette*, Presses Universitaires de France, Paris 1997.

Savall, Henri and Zardet, Véroique, *Le nouveau contrôle de gestion*, Malesherbes, Eyrolles, Paris 1993.

Schelling, Thomas, *The Strategy of Conflict*, Oxford University Press, New York 1960.

Scheler, Max, *L'homme du ressentiment* (1919), Gallimard, Paris 1970.

Schiray, Michel, 'La précarisation du travail', *Dossiers d'actualité mondiale*, La Documentation française, no. 575, January 1988.

——'Les filières-stupéfiants: trois niveaux, cinq logiques', *Futuribles*, March 1994.

Schnapp, Alain, and Vidal-Naquet, Pierre, *Journal de la commune étudiante. Textes et documents, novembre 1967-juin 1968*, expanded edn, Seuil, Paris 1988.

Schumpeter, Joseph, *A History of Economic Analsis*, Allen & Unwin, London 1986.

——*Capitalism, Socialism and Democracy*, Allen & Unwin, London 1987.

Sennet, Richard, *The Corrosion of Character: The Personal Consequences of Work in the New Capitalism*, Norton & Company, New York 1998.

Serfati, Claude, 'Les groupes in dustriels acteurs de la mondialisation financière', *Le Monde diplomatique*, no.23, January 1995 (special issue).

Serres, Michel, *Hermès ou la communication*, Minuit, Paris 1968.

——*Hermès II. L'interférence*, Minuit, Paris 1972.

Sewell, William, *Work and Revolution in France: The Language of Labor from the Old Regime to 1848*, Cambridge University Press, Cambridge 1980.

Shank, John and Govindarajan, Vijay, *La Gestion stratégique des coûts*, Éditions d'organisation, Paris 1995.

Shimizu, Koichi, 'Kaizen et gestion du travail chez Toyota Motor et Toyota Motor Kyushu: un problème dans la trajectoire de Toyota', *Actes du GERPISA*, no. 13, March 1995.

Sicot, Dominique, 'Cent ans de galère pour l'inspection du travail', *Alternatives économiques*, no. 104, February 1993,

——'Sous la fracture, les classes', *Alternatives économiques*, no. 29, July 1996 (special issue).

Siegel, Jerrold, *Bohemian Paris: Culture, Politics and the Boundaries of Bourgeois Life, 1830—1930*, Penguin, New York 1986.

Silver, Alan, 'Friendship and Trust as Moral Ideal: An Historical Approach', *Journal européen de sociologie*, vol. XXX, 1989.

Silver, Hilary, 'Exclusion sociale et solidarité sociale: trois paradigmes', *Revue internationale du travail*, vol. 133, nos 5—6, 1994.

Simitis, Spiros, 'Le droit du travail a-t-il encore un avenir?', *Droit social*, nos 7—8, July/August 1997.

Sklar, Holly, ed., *Trilateralism: The Trilateral Commission and Elite Planning for World Management*, South End Press, Boston 1980.

Smith, Adam, *The Wealth of Nations*, Books I—III, Penguin, Harmondsworth 1976.

Sofri, Adriano, 'Sur les conseils de délégués: autonomie ouvrière, conseils de délégués et syndicats en 1969—1970', *Les Temps modernes*, no. 335, June 1974.

Sohlberg, Pierre, 'Les leçons de l'affaire Hoover', *Alternatives économiques*, no. 106, April 1993.

Sombart, Werner, *The Quintessence of Capitalism: A Study of the History and Psychology of the Modern Business Man*, trans. M. Epstein and T. Fisher Unwin, London 1915.

——*Why is there no Socialism in the United States?*, trans. Patricia M. Hocking and C.T. Husbands, Macmillan, London 1976.

Soubie, Raymond, 'Après les négociations sur la flexibilité', *Droit social*, no. 3, March 1985.

Spence, Michel, 'Job Market Signaling', *The Quarterly Journal of Economics*, vol. 87, no. 3, 1973.

Stark, David, 'Recombinant Property in East European Capitalism', *American Journal of Sociology*, no. 101, 1996.

Starobinski, Jean, *Jean-Jacques Rousseau*, trans. Arthur Goldhammer, University of Chicago Press, Chicago and London 1988.

Sullerot, Évelyne, *Le grand remue-ménage: la crise de la famille*, Fayard, Paris 1997.

Supiot, Alain, 'Le travail, liberté partagée', *Droit social*, nos 9—10, September/ October 1993.

——*Critique du droit du travail*, Presses Universitaires de France, Paris

1994

——'Du bon usage des lois en matière d'emploi', *Droit social*, no. 3, March 1997.

Surault, Pierre, 'Nuptialité, divortialité et suicidité: des ruptures à rapprocher?', *Population*, no. 4, 1992.

Swedberg, Richard, *Economics and Sociology*, Princeton University Press, Princeton 1990.

Szreter, Simon, 'The Genesis of the Registrar-General's Social Classification of Occupations', *The British Journal of Sociology*, vol. XXXV, no. 4, 1984.

Taddei, Dominique and Coriat, Benjamin, *Made in France: l'industrie française dans la compétition mondiale*, Librairie générale française, Paris 1993.

Tanguy, Lucie, 'Compétences et intégration sociale dans l'entreprise', in F. Ropé and L. Tanguy, eds, *Savoirs et compétences. De l'usage de ces notions dans l'école et l'entreprise*, L'Harmattan, Paris 1994.

Taylor, Charles, *Sources of the Self: The Making of Modern Identity*, Cambridge University Press, Cambridge 1989.

Teman, Daniel, 'L'inégalité devant le chômage', *Alternatives économiques*, no. 21, July 1994 (special issue).

Terny, Guy, 'Éléments d'une théorie de la bureaucratie', *Vie et sciences économiques*, no. 87, 1980.

Teubner, Gunther, 'Nouvelles formes d'organisation et droit', *Revue française de gestion*, November/December 1993.

——'*Altera pars audiatur*. le droit dans la collision des discours', *Droit et société*, no. 35, 1997.

Théry, Iréne, *Le Démariage*, Odile Jacob, Paris 1994.

Thévenot, Laurent, 'Les catégories sociales en 1975: l'extension du salariat', *Économie et statistique*, no. 91, July/August 1977.

——'Les investissements de forme', in *Conventions économiques*, Cahiers du centre d'études d'emploi, Presses Universitaires de France, Paris 1985.

——'Rationalité ou normes sociales: une opposition dépassée?', in *Le*

Modèle et l'enquête. Les usages du principe de raionalité dans les sciences sociales, Éditions de l'EHESS, Paris 1995.

——'Émotions et évaluations dans les coordinations publiques', in P. Paperman and R. Ogien, eds, *La Couleur des pensées, Raisons pratiques*, no. 6, Éditions de l'EHESS, Paris 1995.

——'Un gouvernement par les normes. Pratiques et politiques des formats d'information', in B. Conein and L. Thévenot, eds, *Cognition es information en société*, 'Raisons pratiques' series, no. 8, Éditions de l'EHESS, Paris 1997.

——'Pragmatique de la connaissance', in A. Borzeix, A. Bouvier and P. Pharo, eds, *Sociologie et connaissance: nouvelles approches cognitives*, CNRS Éditions, Paris 1998.

——'Les justifications du service public penvent-elles contenir le marché?', in A. Lyon-Caen and V. Champeil-Desplat, eds, *Servics publics et droits fonda-mentaux dans la construcion européenne*, Institut international de Paris-La Défense-Dalloz, Paris 1998.

Thollon-Pommerol, Vincent, 'L'armature des groupes', *L'Entreprise*, no. 2518, 1992(special issue on 'La France des entreprises' in collaboration with INSEE).

Thomas, Hélène, *La Production des exclus*, Presses Universitaires de France, Paris 1997.

Thompson, E.P., *The Making of the English Working Class*, Penguin, Harmondsworth 1980.

Thurow, Lester, *Hedd to Head: The Coming Economic Battle among Japan, Europe and America*, Nicholas Brearley, London 1993.

Tilly, Charles, *Class and Collective Acion*, Sage, Beverly Hills 1981.

Timbart, Odile, 'La délinquance mesurée Par l'institution judiciaire', *Données sociales 1999*, INSEE, Paris 1999.

Touraine, Alain, Dubet, François, Lapeyronnie, Didier, Khosrokhavar, Farad and Wieviorka, Michel, *Le grand refus. Réflexions sur la gréve de décem-*

ber 1995, Fayard, Paris 1996.

Trilling, Lionel, *Sincerity and Authenticity*, Harvard University Press, Cambridge(MA) 1971.

Trogan, Philippe, 'Nettoyage et sécurité', *L'Entreprise*, no. 2518, 1992 (special issue on 'La France des entreprises' in collaboration with INSEE).

UPRP (Union des organisations patronales de la région parisienne), *Combien de chômeurs?*, CNPF, Paris 1969.

Urlacher, Bernard, *La Protestation dans la usine et ses modes d'objectivation: des grafitti aux tracts*, Sociology DEA, EHESS (École des hautes études en sciences sociales), Paris 1984.

Uzzi, Brian, 'The Sources and Consequences of Embeddedness for the Economic Performance of Organizations: The Network Effect', *American Sociological Review*, vol. 61, August 1996.

Van Parijs, Philippe, 'A Revolution in Class Theory', *Politics and Society*, vol. 15, 1986.

Vaneigem, Raoul, *The Revolution of Everyday Life* (1967), trans. Donald Nicholson Smith, Left Bank Books and Rebel Press, London 1983.

Verdès-Leroux, Jeanine, *Le Réveil des somnambules. Le parti communiste, les intel-lectuels et la culture (1956—1985)*, Fayard–Minuiut, Paris 1987.

Vergeau, Eric and Chabanas, Nicole, 'Le nombre des groupes d'entreprises a explosé en 15 ans', *INSEE Première*, no. 533, November 1997.

Verley, Patrick, *L'Échelle du monde. Essai sur l'industrialisation de l'Occident*, Gallimard, Paris 1997.

Vigarello, Georaes, *Une Histoire culturelle du sport. Techniques d'hier et d'aujourd'hui*, Revue EPS–Robert Laffont, Paris 1988.

Vigneron, Jacques and Burstein, Claude, eds, *Écoproduit. Concepts et méthodologies*, Economica, Paris 1993.

Villey, Michel, *le Droit et les droits de l'homme*, Presses Universitaires de France, Paris 1983.

Vindt, Gérard, 'Le salariat avant guerre: instabilité et précarité', *Alternatives économiques*, no. 141, October 1996.

Virno, Paolo, *Opportunisme, cynisme et peur*, Éditions de l'Éclat, Combas 1991.

Virville, Michel de (dir.), *Donner un nouvel élan à la formation professionnelle*, Report of the mission assigned by the Minister of Labour, Social Dialogue and Participation, Paris 1996.

Visser, Joëlle, 'Tendances de la syndicalisation', *Perspectives de l'emploi*, OECD, Paris 1991.

Voisset, Michèle, 'Droit du travail et crise', *Droit social*, no. 6, June 1980.

Wagner, Peter, *A Sociology of Modernity: Liberty and Discipline*, Routledge, London and New York 1994.

Wallerstein, Immanuel, *The Modern World-System*, 3 vols, Academic Press, New York and San Diego 1974—1989.

——*Historical Capitalism*, Verso, London 1983.

Walzer, Michael, *Spheres of Justice*, Martin Robertson, Oxford 1983.

——*Exodus and Revolution*, Basic Book, New York 1985.

——*The company of Critics: Social Criticism and Political Commitment in the Twentieth Century*, Halban, London 1989.

Warde, Ibrahim, 'Les maîtres auxiliaires des marchés. Le projet de taxe Tobin, bête noire des spéculateurs, cible des censeurs', *Le Monde diplomatique*, February 1997.

Washida, Kiyokazu, 'Who Owns Me? Possessing the Body, or Current Theories of Ownership', *Iichiko Intercultural*, no. 7, 1995.

Wasserman, Stanley and Faust, Katherine, *Social Network Analysis*, Cambridge University Press, Cambridge 1994.

Weber, Henri, *Le parti des patrons. Le CNPE, 1946—1986*, Seuil, Paris 1987.

Weber, Max, *General Economic History*, trans. Frank H. Knight, George Allen & Unwin, London 1927.

——*Economy and Society*, 2 vols, trans. Ephraim Fischoff et al., University of California Press, Berkeley 1979.

——*Sociologie du droit*, Presses Universitaires de France, Paris 1986.

——*Sociologie des religions*, Gallimard, Paris 1996.

——*The Protestant Ethic and the Spirit of Capitalism*, trans. Stephen Kalberg, Fitzroy Dearborn, Chicago and London 2001.

Weil, Simone, *La Condition ouvriére*, Gallimard, Paris 1951.

Welcomme, Dominique, 'Mindialisation et emploi: les élémests du débat', *Lettre du CEE*, no. 24, November 1997.

White, Harrison C., 'Agency as Control in Formal Networks', in N. Nohria and R. Eccles, eds, *Networks and Organizations: Structure, Form, and Action*, Harvard University Press, Cambridge (MA) 1992.

White, Harrison C., Boorman, Scott A. and Breiger, Ronald L., 'Social Structure from Multiple Networks: 1. Blockmodels of Roles and Positions', *American Journal of Sociology*, vol. 81, no 4,1976.

Willener, Alfred, *L'image-action de la société et la politisation culturelle*, Seuil, Paris 1970.

Willener, Alfred, Gadjos, Catherine and Benguigui, Georges, *Les Cadres en mouvement*, Éditions de l'Épi, Paris 1969.

Williamson, Oliver, *The Economic Institutions of Capitalism*, Free Press, New York 1985.

Womack, James, Jones, Daniel and Roos, Daniel, *The Machine that Changed the World,* Rawson, New York 1990.

Yiannis, Gabriel and Lang, Tim, *The Unmanageable Consumer: Contemporary Consumption and its Fragmentaion*, Sage, Londo 1995.

Zarifian, Philippe, 'Compétences et organisation qualifiante en milieu industriel', in F. Minet, M. Parlier and S. de Witte, eds, *La Compétence. Mythe, construcion ou réalité*, L'Harmanttan, Paris 1994.

Zegel, s., *Les Idées de mai*, Gallimard, Paris 1968.

名称索引

（条目后的数字为英文版原书页码，见本书边码）

主题索引

（条目后的数字为英文版原书页码，见本书边码）

人文与社会译丛

第一批书目

1.《政治自由主义》(增订版),[美]J. 罗尔斯著,万俊人译　118.00 元
2.《文化的解释》,[美]C. 格尔茨著,韩莉译　89.00 元
3.《技术与时间:1. 爱比米修斯的过失》,[法]B. 斯蒂格勒著,裴程译　62.00 元
4.《依附性积累与不发达》,[德]A. G. 弗兰克著,高铦等译　13.60 元
5.《身处欧美的波兰农民》,[美]F. 兹纳涅茨基、W. I. 托马斯著,张友云译　9.20 元
6.《现代性的后果》,[英]A. 吉登斯著,田禾译　45.00 元
7.《消费文化与后现代主义》,[英]M. 费瑟斯通著,刘精明译　14.20 元
8.《英国工人阶级的形成》(上、下册),[英]E. P. 汤普森著,钱乘旦等译　168.00 元
9.《知识人的社会角色》,[美]F. 兹纳涅茨基著,郏斌祥译　49.00 元

第二批书目

10.《文化生产:媒体与都市艺术》,[美]D. 克兰著,赵国新译　49.00 元
11.《现代社会中的法律》,[美]R. M. 昂格尔著,吴玉章等译　39.00 元
12.《后形而上学思想》,[德]J. 哈贝马斯著,曹卫东等译　58.00 元
13.《自由主义与正义的局限》,[美]M. 桑德尔著,万俊人等译　30.00 元

14.《临床医学的诞生》,[法]M. 福柯著,刘北成译 55.00元
15.《农民的道义经济学》,[美]J. C. 斯科特著,程立显等译 42.00元
16.《俄国思想家》,[英]I. 伯林著,彭淮栋译 35.00元
17.《自我的根源:现代认同的形成》,[加]C. 泰勒著,韩震等译 128.00元
18.《霍布斯的政治哲学》,[美]L. 施特劳斯著,申彤译 49.00元
19.《现代性与大屠杀》,[英]Z. 鲍曼著,杨渝东等译 59.00元

第三批书目

20.《新功能主义及其后》,[美]J. C. 亚历山大著,彭牧等译 15.80元
21.《自由史论》,[英]J. 阿克顿著,胡传胜等译 89.00元
22.《伯林谈话录》,[伊朗]R. 贾汉贝格鲁等著,杨祯钦译 48.00元
23.《阶级斗争》,[法]R. 阿隆著,周以光译 13.50元
24.《正义诸领域:为多元主义与平等一辩》,[美]M. 沃尔泽著,褚松燕等译 24.80元
25.《大萧条的孩子们》,[美]G. H. 埃尔德著,田禾等译 27.30元
26.《黑格尔》,[加]C. 泰勒著,张国清等译 135.00元
27.《反潮流》,[英]I. 伯林著,冯克利译 48.00元
28.《统治阶级》,[意]G. 莫斯卡著,贾鹤鹏译 98.00元
29.《现代性的哲学话语》,[德]J. 哈贝马斯著,曹卫东等译 78.00元

第四批书目

30.《自由论》(修订版),[英]I. 伯林著,胡传胜译 69.00元
31.《保守主义》,[德]K. 曼海姆著,李朝晖、牟建君译 58.00元
32.《科学的反革命》(修订版),[英]F. 哈耶克著,冯克利译 68.00元

33.《实践感》,[法]P. 布迪厄著,蒋梓骅译 75.00 元
34.《风险社会:新的现代性之路》,[德]U. 贝克著,张文杰等译 58.00 元
35.《社会行动的结构》,[美]T. 帕森斯著,彭刚等译 80.00 元
36.《个体的社会》,[德]N. 埃利亚斯著,翟三江、陆兴华译 15.30 元
37.《传统的发明》,[英]E. 霍布斯鲍姆等著,顾杭、庞冠群译 68.00 元
38.《关于马基雅维里的思考》,[美]L. 施特劳斯著,申彤译 78.00 元
39.《追寻美德》,[美]A. 麦金太尔著,宋继杰译 68.00 元

第五批书目

40.《现实感》,[英]I. 伯林著,潘荣荣、林茂、魏钊凌译 78.00 元
41.《启蒙的时代》,[英]I. 伯林著,孙尚扬、杨深译 35.00 元
42.《元史学》,[美]H. 怀特著,陈新译 89.00 元
43.《意识形态与现代文化》,[英]J. B. 汤普森著,高铦等译 79.00 元
44.《美国大城市的死与生》,[加]J. 雅各布斯著,金衡山译 78.00 元
45.《社会理论和社会结构》,[美]R. K. 默顿著,唐少杰等译 128.00 元
46.《黑皮肤,白面具》,[法]F. 法农著,万冰译 58.00 元
47.《德国的历史观》,[美]G. 伊格尔斯著,彭刚、顾杭译 58.00 元
48.《全世界受苦的人》,[法]F. 法农著,万冰译 17.80 元
49.《知识分子的鸦片》,[法]R. 阿隆著,吕一民、顾杭译 59.00 元

第六批书目

50.《驯化君主》,[美]H. C. 曼斯菲尔德著,冯克利译 88.00 元
51.《黑格尔导读》,[法]A. 科耶夫著,姜志辉译 98.00 元
52.《象征交换与死亡》,[法]J. 波德里亚著,车槿山译 68.00 元
53.《自由及其背叛》,[英]I. 伯林著,赵国新译 48.00 元

54.《启蒙的三个批评者》,[英]I. 伯林著,马寅卯、郑想译 48.00元
55.《运动中的力量》,[美]S. 塔罗著,吴庆宏译 23.50元
56.《斗争的动力》,[美]D. 麦克亚当、S. 塔罗、C. 蒂利著,李义中等译 31.50元
57.《善的脆弱性》,[美]M. 纳斯鲍姆著,徐向东、陆萌译 55.00元
58.《弱者的武器》,[美]J. C. 斯科特著,郑广怀等译 82.00元
59.《图绘》,[美]S. 弗里德曼著,陈丽译 49.00元

第七批书目

60.《现代悲剧》,[英]R. 威廉斯著,丁尔苏译 45.00元
61.《论革命》,[美]H. 阿伦特著,陈周旺译 59.00元
62.《美国精神的封闭》,[美]A. 布卢姆著,战旭英译,冯克利校 89.00元
63.《浪漫主义的根源》,[英]I. 伯林著,吕梁等译 49.00元
64.《扭曲的人性之材》,[英]I. 伯林著,岳秀坤译 69.00元
65.《民族主义思想与殖民地世界》,[美]P. 查特吉著,范慕尤、杨曦译 18.00元
66.《现代性社会学》,[法]D. 马尔图切利著,姜志辉译 32.00元
67.《社会政治理论的重构》,[美]R. J. 伯恩斯坦著,黄瑞祺译 72.00元
68.《以色列与启示》,[美]E. 沃格林著,霍伟岸、叶颖译 128.00元
69.《城邦的世界》,[美]E. 沃格林著,陈周旺译 85.00元
70.《历史主义的兴起》,[德]F. 梅尼克著,陆月宏译 48.00元

第八批书目

71.《环境与历史》,[英]W. 贝纳特、P. 科茨著,包茂红译 25.00元
72.《人类与自然世界》,[英]K. 托马斯著,宋丽丽译 35.00元

73.《卢梭问题》,[德]E. 卡西勒著,王春华译 39.00元

74.《男性气概》,[美]H. C. 曼斯菲尔德著,刘玮译 28.00元

75.《战争与和平的权利》,[美]R. 塔克著,罗炯等译 25.00元

76.《谁统治美国》,[美]W. 多姆霍夫著,吕鹏、闻翔译 35.00元

77.《健康与社会》,[法]M. 德吕勒著,王鲲译 35.00元

78.《读柏拉图》,[德]T. A. 斯勒扎克著,程炜译 68.00元

79.《苏联的心灵》,[英]I. 伯林著,潘永强、刘北成译 59.00元

80.《个人印象》,[英]I. 伯林著,覃学岚译 88.00元

第九批书目

81.《技术与时间:2. 迷失方向》,[法]B. 斯蒂格勒著,赵和平、印螺译 59.00元

82.《抗争政治》,[美]C. 蒂利、S. 塔罗著,李义中译 28.00元

83.《亚当·斯密的政治学》,[英]D. 温奇著,褚平译 21.00元

84.《怀旧的未来》,[美]S. 博伊姆著,杨德友译 85.00元

85.《妇女在经济发展中的角色》,[丹]E. 博斯拉普著,陈慧平译 30.00元

86.《风景与认同》,[美]W. J. 达比著,张箭飞、赵红英译 79.00元

87.《过去与未来之间》,[美]H. 阿伦特著,王寅丽、张立立译 58.00元

88.《大西洋的跨越》,[美]D. T. 罗杰斯著,吴万伟译 108.00元

89.《资本主义的新精神》,[法]L. 博尔坦斯基、E. 希亚佩洛著,高铦译 58.00元

90.《比较的幽灵》,[美]B. 安德森著,甘会斌译 79.00元

第十批书目

91.《灾异手记》,[美]E. 科尔伯特著,何恬译 25.00元

92.《技术与时间:3. 电影的时间与存在之痛的问题》,
[法]B. 斯蒂格勒著,方尔平译 65.00 元
93.《马克思主义与历史学》,[英]S. H. 里格比著,吴英译 78.00 元
94.《学做工》,[英]P. 威利斯著,秘舒、凌旻华译 68.00 元
95.《哲学与治术:1572—1651》,[美]R. 塔克著,韩潮译 45.00 元
96.《认同伦理学》,[美]K. A. 阿皮亚著,张容南译 45.00 元
97.《风景与记忆》,[英]S. 沙玛著,胡淑陈、冯樨译 78.00 元
98.《马基雅维里时刻》,[英]J. G. A. 波考克著,冯克利、傅乾译 108.00 元
99.《未完的对话》,[英]I. 伯林、[波]B. P. -塞古尔斯卡著,
杨德友译 65.00 元
100.《后殖民理性批判》,[印]G. C. 斯皮瓦克著,严蓓雯译 79.00 元

第十一批书目

101.《现代社会想象》,[加]C. 泰勒著,林曼红译 45.00 元
102.《柏拉图与亚里士多德》,[美]E. 沃格林著,刘曙辉译 78.00 元
103.《论个体主义》,[法]L. 迪蒙著,桂裕芳译 30.00 元
104.《根本恶》,[美]R. J. 伯恩斯坦著,王钦、朱康译 78.00 元
105.《这受难的国度》,[美]D. G. 福斯特著,孙宏哲、张聚国译 39.00 元
106.《公民的激情》,[美]S. 克劳斯著,谭安奎译 49.00 元
107.《美国生活中的同化》,[美]M. M. 戈登著,马戎译 58.00 元
108.《风景与权力》,[美]W. J. T. 米切尔著,杨丽、万信琼译 78.00 元
109.《第二人称观点》,[美]S. 达沃尔著,章晟译 69.00 元
110.《性的起源》,[英] F. 达伯霍瓦拉著,杨朗译 85.00 元

第十二批书目

111.《希腊民主的问题》,[法]J. 罗米伊著,高煜译 48.00元
112.《论人权》,[英]J. 格里芬著,徐向东、刘明译 75.00元
113.《柏拉图的伦理学》,[英]T. 埃尔文著,陈玮、刘玮译 118.00元
114.《自由主义与荣誉》,[美]S. 克劳斯著,林垚译 62.00元
115.《法国大革命的文化起源》,[法]R. 夏蒂埃著,洪庆明译 38.00元
116.《对知识的恐惧》,[美]P. 博格西昂著,刘鹏博译 38.00元
117.《修辞术的诞生》,[英]R. 沃迪著,何博超译 59.00元
118.《历史表现中的真理、意义和指称》,[荷]F. 安克斯密特著,周建漳译 58.00元
119.《天下时代》,[美]E. 沃格林著,叶颖译 78.00元
120.《求索秩序》,[美]E. 沃格林著,徐志跃译 48.00元

第十三批书目

121.《美德伦理学》,[新西兰]R. 赫斯特豪斯著,李义天译 68.00元
122.《同情的启蒙》,[美]M. 弗雷泽著,胡靖译 48.00元
123.《图绘暹罗》,[美]T. 威尼差恭著,袁剑译 76.00元
124.《道德的演化》,[新西兰]R. 乔伊斯著,刘鹏博、黄素珍译 65.00元
125.《大屠杀与集体记忆》,[美]P. 诺维克著,王志华译 78.00元
126.《帝国之眼》,[美]M. L. 普拉特著,方杰、方宸译 68.00元
127.《帝国之河》,[美]D. 沃斯特著,侯深译 76.00元
128.《从道德到美德》,[美]M. 斯洛特著,周亮译 58.00元
129.《源自动机的道德》,[美]M. 斯洛特著,韩辰锴译 58.00元
130.《理解海德格尔:范式的转变》,[美]T. 希恩著,邓定译 89.00元

第十四批书目

131.《城邦与灵魂:费拉里〈理想国〉论集》,[美]G. R. F. 费拉里著,刘玮编译 69.00 元
132.《人民主权与德国宪法危机》,[美]P. C. 考威尔著,曹晗蓉、虞维华译 58.00 元
133.《16 和 17 世纪英格兰大众信仰研究》,[英]K. 托马斯著,芮传明、梅剑华译 168.00 元
134.《民族认同》,[英]A. D. 史密斯著,王娟译 55.00 元
135.《世俗主义之乐:我们当下如何生活》,[英]G. 莱文编,赵元译 58.00 元
136.《休谟的人生智慧》,[英]J. 巴吉尼著,杨春丽译 68.00 元
137.《自由意志、能动性与生命的意义》,[美] D. 佩里布姆著,张可译 69.00 元
138.《自由与多元论:以赛亚·伯林思想研究》,[英]G. 克劳德著,应奇等译 58.00 元
139.《暴力:思无所限》,[美]R. J. 伯恩斯坦著,李元来译 59.00 元
140.《中心与边缘:宏观社会学论集》,[美]E. 希尔斯著,甘会斌、余昕译 88.00 元

第十五批书目

141.《自足的世俗社会》,[美]P. 朱克曼著,杨靖译 58.00 元
142.《历史与记忆》,[英]G. 丘比特著,王晨凤译 59.00 元
143.《媒体、国家与民族》,[英]P. 施莱辛格著,林玮译 68.00 元
144.《道德错误论:历史、批判、辩护》,

[瑞典]J. 奥尔松著,周奕李译　58.00 元

145.《废墟上的未来:联合国教科文组织、世界遗产与和平之梦》,[澳]L. 梅斯克尔著,王丹阳、胡牧译　88.00 元

146.《为历史而战》,[法]L. 费弗尔著,高煜译　98.00 元

147.《康德与现代政治哲学》,[英]K. 弗利克舒著,徐向东译　58.00 元

148.《我们中的我:承认理论研究》,[德]A. 霍耐特著,张曦、孙逸凡译　69.00 元

149.《人文学科与公共生活》,[美]P. 布鲁克斯、H. 杰维特编,余婉卉译　52.00 元

150.《美国生活中的反智主义》,[美]R. 霍夫施塔特著,何博超译　68.00 元

第十六批书目

151.《关怀伦理与移情》,[美]M. 斯洛特著,韩玉胜译　48.00 元

152.《形象与象征》,[罗]M. 伊利亚德著,沈珂译　48.00 元

153.《艾希曼审判》,[美]D. 利普斯塔特著,刘颖洁译　49.00 元

154.《现代主义观念论:黑格尔式变奏》,[美]R. B. 皮平著,郭东辉译(即出)

155.《文化绝望的政治:日耳曼意识形态崛起研究》,[美]F. R. 斯特恩著,杨靖译　98.00 元

156.《作为文化现实的未来:全球现状论集》,[印]A. 阿帕杜莱著,周云水、马建福译(即出)

157.《一种思想及其时代:以赛亚·伯林政治思想的发展》,[美]J. L. 彻尼斯著,寿天艺、宋文佳译　88.00 元

158.《人类的领土性:理论与历史》,[美]R. B. 萨克著,袁剑译(即出)

159.《理想的暴政:多元社会中的正义》,[美]G. 高斯著,范震亚译(即出)

160.《荒原:一部文化史》,[美]V. D. 帕尔玛著,梅雪芹等译 88.00元

第十七批书目

161.《浪漫派为什么重要》,[美]P. 盖伊著,王燕秋译 49.00元

162.《欧美思想中的自治》,[美]J. T. 克洛彭伯格著,褚平译(即出)

163.《冲突中的族群》,[美]D. 霍洛维茨著,魏英杰、段海燕译(即出)

164.《八个欧洲中心主义历史学家》,[美]J. M. 布劳特著,杨卫东译(即出)

165.《记忆之地,悼念之地》,[美]J. 温特著,王红利译(即出)

166.《20世纪的战争与纪念》,[美]J. 温特著,吴霞译(即出)

167.《病态社会》,[美]R. B. 埃杰顿著,杨靖、杨依依译(即出)

168.《种族与文化的少数群体》,[美]G. E. 辛普森、J. M. 英格尔著,马戎、王凡妹等译(即出)

169.《美国城市新主张》,R. H. 普拉特著,周允程译(即出)

170.《五种官能》,[法]M. 塞尔著,徐明译(即出)